이훈영교수의

사회과학 조사방법

이훈영

Social Science Research Method

도서출판 청람

사회과학조사방법을 마치며……

암기를 통한 학습과 이해를 통한 학습 중에서 어느 것이 더 유용한가? 지금까지 많은 교육은 이해보다는 암기에 더 무게를 두고 진행해온 경향이 있다. 물론 어느 정도까지는 암기를 통해서 지식을 축적하는 것이 필요하다. 또한 필요시 암기하여 숙지한 지식을 적용해서 문제를 잘 해결해 나갈 수 있다면 굳이 이해를 전제로 하는 지식만을 고집할 필요는 없어 보인다. 이처럼 지식을 이해하지 않고도 충분히 활용할 수 있다면 이해는 물론이고 어떻게 보면 암기하여 숙지할 필요도 없을 수 있다. 왜냐하면 필요한 지식은 컴퓨터나 휴대폰에 연결된 인터넷을 이용해서 언제든지 쉽게 얻을 수 있기 때문이다. 이런 관점에서 보면 암기를 통한 지식 축적은 큰 의미가 없다고 생각할 수도 있다.

그러나 인터넷에 있는 지식과 머릿속에 있는 지식은 차이가 있다. 머릿속의 지식은 기존의 다른 지식과 결합해서 새로운 문제해결을 위해서 창의적인 방법으로 활용될 수 있다. 반면에, 인터넷상의 지식은 머릿속 지식과는 달리 다른 지식들과 결합하여 새로운 지식을 창출하는 데에 활용되기 어렵다. 그러나 융복합을 통한 창조적 지식과 기술의 창출작업은 아직까지 인간의 뇌에서 더 효과적으로 이루어진다.

일반적으로 암기보다는 이해를 통한 학습이 더 선호되는 이유는 암기를 통해서 습득한 지식은 그 수명은 물론 다른 지식과 창의적인 방법으로 결합하여 활용되는 과정에서 이해를 통해서 습득한 지식보다 제한적일 수밖에 없기 때문이다. 지식은 최종적으로 습득된 지식뿐 아니라 습득하는 과정에서도 다른 지식과의 창의적인 융복합이 가능하다. 또한 이해과정상에서의 단서만 있으면 용이하게 원하는 지식을 찾아서 복구할 수 있다. 이처럼 이해를 통해서 습득된 지식이 그 수명은 물론 활용 면에서도 월등히 효과적이기 때문에 모든 지식을 암기해서 축적하기 보다는 논리적으로 이해해서 숙지하는 것이 바람직하다.

저자는 본서를 암기보다는 이해하고자 하는 독자들을 위해서 준비하였다. 많은 경우에 암기하기 보다는 이해를 하는 것이 더 많은 노력을 필요로 하며, 그 과정 또한 더 어려울 수 있다. 그러나 일단 이해하면 모든 내용이 쉽고도 재미있음은 물론 이를 통해 다른 지식을 새롭게 학습하는 것 또한 더 용이해진다. 더 나아가 이해하는 과정에서 겪은 어려움과 시간은 오히려 숙지된 지식의 수명을 늘리고 새로운 가치창출에 더 효과적으로 기여할 수 있다. 당부하건대, 본서의 내용을 최소한으로 암기하고 최대한으로 이해할 수 있도록 노력해주기 바란다.

독자들이 사회과학조사에 대한 내용을 보다 쉽고 빠르게 이해할 수 있도록 하기 위해서 무엇보다도 책을 쓰기보다는 많이 그리도록 하였다. 글보다는 그림이 지식을 더욱 빠르고 효과적으로 전달하고 이해할 수 있는 방법이라 생각하여 저자는 많은 내용을 그림으로 표현할 수 있도록 하였다. 즉, 모든 내용을 가능한 한 그림으로 그리고 논리적으로 그 원리를 설명함으로써 보다 쉽고 완벽하게 내용을 이해할 수 있도록 하였다. 따라서 이 책의 독자는 책에 있는 그림들만 정확하게 이해하면 글을 읽지 않아도 되며, 일단 이해한 후 복습하는 경우에도 그림을 통하여 빠른 시간 내에 용이하게 할 수 있도록 하였다. 그러나 반면에, 그림으로만 이해가 안 된다면 책의 내용을 충분히 이해하지 못한 것으로 생각하고 다시 한번 꼼꼼히 학습할 필요가 있다.

이 책은 모두 3개의 부로 구성되어 있다. 우선 제1부에서는 사회과학조사방법에 대한 기본적인 개념을 정리하였다. 과학적 조사의 의미와 조사를 진행하는 과정에 대하여 예를 들어가며 설명하고, 일반적인 조사의 종류와 실험설계방법 그리고 자료수집에서 표본선정에 이르기까지 사회과학조사의 시작에서부터 진행하는 과정에 대하여 상세하게 설명하였다.

다음으로, 제2부에서는 조사 및 분석에 필요한 기본적인 통계에 대하여 4개 장으로 설명하고 있다. 이들의 대부분은 필자가 쓴 통계학 책에서 발췌한 것이다. 즉, 과학적인 조사를 위하여 기본적으로 숙지해야 하는 필수적인 통계지식에 대하여 설명하고 있다. 통계학에 대하여 충분히 이해하고 있는 독자의 경우에는 이 부분은 그냥 넘어가도 좋다. 그러나 통계학도 저자 나름대로의 이해를 독려하는 방식으로 설명하고 있으니 한 번쯤 시간을 내서 읽어보는 것도 나쁘지 않으리라 생각된다. 즉, 통계학을 구성하고 있는 다양한 이론과 개념들을 하나씩 개별적으로 설명하기보다는, 이들이 구체적으로 어떻게 서로 연관되어 있는가를 중심적으로 설명함으로써 단편적인 통계이론이나 개념보다는 통계학 전반에 대해 체계적으로 이해할 수 있도록 하였다.

마지막 제3부에서는 조사의 타당성과 신뢰성에 대한 설명을 비롯하여 일반적인 조사분석에서 사용되는 대표적인 분석방법들, 즉 연관성분석, 분산분석, 회귀분석 그리고 요인분석에 대하여 설명하고 있다.

요약하면, 이 책에서 설명하는 사회과학조사방법에 관한 체계적인 이론과 분석방법들에 대한 설명을 단계별로 하나씩 학습하면 높고 멀어만 보이던 사회과학조사방법이 얼마나 쉽고도 재미있는지 새롭게 느끼게 될 것이다. 이제 통계를 비롯한 사회과학조사방법은 더 이상 두려워할 학문이 아니라 매우 재미있고 학습할수록 자신이 생기는 매력적인 분야로 인식하게 될 것이다.

이 책이 나오기까지 많은 사람들의 도움이 있었다. 특히, 그림으로 표현하는 과정을 도와준 조성찬, 김민석, 조아람, 정호영 조교들에게 고마움을 표현하고 싶다. 그리고 저자의 연구실을 거쳐 간 박기남, 안성식, 박기용, 양주환, 남양호, 서상윤, 차재빈 교수들을 비롯한 많은 석·박사들에게도 고마운 마음을 표하고자 한다. 또한 어려운 출판환경과 여러 가지 무리한 부탁에도 불구하고 흔쾌히 응해주신 도서출판 청람의 이수영 대표와 임직원 여러분께 감사의 말씀을 드리고자 한다.

이해를 통해서 사회과학조사방법을 학습하고자 하는 학생들에게 도움이 되기를 기원하며……

2018년 2월에 회기동 연구실에서
저 자

차 례

Part 02

사회조사를 위한 통계

Chapter 07
자료와 척도(Data and Scales)

Chapter 08
확률변수와 확률분포(Random Variable and Probability Distribution)

Chapter 09
추정과 가설검정(Estimation and Hypothesis Test)

Chapter 10
모집단에 대한 가설검정(Hypothesis Test of Population)

Part 03
분석방법

Chapter 11
연관성분석(Association Analysis)

Chapter 14
요인분석(Factor Analysis)

PART

1

이훈영교수의 **사회과학조사방법**
Social Science Rsearch Method

사회과학조사의 개념

제 1 장 사회과학과 과학적 조사(Social Science and Scientific Research)
제 2 장 사회과학조사(Social Science Research)
제 3 장 사회과학조사의 종류와 실험설계
(Types of Social Science Research and Experimental Design)
제 4 장 사회과학조사의 실행(Practice of Social Science Research)
제 5 장 자료수집(Data Collection)
제 6 장 표본선정(Sampling)

CHAPTER 1

사회과학과 과학적 조사 (Social Science and Scientific Research)

제 1 절 사회과학(Social Science)

제 2 절 과학의 의미(Meaning of Science)

제 3 절 과학적 조사(Scientific Research)

Chapter 01 사회과학과 과학적 조사 (Social Science and Scientific Research)

제1절 사회과학(Social Science)

학문(study)은 크게 인문학(humanities), 자연과학(natural science) 그리고 사회과학(social science) 3가지로 구분할 수 있다. 인문학(humanities)은 철학, 역사학 그리고 어문과 관련된 학문들이다. 이러한 학문들에게는 과학(science)이라는 이름을 붙이지 않는다. 인문학은 논리적이고 합리적인 측면만을 강조할 뿐 그 내용을 객관적으로 입증할 필요성이 없기 때문이다. 즉, 인문학도 규칙적인 인간의 삶과 자연의 세계를 설명하고 있지만, 인문학에서 주장하는 내용들에 대해서 객관적으로 입증하는 것을 요구하지는 않는다.

그러나 자연과학과 사회과학 분야에서 내세워지는 주장들에 대해서는 객관적으로 입증하도록 요구되는 경우가 많으며 또한 이를 입증할 수 있는 자료의 수집도 가능한 경우가 많다. 더욱이 이러한 주장들을 입증하는 조사는 일반적인 조사의 소양을 갖춘 사람이면 누구든지 기존 조사자가 수행한 방법을 답습함으로써 수행할 수 있고, 또한 동일한 조사를 반복적으로 수행하여 유사한 조사결과를 얻을 수 있어야 한다. 만일 이렇게 할 수 없다면 이를 과학이라고 할 수도 없다.

자연과학(natural science)에 해당하는 분야는 생리학, 천문학, 화학, 물리학, 공학, 의학 등 다양하다. 자연(natural)이란 '자연에 관계된', '자연에 의해서 결정된', 혹은 '인공적이 아닌' 이란 의미를 갖는다. 따라서 자연과학은 인공적이지 않은 자연 그대로를 조사하는 학문이다. 반면에, 사회과학(social science)은 인간사회와 관련된 학문분야를 조사하는 학문이다. 사회학, 인류학, 심리학, 경제학, 정치학, 교육학 등 다양한 분야들이 포함되며, 인간의 삶에서 빚어지는 희로애락을 조사하는 학문을 의미한다. 즉, 인간의 삶 자체를 조사하는 학문이 바로 사회과학이다.

그림 1-1 | 과학의 특성

과학의 특성

- 자연과학과 사회과학 분야에서 내세워지는 주장들에 대해서는 객관적으로 입증가능해야 함
- 기존 조사자가 수행한 방법을 답습함으로써 동일한 조사를 반복적으로 수행하여 유사한 조사결과를 얻을 수 있어야 함
- 학문은 크게 인문학, 자연과학 그리고 사회과학 3가지로 구분할 수 있으나, 인문학에는 과학이라는 이름을 붙이지 않음
  - 인문학도 규칙적인 인간의 삶과 자연의 세계를 설명하고 있지만, 객관적으로 입증하는 것을 요구하지는 않기 때문임

자연과학

- 생리학, 천문학, 화학, 물리학, 의학 등
- 인공적이지 않은 자연 그대로를 조사하는 학문
- 조사대상이 자연이기 때문에 상황에 따라 크게 변하지 않는 자연의 원칙을 조사하는 경우가 대부분

사회과학

- 사회학, 인류학, 심리학, 경제학, 교육학, 경영학 등
- 인간사회와 관련된 분야를 조사하는 학문
- 조사대상은 개인, 집단, 사회, 국가, 경제, 정치 모든 분야에 걸쳐 인간이 만들어내는 삶에 관한 것들임
- 조사대상이 가변적인 인간이기 때문에 이들이 만들어내는 삶의 변화를 단정적으로 예측하기 어려움

그러면 사회과학의 조사대상인 사회에 대하여 조금 더 알아보자. 일반적으로 사회(society)는 신분제도와 경제외적 강제로 유지되어온 봉건시대의 집단적 특성인 공동체(community)에 대비되는 개념으로 사용되기 시작하였다. 특히, 이윤추구를 지향하는 자유교환 행위 및 자본주의 경제를 역사적 배경으로 형성된 것으로 인식되고 있다. 또한, 인류학, 사회학, 심리학, 정치학, 경제학, 경영학, 교육학 등 학문영역에 따라 어느 한 측면이 과도하게 강조되는 방식으로 개념 정의가 조금씩 다르다. 예를 들어, 사회학(sociology)에서는 사회를 생물체와 마찬가지로 내적 분화과정을 통하여 환경에의 적응력을 발전시켜 나가는 생명을 가진 유기체로 비유하기도 한다. 그러나 두산 백과사전에 좀 포괄적인 의미로 정의된 바에 의하면, 사회는 일정한 경계가 설정된 영토에서 종교·가치관·규범·언어·문화 등을 상호 공유하고 특정한 제도와 조직을 형성하여 질서를 유

지하고, 성적 관계를 통하여 성원을 재생산하면서 존속하는 인간집단을 말한다고 되어 있다. 즉, 사회는 재산을 소유한 개별 인간과 이들의 상호작용 및 직업분화를 관할하는 질서・규범・제도의 복합체를 뜻한다. 따라서 사회과학은 사람들로 구성되어 사람들에 의하여 변화 발전하고 있는 사회, 즉 사람과 사람들 간의 관계를 조사하는 학문분야를 총칭한다.

이처럼 자연과학과 사회과학의 근본적인 차이점은 조사대상에 있으며, 바로 이러한 차이점이 자연과학과 사회과학을 구분짓는 경계가 된다. 두 학문분야 모두 통계적 정확성을 강조하고 있으나 자연과학이 사회과학보다 훨씬 더 정확하다. 왜냐하면 자연과학의 조사대상은 인공이 아닌 자연이기 때문에 상황에 따라 크게 변하지 않는 자연의 원칙을 조사하는 경우가 대부분이다. 반면에, 사회과학의 조사대상은 가변적인 인간이기 때문에 이들이 만들어내는 삶의 변화를 단정적으로 예측하는 것은 매우 어렵다.

요약하면 사회과학의 조사대상은 개인, 집단, 사회, 국가, 경제, 정치 모든 분야에 걸쳐서 인간이 만들어내는 삶에 관한 것들이다. 즉, 사회과학은 인간이 살면서 만들어내는 관계나 사건들을 조사나 연구의 대상으로 삼는다. 따라서 사람들이 가지고 있는 태도, 신념, 가치관, 행동 등이 사회과학조사의 주요 관심대상이 된다. 이러한 관심대상들 안에서 서로 공통적인 규칙성을 찾는 것이 바로 대표적인 사회과학조사가 된다.

그러면 자연과학과 사회과학에서 과학이라 하는 일컫는 근거는 무엇인가? 이를 이해하기 위해서는 우선 과학은 무엇을 의미하는가에 대하여 충분하게 이해할 필요가 있다.

제2절 과학의 의미(Meaning of Science)

흔히 우리가 생활하고 있는 현대사회를 정보과학의 사회라고 한다. 이러한 시대상을 반영하듯이 대부분의 사람들은 자신의 의견이나 주장을 다른 사람들에게 관철시키기 위하여 '과학적(scientific)'이라는 말의 힘을 빌어 신뢰성을 얻고자 한다. 그만큼 과학은 비록 공기와 같이, 인식은 못하지만 우리 일상생활 전반에 깊숙이 자리잡아서 간과할 수 없는 생활의 필수요소가 되었다.

그러나 많은 사람들이 공유하는 단어 중의 하나인 과학이라는 말은 이를 사용하는 개인에 따라 서로 다르게 인식되고 해석될 수 있다. 예를 들어, 초등학교 학생들은 과학이라는 것이 우주선을 만들어 달나라에 여행을 가는 것과 같은 가시적인 업적을 말하고, 물리학을 전공하는 대학생들은 자연현상을 조사하는 자연과학으로, 그리고 사회생활을 하는 일반인들은 인간 사회의 여러 현상을 조사하는 사회과학의 의미로 과학을 인식할 수 있다. 이처럼 과학이라는 한 단어는 이를 사용하는 사람들과 상황에 따라 서로 다른 여러 가지 의미를 내포한다고 할 수 있다.

그렇다면 과학의 정확한 의미는 무엇일까? 본절에서는 과학의 정의 및 과학적 조사에 대해서 살펴보고자 한다.

2.1 과학의 정의(Definition of Science)

과학(science)은 '어떤 사물을 안다(scire)'라는 희랍어에서 시작되었다. 이러한 과학의 어원에서 알 수 있듯이 과학이란 이제까지 아무도 증명하지 못한 사실을 모든 사람들이 인정하고 이를 활용할 수 있는 지식으로 승화시키는 것이다. 과학은 현상에 내재하고 있는 진리를 객관적인 접근방식으로 규명한다. 따라서 모든 자연현상이나 사회현상은 과학의 대상이 될 수가 있다. 그러나 과학에서 중요시하는 것은 이러한 과학의 대상이 아니라 진리를 규명해가는 과정과 지식을 축적해가는 방법론이다.

그림 1-2 | 과학의 정의와 목적

과학의 정의: 아무도 증명하지 못한 사실을 모든 사람들이 인정하고 이를 활용할 수 있는 지식으로 승화시키는 것(활동)

과학의 정적인 견해

- 세상에 체계화된 정보, 사실들을 제공하는 행위
- 현존하는 사실과 지식(일련의 법칙, 이론, 가설과 원리)에 새로운 사실들을 발견하여 추가하는 행위
- 과학적 행위를 통하여 발견된 사실과 지식을 강조

과학의 동적인 견해

- 새로운 지식을 탐구하고 사실을 발견하는 활동
- 새로운 이론과 조사를 강조함으로써 '발견적 견해'라 부르기도 함
- 새로운 사실을 발견해 나가는 행위를 강조

과학에서 중요시하는 것은 이러한 과학의 대상이 아니라 진리를 규명해 가는 과정과 지식을 축적해 가는 방법론이다

과학의 정의에 대한 일반적인 견해로는 정적인 견해(static opinion)와 동적인 견해(dynamic opinion)의 두 가지가 있다. 정적인 견해에 따르면 과학은 세상에 체계화된 정보, 즉 사실들을 제공하는 것으로 정의된다. 따라서 정적인 견해는 과학을 현존하는 사실과 지식, 예를 들어 일련의 법칙이나 이론 및 가설과 원리로 보며 기존의 지식에 새로운 사실들을 발견하여 추가하는 것까지 포함한다.

반면에, 동적인 견해는 과학을 새로운 지식을 탐구하고 새로운 사실을 발견해가는 과학자들의 활동으로 본다. 현존하는 지식을 중시하는 정적인 견해와는 달리 동적인 견해는 주로 새로운 이론을 정립하고 조사하는 과정을 강조한다. 이를 다른 말로 '발견적 견해'라고 부르기도 한다. 이처럼 동적인 견해는 현존하는 사실이나 지식보다 새로운 사실과 지식을 탐구해 나가는 행위를 과학이라 보고 있다. 요약하면, 정적인 견해는 과학적 행위를 통하여 발견된 사실과 지식을 강조하는 반면에, 동적인 견해는 새로운 사실을 발견해나가는 행위를 강조한 과학의 정의로 볼 수 있다.

2.2 과학의 목적(Objective of Science)

과학의 궁극적인 목적은 자연현상이나 사회현상을 설명하고 이해하기 위한 이론(theory)의 정립이다. 일반적으로 이론은 자연현상이나 사회현상을 설명하고 예측할 목적으로 변수들 혹은 잠재변수라 불리는 구성개념(construct) 간의 관계를 체계화하고 구체화한 정의와 명제들의 집합을 말한다.

즉, 이론(theory)은 명확하게 정의된 변수(variable) 혹은 구성개념(construct)들 간의 관계를 규명하여 이들에 의하여 설명될 수 있는 현상들에 대한 체계적인 관점을 제시함으로써, 궁극적으로는 자연현상이나 사회현상을 설명하는 명제들의 집합으로 정의된다. 여기서 명제는 관찰된 현상들 간의 관계를 설명하는 원리로서, 사실이나 현상을 설명하고 예측하는 데에 사용되는 개념이나 정의 그리고 가정 등을 체계적으로 정리한 견해를 의미한다. 따라서 이론은 어떠한 현상이 왜 일어나는가를 설명하고, 이해하며 예측하는 데에 필수적인 도구가 된다.

그러나 자연현상이나 사회현상을 설명하고 이해하는 것을 목적으로 하는 조사가 모두 과학이라고 말할 수는 없다. 예를 들어, 점성술은 별의 위치와 모양 및 밝기 등을 보아서 나라의 안위나 백성의 길흉 및 천변지이(天變地異)를 점치는 술법을 말한다. 즉, 별의 특성과 인생의 화복 간의 관계를 설정하고, 이를 이용해서 미래에 발생할 수 있는 현상을 예측하는 방법이다. 그러나 과학처럼 현상에 대한 설명과 예측을 목적으로 한다고 해도 점성술을 과학으로 볼 수는 없다. 따라서 권위있는 대학에서 점성술과를 개설하여 교수진용을 갖추고, 체계적인 커리큘럼(curriculum)을 구성하여 이학 석·박사학위를 수여하기로 했다 하더라도 점성술을 과학과목으로 볼 수는 없다.

그림 1-3 | 과학의 목적

과학의 목적 자연현상이나 사회현상을 설명하고 이해하기 위한 이론의 정립

이론 자연현상이나 사회현상을 설명하고 예측할 목적으로 변수들 혹은 잠재변수라 불리는 구성개념(construct) 간의 관계를 체계화하고 구체화한 정의와 명제들의 집합

명제 사실이나 현상을 설명하고 예측하는 데에 사용되는 개념이나 정의 그리고 가정 등을 체계적으로 정리한 견해

- 자연현상이나 사회현상을 설명하고 이해하는 것을 목적으로 하는 조사가 모두 과학이라고 말할 수는 없음
- 점성술은 별의 위치와 모양 및 밝기 등을 보아서 나라의 안위나 백성의 길흉 및 천변지이를 점치는 술법을 말함
- 즉, 별의 특성과 인생의 화복 간의 관계를 설정하고, 이를 이용해서 미래에 발생할 수 있는 현상을 예측하는 방법임
- 그러나 과학처럼 현상에 대한 설명과 예측을 목적으로 한다고 해도 점성술을 과학으로 볼 수는 없음

과학의 여부는 조사의 대상이나 목적에 의해서 결정되는 것이 아니라 이를 진행하는 방법론이 얼마나 과학적인가에 의하여 결정된다

여기서 점성술을 과학으로 볼 수 없는 가장 큰 이유는 점성술에서 다루는 대상 때문이 아니라 점성술에서 이용하는 방법론이 비과학적이기 때문이다. 이처럼 어떤 분야에 대한 지식 및 이에 대한 탐구활동을 과학으로 볼 수 있는가에 대한 판단기준은 활동의 목적 그 자체가 아니라 활동의 방법론이다. 즉, 과학의 여부는 탐구나 조사의 대상에 의해서 결정되는 것이 아니라 이를 진행하는 방법론이 얼마나 과학적인가에 의하여 결정된다. 따라서 과학에 속하는 학문을 조사하는 조사자들은 과학적 방법론에 대해서 보다 명확하게 이해하고 이에 준하는 조사활동을 수행할 필요가 있다.

2.3 과학과 상식(Science and Common Sense)

과학(science)과 상식(common sense)은 우리가 알고 있는 지식에 속하는 개념들로서 서로 매우 유사하다. 즉, 과학은 과학적 방법을 통해 입증되어 우리의 머릿속에 굳어진 지식이고, 상식은 오랜 관습을 통하여 그럴 것이라고 당연하게 믿고 있는 지식이다. 여기서 지식(knowledge)이란 특정한 대상을 조사하거나 경험함으로써 얻게 된 명확한 사실이나 이에 대한 인식과 이해이다. 즉, 현상이나 사물이 일반 사람들의 인식하에서 명확하게 설명될 수 있고 이해될 수 있다면 이들을 지식이라고 정의할 수 있는 것이다. 그리고 이러한 지식의 범주하에 과학적 지식과 상식이 있다. 본서에서는 과학적 지식을 간단히 과학이라고 언급하기로 하겠다.

학자들 중에는 과학은 상식을 체계적으로 통제하여 확대시킨 것이라고 주장하는 사람도 있다. 이러한 주장은 상식이 일반 사람들이 실생활에서 사용하는 데에 크게 불편함이 없는 바람직한 일련의 개념 및 도식이라는 생각에서 기인하고 있다. 그러나 과학과 상식이 서로 밀접한 관계가 있다는 이러한 주장은 자칫하면 오류를 낳을 수 있다. 예를 들어, 19세기의 많은 교육학자들은 체벌이 학생들의 학습성과를 올리는 데 탁월하다는 것을 일반 상식으로 생각하였다. 그러나 많은 시간이 지난 현재에는 체벌보다는 칭찬과 같은 긍정적인 보상이 학습성과를 촉진시키는 데 있어서 훨씬 더 큰 효과가 있다는 다양한 과학적 증거들이 제시되고 있다.

따라서 단지 모두 지식이라고 생각하여 과학과 상식을 동일시하는 것은 문제가 있다. 과학은 상식과 다르며 이들을 구분하는 가장 중요한 요인은 과학적 입증 여부이다. 즉, 과학은 과학적 입증이 선행된 지식인 반면에, 상식은 과학적 입증을 전제로 하지 않는 지식으로 볼 수 있다. 또한 과학은 상식과 다음 4가지 측면에서 뚜렷하게 구분된다. 첫째, 과학은 개념적 도식과 이론적 구조를 사용한다. 사람들은 경우에 따라 질병을 자신의 죄에 대한 대가라고 단순하게 치부하는 경향이 있다. 이것은 상식의 관점으로 볼 수 있다. 반면에, 과학은 질병이 바이러스와 같은 특정 세균에 감염된 결과라고 과학적으로 증명한다. 즉, 체계적으로 이론적 구조를 세우고 이러한 구조가 내적 일관성이 있는지를 검증함은 물론 구체적인 측면까지도 실험적으로 검증한다.

둘째, 과학과 상식은 검증하는 방법이 서로 다르다. 상식은 선택적이고 주관적인 판단에 따라 결정되는 반면에, 과학은 계획적이고 체계적이며 경험적인 검증과정을 통하여 입증된다.

셋째, 과학은 철저한 통제를 필요로 하나 상식은 통제를 전제로 하지 않는다. 상식은 관찰된 현상에 대한 설명을 체계적으로 통제하여 이해하거나 설명하지 않는다. 즉, 자신의 주관이나 선입견에 일치하는 설명은 잘 받아들이나, 자신이 생각하고 있는 것과 다른 사실들은 잘 받아들이지 않는

그림 1-4 | 과학과 상식의 개념과 차이점

과학	과학적 방법을 통해 입증되어 우리의 머릿속에 굳어진 지식
상식	오랜 관습을 통하여 우리가 그러할 것이라고 당연하게 믿고 있는 지식

과학(Science)

- 개념적 도식과 이론적 구조 사용
  - 질병이 바이러스와 같은 특정 세균에 감염된 결과라고 과학적으로 증명한다
- 계획적, 체계적, 경험적인 검증과정을 통하여 입증됨
- 결과의 원인이 된다고 가정한 변수 이외에 원인이 될 수 있는 모든 다른 변수들을 체계적으로 통제
- 관계규명에 있어 개별적인 관계를 지속적인 측정 및 체계적인 검토과정을 통한 지식의 일반화

  예 모든 물체는 서로 끌어 당긴다

상식(Common Sence)

- 비체계적인 개념과 이론구조 사용
  - 질병은 자신의 죄에 대한 대가라고 단순히 치부하는 경향
- 선택적이고 주관적인 판단에 따라 결정됨
  - 흑인들은 음악적 재능이 있다고 믿는 사람은 새로 알게된 사람이 흑인인 경우 그의 음악성에 대해 의심을 하지 않는 경향이 있음
- 관찰된 현상에 대한 비체계적 통제
- 관계규명에 있어 비체계적인 방법을 통한 분석 및 검토
  - 우연히 발생한 하나의 현상에 단정적으로 원인과 결과를 구분해서 결론짓는 경우

    예 아침에 까치가 울었는데 오후에 반가운 손님이 왔다.
    오늘 아침도 까치가 울면 반가운 손님이 또 찾아오리라고 믿는 경우

    예 물은 위에서 아래로 흐른다

경향이 강하다. 예를 들어, 흑인들은 음악적 재능이 있다고 믿는 사람이 만일 새로 알게 된 음악가가 흑인이라면 그의 음악성에 대해서 의심하지 않는 경향이 있다. 그러나 과학은 결과의 원인이 된다고 가정한 변수 이외에 원인이 될 수 있는 모든 다른 변수들을 체계적으로 통제한다. 이와 더불어 개인의 선입관과 편견을 철저히 통제하여 배제하고자 한다.

넷째, 현상 간의 관계를 설명하는 방식에 차이가 있다. 상식은 관계를 규명함에 있어서 비체계적인 방법으로 분석하고 검토한다. 우연히 발생한 하나의 현상에서 단정적으로 원인과 결과를 구분해서 결론짓는 경우가 이에 해당한다. 예를 들어, 어제 아침에 까치가 울었는데 오후에 반가운 손님이 찾아왔다. 오늘 아침도 까치가 울었다면 오늘 반가운 손님이 또 찾아오리라고 믿는 경우가 여기에 해당한다. 이러한 까치와 손님과의 관계처럼 우연히 발생한 현상을 필연적인 현상으로 일반

화한다면 적지 않은 오류가 발생할 수 있다. 그러나 과학의 경우에는 개별적인 관계를 지속적으로 측정하여 체계적인 검토과정을 거친 다음에 일반적인 지식으로 전환하여 이론을 구축한다.

제3절 과학적 조사(Scientific Research)

3.1 과학적 조사의 정의 및 특징(Definition and Characteristics of Scientific Research)

상식과 과학을 구분하는 가장 대표적인 요인은 지식에 대한 과학적 입증 여부이다. 상식(common sense)과 달리 과학(science)은 모든 지식에 대하여 과학적 조사(scientific research)를 전제로 하고 있다. 과학적 조사란 현상들 간의 관계에 대하여 기존에 입증된 이론을 바탕으로 새롭고도 중요하다고 생각되는 관계를 논해서, 이에 대한 가설을 세우고 이를 체계적으로 입증하려는 통제된 상태에서 진행되는 경험적이며 비판적인 조사를 말한다. 이러한 과학적 조사에 대한 정의에서 강조되는 점은 과학적 조사는 체계적(systematic)이고 통제된(controlled) 조사이기 때문에 조사결과에 대하여 신뢰할 수 있으며, 또한 이러한 과학적 조사는 경험적 조사(empirical research)라는 점이다.

따라서 모든 주관적인 신념은 객관적인 현실에 비추어 철저히 검증되어야만 과학이 될 수 있으며, 이렇게 검증하는 과정이 바로 과학적 조사에 해당된다.

과학은 우리를 둘러싸고 있는 현상들을 이해하는 데 많은 도움을 준다. 이러한 과학의 가장 대표적인 특성은 객관성(objectivity)이다. 즉, 객관성에 근거한 접근방법에 과학적 조사의 특징이 있다. 어떠한 현상을 규명하는 데에 있어서 주관적인 요소가 조금이라도 들어가게 되면 과학으로서의 성격을 잃어버리게 된다. 예를 들어, 단순히 과거 경험에 비추어 ‘머리가 크면 아이큐가 높다’라고 주장하면, 주장은 주관적인 성격이 매우 강하기 때문에 과학적 이론이라고 볼 수 없다. 이 주장이 과학적 이론이 되기 위해서는 현상들 간의 관계를 반복적이며 체계적으로 측정해서 검증하는 과학적 조사를 거쳐야만 한다. 일반적으로 과학적 조사는 다음과 같은 특성을 가지고 있다.

첫째, 과학적 조사는 논리적(logical)이다. 다른 방법들이 상식이나 관습, 권위 그리고 종교적 계시나 신앙 등에 근거를 두고 있는 것이라면, 과학적 조사는 논리적 이론을 근거로 해서 진행된다.

그림 1-5 | 과학적 조사의 정의와 특성

과학적 조사의 정의

과학적 조사란 현상들 간의 관계에 대하여 기존에 입증된 이론을 바탕으로 새롭고도 중요하다고 생각되는 관계를 논해서, 이에 대한 가설을 세우고 이를 체계적으로 입증하려는 통제된 상태에서 진행되는 경험적이며 비판적인 조사를 말함

과학적 조사는 논리적이다

- 두 개의 배타적인 상태는 동시에 일어날 수 없으며 말이나 현상 등이 앞뒤 이치에 맞아야 함
  - 예 하나의 동전을 한 번 던질 때 동전의 앞과 뒤가 동시에 나올 수 없다
    불을 지피지도 않았는데 연기가 먼저 날 수 없다

과학적 조사는 결정론적이다

- 모든 과학적 현상은 스스로 발생할 수 없으며, 그에 상응하는 원인이 존재함
  - 예 대통령 선거에서 유권자가 특정 후보자에게 투표하는 경우에도, 그렇게 하게끔 하는 원인요인(사회계급, 지역감정, 지연, 학연)이 존재함

과학적 조사는 일반화를 목적으로 한다

- 과학적 조사는 개별적인 특정 사건이나 현상의 설명을 목적으로 하지 않고, 대부분의 일반적 사건이나 현상들에 적용하여 설명할 수 있는 일반적인 논리나 이해 추구를 목적으로 해야 함
  - 예 소크라테스나 홍길동 등과 같은 특정 개인이 죽는다는 사실을 설명하기보다는 모든 사람이 죽는다는 일반적인 사실의 설명을 목적으로 해야 한다는 의미

과학적 조사는 특정적이다

- 일반적으로 대부분의 개념들은 하나 이상의 다양한 해석이 가능하기 때문에, 어느 한 개념만을 적용해서 단정적으로 해석하기 어려운 경우가 많음
- 과학적 조사에서 사용되는 대부분의 개념들은 하나 이상의 다양한 해석이 가능하기 때문에 조사 수행을 위해서는 특정한 측정방법으로 사용해야 함
  - 예 지능지수 ↔ IQ 점수
    영어실력 ↔ TOEIC점수
    축구실력 ↔ 공격력 & 대인방어력
- 그러나 조사를 수행하기 위해서는 다양한 방법들 중에 특정한 측정방법 하나만을 선택하여 사용할 수밖에 없음
- 구체적이고 특정적일 수밖에 없는 조사과정을 통해서 얻은 조사결과는 유사한 상황에 적용해서 활용이 가능해야 함

과학적 조사는 간결해야 한다

- 과학적 조사는 최소한의 정보로 최대한의 설명력을 확보할 수 있어야 함
  - 예 100개의 변수를 이용한 모형의 정확도가 99%이고, 3개의 변수를 이용한 모형의 정확도가 70%일 때 후자가 더 바람직한 모형이 될 수 있음

과학적 조사는 검증이 가능하여야 한다

- 과학적 조사에 의하여 형성된 지식은 그 산출 과정이 명확해서 다른 조사자가 같은 방법을 사용해서 이를 다시 입증할 수 있어야 함
- 조사자가 동일한 방법으로 같은 조사를 수행하면 동일한 결론이 도출될 수 있어야 함
  - 예 TOEIC 성적으로 지원자의 영어능력을 평가하는 경우, TOEIC 시험성적이 높은 지원자일수록 영어구사 능력이 좋다는 조사결과를 전제로 하고 있음
    따라서 여러 지원자들의 영어구사능력과 TOEIC 성적을 비교하여 검정할 수 있음
    또한 한 지원자를 대상으로 서로 다른 TOEIC 시험을 반복해서 보게 한 다음 그 점수가 비슷하게 나오는지를 바탕으로 TOEIC 시험의 가치를 평가할 수 있음

과학적 조사는 상호주관적이어야 한다

- 과학적 조사는 조사자에 의해 계획되고 수행되기 때문에 주관적인 성격을 포함하고 있음
- 동일한 목적의 조사라도 조사자나 조사자가 사용하는 조사방법에 따라 서로 다른 결과가 나올 수 있음
  - 예 – 제품의 원산지 표시가 소비자의 제품선호도에 미치는 영향에 대한 조사에서 서로 다른 결과가 나올 수 있음
    – 대통령 선거에서 각 방송사마다 당선될 후보자를 예측하는 조사결과가 서로 다를 수 있음
- 그러나 조사자마다 서로 다른 주관적인 판단과 지식을 바탕으로 조사를 계획하고 수행해도 그 결과만은 모두 같게 나올 수 있어야 함
- 즉, 다른 많은 조사자들이 공통적으로 가지고 있는 주관에 근거한, 상호주관성에 근거한 조사만이 진정한 과학적 조사라고 할 수 있음

과학적 조사는 수정가능해야 한다

- 과학적 조사결과로 입증된 이론이나 사실들은 변할 수 있음
- 과학적 조사는 항상 수정을 전제로 하며 수정이 가능해야 함
- 과학은 만고불변의 진리탐구뿐 아니라 인간사회에 기여하는 효용의 추구를 목적으로 함(평가기준의 유용성)

일반적으로 논리적이라는 말은 두 개의 배타적인 상태가 동시에 일어날 수 없으며 말이나 현상 등이 서로 앞뒤 이치에 맞아야 한다는 것 등을 의미한다. 예를 들어, 하나의 동전을 한 번 던질 때 동전의 앞과 뒤가 동시에 나올 수 없다는 것이나, 불을 지피지도 않았는데 연기가 먼저 날 수 없음을 말하는 것과 같다.

둘째, 과학적 조사는 결정론적(deterministic)이다. 이것은 모든 과학적 현상은 혼자서 스스로 발생하는 것이 아니라 어떠한 원인(cause)이 있기 때문에 발생하는 것이며, 그 원인이 논리적으로 확인되어야 한다는 것을 의미한다.

예를 들어, 대통령 선거에서 어느 유권자가 특정 후보자에게 표를 던지는 경우에 과학자들은 그 유권자의 사회계급, 지역감정, 지연, 학연 등과 같은 다양한 요소들을 찾아 이들이 유권자의 투표행위에 어떠한 영향을 미쳤는지를 밝혀낼 수 있다. 이와 같이 과학적 조사의 결정론적 특징은 하나의 현상이 발생한 데에는 그에 상응하는 원인이 있기 때문이라고 단정하는 것이다.

그러나 특정한 현상에 대해서 하나 이상의 원인들이 존재하는 경우가 대부분이며, 어느 원인이 가장 직접적으로 영향을 미쳤는지를 쉽게 판단하기는 어렵다. 일반적으로 하나의 현상에는 다양한 원인이 있을 수 있고 또한 하나의 원인이 여러 현상에 영향을 미칠 수 있기 때문에 원인과 그 결과로 나타나는 현상들 간에 존재하는 명확한 관계를 파악하는 것은 용이하지 않다.

셋째, 과학적 조사는 일반화(generalization)를 목적으로 한다. 과학적 조사는 하나의 특정한 사건이나 현상만을 설명하는 것을 목적으로 하지 않고, 유사한 대부분의 사건이나 현상에 포괄적으로 적용하여 설명할 수 있는 일반적인 논리나 이에 대한 이해의 추구를 목적으로 한다. 여기서 일반적인 논리나 이해를 추구한다는 의미는 소크라테스나 홍길동 등과 같은 특정 개인이 죽는다는 사실을 설명하기보다 모든 사람이 죽는다는 일반적인 사실을 설명하는 것을 목적으로 한다는 의미이다.

물론 개별적인 현상을 설명하는 것도 과학에서는 중요하다. 그러나 어떠한 현상에 존재하는 원인과 결과 간의 관계를 파악하여, 이를 일반화하여 여러 유사한 현상들에 존재하는 원인과 결과의 규명에 적용할 수 있을 때, 그러한 과학적 조사는 더욱 빛이 날 수 있다. 예를 들어, 특정한 정치인의 정치행위를 철저하게 조사하여 그 정치인의 정치행위를 100% 정확하게 이해한다고 해서, 전체 정치인들의 일반적인 정치행위를 이해할 수는 없다. 따라서 특정한 개인의 정치행위를 완벽하게 설명하기보다는 대다수 정치인들의 정치행위를 어느 정도라도 설명할 수 있는 것이 더 의미가 있다.

넷째, 과학적 조사는 특정적(specific)이다. 과학적 조사가 분명히 일반화를 추구하고 있으나, 일반적으로 대부분의 개념들은 하나 이상의 다양한 해석이 가능하다. 따라서 어느 한 개념만을 적용해서 단정적으로 해석하기 어려운 경우가 많다. 예를 들어, 최근에 학생들의 영어실력이 향상되고 있다고 할 경우, 학생들의 영어실력이란 무엇을 말하는가? 여기서 영어실력이라는 개념의 의미가 사람에 따라 명확하지 않고 애매하게 해석되는 경우가 많다.

또 다른 예를 들어, 지능지수와 축구실력 간의 관계를 조사하고자 하는 경우, 지능지수를 어떻게 무엇으로 측정할 것인가 그리고 축구실력을 어떻게 평가할 것인가 하는 문제가 발생한다. 이 경우도 지능지수와 축구실력을 평가하는 데에는 다양한 평가기준이 있을 수 있다. 일반적으로 지능지수를 IQ테스트 점수로 평가한다고 하는데, 이것이 사람의 지능지수를 정확하게 측정한 값이 될 수 있는가 그리고 축구실력을 방어력이나 공격력으로 평가하는 경우 이들은 무엇으로 평가할 수 있는가에 대하여 다양한 의견이 있을 수 있다. 어느 것을 지능지수와 축구실력 평가의 기준으로 사용하는가에 따라 결과가 달라질 수 있다. 그러나 **조사를 수행하기 위해서는 다양한 방법들 중에 어느 특정한 측정방법 하나만을 선택하여 사용할 수밖에 없다. 이렇게 특정한 방법을 선택하여 조사를 진행할 수밖에 없기 때문에 과학적 조사는 특정적이라 한다.**

그러나 과학적 조사가 특정적이라는 말과 과학적 조사가 일반화를 추구한다는 것을 혼동해서는 안 된다. **구체적이고 특정적일 수밖에 없는 조사과정을 통해서 얻은 조사결과는 유사한 상황에 적용해서 활용이 가능해야 한다. 즉, 일반화가 가능해야 한다.** 제약회사에서 백신을 개발하는 경우, 백신의 효과를 검증하기 위하여 임상실험을 자원하는 환자를 대상으로 실험을 실시한다. 이때 여러 번의 임상실험을 거친 결과 백신이 인체에 무해하고 병을 치료하는 데 효과가 있다고 판명되면, 백신은 이를 필요로 하는 여러 환자를 대상으로 사용할 수 있게 된다. 이런 자연과학에서와 같이 사회과학에서도 **과학적 조사결과는 일반화가 가능해야 하며, 일반화를 전제로 수행되어야 한다.**

다섯째, 과학적 조사는 간결(parsimonious)해야 한다. 과학적 조사는 최소한의 정보로 최대한의 설명력을 확보할 수 있어야 한다. 아무리 복잡한 현상도 정확한 정보를 얻을 수만 있다면 그 현상을 비교적 정확하게 설명할 수 있다. 그러나 문제는 정확한 정보를 무한정 얻는다는 것이 불가능하다는 것이다. 왜냐하면, 필요한 모든 유용한 정보를 파악하기도 어려울 뿐만 아니라 비록 알 수 있다 하여도 이러한 정보를 얻는 과정에서 많은 오차가 발생할 수 있기 때문이다. 따라서 이렇게 오차를 포함하고 있는 정보를 이용해서 얻은 조사결과를 완벽하게 신뢰하기는 어렵다. 일반적으로 조사에 필요한 정보의 양과 조사결과로 얻을 수 있는 설명력 사이에는 트레이드 오프(trade-off) 관계가 있다. 즉, 많은 설명력을 원하면 그만큼 정확하고 많은 정보가 필요하지만, 얻고자 하는 정보의 양이 증가함에 따라 획득과정에서 발생하는 오차 또한 증가하게 된다. 반면에, 적은 양의 정보만을 사용하고자 한다면 그만큼 설명력이 떨어지는 결과를 얻을 수밖에 없다. 따라서 조사자는 조사결과로 얻고자 하는 설명력과 이에 필요한 정보량 사이의 관계를 정확하게 판단하여 적합한 수준으로 조사를 설계하고 수행해야 한다.

가장 바람직한 조사와 조사결과 얻을 수 있는 모형은 가장 적은 양의 정보로 가장 많은 것을 설명할 수 있는 조사나 모형이다. 예를 들어, 이동통신사에서 개별 고객의 이탈가능성을 예측하는 모형을 만드는 경우, 개별 고객에 관한 100개의 변수를 이용하면 고객의 이탈가능성을 99% 거의 완벽하게 예측할 수 있는 모형을 개발할 수 있다고 가정하자. 그러나 고객에 관한 3개의 변수들만을 사용하여 고객의 이탈가능성을 70% 정도로 정확하게 예측할 수 있는 모형을 개발할 수 있다면 둘 중에 어느 모형을 개발하는 것이 바람직한가? 물론 이러한 질문에 대한 정확한 답은 없다. 그러나 100개의 변수들을 이용해서 개발한 모형은 아무리 정확하게 이탈가능성을 예측한다 해도, 개발은 물론 이러한 모형을 이해하고 효과적으로 활용하는 데에는 적지 않은 문제가 있을 수 있다. 반면에, 3개 변수만을 사용하고도 예측정확도가 70%에 이르는 정보를 제공하는 모형은 상대적으로 개발하기 수월할 뿐만 아니라 비교적 이해가 쉽고 활용하기도 용이하다. 어느 모형을 개발하느냐는, 물론 정확한 예측이 미치는 영향, 즉 예측정확성의 중요도에 따라 달라질 수 있으나 일반적으로 3개 변수만으로도 70% 정도로 정확하게 이탈가능성을 예측할 수 있는 모형이 보다 바람직한 모형이 될 수 있다.

여섯째, 과학적 조사는 검증이 가능(verifiable)해야 한다. 과학적 조사에 의하여 형성된 지식은 그 산출과정이 명확해서 다른 조사자가 같은 방법을 사용해서 이를 다시 입증할 수 있어야 한다. 또한 자신이 이를 반복하여 동일한 방법으로 조사를 수행하는 경우에도 동일한 결론이 도출될 수 있어야 한다. 예를 들어, 기업체에서 신입사원을 선발하는 경우 TOEIC 성적으로 지원자의 영어능력을 평가하는 경우가 많다. 이는 TOEIC 시험성적이 높은 지원자일수록 영어구사 능력이 좋다는 조사결과를 전제로 하고 있다. 이러한 전제는 한 지원자를 대상으로 서로 다른 TOEIC 시험을 반복해서 보게 한 다음 그 결과를 비교하거나, 성적이 다른 여러 지원자들을 대상으로 TOEFL과 같은 또 다른 영어능력 평가시험을 보게 한 다음 이들 간의 점수 차이를 비교·분석함으로써 검정할 수 있다.

일곱째, 과학적 조사는 조사자들이 공통적으로 가지고 있는 주관에 근거한다는 상호주관성(intersubjectivity)이 있어야 한다. 과학적 조사는 객관적으로 진행되어야 한다. 그러나 과학적 조사는 사람인 조사자에 의하여 계획되고 수행되기 때문에 주관적인 성격을 완벽하게 배제하기 어렵다. 즉, 조사자 자신의 지적 수준과 동기를 기반으로 조사가 시작되는 경우가 많기 때문에 대부분의 조사가 반드시 객관적이라고 생각하기는 어렵다. 어느 한 개념을 설명하는 과정에서도 주관적인 요소가 포함되면 조사자에 따라 서로 다르게 정의되어 측정될 수 있기 때문에, 동일한 목적의 조사라도 조사자나 조사자가 사용하는 조사방법에 따라 서로 다른 결과가 나올 수 있다.

예를 들어, 제품의 원산지 표시가 소비자의 제품선호도에 미치는 영향에 대한 조사는 조사자의 지식과 주관적 판단 그리고 이에 따른 조사설계방법에 따라서 조사마다 서로 다른 결과를 얻을 수 있다. 또한 대통령 선거에서 당선될 후보자를 예측하는 조사를 동시에 수행한 SBS와 KBS 그리고 MBC의 조사 결과가 서로 다르게 나올 수 있는 것은 조사를 설계하고 수행한 조사자의 서로 다른 주관적인 판단이 어느 정도 작용하였기 때문이라고 설명할 수 있다. 그러나 과학적 조사가 되기 위해서는 조사자마다 서로 다른 주관적인 판단과 지식을 바탕으로 조사를 계획하고 수행해도 그 결과만은 모두 같게 나올 수 있어야 한다는 것을 의미한다. 요약하면, 서로 다른 많은 조사자들이 공통적으로 갖고 있는 주관에 근거한 조사, 즉 상호주관성이 있는 조사만이 진정한 과학적 조사라 할 수 있다.

여덟째, 과학적 조사는 수정가능(open to modification)해야 한다. 과학적 조사 결과로 입증된 이론이나 사실을 검증하다 보면 현상을 둘러싼 변수들이나 이들을 측정한 값들이 크게 변해서 기존의 이론이 맞지 않는 경우가 있다. 이러한 경우에는 기존의 이론이나 사실을 수정할 필요가 있다. 따라서 과학적 조사, 특히 사회과학에서의 과학적 조사는 항상 수정을 전제로 하고 또한 수정이 가능해야 한다. 즉, 영원한 진리는 존재하지 않는다. 현재에 진리라고 믿는 이론도 후세에는 얼마든지 바뀔 수 있다. 따라서 과학적 조사는 항상 만고불변의 진리만을 탐구하는 과정이 아니다.

과학은 만고불변의 진리탐구뿐 아니라 인간사회에 기여하는 효용의 추구를 목적으로 하고 있다. 즉, 과학적 조사로 얻은 이론의 진리 여부도 중요하나 이러한 이론들이 우리의 생활에 얼마나 유용한가를 기준으로도 평가할 필요가 있다. 이처럼 과학적 조사의 결과를 유용성을 기준으로도 평가해야 한다는 것은 생활이 변함에 따라 유용성도 달라지고 그에 따라 이론도 변할 수 있음을 의미한다. 따라서 과학적 조사는 그 유용성이 변함에 따라 수정이 가능해야 한다. 이러한 현상은 자연과학보다 사회과학에서 더 현저하게 나타난다.

3.2 과학적 조사의 논리체계(Logical System of Scientific Research)

과학이 논리적 근거를 마련하기 위하여 이론을 전개해 가는 과정을 과학적 조사의 논리체계(logical system)라 한다. 이론의 형성에 사용되는 대표적인 과학적 조사방법으로는 연역적 논리체계를 이용한 연역법(deductive method)과 귀납적 논리체계에 근거한 귀납법(inductive method)의 두 가지 종류가 있다. 연역법(deduction)은 일반적인 경험이나 사실에서부터 시작하여 특수한 사실을 도출해 내는 방법이다. 즉, '해는 동쪽에서 뜬다'고 하는 언명을 먼저 제시하고 난 뒤에 관찰을 통해 언명을 입증하는 방법을 연역적 방법이라 한다. 전형적인 과학적 논리체계 방법이라 불리기도 하는 이러한 연역적

그림 1-6 과학적조사의 논리체계

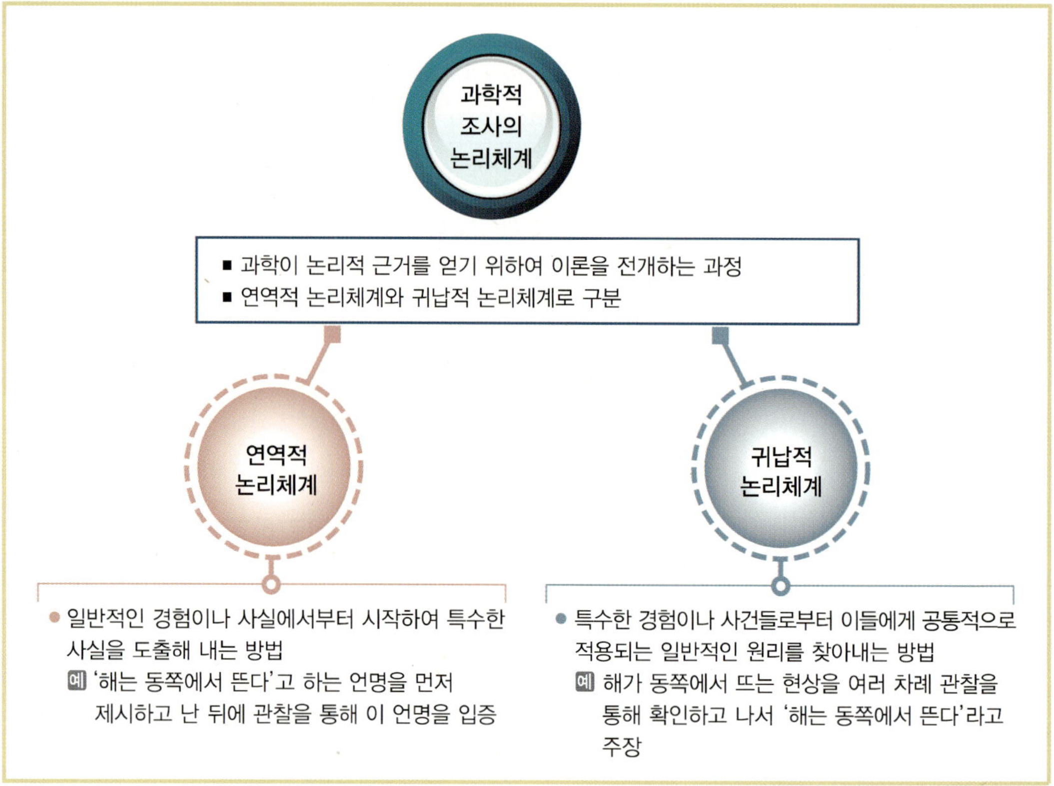

논리체계는 주로 실증주의적 입장에서 이론을 개발하는 방법으로 사용된다.

반면에, 귀납적 논리체계는 연역적 논리체계와는 정반대로 전개되어, 특수한 경험이나 사건들로부터 이들에게 공통적으로 적용되는 일반적인 원리를 찾아내는 방법이다. 즉, 해가 동쪽에서 뜨는 현상을 여러 차례의 관찰을 통해 확인하고서 '해는 동쪽에서 뜬다'라고 주장하는 방법을 말한다. 일명 삼단논법으로 불리기도 하는 이러한 귀납적 논리체계는 실증주의적 입장에 반대하는 과학적 방법론을 주창하는 학파들에 의하여 주로 사용되었다.

예를 들어, 중세 기독교인들의 '천지창조설'에 대항하여 다윈은 '진화론'을 주장하였다. 다윈은 화석과 같은 과학적 증거물을 바탕으로 하여 그의 이론을 과학적 이론으로 승화하려 노력하였다. 따라서 '천지창조설'이 연역적 논리체계를 이용하여 도출한 이론임에 반해, '진화론'은 귀납적 논리체계에 바탕을 둔 이론으로 볼 수 있다. 이처럼 논리체계는 과학적으로 이론을 전개하는 과정에서 논리와 경험이 어떻게 결합되는가에 따라 연역적 논리체계와 귀납적 논리체계로 구분된다. 연역적 논리체계와 귀납적 논리체계에 대하여 추가적으로 설명하면 다음과 같다.

1) 연역적 논리체계(Deductive Reasoning System)

연역적 논리체계(deductive reasoning system)는 일반적인 사실로부터 특수한 사실들을 이끌어내는 방법이다. 이러한 연역적 논리체계는 실증주의적(positivism) 입장에서 이론을 개발하는 경우에 주로 사용되는 전형적인 과학적 방법이다. 연역적 논리체계를 사용해서 이론을 전개하는 과정을 예를 들어 설명하면 [그림 1-7]과 같다.

[그림 1-7]의 경우에는 이순신, 링컨, 소크라테스가 죽었는지 아니면 죽지 않았는지와 같은 개별 사건에 대하여 관심이 있는 것이 아니라 '사람은 죽는다'라는 일반화된 이론에 관심을 가지고 이를 검정하기 위해 이순신, 링컨, 소크라테스와 같은 특정한 개인들의 생사 여부를 관찰하게 된 것이다. 누구도 이들이 사람임을 쉽게 알 수 있기 때문에 이들의 생사 여부에 대한 관찰을 통해 '사람은 죽는다'라는 일반적인 이론이 옳다는 것을 검정하는 것이다. 논리와 특정한 경험이 이와 같은 형태로 결합되어 하나의 이론을 완성해 가는 방법이 바로 연역적 논리체계이다.

그림 1-7 | 연역적 논리체계

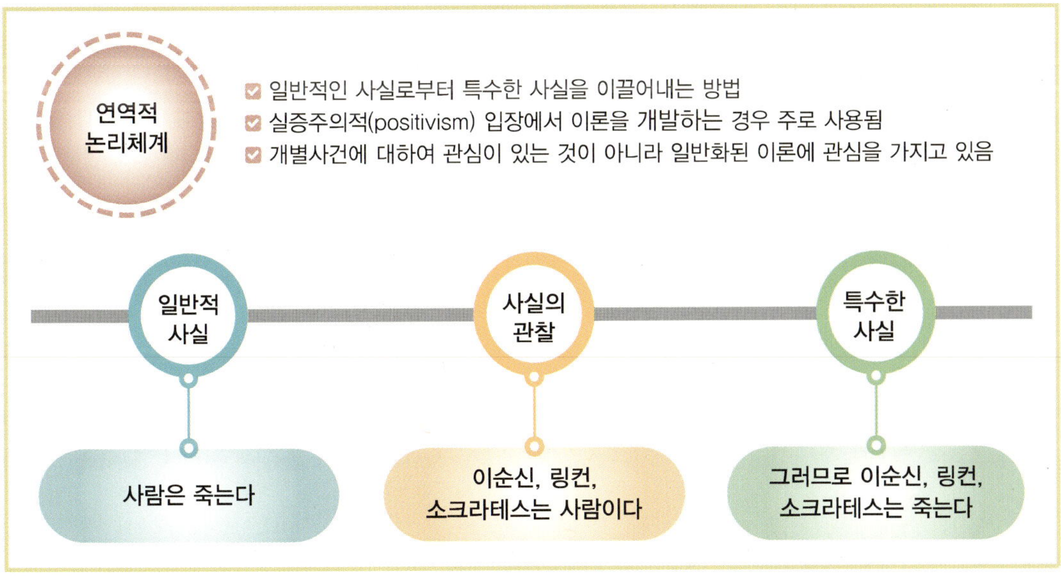

2) 귀납적 논리체계(Inductive Reasoning System)

귀납적 논리체계(inductive reasoning system)는 연역적 논리체계에서 이론을 형성해 가는 순서와 정반대로 논리와 경험을 결합하여 이론을 형성해 가는 방법이다. 귀납적 논리체계를 사용하여 이론을 전개하는 과정을 예를 들어 설명하면 [그림 1-8]과 같다.

귀납적 논리체계는 [그림 1-8]의 예에서처럼 개별 사건들을 관찰한 후에 일반적인 결론에 해당하는 이론을 도출하는 방법이다. 귀납적 논리체계에서 이론과 경험은 연역적 논리체계에서와 정반대로 전개된다. 일반적으로 귀납적 논리체계는 문화인류학자들에 의하여 문화현상에 대한 설명방법으로 오랫동안 사용되어 왔다. 사실들에 대한 선입견을 배제한 채 사실 그대로를 먼저 관찰한 다음 관찰된 사실들 안에 내재하고 있는 공통적인 유형을 찾아내서 현재의 현상을 설명하는 데에는 귀납적 논리체계가 비교적 적합하기 때문이다. 그러나 한정된 수의 제한적인 관찰들로부터 찾아낸 사실을 보편적인 진리로 간주하기에는 한계가 있을 수 있다. 따라서 이를 보다 확고하게 입증하기 위해서는 보다 많은 수의 관찰이 요구되기도 한다. 따라서 귀납적 논리체계는 경험을 바탕으로 하여 도출된 결과를 다시 경험적인 방법으로 검증해야 한다는 모순을 범한다고 볼 수 있으며, 또한 관찰에 기반을 두고 있기 때문에 항상 측정상의 오류가 발생할 수 있다는 문제점이 있다. 요즈음 주목을 받고 있는 빅데이터분석(big data analysis)의 대부분이 이러한 귀납적 방법을 취하

그림 1-8 | 귀납적 논리체계

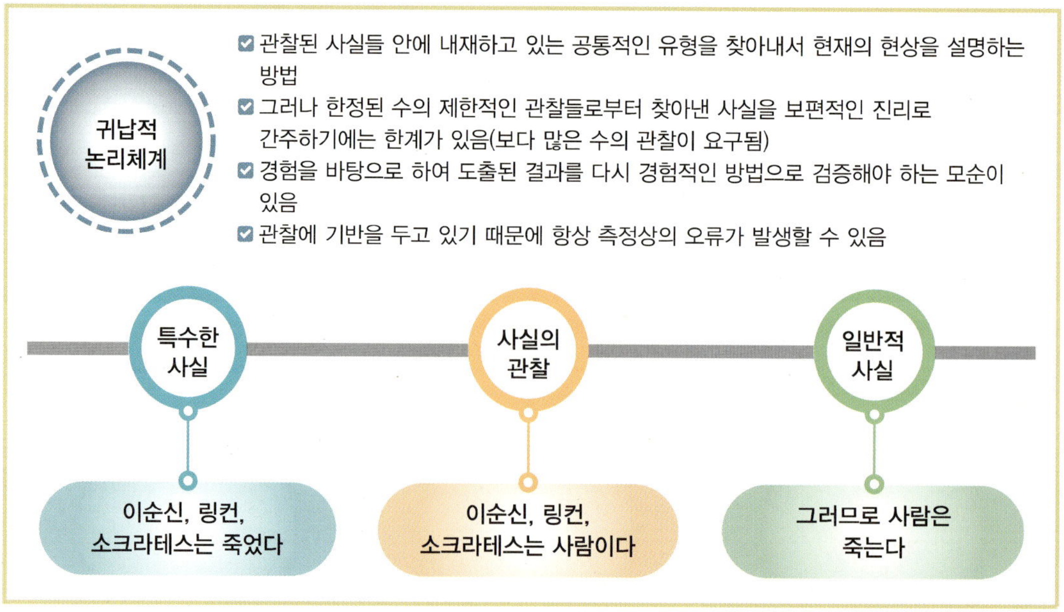

고 있다. 일반적으로, 빅데이터분석은 어떠한 사실을 검정하려는 특별한 목적 없이, 수집한 방대한 자료에서 다양한 분석을 통해 흥미롭고 유용한 정보를 찾아내는 방법을 사용한다.

연역적 논리체계와 귀납적 논리체계가 어떠한 방식으로 이론이나 지식이 개발되는지를 기업들

그림 1-9 | 연역적 논리체계

1 가설

☑ 일반적인 믿음에 근거한 가설을 설정하는 것으로부터 시작함

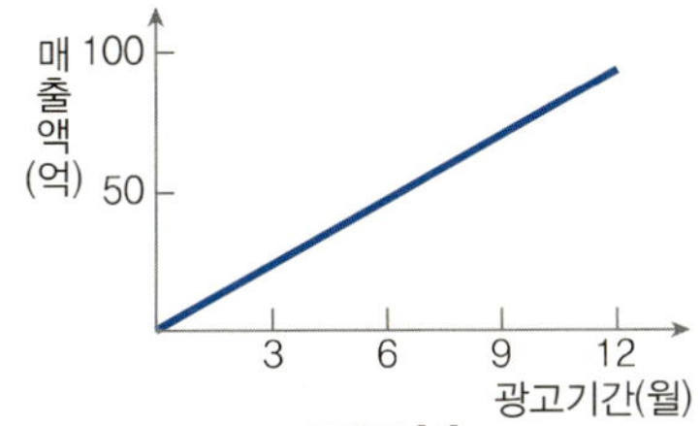

그래프 [1]

- 기업이 광고활동을 활발히 지속하면 할수록 매출액이 향상될 것이라는 일반적인 믿음이 가설이 됨
- 즉, 광고기간과 매출액 간에는 어느 정도 양의 관계가 성립된다는 믿음을 가설로 설정할 수 있음

2 관찰

☑ 세워진 가설을 검증하기 위하여 관찰을 해야 함

☑ 가설의 진위 여부를 검정하기 위해서는 특정 기간 동안 광고하여 얻은 매출을 가지고 있는 여러 기업들을 관찰할 필요가 있음

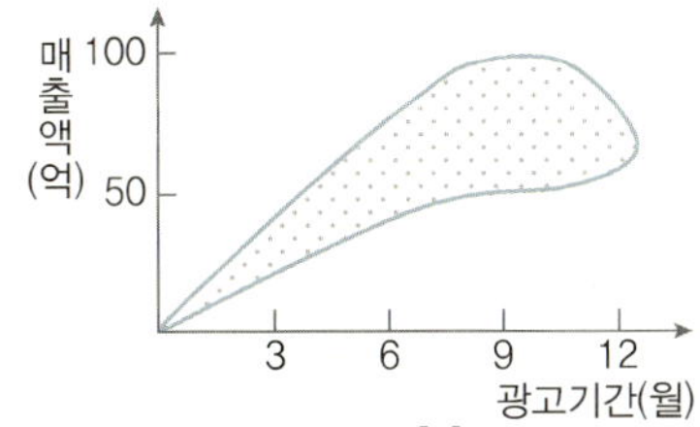

그래프 [2]

- 그래프의 그늘진 영역은 기업들의 광고기간에 따른 매출액을 조사하여 이들을 광고기간과 매출액을 각각 *X*축과 *Y*축으로 나타내고 있는 그래프상에 점들로 표시됨
- 기업별로 어느 정도 차이는 있을 수 있으나 오랫동안 광고해서 광고기간이 긴 기업일수록 매출액이 상대적으로 높은 것으로 나타남

3 가설채택 여부 판단

☑ 가설과 실제로 관찰해서 얻은 결과들을 비교해서 관찰한 결과들이 사전에 설정한 가설을 채택하기에 충분한 정보를 제공하는지를 판단하여 결정해야 함

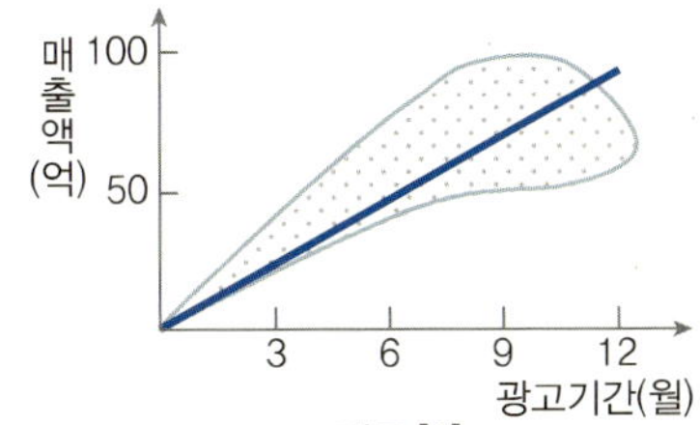

그래프 [3]

- 광고기간과 매출액 간에는 어느 정도 양의 관계가 성립됨을 알 수 있음
- 그러나 그래프 [1]의 연역적 논리체계의 가설에서 주장하는 것처럼 선형관계가 아니라 비선형관계가 성립된다는 것으로 관찰결과가 나타남
  따라서 이 경우 어느 정도까지는 관찰결과가 가설을 입증한다고 할 수 있으나 완전하게 입증한다고 볼 수는 없음

이 수행하고 있는 광고의 기간과 매출액 간의 관계를 예로 들어 설명하면 [그림 1-9]와 같다. 우선 연역적 논리체계는 일반적인 믿음에 근거한 가설을 설정하는 것으로부터 시작한다. 이 경우 기업이 광고활동을 활발하게 지속하면 할수록 매출액이 향상될 것이라는 일반적인 믿음이 가설이 된다. 즉, 광고기간과 매출액 간에는 어느 정도 양(+)의 관계가 성립된다는 믿음을 가설로 설정할 수 있다.

다음으로, 세워진 가설을 검증하기 위하여 관찰을 해야 한다. 즉, 이러한 가설의 진위 여부를 검정하기 위해서는 특정 기간 동안 광고해서 기록한 매출자료를 여러 기업들로부터 구해서 이들을 살펴볼 필요가 있다.

[그림 1-9]의 그래프 [2]는 기업들의 광고기간에 따른 매출액을 조사하여 이들을 광고기간과 매출액을 각각 *X*축과 *Y*축으로 나타내고 있는 그래프상에 점들로 표시한 그래프이다. 그래프상에서 보듯이, 기업별로 어느 정도 차이는 있을 수 있으나, 오랫동안 광고해서 광고기간이 긴 기업일수록 매출액이 상대적으로 높은 것으로 나타나고 있다.

마지막으로, 가설과 실제로 관찰해서 얻은 결과들을 비교해서 관찰한 결과들이 사전에 설정한 가설을 채택하기에 충분한 정보를 제공하는지를 판단하여 결정해야 한다. 다시 말해서, 현실세계에서 발생할 수 있는 약간의 변동성을 인정해도, 실제로 발생한 현상들을 관찰한 결과들이 현상들 사이에 존재하는 근본적인 내용을 설명하는 가설을 일반적인 이론으로 받아들이기에 충분하고도 명확한 증거를 제시하고 있는지를 확인하는 것이 필요하다. [그림 1-9]에서 제시하고 있는 그래프 [2]의 예에서 살펴보면 광고기간과 매출액 간에는 어느 정도 양(+)의 관계가 성립됨을 알 수 있다. 그러나 그래프 [1]에서와 같은 가설에서 연역적으로 주장하는 것처럼 광고기간과 매출액과의 관계는 선형관계가 아니라 그래프 [3]에서처럼 비선형관계가 성립되는 것으로 관찰결과가 나타나고 있다. 따라서 [그림 1-9]에 있는 예의 경우 관찰결과가 어느 정도 가설을 입증한다고 할 수 있으나 완전하게 입증한다고 볼 수는 없다.

[그림 1-9]에서 예시하고 있는 동일한 문제를 귀납적 논리체계를 사용하여 이론을 도출하는 방법을 그래프로 설명하면 [그림 1-10]과 같다. 귀납적 논리체계에서는 관심 있는 내용을 우선 관찰하고, 관찰결과 속에 내재된 일반적인 패턴을 찾는 방식으로 이론을 개발한다. 즉, 반복적으로 여러 번 관찰한 결과들을 요약하여 이들을 가장 잘 설명할 수 있는 근본적인 패턴을 구할 수 있는데, 이것은 [그림 1-10]의 그래프 [2]에서 보듯이 관찰결과들을 가장 잘 대표할 수 있는 많은 관측치들의 중심을 지나는 곡선이 된다.

도출된 일반적인 패턴을 나타내는 곡선에 대해 보다 구체적으로 설명하면, 기업의 광고기간이 1개월에서 9개월 사이에 있는 경우에는 광고기간에 따라 매출액이 선형적인 관계를 가지고 상승

그림 1-10 | 귀납적 논리체계

1 관찰

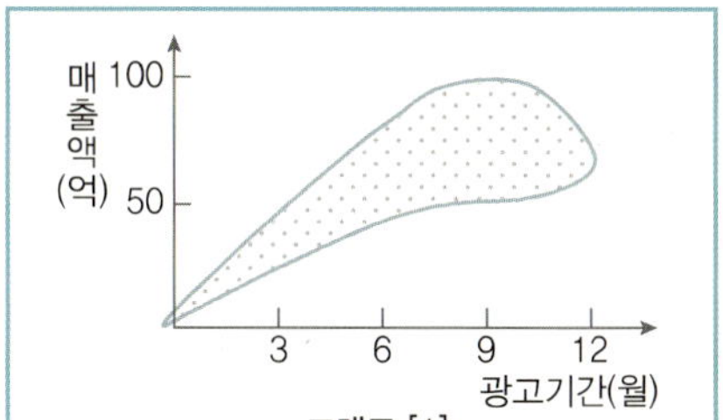

그래프 [1]

- 광고기간과 매출액 간의 관계를 관찰함

2 근본적인 패턴 발견

☑ 반복적으로 여러 번 관찰한 결과들을 요약하여 이들을 가장 잘 설명할 수 있는 근본적인 패턴을 발견함

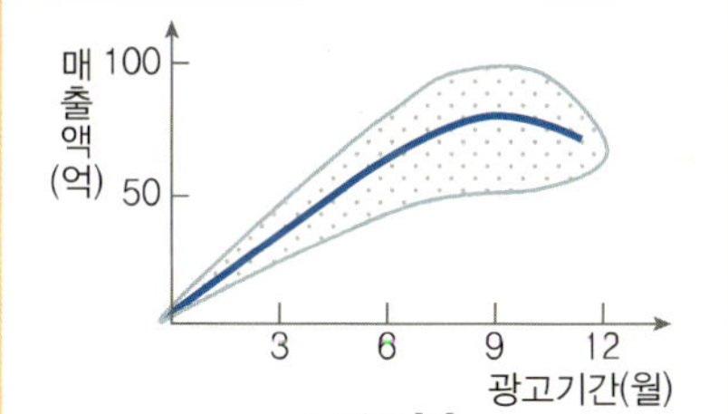

그래프 [2]

- 관찰결과들(패턴)을 가장 잘 대표할 수 있는 관측치들의 중심을 지나는 곡선으로 나타남

3 잠정적 결론

☑ 여러 관찰결과를 분석하여 이들 간에 내재하고 있는 공통적인 현상을 도출함
☑ 공통적인 현상을 하나의 잠정적인 이론으로 규명함

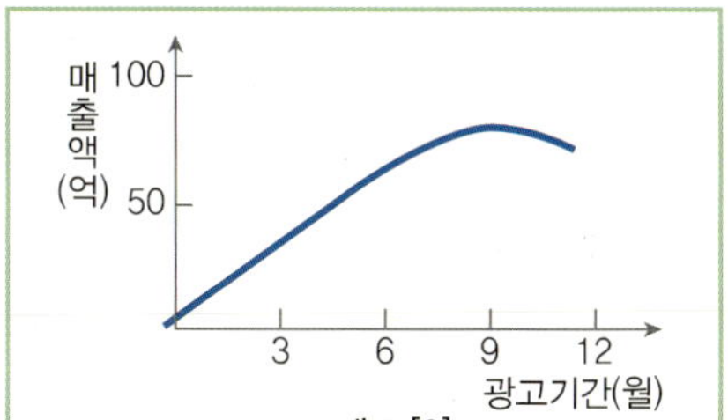

그래프 [3]

- 기업의 광고기간이 1개월에서 9개월 사이에 있는 경우에는 광고기간에 따라 매출액이 선형적인 관계를 가지고 상승하나, 광고기간이 9개월이 넘어가게 되면 광고기간의 증가에 따라 매출액이 상승하기보다는 오히려 조금씩 줄어들고 있음
- 따라서 광고기간과 매출액 간의 관계는 비선형곡선으로 일반화하여 볼 수 있음

하나, 광고기간이 9개월이 넘어가게 되면 광고기간의 증가에 따라 매출액이 상승하기보다는 오히려 조금씩 줄어들고 있다. 따라서 광고기간과 매출액 간의 관계는 [그림 1-10]의 그래프 [3]에서 제시하고 있는 비선형곡선으로 일반화하여 볼 수 있다. 이와 같이, 귀납적 논리체계에서는 여러 관찰결과를 분석하여 이들 간에 내재하고 있는 공통적인 현상을 도출하게 되는데, 이러한 공통적인 현상을

하나의 잠정적인 이론으로 규명하게 된다.

3) 과학적 논리체계의 순환과정(Cycle of Scientific Reasoning Process)

일반적으로 과학적 지식은 연역적 과정과 귀납적 과정의 순환을 통하여 축적되며, 이를 그림으로 나타내면 [그림 1-11]과 같다. [그림 1-11]에서와 같이 연역적 과정과 귀납적 과정은 서로 분리되어 있다기보다는 과학적 이론을 구축하는 과정에서 서로 연관되어 순환적으로 작용한다고 볼 수 있다. 따라서 현상에 대한 이해와 이를 바탕으로 하는 지식은 이러한 연역과 귀납의 2가지 과정이 순환적으로 되풀이되면서 축적되어가는 것으로 보는 것이 타당하다. 즉, 관찰로부터 시작해서 이론을 만들어가는 귀납적 과정과 개발된 이론을 검증하기 위해 관찰을 시도하는 연역적 과정이 순환적으로 되풀이되면서 현상에 대해 설명하는 새로운 이론들이 개발되어 축적된다.

요약하면, [그림 1-11]에 제시된 것처럼 하나의 새로운 논리 혹은 이론이 귀납적 과정을 통하여 개발되면, 이것은 보다 많은 객관적인 자료를 이용해서 경험적인 검정을 거치게 된다. 이러한 경험적 검증에서 연역적 과정이 사용된다. 한편, 축적된 자료를 관찰해서 그 중에 일반화가 가능한 것을 다시 이론으로 개발하는 것은 귀납적 과정에 해당된다. 그러나 이러한 자료를 축적하고 분석해서 이론으로 개발하는 과정들은 한 번으로 끝나는 것이 아니라 계속해서 반복됨으로써 보다 새롭고 정교한 과학적 이론과 지식이 축적된다.

그림 1-11 | 과학적 논리체계의 순화과정

- 과학적 지식은 연역적 과정과 귀납적 과정의 순환과정을 통하여 축적됨
- 연역적 과정과 귀납적 과정은 서로 연관되어 작용함
  두 과정 중 조사를 수행하기 위한 적절한 과정을 선택함

- 새로운 논리 혹은 이론이 귀납적 과정을 통하여 개발되면 이것은 보다 많은 객관적인 자료를 이용해서 경험적인 검정을 거치게 됨
- 이러한 경험적 검증에서 연역적 과정이 사용됨

따라서 이론의 축적은 처음에 논리로부터 시작하였는지 아니면 경험(자료)으로부터 시작하였는지에 대한 구분은 크게 중요하지 않을 수도 있다. 다만 조사와 조사를 수행하기 위한 방법을 설정하는 과정에서 조사자는 먼저 이론을 세우고 후에 조사하는 연역적 논리전개 과정을 택할 것인지 아니면 먼저 조사하고 나중에 이론을 도출하는 귀납적 논리전개 과정을 택할 것인지를 결정할 필요는 있다.

CHAPTER

2

사회과학조사
(Social Science Research)

Chapter

02 사회과학조사 (Social Science Research)

제1절 사회과학조사의 정의(Definition of Social Science Research)

사회과학조사(social science research)란 과학적인 조사방법을 사용하여 사람들 간의 관계와 활동으로 인하여 발생하는 문제들에 대하여 정확하게 이해하고, 그 원인 및 해결방안을 찾는 데에 필요한 정보를 찾는 일련의 과정을 말한다. 또한 이러한 사회과학조사를 통해서 얻은 정보와 지식은 일반화를 통하여 사회에 대한 체계적인 지식과 이론으로 발전한다. 따라서 과학적인 방법으로 계획되고 수행되는 사회과학조사는 사회의 지식과 이론 개발 및 발전에 기본이 되는 필수적인 요인이다.

이러한 사회과학조사의 목적은 체계적이고 객관적인 방법으로 사회과학조사문제를 정확하게 파악하고, 인식된 조사문제를 해결하기 위해서 필요로 하는 객관적이며 정확한 정보를 제공하는 것이다. 따라서 사회과학조사는 크게 사회과학문제를 정확하게 파악하는 것과 인식된 사회과학문제를 올바르게 해결하기 위하여 꼭 필요한 객관적이며 정확한 정보를 제공하는 것을 목적으로 한다.

이를 위해서는 사회조사문제에 대한 과학적이고 정확한 인식이 필요하다. 문제를 정확하게 이해하기 위해서도 많은 정보가 필요하기도 하다. 따라서 사회과학조사는 사회과학조사문제를 정확하게 이해하기 위한 문제인식조사(problem identification research)와 인식된 문제를 효과적으로 해결하기 위한 문제해결조사(problem solving research)로 나누어 볼 수 있다. 또한 이러한 사회과학조사는 반드시 과학적 조사(scientific research)이어야만 한다.

사회과학조사(social science research)는 사회조사문제를 정확하게 이해하고, 이 문제를 해결하기 위해서 필요로 하는 정확한 정보를 얻을 수 있는 자료를 객관적이며 체계적인 방법으로 수집하

그림 2-1 | 사회과학조사의 정의와 목적

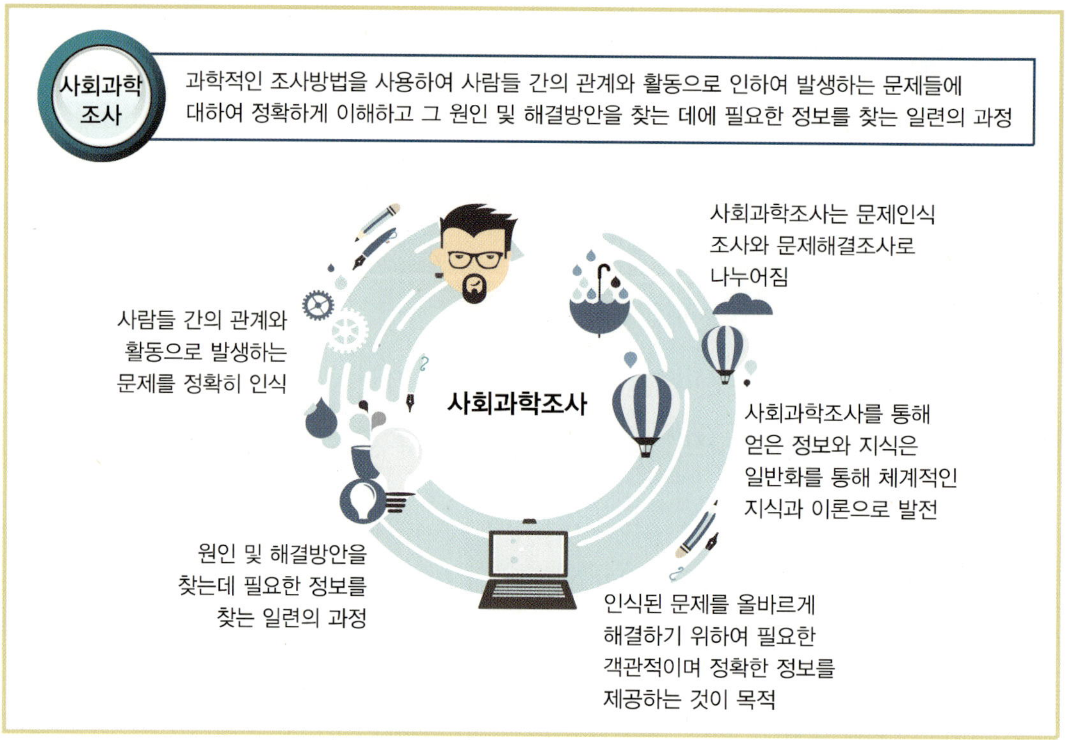

여 분석한 다음, 그 결과를 조사자나 의사결정자에게 효과적으로 전달하여, 실제적으로 활용되기까지의 모든 과정을 포함한다.

제2절 사회과학조사 절차(Process of Social Science Research)

사회과학조사는 경험적인 관찰결과를 바탕으로 현상에 대한 이론적인 주장을 입증하거나 불확실한 미래를 예측하기 위하여 진행되는 체계적인 조사절차와 방법을 의미한다. 사회과학조사를 진행하는 과정은 우선 (1) 문제를 정확하게 인식한 다음, (2) 문제와 관련된 기존의 이론과 지식을 정리하고, (3) 이를 근거로 가설을 설정한 다음, (4) 가설에서 사용된 개념들, 즉 잠재변수들을 측정할 변수들을 정의하고 (5) 최종적으로 변수들 간의 관계를 규명함으로써 (6) 가설을 검정하고 (7) 그 결과에 따라 새로운 이론을 축적해간다. 본절에서는 이러한 사회과학조사를 구성하고 있는 요소들에 대하여 살펴보기로 한다.

2.1 사회과학 조사문제(Social Science Research Problem)

모든 사회과학조사는 문제(problem)에 대한 인식으로부터 출발한다. 왜냐하면 조사자로 하여금 조사를 실행하도록 관심을 유발시키는 것이 바로 문제에 대한 정확한 인식이기 때문이다. 그리고 모든 조사는 이러한 문제를 해결하기 위한 방안이나 이에 필요한 지식을 얻음으로써 조사를 마무리하게 된다. 일반적으로 조사자는 어떠한 현상에 대하여 흥미를 가지고 있거나, 기존에 있는 이론을 바탕으로 새로운 이론을 개발하고자 하는 경우에 조사문제를 제기한다. 그러나 경우에 따라서는 현실생활에서부터 문제가 발생하여 조사자가 이를 인식함으로써 조사문제가 촉발되어 인식되기도 한다. 예를 들어, 지난 달까지 잘 팔리던 상품의 매출이 갑자기 줄어들었다든가, 아니면 정부에 대한 지지율이 급격하게 감소하거나, 아동학대가 급격히 증가하거나 출산율이 급격히 저하되는 것과 같은 문제들이 현실적인 상황으로부터 비롯되는 문제들이 된다. 이외에도 효과적으로 홍보예산을 집행하기 위하여 홍보비용과 인지도 및 선호도 간의 관계를 파악하고자 하는 탐구적 의지로부터 촉발된 현실적인 문제들이 있다.

그러나 이렇게 인식된 모든 문제들이 모두 조사문제로 되는 것은 아니다. 특히, 일상생활에서 발생하는 가치와 관련된 문제는 조사문제가 될 수 없다. 즉, **사람의 가치관(values)과 관련된 문제는 과학적 문제가 될 수 없다. 왜냐하면, 과학적인 문제는 도덕적이며 윤리적인 방법으로 해결할 수 없기 때문이다.** 예를 들어, '젊은 사람들은 노인들에게 예의를 지켜야 하는가?', '성공한 사람은 존경받는가?', '젊었을 때 고생을 많이 할수록 성공할 가능성은 높은가?', '행복한 사람은 장수하는가?'와 같은 문제들은 검증하기 어렵기 때문에 과학적인 검증이 가능한 조사문제라 볼 수 없다.

문제가 과학적으로 검증가능한 조사문제로 인식이 되면, 조사자는 문제해결에 필요한 관련 정보와 지식을 검토한 후, 조사문제에 대해서 구체적으로 서술하는 과정을 거치게 되는데, 이 과정이 바로 연구의 가설을 설정하기 위한 선행 단계에 해당된다. 즉, **가설설정은 특정한 현상에 대한 의문으로부터 비롯된 문제를 명확하게 인식하여 이를 구체화시키는 것으로부터 시작된다. 따라서 명확한 문제제기가 없는 가설은 존재하지도 않고, 만일 존재한다 하더라도 큰 의미가 없을 수 있다.**

특히 조사자가 접하게 되는 대부분의 문제는 산만하고 혼동된 개념을 갖는 경우가 많다. 그러

그림 2-2 | 정확한 문제인식

조사문제 둘 또는 그 이상의 변수들 간에 어떤 관계가 있는가와 같은 질문형식의 의문형 문장 또는 진술

- 모든 조사는 문제에 대한 인식으로부터 출발함
- 조사를 실행하도록 관심을 유발시키는 것
- 인식된 모든 문제들이 모두 조사문제로 되는 것은 아님
  (사람의 가치와 관련된 문제는 조사문제가 되기 어려움)
  – 젊은 사람들은 노인들에게 예의를 지켜야 하는가?
- 가설설정 : 문제가 과학적으로 검증가능한 조사문제인 경우 조사문제에 대해 구체적으로 서술하는 과정
  – 특정한 현상에 대한 의문으로부터 비롯된 문제를 명확하게 인식하여 이를 구체화시키는 것
- 명확한 문제제기가 없는 가설은 존재하지도 않고, 있다 해도 큰 의미가 없음
- 조사자가 수행하여야 하는 가장 중요한 일 중 하나는 조사문제를 분명하고 완전하게 정의하는 것

조사문제의 특징

- 사람이 가지고 있는 가치나 가치관과 관련이 없어야 함
- 조사문제는 둘 혹은 그 이상의 개념이나 변수들 간의 관계로 표현되어야 함
- 조사문제는 질문형식으로 분명하고 명확하게 진술되어야 함
- 조사문제는 경험적으로 검증이 가능해야 함

Q 잘못된 조사문제

'민주주의는 공산주의보다 우월한가?'
'민주적 교육이 청소년들의 학습능률을 향상시킬 수 있는가?'

Q 올바른 조사문제

'상품의 가격수준과 재구매 의사와는 어떠한 관계가 있는가?
'인센티브 제도는 직무성과에 어떠한 영향을 미치는가?'

나 조사자는 조사를 통해서 알아내고자 하는 것이 무엇인지를 정확하게 알고 문제를 정확하게 파악해야만 비로소 문제를 해결할 수 있게 된다. 따라서 조사자는 조사문제를 간단 명료하게, 그리고 완전하게 이해한 상태에서 이를 구체적으로 서술하도록 해야 한다. 요약하면, 조사문제에 대한 정확한 파악과 적합한 서술은 조사성과 달성에 있어서 가장 중요한 부분이다. 따라서 조사자가 수행해야 할 가장 중요한 일 중의 하나는 조사문제를 명확하고 완전하게 정의하는 것이다.

일반적으로 문제는 둘 또는 그 이상의 변수들 간에 어떤 관계가 있는가와 같은 질문 형식의 의문형 문장이나 진술로 표현된다. 따라서 대부분의 경우, 문제는 둘 혹은 그 이상의 변수들을 내포하게 된다. 훌륭한 문제와 문제에 대한 서술을 평가하는 기준으로는 다음과 같은 것이 있다.

첫째, 조사문제는 사람이 가지고 있는 가치관(values)에 대한 내용이어서는 안 된다. 즉, 윤리적인 기

그림 2-3 | 올바른 조사문제 설정 기준

1 조사문제는 사람이 가지고 있는 가치관에 대한 내용이어서는 안 된다

- 윤리적인 기준이나 가치관과 같이 주관적이어서 사람마다 서로 크게 다를 수 있는 내용이어서는 안 된다는 것이다

  예 '군대의 기강은 무엇이 좌우하는가?'
  '민주주의가 공산주의보다 우월한가?'

2 조사문제는 둘 혹은 그 이상의 변수 간의 관계로 표현되어야 한다

- 'A는 B와 관련이 있는가?'
  '광고비와 매출액은 어떠한 관계가 있는가?'
  '서비스에 대한 만족도와 재방문의사와는 어떠한 관계가 있는가?'와 같이 조사문제는 두 개 이상의 (잠재)변수들 간의 관계를 나타내어야 한다

3 조사문제는 질문형식으로 분명하고 명확하게 진술되어야 한다

- 질문형태로 문제를 표현하는 것은 문제를 직접적으로 명확하게 제기할 수 있다는 이점을 가지고 있음
- '인센티브제도가 직무성과에 어떠한 영향을 주는가?'와 같은 질문은 기업의 인센티브제도와 직무성과 간의 관계를 파악하고자 한다는 의도를 명확하게 제시하고 있다

4 조사문제는 경험적으로 검증이 가능해야 한다

- 이를 위해서 조사문제가 포함하고 있는 개념(잠재변수)들 간의 관계는 어떠한 형태로든 간에 측정이 가능하여야 함

준(ethical criterion)이나 가치관(values)과 같이 주관적이어서 사람마다 서로 크게 다를 수 있는 내용이어서는 안 된다는 것이다. '진보사상이 보수사상보다 행동적인가?'나 '민주주의가 공산주의보다 우월한가?' 등과 같이 주관성이 강한 내용은 조사문제가 될 수 없다.

둘째, 조사문제는 둘 혹은 그 이상의 변수 간의 관계로 표현되어야 한다. 예를 들어, 조사문제는 'A는 B와 관련이 있는가?', 'A와 B는 C와 어떠한 관계가 있는가?'와 같이 변수들 간의 관계를 묻는 질문형태를 띠게 된다. '광고비와 매출액은 어떠한 관계가 있는가?'나 '서비스에 대한 만족도와 재방문의사와는 어떠한 관계가 있는가?'와 같이 조사문제는 두 개 이상의 (잠재)변수들 간의 관계를 나타내는 형태를 취한다.

셋째, 조사문제는 질문형식으로 분명하고 명확하게 진술되어야 한다. '문제는 무엇이다'라고 하거나

'이 조사의 목적은 무엇이다'라는 식의 서술형태가 아니라, 무엇인지를 찾거나 파악하고자 하는 질문형태를 갖는다. 질문형태로 문제를 표현하는 것은 문제를 직접적으로 명확하게 제기할 수 있다는 이점을 가지고 있다. 예를 들어, '인센티브제도가 업무성과에 어떠한 영향을 주는가?'와 같은 질문은 기업의 인센티브제도와 업무성과 간의 관계를 파악하고자 한다는 의도를 명확하게 제시하고 있다.

넷째, 조사문제는 경험적(empirically)으로 검증이 가능해야 한다. 이를 위해서 조사문제가 포함하고 있는 개념(잠재변수)들 간의 관계는 어떠한 형태로든 간에 측정(measurement)이 가능하여야 한다. 예를 들어, '민주적 교육이 청소년들의 학습능률을 향상시킬 수 있는가?'와 같은 문제는 언급된 개념(잠재변수)들 간에 어느 정도 관계가 있을 수 있고, 문제 자체도 의미 있는 조사의 대상이 될 수 있다. 그러나 문제를 구성하고 있는 개념들을 특정한 변수를 사용해서 측정하는 것이 용이하지 않아 경험적 검증이 어려운 경우가 많다. 일반적으로 이러한 측정상의 문제는 조작적 정의(operational definition) 과정을 통해서 어느 정도 해결할 수 있으나, 가능하면 이보다 앞서 좀 더 명확한 구성개념(construct)이 나올 수 있도록 문제를 인식하는 단계에서부터 이에 대한 해결방안을 모색하여 문제를 제기하는 것이 바람직하다. 즉, '민주적 교육'이라는 개념을 구체적으로 어떠한 조작적 정의를 통해서 변수로 측정할 수 있는지를 문제의 제기 단계에서부터 명확히 해야만 문제해결을 위한 조사가 순조롭게 진행될 수 있다.

2.2 이론(Theory)

보통 사람들은 흔히 이론과 현실을 대조시켜 서로 크게 다른 것처럼 인식하기도 한다. 예를 들어, '이론(theory)과 실제(truth)는 다르다'라는 말에는 이론이 비현실적이라는 생각이 담겨 있다. 그러나 브레히트(Brecht)는 '인간은 시행착오(trial and error)를 통해서 가장 잘 배우게 된다'라는 말을 하면서 이론과 실제는 별개의 개념이 아님을 간접적으로 주장하였다. 여기서 시행은 실제이며 착오는 이론을 지칭한다. 즉, 이론이 잘못된 시행을 초래하는 경우에는 이론에 대한 수정이 필요하다는 것을 의미한다.

그러나 이론은 실제현상(real phenomenon)으로부터 도출되거나 검증되기 때문에 이론과 실제현상은 서로 밀접한 관계가 있다. 이러한 의미에서 이론은 이론의 적용이 논리적으로 상세하게 명시된 경우에만, 과학자들에 의하여 그 이론이 실제현상에서 적용되는 정도, 즉 실제성의 정도

그림 2-4 | 이론의 정의와 함축적 의미

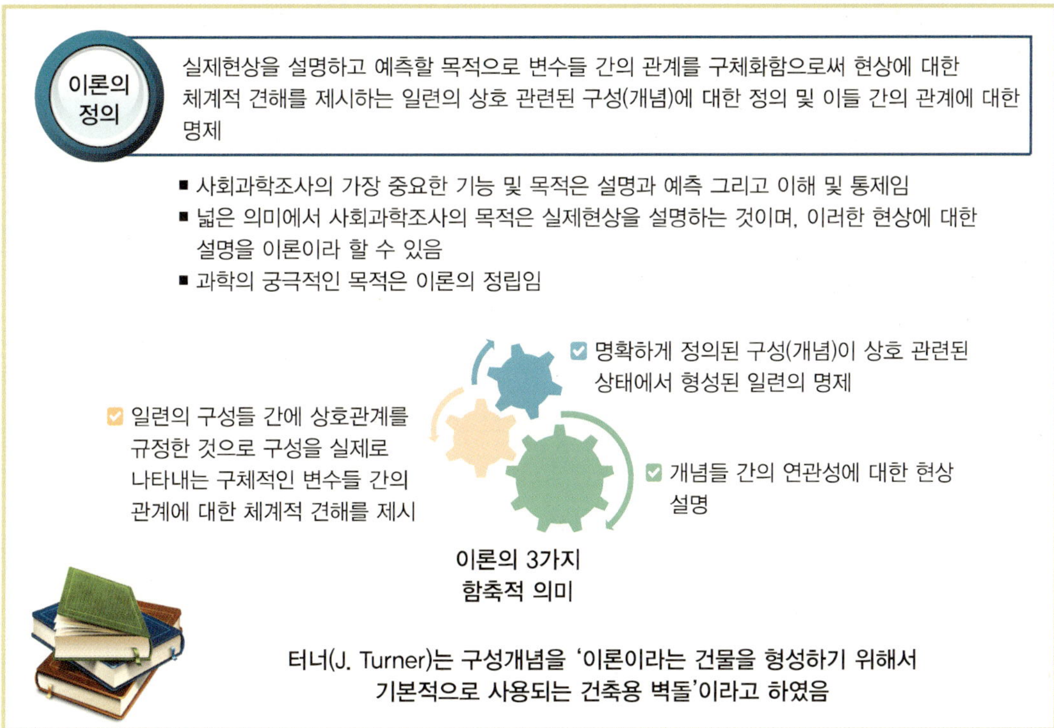

에 따라 검정되어 이론으로 받아들여지거나 아니면 배제된다. 따라서 근본적으로 이론과 실제는 서로 밀접한 관계가 있다. 건전한 이론은 신뢰할 만한 지식의 개념적 근거가 된다. 이론이 있음으로 해서 관심의 대상이 되는 현상을 설명하거나 예측할 수 있고, 더 나아가 이에 근거하여 보다 효과적인 의사결정을 내릴 수 있다.

제1장 제2절의 '과학의 의미'에서 설명하였듯이 사회과학조사의 가장 중요한 기능 및 목적은 설명과 예측 그리고 이해 및 통제이다. 넓은 의미로 사회과학조사의 목적은 실제현상을 설명하는 것이며, 이러한 현상에 대한 설명을 이론이라 할 수 있다. 따라서 과학의 궁극적인 목적은 이론의 정립(theory building)이다.

과학의 궁극적인 목적을 이론의 정립이라고 한다면 설명, 예측, 이해, 통제는 궁극적 목적의 하위목적이 된다. 이러한 맥락에서 이론(theory)이란 실제현상을 설명하고 예측할 목적으로 변수들 간의 관계를 구체화함으로써 현상에 대한 체계적 견해를 제시하는 일련의 상호 관련된 구성개념(construct)들에 대한 정의 및 이들 간의 관계에 대한 명제(proposition)라고 할 수 있다.

즉, 이론은 명확하게 정의된 구성개념(construct)들이 상호 관련된 상태에서 형성된 일련의 명제이다.

터너(J. Turner)는 구성개념(construct)을 '이론이라는 건물을 형성하기 위해서 기본적으로 사용되는 건축용 벽돌'이라고 불렀다. 일반적으로 사회과학에서는 잠재변수(latent variable)를 이용해서 이러한 구성개념(construct)을 나타내고 있다.

2.3 가설(Hypothesis)

가설은 과학적인 조사에서 중요하고도 필수적인 도구로 인식되어 대부분의 사회과학조사에서는 가설을 포함하고 있다. 이렇게 사회과학조사에서 중요한 역할을 하고 있는 가설은 다음과 같은 3가지의 대표적인 특징이 있다. **첫째, 가설은 이론을 연구하고 개발하는 데에 꼭 필요한 대표적 도구이다.** 즉, 가설은 기존에 규명된 이론을 바탕으로 새로운 이론을 개발하기 위해 사용되거나, 다른 가설에서 이미 규명된 이론을 재조명해서 다시 규명하고자 할 때 사용될 수도 있다.

둘째, 가설은 과학적 방법을 통해 검증되어, 사실 혹은 거짓 중의 하나로 판명될 수 있다. 사실이나 거짓으로 검증되기 위해서 가설은 단순한 현상을 묘사하는 형태가 아니라, 변수 간의 관계의 형태

그림 2-5 | 가설의 전제조건

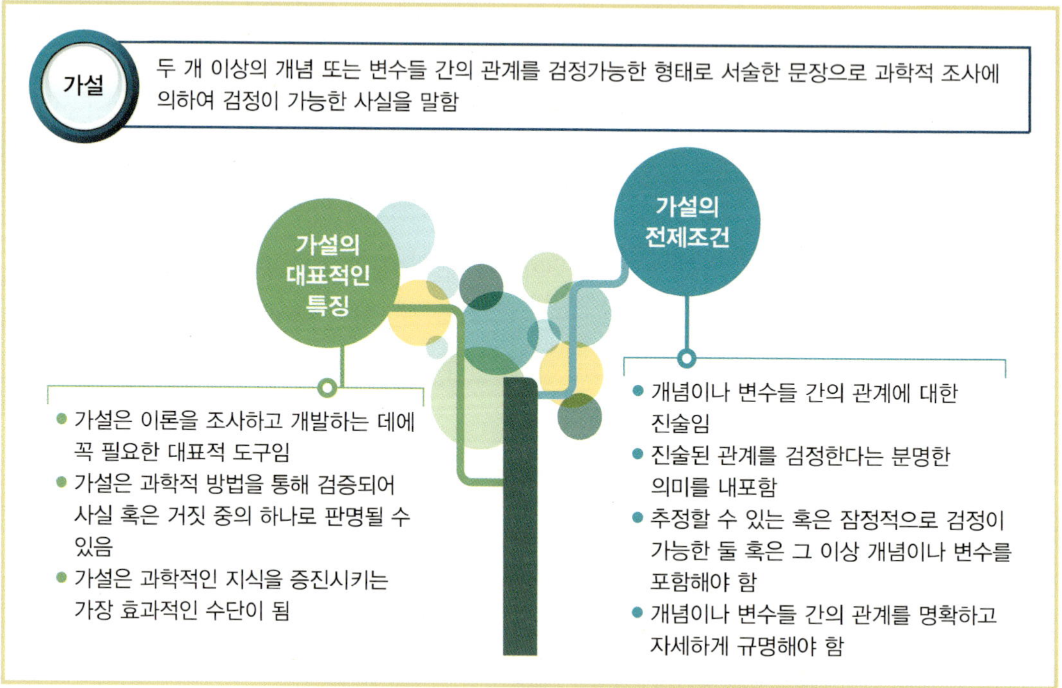

를 띠고 있다. 예를 들어, '홍길동은 키가 크다'나 '봄에는 미세먼지가 많다'와 같이 단순한 현상묘사는 가설이 될 수 없다. 가설이 되기 위해서는 '키와 몸무게는 양의 상관관계가 있다'라거나 '머리가 크면 지능지수가 높다'와 같이 관계를 나타내는 서술적인 명제의 형태를 띠고 있어야 한다.

셋째, 가설을 검정하는 과정은 객관적이며 체계적으로 진행되기 때문에, 가설은 과학적인 지식(scientific knowledge)을 증진시키는 가장 효과적인 수단이 된다. 가설은 비록 조사자인 사람이 설정했다 하더라도 기존에 이미 존재하고 있어 검증될 수가 있는 내용으로 구성된다. 또한 사람의 가치관 내지는 의견과는 별개로 그 옳고 그릇됨을 입증할 수 있는 내용이 된다. 이러한 가설에 대하여 보다 자세히 살펴보면 [그림 2-5]와 같다.

가설(hypothesis)이란 두 개 이상의 구성개념(잠재변수) 또는 변수 간의 관계를 검정가능한 형태로 서술한 문장으로서 과학적 조사에 의하여 검정이 가능한 사실을 말한다. 따라서 개념 또는 변수들 간의 관계를 검정가능한 형태로 제시하는 가설은 이론 형성에서 매우 중요한 역할을 한다.

일반적으로 가설이 합당한 가설이 되기 위한 전제조건은 다음과 같다. 첫째, 가설은 구성개념(잠재변수)이나 변수 간의 관계에 대한 진술이 되어야 한다. 일반적으로 대부분의 사회과학 연구논문에는 구성개념(잠재변수)이나 변수들 간의 영향관계에 대해서 서술한 가설이 존재한다. 둘째, 가설은 진술된 관계를 검증한다는 분명한 의미를 내포하고 있어야 한다. 따라서 가설은 측정할 수 있는 혹은 잠정적으로 측정할 수 있는 둘 혹은 그 이상의 구성개념들이나 변수들을 포함하고 있어야 한다. 또한 가설은 변수들이 어떠한 관계를 맺고 있는지를 명확하게 규명하는 서술문의 형태를 갖추어야 한다. 예를 들어, '교수의 열성이 높으면 학생들의 학업성취도는 높아질 것이다'라는 가설을 보면, '교수의 열성'이라는 독립변수가 '학생들의 학업성취도'라는 종속변수에 '특정 영향을 미칠 것이다'라고 연관되어 있음을 알 수 있다.

이러한 가설은 실증적으로 검증이 가능해야 한다. 즉, 이를 위해서는 '교수의 열성'과 '학생들의 학업성취도'를 측정할 수 있어야 한다. 이것은 앞에서 설명한 구성개념의 조작적 정의(operational definition) 과정을 통해서 해결될 수 있다. 이러한 조작적 정의 문제를 만족스럽게 해결할 수 있을 때 비로소 명백한 가설, 즉 진정한 의미에서의 훌륭한 가설을 설정할 수 있게 된다. 또한, 검정된 가설이 '좋은 가설'이라면 그것으로부터 새롭게 검정할 수 있는 다른 가설들을 추론할 수 있어야 한다.

그러면 가설과 앞에서 설명한 조사문제는 어떻게 다른가? 구체적이어서 검증가능한 가설과 달리, 조사문제는 비교적 범위가 넓고 포괄적인 속성을 지니고 있다. 따라서 대부분의 경우 조사문제는 직접적인 검정이 어렵다. 과학적으로 직접 검정하는 것이 어려운 조사문제를 검증이 가능한 형태로 축소하거나 구체화한 것이 바로 가설이다. 예를 들어, '인센티브가 업무효율성을 높일 수 있는가?'와

그림 2-6 | 조사문제와 가설의 비교

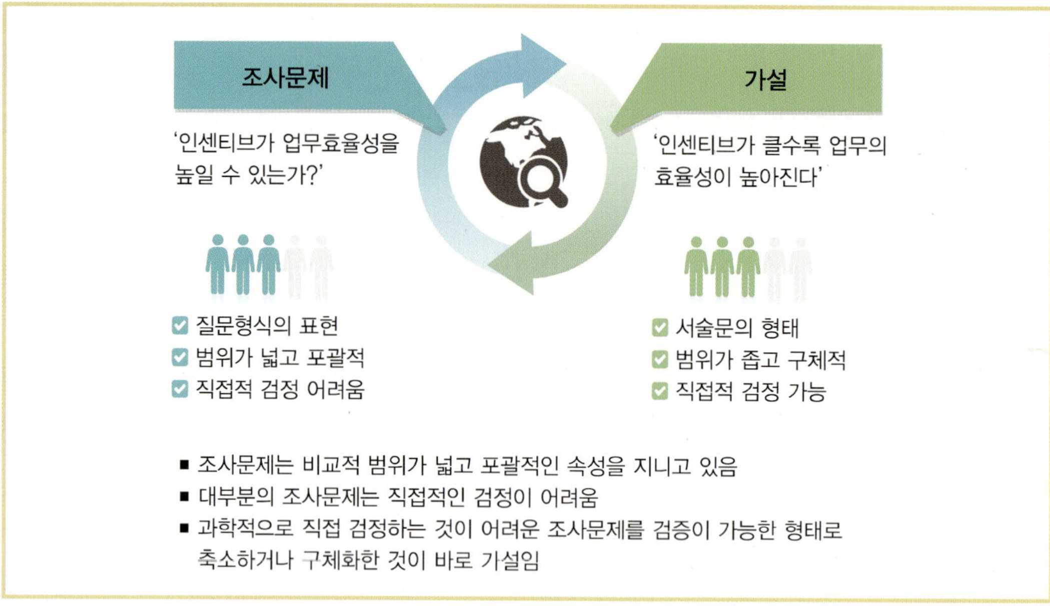

같은 문제는 직접 검증할 수 없지만, 이 문제로부터 도출될 수 있는 하나 혹은 그 이상의 가설은 검정이 가능하다. 예를 들어, '인센티브 정도에 따라서 업무효율성이 달라진다' 혹은 구체적인 방향성을 포함하여 '인센티브가 클수록 업무의 효율성이 높아진다'라고 가설을 세울 수 있다. 즉, 질문형태를 띠고 있는 비교적 포괄적인 내용의 문제를 직접 검증하기는 매우 어려우나 이러한 조사문제를 해결하기 위해서 설정된 가설들은 검정이 가능하다. 이처럼 가설의 이면에 조사문제가 포함되어 있기 때문에 가설과 조사문제를 서로 동떨어진 개념으로 인식하지 않는 것이 바람직하다.

2.4 개념과 구성개념(Concept and Construct)

1) 개념의 정의(Definition of Concept)

이론과 가설의 가장 기본적인 구성요소가 되는 개념(concept)은 여러 번의 관찰을 통하여 얻은 결과들에 내재되어 있는 공통적인 특성을 말한다. 따라서 개념은 구체적인 것들을 일반화함으로써 형성된 추상적인 것을 의미한다. 예를 들어, '무게'라는 개념은 여러 사물의 중량을 관찰한 수많은 결과들을 통하여 생성된 의미이다. 또한, '학습능력'과 같은 개념 역시 오랜 시간 동안 관찰을 통해 독해

그림 2-7 | 개념과 구성개념

개념

- 여러 번의 관찰을 통하여 얻은 결과들이 내재되어 있는 공통적인 특성
- 구체적인 것들을 일반화함으로써 형성된 추상적인 것

- '무게'라는 개념은 여러 사물의 중량을 관찰한 수많은 결과들을 통하여 생성된 의미임
- '학습능력'과 같은 개념 역시 오랜 시간 동안 관찰을 통해 독해력, 수리탐구력, 이해력, 암기력 등과 같이 학교수업 과정에서 필요한 능력을 종합하여 하나의 단어로 표현한 것임

구성개념

- 특정한 과학적 목적을 위해 의도적으로 만들고 채택된 개념
- 조사단계에서 이론에 근거한 가설이나 연구모형에서 사용되는 개념

- 경우에 따라서는 몇 개의 구성개념이 결합되어 하나의 구성개념이 되기도 함

예 '제품의 만족도'라는 구성개념은 제품의 품질, 브랜드인지도, 제조기업의 역량, 가격수준 등과 같은 여러 구성개념으로 구성되어 있다고 할 수 있음

- 구성개념들을 설명하고 실제적으로 측정하기 위해서는, 이들을 대표할 수 있는 측정가능한 구체적인 측정변수들이 필요함
- 구성개념을 측정가능한 변수들을 이용해서 구체적으로 정의하는 것을 구성개념의 조작적 정의(operational definition)라고 함
- 잠재변수로 표시되는 구성개념은 연구모형의 이론적 수준에서 상위개념 간의 관계를 설명하는 데 사용되며, 측정변수들은 가설을 검정하는 실증적인 단계에서 사용됨

력, 수리탐구력, 이해력, 암기력 등과 같이 학교수업 과정에서 필요한 능력을 종합하여 하나의 단어로 표현한 것이다. 즉, 비교적 구체적으로 개인의 학습능력을 측정하는 내용들을 묶어서 이들보다 추상적인 개념인 '학습능력'이라는 한 단어로 표현한 것이다.

일반적으로 개념은 많은 사람이 서로 동의하고 지속적으로 사용해 가면서 시간의 흐름에 따라 자연적으로 개발되어간다고 할 수 있다. 또한, 이러한 개념들이 발전하여 이론을 구축하기 때문에 거의 대부분의 경우 개념이 없는 이론은 존재할 수 없다. 따라서 개념에 대한 이해와 정확한 활용은 이론 개발에 필수적인 요인이 된다.

2) 구성개념의 정의(Definition of Construct)

구성개념(construct)은 특정한 과학적 목적을 위해서 의도적으로 만들고 채택된 개념이다. 조사과정

에서 이론에 근거한 가설이나 연구모형에 사용되는 개념들을 일반적인 개념과 구분하여 구성개념이라 부르며, 하나의 이론이나 연구모형은 이러한 구성개념들 간의 관계로 표현된다. 따라서 조사자는 조사의 방향과 목적이 왜곡되지 않도록 기존 문헌을 충분히 검토하고 조사하여 구성개념을 정확하게 정의하여 연구모형을 설계하도록 해야 한다.

경우에 따라서는 몇 개의 구성개념이 결합되어 하나의 구성개념이 되기도 한다. 예를 들어, 소비자의 '제품의 만족도'에 대해서 조사하고자 하는 경우, '제품의 만족도'라는 구성개념은 제품의 품질, 브랜드인지도, 제조기업의 역량, 가격수준 등과 같은 여러 구성개념으로 구성되어 있다고 할 수 있다. 또한 제조기업의 역량은 기업의 안정성, 수익성, 성장성 등의 하위 구성개념들로 구성되며, 최종적인 하위 구성개념은 한 개 혹은 몇 개의 변수들로 직접 측정된다. 이러한 구성개념들은 다른 변수들을 이용해서 측정되기 때문에 일반적인 측정변수와 구분해서 잠재변수(latent variable)라고 부르기도 한다.

일반적으로 연구모형에서 사용된 구성개념들을 설명하고 실제적으로 측정하기 위해서는, 이들을 대표할 수 있는 측정가능한 구체적인 측정변수들이 필요하다. 즉, 구성개념들은 다른 측정가능한 변수들로 측정되어야 하기 때문에, 각각의 구성개념을 측정하기 위해서는 이들을 대변할 수 있는 변수들을 정확하게 정의하는 것이 필요하다. 이처럼 각각의 구성개념을 측정가능한 변수들을 이용해서 구체적으로 정의하는 것을 구성개념의 조작적 정의(operational definition)라 한다.

일반적으로 잠재변수로 나타내는 구성개념과 변수를 혼동하여 같은 개념으로 잘못 이해하는 경우가 많이 있다. 실제로 조사자들 중에는 이들 간의 정확한 차이를 이해하지 못한 채 서로 혼동하여 사용하는 조사자들도 적지 않다. 사실 이들 간의 차이를 명확하게 구분하여 정의하는 것은 쉽지 않다. 또한 경우에 따라서는 구성개념이 아니라 측정변수가 이론모형에 직접 사용될 수도 있다.

그러나 일반적으로 잠재변수로 표시되는 구성개념은 연구모형의 이론적 수준에서 모형에 활용된 개념들 간의 관계를 설명하는 데에 사용되며, 측정변수들은 이론보다 낮은 수준, 즉 모형이나 가설을 구체적으로 검정하는 실증적인 단계에서 사용된다. 따라서 구성개념과 측정변수는 현상을 표현하고 측정하고자 하는 목적은 서로 같아도 추상화나 구체화 수준이 서로 다른 영역에서 쓰여진다고 볼 수 있다. 요약하면 구성개념, 즉 잠재변수는 이론이나 모형 혹은 가설에서 사용되는 상위개념들 간의 구조를 설명하는 데에 사용되고 변수, 즉 측정변수는 이러한 상위개념상의 모형이나 가설을 구체적으로 검정하는 데에 사용된다.

2.5 정의(Definition)

1) 정의란 무엇인가?(What is definition?)

정의(definition)란 특정한 용어로 표시되는 개념에 명확한 의미를 부여하는 것을 말한다. 조사하는 과정에서 사용되는 개념들의 의미와 범위에 대한 이해 정도는 조사자마다 서로 다를 수 있다. 만일 조사에서 사용된 개념에 대한 이해가 조사를 수행하거나 조사를 이용하려는 사람들마다 서로 크게 다를 경우에는, 아무리 훌륭한 조사라도 그 조사의 가치는 크게 감소할 수밖에 없다. 따라서 조사에서 사용하려는 개념들에 대한 정의가 정확하지 않을 경우, 그 조사에 대한 이해는 물론 조사결과에 대한 신뢰가 크게 떨어져 조사의 가치가 크게 감소할 수 있다. 정의는 이처럼 조사에 사용되는 개념들에 대하여 사람들이 서로 다르게 이해하지 않도록, 즉 대부분의 사람들이 하나의 개념을 모두 동일한 의미로 이해할 수 있도록 개념을 명확하게 설명하는 것을 말한다.

그림 2-8 | 정의의 의미

정의의 의미
- 특정한 용어로 표시되는 개념에 명확한 의미를 부여하는 것
- 하나의 개념은 모두 같은 의미로 이해할 수 있도록 개념을 명확히 설명하는 것

☑ 조사에 사용되는 개념들에 대하여 사람들이 서로 다르게 이해하지 않도록, 즉 대부분의 사람들이 하나의 개념을 모두 동일한 의미로 이해할 수 있도록 개념을 명확하게 설명하는 것

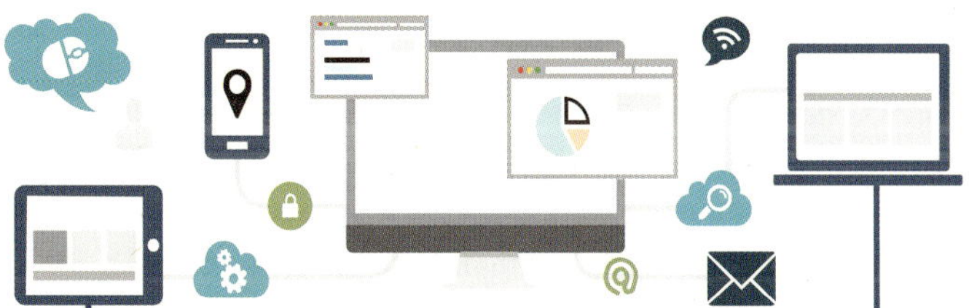

☑ (방법 1) 서로 유사한 그러나 서로 다른 단어들을 사용해서 하나의 특정한 개념을 정의함

예 지능 → '조작하는 지성', '정신적 예민성' 혹은 '추상적으로 사고하는 능력'

☑ (방법 2) 특정 개념이 무슨 행위나 행동을 나타내거나 의미하는지를 설명함으로써 그 개념을 정의함

예 –7세 이하의 아동들의 지능 → 책을 읽을 수 있는 능력을 행동구분의 기준으로 삼아 책을 읽을 줄 아는 아동들은 '지적이다'라고 정의함

–철저한 관찰에 의해서 이루어지기 때문에 관찰적 정의라고도 함

일반적으로 특정 단어나 개념은 두 가지의 보편적인 방식으로 정의될 수 있다. 첫 번째 방식은 서로 유사한 그러나 서로 다른 단어들을 사용해서 하나의 특정한 개념을 정의할 수 있다. 이러한 정의 방식은 주로 국어사전이나 영어사전에서 살펴볼 수 있다. 예를 들어, '지능'은 '조작하는 지성', '정신적 예민성' 혹은 '추상적으로 사고하는 능력'이라고 사전에서 정의하고 있다. 이러한 사전식 정의는 정의하고자 하는 것을 보다 쉬운 다른 단어나 개념으로 다시 설명하여 표현함으로써 정의하는 방법을 말한다.

두 번째 방식은 특정 개념이 무슨 행위나 행동을 나타내거나 의미하는지를 설명함으로써 그 개념을 정의하는 것이다. 이러한 정의를 사용하기 위해서는 일정한 행동구분의 기준을 제시해야 한다. 예를 들어, 7세 이하의 아동들의 '지능'을 이러한 방식으로 정의하고자 한다면, 책을 읽을 수 있는 능력을 행동구분의 기준으로 삼고 글을 읽을 수 있는 아동들은 '지적이다'라고 정의하고, 글을 읽지 못하는 아동들은 '지적이지 못하다'라고 판단하는 식의 정의를 말한다. 일반적으로 이러한 정의는 철저한 관찰에 의해서 이루어지기 때문에 관찰적 정의(observational definition)라고도 말한다.

2) 정의의 종류(Types of Definition)

정의는 조사에서 사용되는 대부분의 개념들을 가장 객관적이며 명확하게 규명할 수 있는 기준이 된다. 일반적으로 조사에서 사용되는 정의는 크게 구성적 정의와 조작적 정의의 2가지 종류로 나누어 볼 수 있다.

(1) 구성적 정의(Constitutive Definition)

구성적 정의(constitutive definition)는 조사에 사용되는 특정한 구성개념(construct)을 다른 구성개념들(constructs)을 이용해서 설명하는 정의를 말한다. 예를 들어, 유치원생들에게 '수목(樹木)'이라는 한자어의 뜻이 무엇이냐고 물어보게 되면, 쉽게 대답할 수 있는 아이들은 거의 없을 것이다. 그러나 '수목'이라는 한자어 대신에 순수한 국어인 '나무'라는 어휘를 사용하면 아이들은 쉽게 알아들을 수 있다. 이렇게 어렵게 정의된 구성개념을 보다 이해하기 쉬운 다른 구성개념들을 이용해서 설명하고 정의하는 것을 구성적 정의라 한다.

보다 구체적인 또 다른 예를 하나 더 들면, 사회과학에서 사용되는 '시장정보지향성'이라는 개념이 있다. 이 용어는 우리가 일상생활에서는 잘 사용하지 않지만, 기업의 조직문화나 산업재산권 관리에 관한 조사에서 주로 사용되는 구성개념이다. 그러나 '시장정보지향성'이 무엇을 의미하는지에 대하여 제대로 이해하고 있는 사람은 별로 없다. Jaworski와 Kohli(1993)는 이러한 시장정

그림 2-9 | 정의의 종류

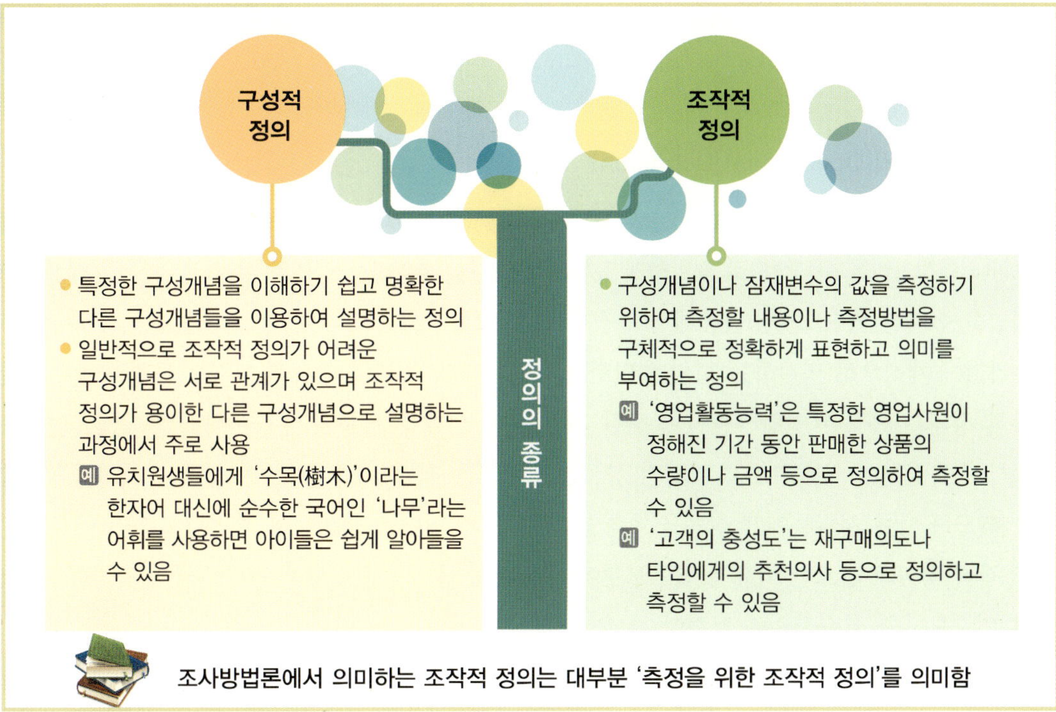

보지향성을 '현재 및 미래의 고객욕구와 관련된 시장정보를 전사적 차원에서 창출하고, 창출된 정보를 조직 전체에 확산한 다음, 그 시장정보에 대해 전사적으로 반응하는 것'이라 정의하였다. 즉, 기업 전체적인 차원에서 시장에 대한 정보를 만들어내고, 구성원들이 이 정보를 공유하며, 정보에 대해 대응하는 것으로 이해할 수 있다. 구성적 정의는 이와 같이 이해가 어려운 구성개념을 보다 이해가 쉬운 다른 구성개념들을 이용해서 설명하고 정의하는 것이다.

그런데 동일한 '시장정보지향성'에 대해 Day(1994)는 조직능력의 관점에서, '고객을 이해하고 만족시킬 수 있는 기준과 능력'이라고 간단하게 정의하였다. 이처럼 조사자들에 따라서 동일한 구성개념이라 할지라도 서로 다르게 해석하기도 한다. 구성적 정의는 서로 동일한 개념이라 할지라도 조사자의 조사목적이나 상황에 따라 서로 다르게 정의를 내릴 수가 있다. 어떠한 방식으로 다시 정의를 하든 간에 구성적 정의는 해당 개념을 보다 쉽게 이해할 수 있도록 쉬운 말로 정의하는 것을 말한다.

즉, 이처럼 하나의 개념을 다른 개념들을 이용해서 바꾸어 설명하는 구성적 정의는 이론을 형성하는 과정에서 주로 사용되는 정의 방법이다. 구성적 정의는 반드시 직·간접적인 경험적 현상에 대한 관찰을 전제로 할 필요는 없다. 또한 정의하고자 하는 대부분의 구성개념들은 그 자체적으로도 어느 정도 추상성을 가지고 있기 때문에 이들을 다른 구성개념들을 이용해서 설명하는 구성적 정의 또한 어느 정도 추상성을 가질 수밖에 없다.

(2) 조작적 정의(Operational Definition)

조작적 정의(operational definition)는 특정한 구성개념이나 잠재변수의 값을 측정하기 위하여 측정할 내용이나 측정방법을 구체적으로 정확하게 표현하고 의미를 부여하는 정의를 말한다. 다시 말해서, 구성개념을 어떠한 변수(들)를 이용해서 측정해야 하며 어떻게 조작하여 이들 변수값들을 측정해야 하는가를 구체적으로 명시하는 정의를 말한다. 예를 들어, '영업활동능력'이라는 구성개념에 대한 조작적 정의는 특정한 영업사원이 정해진 기간 동안 판매한 상품의 수량이나 금액 등의 변수로 정의하여 측정할 수 있으며, '소비자의 상품충성도'라는 개념은 소비자들이 상품을 재구매하고자 하는 의도나 다른 사람들에게 상품을 추천할 의사 등의 변수로 정의하고 측정할 수 있다. 조사에서 조작적 정의가 필요한 이유는 연구모형에 사용된 구성개념들을 구체적인 수치로 측정할 수 있어야 연구모형을 실증적으로 검정할 수 있기 때문이다.

그러나 조사에 사용되는 각각의 구성개념에 대해서는 복수 개의 다양한 조작적 정의가 가능하기 때문에, 조사자는 여러 개의 가능한 조작적 정의 중에서 가장 적합한 것을 선별해서 사용하도록 해야 한다. 즉, 조사자는 가능하면 기존의 많은 조사에서 활용되어 입증된 가장 일반적이며 보편적인 조작적 정의를 선택해서 사용하는 것이 필요하다. 예를 들어, 대학 수업을 이해하고 응용할 수 있는 능력, 즉 대학수학능력에 대한 평가를 전국적으로 실시하는 대학수학능력평가점수와 고등학교 학업성적을 기준으로 평가한다는 것도 기존의 많은 조사와 논의를 통하여 어느 정도 입증된 대학수학능력에 대한 일종의 조작적 정의에 해당한다. 또한 동일개념을 측정할 수 있는 다양한 조작적 정의들, 위의 예에서 대학수학능력평가점수와 고등학교 학업성적 간에는 반드시 측정상의 일관성이 유지되도록 해야 한다. 이처럼 조작적 정의는 구성개념, 즉 잠재변수를 어떻게 측정할 것인가에 대하여 객관적으로 명확하게 기술하는 것을 말한다.

(3) 개념화와 조작적 정의(Conceptualization and Operational Definition)

일반적으로 사회과학조사는 현상에 대한 관찰을 통하여 가설에서 설정된 내용을 실증적으로 검증하는 과정을 거치게 된다. 즉, 연구모형에서 나타나는 구성개념들 간의 관계는 기존의 연구를 비롯한 이론적인 근거에 의해서 추론되나, 이를 검정하는 것은 실제 현상에서의 반복적인 측정을 기반으로 하는 과학적인 분석을 통해서 수행된다. 따라서 과학적인 측정과 분석을 위해서, 조사자는 조사하고자 하는 문제를 정확하게 이해한 다음에 연구모형을 개발해야 하며, 모형에서 사용되는 구성개념에 대해서는 정확하게 정의하고, 또한 현상에서 관찰하여 효과적으로 측정 가능한 변수(들)를 이용해서 모형에 사용되는 구성개념들을 측정하는 것이 필요하다. 만약 구성개념에 대한 정의가 명확하지 않거나 각각의 구성개념을 관찰하여 측정 가능한 변수들을 이용해서 실제 현상과 연결하는 것이 불분명하다면, 연구모형의 실증적 검증이 어려워 이를 바탕으로 하는 과학적 분석과 검정은 불가능해진다. 따라서 조사에서 사용되는 구성개념들을 측정변수들을 이용해서 효과적으로 측정하도록 하는 조작적 정의가 매우 중요하다.

또 다른 예를 들면, Jaworski와 Kohli(1993)는 그들의 연구에서 시장정보지향성을 시장정보의 창출, 확산, 반응하는 것과 관련된 일련의 지속적인 행위나 활동으로 자신들의 연구를 이해하고자 하는 사람들이 모두 동일한 의미로 명확하게 시장정보지향성을 이해할 수 있도록 개념화하였다. 이어서 이를 다시 고객의 욕구에 영향을 미치는 다양한 시장정보를 수집 및 평가하는 조직능력과 시장정보가 조직구성원들에게 전파 되는 정도, 공유하는 조직능력, 창출되고 확산된 시장정보에 대응하여 취해지는 일련의 조직능력으로 시장정보지향성에 대한 조작적 정의를 실시하였다.

그러나 과학적 검정을 위해 구성개념의 조작적 정의가 필요하다고 해서 이론적 모형에서 사용되는 모든 구성개념에 대한 조작적 정의가 가능한 것은 아니다. 경우에 따라서는 모든 구성개념들에 대해 무리하게 조작적으로 정의하는 것은 모형의 검정과 이론의 구축에 오히려 해가 될 수도 있다. 따라서 조작적 정의가 어려운 구성개념에 대해서는 이들과 어느 정도 연관된 것으로 밝혀진 다른 구성개념들 중에 조작적 정의가 비교적 용이한 구성개념을 이용해서 이들을 다시 정의하는 것이 바람직하다.

요약하면, 실증연구를 위해서는 현상에 대한 계량적인 측정이 요구되며 이러한 측정을 통해서만이 연구모형에서 사용된 구성개념들 간의 관계를 분석할 수 있다. 또한, 측정을 위해서는 우선 모형에서 사용된 구성개념들에 대한 명확한 조작적 정의가 필요하고, 명확한 조작적 정의를 위해서는 구성개념들에 대한 명확한 개념화(conceptualization)가 선행되어야 한다.

개념화(conceptualization)는 특정한 개념에 대하여 언급하는 경우 이 개념이 의미하는 바가 무엇인지를 정확하게 명시하는 것을 말한다. 즉, 연구모형에서 사용된 추상적인 개념들을 보다 구체적인 구성개념으로 표현하는 것으로써 구성개념의 조작적 정의 바로 전 단계에서 수행되는 작업이다. 만일 개념화 단계를 생략하고 바로 조작적 정의로 들어가게 되면, 연구모형에 사용된 개념을 정확하게 설명할 수 없는 변수들로 측정해서 분석하게 됨으로써 크게 신뢰할 수 없는 조사결과를 얻게 될 수

그림 2-10 | 개념화의 정의

개념화

- 특정한 개념에 대하여 언급할 경우 이 개념이 의미하는 바가 무엇인지를 정확하게 명시하는 것
- 연구모형에서 사용된 추상적인 개념들을 보다 구체적인 구성개념으로 표현하는 것으로써 구성개념의 조작적 정의 바로 전 단계에서 수행되는 작업

예 Kotler(1988)는 '이미지란 한 개인이 특정 대상에 대해 지니는 신념, 아이디어, 인상의 총체'라고 정의내림

개념화의 중요성

- '이기심'을 측정하고자 하는 경우 이기심에 대한 개념화를 잘못 수행하면 '성취욕구'와 같은 구성개념으로 이기심을 잘못 표현하고, 이를 조작적으로 정의하고 측정하는 경우가 생길 수도 있음
- 이기심과 성취욕구는 본질적으로 서로 다르게 해석되는 개념이기 때문에 조작적 정의 전에 모형에 사용되는 각각의 구성개념에 대한 정확한 개념화 과정을 거치는 것이 중요함
- 연구모형에 사용된 개념을 정확하게 설명할 수 없는 변수들로 측정해서 분석하게 되면 크게 신뢰할 수 없는 연구결과를 얻게 될 수 있음
- 조작적 정의가 잘못될 수 있는 가능성을 최소화함

있다.

예를 들어, 이기심을 측정하고자 하는 경우 이기심에 대한 개념화를 잘못 수행하면 성취욕구와 같은 구성개념으로 이기심을 잘못 표현하고 이를 조작적으로 정의하고 측정하는 경우가 생길 수도 있다. 이기심과 성취욕구는 본질적으로 서로 다르게 해석되는 개념이기 때문에 조작적 정의 전에 모형에 사용되는 각각의 구성개념에 대한 정확한 개념화 과정을 거치는 것이 중요하다.

그러나 구성개념이 개념화 과정을 거쳐서 만들어졌다고 해서 항상 정확한 조작적 정의가 가능하다고 볼 수는 없다. 개념화 과정을 거쳐도 조작적 정의가 잘못되거나 아니면 불가능할 수도 있다. 그럼에도 불구하고 개념화 과정을 거치는 이유는 조작적 정의가 잘못될 수 있는 가능성을 최소화하기 위함이다.

개념화와 조작적 정의에 대하여 이해하기 쉽게 그림으로 설명하면 [그림 2-11]과 같다. [그림 2-11]에서 각각의 서로 다른 구성개념을 나타내는 잠재변수 C_1과 잠재변수 C_2 사이의 단선은 잠재변수들 간의 이론적 연관성이나 관계를 나타낸다. 이처럼 잠재변수들 간에 단선으로 표시된 것은 잠재변수들 간의 관계가 기존의 조사에서 입증됨으로써 그 관계가 이미 검정된 것을 의미한다.

반면에, 잠재변수 C_3와 잠재변수 C_4 간의 관계를 나타내는 점선은 아직 구체적으로 입증되지 않은 상태의 관계를 나타낸다.

그림 2-11 | 개념화와 조작적 정의

개념화 특정한 개념에 대하여 언급할 경우 이 개념이 의미하는 바가 무엇인지를 정확하게 명시하는 것

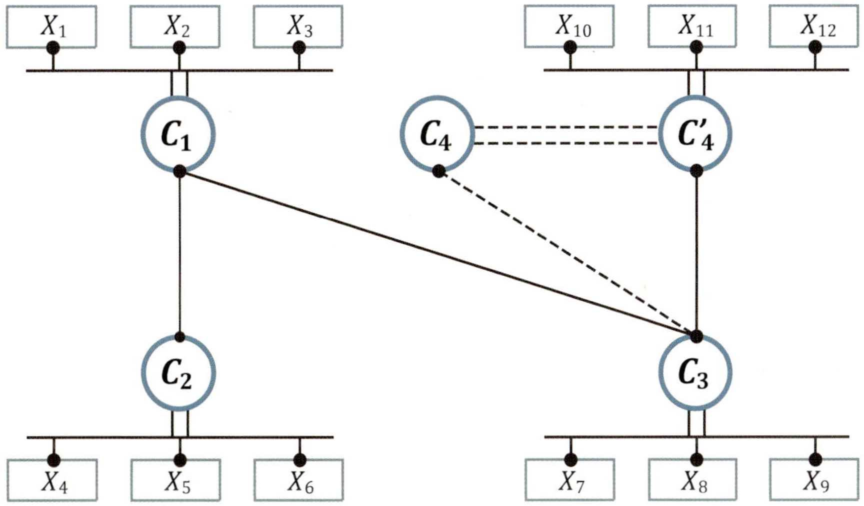

○	구성개념(잠재변수)
□	측정변수
●—●	구성개념들 간의 관계가 기존의 연구에서 입증됨으로써 그 관계가 이미 검정된 것을 의미함
-----	아직 구체적으로 입증되지 않은 상태의 관계, 즉 연구를 통해 입증하고자 하는 가설이 됨
═	모형에서 정의된 구성개념들을 수치값으로 측정할 수 있는 보다 구체적인 형태인 변수로 표현하는 조작적 정의를 의미함
===== (이중 점선)	조작적 정의가 어려운 구성개념을 조작적 정의가 비교적 용이한 다른 구성개념을 이용해서 다시 정의하는 구성적 정의를 의미함

- ☑ 연구목적은 점선으로 표시된 구성개념들 간의 추정된 잠정적인 관계를 검정하는 것임
- ☑ 구성개념들 간의 가상적인 관계가 검정되어 입증되면 점선으로 표시된 관계는 실선으로 표시함
- ☑ 실선으로 표시된 구성개념들 간의 관계는 이를 기초로 다른 새로운 구성개념들 간의 관계를 가설로 설정하여 검정하고자 하는 연구의 바탕이 되는 이론으로 사용됨
- ☑ 이러한 과정을 통하여 새로운 지식과 이론이 점진적으로 축적됨

일반적으로 이렇게 점선으로 표시된 구성개념(잠재변수)들 간의 관계는 조사를 통해 입증하고자 하는 가설이 된다. 따라서 대부분 조사의 목적은 바로 이렇게 점선으로 표시된 구성개념들 간의 추정된 잠정적인 관계를 검정하는 것이 된다. 조사를 통하여 구성개념들 간의 가상적인 관계가 검정되어 입증되면 이렇게 점선으로 표시된 관계는 실선으로 표시할 수 있는 관계가 된다. 이렇게 해서 실선으로 표시된 관계는 이를 필요로 하는 다른 새로운 조사에 기초가 되는 이론으로 활용될 수 있다. 즉, 검정되어 실선으로 표시된 구성개념들 간의 관계는 이를 기초로 하여 이론을 전개하려는 또 다른 새로운 조사의 바탕이 되는 이론으로 사용될 수 있다. 이러한 과정을 통하여 새로운 지식과 이론이 점진적으로 축적되어 발전해간다.

또한 구성개념(잠재변수)들 간의 관계를 검정하기 위해서는 잠재변수들을 수치로 측정하는 것이 필요하고, 잠재변수를 수치로 측정하기 위해서는 잠재변수를 측정할 수 있는 구체적인 측정변수로 정의하는 것이 필요하다. 이렇게 구성개념들을 측정할 수 있는 변수로 정의하는 것을 조작적 정의라 한다.

조작적 정의는 모형에서 정의된 구성개념들을 수치값으로 측정할 수 있는 보다 구체적인 형태인 변수로 표현하는 것으로서 이는 실증검정에서 전제로 하고 있는 관찰가능성(observability), 즉 측정가능성(measurability)과 직결되는 정의이다. 다시 말해, 조작적 정의는 어느 정도 명확하게 개념화된 구성개념(잠재변수)을 측정할 수 있는 구체적인 측정변수로 정의하는 것을 말한다. 이러한 조작적 정의는 가시적인 현상이나 관찰가능한 물리적인 현상을 다루는 자연과학과는 달리 직접적인 관찰이 불가능한 추상적인 개념들을 주로 다루어야 하는 사회과학분야에서 특히 중요하다. 즉, 조작적 정의는 추상적인 개념들을 측정할 수 있도록 함으로써 비교적 추상적인 개념들을 많이 다루어야 하는 사회과학분야에서 측정을 기반으로 하는 실증적 연구가 가능하도록 하고 있다.

CHAPTER 3

사회과학조사의 종류와 실험설계 (Types of Social Science Research and Experimental Design)

Chapter 03

사회과학조사의 종류와 실험설계 (Types of Social Science Research and Experimental Design)

제1절 사회과학조사의 종류(Types of Social Science Research)

일반적으로 사회과학조사는 ① 탐색조사(exploratory research), ② 기술조사(descriptive research), ③ 인과조사(causal research)의 3가지 대표적인 종류로 구분할 수 있다. 이들 3가지 종류의 조사에

그림 3-1 | 사회과학조사의 종류

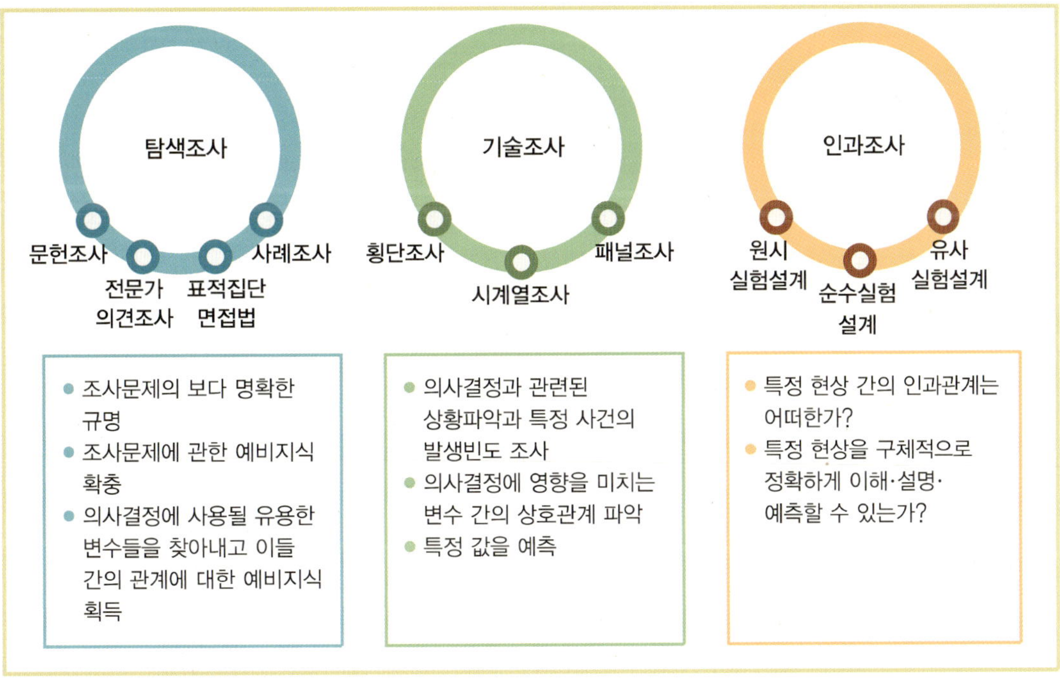

그림 3-2 | 조사유형의 선택

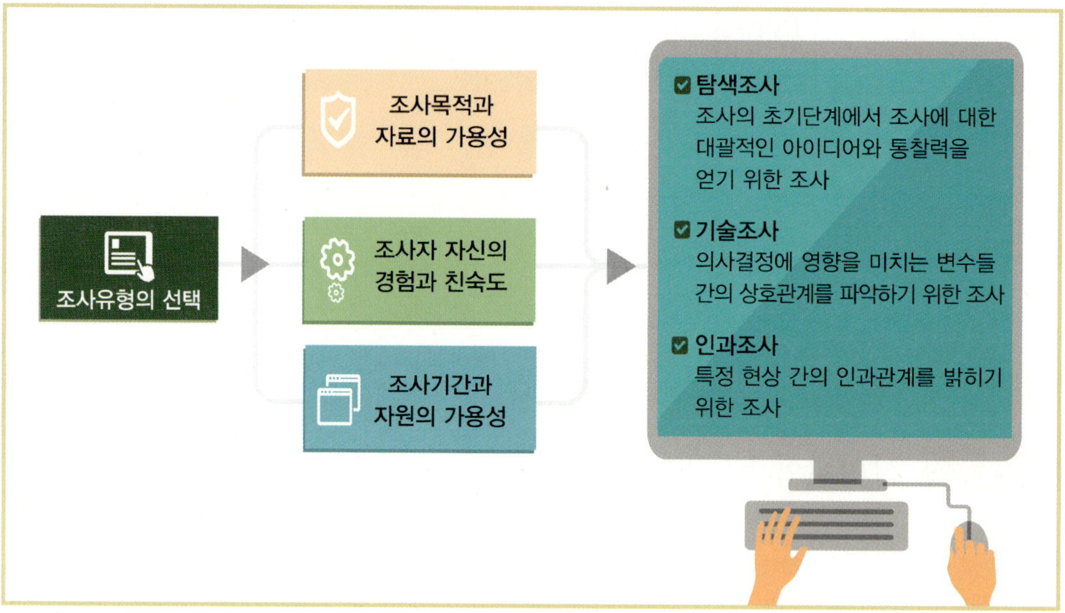

대하여 명확하게 이해해야 얻고자 하는 정보의 형태에 따라 어떠한 종류의 조사를 실시하는 것이 가장 효과적인가를 판단하고 조사를 효과적이며 과학적으로 계획할 수 있다.

조사자는 [그림 3-2]에서와 같이 ① 조사목적과 자료의 가용성, ② 조사자 자신의 경험과 친숙도, ③ 시간 및 자원의 가용성 등을 고려하여 수행하고자 하는 조사를 결정한다. 조사목적이 구체적이지 못하고 이용할 자료가 명확하지 않으면 일단 탐색조사를 수행하고, 탐색조사 결과보다 정확한 정보획득을 위한 추가적인 조사가 필요하면 기술조사나 인과조사를 실시한다. 그러나 조사목적이나 구체적인 자료가 명확하면 처음부터 탐색조사 없이 인과조사나 기술조사를 하되, 조사목적상 인과관계에 대한 검증이 필요하면 인과조사를 하고, 아니면 기술조사를 한다. 또한 조사의 유형별로 특징을 살펴보면 [그림 3-3]과 같다.

그림 3-3 조사유형의 특징

조사내용 \ 특징	주요 조사내용	조사방법	질문의 구조	조사결과
탐색조사	• 가설설정을 위한 탐색 중심의 질적조사	• 문헌조사 • 전문가의견조사 • 사례조사 • 표적집단면접법(FGI)	• 질적인 정보중심 • 비구조화된 질문 • 비공식화된 양식 • 가설이 없기 때문에 시행착오식 조사 진행	• 가설탐색에 활용됨 • 일반화에 한계가 있음
기술조사	• 특정 시점의 자료를 이용한 가설검정	• 횡단조사 및 시계열조사 • 패널조사 • 서베이조사	• 계량적 정보중심 • 구조화된 질문 • 공식화된 양식 • 통계적 분석을 전제로 함	• 통계적 분석방법에 의한 객관성 확보 • 가설검정 및 명확한 가설에 기초한 문제해결 방안을 제시함
인과조사	• 실험을 통한 인과관계 가설검정	• 구체적 인과관계 • 검정을 위한 실험설계	• 계량적 정보중심 • 정밀한 관찰 • 시간적 흐름에 따른 원인-결과분석	• 구체적 대안들에 대한 인과구조적 테스트 결과 제시 • 의사결정대안들에 대한 효과분석 결과 제시

1.1 탐색조사(Exploratory Research)

1) 탐색조사의 정의 및 목적(Definition and Objective of Exploratory Research)

탐색조사(exploratory research)는 조사의 초기단계에서 조사에 대한 아이디어와 통찰력을 얻기 위해서 주로 사용된다. 탐색조사는 그 자체가 하나의 조사라기보다는 다른 조사를 수행하기 위한 선행단계로서 실행되는 것이 일반적이다. 따라서 탐색조사는 ① 당면한 사회문제를 보다 분명하게 파악하고, ② 사회문제해결에 관련된 변수를 찾아내어 문제를 분석하기 위한 명확한 가설을 세우는 데 활용되며, ③ 추가적인 특정한 연구조사를 수행하기 전에 시행되는 예비조사의 성격을 띠고 있다. 일반적으로 이러한 탐색조사를 통하여 사회문제에 대한 개념을 명확하게 한 후에 보다 정교한 조사인 기술조사나 인과조사를 실시한다.

그림 3-4 | 탐색조사의 정의 및 목적

또한 탐색조사는 조사의 초기단계에서 수행되며 상황에 따라 가변성이 매우 높다. 따라서 보다 효율적으로 조사를 실시하고 보다 의미 있는 정보를 얻기 위해서는 조사자의 예리한 시각과 독창적인 사고가 필요하다. 이러한 탐색조사를 실시하는 구체적인 목적을 살펴보면 다음과 같다.

첫째, 사회조직이나 기업의 현재 문제점과 앞으로의 기회를 파악하기 위하여 탐색조사를 실시한다.

사회조직이나 기업은 자신이 현재 어떠한 상황에 처해 있는지를 명확하게 파악하지 못하는 경우가 많다. 이러한 경우 사회조직이나 기업은 구체적인 목적을 가진 조사나 조직활동을 효과적으로 수행하기 어렵다. 따라서 사회조직이나 기업은 탐색조사를 실시하여 현재의 상황과 문제를 보다 정확하게 파악함으로써 앞으로의 발전을 위하여 무엇이 필요한지를 알아볼 수 있다. 즉, 사회조직이나 기업은 현재의 문제점과 앞으로의 기회가 무엇인지 명확하지 않은 경우, 이를 파악하기 위하여 탐색조사를 실시한다.

둘째, 문제해결과 기회파악에 영향을 미치는 유용한 변수들을 파악하고, 이들 간의 관계에 대한 예비지식을 얻기 위하여 탐색조사를 실시한다. 즉, 조사의 초기단계에서 세부적인 조사에 필요한 변수들을 추출하기 위하여 탐색조사를 실시한다.

셋째, 사회조직이나 기업의 다양한 문제와 기회들 간의 우선순위를 파악하기 위하여 탐색조사를 실시한다. 일반적으로 사회조직이나 기업에는 다양한 문제와 기회가 동시에 존재하고 있다. 사회조직이나 기업은 이러한 문제와 기회를 동시에 해결하기보다는 조직에 보다 중대한 영향을 미치고 있는 문제와 기회들을 우선적으로 선택하여 해결해 가는 것이 필요하다. 이러한 경우 어느 문제를 먼저 해결하고 어떤 기회를 먼저 활용해야 할지를 판단하기 위하여 탐색조사를 실시하기도 한다.

넷째, 조사문제를 보다 명확하게 규명하기 위하여 탐색조사를 실시한다. 일반적으로 사회과학조사를 실시하고자 할 경우, 조사문제와 목적이 명확하게 규명되어야 효과적으로 조사를 계획하고 수행할 수 있다. 즉, 조사자가 조사문제를 명확하게 알고 있을 때만이 조사가 효과적으로 진행되어 의사결정에 도움이 되는 유용한 결과를 도출할 수 있다. 따라서 사회조직이나 기업은 세밀한 조사를 실시하기에 앞서서 조사문제를 정확하게 파악하고 보다 명확하게 규명할 목적으로 탐색조사를 실시한다.

2) 탐색조사의 종류(Types of Exploratory Research)

탐색조사의 종류는 매우 다양하다. 그러나 이 중에 대표적인 탐색조사 방법으로는 문헌조사, 전문가의견조사, 사례조사, 표적집단면접법 등이 있다.

(1) 문헌조사(Literature Research)

문제를 규명하고 가설을 설정하기 위한 가장 경제적이고 신속한 방법은 기존의 문헌을 조사하는 것이다. 문헌조사는 신문이나 잡지, 학술연구지, 정부보고서 등과 경제학, 경영학, 심리학, 사회학 등을 포함하는 다양한 분야에서 이미 조사된 2차자료를 활용하여 사회조사문제에 유용한 부분들을 조사하는 것이다. 예를 들어, 금년도 전기차시장 규모를 조사할 경우 전기차시장의 규모와 성장률에 대한 최근 몇 년간의 조사자료를 바탕으로 금년도 전기차시장의 규모를 개괄적으로 파악하는 것을 말한다.

(2) 전문가의견조사(Specialist Opinion Investigation)

전문가의견조사는 해당 문제에 관하여 전문적인 견해와 경험을 가지고 있는 전문가들로부터 정보를 얻어내는 방법으로서 주로 문헌조사의 보조적 방법으로 사용된다. 이 방법은 전문가들로부터 정확한 해결책을 얻기 위해서라기보다는 문제의 성격에 대하여 좀 더 명확하게 이해하고 관련변수들 간의 관계에 대한 전문가들의 견해를 참고하여 새로운 아이디어를 찾거나 문제해결을 위한 조언을 구

그림 3-5 | 탐색조사의 종류

하기 위해 실시하는 조사이다.

여기서 말하는 전문가란 일정한 자격기준이 있는 것이 아니라 해당문제에 관하여 도움이 되는 정보를 제공해 줄 수 있는 사람을 포괄적으로 지칭하는 말이다. 그러므로 조사 실행시 너무 형식적인 질문보다는 질문을 받는 당사자에 적합한 질문의 내용과 형식을 변화시켜가며 실행하는 유연성이 필요하다.

(3) 사례조사(Case Study)

사례조사는 기업이나 사회조직이 현재 직면하고 있는 상황과 유사한 사례를 찾아 분석하는 것으로서 주어진 문제를 해결하기 위한 간접적인 경험과 논리적인 유추를 얻을 수 있다. 사례조사는 소수의 사례를 집중적으로 상세하게 검토하는 조사이기 때문에 처음부터 끝까지 문제의 발단에서 해결방법에 이르기까지에 대한 종합적인 이해가 가능하다. 또한 실제로 발생한 사례를 분석하는 경우 외에도 시뮬레이션을 이용한 가상적인 현실을 만들어 분석하는 경우도 있다.

그러나 이러한 사례분석은 문제의 규명과 관련된 변수 간의 관계를 명확하게 이해하는 데에는 매우 도움이 되나 사후적인 조사방법이기 때문에, 그 결과가 현재의 사회문제해결에 결정적인 영향을 주기보다는 시사적인 의미와 직관을 제공할 뿐이다. 또한 사례가 가진 신뢰성과 대표성을 검증하기 어려우므로 사례분석의 결과를 일반화하기가 어렵다. 따라서 조사자는 사례의 상황과 현재의 상황을 면밀하게 비교·검토하고 분석하여야만 의미 있는 정보를 파악하여 효과적으로 활용할 수 있다.

문헌조사가 일반적인 자료를 조사하는 것이라고 한다면, 사례조사는 당면 문제와 유사한 구체적인 사례를 조사하며 분석하는 것이다.

(4) 표적집단면접법(Focus Group Interview)

표적집단면접법은 전문지식을 보유한 조사자가 동질의 소수 응답자 집단을 대상으로 특정한 주제에 대하여 자유롭게 토론하는 가운데 필요한 정보를 찾아나가는 방법으로, 일반적인 조사에서 가장 많이 사용되는 탐색조사방법 중의 하나이다. 이 방법은 추후에 계량적 방법으로 검정할 수 있는 가설의 설정, 설문지 구성시 필요한 정보의 획득, 창의적인 아이디어를 모색하거나 새로운 계획이나 정책의 성공가능성을 파악하고 싶을 경우, 혹은 이미 계량적으로 조사되어 있는 자료를 다시 검증하고자 할 경우에 사용될 수 있다.

일반적으로 표적집단은 6~12명 정도의 비슷한 사회적·경제적 수준의 사람들로 구성된다. 진행자는 구성원들이 자유롭게 토론에 참여하도록 유도하고 토론이 조사의 목표에 부합되도록 진행하는 데에 결정적 역할을 해야 하기 때문에 성공적인 조사를 위해서는 무엇보다도 진행자의 역할이 중요하다. 따라서 진행자는 토론주제에 대한 기술능력이나 지식과 경험이 풍부해야 한다.

이러한 표적집단면접법의 가장 큰 장점은 개별면접보다 더 많고 유용한 정보를 얻을 수 있다는 것이다. 또한 참가자에 대한 응답을 강요하지 않으므로 참가자의 솔직하고 정확한 의사를 파악할 수 있다. 반면에, 표적집단면접법은 진행자의 능력에 의하여 조사결과가 많은 영향을 받으므로 조사자의 편견(bias)이 포함되지 않도록 진행해야 한다. 또한 비체계적인 조사절차로 인하여 결과의 분석과 해석이 난해하다는 문제점과 표적집단이 전체를 대표하기 어려우므로 일반화하기 어렵다는 단점이 있다. 전문가의견조사가 해당분야에 전문적인 지식을 가진 사람들을 대상으로 하는 조사인 반면에, 표적집단면접법은 일반인들을 대상으로 하는 조사이다.

1.2 기술조사(Descriptive Research)

1) 기술조사의 정의 및 목적(Definition and Objective of Descriptive Research)

기술조사(descriptive research)는 의사결정에 영향을 미치는 변수들 간의 상호관계를 파악하고, 상황변화에 따라 각 변수들에 대한 응답자의 반응이 어떻게 달라지는가를 예측하는 데에 사용되는 조사방법이다. 기술조사는 세부적인 내용에 대한 조사이므로, 탐색조사와는 달리 조사목적이 구체적으로 설정되고, 조사의 대상이 되는 관련변수들 간의 관계가 어느 정도 파악된 상태에서 실행된다.

일반적으로 언급되는 기술조사의 대표적인 목적으로 다음 3가지를 들 수 있다. 첫째, 의사결정과 관련된 상황에 대한 정확한 파악과 특정 사건의 발생빈도를 조사하는 것으로서 대부분의 기술조사가 이러한 목적을 가지고 실시된다.

둘째, 의사결정에 영향을 미치는 변수들 간의 상호관계를 파악하기 위한 목적으로 기술조사를 실시한다. 예를 들어, 한국은행의 기준금리인상이 주택가격 및 물가 그리고 취업률 등에 어떠한 영향

그림 3-6 | 기술조사의 정의 및 목적

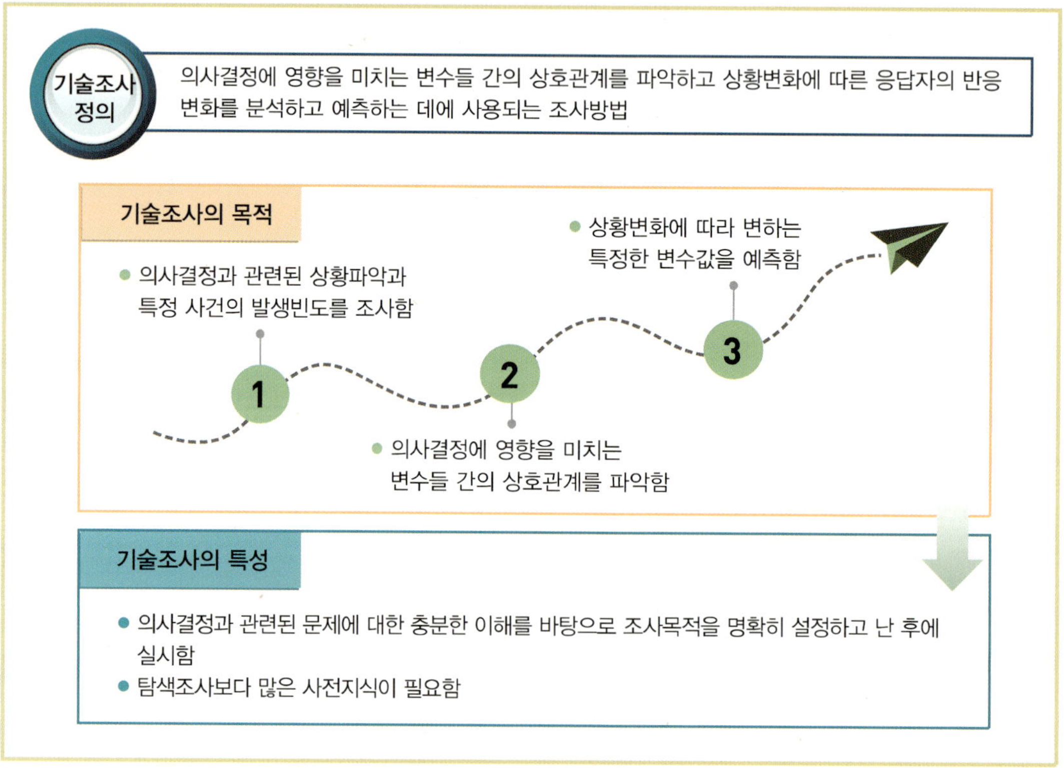

을 미치는가나, 지구환경개선을 위한 제도나 정책이 국민의 건강과 행복 그리고 출산율 등과 관계가 있는지에 대한 조사가 여기에 해당된다.

셋째, 특정한 변수값을 예측하기 위하여 기술조사를 한다. 예를 들어, 월별로 경유판매량의 변화를 조사하여 미세먼지농도를 예측하거나, 담배가격으로 담배판매량을 예측하고, 담배판매량으로 폐암환자수를 예측하는 경우가 이에 해당된다. 즉, 과거에 측정된 값들을 이용하여 변수들 간의 연관성을 파악하고 이를 이용하여 미래의 상황을 예측하려는 목적으로 기술조사를 실시하기도 한다.

2) 기술조사의 종류(Types of Descriptive Research)

일반적으로 구체적인 목적을 갖는 기술조사는 탐색조사와는 달리 의사결정과 관련된 문제와 조사목적을 명확히 설정하고 난 후에 실시되어야 한다. 또한 탐색조사보다 많은 사전지식이 필요하고, 특정 문제와 가설에 대한 정확한 정보를 획득해야 하므로 비교적 정교한 조사계획과 실행이 요구된다.

이러한 기술조사는 대체적인 현상파악과 변수 간의 관계를 분석하는 데에 적합한 조사로서, 현재 가장 널리 이용되고 있는 서베이(survey)가 여기에 속한다. 기술조사를 보다 세부적으로 분류하면 횡단조사(cross sectional survey)와 시계열조사(종단조사)(time series survey(longitudinal survey)) 그리고 패널조사(panel survey)가 있다.

(1) 횡단조사(Cross Sectional Survey)

횡단조사(cross sectional survey)는 가장 보편적으로 사용되는 조사로서 여러 조사대상들을 정해진 한 시점에서 조사 · 분석하는 방법이다. 상이한 특성을 가지고 있는 집단 간의 측정치들을 비교하여 그 차이점을 분석하고 규명하는 방법으로서 비교적 큰 규모의 표본조사가 필요하다.

횡단조사에서 가장 많이 사용되는 방법인 서베이조사(survey research)는 응답자로 하여금 특정 조사주제에 관한 질문에 답하게 함으로써 체계적이고 계획적으로 자료를 수집・분석하는 방법이다. 이에 대한 자세한 내용은 자료수집 부분에서 다루기로 한다.

(2) 시계열조사(종단조사)(Longitudinal Survey)

시계열조사(time series survey)는 정해진 조사대상의 특정 변수값을 여러 시점에 걸쳐 조사하여 이들의 변화와 그 차이의 발생요인을 분석하는 것으로 종단조사라고도 부른다. 예를 들어, 주가지수나 환율

그림 3-7 | 기술조사의 종류

횡단조사

- 가장 보편적으로 사용되는 조사방법으로, 여러 조사대상들을 정해진 한 시점에서 조사하고 분석하는 방법
- 상이한 특성을 가진 집단들을 측정한 값들을 서로 비교함으로써 그 차이를 분석하고 규명하는 조사
- 비교적 큰 규모의 표본조사가 필요함

  예 서베이조사 : 응답자로 하여금 특정 조사주제에 관한 질문에 답하게 함으로써 실증적으로 자료를 수집하고 분석하는 체계적인 방법

시계열조사(종단조사)

- 정해진 조사대상에 관한 특정한 변수값을 여러 시점에 걸쳐 조사하여 변수값의 변화와 그 발생요인을 분석하는 방법

  예 시간의 변화에 따른 주가지수 및 환율의 변동을 측정함

패널조사

- 집단으로 구성된 조사대상인 패널(panel)에 대하여 여러 시점에 걸쳐 동일한 현상에 대해 지속적으로 반복 측정하여 조사하는 방법
- 비교적 작은 규모의 조사에서 사용함
- 패널(panel) : 공급자나 거래자 또는 소비자 등으로 구성된 고정적인 표본집단
- 패널자료 : 패널의 특징과 변화를 시간경과에 따라 여러 차례 반복적으로 측정하여 수집된 자료

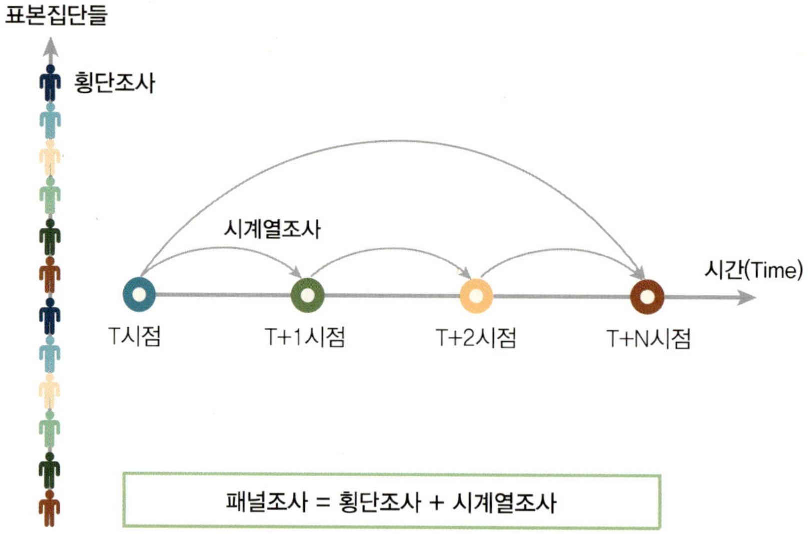

등의 값들이 어떻게 변하는가를 추적・조사하여 이들의 변화와 이러한 변화에 영향을 미치는 요인을 분석하는 것이 바로 시계열조사이다. 즉, 하나의 특정한 관심변수를 서로 다른 시점에서 반복적으로 조사하는 것을 말한다.

(3) 패널조사(Panel Survey)

일반적으로 시계열조사는 조사의 대상이나 변수가 하나 혹은 극소수인 경우가 대부분이다. 그러나 경우에 따라서는 조사대상이 하나가 아닌 여러 명으로 구성된 집단, 즉 패널(panel)인 경우도 있다. 일반적으로 패널이란 공급자나 거래자 또는 소비자 등으로 구성된 고정된 표본으로서, 패널의 특징과 변화를 시간경과에 따라 여러 차례 반복적으로 측정하는 조사를 일반적인 시계열조사와 구분하여 패널조사(panel research)라 부르며, 패널조사를 통하여 수집된 자료를 패널자료라고 한다.

그러나 패널은 일반적으로 특정 지역이나 요건으로 한정되기 때문에 횡단조사의 대상만큼이나 큰 그룹을 의미하는 것이 아니라 비교적 소규모의 그룹으로 구성된다. **요약하면, 패널조사는 동일한 현상에 대해 특정 패널(panel)을 여러 시점에 걸쳐 지속적으로 반복 측정하여 조사하는 것으로서 비교적 작은 규모의 집단에 대한 시계열적 조사에 사용된다.**

1.3 인과조사(Causal Research)

1) 인과조사의 개관(Overview of Causal Research)

인과조사는 특정한 현상 간의 인과관계를 밝히기 위한 조사로, 특정 현상을 구체적으로 정확하게 이해하여 설명하거나 예측하고자 하는 경우에 사용하는 조사이다. 일반적으로 경영자가 의사결정을 하는 경우, 자신의 의사결정에 따른 결과를 예상하고 가능한 한 확신을 가지고 의사결정하기를 원한다. 이를 위해서는 의사결정의 원인과 실행결과 간의 연관관계에 대하여 과학적으로 조사하고 분석한 결과가 필요하다. 예를 들어, 광고비를 달리하였을 경우 매출액이 어떻게 변화했는가에 대한 정확한 관측자료를 통해 광고비와 매출액과의 관계를 의사결정에 활용하는 것이 필요하다. 이 경우 광고비와 매출액 간의 관계를 규명하기 위해서 실시하는 조사가 일종의 인과조사이다.

그림 3-8 인과조사의 정의 및 인과관계 성립조건

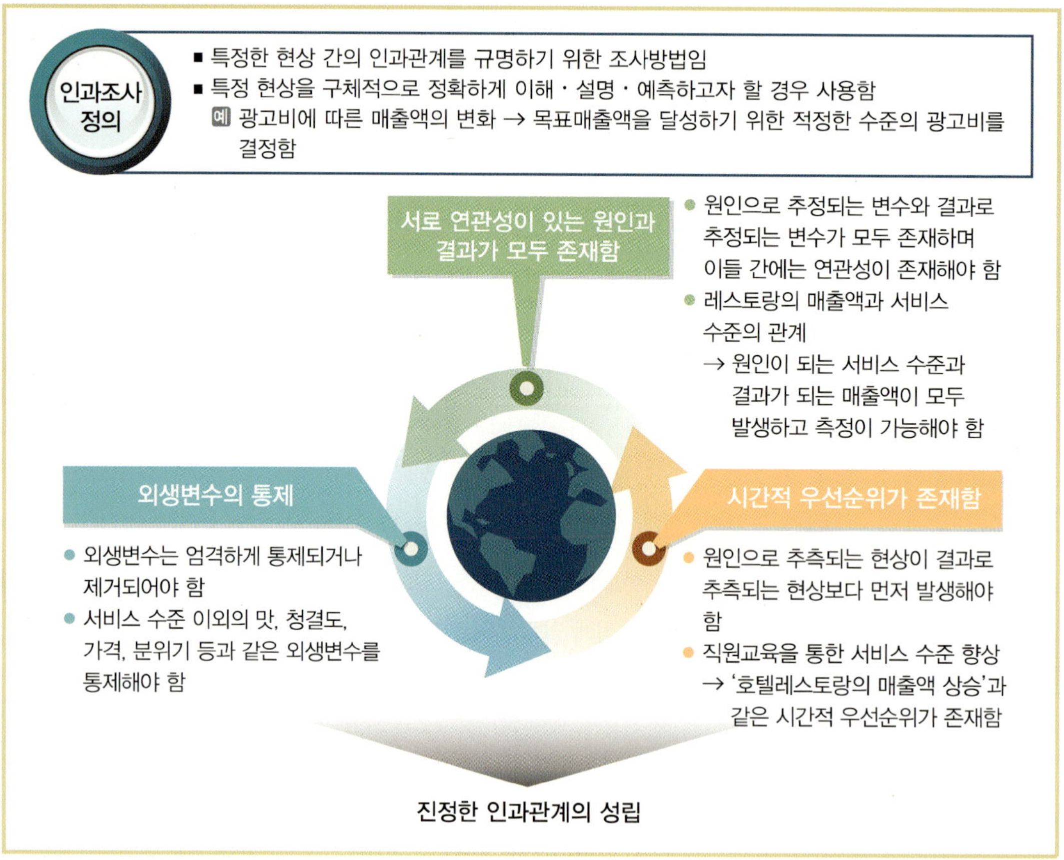

2) 인과관계의 성립조건(Materialization Conditions for Causal Relationship)

일반적으로 변수 간에 인과관계가 성립한다고 판단하기 위해서는 [그림 3-8]에서와 같이 세 가지의 요건이 모두 성립되어야 한다. 첫째, 원인(cause)과 결과(effect)가 모두 발생하여야 한다. 즉, 원인이 되는 것이 있으면 그에 따른 결과가 있어야 한다. 원인만 있고 결과가 없는 경우나 혹은 관측하는 것 자체가 불가능한 경우에는 의미가 없다. 따라서 원인으로 추정되는 변수와 결과로 추정되는 변수가 모두 존재하며 이들 간에는 연관성이 있어야 한다. 예를 들어, 규모나 모든 여건이 비슷한 상태에서 레스토랑의 서비스 수준이 매출액에 영향을 미친다고 한다면, 원인이 되는 서비스 수준과 결과가 되는 매출액 모두가 발생해야 하며 또한 이들의 변화를 측정하는 것이 가능해야 한다.

둘째, 원인으로 추측되는 현상이 결과로 추측되는 현상보다 먼저 발생해야 한다. 예를 들어, 레스토랑의 서비스 수준과 매출액이 인과관계가 있다고 가정한다면, 매출액 증가 후에 서비스 수준이 향상되는 것이 아니라, 직원교육 등을 통하여 서비스 수준이 먼저 향상된 후에 레스토랑의 매출액이 증가해야 하는 논리적인 시간적 우선순위가 성립해야 한다.

셋째, 외생변수(extraneous variable)는 엄격하게 통제(control)되거나 제거(elimination)되어야 한다. 분석하고자 하는 인과관계와 관련된 원인과 결과변수 외에 이들 간의 관계에 영향을 미치는 다른 변수들을 외생변수라 한다. 이러한 외생변수의 영향이 없어야 원인과 결과변수 간의 명확한 관계를 파악할 수 있다. 예를 들어, 서비스 수준 이외에 레스토랑의 매출액에 영향을 주는 요인들로 음식의 맛, 청결도, 가격, 분위기 등과 같은 변수들이 있을 수 있다. 그러나 서비스 수준과 레스토랑 매출액 간의 정확한 인과관계를 조사하기 위해서는 이러한 외생변수들은 엄격하게 배제되거나 통제되어야 한다.

인과조사는 상세한 실험설계로 실험상황을 엄격하게 통제한 후 특정 변수들 간의 원인과 결과의 관계를 파악하는 방법이다. 그러나 정확한 인과관계분석을 위해서는 외생변수들의 영향을 제거하는 것이 무엇보다도 중요하고 또한 어렵기 때문에 탐색조사나 기술조사보다 정교한 실험설계가 필요하다. 따라서 실제 상황에서는 인과관계를 측정하고자 하는 변수 이외의 외생변수들을 완벽하게 통제하기가 어렵기 때문에, 인과조사는 실무보다는 주로 학문적인 조사에서 많이 사용되고 있다.

제2절 사회과학조사를 위한 실험설계 (Experimental Design for Social Science Research)

2.1 실험설계의 개념

1) 실험설계의 정의(Definition of Experimental Design)

실험설계(experimental design)란 관심요인(변수)들 간의 관계를 명확하게 규명하기 위하여 효과적인 조사와 분석을 구상하고 계획하는 것을 말한다. 점차 복잡하고 중요해지는 의사결정 상황에서 변수들 간의 관계를 명확하게 규명하는 것은 쉽지 않다. 따라서 조사자는 관찰하고자 하는 현상을 명확하

그림 3-9 | 실험설계

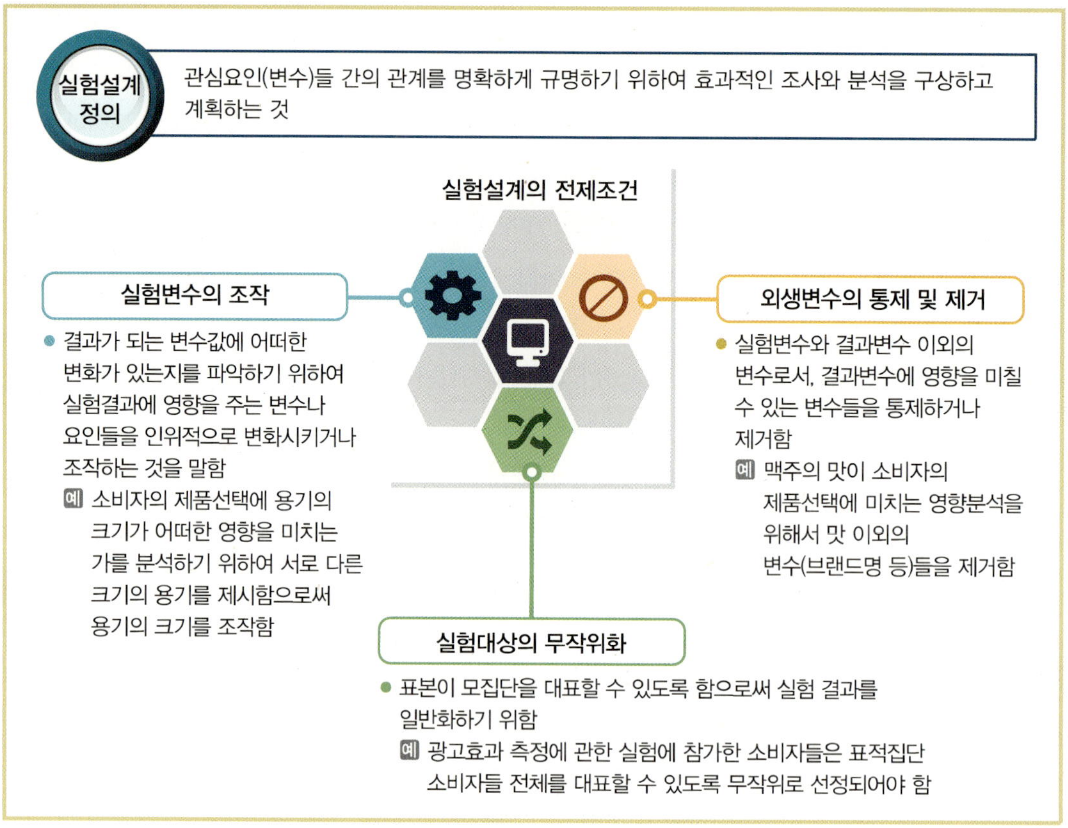

게 정하고 이와 관련된 요인(변수)들이 무엇인지를 파악해야 하며 이들 요인들 간의 관계를 정확하게 분석하기 위한 전반적인 조사 혹은 실험계획과 구상, 즉 실험설계가 필요하다.

이러한 실험설계는 기술조사와 인과조사 모두에서 필요로 하나, 특히 세심한 주의와 통제가 더욱 필요한 인과조사에서 가장 많이 활용되고 있다. 예를 들어, 광고가 특정한 상품에 대한 소비자 인지도 변화에 어떠한 영향을 주는가를 측정하고자 하는 경우, 우선 판촉이나 홍보와 같은 광고 이외의 요인이 소비자 인지도에 미치는 영향을 통제하거나 제거한 후, 광고에 노출된 집단과 노출되지 않은 집단 간에 상품에 대한 인식차이를 분석해야 한다.

2) 실험설계의 전제조건(Precondition for Experimental Design)

일반적으로 실험설계는 다음 사항들을 필요로 한다. 첫째, 실험변수(experiment variable)의 조작

(manipulation)이 가능해야 한다. 실험변수의 조작이란 결과가 되는 변수값에 어떠한 변화가 있는지를 파악하기 위하여 실험결과에 영향을 주는 변수나 요인들을 인위적으로 조작하여 이에 따른 결과변수의 변화를 관찰하는 것이다. 예를 들어, 커피 용기의 크기가 소비자의 제품선택에 어떠한 영향을 미치는지를 조사하고자 하는 경우, 실험자는 내용물이 같은 커피를 각기 다른 크기의 용기로 포장하여 상점에서 동일한 위치에 놓고 판매하여 봄으로써 판매량의 차이를 관측한다. 이때 커피 용기의 크기가 실험변수가 되며, 용기 크기를 변화시키는 것을 실험변수의 조작이라고 한다.

둘째, 외생변수(exogenous variable)를 통제(control)하거나 제거(elimination)해야 한다. 외생변수란 조사의 대상이 되는 실험변수(experiment variable)와 결과변수(outcome variable) 이외의 기타 변수로서, 결과변수에 영향을 미칠 수 있는 변수들을 말한다. 예를 들어, 맥주의 맛이 소비자의 선택에 어떠한 영향을 미치는가를 실험한다고 하자. 이 경우 맥주는 맛 이외에 카스와 칭타오 등과 같은 브랜드가 소비자의 제품선택에 크게 영향을 미칠 수 있다. 따라서 브랜드와 같은 외생변수의 영향을 제거하기 위하여 실험대상이 브랜드를 모르는 상태에서 순수하게 맥주의 맛으로만 제품을 선택할 수 있도록 실험을 통제해야 한다.

셋째, 실험대상(subject of experiment)을 무작위(randomly)로 추출해야 한다. 예를 들어, 특정 상품의 광고효과를 측정하기 위한 실험에 참가한 실험대상들은 이 상품의 표적집단소비자들 전체를 대표할 수 있도록 무작위로 선정되어야 한다. 실험대상을 무작위로 추출하는 이유는 모집단을 대표할 수 있는 표본을 선정하여 실험하기 위함이다. 왜냐하면 모집단을 대표할 수 있는 표본을 실험의 대상으로 선정하는 경우에는 실험 결과를 표본이 추출된 모집단 전체에 대해 확대해서 적용하여 해석할 수 있는 실험결과의 일반화가 가능하기 때문이다.

3) 실험설계의 기본모형(Basic Models of Experimental Design)

일반적으로 실험설계는 실험집단(experiment group)의 선정과 실험변수의 조작 및 실험효과의 측정으로 이루어지며 이를 모형화하여 기호로 간략하게 표현하면 [그림 3-10]과 같다. [그림 3-10]의 모형에서 'X'는 실험변수를 조작하여 실험대상에 적용하는 것을 의미하고, 'O'는 시간변화에 따른 실험대상의 결과변수를 측정한 값을 뜻한다. 이 중에 O_0는 실험대상이 실험변수에 노출되기 전에 결과변수를 사전에 측정한 값이고, O_1은 실험대상이 조작된 실험변수에 노출된 후에 결과변수를 측정한 값으로서 사후에 측정한 값에 해당된다. 예를 들어, 광고가 매출액에 미치는 영향을 모형으로 나타내면 X는 광고실행을 표시하며, O_0는 광고 전에 측정한 매출액을 말하며, O_1은 광고 후에 측정한 매출액을 의미한다.

그림 3-10 | 실험설계의 기본모형

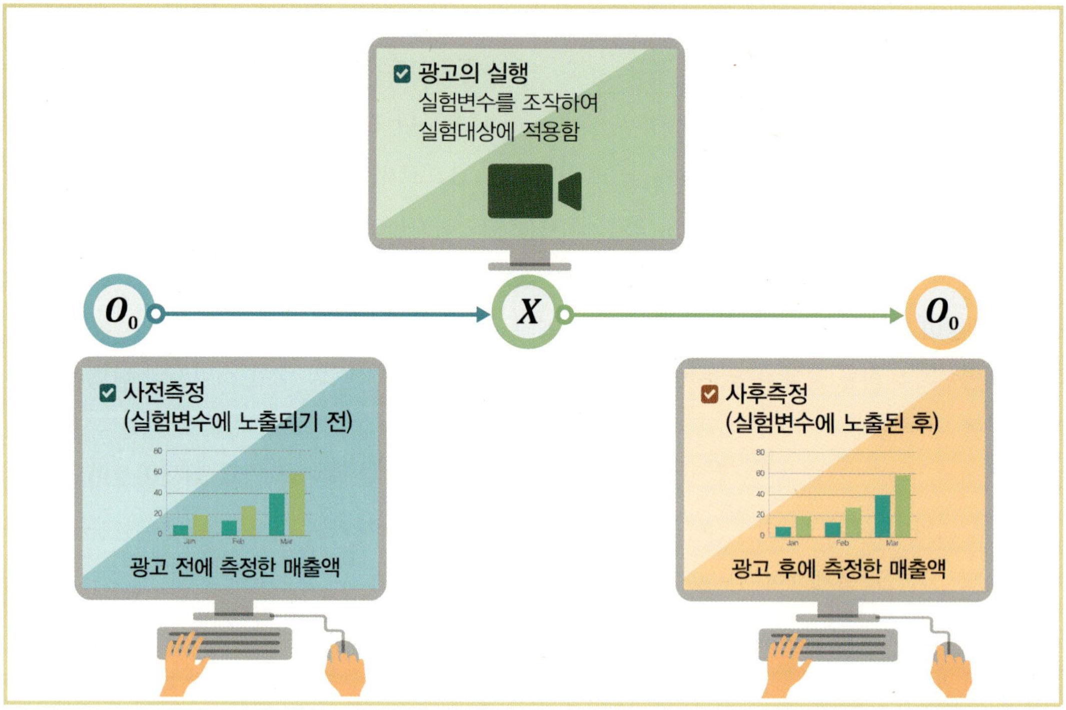

2.2 실험설계의 기본요소(Basic Elements of Experimental Design)

실험설계에 대하여 구체적으로 설명하기 위해서는 실험설계에 사용되는 기본적인 용어와 개념에 대하여 명확하게 이해할 필요가 있다. 실험설계에 사용되는 대표적인 용어와 개념에 대하여 간단히 설명하면 다음과 같다.

1) 가설(Hypothesis)

가설(hypothesis)이란 2개 변수들 간의 잠정적인 관계를 나타내는 문장으로, 실험자가 실험을 통하여 밝히고자 하는 내용을 문장으로 요약한 것이다. 일반적으로 가설은 '광고는 매출액 증대에 긍정적인 영향을 미친다'와 같은 선언문 형식으로 표현된다. 좋은 가설이 되기 위해서는 가설에 사용된 요인(변수) 간의 관계가 논리적으로 간결하고 명확하게 표현되어야 하며, 요인(변수)값들은 측정하여 계량화가 가능하며, 그 내용이 실험을 통하여 검증가능해야 한다. 또한, 일단 입증된 결과는

그림 3-11 | 가설의 정의 및 요건

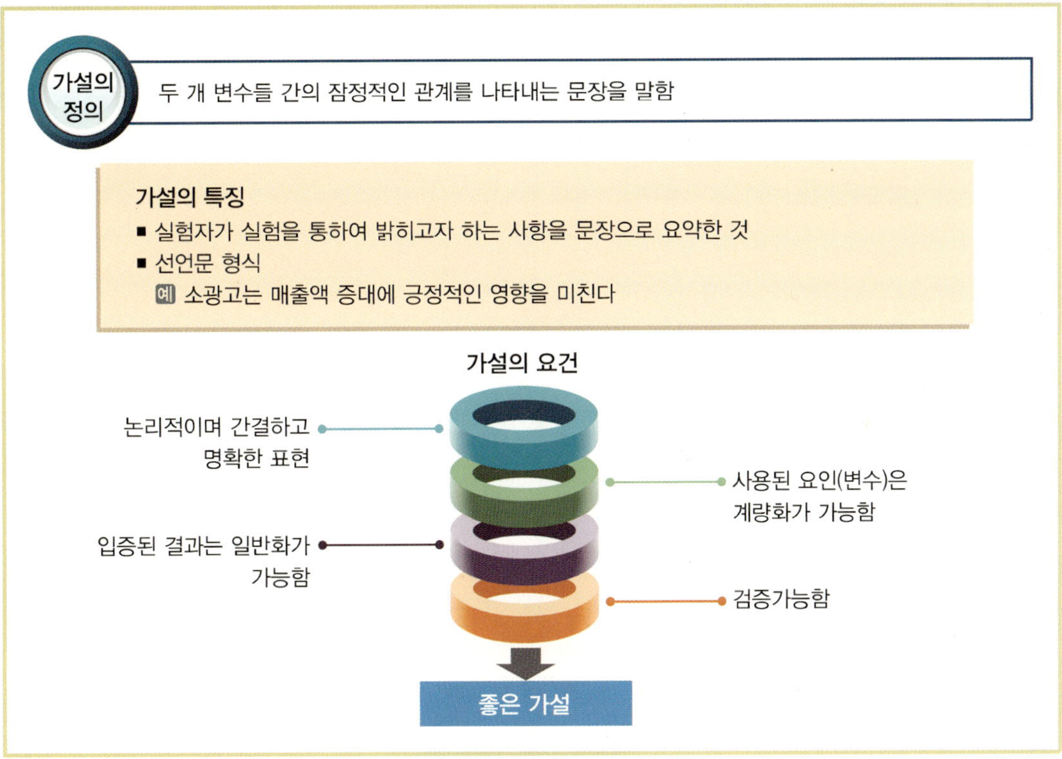

어느 정도 일반화하여 폭넓게 적용할 수 있어야 한다.

2) 변수(Variable)

변수(variable)란 관심대상인 개체(item)의 속성이나 특성을 측정하여 기록한 것을 말한다. 이와 같은 변수는 조사목적과 내용에 따라서 크게 독립변수(independent variable)와 종속변수(dependent variable)로 구분된다. 실험설계상에서는 독립변수를 원인변수(causal variable) 혹은 실험변수(experimental variable)라 하며, 종속변수는 결과변수라고도 한다. 구체적으로 실험변수는 결과변수값에 영향을 미쳐 종속변수가 특정한 값을 갖게 되는 원인이 된다고 가정한 변수이고, 결과변수는 실험변수의 영향을 받아서 실험변수의 값에 따라 그 값이 변할 것이라고 가정한 변수를 말한다.

또한 독립변수 중에는 종속변수에 미치는 영향을 관찰하고자 하는 변수 이외에 오히려 종속변수에 미치는 영향이 통제되는 독립변수가 있는데, 이러한 변수를 통제변수(control variable) 혹은

그림 3-12 | 변수의 정의 및 종류

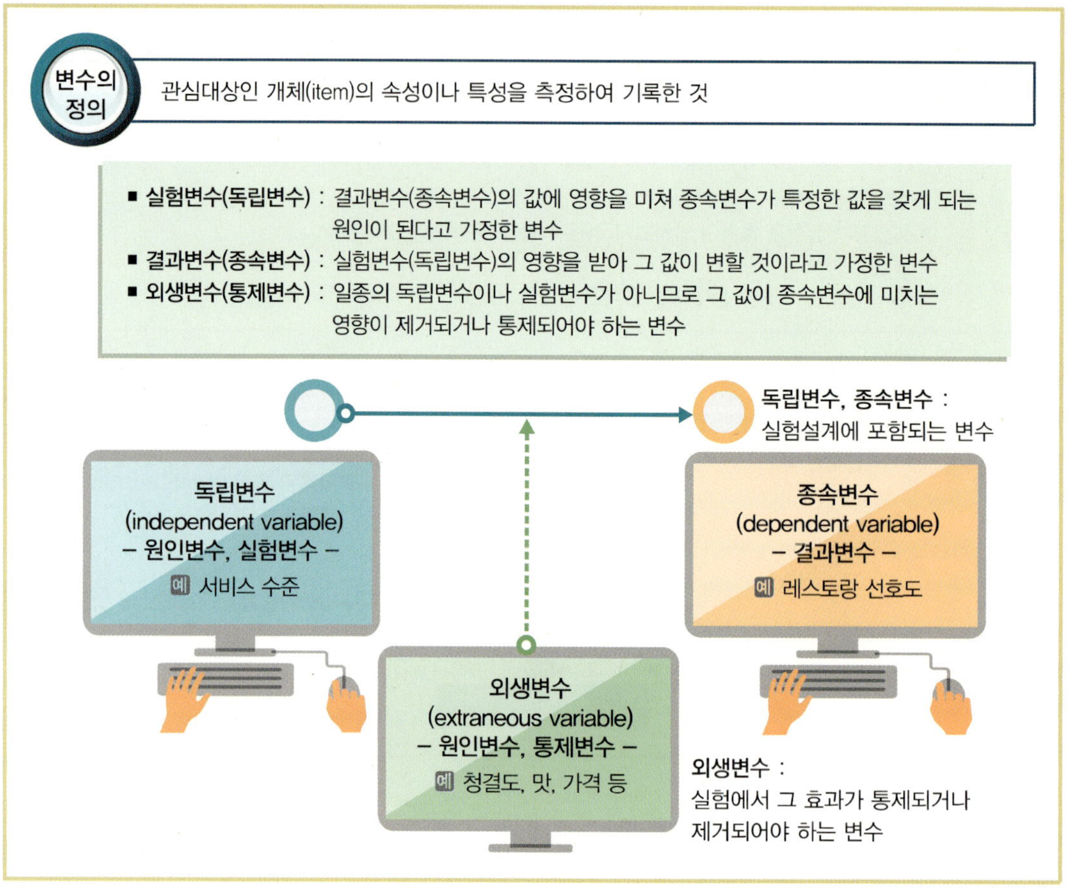

외생변수(extraneous variable)라고 한다. 즉, 외생변수는 일종의 독립변수로서 종속변수에 영향을 미치지만 실험변수가 아니므로 그 효과가 제거되거나 통제되어야 하는 변수들을 말한다. 예를 들어, 서비스 수준에 따른 패밀리 레스토랑의 선호도를 분석하고자 하는 경우, 서비스 수준이 실험변수가 되고 선호도 변화가 결과변수가 되며, 기타 청결도, 맛, 가격 등이 외생변수가 된다. 이와 같은 내용을 정리하면 [그림 3-12]와 같다.

3) 외생변수(Extraneous Variable)

외생변수란 실험변수가 아니면서 결과변수에 영향을 주는 일종의 독립변수로서, 최대한으로 그 영향이 제거되거나 상쇄될 수 있도록 실험을 설계해야 한다. 예를 들어, 종업원이 친절(실험변수)할수록 패밀

그림 3-13 | 외생변수의 종류

1. 성숙효과

- 실험기간 중에 실험집단의 특성변화가 결과변수에 영향을 미치는 효과

예 어린이들의 공부시간과 시험점수의 관계분석에서 어린이들의 지적 수준 향상이 시험수준에 미치는 영향

2. 상호작용시험효과

- 사전측정이 실험변수에 미치는 효과

예 브랜드인지도 사전측정
– 광고에 대한 관심 증가

3. 주시험효과

- 실험변수와는 관계없이 동일한 측정을 반복함으로써 결과변수에 발생하는 효과

예 같은 유형의 시험반복
– 실력보다는 시험분위기에 익숙해짐으로 인한 점수 향상

4. 실험대상의 소멸

- 실험대상이 실험기간 동안 실험대상에서 이탈함으로써 실험결과가 왜곡되는 현상

예 – 금연 프로그램에 참여했던 청소년집단이 성인이 되는 현상
– 판촉효과 측정실험 대상의 타 지역으로 이주

외생변수

5. 표본의 편중

- 실험의 대상이 되는 집단의 차이가 결과변수에 영향을 미치는 현상

예 가격인하 효과에 대한 조사
– 고소득집단과 저소득집단의 가격민감도에 대한 차이

6. 측정방법의 변화

- 관찰자의 변화나 설문지와 같은 측정방법의 변화가 측정결과에 영향을 미치는 현상

예 – 면접자 교체
– 실험 전후 사용되는 설문지의 변화

7. 통계적 회귀

- 실험대상에 대한 측정이 반복될수록 결과변수값이 실험대상의 평균값으로 회귀하는 현상

예 – 100m 달리기
– 평균 기록치로 회귀

8. 우발적 사건

- 실험자가 전혀 생각하지 못했던 사건으로서 실험결과에 지대한 영향을 미치는 우발적인 사건

예 – 북한의 ICBM발사 사건
– THAAD배치 사건

리 레스토랑의 매출액(결과변수)이 증가한다는 가설을 실증적으로 검정하고자 할 경우, 종업원의 친절도를 나타내는 변수 외에 레스토랑의 규모와 위치, 음식의 맛, 청결도, 가격수준 등과 같이 매출액에 영향을 미치는 변수를 외생변수라 한다. 일반적으로 실험설계에서 고려해야 할 대표적인 외생변수의 유형을 살펴보면 [그림 3-13]과 같다.

(1) 우발적 사건(Accidental Incident, Contingent Event)

실험자가 전혀 예상치 못한 사건이 발생하여 실험결과에 큰 영향을 미치는 것을 우발적 사건이라고 한다. 예를 들어, 금융시장에서 무역량이 환율에 어떠한 영향을 미치는가를 조사하는 도중에 북한의 ICBM발사 사건이 발생하여 원화가치가 급감하는 경우, 이러한 ICBM발사 사건은 우발적 사건에 속하는 외생변수가 된다. 이러한 경우, 순수실험변수인 무역량에 의한 영향과 외생변수인 ICBM 발사 사건의 영향이 환율이라는 결과변수에 동시에 영향을 미치므로, 이러한 외생변수를 제거하지 못한 실험의 경우 그 결과는 의미가 없어 일반화하기 어렵다.

또한 병원의 광고 및 홍보비용이 중국인 의료관광객 유치와 어떠한 관계가 있는지를 알아보기 위하여, 2016년 하반기에서 2017년 상반기를 포함하여 조사하였다면 정확한 결과를 얻기 힘들었다. 왜냐하면 그 당시 한국의 THAAD배치로 인하여 중국정부의 반발과 한국행 단체관광객 제한조치 등 수 차례에 걸친 중국의 경제보복을 포함하여 양국 간의 관계가 악화되어 있었기 때문에 이러한 영향이 중국인 의료관광객 유치에 부정적인 영향을 미쳤기 때문이다. 따라서 이러한 우발적인 사건들은 실험에서 배제되어야 할 외생변수에 속한다.

(2) 성숙효과(Maturation Effect)

성숙효과(maturation effect)란 실험기간 중에 실험집단의 특성변화가 결과변수에 영향을 미치는 것을 말한다. 예를 들어, 어린이들의 공부시간이 시험점수에 어떠한 영향을 미치는가를 알아보기 위하여 실험을 실시하는 경우, 만일 매년 동일한 집단을 대상으로 하여 실험을 하게 되면 올바른 결과를 얻기 어렵다. 왜냐하면 어린이들은 매년 성장하고 새로운 것을 학습하게 됨에 따라 매년 지적수준이 크게 향상되기 때문이다. 따라서 같은 시간을 공부해도 1년 전보다 높은 점수가 나오는데 이러한 현상을 실험대상의 성숙효과라고 한다. 즉, 시험점수의 향상은 공부시간뿐만 아니라 나이를 먹어감에 따라 인지력이 향상되는 성숙효과도 있기 때문이다.

(3) 시험효과(Testing Effect)

실험대상자가 과거 유사한 실험에 참가해 본 경험을 이용해서 응답하는 경우, 결과변수값이 달라지게 된다. 이렇게 과거 유사한 실험에 참여한 실험대상의 경험이 결과변수에 미치는 영향을 시험효과(testing effect)라 한다. 이러한 시험효과에는 주시험효과(main testing effect)와 상호작용시험효과(interaction testing effect)가 있다.

① 주시험효과(Main Testing Effect)

주시험효과는 실험변수의 효과와는 관계 없이 결과변수에 대하여 동일한 측정을 반복함으로써 결과변수값의 변화에 미치는 효과를 말한다. 예를 들어, 영어 학습량이 시험점수에 어떠한 영향을 미치는지를 TOEIC이나 TOFEL 시험점수를 결과변수로 판단하여 측정하고자 할 경우, 되풀이하여 여러 번 시험을 치를수록 문제 유형이나 시험장 분위기에 익숙해져서 대부분의 경우 처음보다 더 높은 점수를 얻는 경향이 있다. 즉, 과거에 결과변수를 측정할 때의 경험이 현재의 결과변수값에 영향을 미칠 수 있다.

이와 같이 주시험효과는 실험변수 이외의 경험이라는 외생변수가 결과변수에 영향을 미치는 효과를 말한다. 영어를 이용해서 대학원에서의 학습능력을 측정하기 위한 시험인 GRE와 GMAT 그리고 TOFEL 등에서 시험방식을 바꾸는 이유도 바로 이러한 주시험효과를 최소화하기 위한 노력의 일환으로 볼 수 있다.

② 상호작용시험효과(Interaction Testing Effect)

상호작용시험효과는 실험변수를 가하기 전에 먼저 결과변수를 측정함으로써, 후에 다시 측정할 결과변수에 대하여 생각하게 됨으로써 실험변수 자체의 영향이 달라지게 되는 효과를 말한다. 예를 들어, 특정한 광고가 상표인지도 향상에 미치는 영향을 측정하기 위하여 실험집단에게 광고를 보여주기 전에 상표인지도를 조사하고 실험변수인 광고를 보여준 후에 다시 상표인지도를 측정하는 경우, 결과변수의 사전측정과 광고라는 실험변수 간에는 상호작용시험효과가 발생할 수 있다. 왜냐하면 일차적인 사전 측정으로 인하여 사람들은 측정대상이 되는 상표를 미리 인식하고 광고를 보게 됨으로써 실험변수인 광고에서 그 상표에 관한 내용은 보다 주의깊게 관심을 가지고 보게 되기 때문이다.

이와 같이 사전에 측정한 결과변수와 실험변수 간의 상호작용으로 인하여 사후에 다시 측정하게 되는 결과변수값에 미치는 영향을 상호작용시험효과라고 한다. 이러한 상호작용시험효과를 제

그림 3-14 | 주시험효과와 상호작용시험효과

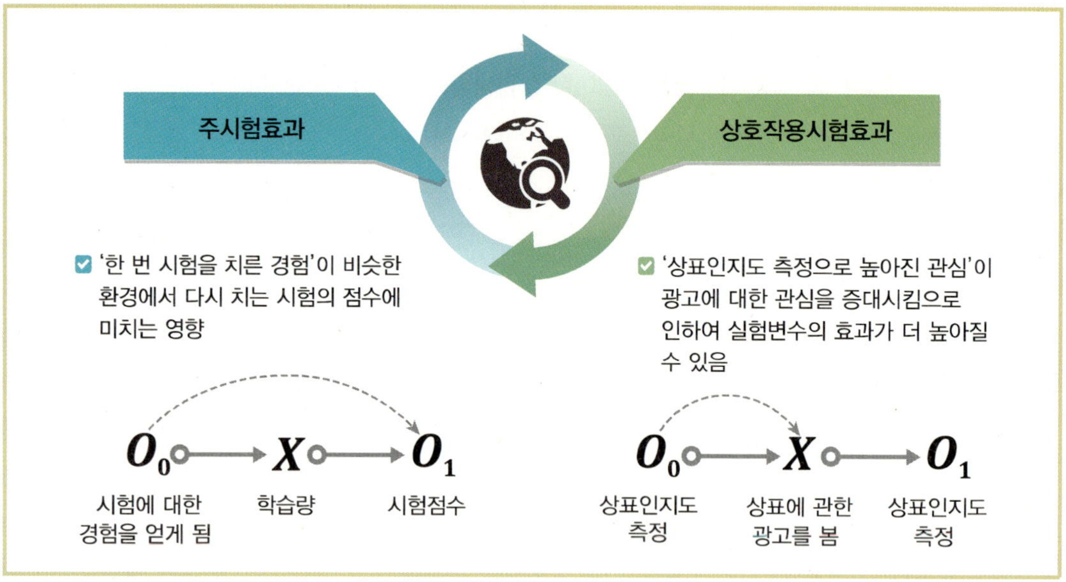

거하여야만 진정한 실험변수의 효과를 알 수 있고, 실험으로부터 얻은 결과를 일반화할 수 있다.

(4) 측정방법의 변화(Change of Instrumentation)

측정방법(instrumentation)의 변화라는 외생변수는 실험을 진행하는 관찰자가 바뀌거나 설문지와 같은 측정방법의 변화가 측정결과에 미치는 영향을 말한다. 예를 들어, 사회조직이나 기업의 고객만족지수의 변화를 측정하여 사회조직이나 기업의 서비스 수준의 향상 여부를 평가하고자 하는 경우 만족도를 측정하게 되는데, 이 과정에서 과거에 사용한 질문이나 질문방식 등 설문지 내용이 바뀌거나 면접자가 교체됨으로써 만족도 측정에 영향을 미치게 되는 것을 말한다.

(5) 표본의 편중(Selection Bias)

표본의 편중(selection bias)이란 실험변수 이외에 실험의 대상이 되는 집단 간의 차이가 결과변수에 영향을 미치게 되는 것을 말한다. 예를 들어, 휘발유 가격인하효과에 대한 민감도를 조사할 경우, 고소득층 집단보다 저소득층 집단이 가격변화에 훨씬 민감하게 반응할 수 있다. 따라서 실험대상을 어떻게 구성하는가에 따라 그 결과에 큰 차이가 발생할 수 있다. 이렇게 표본의 구성에 따라 결과변수값이 달라지게 되는 경우를 표본의 편중이라는 외생변수의 영향으로 판단한다.

(6) 통계적 회귀(Statistical Regression)

통계적 회귀(statistical regression)란 실험대상에 대한 측정을 반복할수록 결과변수값이 실험대상의 평균값으로 회귀하는 경향이 있어, 실험변수의 효과를 정확하게 측정하기가 어려워지는 현상을 말한다. 예를 들어, 100m를 평균 9초에 달리는 육상선수가 있다. 하루는 감기몸살로 인하여 컨디션이 좋지 않아 100m 달리기를 한 결과 기록이 10초로 나왔다. 육상코치는 며칠 동안 웨이트 트레이닝 프로그램을 강하게 시킨 후에 다시 100m 기록을 재어보니 9.1초로 평균기록인 9초에 가깝게 되었음을 알 수 있었다. 육상코치는 기록이 좋아진 이유가 웨이트 트레이닝을 강하게 시킨 결과라고 판단할 수 있다. 그러나 이 선수의 기록이 좋아진 이유는 웨이트 트레이닝 프로그램의 영향이라기보다는 자기의 평균 기록치로 회귀한 결과로 볼 수 있다.

(7) 실험대상의 소멸(Extinction of Subject)

실험대상의 소멸(extinction of subject)이란 실험대상이 실험기간 동안 실험대상에서 이탈함으로써 실험결과가 왜곡되는 현상을 말한다. 예를 들어, 금연 프로그램이 청소년의 흡연율에 어떠한 영향을 미치는지를 분석하기 위하여 1년에 걸쳐 실험하는 경우를 보자. 실험이 진행되면서 처음에 실험대상으로 포함되었던 상당수의 청소년이 실험변수, 즉 금연 프로그램에 노출된 후에 시간이 지나면서 성인이 되어 실험대상에서 제외되는 경우가 해당된다. 또 다른 예로, 판촉효과에 따른 소비자의 구매패턴을 측정하기 위하여 패널조사를 실시하는 경우, 만일 패널에 포함된 실험대상이 중간에 다른 지역으로 이사를 가게 되면 실험대상에서 제외됨으로써 소멸하게 된다.

4) 외생변수의 통제(Control of Extraneous Variable)

실험설계에서 가장 중요한 것은 외생변수가 결과변수에 영향을 미칠 수 있는 모든 가능성을 파악하고 외생변수의 영향을 철저하게 통제하거나 제거할 수 있는 방안을 모색하는 것이다. 외생변수를 통제하기 위하여 사용되는 대표적인 방안으로는 [그림 3-15]와 같은 것들이 있다.

(1) 제거(Elimination)

제거(elimination)란 실험에 영향을 미칠 수 있는 외생변수를 완전히 제거하는 것이다. 예를 들어, 특정한 경험이 실험에 영향을 미치는 경우 그 경험을 가진 대상을 실험대상에서 제외시키거나 또는 그러한 경험을 가진 대상들만을 표본으로 선정함으로써 그 경험에 따른 효과를 제거하는 방법이다.

그림 3-15 | 외생변수의 통제

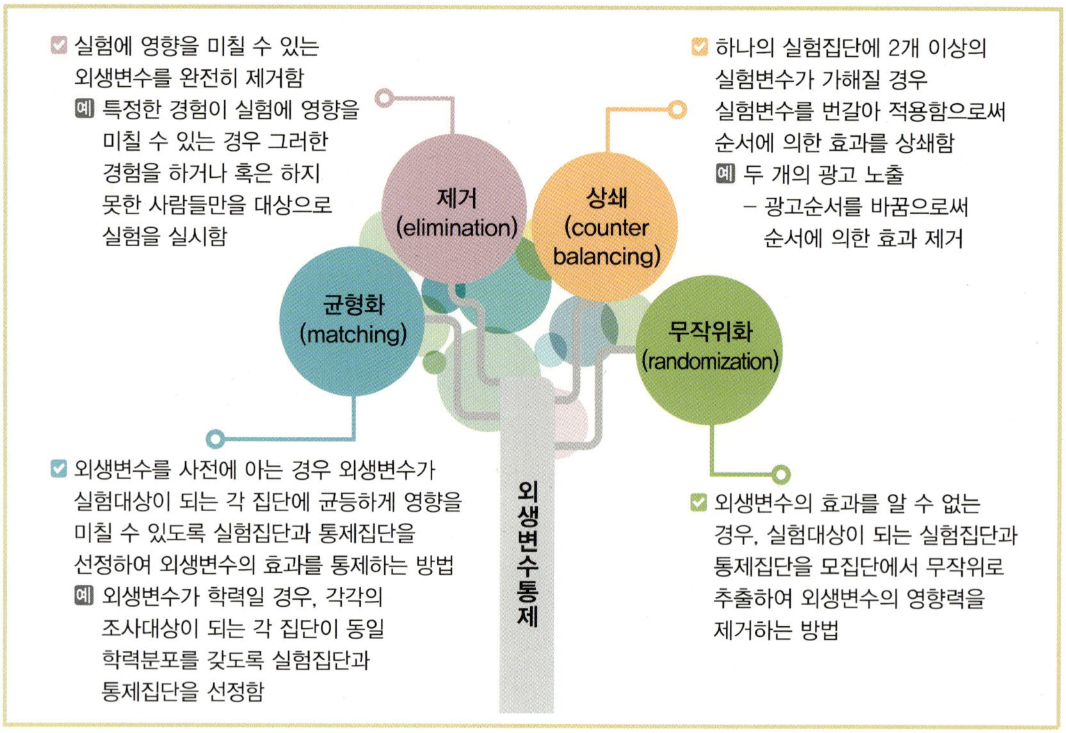

(2) 균형화(Matching)

균형화(matching)는 외생변수로 작용할 수 있는 변수들을 사전에 알고 있는 경우, 해당 외생변수가 각 집단에 균등하게 영향을 미칠 수 있도록 실험집단과 통제집단을 선정하는 방법이다. 예를 들어, 실험에서 외생변수로 작용할 수 있는 요인이 학력이라고 한다면, 실험대상이 되는 각 집단 내의 구성원들이 집단별로 동일한 학력분포를 갖도록 조사대상집단들을 구성하는 방법이다.

(3) 상쇄(Counter Balancing)

상쇄(counter balancing)는 하나의 실험집단에 2개 이상의 실험변수가 가해지는 경우에 사용된다. 예를 들어, 두 가지 광고 중에 어느 것이 더 상표의 인지도 향상에 효과적인가를 실험을 통하여 파악하고자 하는 경우, 첫 번째 광고와 두 번째 광고가 실험대상자에 미치는 영향이 다르다고 판단되면, 처음 실험에서 제시한 광고의 순서를 다음 실험에서는 바꾸어 제시함으로써 순서에 의하여 발생하는 순서 효과를 상쇄시키는 방법이다. 즉, 초두성 효과(primacy effect)와 신근성 효과

(recency effect)가 있다고 판단되는 경우, 순서를 서로 균등하게 바꾸어 실험함으로써 순서에 의한 효과를 상쇄하는 방법을 말한다.

(4) 무작위화(Randomization)

무작위화(randomization)란 외생변수가 실험의 결과에 어떠한 영향을 미칠 수 있는가에 대하여 명확하게 알 수 없는 경우, 실험집단이나 통제집단을 모집단에서 무작위로 균등하게 추출함으로써 외생변수의 영향을 제거하는 방법이다. 그러나 실험대상의 무작위화는 외생변수를 처리하기 위한 가장 손쉬운 방법이면서 실제로 실행하기에는 가장 어려운 방법이다.

2.3 실험설계의 종류(Types of Experimental Design)

실험설계(experimental design)란 관심요인(변수)들 간의 관계를 명확하게 규명하기 위하여 효과적인 조사와 분석을 구상하고 계획하는 것을 말한다. 구체적으로 실험설계는 조사자가 관심을 가지고 있는 현상을 분석하기 위하여 실험변수를 결정하고, 외생변수를 통제하며, 결과변수를 측정하여 분석한 결과를 일반화하고자 하는 일련의 과정이다.

그림 3-16 | 실험설계의 종류

실험설계의 종류	원시 실험설계	순수 실험설계	유사 실험설계
실험변수의 노출시점 및 대상에 대한 통제	없음	있음	없음
실험결과의 측정시점 및 대상에 대한 통제	없음	있음	있음
대상선정의 무작위화	없음	있음	없음

그림 3-17 | 실험설계에서 사용되는 기호

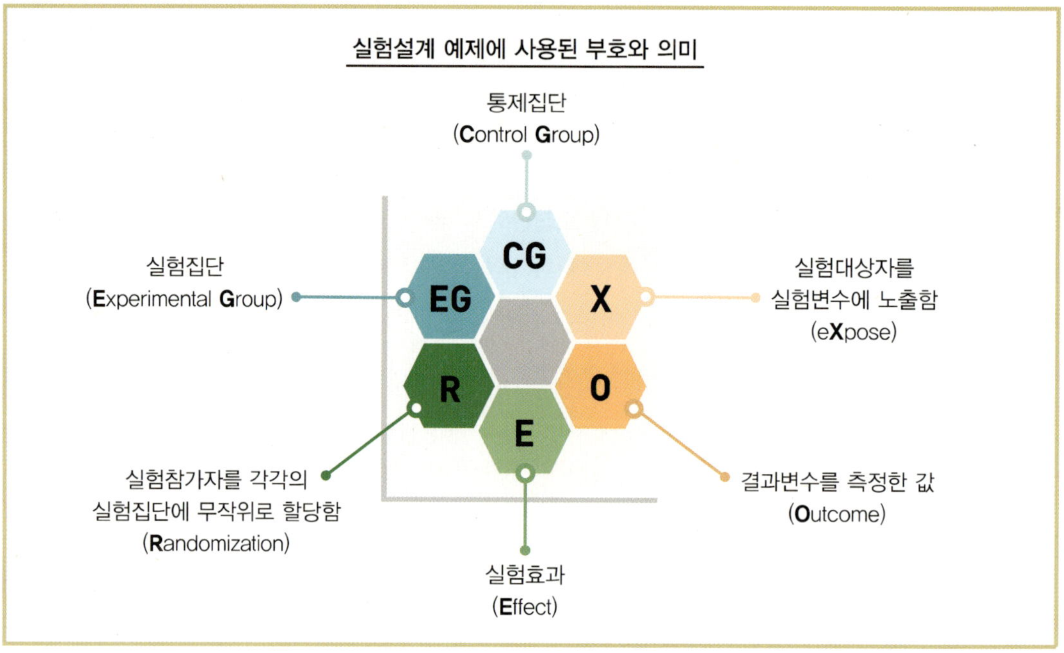

이러한 실험설계에서는 실험결과의 일반화에 영향을 미치는 외생변수의 완벽한 통제와 모집단을 정확하게 대표할 수 있는 표본을 선정하는 것이 가장 중요하다. 그러나 대부분의 실제 상황에서는 완벽하게 외생변수를 통제하거나 모집단을 정확하게 대표할 수 있는 표본을 선정한다는 것이 거의 불가능하다. 따라서 조사의 효율성을 감안하여 주어진 상황에서 가장 효과적인 통제수준과 표본추출과정을 결정하여 실험을 설계하고 조사할 수밖에 없다.

실험을 얼마나 엄격하게 통제하며 진행할 수 있는가에 따라, 즉 실험과정의 통제수준 정도에 따라 실험설계는 원시실험설계(pre-experimental design), 순수실험설계(true experimental design) 그리고 유사실험설계(quasi-experimental design)로 구분되며, 구체적인 분류기준은 [그림 3-16]과 같다. 또한 일반적으로 실험설계에 사용되는 기호를 살펴보면 [그림 3-17]과 같다.

1) 원시실험설계(Pre-experimental Design)

원시실험설계는 [그림 3-16]에 요약되었듯이 실험상 외생변수의 통제가 거의 이루어지지 않으므로 인과관계를 비롯하여 변수 간의 관계를 정확하게 조사하기에는 부적합한 실험설계에 속한다. 따라서 원시실험설계는 가설을 검정하기보다는 문제를 도출하거나 문제를 명확하게 규명하기

그림 3-18 | 원시실험설계

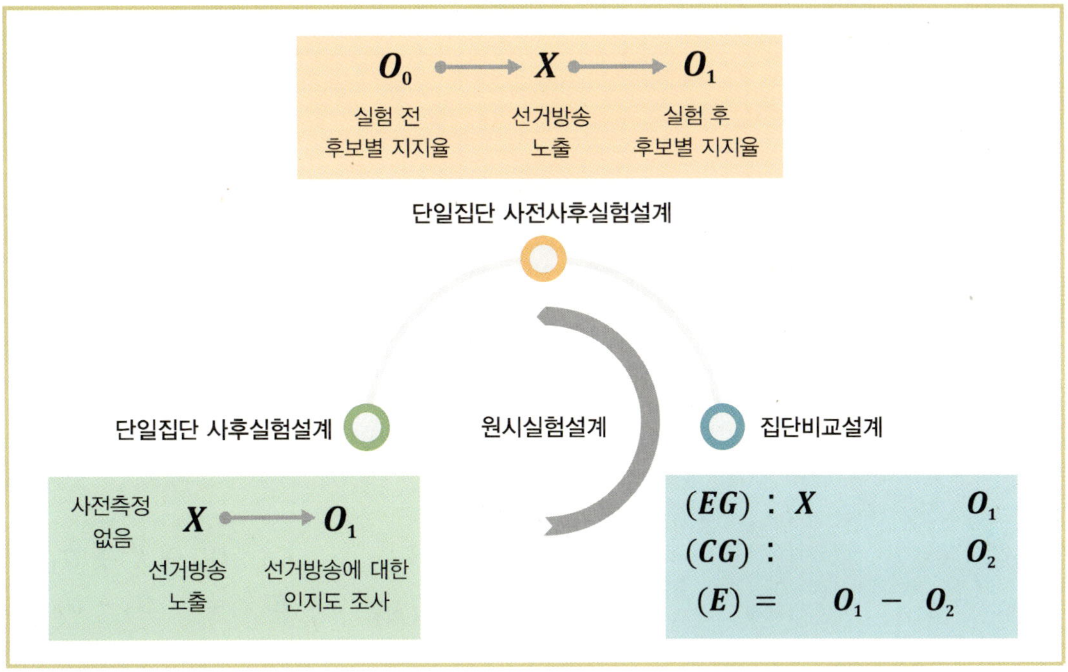

위한 순수실험설계를 수행하기 전에 실행하는 일종의 탐색조사와 같은 성격을 띠고 있다.

(1) 단일집단 사후실험설계(Posttest Experimental Design of Single Group)

단일집단 사후실험설계는 실험대상을 실험변수에 노출시킨 후 실험결과(O_1)를 사후적으로 한 번만 측정하는 방법이다. 이 실험은 실험과 관련된 변수들을 조작할 수 없고, 또한 실험대상은 실험자에 의하여 임의로 선정되기 때문에 그 결과를 일반화하는 데에는 무리가 있다.

예를 들어, TV선거방송의 효과를 조사하기 위하여 사후실험설계를 이용하는 경우, 전국 14개 권역에 거주하며 전날 선거방송을 시청하였다고 응답한 유권자들 중에서 임의로 300명을 선정한 후 선거방송의 내용을 기억해보도록 하거나, 선거방송의 일부 내용을 언급한 후 그에 관한 구체적인 질문을 해봄으로써 선거방송의 효과를 측정하는 것이다. 이와 같은 실험설계에서는 선거방송의 효과를 서로 비교할 통제집단이 없으며 대상의 무작위 선정이 이루어지지 않는다는 단점이 있으나, 비교적 단순한 실험설계로 조사가 가능하기 때문에 사전측정이 필요 없는 신상품 테스트나 구매의향조사 등과 같은 탐색조사에서 많이 사용되고 있다.

그림 3-19 | 원시실험설계

원시 실험설계
- 표본선정의 무작위화나 실험상의 외생변수통제가 거의 이루어지지 않음
- 가설검정보다는 문제도출 및 순수실험설계를 수행하기 전의 탐색조사로 많이 활용됨

단일집단 사후실험설계
- 실험대상을 실험변수에 노출시킨 후 사후에 실험결과를 측정함
- 실험과 관련된 변수와 실험대상에 대한 통제가 이루어지지 않음
- 실험대상은 실험자에 의하여 임의로 선정됨

예 TV선거방송의 효과를 조사하기 위한 사후실험설계
- 선거방송 후 방송을 시청한 유권자들 중에서 임의로 300명을 선정하여 선거방송 내용을 얼마나 기억하고 있는가를 조사함으로써 선거방송의 효과를 측정함

$$EG : X \rightarrow O_1$$
$$E = O_1$$

단일집단 사전사후 실험설계
- 사전측정과 사후측정의 차이를 규명함으로써 실험변수의 효과를 측정하는 방법
- TV선거방송의 효과를 조사하기 위한 사전사후측정설계
  - 선거방송 전 임의로 실험대상을 선정하여 특정 후보에 대한 지지율을 조사하고, 방송 후 그 후보에 대한 지지율을 조사하여 그 차이를 분석함으로써 TV선거방송의 효과를 측정하는 방법
  - 지지율의 변화가 TV선거방송에 의한 것인지 아니면 다른 요인에 의한 것인지를 정확하게 판단하기 어려움

$$EG : O_0 \rightarrow X \rightarrow O_1$$
$$E = O_1 - O_0$$

집단 비교설계
- 실험변수에 노출된 집단과 노출되지 않은 집단으로 구분하여 실험변수의 효과를 측정하는 방법

예 TV선거방송의 효과를 조사하기 위한 집단비교설계
- 실험집단(EG)은 선거방송에 노출시키고 통제집단(CG)은 선거방송에 노출시키지 않은 상태에서 집단 간의 지지율 차이로 실험의 효과(E)를 측정

$$EG : X \rightarrow O_2$$
$$CG : O_2$$
$$E = O_1 - O_2$$

(2) 단일집단 사전사후실험설계(Pretest-Posttest Experimental Design of Single Group)

이 설계방법은 실험변수를 도입하기 전(O_0)과 후(O_1)의 결과변수를 측정하여, 그 차이로 실험변수의 효과를 측정하는 방법이다. 그러나 이러한 실험 역시 외생변수에 대한 통제가 이루어지지 않기 때문에 그 차이를 정확한 실험변수의 효과만이라고 단정할 수 없다.

예를 들어, TV선거방송에 따라 후보자에 대한 지지율이 어떻게 변하는가를 조사하는 경우 선거방송 전에 임의로 실험대상이 되는 유권자들을 선정하여 지지율을 조사하고, 선거방송을 한 후 다시 지지율을 측정함으로써 TV선거방송의 효과를 분석하는 것이다. 그러나 2번의 지지율 측정 시점에서 선거방송 이외의 모든 것이 똑같은 상황이라고 단정하기 어렵기 때문에 지지율의 변화가 있어도 이것이 TV선거방송에 의한 것인지 아니면 다른 정보에 의한 것인지 판단하기 어렵다. 예를 들어, 특정한 지역이나 연령대에 의한 표본의 편중이나 TV선거방송 이외의 다른 대중매체, 즉 신문이나 라디오, 잡지 등에 의한 효과를 간과하기 쉽다.

(3) 집단비교설계(Group Comparison Design)

집단비교설계는 실험변수에 노출되는 집단과 노출되지 않는 집단 간의 결과변수값의 차이로 실험변수의 효과를 측정하는 방법이다. 예를 들어, TV선거방송의 효과를 측정하는 경우, 실험집단(EG)은 선거방송에 노출시키고 통제집단(CG)은 선거방송에 노출되지 않은 상태에서 각 그룹별로 지지율을 측정하여 그룹 간 지지율의 차이(O_1-O_2)로 선거방송에 의한 실험효과(E)를 측정하는 것이다. 그러나 이러한 집단비교설계 또한 대상집단의 무작위화를 전제로 하지 않기 때문에 대상집단 자체의 이질성으로부터 발생하는 차이와 실험대상의 소멸과 같은 외생변수를 통제할 수 없다는 문제가 있다.

2) 순수실험설계(True Experimental Design)

실험대상의 무작위추출과 외생변수에 대한 철저한 통제를 전제로 하는 순수실험설계는 실제 외생변수의 통제가 어려운 상업적 조사보다는 학문적 조사에서 주로 활용된다. 몇 가지 대표적인 순수실험설계는 다음과 같다.

(1) 통제집단 사전사후실험설계(Pretest-Posttest Control Group Experimental Design)

통제집단 사전사후실험계는 모집단을 대표하는 표본으로 뽑힌 실험대상을 실험집단과 통제집단에 무작위로 할당하여 조사를 실시한다. 실험집단은 실험변수의 도입 전과 후에 결과변수값(O_1, O_2)을 측정하고, 통제집단은 실험변수를 도입하지 않은 상태에서 실험집단과 같은 시기에 결과변수값(O_3, O_4)을 2번 측정하여 통제집단의 결과변수값 차이를 외생변수효과(O_4-O_3)라고 생각하며 이를 제거함으로써 순수한 실험변수효과를 측정하는 방법이다.

실험효과, 즉 실험변수의 효과는 실험변수 도입 전과 후에 측정한 실험집단의 결과변수값의 차

그림 3-20 | 통제집단 사전사후실험설계

$$(EG) : R \quad O_1 \quad X \quad O_2$$
$$(CG) : R \quad O_3 \quad \quad O_4$$
$$(E) = (O_2 - O_1) - (O_4 - O_3)$$

이(O_2-O_1)에서 통제집단에서 사전과 사후로 같은 시간에 측정한 결과변수값의 차이를 외생변수 효과(O_4-O_3)라고 간주하여 이를 제거한 순수한 차이로 측정된다. 여기서 통제집단의 사전과 사후 측정치 간의 차이($E=(O_2-O_1)-(O_4-O_3)$)는 시간의 흐름에 따른 성숙효과나 기타 외생변수로 인하여 발생하는 효과를 나타내고 있는 것으로 간주된다. 또한 이러한 경우 외생변수의 영향이 무작위로 추출한 두 집단에 동일하게 적용할 것이라는 전제하에서 순수한 실험효과를 측정할 수 있다.

통제집단 사전사후실험설계의 경우 대부분의 외생변수를 통제하는 것이 가능하나 결과변수의 측정이 실험변수의 효과에 미치는 상호작용시험효과를 제거하기는 어렵다. 왜냐하면 상호작용시험효과는 사전측정이 실험자에게 노출되는 실험변수의 효과에 영향을 미침으로써 발생하는 것이므로, 이는 실험변수를 가하지 않는 통제집단에는 작용하지 않고 실험집단에만 작용하기 때문이다.

(2) 통제집단 사후실험설계(Posttest Control Group Experimental Design)

통제집단 사후실험설계는 앞의 통제집단 사전사후실험설계에서 하였던 사전측정을 하지 않으므로 상호작용시험효과가 작용하지 않으며, 두 집단의 대상을 무작위로 선정함으로써 두 집단 모두가 외생변수의 영향을 동일하게 받는다고 가정할 수 있다. 이 경우 실험집단의 결과변수(O_1)는 실험효과와 외생변수의 효과가 함께 작용한 결과이고, 통제집단(O_2)은 단순히 외생변수만 작용하여 얻게 되는 효과로 판단할 수 있다. 따라서 이 경우 실험의 효과는 두 집단 간의 결과변수값의 차이(O_1-O_2)로 계산하여 측정할 수 있다.

이러한 통제집단 사후실험설계는 결과변수에 대한 사전측정이 없기 때문에 실험변수의 효과를 정확하게 파악하기는 어렵다는 단점이 있다. 그러나 실제 사회현상에서는 사전측정이 불가능한 경우가 많으며, 또한 상대적으로 적은 수의 실험대상으로도 실험이 가능하고 집단 간의 격

그림 3-21 | 통제집단 사후실험설계

$$
\begin{array}{llll}
(EG): & R & X & O_1 \\
(CG): & R & & O_2 \\
(E) = & & O_1 - O_2 &
\end{array}
$$

리도 쉽게 할 수 있다는 장점이 있어 통제집단 사후실험설계는 비교적 널리 활용되고 있는 실험설계이다.

통제집단 사후실험설계에서 실험대상이 무작위로 선정되지 않는 경우에는 앞에서 설명한 원시실험설계 중의 집단비교설계가 된다. 일반적으로 실무상황에서는 실험집단과 통제집단의 무작위화가 어렵기 때문에 통제집단 사후실험설계는 실제로는 원시실험설계에 속하는 집단비교설계인 경우가 대부분이다.

(3) 솔로몬 4집단설계(Solomon Four Group Experimental Design)

솔로몬 4집단설계는 앞에서 설명된 통제집단 사전사후실험설계와 통제집단 사후실험설계의 결합형태로서 모든 외생변수의 통제가 가능한 실험설계이다. 솔로몬 4집단설계는 4개 실험집단 A, B, C, D를

그림 3-22 | 솔로몬 4집단 설계

$$
\begin{array}{lllll}
(EG)\,A: & R & O_1 & X & O_2 \\
(CG)\,B: & R & O_3 & & O_4 \\
(EG)\,C: & R & & X & O_5 \\
(CG)\,D: & R & & & O_6
\end{array}
$$

$$(E) = \left[O_5 - \frac{1}{2}(O_1 + O_3)\right] - \left[O_6 - \frac{1}{2}(O_1 + O_3)\right]$$

그림 3-23 | 솔로몬 4집단 설계의 외생변수효과 분리

$$O_2 - O_1 = \text{실험변수효과} + \text{상호작용시험효과} + \text{주시험효과} + \text{기타 외생변수효과} \quad \text{①}$$

$$O_4 - O_3 = \text{주시험효과} + \text{기타 외생변수효과} \quad \text{②}$$

$$O_5 - \frac{1}{2}(O_1 + O_3) = \text{실험변수효과} + \text{기타외생변수 효과} \quad \text{③}$$

$$O_6 - \frac{1}{2}(O_1 + O_3) = \text{기타 외생변수 효과} \quad \text{④}$$

모두 무작위로 선정하는 것으로부터 시작한다. 선정된 4개의 집단 중 집단 A와 집단 B는 실험변수를 가하기 전에 사전측정(O_1, O_3)을 하며, 집단 C와 집단 D에 대해서는 사전측정을 하지 않는다. 또한, 집단 A와 집단 C에는 실험변수(X)를 가하고, 집단 B와 집단 D는 통제집단으로서 실험변수를 가하지 않는다.

이 실험설계의 가장 큰 장점은 다른 실험설계방법에서는 불가능한 각종 외생변수의 영향을 완벽하게 분리하여 측정해 낼 수 있다는 것이다. 특히, 통제집단과 사전사후측정실험설계에서 문제가 되는 상호작용시험효과와 주시험효과를 포함한 기타 외생변수의 효과들을 분리해 낼 수 있다. 이를 수식화하여 설명하면 [그림 3-23]과 같다.

이 실험설계에서는 각각의 집단에 무작위로 실험대상들을 배정하였기 때문에 4개의 집단이 시작하는 시점에서는 모두 동일하다고 가정할 수 있으며, 이러한 무작위화가 표본편중에 따른 외생변수문제를 제거해준다고 할 수 있다. 또한 같은 논리로 상호작용시험효과와 주시험효과를 제외한 다른 외생변수들의 영향이 4집단에 모두 동일하게 작용한다고 할 수 있다.

따라서 사전측정치는 2개의 사전측정치의 평균인 $\frac{(O_1+O_3)}{2}$이 된다. 또한 식 ①에서 얻어진 사후측정치와 사전측정치 간의 차이에는 주시험효과를 포함한 기타 외생변수의 효과와 상호작용시험효과 및 실험변수효과가 복합되어 있으며, 식 ②의 경우에는 실험변수가 가해지지 않았으므로 주시험효과를 포함한 기타 외생변수의 효과만이 나타난다. 식 ③의 결과변수값은 실험변수와 기타 외생변수의 효과가 반영된 결과이며, 식 ④의 결과값은 기타외생변수의 효과만이 작용한 값이다.

그림 3-24 | 순수실험설계

순수 실험설계

- 실험과 관련된 변수의 통제 및 대상의 무작위화가 엄격하게 이루어진 실험설계방법
- 상업적 조사보다는 학문적 조사에서 주로 활용됨

통제집단 사전사후 실험설계

- 실험대상을 무작위로 실험집단과 통제집단으로 할당함
- 실험변수 도입 전과 후에 결과변수 값을 측정
- 통제집단에 대해서는 실험변수를 도입하지 않고, 실험집단과 같은 시기에 결과변수값을 사전과 사후에 2번 측정함

$$(EG): R \quad O_1 \rightarrow X \rightarrow O_2$$
$$(CG): R \quad O_3 \qquad\qquad O_4$$
$$(E) = (O_2 - O_1) - (O_4 - O_3)$$

통제집단 사후 실험설계

- 통제집단 사후실험설계는 사전측정을 하지 않는 실험 설계방법
- 상호작용시험효과를 제거하고 표본의 무작위 추출로 외생변수의 영향력을 제거함

$$(EG): R \quad X \rightarrow O_1$$
$$(CG): R \qquad\quad O_2$$
$$(E) = O_2 - O_1$$

솔로몬 4집단설계

- 통제집단 사전사후실험설계와 통제집단 사후실험설계를 결합한 형태로서 모든 외생변수의 통제가 가능한 실험설계방법

$$(EG): R \quad O_1 \rightarrow X \rightarrow O_2$$
$$(CG): R \quad O_3 \qquad\qquad O_4$$
$$(EG): R \qquad\quad X \rightarrow O_5$$
$$(CG): R \qquad\qquad\quad O_6$$
$$(E) = [O_5 - \frac{1}{2}(O_1 + O_3)] - [O_6 - \frac{1}{2}(O_1 + O_3)]$$

상호작용시험효과와 주시험효과는 식 ①에서 식 ③을 빼서(①−③) 얻을 수 있으며, 식 ③에서 식 ④를 빼면(③−④) 실험효과만을 분리해 낼 수 있다. 또한 {(①−②)−(③−④)}를 이용하면 상호작용시험효과를 측정할 수 있다. 그러나 솔로몬 4집단설계는 이러한 각종 요인들의 효과를 모두 측정할 수 있다는 장점에도 불구하고, 집단의 통제가 어려우며 많은 시간과 비용이 필요하기 때문에 실용성에 많은 문제가 있어 극히 제한된 상황에서만 사용된다.

3) 유사실험설계(Quasi-experimental Design)

앞에서 설명한 순수실험설계는 여러 가지 실험조건이 까다롭기 때문에 실제상황에서 손쉽게 계획하고 실행하기가 어렵다. 또한, 실제 실무에서는 실험실에서처럼 통제된 상황이 있을 수 없기 때문에 실험실에서 얻은 결과를 실무에 적용하기가 쉽지 않다. 반면에, 무작위화를 무시한 원시실험설계는 비교적 현실적이나 외생변수의 통제가 거의 이루어지지 않는 단점이 있다.

따라서 이렇게 서로 상반되는 문제점들을 가지고 있는 실험설계방법들을 서로 절충하여 극단적인 문제를 극복하기 위한 실험설계방법으로 널리 사용되는 방법이 유사실험설계이다. 즉, 실제상황에서는 순수실험설계에서 요구되는 조건을 완벽하게 갖추기 어렵기 때문에 실험자가 인위적으로 실험상황을 조작하여 실험을 설계하는 것을 말한다. 순수실험설계에서는 실험자가 실험변수의 노출시점과 대상 그리고 측정시점을 통제하고, 실험집단과 통제집단을 모두 무작위로 선정할 수 있는 반면에 유사실험설계에서는 측정시점과 대상에 대한 통제만이 가능하다.

(1) 2집단 사전사후실험설계(Pretest-Posttest Experimental Design of Two Groups)

2집단 사전사후실험설계는 조사대상을 실험집단(*EG*)과 통제집단(*CG*)으로 분류할 수는 있으나 실험대상자를 각 집단에 무작위로 배정할 수 없을 경우에 행하는 실험설계(nonequivalent control group design)이다. 즉, 순수실험설계에 속하는 통제집단 사전사후실험설계와 같으나 대상을 무작위로 통제집단과 실험집단에 할당하는 대상의 무작위화만 실행되지 않는 실험설계이다.

이 실험설계를 이용하면 우발적 사건과 주시험효과 등과 같은 외생변수들을 통제할 수 있으나, 집단이 무작위로 선정되지 않았기 때문에 발생할 수 있는 표본의 편중이나 통계적 회귀와 같은 외생변수들의 영향을 제거하기는 어렵다. 비록 이 실험설계방법이 순수실험설계에 속하는 통제집단 사후실험설계보다는 실험결과에 대한 타당성이 떨어질 수 있다는 단점이 있으나, 실제상황에

그림 3-25 | 2집단 사전사후실험설계

$$(EG) : O_1 \quad X \quad O_2$$

$$(CG) : O_3 \qquad\quad O_4$$

$$(E) = (O_2 - O_1) - (O_4 - O_3)$$

서는 실험대상을 무작위로 추출하거나 피실험자를 통제하는 것이 매우 어려운 경우가 많기 때문에 실무에서는 이 방법이 널리 사용되고 있다.

(2) 시계열실험설계(Time-Series Experimental Design)

시계열실험설계는 실험조건상 조사대상을 실험집단과 통제집단으로 분류할 수 없을 경우에 사용하는 방법으로, 동일한 실험대상에 대하여 실험변수를 도입하기 전과 후의 반응을 나타내는 결과변수를 일정한 간격을 두고 반복적으로 측정하여 이들 간의 차이로 실험효과를 측정하는 방법이다. 예를 들어, 동일한 실험대상이 되는 집단을 패널로 유지하면서 새로운 서비스 촉진을 실시하기 전과 후의 고객반응을 추적하여 여러 번 측정함으로써 서비스 촉진이라는 실험변수의 효과를 측정하는 방법이다. 이러한 시계열실험설계를 도식화하여 나타내면 [그림 3-26]과 같이 표시할 수 있다.

그림 3-26 | 시계열실험설계

$$O_1 \quad O_2 \quad O_3 \quad X \quad O_4 \quad O_5 \quad O_6$$

(3) 반복실험설계(Repeated Trials Design)

조사대상을 실험집단과 통제집단으로 분류할 수 없고, 실험변수의 효과가 일시적이거나 변화할 가능성이 높은 경우, 동일한 대상에 대하여 일정기간을 두고 실험변수를 반복적으로 적용하여 그 결과를 비교함으로써 실험효과를 측정하는 실험설계방법이다. 즉, 반복적으로 도입되는 실험변수를 중심으로 사전 사후측정을 되풀이하는 방법(equivalent time-sample design)이다. 이를 도식화하여 나타내면 [그림 3-27]과 같이 표시할 수 있다. 이러한 경우 O_1과 O_2의 차이와, O_3와 O_4의 차이가 같은 방향으로 나타나면 실험효과가 있다고 판단하게 된다.

그림 3-27 | 반복실험설계

그림 3-28 | 유사실험설계

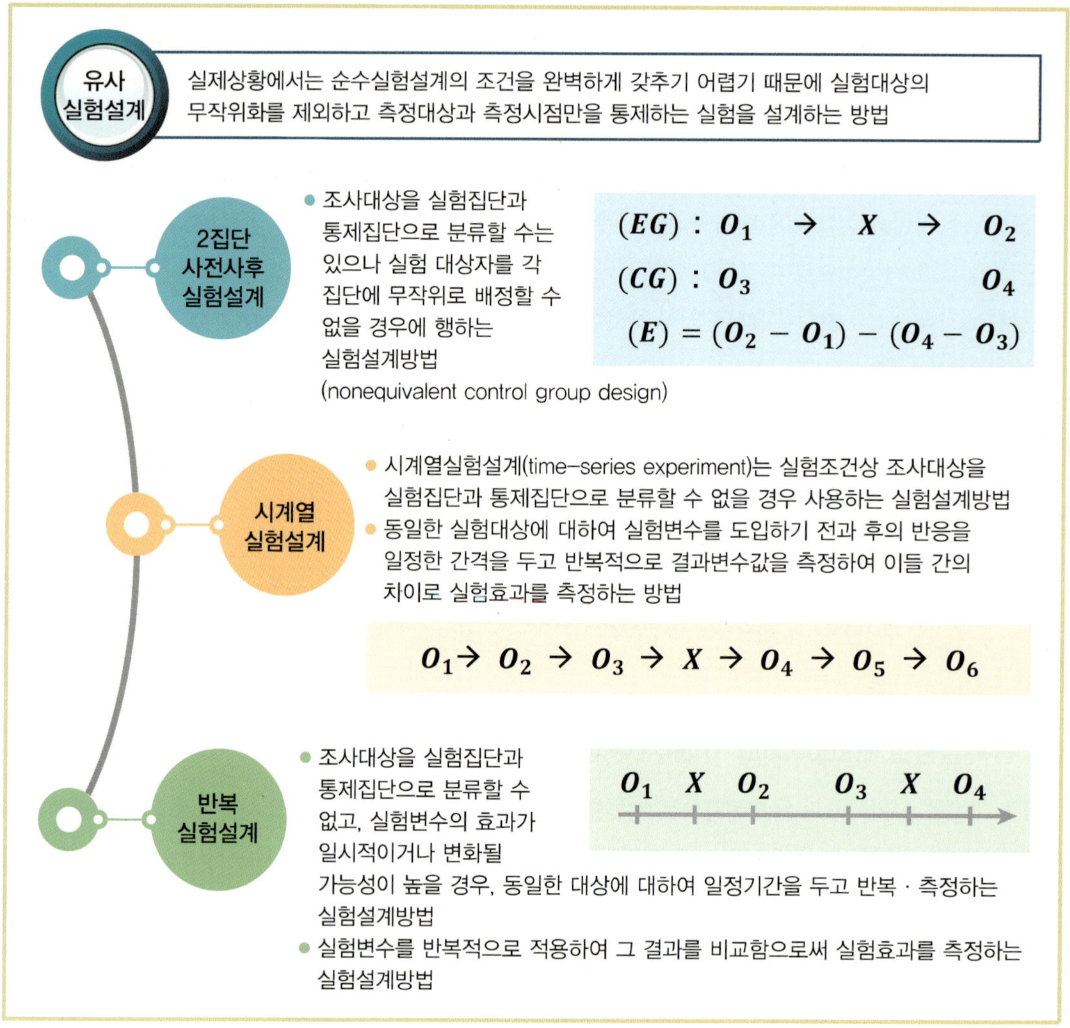

2.4 실험의 타당성(Validity of Experiment)

실험설계를 함에 있어서 가장 염두에 두어야 할 것이 실험의 타당성(validity)이다. 실험의 타당성이란 인과조사분석을 통하여 도출된 실험결과가 실험설계의 목적에 얼마나 정확하게 부합되느냐를 나타내는 척도를 말한다. 이러한 타당성에는 [그림 3-29]와 같이 내적 타당성과 외적 타당성이 있다.

그림 3-29 | 실험의 타당성

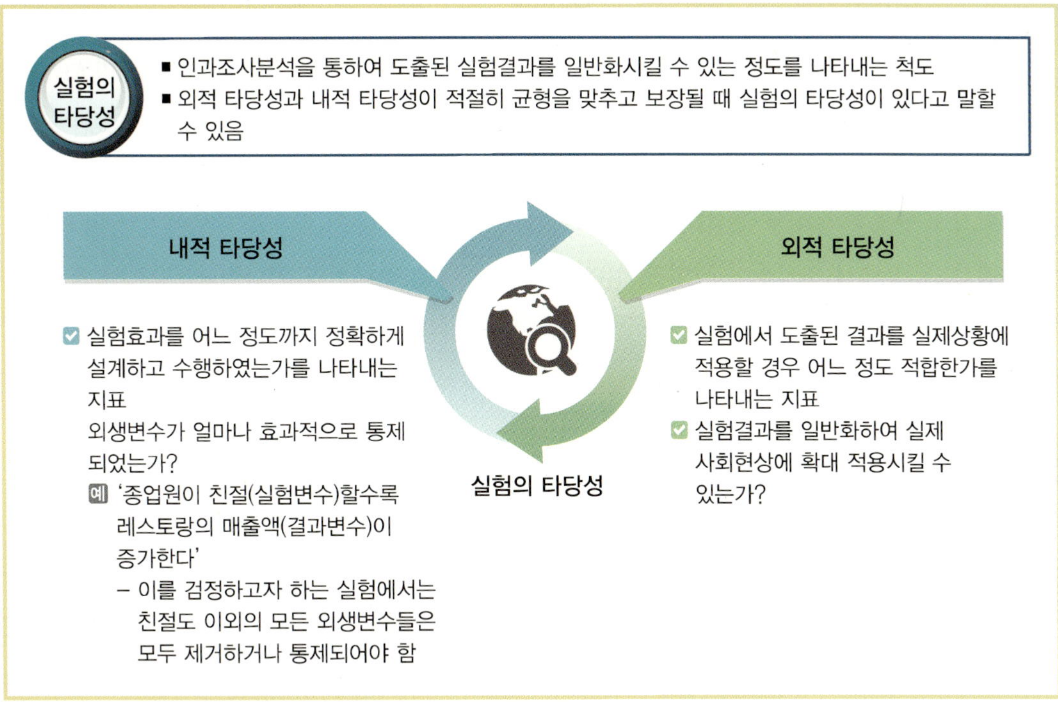

1) 내적 타당성(Internal Validity)

내적 타당성은 실험이 실험변수의 효과를 정확하게 측정할 수 있도록 설계되어 외생변수의 통제가 얼마나 잘 이루어질 수 있는가를 나타내는 지표를 말한다. 따라서 실험변수의 결과변수에 대한 정확한 영향을 측정할 수 있도록 모든 외생변수를 효과적으로 통제된 실험설계의 경우 내적 타당성이 높다고 판단한다. 예를 들어, '종업원이 친절(실험변수)할수록 레스토랑의 매출액(결과변수)이 증가한다'는 가설을 실험으로 검정하고자 할 경우에는 종업원의 친절도 이외에 매출액에 영향을 주는 모든 외생변수들을 효과적으로 제거하거나 통제할 수 있어야 계획된 실험의 내적 타당성이 높다고 평가할 수 있다. 즉, 내적 타당성이 충분히 높아야 실험결과를 믿고 받아들일 수 있다.

2) 외적 타당성(External Validity)

외적 타당성은 실험결과를 실험실 밖의 실제상황에서 어느 정도까지 확대 적용할 수 있는가를 나타내는 지표를 말한다. 일반적으로 실험이 현실과 유사하게 설계되면 될수록 외적 타당성은 높아져 실험실 결과를 일반화하여 실제 사회에 확대 적용할 수 있다. 일반화할 수 있다는 것은 실험의 결과를 다른 대상이나 다른 시기 그리고 다른 상황에도 적절하게 적용시켜 해석하거나 판단하는 것이 가능하다는 것을 의미한다.

그러나 외적 타당성은 앞에 설명한 내적 타당성과 서로 트레이드 오프(trade-off) 관계에 있다. 만약 내적 타당성을 높이기 위하여 실험조건을 엄격히 통제한다면 현실과 동떨어져 실험결과를 일반화시켜 실제상황에 적용시킬 수 있는 외적 타당성이 낮아진다. 반대로, 현실에 가깝게 실험을 설계하여 외적 타당성을 높이면 표본의 무작위화나 외생변수의 통제가 제대로 이루어지지 않기 때문에 실험 자체의 내적 타당성이 낮아져 실험의 결과에 대한 신뢰성이 떨어진다. 따라서 조사자는 이들 내적 타당성과 외적 타당성을 상황에 맞게 적절히 조정하여 적당한 수준으로 실험을 설계하고 조사를 수행하는 것이 필요하다.

그림 3-30 | 내적 타당성과 외적 타당성의 트레이드 오프(trade-off) 관계

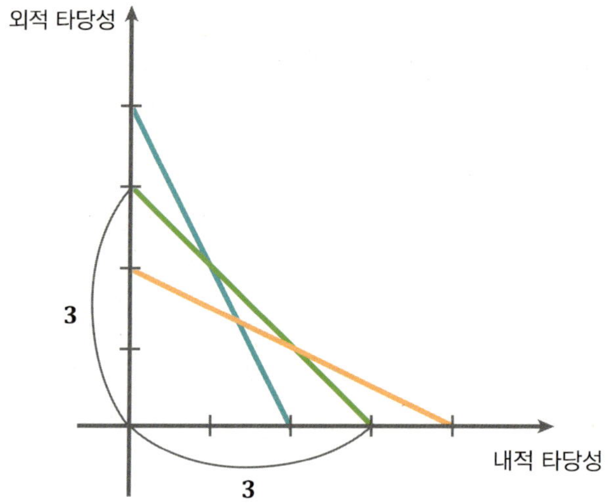

- ☑ 외적 타당성과 내적 타당성은 서로 트레이드 오프(trade-off) 관계에 있음
- ☑ 조사자는 내적 타당성과 외적 타당성을 상황에 맞게 조정하여 실험을 설계하여야 함

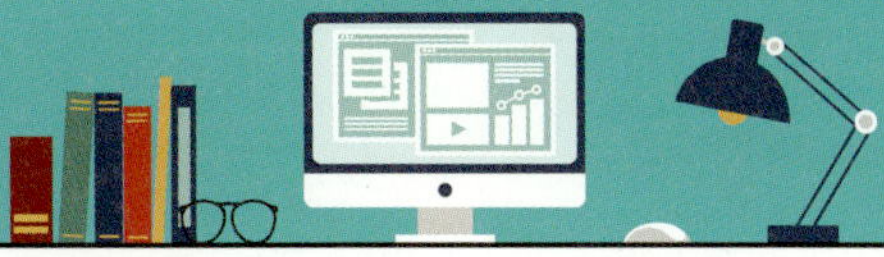

CHAPTER 4

사회과학조사의 실행 (Practice of Social Science Research)

Chapter

04 사회과학조사의 실행 (Practice of Social Science Research)

제1절 사회과학조사 실행과정 (Practice Course of Social Science Research)

사회과학조사는 의사결정자가 사회문제를 보다 정확하게 인식하고 그에 대한 해결책을 모색하는 데 필요한 정확한 정보를 찾아서 수집하고 분석하여 전달하는 체계적이며 객관적인 프로세스다. 즉, 사회과학조사는 사회문제를 이해하고 접근하는 데 필요한 정보가 무엇인지를 구체화하고, 정보를 추출하기 위한 적합한 자료를 수집하여 분석과정을 거친다. 다음으로, 분석된 자료로부터 추출된 의미 있는 정보가 사회문제를 해결하는 데에 적극적으로 활용될 수 있도록 의사결정자에게 효과적으로 전달하는 체계적이며 객관적인 프로세스를 포함한다.

또한 사회과학조사의 질은 통계학과 수학 그리고 경제원리나 행동과학의 이론을 비롯하여 컴퓨터의 성능과 조사자의 능력 및 경험 등 다양한 요인들에 의하여 크게 영향을 받는다. 이 중에서 특히 조사과정에서 접하게 되는 다양한 문제와 영향요인들에 대하여 효과적으로 대처할 수 있는 조사자의 능력이 가장 중요하다. 즉, 동일한 조사문제라 할지라도 조사자의 경험과 능력에 따라 조사계획에서부터 구체적인 조사활동과 분석 그리고 결과를 제시하는 방법 등에는 적지 않은 차이가 있을 수 있다. 그러나 조사문제의 성격이나 조사자의 개인적 특성과 능력은 달라도 대부분의 조사는 [그림 4-1]과 같이 8단계의 과정을 통하여 수행된다.

첫째, 대부분의 사회과학조사는 사회문제의 발생과 이에 대한 인식(problem identification)으로부터 시작된다. 최근에 고령화 사회에 진입함에 따라 증가하는 의료비문제와 저출산에 따라 줄어드는 노동인구 그리고 인공지능을 이용한 자동화에 따른 일자리 감소 등 다양한 사회문제가 발생한다.

그림 4-1 | 사회과학조사의 실행

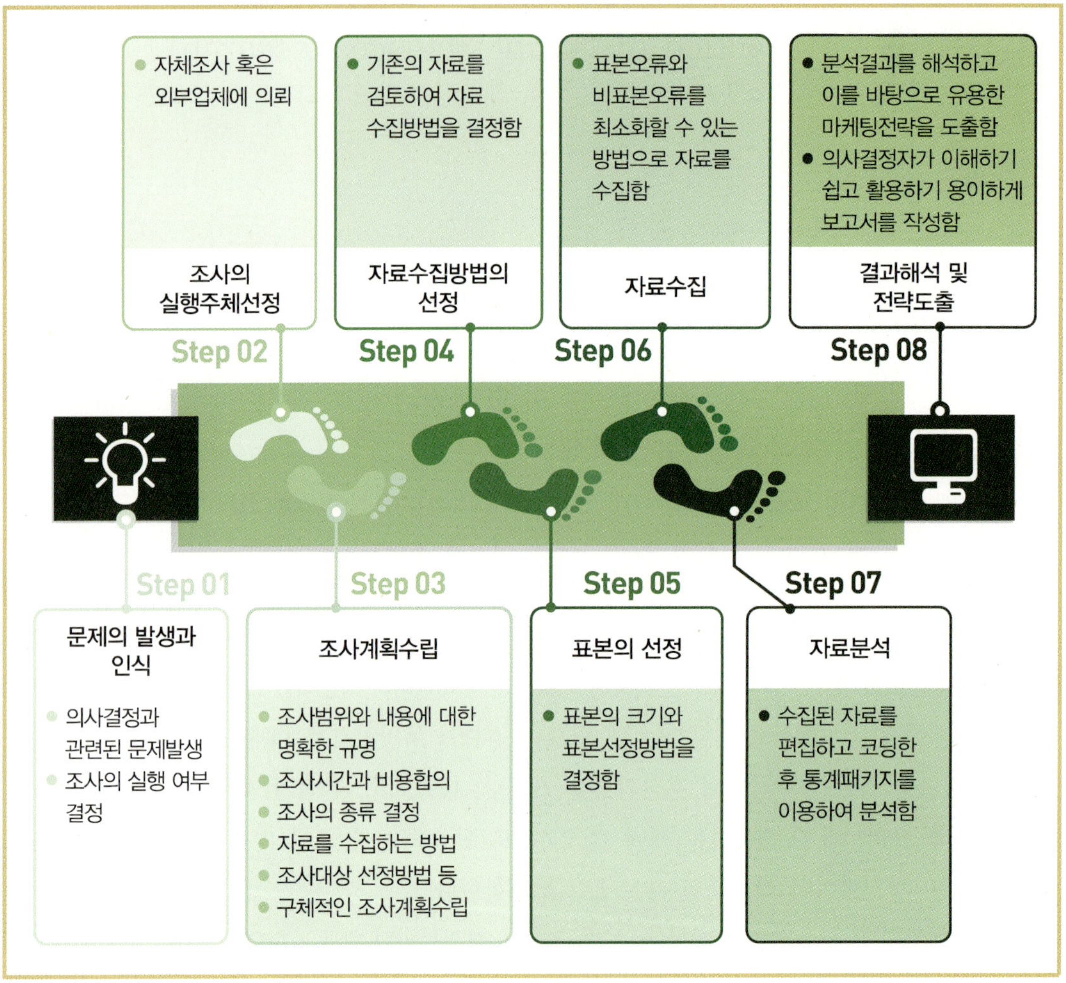

기업의 경우에도 신제품 개발, 시장점유율 하락, 매출액 감소, 경쟁업체 진출 등과 같이 경영의사결정의 대상이 되는 문제가 수시로 발생한다. 이러한 경우 의사결정자는 문제발생의 원인을 파악하고 그 해결방안에 관한 유용한 정보를 획득하기 위하여 사회과학조사를 결정하게 된다. 사회과학조사는 문제에 내재되어 있는 근원적인 내용을 정확하게 파악하기 위한, 즉 문제인식을 위한 조사(problem identification research)와 인식된 문제를 해결하기 위한, 즉 문제해결을 위한 조사(problem solving research)로 구분된다.

사회문제에 대한 이해를 바탕으로 조사문제를 명확하게 정의하는 일은 조사방향을 결정짓고 결과의 활용에 이르기까지 조사활동 전체에 상당한 영향을 미친다. 이 단계가 잘못되면 전체 조사활동이 무의미하게 되며, 심지어는 그릇된 정보를 제공함으로써 잘못된 의사결정을 내릴 수 있다. 그러므로 이 단계가 사회과학조사에서 가장 중요하다고 할 수 있다. 이 단계에서는 현재 기관이나 기업이 처한 사회문제가 무엇이며 이를 무엇으로 해결하는 것이 가장 바람직한가를 파악한다. 또한 문제발생의 단계에서는 문제 자체뿐 아니라 문제가 발생하게 된 배경에 대해서도 철저히 파악할 필요가 있다. 왜냐하면 문제를 유발시킨 배경에 대하여 명확하게 알고 있을 때 보다 효과적으로 문제해결의 실마리를 얻을 수 있게 되고, 문제해결을 위한 방향을 정확하게 찾아낼 수 있기 때문이다.

둘째, 일단 조사하기로 결정하였다면 누가 조사를 실행할 것인가, 즉 실행주체를 선정하여야 한다. 조사문제의 성격과 기관이나 기업의 여건에 따라 기관 내부의 부서나 외부 전문조사업체들 중에서 조사를 실시하기에 가장 적합한 실행주체를 선정한다. 일반적으로 기관 내부의 부서는 해당 사회분야에 대하여 전문적인 지식과 경험을 가지고 있다는 장점이 있고, 반면에 외부 전문조사업체는 사회과학조사에 필요한 조사방법이나 분석방법에 대하여 전문적인 지식을 가지고 있다는 장점이 있다. 대부분의 경우 기업이나 기관은 조사의 전문성이나 객관성을 고려하여 외부 전문조사업체를 선택하여 조사를 의뢰하는 것이 일반적이다.

가장 적합한 조사업체를 선정하기 위해서, 기관의 조사담당자는 복수의 전문조사업체들에게 조사제안요구(RFP : Request For Proposal)를 전달하여 이들로부터 조사제안서(research proposal)를 제출받아 조사의 목적과 조사에 필요한 시간과 비용, 그리고 조사업체의 규모나 경험 등을 기준으로 심사하여 조사업체를 최종적으로 선정한다.

일반적으로 조사를 가장 성공적으로 수행할 수 있을 것으로 판단되는 전문 조사업체를 5~6개 선정하여 조사제안서를 제출하도록 요청한다. 조사의뢰자는 조사제안서를 제출받아서 회사의 규모, 조사원의 수, 해당 기업의 산업이나 문제에 대한 이해 정도, 조사비용, 과거의 프로젝트 수행경험 등을 기준으로 평가하여 약 2~3개의 업체를 선정하고, 선정된 업체들로 하여금 조사진행을 포함한 조사제안서를 발표해 줄 것을 요청한다.

발표를 통하여 어느 조사업체가 가장 효과적으로 조사를 수행하고 필요한 정보를 제공할 수 있을 것인가에 대하여 객관적으로 평가한 다음, 가장 높은 점수를 받은 조사업체를 선정한 후, 조사와 관련된 계약을 체결한다. 조사업체 선정과정은 [그림 4-2]와 같다.

셋째, 조사의 실행주체가 선정되면 조사담당자는 조사의 범위와 내용 그리고 조사에 필요한 시간과 비용에 대하여 합의하고, 합의 결과를 바탕으로 구체적인 실행계획을 세운다. 실행계획에는 조사의 종류와 자료를 수집하는 방법 그리고 조사대상을 선정하는 표본추출방법 등이 포함된다. 이에 대한

그림 4-2 조사업체선정과정

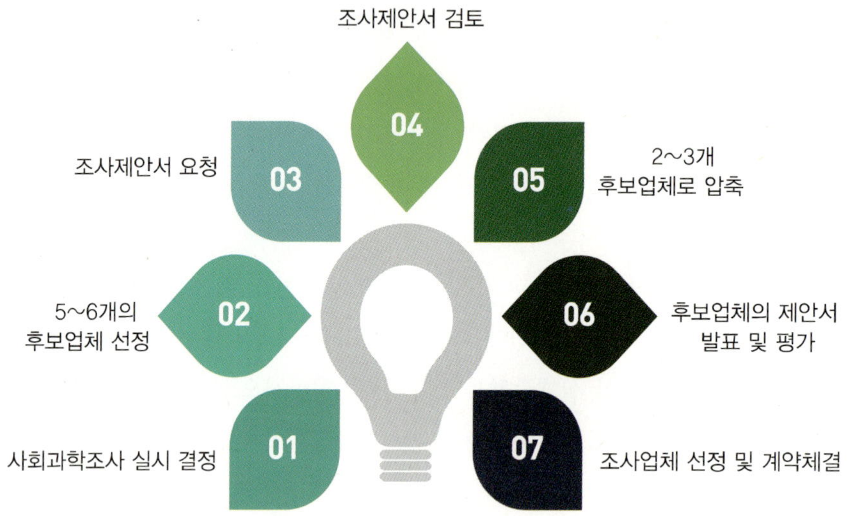

구체적인 내용은 다음 절에서 설명하고 있다.

넷째, 자료수집방법(means of collecting data)을 결정한다. 기존에 조사된 2차자료를 이용할 것인가 아니면 새로운 인터뷰나 설문지 등을 이용하여 1차자료를 수집할 것인가를 결정한다. 일반적으로 2차자료에 비하여 1차자료는 상대적으로 많은 시간과 비용을 필요로 한다. 1차자료수집방법으로 가장 많이 사용되는 설문지를 이용한 자료수집방법을 포함한 다양한 자료수집방법에 대해서는 제5장에서 자세히 설명하도록 한다.

다섯째, 표본(sample)을 선정한다. 자료수집방법에서 1차자료를 수집하고자 할 경우에는 조사의 목적을 비롯하여 가용한 시간과 비용 등을 고려해서 적합한 표본의 크기와 표본추출방법(sampling method)을 결정한다. 사회과학조사과정에서 발생하는 오차 중의 상당한 부분이 잘못된 표본선정에서부터 비롯되는 경우가 많다. 따라서 무엇보다도 모집단을 효과적으로 대표할 수 있는 정확한 표본선정이 중요하다. 다양한 표본선정방법에 대해서는 제6장에서 보다 자세하게 설명하도록 한다.

여섯째, 구체적인 자료수집방법이 결정되고 표본이 선정되면, 자료수집과정에서 발생하는 오차(표본오차와 비표본오차)를 최소화하는 방법으로 자료를 수집한다. 표본오차(sampling error)를 줄이기 위해서는 과학적이고 효과적인 표본선정방법이 필요하고, 비표본오차(non-sampling error)를 최소화하기 위해서는 정확한 자료수집방법이 활용되어야 한다. **일반적으로, 표본오차와 비표본오차 간에는**

어느 정도 트레이드 오프(trade-off) 관계가 있다. 즉, 표본오차를 줄이기 위하여 관측치의 수를 늘리면 늘어난 관측치 모두를 정확하게 측정하는 것이 좀 더 어려워져 비표본오차가 증가할 수 있다. 반대로, 관측치의 수를 줄여서 표본의 크기를 줄이면 표본이 모집단을 대표하기가 어려워져서 표본오차가 증가하나, 관측치의 수가 줄어서 이들을 보다 정확하게 측정함으로써 비표본오차를 줄일 수 있다. 따라서 조사자는 조사의 특성에 따라 표본의 크기를 적절하게 설정하는 것이 필요하다. 또한 예산이나 정보를 필요로 하는 시기 그리고 조사자가 허용할 수 있는 최대한의 오차 및 자료수집 방법 등도 표본의 크기 설정에 영향을 미친다.

일곱째, 수집된 자료를 코딩하여 파일로 만든 다음, 컴퓨터 통계패키지를 이용하여 분석한다. 자료의 양이 많지 않을 경우에 기본적인 분석은 엑셀(Excel)만으로도 가능하나, 자료의 양이 크거나 복잡한 분석을 필요로 하는 경우에는 SPSS나 SAS 그리고 R과 같은 전문적인 통계패키지를 사용해서 분석한다. 모바일폰이나 인터넷을 이용해서 자료를 수집하는 경우에는 프로그램 안에서 코딩과정이 수행됨으로써 추가적인 별도의 코딩작업이 필요 없다. 또한 최근에는 이렇게 온라인으로 자료를 수집하는 경우 응답자가 앞의 질문에서 응답한 내용을 다음 질문에 반영하는 식의 인터액티브(interactive)한 자료수집도 가능하다. 더 나아가 이렇게 수집되어 코딩된 자료를 간단히 분석할 수 있는 프로그램이 내장되어 있는 경우도 있어서 자료가 수집되는 과정에서도 필요시 수시로 분석결과를 체크해볼 수도 있다.

마지막으로, 분석한 결과를 해석하여 정보를 추출하고, 이를 바탕으로 의사결정에 활용될 수 있는 전략을 도출하고, 이를 종합하여 보고서를 작성함으로써 조사는 종료된다. 모든 조사결과는 활용되어야 그 의미가 있다. 아무리 유용한 결과가 도출되었다고 해도 제대로 전달되지 않아 활용되지 못한다면 아무런 가치가 없다. 특히 실무에서는 의사결정자와 조사자가 서로 다른 경우가 많기 때문에 더욱 더 효과적인 전달이 중요하다.

제2절 사회과학조사 실행계획수립 (Establishing Action Plans for Social Science Research)

조사주체가 결정되면 조사실행계획을 수립한다. 외부업체에 의뢰해서 조사할 경우 조사의뢰자는 조사업체와 서로 협의하여 [그림 4-3]과 같은 순서에 따라 조사의 목적과 조사내용의 범위,

그림 4-3 | 조사계획수립

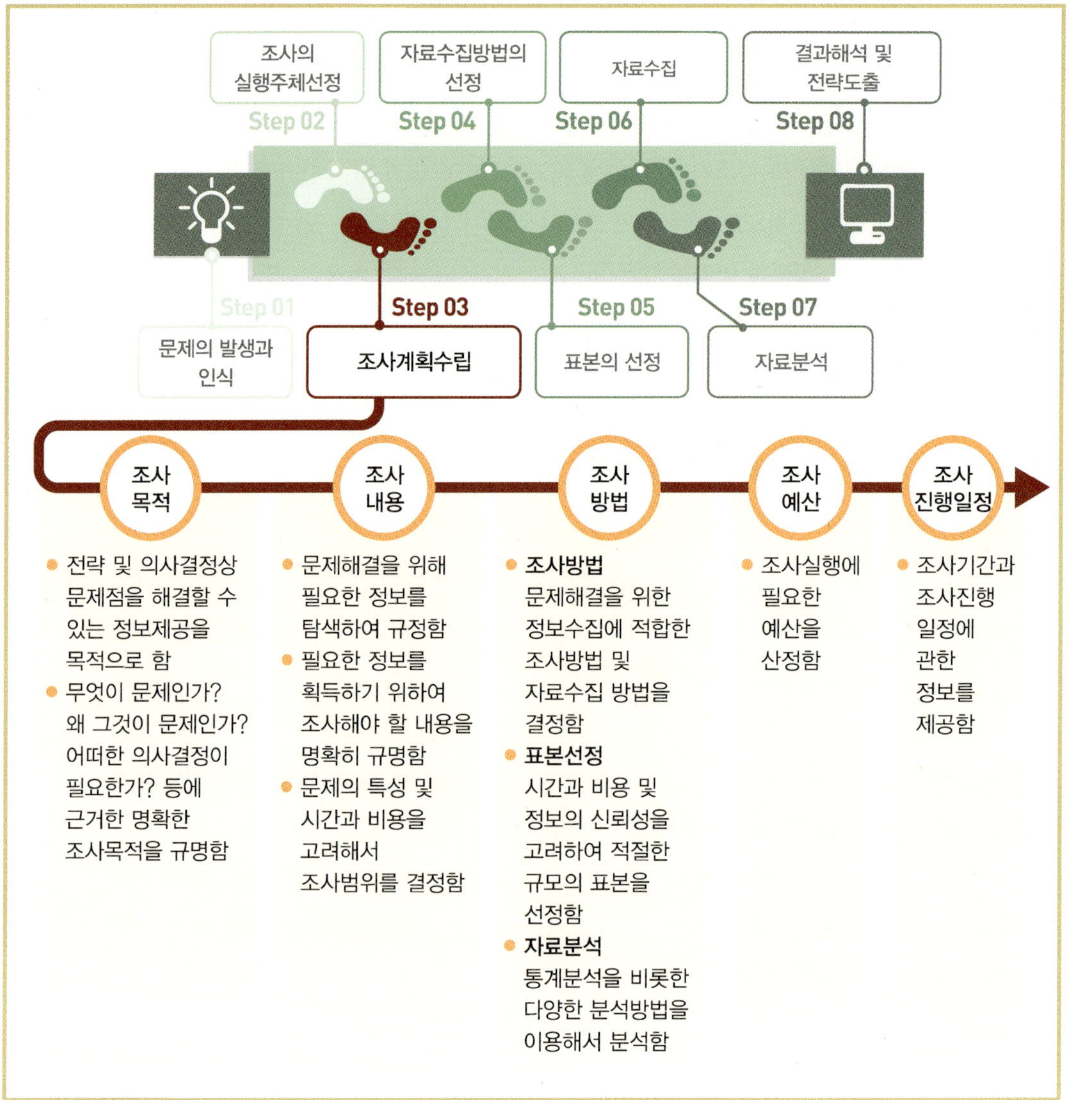

조사방법 그리고 조사일정 등을 포함하여 전반적인 조사계획을 수립한다.

1) 조사목적(Purpose of Research)

조사실행의 주체는 조사의뢰서와 조사담당자로부터 얻은 정보, 그리고 문제와 관련된 자료들을 종합적으로 검토하여 조사목적을 결정하되, 의뢰기관의 전략이나 의사결정상의 문제점을 정확하게 파악하고 이를 효과적으로 해결할 수 있는 방향으로 조사목적을 설정한다. 무엇보다도 조사목적이 명확해야 보다 정확하고 의미 있는 조사를 계획하여 수행할 수 있다.

2) 조사내용(Contents of Research)

조사목적을 정한 다음 사회문제를 해결하는 데에 필요한 정보가 무엇이고, 그러한 정보를 얻기 위해서는 어떠한 내용을 조사해야 하는가를 포함한 조사내용 전반에 대한 범위를 정한다. 일반적으로 문제가 발생했을 경우에는 문제의 발생배경과 문제로부터 야기된 현상들 및 문제해결 시에 얻게 되는 가치들에 대하여 정확하게 파악하고 이를 바탕으로 조사내용을 정해야 한다. 그러나 발생한 문제와 관련해서는 가능한 한 많은 사항들을 조사하면 할수록 정보의 정확성과 그 활용도는 커지나, 조사에서 필요로 하는 시간과 비용 또한 증가하기 때문에, 문제의 특성과 상황을 고려해서 적당한 수준으로 조사의 범위를 한정하여 구체적인 조사내용을 결정하는 것이 필요하다. 특히 꼭 필요한 내용이 아니면 가능하면 조사의 양을 최대한도로 줄이는 것이 응답자의 부담을 줄여줌으로써 보다 정확한 정보를 얻을 수 있다. 일반적으로 조사의 양과 응답의 질 사이에는 서로 트레이드 오프(trade-off) 관계가 있다. 즉, 많은 내용을 응답자로부터 얻고자 하면 응답자의 피로도와 부담으로 인해 각각의 질문에 많은 시간과 노력을 기울이기 어려워 정확한 답변을 하지 않는 경우가 많아 응답의 질이 떨어질 수가 있다. 따라서 문제에 따라 필요로 하는 정보의 정확성 정도와 응답자의 피로도 수준을 고려해서 적합한 수준으로 질문의 양을 조절하는 것이 필요하다. 다시 말해서, 보다 많은 것을 필요로 하는 조사자의 의욕을 정보의 질을 위해 적절한 수준으로 조정하는 것이 필요하다.

3) 조사방법(Research Method)

조사의 내용을 정한 후에는 필요한 정보를 효과적으로 획득하기 위한 조사방법이나 자료수집방법, 표본선정방법 및 조사된 자료를 분석하는 방법 등을 정한다. 이와 같은 내용들이 조사계획서에 구체적으로 명시되고 포함되어야 한다. 그러나 어떠한 조사방법을 사용하는가에 따라 조사시간과 비용 그리고 정보의 정확성 등이 결정될 수 있으므로 조사의 목적에 따라 신중하게 결정해서 선택해야 한다.

(1) 조사방법(Research Method)

가능한 여러 가지 조사방법 중에서 당면한 문제해결에 꼭 필요한 자료를 정확하게 수집하고 분석할 수 있는 가장 적합한 조사방법을 선택한다. 어떠한 조사방법을 선택하는가에 따라 자료수집방법과 표본선정방법 등이 결정될 수 있다.

(2) 표본선정(Sampling)

표본선정이란 해결하고자 하는 문제와 관련되어 유용한 정보를 제공해 줄 수 있는 대상 전체, 즉 모집단을 가장 정확하고 효과적으로 대표할 수 있는 표본을 선정하여 조사하는 것을 말한다. 예를 들어, 신세대 구직자들을 대상으로 직업 선택 시 가장 중요하게 생각하는 요인이 무엇인가를 파악하고자 하는 경우에는 직업을 구하고자 하는 신세대 구직자들 전체가 조사대상이 되는 모집단이 되며, 표본은 모집단 전체를 조사할 수 없으므로 이러한 신세대 구직자 전체를 대표할 수 있는 소수의 집단이 된다.

따라서 편중되지 않고 전체 신세대 구직자를 대표할 수 있는 표본을 추출해서 조사해야만 조사 결과를 전체 신세대 구직자들을 대상으로 확대 적용할 수 있다. 이처럼 직접적인 조사의 대상이 되는 표본은 조사자가 필요로 하는 정보를 제공해 줄 수 있는 전체 신세대 구직자들을 대표할 수 있는 집단이 되어야 하기 때문에 이를 추출하기 위한 표본추출방법은 매우 중요하다.

선거의 경우에도 모집단인 전체 유권자들을 조사하기 어렵기 때문에 어떻게 하면 전체 유권자를 가장 정확하게 대표할 수 있는 유권자 표본을 추출할 수 있는가에 따라 예측조사의 정확도가 결정된다. 다만, 선거의 경우 예측조사의 정확도는 선호뿐만 아니라 실제로 투표할 가능성도 중요한 고려요인이 된다. 즉, 선호와 선택의 차이를 명확하게 이해하고 선호에서 더 나아가 실제로 선택할 표본을 조사하는 것도 중요하다.

또한 직접 조사하고자 하는 표본의 수가 늘어날수록 조사에서 필요로 하는 시간과 비용이 비례해서 증가한다. 그러나 반대로 표본의 크기가 너무 작을 경우에는 조사로부터 얻은 정보를 전체 모집단에 확대 적용해서 해석하기가 어렵다. 따라서 신뢰할 수 있는 정보를 추출하기 위해서는 최소한으로 필요로 하는 그러나 주어진 조사비용과 시간에 의해서 적합한 규모로 표본의 크기를 정해서 조사하여야 한다.

(3) 자료의 분석(Data Analysis)

자료수집이 끝나면 자료를 처리하고 분석한다. 일반적으로 수집된 자료의 성격에 따라 사용할 수 있는 통계와 분석방법이 달라지기 때문에 자료수집 전에 분석방법을 미리 정하고 자료를 수집해야 한다. 특히, 어느 척도를 이용해서 자료를 수집하였는가에 따라 사용할 수 있는 분석방법이 달라진다. 따라서 척도와 분석방법에 대한 충분한 이해가 선행되어야 한다. 또한 분석방법으로는 군이 통계기법에만 국한하지 말고 다양한 데이터마이닝 기법도 사용해서 분석하는 것이 필요하다.

4) 조사예산(Research Budget)

가용한 조사예산과 조사의 시간과 질 등을 감안하여 가장 합리적인 방법으로 조사예산 계획을 수립한다. 일반적으로 조사예산에 포함되는 항목들은 [그림 4-4]와 같다. 많은 경우에 특히 실제 현업에서는 조사예산이 조사의 실행과 조사계획에서 가장 중요한 고려요소가 되기도 한다. 표본의 크기나 조사방법 등도 조사예산에 따라 달라질 수밖에 없기 때문이다.

그림 4-4 | 조사예산에 포함되는 항목

5) 조사진행일정(Research Schedule)

조사기획을 비롯하여 실시과정과 분석 및 보고서 작성기간 등을 감안해서 진행일정에 관한 구체적인 계획을 수립하는 것이 필요하다. 어찌보면 시간이 가장 중요한 고려요인이 된다. 아무리 좋은 정보도 제때에 전달되지 못하면 그 의미가 없다. 따라서 사회과학조사도 정보가 필요한 시점으로부터 시작해서 역으로 각 단계별 필요한 시간을 정확하게 산정해서 조사결과 및 정보조달이 늦지 않도록 조사진행일정을 계획해야 한다.

CHAPTER

5

자료수집
(Data Collection)

Chapter

05 자료수집 (Data Collection)

조사결과는 조사에 사용된 자료의 품질에 따라 달라진다. '쓰레기가 들어가면 쓰레기가 나온다(garbage in, garbage out)'는 말과 같이 품질이 좋지 않은 자료를 분석하여 얻은 정보는 좋은 정보가 못된다. 또한 이를 이용하여 조사한다면 결코 신뢰할 수 있는 조사결과를 기대하기 어렵다. 따라서 정확한 정보를 얻어 조사하기 위해서는 무엇보다도 신뢰할 수 있는 좋은 질의 자료를 수집하는 것이 무엇보다도 중요하다. 좋은 질의 자료를 수집하기 위해서는 현재 가용한 자료를 어떻게 찾아야 하는지, 그리고 만일 현재 가용한 자료 외에 새로운 자료가 필요한 경우, 이를 효과적으로 수집할 수 있는 방안을 포함하여 전반적인 자료획득 방법에 대하여 명확하게 이해할 필요가 있다.

일반적으로 조사에 사용되는 자료는 그 원천에 따라 1차자료(primary data)와 2차자료(secondary data)의 두 가지 유형으로 구분된다. 2차자료란 현재의 조사에 활용할 목적으로 수집된 것이 아니라, 과거에 다른 조사목적으로 조사되어 수집된 자료로서 현재의 조사에도 어느 정도 활용가능한 자료를 말한다.

반면에, 1차자료란 기존의 2차자료로부터 얻을 수는 없으나, 현재의 의사결정에 꼭 필요하다고 판단되어 조사자가 직접 조사하여 수집한 자료를 말한다. 따라서 1차자료는 현재의 효과적인 의사결정을 위해서 꼭 필요한 정보와 보다 직접적으로 연관되었다고 판단하기 때문에 그 중요성과 활용도가 높다. 그러나 1차자료는 2차자료에 비하여 수집과정에서 많은 시간과 노력 그리고 비용을 필요로 한다. 따라서 가능하면 모든 가용한 2차자료를 먼저 확인한 후에 꼭 필요한데 부족한 부분에 대해서만 1차자료로 수집하는 것이 바람직하다. 비용 대비 효과를 분석한 후에 1차자료를 수집하는 것이 일반적이다.

그림 5-1 | 자료수집방법

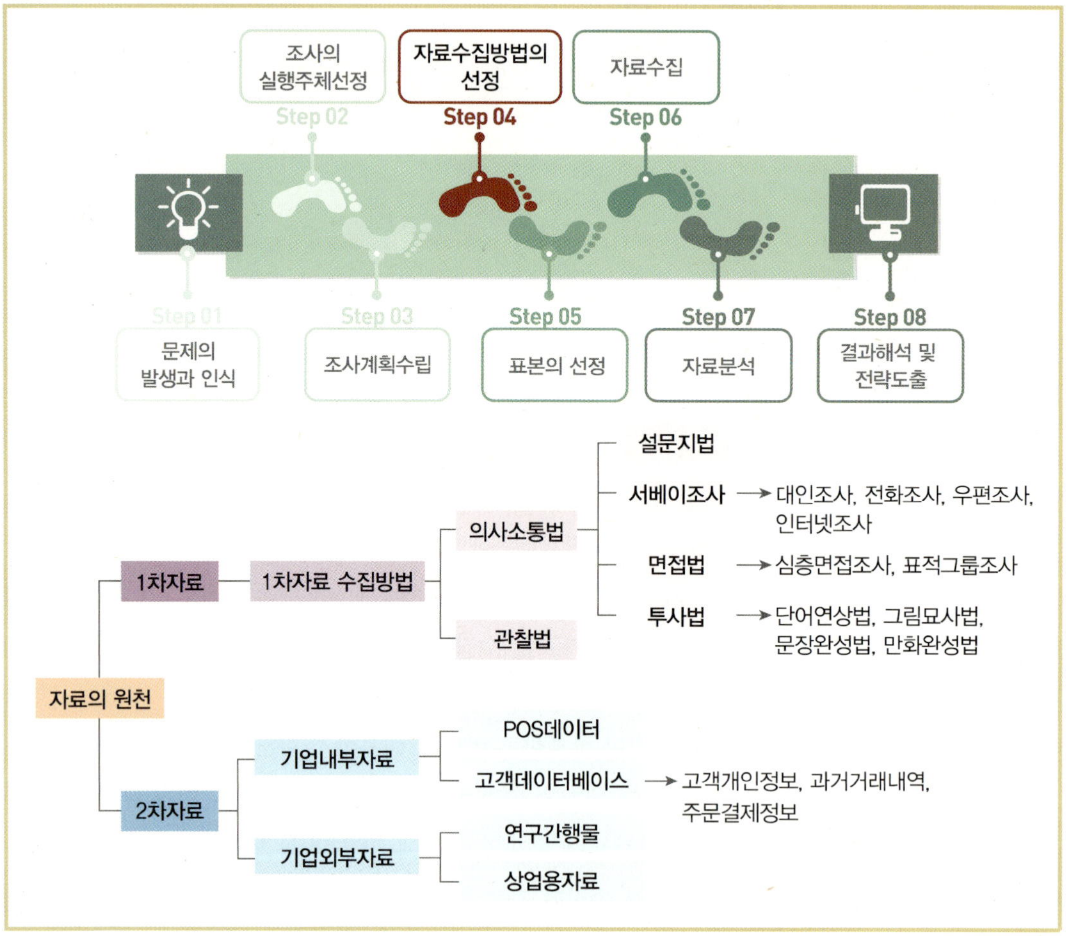
Step 01
문제의 발생과 인식
Step 02
조사의 실행주체선정
Step 03
조사계획수립
Step 04
자료수집방법의 선정
Step 05
표본의 선정
Step 06
자료수집
Step 07
자료분석
Step 08
결과해석 및 전략도출
자료의 원천
1차자료
1차자료 수집방법
의사소통법
설문지법
서베이조사 → 대인조사, 전화조사, 우편조사, 인터넷조사
면접법 → 심층면접조사, 표적그룹조사
투사법 → 단어연상법, 그림묘사법, 문장완성법, 만화완성법
관찰법
2차자료
기업내부자료
POS데이터
고객데이터베이스 → 고객개인정보, 과거거래내역, 주문결제정보
기업외부자료
연구간행물
상업용자료

그림 5-2 | 1차자료와 2차자료의 장점 및 단점

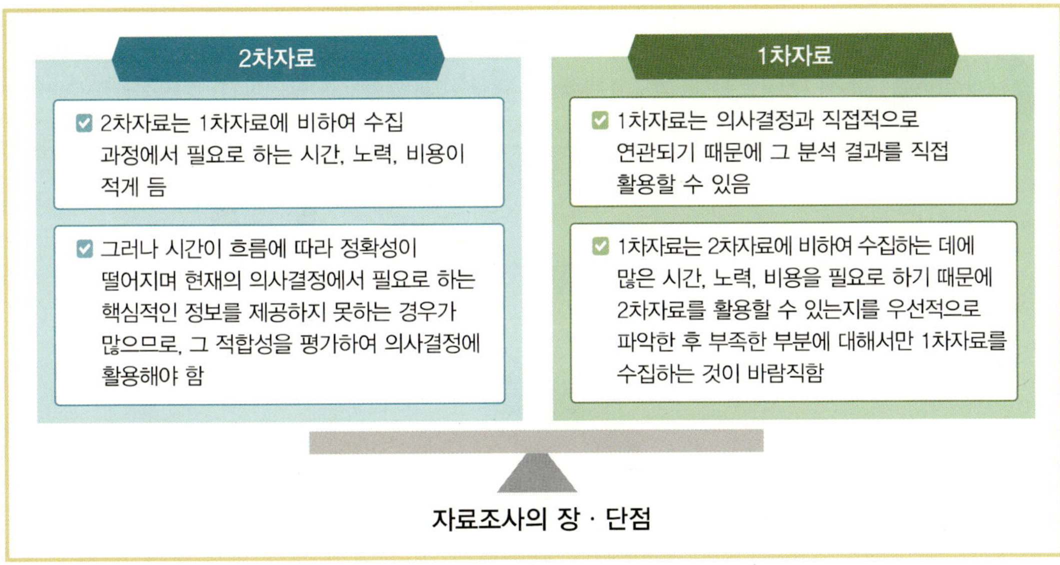

제1절 자료수집방법(Data Collecting Method)

주요한 1차자료의 원천으로는 응답자와 실험 그리고 사례조사 및 시뮬레이션 등이 있다. 대표적인 1차자료의 수집방법은 응답자와의 직접적인 커뮤니케이션을 통하여 자료를 수집하는 의사소통법(communication method)과 어떤 현상 및 사건에 대해서 제3자의 입장에서 관찰하는 관찰법(observation method) 두 가지로 크게 나누어 볼 수 있다. 이들은 다시 조사방법과 조사목적의 공개여부 그리고 조사의 체계화 정도 등에 따라 세부적으로 다양한 방법으로 분류된다. 또한 이러한 자료수집방법들은 나름대로의 특징과 그에 따른 장・단점이 있다. 따라서 조사자는 조사의 조사목적이나 얻고자 하는 자료의 특성 및 가용시간과 예산 등을 면밀하게 고려해서 가장 적합한 자료수집방법을 선택하여 사용해야 한다. 이들 자료수집방법들을 세부적으로 살펴보면 다음 [그림 5-3]과 같이 정리해 볼 수 있다.

그림 5-3 | 1차자료의 정의 및 종류

1차자료의 정의: 기존의 2차자료로부터 얻을 수는 없으나 현재의 의사결정에 꼭 필요하다고 판단되어 조사자가 직접 조사하여 수집한 자료

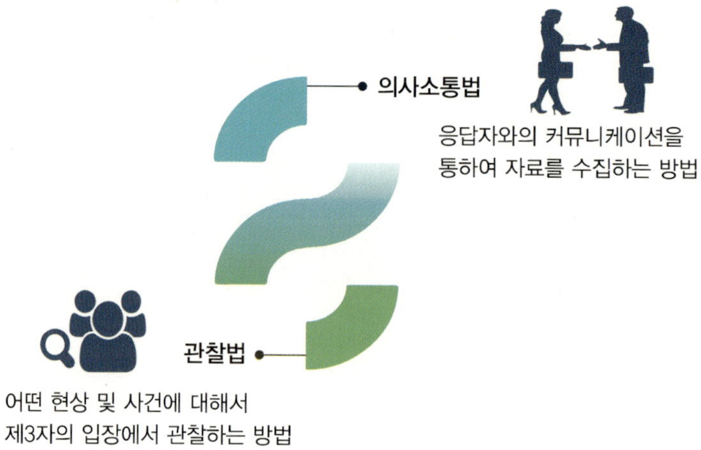

1.1 의사소통법(Communication Method)

대부분의 사회과학분야의 조사에서는 응답자의 인식(awareness)과 태도(attitude) 그리고 행태(behavior) 및 인구통계학적 특성(demographic characteristics) 등과 같은 자료를 필요로 한다. 이렇게 다양한 자료를 수집하는 데에 활용되는 가장 효과적이며 대표적인 방법이 의사소통법이다. 일반적으로 의사소통법은 응답자가 가지고 있는 특정한 정보에 대하여 온・오프라인 설문지나 직접적인 대화 등을 통하여 조사하는 방법이다. 즉, 조사자가 작성한 설문지나 직접적인 대화를 통한 질문에 대하여 응답자가 답변함으로써 자신이 가지고 있는 정보를 제공하는 식으로 진행된다.

관찰법(observation method)은 응답자가 조사의 목적에 맞는 행동을 할 때까지 기다려야 하나, 의사소통법(communication method)은 조사자가 원하는 정보를 직접적인 질문을 통하여 신속하게 얻을 수 있다는 장점이 있다. 예를 들어, 정당에 대한 지지도를 조사하고자 하는 경우, 관찰법은 조사대상이 되는 유권자가 정당에 대하여 투표로 자신의 의견을 표현할 때까지 기다려서 관찰해야 하지만, 의사소통법은 해당 유권자에게 어느 정당을 선호하는지에 대하여 직접 물어서 조사할 수 있으므로 보다 신속하게 자료를 수집할 수 있다.

그림 5-4 | 의사소통법의 종류 및 구분

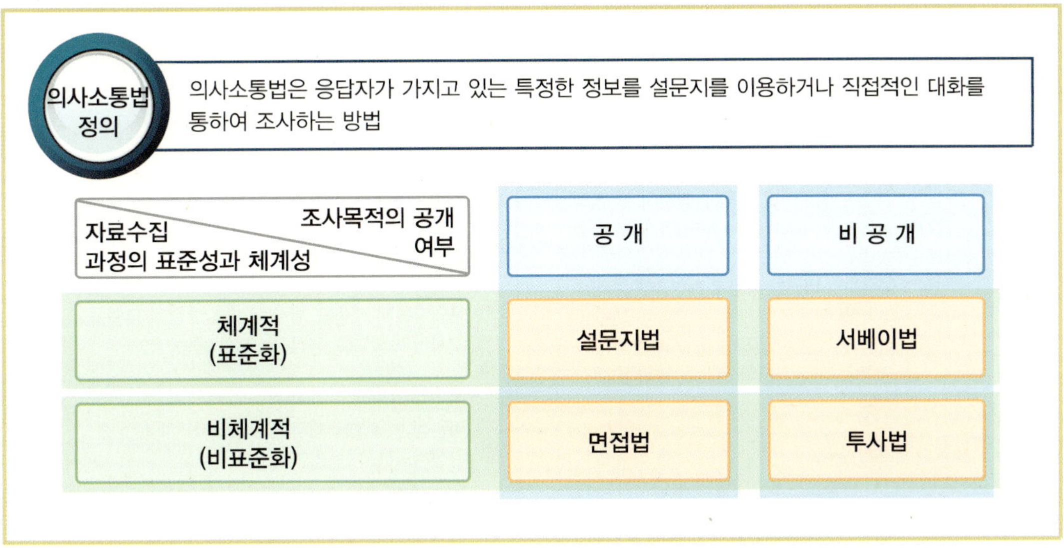

그러나 응답자가 조사자의 질문내용을 제대로 이해하지 못한 채 응답을 하게 되면 조사를 그르치는 결과를 낳을 수도 있으며, 또한 기분에 따라 응답을 의도적으로 회피하는 경우가 생길 수 있다는 단점이 있다. 예를 들어, 기부를 해본 경험이 없는 사람에게 '당신은 기부를 통해서 마음속으로 어떠한 기분을 느끼십니까?'와 같은 질문을 한다면 정확한 정보를 얻을 수 없다. 또한 '당신은 학력에 대하여 열등감을 느끼십니까?' 혹은 '당신은 부부싸움을 한 달에 몇 번 정도 하십니까?'와 같이 쉽게 응답할 수 없는 질문에 대해서는 응답자가 고의로 답을 회피하거나 생각과는 다른 답을 할 수도 있다.

일반적으로 의사소통법은 자료수집 과정의 체계화(표준화) 정도와 조사나 조사목적의 공개 여부에 따라 설문지법(questionnaire method), 면접법(interview method), 서베이법(survey method) 그리고 투사법(projective method)으로 분류할 수 있다. 자료수집과정의 체계화 정도는 모든 응답자에 대하여 일정하게 정해진 질문내용과 절차에 따라 자료를 수집하는가, 아니면 미리 정해놓은 질문서나 절차 없이 상황에 따라 임의로 질문내용을 생각해가며 조사하는 방식인가를 말한다. 예를 들어, 설문지를 이용한 조사나 서베이는 두 방법 모두 일정한 질문내용을 가지고 표준화된 절차에 따라 조사를 진행하기 때문에 체계적인 방법을 이용한 조사에 속한다. 반면에, 면접법은 미리 일정하게 정해놓은 내용이 없거나 있다 하여도 순서나 방식에 크게 구애받지 않고 면접자가 응답자의 답변을 들어가면서 자유롭게 면접을 진행하기 때문에 비체계적인 조사방법에 속한다. 투사법 또한 응답

그림 5-5 | 의사소통법의 분류

조사의 목적을 공개하면서 자료를 수집하는 방법으로 응답자의 자유로운 의사표현을 조사자가 기록하는 형식으로 조사가 이루어짐

심층면접법

조사자가 주어진 질문이나 주제에 대하여 한 명의 응답자와 자유롭게 대화하면서 심도 있게 조사하는 방법

- 장점 : 응답자의 의견을 폭넓게 반영하여 문제점 파악 및 설문지 설계에 이용할 수 있음
- 단점 : 비용과 시간이 많이 들고, 조사원의 능력에 따라 조사의 결과가 달라질 수 있음

표적집단면접법

심층면접법의 변형으로 6~12명의 응답자가 주어진 주제에 대하여 자유롭게 토론하도록 하고, 토론과정에서 조사자가 유용한 정보를 추출하여 얻는 방법임

심리학에서 많이 사용되는 방법으로, 여러 가지 동기유발방법을 이용하여 응답자 내면에 있는 신념이나 태도 등에 대하여 조사하는 방법

단어연상법

한 단어를 제시하고 응답자가 그 단어에 대하여 연상되는 단어들을 순서대로 나열하도록 하는 방법

그림묘사법

응답자에게 그림을 제시하고 그 그림이 무엇을 묘사하고 있다고 생각하는지를 묻는 방법

문장완성법

미완성인 문장을 제시하여 응답자에게 문장을 완성하도록 하는 방법

만화완성법

특정 상황에 대한 만화들을 제시하여 응답자가 그 만화들을 연관되게 연결시켜 만화를 완성하도록 하는 방법

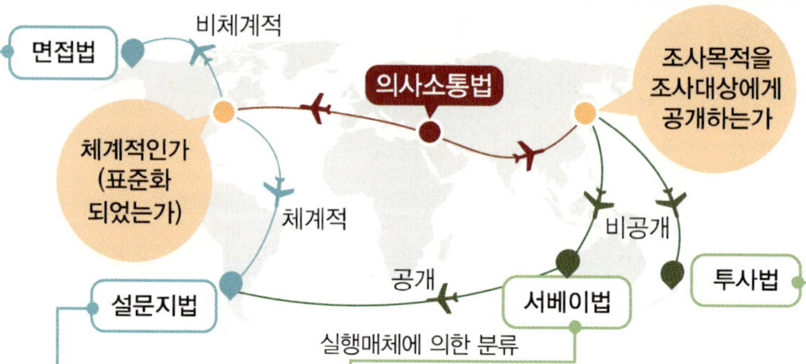

응답자의 답변을 필요로 하는 일련의 질문들로 구성된 설문지를 이용하여 조사하는 방법으로 1차자료 수집과정에서 가장 많이 사용하는 방법임

- 장점 : 융통성과 자료처리 및 결과 해석과 분석이 비교적 객관적이고 용이함
- 단점 : 설문지가 잘못 작성되었을 경우에는 의사결정에 도움을 주는 정보를 제공할 수 없거나 그릇된 정보를 제공할 수 있음

대인조사

조사자가 응답자를 직접 만나서 자료를 수집하는 방법

전화조사

조사자가 전화를 이용하여 응답자로부터 직접 자료를 수집하는 방법

우편조사

응답자가 설문지를 우편으로 받아서 설문지에 응답한 후 조사자에게 발송하는 방법

인터넷조사

인터넷을 이용하여 온라인으로 조사하는 방법

자가 자유롭게 답변하거나 반응하도록 유도함으로써 체계적이지 못한 조사방법에 해당한다.

조사목적의 공개 여부는 말 그대로 응답자에게 실시하고자 하는 조사의 목적을 분명하게 밝히고 조사하는가, 아니면 응답자가 조사목적을 모르도록 한 상태에서 조사하는가에 따른 분류를 말한다. 일반적으로 설문지나 면접을 통한 조사에서는 조사의 목적을 먼저 공개하고 조사를 실시한다. 그러나 대부분의 서베이나 투사법은 조사의 목적을 공개하면 응답자가 응답을 회피하거나 조사자의 목적에 맞는 답변을 할 가능성이 높기 때문에 명확한 조사의 목적을 공개하지 않고 조사하는 것이 일반적이다. 이렇게 구분되는 조사방법들을 보다 구체적으로 하나씩 설명하면 다음과 같다.

1) 설문지법(questionnaire method)

설문지법은 응답자의 답변을 요하는 일련의 질문들로 구성된 설문지를 이용하여 조사하는 방법으로 가장 대표적인 1차자료 수집방법이다. 또한 다양한 방법으로 질문을 구성할 수 있기 때문에 설문지법은 융통성과 객관성이 높은 자료수집방법이다.

그러나 설문지는 처음부터 신중하게 설계하여 작성해야 하며, 조사를 실시하기 전에 충분한 사전검토를 거쳐서 설문지를 완성해야 한다. 왜냐하면 설문지가 잘못 작성되면 얻고자 하는 자료를 정확하게 얻기 어려울 뿐만 아니라, 잘못된 척도를 사용하는 경우 조사된 자료를 효과적으로 분석하기 어렵기 때문이다. 즉, 잘못된 설문을 사용하면 조사를 통해서 얻고자 하는 유용한 정보를 얻

그림 5-6 | 설문지법

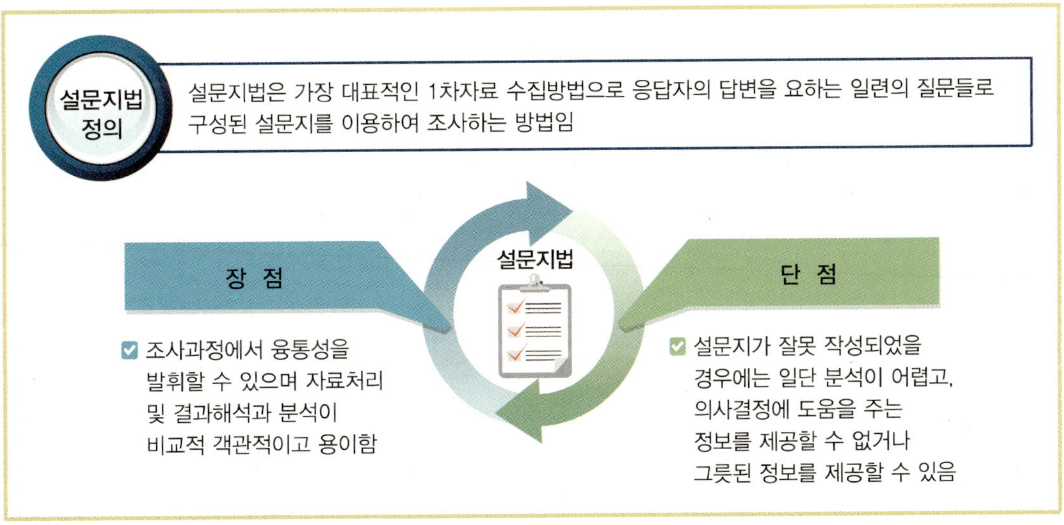

기 어렵다. 따라서 조사자는 사전에 필요한 정보가 무엇인지를 명확하게 파악하고, 이를 효과적으로 조사분석할 수 있도록 신중하게 설문문항과 설문지를 작성해야 한다. 특히 척도 및 측정방법에 따라 사용할 수 있는 분석방법이 제한되기 때문에 미리 적용하고자 하는 통계분석기법을 고려해서 적합한 척도와 측정방식으로 조사할 수 있도록 설문문항을 작성하여야 한다. **그러나 무엇보다도 가장 중요한 것은 무엇을 묻는 것인지 응답자가 정확하게 이해하고 답변할 수 있도록 설문문항을 쉽고도 정확하게 작성하는 것이다.** 구체적인 설문지 작성방법에 대해서는 본장 제2절 설문지를 이용한 자료수집에서 자세하게 설명하도록 한다.

그림 5-7 | 설문지 작성의 예

실버시설의 향후 주거 및 문화생활에 관한 조사

안녕하십니까?
저는 마케팅연구소에 근무하는 연구원 OOO입니다.
본 설문은 실버시설에 대한 향후 주거 및 문화시설에 대한 의견을 수집하여 향후 이에 대한 적절한 주거문화시설에 대한 개발정책 자료로 활용하고자 하오니, 귀하께서 성실히 답변해주시면 큰 도움이 될 것입니다.
본 조사는 맞고 틀리는 것이 없으니, 귀하의 평소 생각을 말씀해주시면 됩니다. 귀하께서 응답하시는 내용은 비밀이 철저히 보장되며, 단지 통계자료로만 활용됩니다. 바쁘시더라도 잠시 시간을 내어주시면 감사하겠습니다.

Q1. 귀하는 은퇴 후에 실버타운에 입주할 의향이 있으십니까? (   )
① 예
② 아니오

Q2. 귀하는 실버타운에 대해 어떻게 생각하십니까? (   )

① — ② — ③ — ④ — ⑤
전혀 호감이 가지 않는다 / 잘 모르겠다 / 매우 호감이 간다

Q3. 귀하께서 현재 거주하고 있는 주거형태는 어떻습니까? (   )
① 아파트/주상복합아파트
② 단독/다가구주택
③ 연립/빌라/다세대주택
④ 상가형주택/오피스텔
⑤ 기타

Q4. 귀하는 은퇴 후에도 현재의 경제 · 사회 · 문화활동을 계속 하실 생각입니까? (   )

① — ② — ③ — ④ — ⑤
전혀 그렇지 않을 것이다 / 잘 모르겠다 / 반드시 그렇게 할 것이다

Q5. 귀하는 은퇴 후에 어느 곳에서 생활을 하실 계획이십니까? (   )
① 도시 ② 근교 도시 ③ 근교 전원지역
④ 노인시설/실버타운

Q6. 귀하가 선택한 지역을 선호하시는 이유, 순서대로 3가지를 기재해 주십시오.
첫째 이유 ( ) 둘째 이유 ( ) 셋째 이유 ( )

① 교통여건 ② 친구 및 가족들과의 교류 용이성
③ 자연환경 쾌적성 ④ 은행 등 생활 편의성
⑤ 대형의료기관 접근성 ⑥ 비용경제성
⑦ 발전가능성 ⑧ 예전부터 살던 익숙한 지역
⑨ 기타

→ 다음 페이지에서 계속됩니다.

2) 서베이법(survey method)

서베이법은 사회과학조사에서 가장 많이 활용되는 방법으로 대인조사, 전화조사, 우편조사, 인터넷조사 등을 이용하여 응답자들에게 조사주제와 관련된 질문에 응답하도록 함으로서 자료를 체계적으로 수집하고 분석하는 조사설계방법이다. 서베이법은 서베이를 실행하는 매체가 무엇인가에 따라 [그림 5-8]과 같이 대인조사, 전화조사, 우편조사, 인터넷조사 등으로 구분된다. 또한 서베이법은 사용하는 매체의 특성에 따라 [그림 5-8]에서 보듯이 그 유용한 점과 한계점이 있다. 따라서 조사자는 조사목적에 가장 적합한 매체를 선정하여 조사를 진행해야 한다. 예를 들어, 조사문제가 비교적 복잡하여 전문적인 지식을 요하는 경우나 각각의 응답자로부터 수집할 정보의

그림 5-8 | 서베이법

서베이법 정의: 서베이법은 조사에서 가장 많이 활용되는 방법으로 대인조사, 전화조사, 우편조사, 인터넷조사 등을 이용하여 응답자들에게 조사주제와 관련된 질문에 응답하도록 함으로써 자료를 체계적으로 수집하고 분석하는 조사설계방법임

서베이 매체에 따른 조사의 종류

- **대인조사** : 조사자가 응답자를 직접 만나 조사하여 자료를 수집하는 방법
- **전화조사** : 조사자가 전화를 이용하여 응답자로부터 직접 자료를 수집하는 방법
- **우편조사** : 응답자가 설문지를 우편으로 받아서 응답한 후 조사자에게 발송하는 방법
- **인터넷조사** : 인터넷을 이용하여 온라인으로 조사하는 방법

서베이법을 이용한 조사의 실행매체 특성에 따른 상대적 비교

	대인조사	전화조사	우편조사	인터넷조사
수집정보의 양	고	저	중	중
수집정보의 질	중	저	저	저
제공정보의 양	고	저	중	중
제공정보의 질	고	중	저	저
정보수집시간	저	저	중	중
정보수집비용	고	저	중	중
응답률	고	중	저	저
표본의 대표성	중	고	중	중
의사소통	쌍방향	쌍방향	단방향	단방향

양이 비교적 많은 경우에는 직접 대면해서 조사하는 대인조사가 가장 적합하다. 반면에, 조사내용이 비교적 간단한 경우에는 조사비용과 표본의 대표성을 고려할 때 전화조사가 가장 적합하고 탁월한 조사방법이 된다.

또한 컴퓨터나 모바일 기기를 이용한 인터넷조사는 상대적으로 많은 응답자들을 대상으로 필요한 정보를 비교적 짧은 시간에 수집할 수 있다는 장점이 있으나, 비용이나 응답률 그리고 표본의 대표성 등에 있어서 문제가 있을 수 있으니 신중하게 계획하여 수행할 필요가 있다. 이와 같이 각각의 매체는 나름대로의 상대적인 장점과 단점을 가지고 있다. 따라서 조사자는 조사의 목적을 비롯해서 시간과 비용 등 현재의 조사여건을 신중하게 고려해서 가장 적합한 매체를 선정하여 조사할 수 있도록 해야 한다.

3) 면접법(interview method)

면접법은 조사목적을 공개하고 진행하되 특정한 질문순서나 방식이 없이 자유롭게 면접을 진행하면서 자료를 수집하는 방법이다. 이렇게 비체계적인 의사소통방법 중의 하나인 면접법은 크게 심층면접법과 표적집단면접법으로 구분된다. 심층면접법은 주어진 질문에 대하여 조사자가 응답자와 자유롭게 대화하면서 조사하는 방법으로 응답자의 폭넓고 심도있는 의견을 수집할 수 있는 방법이다.

그림 5-9 | 면접법

면접법의 정의: 면접법은 조사의 목적을 공개하면서 자료를 수집하는 방법으로 응답자의 자유로운 의사표현을 조사자가 기록하는 식의 조사방법을 말함

- **심층면접법** : 조사자가 주어진 질문이나 주제에 대하여 한 명의 응답자와 자유롭게 대화하면서 심도 있게 조사하는 방법
- **표적집단면접법** : 심층면접법의 변형으로 6~12명의 응답자가 주어진 주제에 대하여 자유롭게 토론하도록 하고, 토론과정에서 조사자가 유용한 정보를 추출하여 얻는 방법

장 점

☑ 응답자의 의견을 폭넓게 반영하여 문제점을 심도 있게 파악할 수 있으며, 그 결과를 설문지 설계에 효과적으로 이용할 수 있음

단 점

☑ 비용과 시간이 많이 들고, 조사원의 능력에 따라 조사의 결과가 달라질 수 있음

또한 이렇게 조사한 면접결과는 현재의 문제를 보다 정확하게 파악하거나, 문제해결을 위한 의사결정에 필요한 신뢰성 높은 정보를 보다 많은 대상으로부터 얻기 위한 설문지를 설계하는 데에 효과적으로 활용될 수 있다. 그러나 면접조사는 조사비용과 시간이 많이 들고, 특히 조사원의 전문성과 능력에 따라 조사결과가 달라질 수 있으므로 주의해야 한다.

표적집단면접법(FGI : Focus Group Interview)은 조사자가 관심 있는 분야에 대해서 충분히 인지하고 있거나 전문적인 지식을 가진 6~12명 가량의 동질집단으로 하여금 특정한 주제에 대하여 향후에 자유롭게 토론하도록 한 다음, 토론과정을 분석하여 필요한 정보를 추출하는 방법이다. 이 방법은 향후에 추가적인 조사를 통하여 검증하고자 하는 중요한 가설을 도출하거나, 설문지를 구성하는 과정에서 필요로 하는 정보를 획득하고자 하는 경우에 사용된다. 또한 고령화 산업을 육성하기 위한 새로운 정책을 모색하거나 특정한 정책의 실현가능성을 타진하며, 경우에 따라서는 이미 계량적으로 조사된 자료를 다시 검증하고자 할 경우에도 사용된다. 그러나 일반적으로 표적집단조사방법(FGI)은 광범위한 조사를 수행하기 전, 탐색단계에서 주로 사용되기 때문에 조사결과를 일반화하여 시장 전체에 적용하기에는 무리가 있다. 따라서 이를 바탕으로 보다 광범위한 추가조사가 진행되는 것이 일반적이다.

4) 투사법(projective method)

투사법은 면접법이나 서베이법 등과는 달리 응답자가 조사의 목적을 모르는 상태에서 다양한 심리적 상태를 의사소통법을 이용하여 자료를 수집하는 방법이다. 예를 들어, 응답자의 내면에 있는 인식(awareness)이나 신념(belief) 또는 태도(attitude) 등을 단어연상법(word association method), 문장완성법(sentence completion method), 그림묘사법(picture response technique), 만화완성법(cartoon test) 등과 같은 다양한 심리적인 동기유발방법을 이용하여 조사하는 방법이다. 특히, 이 방법은 조사목적이 공개될 경우 응답자들이 답변을 회피하거나 의도적으로 왜곡된 응답을 할 가능성이 높은 경우에 많이 사용된다.

단어연상법(word association method)은 조사자가 한 단어를 제시하고 응답자가 그 단어로부터 연상되는 단어들을 순서대로 나열하도록 하여 조사하는 방법이다. 예를 들어, 제주도 하면 이로부터 연상될 수 있는 돌, 바람, 흑돼지, 돌하루방, 해녀, 청정지역 등과 같은 제주도와 연관된 시험단어들에 대하여 응답자들이 연상해내는 단어들의 순서와 반응시간 등을 측정하여 비교분석에 활용하는 조사방법이다. 이러한 단어연상법에서는 응답자가 가장 먼저 연상하고 반응시간이 짧은 단어일수록 해당 단어에 대한 응답자의 감정적 몰입이 크다는 것을 의미한다. 예를 들어, 소비자들에게 휴대

그림 5-10 | 투사법

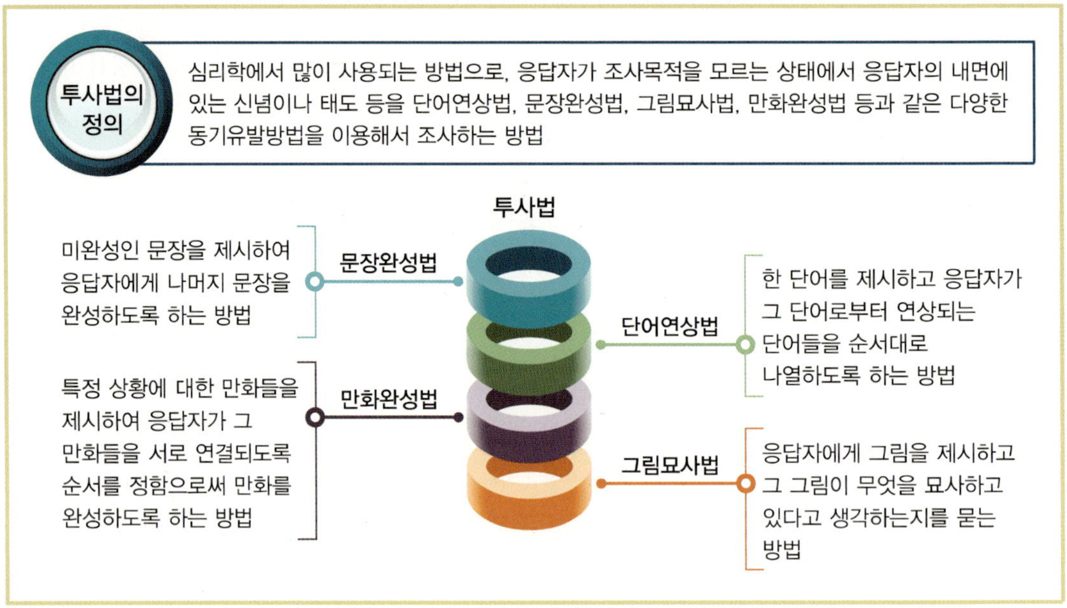

폰 상품의 특징에 해당하는 브랜드, 화면크기, 카메라기능, 배터리수명, 이동통신사 등의 단어들 중에서 가장 먼저 떠오르는 단어가 무엇인가를 조사함으로써 실제 휴대폰 구입과정에서 중요한 요인이 무엇인가를 분석하는 방법이다.

그림묘사법(picture response technique)은 응답자에게 쉽게 이해하기 어려운 그림을 제시한 다음, 그 그림이 무엇을 묘사하는지 물어서 응답자의 심리상태를 파악하는 방법이다. 그러나 이 방법을 응답자의 응답에 따라 심리상태를 파악할 수 있는 조사자의 역량이 필요하기 때문에 누구나 쉽게 활용할 수는 없다는 제한이 있다.

문장완성법(sentence completion method)은 응답자에게 미완성된 문장을 끝까지 완성하도록 하여 완성된 문장으로 응답자가 생각하는 바를 조사하는 방법이다. 예를 들어, '뉴욕에서 혼자 산다는 것은 (　　)'라는 문장을 제시하고 공란을 메우도록 하여 조사하는 방법이다. 위의 예에서 공란에는 다양한 내용이 들어갈 수 있다. 이러한 다양성을 피하기 위하여 좀 더 구체적으로 예측가능한 내용을 물을 수 있도록 디자인한 설문도 가능하다. 예를 들어, '처음 직업을 선정할 때는 (　　)을 가장 중요하게 고려한다'의 경우에는 발전가능성, 안정성, 급여수준, 직장의 위치, 명성, 편리성 등과 같이 일반적인 내용을 예견할 수도 있다.

만화완성법(cartoon test)은 특정 상황에 대한 만화들을 제시하여 응답자로 하여금 그 만화들을 의미

있게 순서를 정하거나 미완성인 만화를 완성하도록 하는 방식으로 조사를 진행하는 방법이다. 또한 만화의 상황이 실제로 일어난다면 어떻게 행동할 것인가를 물어 응답자의 반응을 예측하기도 한다. 이 방법은 그림묘사법보다 다양하지 않고 구체적이어서 미리 설정한 특정한 시나리오를 가지고 조사하는 것이 일반적이다.

1.2 관찰법(Observation Method)

관찰법이란 응답자에게 질문하여 답변을 얻어 정보를 수집하는 것이 아니라, 응답자의 행동과 태도를 조사자가 관찰하고 기록함으로써 정보를 수집하는 방법이다. 관찰법은 자신이 인식하지 못한 행동의 패턴을 조사하는 것이므로 관찰의 대상이 되는 응답자와의 어떠한 커뮤니케이션도 없이 오직 순수한 관찰에 의해서만 정보를 수집하는 방법이다.

이러한 관찰법은 앞에서 설명한 의사소통법과는 달리 응답자가 조사에 어떻게 응할 것인가와 같은 응답의도에 대해서는 신경을 쓸 필요가 없으며, 또한 면접자와 응답자 사이의 커뮤니케이션 과정에서 발생할 수 있는 잠재적인 어떠한 조사오류도 없다. 따라서 관찰법은 의사소통법보다 비교

≫그림 5-11 | 관찰법의 정의와 장 · 단점

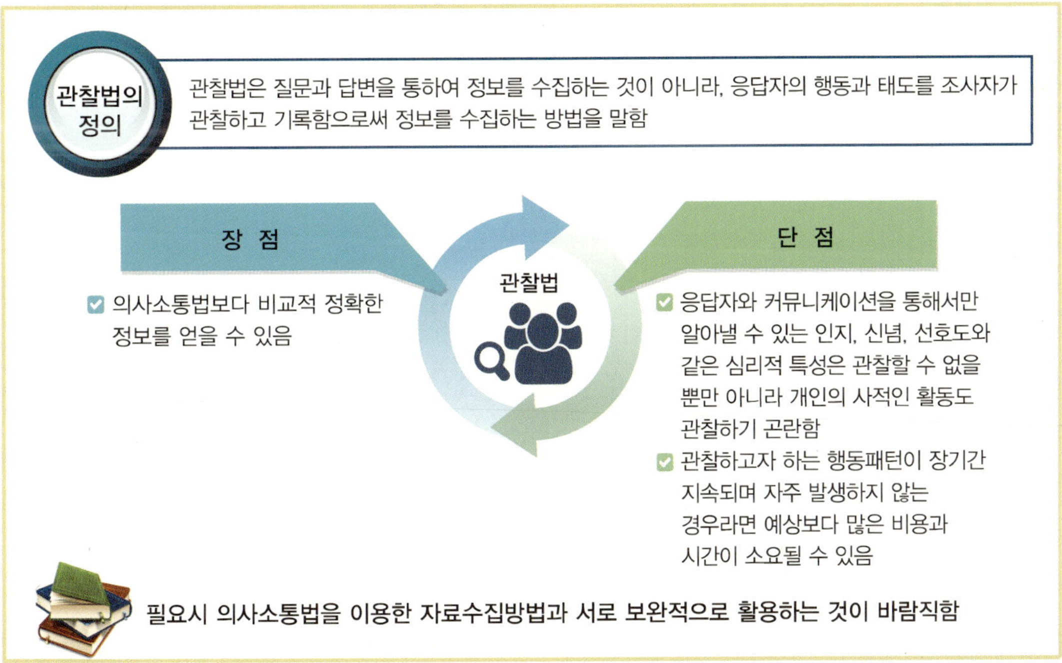

적 정확한 정보를 얻을 수 있다는 장점이 있다.

그러나 응답자와의 직접적인 커뮤니케이션을 통해서만 알아낼 수 있는 인지나 마음속의 신념 그리고 선호도와 같은 응답자의 심리적 특성들을 관찰을 통하여 얻을 수 없을 뿐만 아니라, 개인의 사적인 활동도 관찰하기 곤란하다는 단점이 있다. 특히, 관찰하고자 하는 행동패턴이 장기간 지속되며 자주 일어나지 않는 경우라면 예상보다 많은 비용과 시간이 소요될 수 있다. 따라서 이러한 단점을 극복하기 위하여 꼭 관찰법으로만 조사해야 하는 경우를 제외하고는 의사소통법을 이용한 조사방법과 같이 병행해서 서로 보완적으로 활용되는 경우가 많다.

제2절 설문지를 이용한 자료수집 (Data Collection using Questionnaire)

자료수집방법들 중에서 가장 많이 사용되는 방법으로는 설문지를 사용하여 조사하는 '설문지법'이 있다. 본절에서는 설문지법을 중심으로 설문지의 구성과 작성방법에 대하여 알아보고, 설문지를 이용한 자료수집단계에서 주의하여야 할 사항들에는 어떠한 것들이 있는지 살펴보기로 한다.

2.1 설문지 작성(Questionnaire Development)

설문지는 조사목적에 맞는 유용한 자료를 수집하기 위하여 가장 많이 사용되는 효과적인 수단이다. 체중을 측정하기 위해서 정확한 체중계가 필요하듯이 응답자의 마음속에 있는 인식이나 신념을 정확하게 측정하기 위해서 정확한 설문문항이 필요하다. 즉, 설문지를 이용한 자료수집과정에서는 응답자가 질문을 정확하게 이해하고 이에 답변하는 과정에서 발생할 수 있는 오류를 최소화하도록 설문지의 각 문항을 간결하고 명확하게 작성해야 하며, 애매한 표현은 가능한 한 피하도록 해야 한다. 또한 설문문항에서 사용하는 척도와 측정방법에 따라 응답자로부터 얻을 수 있는 정보의 양과 질이 달라지기 때문에 조사자는 조사의 목적과 내용에 적합한 척도를 사용하여 설문문항을 작성하고 설문지를 효과적으로 구성해야만 보다 많은 정확한 정보를 얻을 수 있다.

≫그림 5-12 | 설문지 작성 시 고려사항

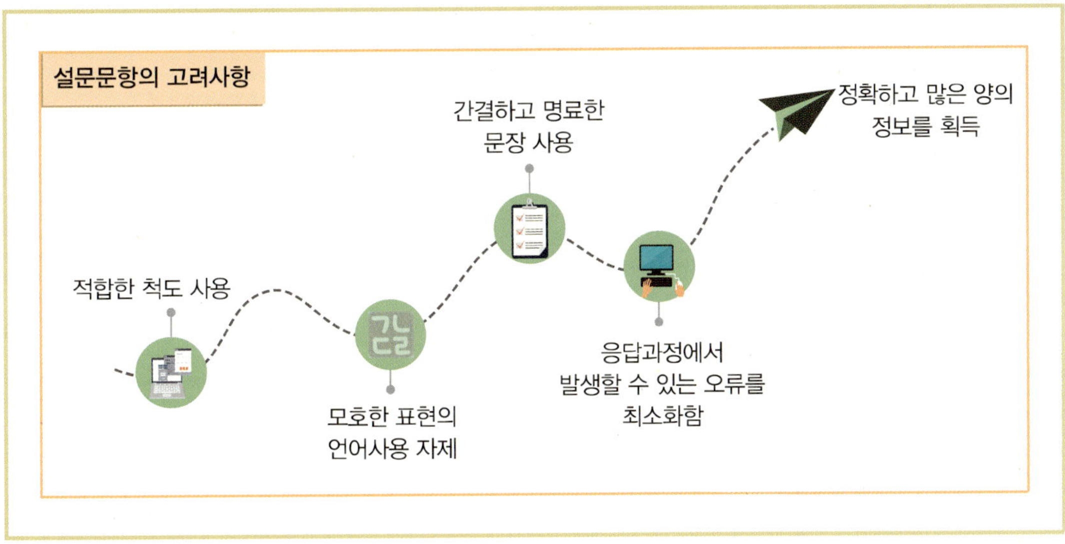

1) 설문지 작성절차(Procedure of Questionnaire Development)

설문지를 작성할 경우에는 설문지 설계절차를 미리 정해 놓고 각 단계별 문제점을 파악하여 이를 수정·보완해가며 작성해야 한다. 설문지를 작성하는 일반적인 과정에 대해서 살펴보면 [그림 5-13]과 같다. 이와 같은 절차에 따라 설문지를 작성하면 설문지 작성과정에서 빈번하게 발생하는 오류를 사전에 인식하여 예방함으로써 보다 효과적으로 설문지를 작성할 수 있다. 각 단계별로

≫그림 5-13 | 설문지 작성절차

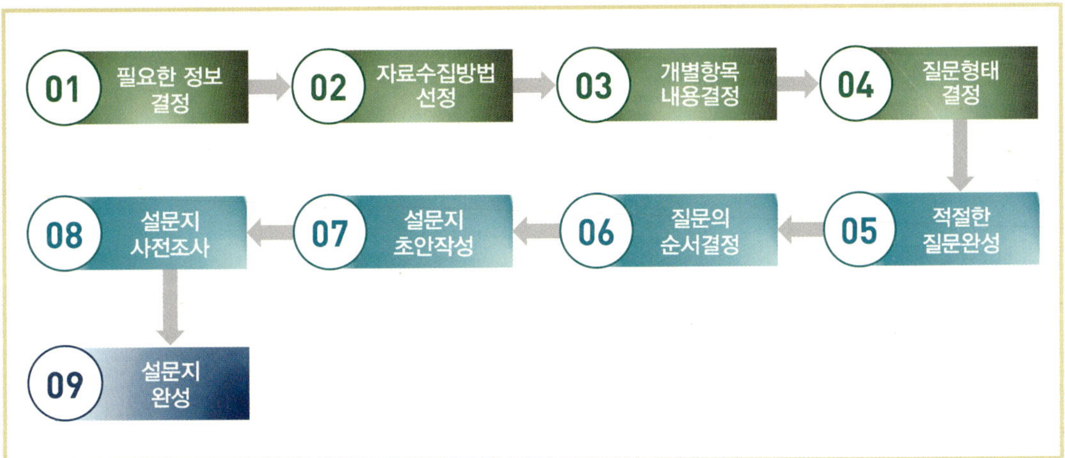

실행해야 하는 내용과 고려해야 할 사항들에 대해 구체적으로 살펴보면 다음과 같다.

(1) 필요한 정보 결정(Decision on Information Needed)

설문지 작성에 있어서 조사자는 설문조사를 통해 어떠한 정보를 얻고자 하는가와 어떻게 하면 정확하게 그 정보만을 얻을 수 있는가를 가장 먼저 결정해야 한다. 불필요한 내용은 시간과 비용의 낭비를 가져오고 응답자에게 부담을 주기 때문에 다른 중요한 내용의 문항조차 제대로 조사할 수 없게 만든다. 따라서 조사자는 필요한 정보를 정확하게 파악하여 이를 조사하고자 하는 질문내용에 효과적으로 반영하도록 해야 한다. **일반적으로, 설문의 양과 질은 서로 트레이드 오프(trade-off) 관계에 있다.** 설문의 양이 증가하면 응답의 질이 떨어지고 설문의 양이 적을수록 응답의 질이 높아지는 경향이 있으니 조사자는 이점을 고려해서 적합한 정보의 양과 질을 결정해야 한다.

(2) 자료수집방법의 선정(Decision on Data Collection Method)

필요한 정보가 결정되면 다음으로 자료수집방법을 선택해야 한다. 특히, 설문지를 이용한 자료수집방법으로는 면접원이 응답자를 직접 만나 조사하거나 전화, 우편, 인터넷, 모바일과 같은 매체를 이용하여 조사하는 방법이 있다. 이 중에 어느 매체를 이용하느냐에 따라 조사에 소요되는 시간과 비용, 정확도, 대상 그리고 설문내용 자체가 달라질 수 있다. **따라서 조사자는 필요한 정보와 대상 그리고 가용한 시간 및 경비 등을 신중하게 고려해서 자료수집방법을 선택해야 한다.**

(3) 개별항목 내용결정(Content on Each Question)

설문지 작성절차 중 세 번째 단계는 개별항목 내용을 결정하는 것이다. 개별항목에 포함되어야 할 세부적인 내용을 결정하는 경우에 고려해야 하는 사항들은 다음과 같다. **첫째, 이 질문은 중요한 정보를 얻기 위해서 꼭 필요한 것인가?** 조사자는 문제해결에 꼭 필요한 질문들만 포함될 수 있도록 충분히 검토해서 설문지를 작성해야 한다. 그렇지 않으면 의사결정에 도움이 되지 않는 과다한 정보의 수집으로 불필요한 시간과 비용의 낭비를 초래할 수 있을 뿐만 아니라 응답자의 부담과 피로도가 증가해서 정확한 응답을 얻기 어려워지기 때문이다.

둘째, 응답자는 조사자가 필요로 하는 정보를 알고 있는가? 설문항목에 대하여 응답자가 답변하기에 충분한 정보를 가지고 있는가를 사전에 검토해보아야 한다. 예를 들어, 대학병원들에 대한 잠재고객들의 인식과 서비스 만족도를 조사하려는 경우, 가장 중요한 사항은 조사대상이 되는 대학병원들을 방문한 경험이 있는 응답자만을 선정하여 조사해야 한다는 사실이다. 또한 커피전문점의 상품의 질이나 서비스 그리고 시설 등에 대한 평가에 있어서도 방문해본 경험이 없는 커피전문점에 대하여 평가하도록 요청하거나, 시식이나 시음해보지 못한 신상품에 대하여 '어떻게 생각하느냐'고 묻는 식의 평가를 강요하는 질문은 잘못된 정보를 조사하게 되는 결과를 초래할 수 있으니 주의하여야 한다.

셋째, 응답자가 기꺼이 필요한 정보를 제공해 줄 수 있는가? 조사자는 응답자가 응답에 필요한 충분한 정보를 가지고 있다 하더라도 과연 그 정보를 기꺼이 정확하게 제공해 줄 수 있는지를 고려하여 설문지를 작성해야 한다. 일반적으로 응답자들은 개인의 사적인 정보나 사회적으로 민감한 주제에 관한 질문에 대해서는 매우 예민하게 생각하여 이를 경계할 수 있다. 예를 들어, 자신의 사생활이나 신체 사이즈 그리고 학력을 비롯해서 소득과 연봉수준 등에 관한 질문에 대해서 응답자는 매우 민감하게 반응하며 불쾌감까지 표출할 수도 있다. 따라서 이러한 정보를 수집하기 위해서는 직접 대면해서 조사하는 면접조사보다는 우편이나 전화를 이용하여 조사함으로써 가능한 한 응답자의 부담을 줄여주는 것이 좋다. 그러나 이 경우에도 응답자의 정확한 답변을 기대하기 어려운 경우가 많다.

(4) 질문형태 결정(Decision on Question Type)

설문지에서 사용되는 질문형태는 크게 개방형 질문(unstructured open-ended questions)과 선택형 질문(structured closed-end questions)으로 구분된다. 개방형 질문은 응답자가 생각하고 있는 답변을 자유롭게 표현하도록 하는 방법이고, 선택형 질문은 이미 조사자에 의해 마련되어 있는 항목들 중에서 응답자로 하여금 선택하도록 하는 방법이다. 일반적으로 선택형 질문이 응답자의 부담을 덜어줌으로써 응답률이 비교적 높고, 이를 이용한 자료분석도 비교적 용이하기 때문에 대부분의 설문지에 가장 많이 사용된다. 이들 질문유형에 대한 보다 구체적인 설명과 각각의 장점과 단점을 살펴보면 다음과 같다.

① 개방형 질문(Open-ended Questions)

개방형 질문은 제한이 있는 개방형 질문과 제한이 없는 개방형 질문으로 구분된다. 예를 들어, 제한이 있는 개방형 질문은 '올 해 내에 꼭 방문하고 싶은 여행지를 한 곳만 말씀해 주십시오.' 또는 '두 곳만 말씀해 주십시오'라는 방식의 질문을 말한다. 반면에 제한이 없는 개방형 질문은 '직업을 선택할 때 가장 중요하게 생각하시는 요인들을 생각나시는 대로 모두 써 주십시오'와 같은 질문형태를 말한다.

그림 5-14 | 개방형 질문

- 대한민국을 대표할 수 있다고 생각하시는 운동선수 세 사람을 말씀해 주십시오.

  (　　　　　　), (　　　　　　), (　　　　　　)

- '미래발전 가능성' 하면 떠오르는 대표적인 기업은?

  (　　　　　　)

그러나 이러한 개방형 질문은 질문에 따라서는 응답자가 답변을 생각해내기 어렵고, 특히 다양한 응답을 이용한 분석이 용이하지 않다는 단점이 있다. 그러나 이러한 단점에도 불구하고 개방형 질문은 설문으로 얻고자 하는 정보가 복잡하고 다양해서 조사자가 사전에 구체적인 설문항목을 만들기 어려운 경우에는 비교적 유용하게 사용할 수 있는 방법이다. 특히, 특별한 제한 없이 일반 응답자의 주관적인 의견을 받을 수 있기 때문에 이를 통해 얻은 정보를 추가적인 조사 등에 효과적으로 활용할 수 있다는 커다란 장점이 있다.

② 선택형 질문(Choice Questions)

일반적으로 선택형 질문은 선택항목의 수에 따라 다지선다형 질문(multiple choice questions)과 양자택일형(dichotomous questions) 질문으로 구분된다.

■ 다지선다형 질문(Multiple Choice Questions)

질문에서 주어진 여러 응답항목들 중 하나 또는 몇 개를 선택하도록 하는 질문형식으로, [그림 5-15]의 예와 같은 질문들이 다지선다형에 속한다.

이러한 다지선다형 질문은 응답항목이 명확하여 신속한 응답이 가능하고, 응답자들에게 응답해야 할 내용을 정확하게 제공함으로써 답변을 얻기가 매우 용이하다는 장점이 있다. 그러나 응답자가 생각할 수 있는 중요한 항목들을 모두 포함해야 하기 때문에 응답항목을 완전하게 작성하기 위해서는 철저한 사전조사가 필요하다는 단점이 있다.

그림 5-15 | 다지선다형 질문

- 실버타운이 갖추어야 될 요건 중 가장 중요하게 생각하시는 요인을 선택하여 주시기 바랍니다. (　　　　　　)

① 대도시접근성　② 의료지원성　③ 생활편의성
④ 문화생활성　⑤ 자연친화성　⑥ 비용경제성

- 귀하께서 현재 종사하는 직종은 무엇입니까?

① 공무원　② 대기업 임직원　③ 사무직/기술직
④ 일반기업 임직원　⑤ 교육/연구직　⑥ 전문/자유직
⑦ 자영업　⑧ 기타(학생, 무직)

■ 양자택일형 질문(Dichotomous Questions)

질문내용에 대한 응답항목이 '예, 아니오' 혹은 '해당됨, 해당되지 않음' 등과 같이 두 가지 항목 중 한 가지 항목만을 선택하도록 구성되어 있는 질문형태를 양자택일형이라 한다. 양자택일형 질문의 예는 [그림 5-16]과 같다.

일반적으로 양자택일형은 '응답이 쉽고 자료의 처리가 매우 간단하다'는 다지선다형이 갖는 장점이 더욱 강하게 나타난다. 그러나 2개의 극단적인 질문항목을 제시해 주고 이 중에 하나만을 선택하도록 함으로써 중간 정도 값을 원하는 응답자의 의견이 무시된다는 단점이 있다. 즉, 극단

그림 5-16 | 양자택일형

- 귀하께서는 휴대폰 로밍 서비스를 사용해보신 경험이 있으십니까?
(　　　　　　)

① 예　② 아니오

적인 의견을 표시해야 하기 때문에 중요한 정보가 누락될 우려가 있다. 그러나 결과에 대한 해석이 간단 명료하다는 장점이 있어서 비교적 빠르고 신속한 정보 수집을 필요로 하는 특정 정책이나 인물에 대한 지지도 측정이나 선거 등에서 많이 사용된다.

(5) 적절한 질문 완성(Completion of Questions)

조사에 필요한 자료를 효과적으로 수집하기 위하여 조사자는 다음 항목들을 고려하여 질문 하나하나를 신중하게 완성해야 한다. **첫째, 가능한 한 전문용어의 사용을 삼가하도록 해야 한다.** 설문지 작성에 있어서 조사자가 범할 수 있는 가장 큰 오류는 응답자가 설문과 관련된 전문지식에 대해서 조사자와 비슷한 수준에 있다고 착각하는 것에서부터 발생한다. 즉, 평상시에 조사자들이 자주 사용하는 용어를 일반 사람들도 쉽게 알고 있으리라 착각하고 있다는 점이다. 예를 들어, 설문지를 구성하여 조사를 할 때 가장 흔히 사용하는 어휘 중에는 '변수'와 '속성'이 있다. 그러나 이러한 말들은 특정 분야에서만 많이 사용되고 있는 용어로서 일반사람들이 쉽게 접할 수 있는 용어는 아니다. 따라서 설문대상이 되는 사람들이 쉽게 이해할 수 있는 용어를 선택하여 설문지를 작성해야 한다.

둘째, 개방형 질문과는 달리 다지선다형과 같은 선택형 질문의 경우에는 응답자들이 생각할 수 있는 모든 응답내용을 선택항목에 포함할 수 있도록 해야 한다. 따라서 조사자가 제시하지 못한 응답내용도 자유롭게 응답할 수 있도록 맨 마지막 항목에 기타 난을 따로 제시해 두는 것도 좋은 방법이 될 수 있다.

셋째, 다지선다형 질문에서 응답항목들 간에 내용이 중복되어서는 안 되고, 응답항목들은 서로 명확하게 구분되어야 한다. 즉, 응답자가 응답하려고 하는 한 가지 생각에 대하여 두 가지 이상의 답이 가능하도록 응답항목의 내용이 서로 중복되어서는 안 되고, 어느 한 가지 항목에는 반드시 해당될 수 있도록 질문을 구성해야 한다. 예를 들어, [그림 5-17]의 질문 예를 보면 질문항목에 쓰인 '전혀', '거의', '가끔'이라는 형용사는 그 뜻이 명확하게 구분되지 않는다. 왜냐하면 개개인마다 그 정도에 대하여 서로 다르게 느낌으로써 응답자들마다 선택기준이 달라질 수 있기 때문이다. 따라서 이러한 어휘를 사용하여 질문하면 정확한 응답을 얻을 수 없다.

넷째, 하나의 질문문항으로 두 가지 내용을 동시에 질문해서는 안 된다. 예를 들어, 호텔 레스토랑에 대한 음식과 서비스에 대한 소비자들의 의견을 조사하려는 경우 '우리 호텔 레스토랑의 음식 맛과 서비스에 대해 얼마나 만족하십니까?'와 같은 질문을 해서는 안 된다. 왜냐하면 이러한 질문에 응답해야 하는 응답자는 무엇에 대하여 답변해야 하는지가 불분명하기 때문에 정확하게 응답할 수

그림 5-17 | 응답항목들 간에 내용이 중복된 잘못된 질문

● 귀하께서는 커피숍을 얼마나 자주 이용하십니까?
(　　　　　　)
① 전혀 이용하지 않는다　② 거의 이용하지 않는다
③ 가끔 이용한다　④ 자주 이용한다
⑤ 매일 이용한다

없게 된다. 즉, 음식에 대해서 평가해야 하는 것인지, 아니면 서비스에 대해 평가해야 하는 것인지, 이것도 저것도 아니면 음식과 서비스에 대해 총체적으로 평가해야 하는 것인지에 대하여 확신하지 못하고 갈등할 수 있기 때문이다. 따라서 조사자는 이러한 사항들을 철저하게 고려하여 질문 내용이 중복되지 않도록 설문을 작성하여야 한다.

다섯째, 대답하기 곤란한 질문을 직접 물어보거나, 개인의 사적인 정보나 사회적으로 민감한 주제에 대해 너무 자세하게 물어서는 안 된다. 응답자의 개인신상에 관한 정보나 사회적으로 민감한 주제에 대하여 정확한 정보를 수집하기는 쉽지 않기 때문에, 이러한 사항들에 대한 정보를 수집해야 하는

그림 5-18 | 질문문항의 중복으로 인한 잘못된 질문

● 당신은 국내 저축은행 기업들의 안정성과 수익성에 대해서 어떻게 생각하십니까?
(　　　　　　)
① 매우 불만족한다　② 불만족한다　③ 보통이다
④ 만족한다　⑤ 매우 만족한다

조사자는 보다 각별히 신경을 써서 설문을 구성하여야 한다. 예를 들어, 응답자의 연령이나 몸무게, 학력수준, 소득수준 등에 대한 정보를 얻고자 하는 경우에는 매우 조심스럽게 접근해야 한다. 또한 너무 자세한 내용을 질문하면 응답자는 자신의 신분이 노출될 수 있다는 불안감을 느끼기 때문에 정보제공을 회피하거나 정확한 정보를 주지 않는 경우가 많다.

여섯째, 조사자가 원하는 대답을 유도하는 질문을 해서는 안 된다. 설문지에는 종종 설문내용을 설명하기 위하여 서술해 놓은 부분이 있다. 이를 자세히 살펴보면 응답자의 정확한 응답을 유도하기 위한 것이 아니고 조사자 자신의 의견을 서술해 놓은 경우도 있다. 즉, 설문내용에 대한 응답자의 이해를 돕기보다는 조사자 자신이 주장하는 바를 응답자에게 주입시키려는 의도가 숨어 있는 경

그림 5-19 | 적절한 질문 완성

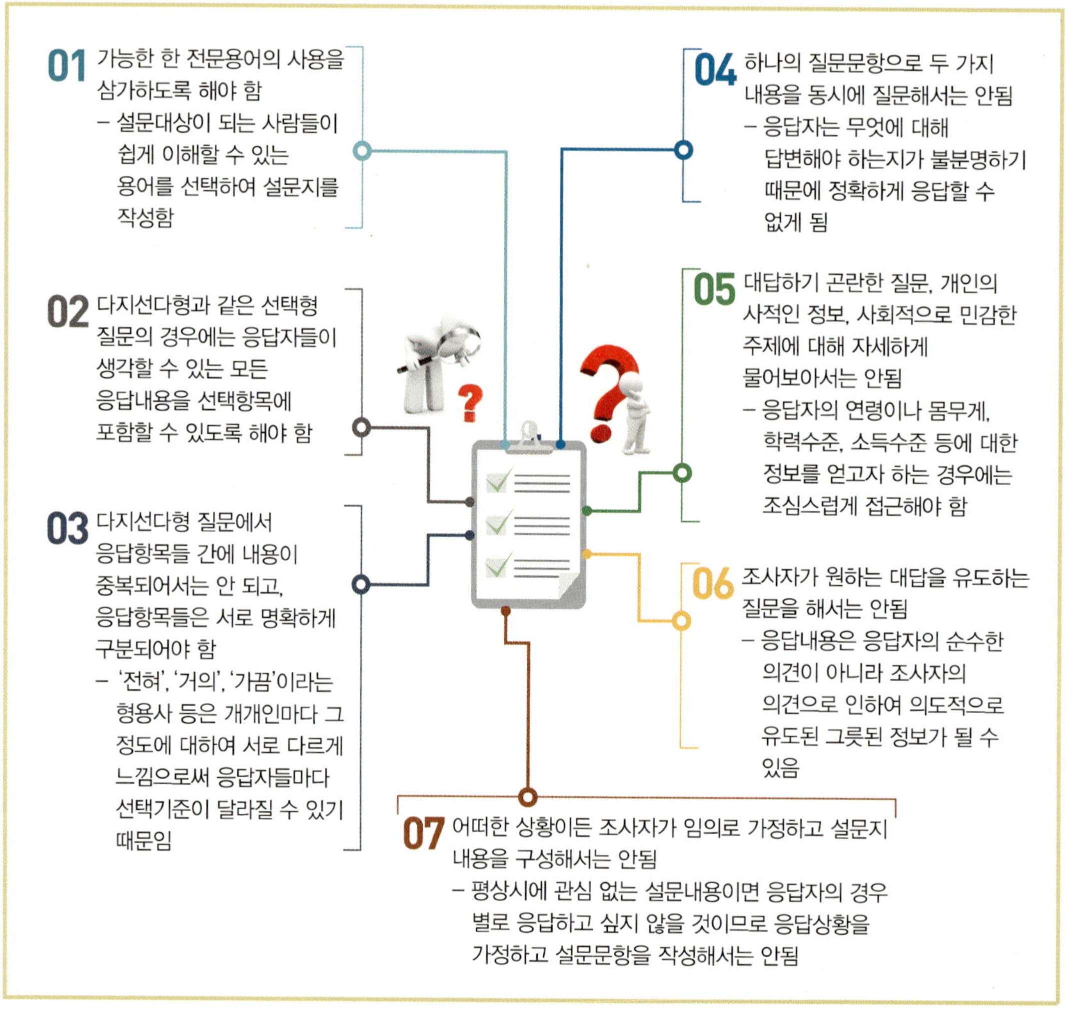

우가 종종 있다. 이러한 경우 응답내용은 응답자의 순수한 의견이 아니라 조사자의 의견으로 인하여 의도적으로 유도된 그릇된 정보가 될 수 있다.

마지막으로, 어떠한 상황이든 조사자가 임의로 가정하고 설문지 내용을 구성해서는 안 된다. 예를 들어, '만일 귀하께서 야구경기를 관람하실 수 있는 티켓이 두 장 생긴다면 어떻게 하시겠습니까?'라는 질문을 할 경우, 평상시에 야구에 대해 별 관심이 없는 사람이라면 이러한 질문에 대해서는 별로 응답하고 싶지 않을 것이다. 만일 조사자가 정확한 정보를 수집하고자 한다면 이와 같이 조사자가 임의로 응답자나 응답상황을 가정하고 설문문항을 작성해서는 안 된다. 물론 필요에 따라서는 임의의 가정이 필요한 경우도 있다. 이 경우에도 가정은 최소한으로 하고 응답자가 실제로 접할 수 있다고 생각하는 수준으로 현실화하는 것이 바람직하다.

(6) 질문순서 결정(Determining the Order of Questions)

설문지를 구성할 적절한 질문들이 완성되면 조사자는 설문지상에서 어떠한 순서로 이러한 질문들을 배열할 것인가에 대하여 결정해야 한다. 일반적으로 질문들의 순서를 정할 때 고려해야 할 사항을 정리하면 다음과 같다.

첫째, 설문지의 처음 질문은 설문지 전체 내용을 짐작할 수 있는 질문이 바람직하다. 일반적으로 응답자에게 설문조사에 응해주기를 부탁하는 경우, 대부분의 응답자는 처음에는 다소 냉소적이며 경계적인 태도를 보인다. 따라서 처음 질문은 기본적이고 상식적인 수준에서 대답할 수 있는 내용이어야 이러한 경계감을 줄일 수 있다. 또한 설문 전체 내용을 대략적으로 짐작할 수 있도록 해야 한다. 예를 들어, '귀하께서는 실버타운에 대하여 어떻게 생각하십니까?'라는 질문으로 조사가 시작되면, 응답자는 '이 조사가 실버타운에 관한 설문이구나'라고 짐작해 볼 수 있다. 이 경우 만일 응답자가 어느 정도 실버타운에 대하여 생각해 볼 수 있는 연령대라면, 응답자는 설문응답에 대하여 큰 부담을 느끼지 않게 됨으로써 조사에 쉽게 응할 수 있게 된다.

둘째, 응답자가 쉽게 대답할 수 있는 질문은 전반부에 배치하고 응답하기 어려운 질문들은 후반부에 배치하는 것이 좋다. 예를 들어, 실버타운에 관하여 조사를 하고자 하는 경우, 실버타운에 대한 관심 정도와 같이 손쉽게 대답할 수 있는 질문은 앞부분에 포함시키고, 실버타운에 대한 평가에 사용되는 속성이나 인지하고 있는 실버타운에 대하여 해당 속성별로 평가하거나, 실버타운들 간의 차이점과 속성들에 대한 중요도를 물어보는 것과 같이 응답자의 신중한 사고와 판단을 요구하는 질문들은 되도록 뒤쪽에 배치하는 것이 바람직하다.

마지막으로, 응답자의 신상에 관한 질문, 즉 인구통계학적인 질문들은 가능한 한 설문지의 맨 뒤에 배

그림 5-20 | 질문순서 결정

질문순서 결정 시 고려사항

설문지의 처음 질문은 설문지 전체 내용을 짐작할 수 있어야 함

- 일반적으로 응답자에게 설문을 부탁하는 경우 경계적인 태도를 보임
- 따라서 처음 질문은 기본적이고 상식적인 수준에서 대답할 수 있는 내용이어야 함
  예 '귀하께서는 실버타운에 대하여 어떻게 생각하십니까?'
  → 실버타운에 관한 설문임을 짐작 가능함

응답자가 쉽게 대답할 수 있는 질문은 전반부에 배치하고 응답하기 어려운 질문은 후반부에 배치해야 함

- 관심 정도, 경험 유무와 같이 손쉽게 대답할 수 있는 질문은 앞부분에 포함시킴
- 속성별로 평가, 만족도를 물어보는 것과 같이 응답자의 신중한 사고와 판단을 요구하는 질문들은 뒷부분에 배치함

응답자의 신상에 관한 질문, 즉 인구통계학적인 질문들은 가능한 한 설문지의 맨 뒤에 배치함

- 비슷한 특성을 지닌 응답자를 하나의 집단으로 묶어 각 집단별로 특성을 조사하는 경우 조사된 표본이 모집단을 얼마나 대표하고 있는지에 인구통계학적 정보가 유용하게 사용됨
- 개인적인 신상정보를 설문지 맨 앞에서 질문하게 되면 응답자의 경계심을 높이게 됨

치하는 것이 좋다. 대부분의 설문지는 인구통계학적인 질문들을 포함하고 있다. 인구통계학적인 질문이란 성별, 연령, 결혼 여부, 직업, 학력, 교육수준, 소득수준 등과 같이 개인의 신상에 관한 질문들을 말한다. 이러한 인구통계학적인 자료를 이용하면 응답자들을 특성별로 손쉽게 분류할 수 있다. 즉, 비슷한 특성을 지닌 응답자를 하나의 집단으로 묶어 각 집단별 특성을 조사하는 경우에 이러한 인구통계적 정보가 유용하게 사용된다. 또한 조사된 표본이 모집단을 얼마나 효과적으로 대표하고 있는가를 검토해보기 위해서도 인구통계학적인 자료가 필요하다. 그러나 개인적인 신상정보를 설문지 맨 앞에서 질문하게 되면 응답자의 경계심을 높이고 경우에 따라서는 자존심을 건드리는 결과를 초래할 수도 있기 때문에 인구통계학적인 질문들은 가능한 한 맨 뒤에서 하는 것이 바람직하다.

(7) 설문지 초안완성(Prototype Questionnaire)

설문지 질문항목들의 순서가 결정되면 조사자는 설문지 전체의 형식을 결정하고, 설문지의 초

그림 5-21 | 설문지 초안 사례

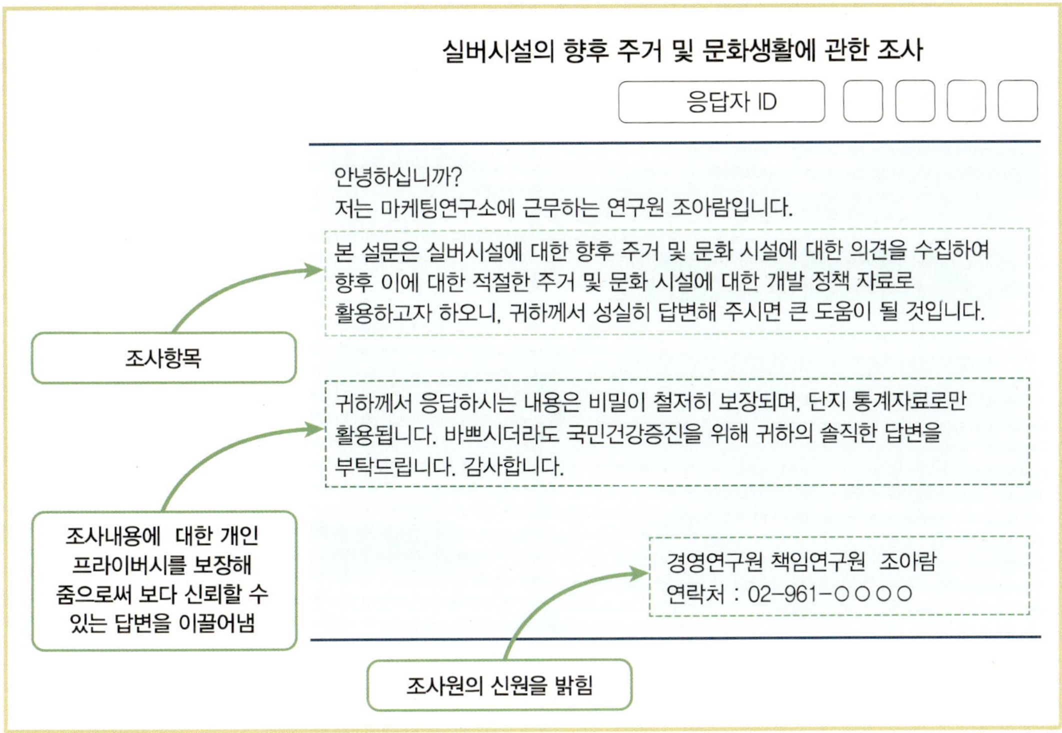

안을 작성한다. 일반적으로 설문지 초안을 작성할 때 고려해야 하는 사항들은 다음과 같다. 첫째, 설문지는 양면인쇄를 한 소책자 형태로 만들어서 조사진행이 용이하도록 하여야 한다. 둘째, 설문지 표지에는 조사목적과 조사기관을 명시하고 응답자에 대한 비밀보장 내용과 응답자가 조사내용에 관하여 문의를 하거나 조사원에 대한 신원확인을 요구할 경우 이를 확인할 수 있도록 연락처를 기재해야 한다. 셋째, 설문조사를 진행하는 과정에서 단계별로 면접자나 응답자가 주의해야 할 사항들은 확실하게 박스로 표기하여 쉽게 알아볼 수 있도록 해야 한다. 일반적으로 사용되는 설문지 표지를 살펴보면 [그림 5-21]과 같다.

(8) 설문지 사전조사(Pre-test of Questionnaire)

설문지 초안까지 작성되면 일단 가상적인 응답자 몇 명을 선정하여 설문지에 대한 사전조사를 실시한다. 아무리 신중하게 고심하며 설문지를 작성하였다고 해도 미흡한 부분이 있을 수 있다. 따라서 본조사를 실시하기 전에 사전조사를 통하여 현재 작성된 설문지에서 잘못된 문제점들을 미리 찾아내어 수정함으로써 본조사를 보다 정확하고 효과적으로 수행할 수 있도록 해야 한다.

그림 5-22 | 설문지 작성절차

1. 필요한 정보 결정

- 설문조사를 통하여 얻고자 하는 정보는 무엇인가?
- 의사결정에 꼭 필요한 내용들만을 엄선하여 조사할 수 있도록 해야 함

2. 자료수집방법 선정

- 필요한 정보획득에 가장 적합한 자료수집방법은 무엇인가?
- 설문지를 이용한 자료수집방법에 속하는 대인조사, 전화에 의한 조사, 우편에 의한 조사 혹은 인터넷을 통한 조사 중에서 시간과 비용, 그리고 설문내용 등을 고려하여 이 중에 가장 효과적인 방법을 선정하여 자료를 수집하도록 해야 함

3. 개별항목의 내용결정

- 필요한 정보에 대한 세부적인 개별 항목으로는 어떤 내용이 포함되어야 하는가?
  (1) 이 질문은 꼭 필요한 것인가?
  (2) 응답자가 답변에 필요한 정보를 알고 있는가?
  – 경험함으로써 질문에 효과적으로 답변할 수 있는 응답자만을 선정하여 조사해야 함
  (3) 응답자가 그 정보를 부담없이 솔직하게 제공해 줄 수 있는가?
  – 개인의 사적인 정보나 사회적으로 민감한 주제에 관한 질문으로 인해 응답자에게 답변함으로써 얻게 되는 심적 부담을 주어서는 안 됨

4. 질문형태의 결정

- 응답자에게 답변에 대한 부담을 덜 주면서도 가능한 한 많은 정보를 얻을 수 있는 질문형태는 무엇인가?
  (1) 개방형 질문(open-ended questions)
  (2) 다지선다형 질문 (multiple choice questions)
  (3) 양자택일형 질문(dichotomy questions)

5. 적절한 질문 완성

- 연구에 필요한 자료를 제대로 얻기 위해서는 질문내용을 어떻게 완성해야 하는가?
  (1) 가능한 한 전문용어를 사용하지 말아야 함
  (2) 다지선다형 질문에서는 가능한 한 모든 응답내용을 제시해 줄 수 있어야 함
  (3) 다지선다형 질문은 응답항목들 간에 내용이 중복되어서는 안 됨
  (4) 한 가지 질문에 두 가지 내용을 질문해서는 안 됨
  (5) 대답하기 곤란한 질문을 직접 물어봐서는 안 되며, 개인의 사적인 정보나 사회적으로 민감한 주제에 대해 너무 자세하게 질문하지 않도록 해야 함
  (6) 특정한 대답을 유도하는 질문을 해서는 안 됨
  (7) 어떠한 상황을 조사자 임의대로 가정해서는 안 됨

6. 질문순서 결정

- 완성된 여러 질문들에 대하여 질문하는 순서는 어떻게 정하는 것이 좋은가?
  (1) 첫 번째 질문은 응답자가 설문지 전체에 대한 내용을 짐작할 수 있도록 하는 내용의 질문이 바람직함
  (2) 응답자가 쉽게 대답할 수 있는 질문은 전반부에 배치하고, 응답하기 어려운 질문들은 후반부에 배치해야 함
  (3) 응답자 개인의 신상에 관한 인구통계학적인 질문은 가능한 한 설문지의 맨 뒤에 하는 것이 바람직함

7. 설문지 초안 작성

- 설문지 전체의 형식과 질문순서를 고려하여 설문지의 초안을 작성함
  - (1) 설문지는 양면인쇄한 소책자로 만들어 조사진행이 용이하도록 해야 함
  - (2) 설문지 표지에는 다음과 같은 항목들이 수록되어 있어야 함
    조사목적과 조사기관에 대한 설명
    - 응답자에 대하여 비밀을 보장하겠다는 다짐
    - 응답자가 조사내용에 대하여 질문하거나 조사원의 신원을 확인하고자 할 경우 연락이 가능한 연락처 기재
  - (3) 설문진행 단계별로 면접자 혹은 응답자가 주의해야 할 사항들을 명확하게 박스 형태로 표기함

8. 설문지 사전조사

- 설문지 초안이 작성되면 일단 가상적인 응답자들을 선정하여 이들을 대상으로 설문지의 문제점을 찾기 위한 사전조사를 실시함

9. 설문지 완성

- 한두 번의 사전조사와 수정과정을 거치게 되면 최종적으로 완전한 설문지가 완성됨

(9) 설문지 완성(Completion of Questionnaire)

본조사에 앞서 반복적인 사전조사를 통해 설문응답 과정에서 발생할 수 있는 문제점들을 미리 찾아내어 수정함으로써 설문지를 최종적으로 완성한다.

지금까지 설명한 설문지 작성절차에 대하여 중요한 사항만을 정리하여 요약하면 [그림 5-22]와 같다.

2) 설문지 작성사례(Example of Questionnaire)

주택공사에서는 고령화를 대비하여 향후 실버시설에 대한 적절한 정주시설 개발 정책자료로 활용하기 위해서 실버시설에 대한 향후 주거 및 문화시설에 관한 의견을 수집하려고 한다. 이를 통해 미래 고객들이 원하는 바를 파악하고, 이를 토대로 고객을 세분화함으로써 세분화된 고객의 특성에 맞는 서비스를 제공할 수 있기 때문이다. 이에 주택공사에서는 은퇴를 앞둔 시니어들을 대상으로 설문조사를 실시하기로 하고 K마케팅연구소에 의뢰하여 [그림 5-23], [그림 5-24]와 같은 설문지를 작성하였다.

그림 5-23 | 설문지 표지

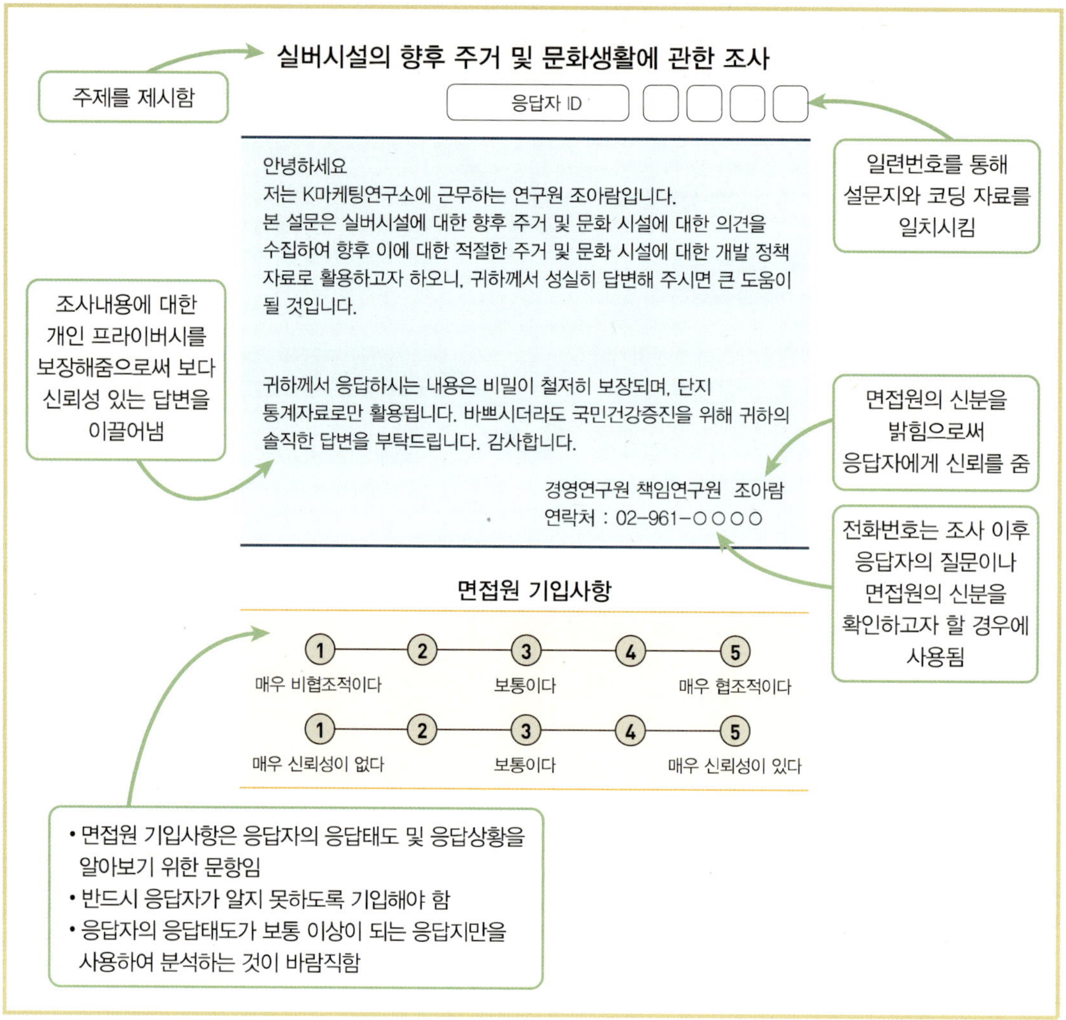
실버시설의 향후 주거 및 문화생활에 관한 조사
주제를 제시함
응답자 ID
일련번호를 통해 설문지와 코딩 자료를 일치시킴
안녕하세요
저는 K마케팅연구소에 근무하는 연구원 조아람입니다.
본 설문은 실버시설에 대한 향후 주거 및 문화 시설에 대한 의견을 수집하여 향후 이에 대한 적절한 주거 및 문화 시설에 대한 개발 정책 자료로 활용하고자 하오니, 귀하께서 성실히 답변해 주시면 큰 도움이 될 것입니다.
조사내용에 대한 개인 프라이버시를 보장해줌으로써 보다 신뢰성 있는 답변을 이끌어냄
귀하께서 응답하시는 내용은 비밀이 철저히 보장되며, 단지 통계자료로만 활용됩니다. 바쁘시더라도 국민건강증진을 위해 귀하의 솔직한 답변을 부탁드립니다. 감사합니다.
면접원의 신분을 밝힘으로써 응답자에게 신뢰를 줌
경영연구원 책임연구원 조아람
연락처 : 02-961-○○○○
전화번호는 조사 이후 응답자의 질문이나 면접원의 신분을 확인하고자 할 경우에 사용됨
면접원 기입사항
① ② ③ ④ ⑤
매우 비협조적이다
보통이다
매우 협조적이다
① ② ③ ④ ⑤
매우 신뢰성이 없다
보통이다
매우 신뢰성이 있다
• 면접원 기입사항은 응답자의 응답태도 및 응답상황을 알아보기 위한 문항임
• 반드시 응답자가 알지 못하도록 기입해야 함
• 응답자의 응답태도가 보통 이상이 되는 응답지만을 사용하여 분석하는 것이 바람직함

»그림 5-24 | 설문지 내용

A. 실버타운 이용 요인에 관한 질문입니다.

귀하께서는 실버타운을 이용하고자 하실 때, 다음 세부항목에 대하여 어떻게 생각하십니까?

실버타운 이용 시 고려하는 요인에 대한 평가

구 분	전혀 중요하지 않다	----	보통이다	----	매우 중요하다
1. 교통편의성 : 서울 등 타 지역 접근성	①	②	③	④	⑤
2. 의료지원성 : 병원 접근 용이성	①	②	③	④	⑤
3. 친구 및 가족들과의 교류 용이성	①	②	③	④	⑤
4. 생활편의성 : 쇼핑, 식당 등	①	②	③	④	⑤
5. 문화생활성 : 극장, 오락, 공연 등	①	②	③	④	⑤
6. 자연친화성 : 공기, 숲 등	①	②	③	④	⑤
7. 향후 발전가능성 : 가격상승 등	①	②	③	④	⑤

B. 실버타운 이용에 관한 질문입니다.

자유응답형 질문

1. 귀하의 연령은 어떻게 되십니까? (만 세)

다지선다형 질문

2. 귀하께서 현재 거주하고 있는 주거형태는 어떻습니까? ( )

① 아파트/주상복합아파트
② 단독/다가구주택
③ 연립/빌라/다세대주택
④ 상가형주택/오피스텔
⑤ 기타

3. 귀댁 부부의(남편과 부인 포함)의 자산 (동산, 부동산 포함) 규모는 어느 정도 입니까? ( )

① 3억원 미만 ② 3~5억원
③ 5~7억원 ④ 7~9억원
⑤ 9억원 이상

양자택일형 질문

4. 귀하는 은퇴 후에 실버타운에 입주할 의향이 있으십니까? ( )

① 예 ② 아니오

5. 귀하는 은퇴 후에 다음 중 어떠한 형태의 주거시설에서 생활하실 계획이십니까? ( )

① 일반 아파트 및 빌라(다세대)
② 단독주택
③ 실버타운
④ 기타

6. 귀하는 실버타운을 어떻게 생각하십니까? ( )

① — ② — ③ — ④ — ⑤

전혀 호감이 가지 않는다 / 잘 모르겠다 / 매우 호감이 간다

7. 실버타운에 입주할 의향이 있다면, 귀하는 입주를 위한 보증금으로 지불하실 수 있는 최대한의 금액은 얼마로 생각하십니까? [참고: 수도권 실버타운은 시설규모와 서비스에 따라(보증금 2~10억원, 월 관리비 100~400만원) 분포되어 있음] ( )

① 2억원대 ② 3억원대 ③ 4억원대
④ 5억원대 ⑤ 6억원대 ⑥ 7억원대
⑦ 8억원대 ⑧ 9억원대 ⑨ 10억원대 이상

인구통계적인 질문은 가능한 한 맨 뒤에 하는 것이 좋음

C. 다음은 귀하의 인구통계학적 특성에 관한 질문입니다.

1. 귀하의 성별은 어떻게 되십니까? (　　　)
① 남자　② 여자

2. 귀하의 직업은 무엇입니까? (　　　)
① 농업/어업/임업　② 자영업
③ 판매/서비스직　④ 기능/숙련공
⑤ 사무/기술직　⑥ 가정주부
⑦ 무직

3. 이자, 연금, 임금, 자산 등의 귀댁 부부 (남편과 부인 포함)의 월평균 소득은 얼마입니까? (　　　)
① 300만원 미만　② 300~500만원
③ 500~700만원　④ 700~1,000만원
⑤ 1,000~2,000만원
⑥ 2,000만원 이상

4. 귀하의 최종학력은 어떻게 되십니까? (　　　)
① 중졸 이하　② 고졸
③ 전문대졸　④ 대학교졸
⑤ 대학원졸

2.2 자료수집(Data Collection)

자료수집방법이 결정된 후에는 추출된 표본을 대상으로 직접 자료를 수집한다. 특히 설문지를 이용해서 자료를 수집하는 경우에는 조사원의 선발과 교육을 비롯하여 자료수집 현장에서의 통제 및 자료의 검증 등에 대하여 세심하게 주의하여야 한다.

1) 조사원의 선발과 교육(Recruiting and Training of Survey Interviewers)

자료수집단계에서 가장 먼저 해야 하는 일은 유능한 조사원들을 선발하고, 이들에게 자료수집에 필요한 교육을 실시하는 것이다. 자료수집을 직접 담당하는 것은 조사원들이기 때문에 이들의 개인적인 능력과 이들에 대한 교육과 통제는 조사의 질에 중요한 영향을 미친다. 일반적으로 조사원을 선발하고 교육하는 데 있어서 고려해야 할 사항들은 다음과 같다.

- 어떠한 기준으로 조사원을 선발할 것인가?
- 설문지 내용 및 조사방법에 대한 교육은 어떻게 할 것인가?
- 조사원들에 대한 조사할당은 어떻게 할 것인가?
- 조사원들이 응답자로부터 설문에 관한 질문을 받았을 경우 어떻게 답변해야 하는가?
- 조사원들이 조사를 성실하게 시행하였다는 것을 어떻게 확인할 것인가?
- 수집된 설문지에서 문제가 발생하였을 경우 어떻게 처리할 것인가?

그림 5-25 | 자료수집

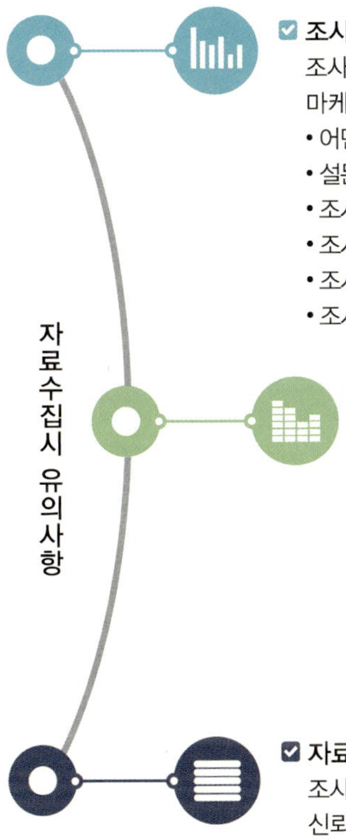

☑ 조사원의 선발과 교육

조사원들은 자료수집을 직접 담당하므로 조사원에 대한 교육과 통제는 마케팅조사에서 매우 중요함

- 어떤 기준으로 조사원을 선발할 것인가?
- 설문지의 내용 및 조사방법에 대한 교육은 어떻게 할 것인가?
- 조사원에 대한 조사할당은 어떻게 할 것인가?
- 조사원들은 설문에 대한 질문을 받았을 경우 어떻게 답변해야 하는가?
- 조사원들이 조사를 성실하게 시행하였다는 것을 어떻게 확인할 것인가?
- 조사원이 수집한 설문지에서 문제가 발생하였을 경우 어떻게 처리할 것인가?

☑ 자료의 수집과 통제

조사담당자는 조사원이 자료를 수집하는 것을 현장에서 통제하고 관리해야 함

- 조사원들이 지시된 사항에 맞게 현장에서 행동하는가?
- 예기치 못한 상황이 발생하였을 경우 어떻게 대응하는가?
  - 예 신제품에 대한 설문조사를 실시할 때 비나 눈이 와서 설문조사 진행이 어려울 경우
    - – 임시적으로 가건물을 세우거나, 설문조사 시행을 며칠 후로 연기함

☑ 자료의 검증

조사원들이 자료를 성실하게 수집하였는가를 확인하여, 수집된 설문지에 대한 신뢰성을 검증해야 함

- 설문지의 주요 항목들에 대하여 기입이 적합하게 되었는가?
- 설문은 실제로 수행되었는가? 이를 검증하기 위하여 조사담당자는 조사원별로 전체 설문지의 약 20% 정도를 선택하여 실제 조사실시 여부를 전화로 확인함

조사자는 이러한 사항들을 신중하게 고려하여 가장 적합한 조사원들을 선발해서 교육해야 하며, 사전에 예상되는 문제에 대하여 효과적으로 대비할 수 있는 해결방안을 준비해야 한다.

2) 자료수집 관리 및 통제(Management and Control of Data Collection)

조사원들이 자료를 수집하는 동안 조사자는 조사의 실행을 책임지고 있는 관리자들과 함께 현장에서 발생하는 문제점들에 대하여 지속적으로 관리하고 통제해야 한다. 즉, 조사원들이 지시된 사항에 따라 행동하고 있는지를 현장조사하며, 예기치 못한 상황이 발생했을 경우에는 즉각적으로 대응할 수 있어야 한다. 예를 들어, 축구나 야구경기를 관람하는 관객들을 대상으로 설문조사를 실시하는 경우, 갑자기 비가 오거나 날씨가 추워진 경우에는 정상적으로 조사를 실시할 수 없

게 된다. 이러한 경우에 조사자는 실외에서 설문지를 받는 것을 지양하도록 하고, 부득이하게 실외에서 조사를 강행해야 하는 경우에는 비나 추위를 피할 수 있는 추가적인 장비를 마련한 다음 조사를 진행하도록 해야 한다.

3) 자료의 검증(Verification of Data)

조사원들에 의하여 수집된 설문지는 검증과정을 거치게 된다. 검증과정은 조사원들이 조사를 착실하게 수행하고 응답자는 질문에 대하여 성실하게 답변하였는가를 검토하는 과정으로, 다음과 같은 항목들을 기준으로 평가한다.

- 설문조사는 실제로 수행되었는가? 이를 검증하기 위하여 조사자는 조사원별로 전체 설문지의 약 20% 정도를 무작위로 선택하여 응답자에게 전화를 걸어 조사가 실제로 실시되었는가를 확인한다.
- 설문지의 주요 항목들에 대하여 기입이 정확하게 잘 되었는가?

2.3 자료분석(Data Analysis)

자료분석은 수집된 자료를 편집하고 코딩한 후 이를 분석하는 것이다. 편집(editing)이란 수집된 자료를 판독가능성, 일관성, 완전성 등을 고려해서 사용가능한 설문지를 검토하고 선별하여 정리하는 작업을 말한다. 즉, 알아보기 어려운 응답이나 일관성 없이 무성의하게 응답한 설문지 또는 무응답한 문항이 많아 완전성이 떨어지는 설문지를 분석에서 제외시키는 작업을 말한다.

코딩(coding)이란 자료를 통계패키지나 컴퓨터 소프트웨어를 통해 분석하기 위하여 응답자의 반응을 구체적인 수치값들로 나타내기 위한 규칙을 정하고 자료를 입력하는 작업이다. 예를 들어, 응답자의 성별을 나타내는 변수값을 남자는 1로 표기하고, 여자는 0으로 표기한다는 등의 규칙을 정하는 것이다.

일단 자료에 대한 요약표가 작성되고 코딩작업이 끝나면 조사자는 구체적인 분석방법을 결정한다. 일반적으로 분석하고자 하는 변수의 수와 척도의 종류, 독립변수와 종속변수의 유무 그리고 유용한 자료의 수 등을 고려하여 분석방법을 선택한다. 그러나 무엇보다도 중요한 것은 올바른 의사결정에 필요한 정보를 효과적으로 얻을 수 있는 분석방법을 선정하여 분석하는 것이다.

일반적으로 조사방법은 조사계획단계에서 이미 결정된다. 즉, 원하는 정보를 얻기 위하여 필요

그림 5-26 | 자료분석

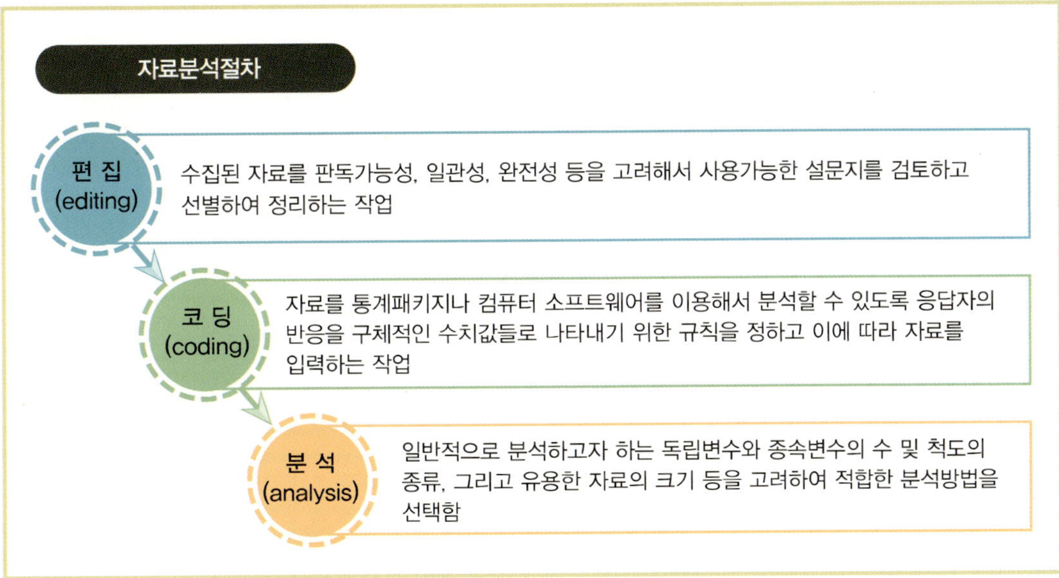

한 분석방법을 결정한 후, 분석에 필요한 자료를 구하기 위한 설문지를 작성하고 표본을 선정하여 조사를 실시한다. 그러나 필요에 따라서는 자료수집 후에도 가능한 한도 내에서 새로운 방법을 선정하여 분석할 수도 있다. 이때는 위에서 언급한 사항들을 고려하여 가장 효과적인 방법을 선택해서 분석해야 한다.

제3절 온라인조사(Online Survey)

인터넷이라는 매체는 조사에 있어서도 많은 변화를 가져와 최근에는 인터넷조사라는 새로운 분야가 탄생하였다. 일반적으로 인터넷조사는 인터넷이라는 매체를 이용한 조사를 말한다. 한국은 인터넷 평균속도 및 광대역 보급률도 전 분야에서 아주 우수하며, 모바일 평균속도도 세계적으로 최상급에 속한다. 이렇게 우수한 인터넷 커뮤니케이션 매체 인프라를 바탕으로 최근에는 신속하고 추가적인 코딩작업이 필요 없이 온라인으로 상호 커뮤니케이션이 가능한 인터넷과 모바일기기를 이용한 조사가 널리 확대되고 있다.

그림 5-27 | 오프라인조사 절차와 온라인조사 절차

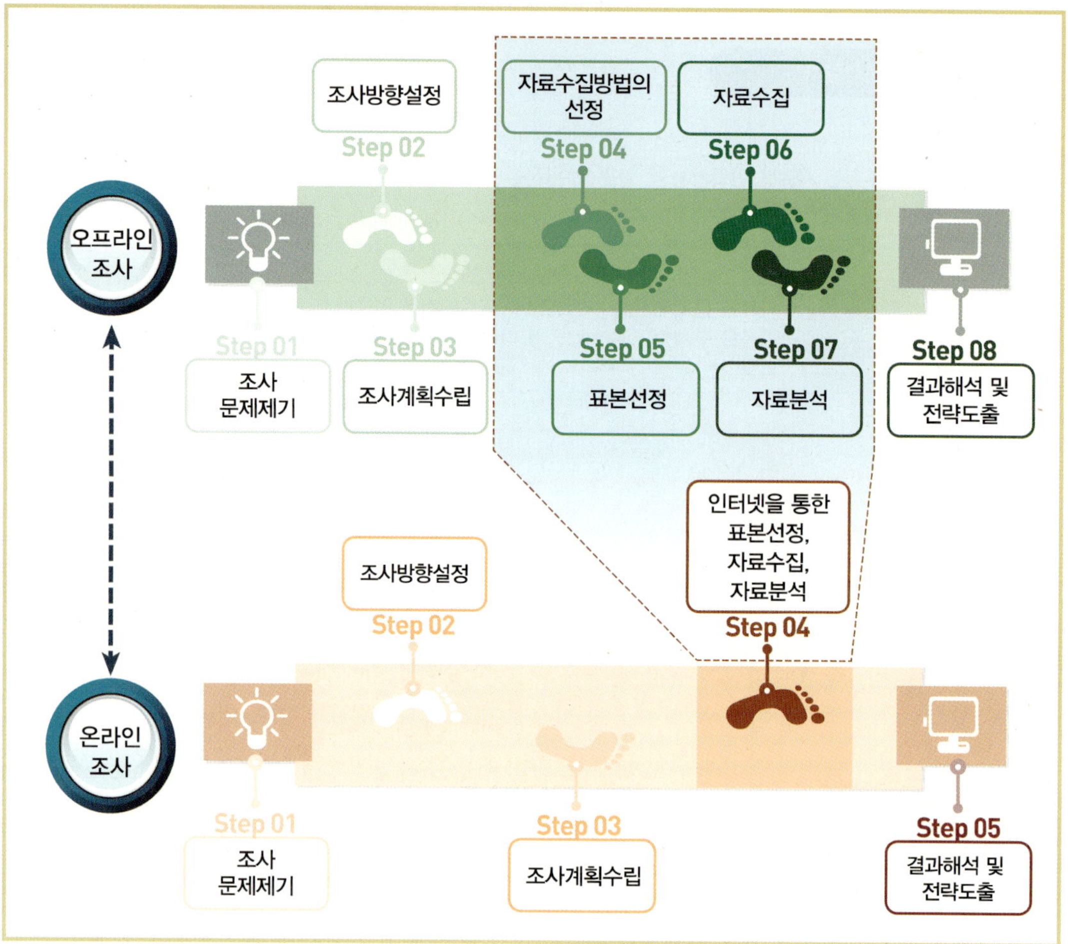

[그림 5-27]은 일반적인 오프라인조사의 프로세스에 대응하는 온라인조사 프로세스를 나타낸 것이다. 그림에서와 같이 온라인조사는 조사문제의 제기, 조사방향의 설정, 조사계획의 수립단계까지는 기존의 조사절차와 동일하다. 그러나 표본 및 자료수집방법의 선정, 자료의 수집과 분석은 오프라인에서와 달리 인터넷을 통해서 실시간으로 수행할 수 있다. 따라서 온라인조사는 기존의 오프라인조사에 비해 시간단축과 비용절감의 효과가 크다. 또한 보다 광범위한 모집단에서 표본을 추출할 수 있으며, 특정한 모집단을 대상으로 하는 표적조사가 가능하다.

그러나 반면에 인터넷이라는 매체가 가지는 한계점에 따라 그 적용범위에도 적지 않은 제약이 있다. 예를 들어, 직접 대면하여 하는 조사가 아닌 만큼 응답자의 적극적인 참여를 독려하거나 장담하기 어려우며, 많은 시간을 요하는 복잡한 설문은 수행하기 극히 어렵다는 한계가 있다. 또한 표본을 선정하는 과정에서도 인터넷을 사용하는 사람이어야 한다는 제약과 함께 응답자의 인적사항을 검증하는 것이 용이하지 않다는 단점이 있다. 따라서 성공적인 조사활동을 수행하기 위해서는 이러한 인터넷조사의 한계점과 더불어 비용과 속도 그리고 광범위한 모집단에 따른 장점을 명확하게 이해하고 이를 효과적으로 이용할 수 있는 방법을 사전에 강구해야 한다.

3.1 온라인서베이(Online Survey)

인터넷을 효과적으로 이용해서 조사하면 기존의 오프라인조사보다 빠르고 저렴한 가격으로 조사를 수행할 수 있다. 오프라인조사의 경우 응답자의 지리적 위치는 추가적인 비용 발생의 요인이 되나, 인터넷을 이용한 온라인조사는 응답자의 위치에 따른 제약이 없이 지역적으로 넓게 퍼져 있는 응답자를 비교적 저렴한 비용으로 확보할 수 있다는 장점이 있다.

일반적으로 온라인서베이조사는 웹페이지를 매개로 하거나 모바일폰이나 아이패드와 같은 모바일기기를 이용한 상호작용을 통하여 이루어진다. 따라서 응답자 스스로 설문조사 웹페이지에 접속하도록 하는 방법, 전자메일을 이용하여 설문응답을 받는 방법, 혹은 전자메일을 클릭하면 설

그림 5-28 | 오프라인서베이와 온라인서베이의 비교

설문계획 수립	T	T + 1	T + 2　　T + 3
오프라인 서베이	설문지 작성, 조사원을 통한 설문배포	매체별 설문횟수, 설문코팅, 설문분석	분석보고서 작성, 전략도출
온라인 서베이	인터넷 설문문항 작성, 조사원을 대상으로 설문배포	설문응답과 동시에 설문코딩 및 분석, 결과해석 및 전략도출	

온라인서베이의 장점

- 설문 개발시간이 빠름
- 실시간 리포팅이 가능함
- 비용이 저렴함
- 개인화된 질문과 자료공급이 용이함
- 설문답변이 용이함
- 잘못된 응답은 즉시 체크가 됨

문 웹페이지로 이동하여 응답하도록 하는 방법 등이 가능하다. 또한 이러한 방법들은 PC뿐만 아니라 스마트폰 등과 같은 모바일기기에서도 가능하다. 일반적으로 이러한 온라인조사는 시스템과의 실시간 상호작용을 통하여 이루어지기 때문에, 응답 결과는 바로 데이터베이스에 축적되어 이에 대한 즉각적인 분석이 가능하다는 장점이 있다.

또한 웹의 특징인 멀티미디어와 링크기능을 적절히 활용하면 종이나 전화를 이용하는 설문에서 불가능했던 다양한 질문도 가능하다. 예를 들어, 어려운 개념이나 기능에 대한 질문은 그림이나 동영상을 이용하여 설명할 수 있다. 특히 응답경로가 복잡하고 다양한 계층구조를 갖는 설문도 웹의 링크기능을 활용함으로써 응답자를 효과적으로 유도하여 편리하게 답변할 수 있도록 설계할 수 있다. 무엇보다도 앞의 질문에서 답변한 내용을 반영해서 다음에 제시되는 설문내용과 문항 및 순서까지 조정할 수 있는 실질적인 상호작용이 가능하다는 가장 큰 장점을 가지고 있다. 더 나아가 스마트폰을 이용하면 본인 인증까지도 가능하고 각종 이벤트나 경품 또는 쿠폰 등과 용이하게 연계할 수도 있다.

CHAPTER

6

표본선정
(Sampling)

Chapter 06

표본선정 (Sampling)

제1절 표본선정(Sampling)

표본선정이란 조사대상을 선정하는 것으로서 의사결정에 필요한 정보를 제공해 줄 수 있는 대상을 선정하는 것이다. 따라서 표본은 정보를 필요로 하는 대상 전체인 모집단을 대표할 수 있도록 선정되어야 한다. 즉, 표본으로부터 얻은 정보는 전체 모집단의 정보를 대변할 수 있어야 한다. 예를 들어, 새로운 스마트폰을 개발하는 경우 이에 대한 소비자 반응을 측정하기 위하여 특정 그룹인 국내의 대학생들만을 대상으로 조사를 실시한다면, 이들로부터 획득한 정보는 의사결정에 충분하고 적합한 정보가 되지 못한다. 따라서 조사자는 필요한 정보의 성격과 표본이 가지는 특성 등을 종합적으로 감안해서 가장 효과적인 적절한 표본을 선정할 수 있도록 해야 한다. 대표적인 표본선정 과정과 선정방법들을 살펴보면 [그림 6-1]과 같다.

1.1 전수조사와 표본조사(Complete Enumeration Survey and Sample Survey)

일반적으로 조사는 관심의 대상이 되는 전체 모집단(population)의 특성을 파악하기 위해서 실시한다. 이를 위한 조사방법으로는 모집단 전체에 대해 조사하는 전수조사(complete enumeration survey)와 모집단을 대표할 수 있는 일부를 표본으로 선정하여 조사하는 표본조사(sample survey)가 있다. 전수조사의 대표적인 예로는 전 가구를 대상으로 정부에서 실시하는 인구센서스조사를 들 수 있다. 전수조사의 경우에는 모집단의 규모에 따라 다르기는 하나 일반적으로 많은 시간과 비용을 필요로 한다.

그림 6-1 | 표본선정

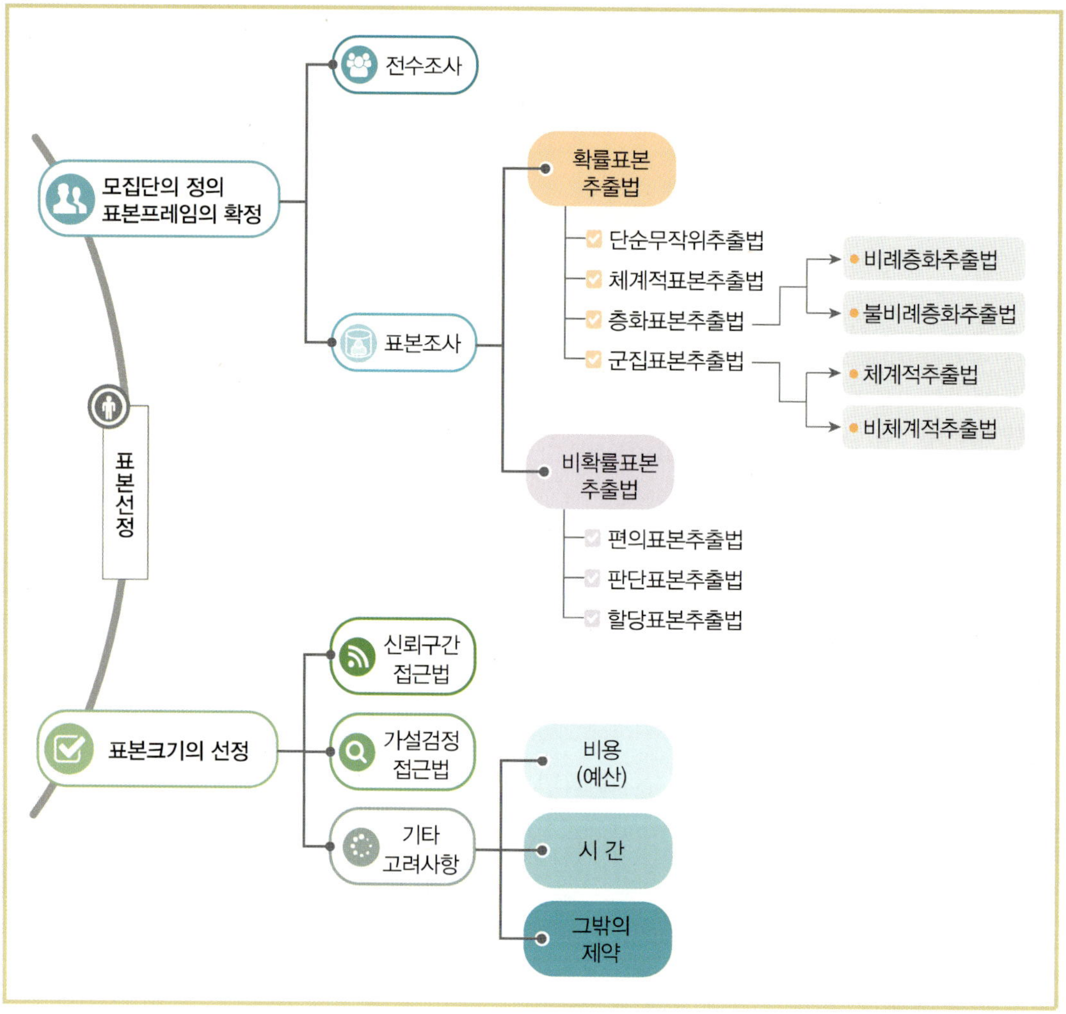

또 경우에 따라서는 전수조사 자체가 불가능한 경우도 많다.

따라서 실제 사회과학분야에서 수행하는 조사의 대부분은 표본조사이며, 이처럼 전수조사 대신에 표본조사를 실시하는 대표적인 이유를 몇 가지 정리해보면 다음과 같다. **첫째, 일반적으로 전수조사는 많은 비용과 시간을 필요로 하기 때문에 표본조사를 실시한다.** 예를 들어, 현 정권에 대한 국민의 지지도를 측정하는 경우 전체 국민을 대상으로 조사하는 것은 시간과 비용을 고려할 때 거의 불가능하다.

둘째, 경우에 따라서는 전수조사 자체가 아예 불가능한 경우가 있다. 예를 들어, 모바일폰을 생산하

그림 6-2 | 전수조사와 표본조사

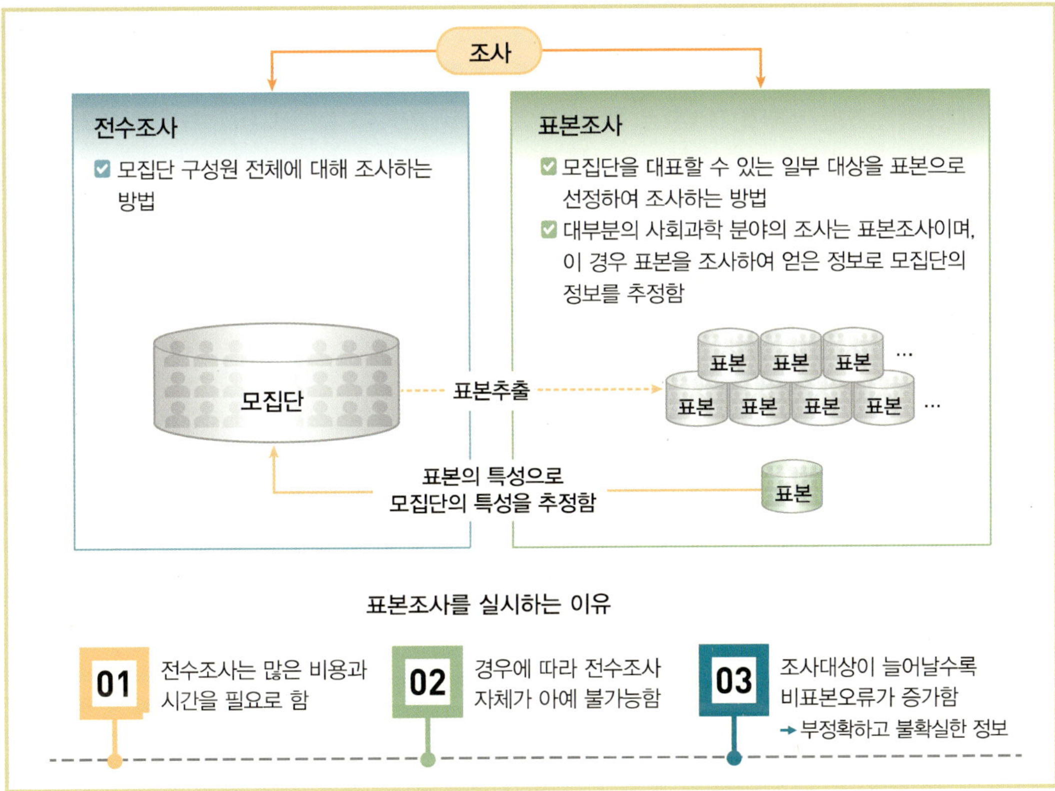

는 회사에서 생산되는 폰의 견고함 정도를 시험하기 위해서 3m 높이에서 떨어뜨려 보는 시험을 한다고 하자. 이 경우 회사에서 생산하는 모든 폰을 3m에서 떨어뜨려 조사할 수는 없기 때문에 전수조사 자체가 아예 불가능하다.

셋째, 전수조사 과정에서 발생하는 비표본오류(nonsampling error) 때문에 전수조사가 오히려 표본조사보다 부정확한 결과를 산출할 가능성도 있다. 예를 들어, 너무 많은 조사로 인하여 지친 조사원이 실제 조사하지 않고 응답자의 예상되는 응답을 대신 적거나 대충 처리하는 경우에 비표본오류가 발생한다. 비표본오류(nonsampling error)는 대표성이 떨어지는 표본을 선정해서 조사함으로써 발생하는 표본오류(sampling error)를 제외한 모든 오류를 말한다. 예를 들어, 잘못 작성된 설문지로부터 발생하는 오류나 조사과정에서 응답자와의 커뮤니케이션 오류 그리고 특정한 조사상황에서 발생하는 오류 외에도 수집된 자료를 분석하기 위한 코딩(coding)과정에서 발생하는 오류 등을 의미한다. 이처럼 비표본오류는 조사 및 자료수집과정에서 발생하는 오류를 말한다. 이러한 비표본오류는 표본의 숫자가 늘어날수록 증가하는 경향이 있다. 일반적으로 조사의 오류(survey error)는 표본오류(sampling error)와 비표본오류(nonsampling error)로 구성되어 있고, 표본의 규모에 따라 차이는 있으나 이들 간에는 서로 트레이드 오프(trade-off) 관계에 있다.

위에서 설명한 이러한 이유들로 인하여 대부분의 조사에서는 모집단을 대상으로 하는 전수조사보다는 모집단을 대표할 수 있는 일부를 표본으로 선정해서 조사하는 표본조사를 실시한다. 그리고 이러한 표본조사로 인하여 통계의 역할과 필요성이 부각되고 있다.

1.2 표본추출과정(Sampling Process)

표본조사를 실시하는 경우, 모집단을 정확하게 대표할 수 있는 표본을 선정·조사해서 이로부터 얻는 표본통계량(statistic)값으로 모집단의 모수(parameter)를 추론하게 된다. 그러나 표본통계량으로 모집단의 모수를 추론하는 과정에서 적지 않은 오류(error)가 발생할 가능성이 있다. 이 중에 가장 큰

그림 6-3 | 표본추출과정

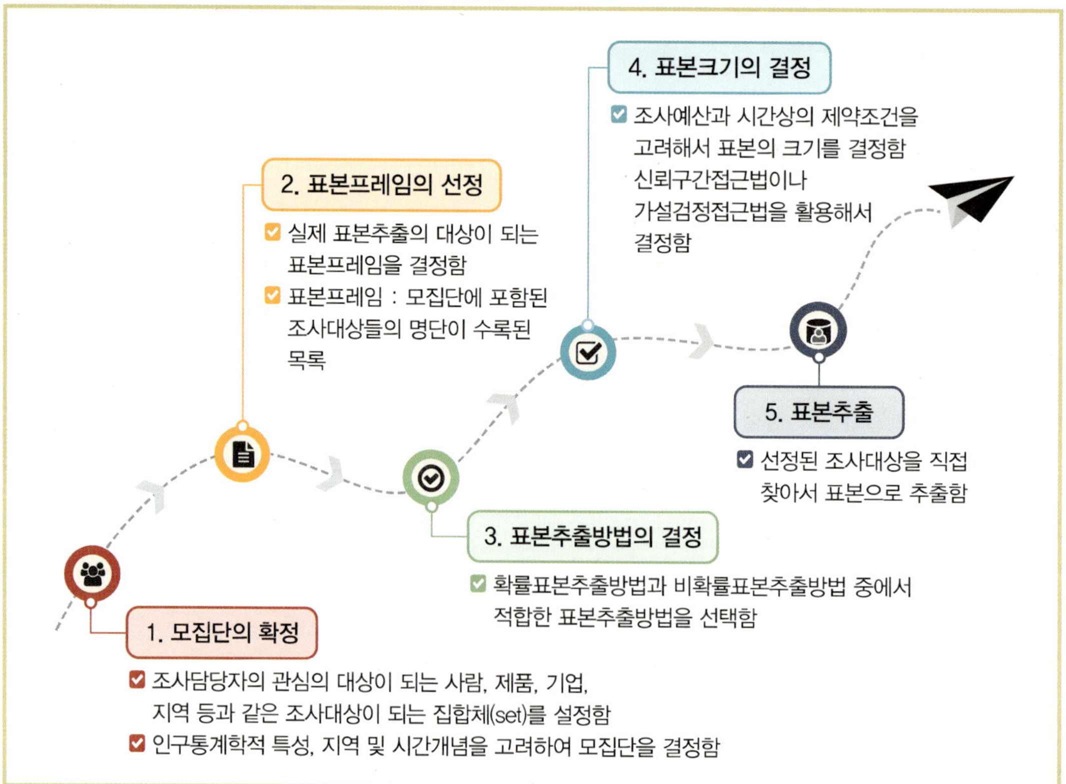

오류가 표본오류(sampling error)이다. 이러한 표본오류를 줄이기 위해서는 모집단을 가장 정확하게 대표할 수 있는 표본을 추출하는 것이 무엇보다도 중요하다. 효과적인 표본추출을 위한 표본추출과정을 살펴보면 [그림 6-3]과 같다.

1) 모집단의 확정(Determination of Population)

표본추출과정은 모집단(population)을 결정하는 것으로부터 시작된다. 모집단은 조사자가 조사하고자 하는 관심의 대상이 되는 사람, 기업, 상품, 지역 등과 같은 집단의 전체 집합체(set)를 말한다. 모집단을 정확하게 정의하고 확정하는 것은 조사자가 필요로 하는 정보를 제공해 줄 수 있는 정보의 원천을 결정하는 것이므로 매우 중요하다.

일반적으로 모집단은 조사대상의 인구통계학적 특성과 지역 및 시간 개념들을 고려해서 구체적으로 규정해야 한다. 예를 들어, S대학병원의 서비스 만족도를 조사하고자 할 경우, 조사대상이 되는 모집단은 특정한 기간 동안, 예를 들어 지난 1년 내에 S대학병원을 방문해서 서비스를 체험한 사람들이 된다. 따라서 지난 1년 동안 S대학병원에서 의료서비스를 받은 경험이 없는 사람들은 모집단에서 제외된다. 최근 1년 이전에 S대학병원에서 의료서비스를 경험한 사람들은 모집단에 포함되어서는 안 되며, 또한 S대학병원에 친인척이 근무하거나 하여 병원과 고객 이외의 다른 관계를 가지고 있는 고객들도 제외하여야 한다. 만일 이들을 포함하는 등 불완전하게 정의된 모집단을 대상으로 하여 조사하게 된다면 조사결과로부터 얻게 되는 정보를 이용해서 판단하거나 의사결정에 이용하기에는 적합하지 않을 수 있다.

2) 표본프레임의 선정(Selection of Sample Frame)

조사를 실시할 대상인 모집단이 정해지면 조사자는 실제적인 표본추출의 틀이 되는 표본프레임을 설정하여야 한다. 표본프레임(sampling frame)이란 모집단에 속하는 조사대상이나 표본단위가 포함된 목록을 의미하며, 일반적으로 조사자는 표본프레임으로부터 최종적인 표본을 추출한다. 따라서 표본프레임은 조사대상이 되는 모집단과 완벽하게 일치해야 한다. 위의 사례에서와 같이 S대학병원에 지난 1년 내에 방문한 고객을 모집단으로 확정하였다면, 표본프레임은 1년 전인 20××년 7월 27일부터 현재까지 S대학병원에서 의료서비스를 받은 경험이 있는 고객들 중에서 병원과 관련이 있는 고객들을 제외한 고객목록이 된다. 이와 같이 모집단이 어느 정도 한정적일 경우에는 모집단과 거의 일치하는 표본프레임을 얻을 수 있으나, 현실적으로 대규모의 일반인들을 대상으로 하는 대부분의 조사에서는 모집단과 정확하게 일치하는 표본프레임을 얻는다는 것은 거의 불가능하다.

예를 들어, 일반소비자를 대상으로 하는 조사의 경우에 표본프레임은 표적시장에 속한 소비자 전체의 목록이 되나, 현실적으로 이들에 관한 목록을 입수하는 것이 쉽지 않으므로 차선책으로 특정 지역의 전화번호부를 표본프레임으로 많이 이용하고 있다. 이 경우 모집단과 표본프레임이 일치한다고 할 수 없다. 이처럼 모집단과 표본프레임이 일치하지 않을 경우에 발생하는 오류를 표본프레임오류(sample frame error) 혹은 불포함오류라고 한다. 따라서 조사자는 모집단과 표본프레임의 차이로 인하여 발생하는 오류를 최소화할 수 있도록 표본프레임을 설정해야 하고, 경우에 따라서는 모집단 자체를 다시 새롭게 정의할 필요도 있다.

또한 표본추출에 이용되는 표본프레임 자체가 존재하지 않는 경우도 많다. 예를 들어, 올해 8월 1일부터 8월 6일 사이에 현대백화점을 방문한 고객들을 모집단으로 규정하는 경우, 모집단 자체가 유동적이어서 표본프레임이 존재하지 않는다. 이러한 이유들로 인하여 대부분의 상업적 조사에서는 표본프레임을 필요로 하지 않는 비확률표본추출방법이 주로 이용된다.

3) 표본추출방법의 결정(Determination of Sampling Method)

모집단에 대한 규정과 표본프레임이 선정되면, 조사자는 구체적인 표본추출방법을 결정해야 한다. 표본추출방법을 크게 나누어보면, 확률표본추출방법(probability sampling method)과 비확률표본추출방법(nonprobability sampling method)이 있다.

모집단 구성원의 명단이나 구성물의 리스트가 기재된 표본프레임을 이용하여 표본을 추출하는 확률표본추출방법은 모집단의 개별 구성원이 표본으로 선택될 확률을 미리 알 수 있는 상태에서 표본을 추출하는 방법이다. 따라서 추출된 표본이 모집단특성을 어느 정도 정확히 반영하는가를 역으로 추정할 수도 있다.

반면에, 비확률표본추출방법은 표본프레임이 없어 모집단에 속한 각각의 구성원들이 표본으로 선택될 확률을 모르는 상태에서 표본을 선정하는 방법이다. 이러한 비확률표본추출방법으로 표본을 추출할 경우, 추출된 표본이 모집단을 얼마나 잘 대표하고 있는지를 알 수 없으며, 또한 조사결과에 포함될 수 있는 오류에 대한 정확한 정보를 얻을 수도 없다. 따라서 비교적 정확한 표본프레임의 입수가 가능하다면 비확률표본추출방법보다는 확률표본추출방법을 이용하는 것이 바람직하다.

그러나 만약 모집단의 규모가 클 경우 확률표본추출방법은 비용과 시간 측면에서 비효율적일 뿐만 아니라 수행하기도 어렵다. 예를 들어, 우리나라의 약 1,500만 일반가구에서 4,000가구를 확률표본추출하는 데에는 약 8,000만원 이상의 비용이 소요되는 것으로 추정되고 있다. 따라서 소비자조사나 여론조사와 같은 상업적 조사에서 확률표본추출방법을 이용한다는 것은 현실적으

그림 6-4 | 표본추출방법

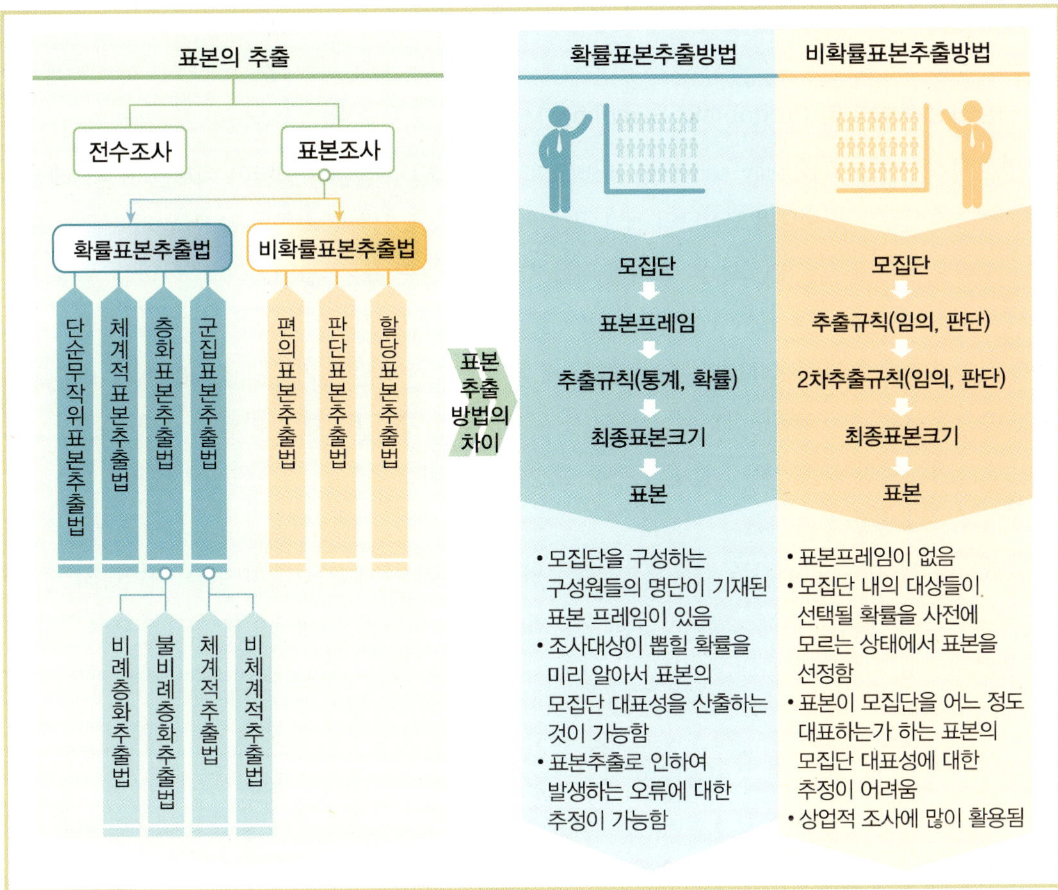

로 거의 불가능하다.

또한 비확률표본추출방법이 확률표본추출방법보다 반드시 열등한 표본추출방법은 아니다. 조사의 특성상 확률표본추출방법보다는 비확률표본추출방법을 이용하는 것이 더 효과적인 경우도 있다. 예를 들어, 단통법(단말기유통구조개선법)에 대한 소비자들의 반응을 알아보기 위하여 조사를 실시할 경우, 이러한 법에 대해서 충분히 이해하지 못한 소비자들이 많기 때문에 이들로부터 유용한 자료를 수집하기 어렵다. 따라서 이러한 경우에는 이 분야에 대하여 많은 관심과 전문적 지식을 가지고 있는 유통점의 점주들이나 단통법 시행 후 최근에 휴대폰을 교체한 경험이 있는 소비자들만이 유용한 답변을 제공할 수 있다. 즉, 일반인들이 조사내용에 대하여 충분한 경험이나 지식이 부족한 경우, 조사자가 일종의 특정 분야의 전문가라고 판단되는 대상들만을 조사하는 판단표본추출법(purposive sampling)을 이용하는 것이 보다 효과적이다. 이러한 확률표본추출방법과 비확률표본추출방법에 대하여 보다 구체적으로 살펴보면 다음과 같다.

(1) 확률표본추출방법(Probability Sampling Method)

확률표본추출방법(probability sampling method)이란 모집단 구성원의 명단이 기재된 표본프레임을 이용하여 표본을 추출함으로써 모집단의 개별 구성원이 표본으로 선택될 확률을 알 수 있기 때문에 표본추출과정에서 발생할 수 있는 오류의 크기에 대한 추정이 가능한 표본추출방법이다. 이러한 특성으로 인하여 이론적으로는 확률표본추출방법이 비확률표본추출방법보다 바람직한 표본추출방법이라고 볼 수 있다. 예를 들어, 3,000개의 외국인환자유치업체로 등록된 유치업체 중 200개를 표본으로 추출하는 경우나, 중견기업연합회에 등록된 중견기업들 중에서 100개의 기업을 선정하는 경우와 같이 모집단을 형성하고 있는 구성체의 수가 한정적이고 비교적 적은 경우에는 확률표본추출방법이 효과적으로 사용될 수 있다.

그러나 대부분의 조사에서는 확률표본추출방법을 적용하는 데에는 적지 않은 어려움이 있다. 예를 들어, 특정 표적시장에 속한 방대한 규모의 일반 소비자들을 대상으로 조사를 실시하고자 할 경우, 대상이 되는 소비자들의 명단을 입수한다는 것은 현실적으로 거의 불가능한 경우가 많다.

이러한 확률표본추출방법을 실제적인 표본추출방법에 따라 보다 구체적으로 나누어보면 단순무작위표본추출법, 체계적표본추출법, 층화표본추출법, 군집표본추출법으로 구분할 수 있다. 이들 각각에 대하여 보다 자세히 설명하면 다음과 같다.

① 단순무작위표본추출법(Simple Random Sampling Method)

단순무작위표본추출법(simple random sampling method)은 표본프레임에 들어 있는 각각의 표본에 대해 일련번호를 부여하고, 이를 이용해서 일정수의 표본을 무작위(random)로 추출하는 방법으로서, 확률표본추출방법 중 가장 기본적인 방법이다. 즉, 복권의 당첨자를 추첨하는 것과 같은 방법으로 모집단으로부터 표본을 추출하는 것이다. 따라서 단순무작위추출법에서는 각각의 모집단 구성원이 표본으로 선택될 확률을 계산할 수 있으며, 이들 확률은 모두 동일하다.

이러한 단순무작위표본추출법을 이용한 세부적인 표본추출과정을 살펴보면 다음과 같다. 첫째, 모집단을 대표할 수 있는 표본프레임을 확보한다. 둘째, 표본프레임 내의 모든 표본들에 대하여 일련번호를 부여한다. 셋째, 엑셀과 같은 컴퓨터 프로그램을 이용하여 일련번호로 나타나는 각각

그림 6-5 | 단순무작위표본추출법

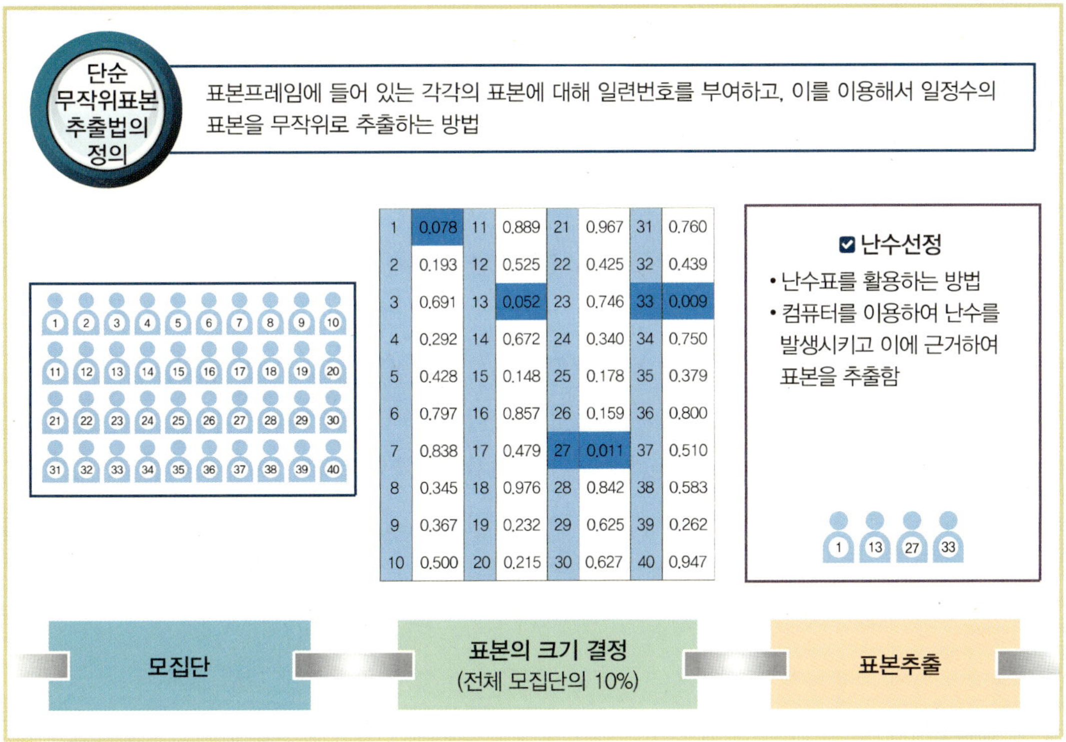

1	0.078	11	0.889	21	0.967	31	0.760
2	0.193	12	0.525	22	0.425	32	0.439
3	0.691	13	0.052	23	0.746	33	0.009
4	0.292	14	0.672	24	0.340	34	0.750
5	0.428	15	0.148	25	0.178	35	0.379
6	0.797	16	0.857	26	0.159	36	0.800
7	0.838	17	0.479	27	0.011	37	0.510
8	0.345	18	0.976	28	0.842	38	0.583
9	0.367	19	0.232	29	0.625	39	0.262
10	0.500	20	0.215	30	0.627	40	0.947

의 표본에게 유니폼분포(uniform distribution)하는 난수(random number)를 부여한다. 넷째, 난수에 의하여 정렬한 다음, 필요한 표본의 수만큼 일련번호들을 표본으로 추출한다.

이와 같이 단순무작위표본추출법은 확률표본추출방법 중 가장 사용하기 쉬운 방법이나 실제 조사에서 활용하기는 쉽지 않다. 그 이유는, 첫째 모집단의 규모가 매우 큰 집단을 대상으로 하는 일반적인 조사의 경우에는 표본프레임 자체가 존재하지 않거나, 만일 있다 해도 이를 입수하기가 무척 어렵기 때문이다.

둘째, 표본프레임의 입수가 가능하다 해도 각 표본에 번호를 붙이고, 다시 컴퓨터 프로그램을 이용해서 표본을 추출하는 과정도 복잡하다. 또한 이러한 방법으로 표본이 추출되었다 해도 추출된 표본 하나 하나를 일일이 찾아내서 조사한다는 것은 매우 번거롭고 대부분의 경우에는 거의 불가능하기 때문이다.

셋째, 단순무작위표본추출법이 전체 모집단을 제대로 반영하지 못하는 경우가 있을 수 있다. 예를 들어, 서울특별시의 25개 구 중 6개 구를 무작위 추출하여 서울특별시의 특성을 파악하고자 하는 경우, 잘못하면 6개 구 모두가 강남이나 강북에서 집중적으로 추출됨으로써 서울시라는 모집단을 효과적으로 대표할 수 없는 경우도 발생할 수 있기 때문이다.

② 체계적추출법(Systematic Sampling Method)

체계적추출법(systematic sampling method)이란 추출 단위에 일련번호를 부여하고, 이를 등간격으로 나눈 후 첫 구간에서 하나의 번호를 무작위로 선정한 다음, 등간격으로 다음 번호들을 계속해서 추출해나가는 방법이다. 이러한 체계적표본추출법을 사용함으로써 전체 모집단의 구성원들이 가지고 있는 규칙성을 어느 정도 제거할 수도 있다. 특히, 조사에 영향을 미칠 수 있는 속성이 있다면 이 속성을 기준으로 모집단을 정렬한 후에 이 방법을 사용하면 속성의 영향을 제거할 수도 있다.

정부의 무상보육정책에 대하여 국회의원들의 의견을 얻으려고 50명을 표본으로 추출하여 조사하고자 하는 경우를 예로 들어보자. 이 경우 만일 조사결과가 의원들의 연령에 따라 크게 달라질 수 있다고 판단되어 나이가 표본의 대표성에 미치는 영향을 제거하고자 하면, 전체 300명 국회의원들을 연령으로 정렬한 후에 일정한 간격(6명=300÷50)으로 표본을 추출하면 된다.

그림 6-6 | 체계적추출법

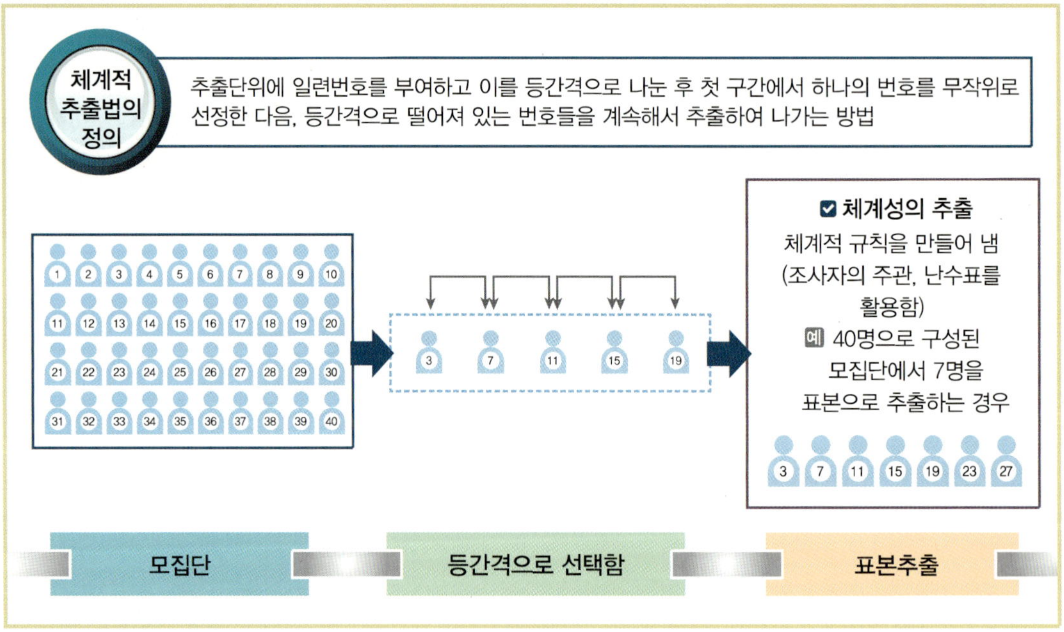

③ 층화표본추출법(Stratified Sampling Method)

층화표본추출법(stratified sampling method)이란 모집단을 특정한 기준에 따라 서로 상이한 소집단(strata)으로 나누고 이들 각각의 소집단들로부터 빈도에 따라 적절한 일정수의 표본을 무작위로 추출하는 방법이다. 예를 들어, K대학교 학생들을 대상으로 새로운 중앙도서관 건립에 대한 의견을 수집하고자 하는데, 이에 대한 의견이 학년별, 학과별 그리고 성별에 따라 다를 수 있다고 판단되는 경우를 보자. 이 경우 모집단을 학년별, 학과별 그리고 성별에 따라 구분하여 각각의 소집단별로 표본을 추출하는 방법이다. 층화표본추출법은 이렇게 표본을 추출함으로써 무작위로 표본을 추출할 경우 잘못하면 표본이 편중될 수 있는 단점을 보완하여 표본의 모집단 대표성을 높일 수 있는 방법이다. 그러나 이에 상응하는 만큼의 추가적인 시간과 노력이 필요하다.

이러한 층화표본추출법은 소집단의 크기에 비례하도록 표본의 수를 할당하여 추출하는 비례층화추출법(proportionate stratified sampling method)과 소집단의 크기를 고려하지 않는 불비례층화추출법

그림 6-7 | 층화표본추출법

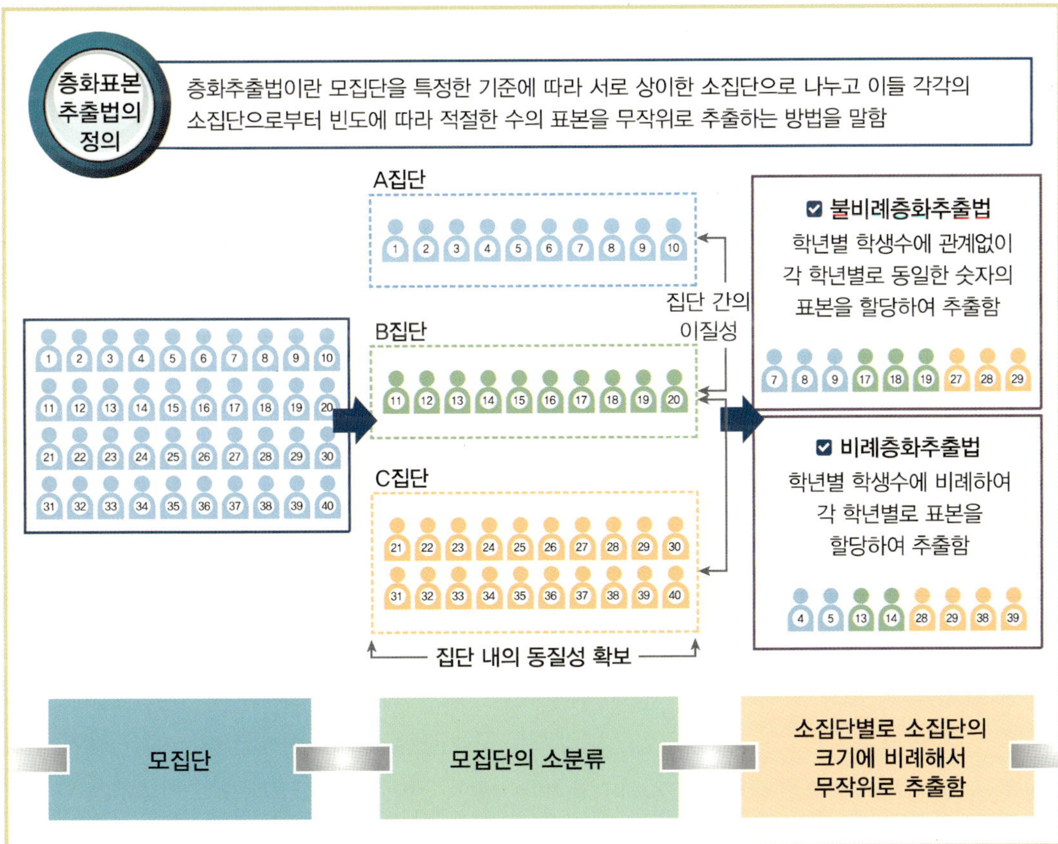

(disproportionate stratified sampling method)으로 구분된다. 비례층화추출법의 예를 들면, 남학생의 수가 여학생의 2배이면 표본으로 추출된 남학생의 수가 여학생의 2배가 되도록 표본을 할당하는 경우를 들 수 있다.

반면에, 불비례층화추출법은 집단의 크기를 고려하지 않고 각 집단별로 비슷한 수의 표본을 추출하는 방법이다. 일반적으로 불비례로 표본을 추출하는 이유는 조사문제에 따라 구성원의 수가 작은 집단이 어떠한 경우에는 매우 중요할 수도 있기 때문이다. 예를 들어, 성차별 문제에 대한 대학생들의 의견을 조사하는 경우에는 학생들의 성비로 표본을 선정하는 것은 문제가 있다. 또한 한옥에 대한 사람들의 인식을 조사하고자 할 경우에도 한옥에 살아본 경험이 있는 장년과 노년층이 상대적으로 많이 포함되도록 표본을 선정할 필요가 있다.

이러한 층화표본추출법은 모집단을 일정한 분류기준에 따라 소집단들로 분류한 후, 각 소집단별로 표본을 추출한다는 점에서 뒤에 설명할 비확률표본추출방법의 하나인 할당표본추출법과 유사하다. 그러나 할당표본추출법은 각 소집단 내에서 표본을 추출하는 경우 편의적으로 표본을 추출하는 비확률적인 방법을 사용하나, 층화표본추출법은 각 소집단 내에서의 각각의 구성원이 표본으로 추출될 확률을 고려한 후 단순무작위표본추출법으로 이루어진다는 점에서 차이가 있다.

이러한 층화표본추출법은 응답에 있어서 집단 간에 이질성(heterogeneity)이 존재하는 경우, 단순무작위표본추출법보다 정확하게 모집단을 대표하는 표본을 추출할 수 있다는 장점이 있다. 그러나 주의할 점은 집단을 구분하는 변수의 선정을 매우 신중하게 해야 한다는 점이다. 예를 들어, 국민건강보험에 대하여 조사하는 경우 지역이나 나이를 고려하지 않은 채 소득만으로 집단을 구분하는 것은 바람직하지 못하다.

또한 이러한 층화표본추출법은 위의 예와 같이 집단을 한 번만 구분하여 표본을 추출하는 경우도 있으나, 여러 단계에 걸쳐 집단을 구분하고 각 단계별로 표본을 추출하는 방식을 취하는 다단계층화표본추출법(multi-stratified sampling method)도 있다.

④ 군집표본추출법(Cluster Sampling Method)

층화표본추출법은 모집단을 소집단(strata)으로 나눈 후 각각의 소집단으로부터 최종표본단위들을 다시 무작위적으로 추출하는 데 반하여, 군집표본추출법(cluster sampling method)은 모집단을 대표할 수 있는 여러 개의 소집단 또는 군집(cluster)으로 나눈 다음, 이들 중에서 하나 혹은 일정한 수의 소집단을 무작위로 추출한 후, 추출된 소집단 내의 모든 구성원들을 조사하는 방법이다. 예를 들어, K대학교 신입생들의 국가관에 대하여 조사하고자 하는 경우, 신입생 전체를 비교적 정확하게 대표할

그림 6-8 | 군집표본추출법

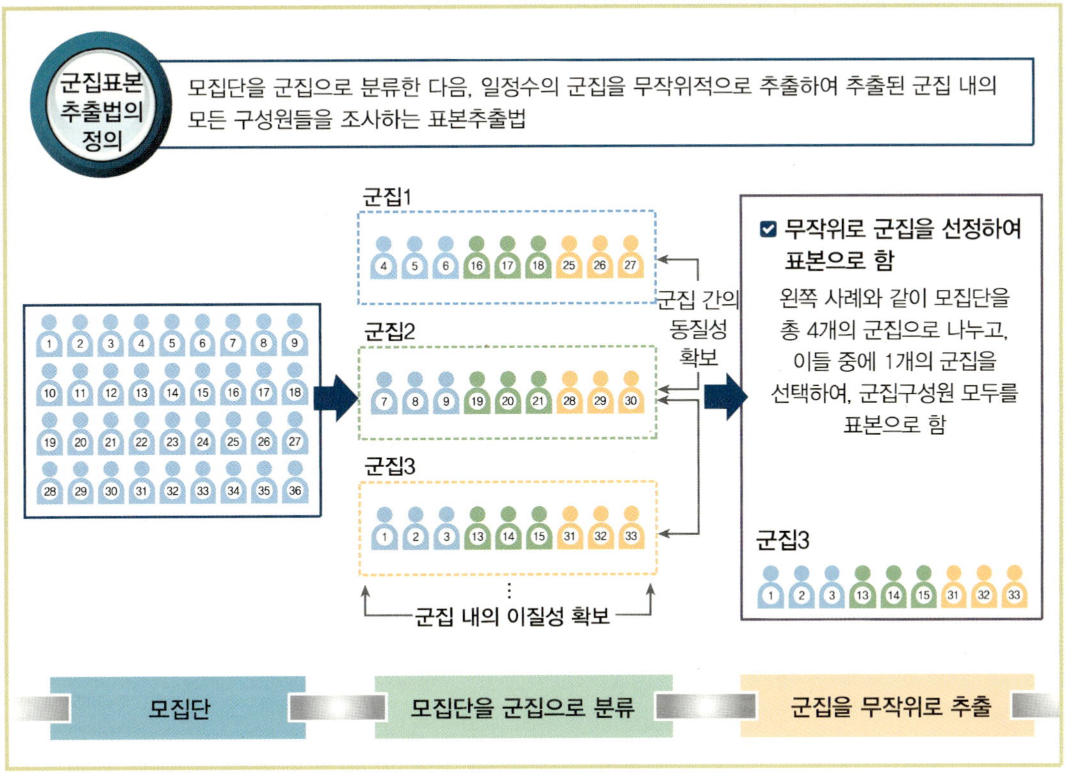

수 있는 개별 소집단을 여러 개 만든 다음, 이들 소집단 중에서 한 개 또는 여러 개의 소집단을 무작위로 선택하여 소집단 내의 모든 신입생을 조사하는 방법이다. 각각의 개별 소집단이 모집단을 가능한 한 정확하게 대표할 수 있도록 하기 위하여 개별 소집단을 만드는 방법으로 층화표본추출법이 사용되기도 한다.

군집표본추출법의 하나로 지역표본추출법(area sampling method)이 있는데, 이는 집단분류의 기준으로 지리적 구역이나 행정구역을 이용하여 모집단을 분류하고 이들로부터 무작위적으로 선정된 일정수의 지역들을 대상으로 각 지역 내 모든 구성원들을 조사하는 방법이다. 이러한 군집표본추출법은 조사에 소요되는 시간이나 경비를 줄일 수 있다는 큰 장점이 있다. 예를 들어, 조사자가 조사지역을 구(군)나 우편번호를 기준으로 여러 군집으로 나눈 후 표본으로 선출된 군집들 내의 모든 가구들에 대하여 조사한다면 표본추출에 필요한 시간과 비용을 크게 줄일 수 있다. 그러나 선출된 집단 내 표본들이 서로 동질적이면 선택된 소집단이 모집단을 충분히 대표한다고 할 수 없다는 단점이 있다. 또한 위에서 설명한 모든 군집표본추출법의 경우에도 확률표본추출방법인 만큼 표본프레임의 확보가 전제 되어 있어야만 한다는 점을 간과해서는 안 된다.

(2) 비확률표본추출방법(Nonprobability Sampling Method)

비확률표본추출방법(nonprobability sampling method)은 모집단 내의 각 구성요소가 표본으로 선택될 확률을 알 수 없기 때문에 이들로부터 수집된 자료가 모집단을 어느 정도 잘 대표하는지에 대한 정확한 추정이 어렵다. 이러한 비확률표본추출방법은 조사대상이 되는 모집단의 규모가 매우 크거나 표본프레임을 구하기가 쉽지 않은 상업적 조사에서 흔히 사용된다.

예를 들어, 서울특별시 주민들의 소비성향을 조사하기 위하여 확률표본추출방법을 이용하여 2,000명의 표본을 추출하고자 한다면, 1,000만 명이 넘는 서울특별시 주민들의 명단(성명, 주민등록번호, 주소 등의 정보가 필요)을 입수해야 한다. 그러나 이러한 자료를 입수한다는 것은 가능하지도 않을 뿐더러 2,000명 정도의 표본을 추출하기 위하여 필요한 기초자료를 수집하는 데에 투입해야 할 시간과 비용을 고려할 때 매우 비효율적이다. 따라서 많은 수의 일반 소비자들을 대상으로 하는 대부분의 상업적 조사에서는 정확한 표본프레임이 필요 없는 비확률표본추출방법을 사용한다. 대표적인 비확률표본추출방법으로는 편의표본추출법, 판단표본추출법, 할당표본추출법 등이 있다.

① 편의표본추출법(Convenience Sampling Method)

편의표본추출법(convenience sampling method)은 가장 간단한 형태의 표본추출방법으로서 임의로 선정한 지역과 시간대에 조사자가 임의로 원하는 사람들을 표본으로 선택하는 방법이다. 예를 들면, TV 뉴스에서 오후 7시에 서울 명동을 지나는 행인들을 대상으로 정부의 부동산정책에 대한 의견을

그림 6-9 | 편의표본추출법

편의표본추출법의 정의 | 조사담당자가 임의로 정한 시간과 장소에서 표본대상을 선정하는 방법

조사주제
정부의 부동산정책에 대한 의견조사

표본추출
조사자가 20XX년 X월 X일 오후 7시에 서울 명동을 지나가는 행인들 중 몇 명을 임의로 정하여 인터뷰를 실시함

물어보는 경우가 이에 해당된다. 또한 한국 대학생의 직업에 대한 인식을 조사하기 위하여 어떤 특정 대학 앞에서 지나가는 대학생들 중에서 협조해주는 대학생들을 상대로 조사하는 경우도 편의표본추출법에 의한 조사로 볼 수 있다. 이와 같은 편의표본추출법은 표본추출비용이 거의 들지 않고 절차가 매우 간단하다는 장점이 있으나, 추출된 표본이 모집단을 정확하게 대표한다고 보기 어렵다는 큰 단점이 있다. 또한 응답에 협조하는 대상들만을 조사하게 됨으로써 응답을 거부하는 사람들의 특성이 전혀 반영되지 못한다는 문제점도 적지 않기 때문에 실제 조사에서는 드물게 사용되는 방법이다.

② 판단표본추출법(Purposive Sampling Method)

판단표본추출법(purposive sampling method)은 조사문제를 잘 알고 있거나 모집단의 의견을 효과적으로 반영할 수 있을 것으로 판단되는 특정 집단을 표본으로 선정하여 조사하는 방법이다. 예를 들어, 미국의 금리인상에 따른 경제적 파급효과에 대하여 비교적 잘 알고 있는 사람들은 많지 않기 때문에, 이를 잘 알지 못하는 일반인들을 대상으로 의미 있는 정보를 수집하는 데에는 한계가 있다. 따라서 미국 금리인상에 따른 경제적 파급효과에 대하여 조사하기 위해서는 금융산업에 종사하는 전문가들이나 관련 학자들을 응답대상으로 조사하여야 보다 정확한 정보를 얻을 수 있다. 물론 이러한 판단표본추출법은 모집단의 특성을 정확하게 대표하지 못할 수 있다는 문제점은 있으나, 적은 비용으로 의미 있는 자료를 수집할 수 있다는 장점이 있기 때문에 표적집단면접법과 함께 본조사를 하기 전에 실시하는 사전조사에서 많이 활용되고 있다.

그림 6-10 | 판단표본추출법

판단표본추출법의 정의: 조사문제와 관련하여 전문적인 지식을 가진 표본을 조사담당자가 임의로 선정하는 방법

조사주제
미국의 금리인상에 따른 경제적 파급효과에 관한 정보수집

표본추출
미국의 금리인상에 따른 경제적 파급효과에 대한 전문지식을 가진 대상을 임의로 판단하여 표본을 선정함
예 금융산업에 종사하는 전문가들이나 관련 학자

판단표본추출법을 효과적으로 활용하기 위해서, 조사자는 조사문제에 대하여 전문적인 지식을 가지고 있는 표본을 정확하게 찾아낼 수 있어야 한다. 만일 조사자가 조사에 필요한 표본을 충분하게 확보하지 못했을 경우에는, 먼저 접촉한 대상자들에게 자신들과 유사한 지식을 가진 다른 대상자들을 소개해 줄 것을 부탁함으로써 연속적으로 새로운 표본을 찾아내기도 하는데, 이러한 판단표본추출법을 스노우볼 표본추출법(snowball sampling method)이라 한다.

③ 할당표본추출법(Quota Sampling Method)

할당표본추출법(quota sampling method)은 미리 정해놓은 분류기준, 주로 응답에 영향을 줄 것으로 예상되는 속성에 의해 전체 표본을 몇 개의 집단으로 나누고 각 집단별로 필요한 만큼의 조사대상을 추출하는 방법으로, 상업적 조사에서 가장 보편적으로 사용되는 표본추출방법이다. 즉, 어느 한 부분으로 표본이 편중되지 않고 전체 모집단의 특성을 적절하게 반영할 수 있도록 모집단의 분포와 특성에 비례하도

그림 6-11 | 할당표본추출법

록 표본을 추출하는 방법이다.

상업적 조사에서 설문면접대상자를 선정할 경우 조사자는 흔히 나이, 성별 또는 소득에 따라 적당하게 표본을 할당하여 조사하는 할당표본추출법을 많이 사용한다. 예를 들어, 병원방문자들의 만족도조사에서 전체 병원고객의 40%가 60대 이상이라면 조사자는 전체 표본 중에 40%를 60대 이상의 연령층에 할당하는 식으로 표본을 추출하는 방법을 말한다.

이러한 할당표본추출법이 상업적 조사에서 널리 활용되는 이유는 비록 할당표본추출법이 비확률표본추출방법에 속하나, 조사자가 집단분류기준을 효과적으로 선정하여 이를 잘만 적용한다면 모집단의 특성을 효과적으로 반영한 대표성 있는 표본을 선정할 수 있다는 장점이 있기 때문이다. 즉, 편의표본추출법이나 판단표본추출법과는 달리 할당표본추출법은 모집단 내에서 서로 상이한 특성을 가진 대상들을 표본으로 포함시킴으로써 표본의 모집단 대표성을 어느 정도 확보할 수 있다. 그러나 이를 위해서 조사자는 사전에 모집단의 분포와 특성에 대하여 충분히 파악해야만 효과적인 할당기준을 마련할 수 있다. 일반적으로 할당기준으로는 이 값이 서로 다름으로써 응답 내용 또한 서로 다르게 나타날 가능성이 높고 이를 이용해서 모집단을 구분짓기도 용이한 속성을 사용한다. 그러나 이러한 할당 기준을 선정하였다고 해도 만일 조사자가 이 과정에 대한 통제를 소홀히 한다면 할당표본추출법은 편의추출법과 큰 차이가 없게 되어, 추출된 표본이 모집단을 효과적으로 대표하지 못할 수도 있다.

4) 표본크기의 결정(Determination of Sample Size)

표본추출방법이 선정되면 조사자는 추출하고자 하는 표본의 크기(sampling size)를 결정해야 한다. 즉, 비용과 시간 등을 고려하여 조사대상이 되는 모집단 전체를 가장 효과적으로 대표할 수 있는 표본의 크기를 결정하여야 한다. 일반적으로 표본의 크기가 클수록 모집단을 보다 정확하게 대표하는 표본이 된다. 그러나 표본의 크기가 커질수록 이에 비례하여 시간과 비용 또한 증가한다. 따라서 표본의 대표성과 조사에 필요한 시간과 비용 그리고 조사목적과 조사방법 등을 전반적으로 고려하여 표본크기를 적절한 수준으로 결정해야 한다. 일반적으로 표본의 크기를 정할 때 고려해야 하는 사항을 살펴보면 다음과 같다.

(1) 조사목적과 조사방법(Research Objective and Research Method)

표본의 크기는 조사의 목적이나 조사방법에 따라서 달라진다. 예를 들어, 새로운 기능성 화장품에 대한 소비자들의 반응을 조사하기 위한 사전조사로 표적집단면접법을 실시하는 경우에는 약 3~4

개의 집단만을 대상으로 조사해도 비교적 충분한 정보를 획득할 수 있다. 반면에, 설문조사를 실시하고자 할 경우에는 전국의 대도시를 중심으로 1,000명 정도의 표본을 대상으로 시제품 체험회와 함께 조사를 실시할 수 있다.

그러나 중요한 의사결정을 해야 하는 경우에는 보다 정확한 정보를 얻기 위하여 더 많은 수의 표본을 대상으로 조사할 필요가 있다. 따라서 표본의 크기는 조사의 목적과 조사방법, 그리고 정보를 최종적으로 활용하고자 하는 의사결정의 중요성 등을 고려해 결정되어야 한다. 일반적으로 중요한 의사결정에 필요한 정보일수록 그 정확도가 높아야 되기 때문에 더 많은 수의 표본을 필요로 한다.

(2) 조사예산과 조사기간(Research Budget and Research Period)

표본의 크기 결정에서 가장 커다란 제약은 조사예산과 조사기간이다. 일반적으로 획득하고자 하는 정보의 양이 증가하고 높은 정확도를 필요로 할수록 이에 비례하여 조사에 필요한 비용과 시간 또한 증가한다. 즉, 표본의 크기가 커질수록 모집단의 특성을 보다 정확하게 반영하는 정보를 표본으로부터 얻을 수는 있으나, 반면에 조사비용과 조사기간은 상대적으로 증가한다. 그러나 일반적으로 대부분의 조사는 시간과 비용에 의하여 제한되기 때문에 표본의 크기 또한 가용한 예산과 시간에 맞추어 조정되어야 한다.

(3) 신뢰구간접근법(Confidence Interval Approach)

신뢰구간접근법(confidence interval approach)은 표본조사를 통하여 어느 정도로 신뢰할 수 있는 정확한 정보를 얻기 원하는가에 따라 표본의 크기를 결정하는 방법이다. 이러한 신뢰구간접근법은 표본으로부터 얻은 정보인 표본통계량(statistic)이 모집단의 특성을 나타내는 모수(parameter)와 어느 정도 차이가 있어도 괜찮다고 생각하는가를 나타내는 허용오차의 크기에 따라 필요한 표본의 수를 추정하여 결정하는 방법이다.

신뢰구간접근법으로 적당한 표본의 수를 결정하는 과정은 다음과 같다. 우선 조사자가 표본조사 결과로 얻은 정보와 모집단의 모수와의 차이를 나타내는 허용오차의 크기를 결정한다. 다음으로 이러한 허용오차의 구간 내에 진정한 모집단의 모수가 있으리라고 확신하는 정도를 나타내는 신뢰수준을 결정한 후, 적합한 표본의 수를 계산하는 수식을 이용하여 표본의 크기를 산출한다. 이에 대한 구체적인 내용은 어느 정도의 통계지식을 필요로 하므로 제9장 추정과 가설검정에서 자세히 다루도록 한다.

5) 표본추출(Sampling)

표본추출과정의 마지막 단계는 선정된 조사대상을 찾아내서 표본으로 추출하는 것이다. 표본으로 선정된 조사대상자들에 대하여 조사하고 자료를 수집하는 과정은 제5장에서 자세히 설명하였다. 따라서 표본으로 선정된 조사대상자들에 대하여 조사하고 자료를 수집하는 과정에 대한 내용은 제5장을 참조하기 바란다.

제2절 오류(Error)

일반적으로 과학적 조사나 상업적 목적으로 기관이나 기업에서 모집단의 모수에 대한 정보를 얻기 위해서 수행하는 대부분의 조사는 표본조사이다. 왜냐하면 이들 조사의 대상이 되는 모집단이 대부분의 경우 매우 커서 전수조사가 어렵기 때문이다. 따라서 큰 모집단으로부터 추출한 표본의 통계량(statistic)을 이용하여 모집단의 모수(parameter)를 추정하거나 모수에 대한 가설검정을 수행하는 것이 일반적이다. 그러나 모집단에 관한 전수조사가 아닌 표본조사로 모수에 대한 정보를 추정하는 과정에서 필연적으로 여러 가지 오류가 발생할 수 있다. **이렇게 표본조사 과정에서 발생하는 오류는 크게 표본오류(sampling error)와 비표본오류(nonsampling error)로 구분할 수 있다.** 이들 각각에 대하여 보다 자세히 살펴보면 다음과 같다.

2.1 표본오류(Sampling Error)

표본오류(sampling error)는 모집단을 정확하게 대표하지 못하는 표본을 추출함으로써 발생하는 오류이다. 예를 들어, 대통령에 대한 국민의 현재 지지도를 파악하고자 하는 경우, 국민의 남녀비율이 비슷한데 표본을 잘못 추출하여 추출된 표본의 90%가 여성이라면, 이들 표본의 지지율로 모집단인 전체 국민의 지지율이라고 추정하는 것은 잘못된 결과를 초래한다. 왜냐하면 이러한 경우 추출된 표본이 모집단인 대한민국 국민을 대표하는 표본이 되지 못하기 때문이다. 이처럼 **모집단을 대표할 수 있는 표본을 모집단으로부터 제대로 추출하지 못함으로써 발생하는 오류를 표본오류라고 한다.**

그림 6-12 오류의 종류

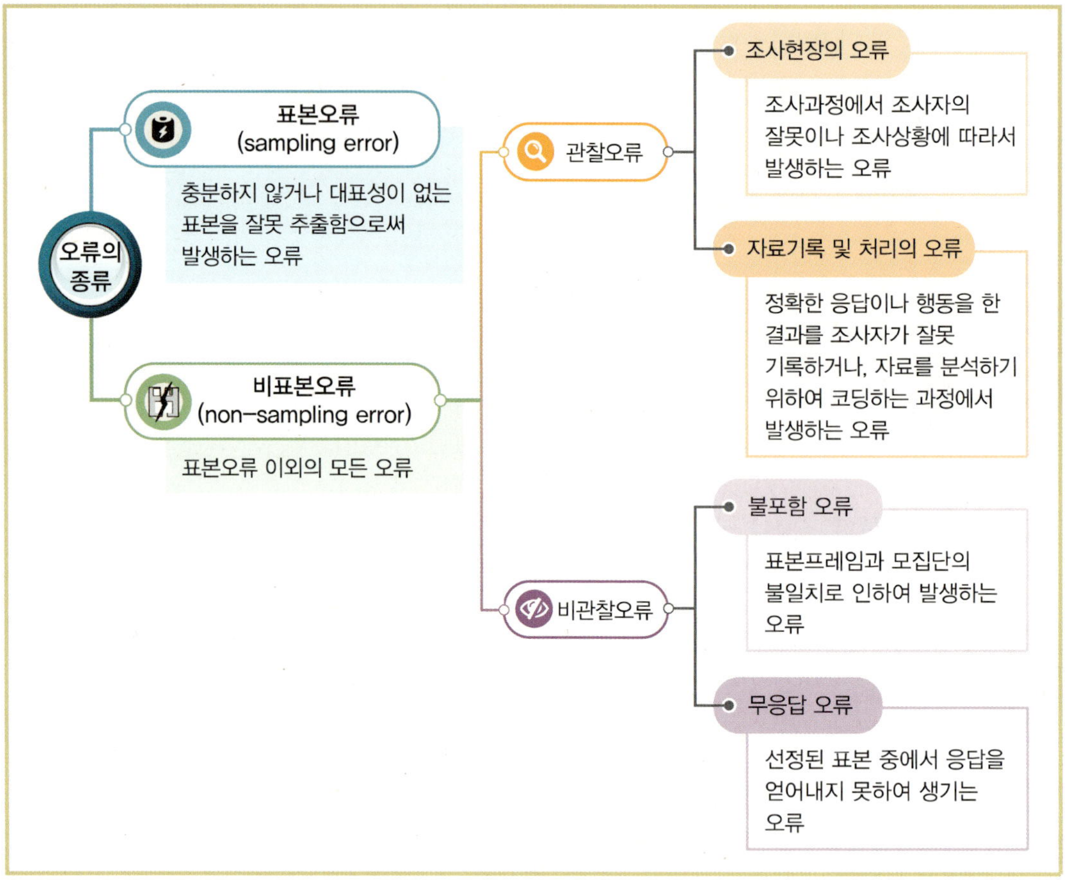

또한 이러한 표본오류의 크기는 표본을 추출하는 방법이나 추출과정 그리고 추출한 표본의 크기 등에 따라 달라질 수 있다.

2.2 비표본오류(Non-sampling Error)

비표본오류(non-sampling error)는 표본오류를 제외한 나머지 모든 오류를 말하며, 주로 자료의 측정과 수집과정에서 발생하는 오류를 말한다. 즉, 잘못된 설문지로부터 발생하는 오류나 조사 과정에서 조사자의 부정확한 커뮤니케이션이나 조사상황에 따라서 발생하는 오류, 혹은 수집된 자료를 분석하기 위한 코딩(coding)과정에서 발생하는 오류 등을 의미한다. 따라서 비표본오류는 전체 조사

과정에서 발생하는 오류 중에 표본오류(sampling error)를 제외한 나머지 모든 오류를 말한다. 이러한 비표본오류는 다시 비관찰오류와 관찰오류로 분류할 수 있다.

1) 비관찰오류(Non-survey Error)

비관찰오류(non-survey error)란 모집단의 일부가 표본추출 대상에서 제외됨으로써 발생하는 불포함오류와 표본으로 추출된 응답자가 응답을 회피함으로써 발생하는 무응답오류가 있다.

(1) 불포함오류(Non-inclusion Error)

불포함오류(non-inclusion error)란 대표성이 없는 표본으로 인하여 발생하는 표본오류와는 달리, 표본추출을 위한 표본프레임(sampling frame)이 불완전하기 때문에 발생하는 표본프레임오류(sampling frame error)이다. 표본프레임이란 모집단 내에 포함된 조사대상들의 명단이 수록된 목록으로서, 표본을 추출할 수 있는 기본적인 틀이 되는 것을 말한다. 예를 들어, 예전에는 대선에서 후보자들에 대한 지지율을 조사하는 경우에 전화번호부가 표본프레임으로 많이 사용되었다.

그러나 전화번호부를 표본프레임으로 사용하는 데에는 다음과 같은 문제점들이 있을 수 있다. 첫째, 전화번호부에 이름이 없는 유권자들은 표본선정에서 제외된다. 이러한 사람들은 유권자임에도 불구하고 전화번호부에 게재되어 있지 않으므로 표본으로 선정될 가능성이 없다. 반대로, 진화가 2대 이상이어서 한 사람의 이름이 두 번 이상 전화번호부에 나오는 경우가 있다. 이러한 사람은 다른 사람들보다 표본으로 선정될 확률이 2배로 높다. 이와 같이 표본추출과정에서 사용되는 표본프레임이 모집단과 정확하게 일치하지 못함으로써 발생하는 오류를 불포함오류라고 한다.

(2) 무응답오류(Non-response Error)

무응답오류(non-response error)는 표본으로 선정된 사람이 응답을 회피하거나 조사자가 실수하여 답변을 제대로 받아내지 못하는 경우에 발생하는 오류를 말한다. 이러한 무응답오류는 설문조사에서 종종 발생한다. 특히 설문의 내용이 복잡하고 어렵거나 답변하기 곤란한 개인적인 질문을 하는 경우에 응답자가 고의적으로 답변을 회피할 경우 이러한 무응답오류가 발생한다. 예를 들어, 한 번도 맥주를 마셔보지 못한 사람에게 '새로 나온 맥주의 가장 대표적인 맛은 무엇이라고 생각하십니까?'라는 질문을 하거나, '귀하는 부부싸움을 1주일에 몇 번 정도 하십니까?'라는 질문이나 '귀하의 월 급여수준은 얼마입니까?'와 같은 개인적인 질문에 대해서 응답자는 정확한 답변을 회피하거나 응답하지 않을 수도 있다. 이러한 경우에 발생하는 오류가 무응답오류이다.

2) 관찰오류(Survey Error)

관찰오류(survey error)란 관찰하는 과정에서 발생하는 오류와 수집한 자료를 기록하고 처리하는 단계에서 발생하는 오류를 말한다. 즉, 표본을 측정해서 기록하는 과정에서 발생하는 오류를 말한다. 그러나 최근에 많이 사용되는 컴퓨터나 모바일기기 등을 이용해서 조사하면 이러한 관찰오류를 어느 정도 줄일 수 있다.

(1) 조사현장의 오류(Interviewing Error)

조사현장의 오류(interviewing error)란 면접이나 관찰과정에서 응답자와 조사원 간에 발생하는 오류를 말한다. 예를 들어, 조사원이 설문이나 면접에 대하여 전문적인 지식이 없을 경우, 응답자가 질문의 내용을 잘못 이해하거나 응답을 잘못 유도하여 질문의 의도와는 전혀 다른 답변을 얻게 된다. 또한, 면접 조사를 진행하는 과정에서 조사원이 피곤하거나 개인적인 심리상태나 태도 등의 변화가 생길 경우, 이러한 것들이 면접 및 관찰과정에 영향을 미칠 수 있다. 예를 들어, 조사원이 매우 피로할 경우, 약 20분 정도가 소요되어야 하는 면접과정을 빠르게 진행하여 10분만에 끝냈다면, 응답자의 정확한 답변을 얻었다고 믿기 어렵다. 따라서 조사자는 조사경험이 많고 면접 등에 대한 전문적인 지식을 가진 책임 있는 조사원을 선발해서 조사를 수행해야 이러한 오류를 방지할 수 있다.

(2) 자료의 기록 및 처리오류(Recording Error)

자료의 기록 및 처리오류(recording error)란 조사원이 응답자의 답변을 잘못 기록하거나, 기록된 설문지나 면접지를 처리하는 과정에서 숫자 등을 잘못 입력함으로써 발생하는 오류를 말한다. 예를 들어, 관찰과정에서 조사원이 잘못 관찰하거나 응답자의 표현을 제대로 기록하지 못했을 경우 자료의 기록에 관한 오류가 발생한다. 또한 자료의 코딩이나 펀칭과정에서 '2'를 '3'이나 '4'으로 잘못 기입함으로써 발생하는 오류가 처리오류이다. 그러나 응답자의 답변을 자동적으로 기록하는 온라인조사를 이용하면 이러한 기록 및 처리오류를 없앨 수도 있다.

2.3 표본크기와 오류의 관계(Relationship between Sample Size and Error)

표본의 크기는 오류의 크기와 밀접한 관계가 있다. 일반적으로 표본크기에 따른 표본오류와 비표본오류의 크기 변화는 [그림 6-13]과 같다. 표본의 크기가 증가해서 모집단의 크기에 접근할수록 표본오류는 점차 작아져서 표본과 모집단이 완전히 같아지면 전수조사로서 표본오류는 완전히 없어진다. 반면에, 표본의 크기가 커질수록 조사과정에서 발생하는 비표본오류는 상대적으로 증가함으로써 전수조사의 경우 비표본오류는 최대가 된다. **따라서 표본의 크기는 표본오류와 반비례하고 비표본오류와 비례한다.** 또한 표본의 크기에 비례해서 조사비용과 조사시간이 증가하기 때문에 조사자는 의사결정에 필요한 정보에 대한 신뢰수준과 허용할 수 있는 최대한의 오차크기에 따라 적당한 수준으로 표본의 크기를 정해야 한다.

그림 6-13 | 표본크기와 오류의 관계

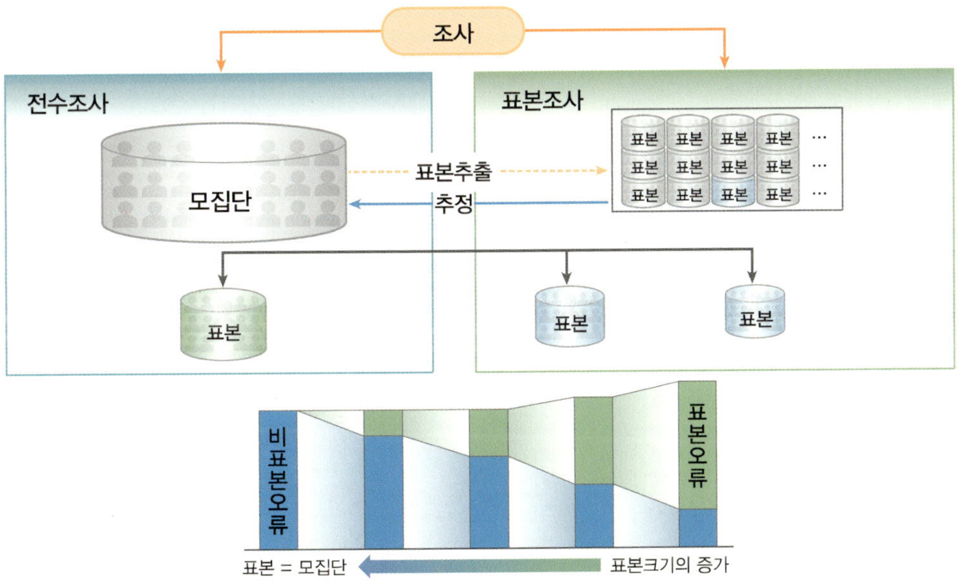

- 표본의 크기는 표본오류와 반비례하고 비표본오류와 비례함
- 표본의 크기에 비례해서 조사비용과 조사시간이 증가하기 때문에 조사자는 의사결정에 필요한 신뢰수준과 허용할 수 있는 오차의 크기에 따라 적당한 수준으로 표본의 크기를 정해야 함

PART

2

이훈영교수의 **사회과학조사방법**
Social Science Rsearch Method

사회과학조사를 위한 통계

CHAPTER

7

자료와 척도
(Data and Scales)

Chapter

07 자료와 척도(Data and Scales)

효과적인 의사결정에 필요한 정보를 추출하기 위해서 분석이 필요하고, 분석은 자료로부터 시작한다. 이러한 자료(data)는 관심대상을 표본(sample)으로 선정한 후, 그 대상의 특정한 속성(attribute)을 척도(scale)를 이용해서 측정(measure)한 다음 이를 숫자인 변수(variable) 값으로 축적함으로써 만들어진다.

일반적으로 자료수집은 문제에 대한 명확한 인식으로부터 시작한다. 즉, 문제가 무엇이고, 문제를 효과적으로 해결하기 위해서 필요로 하는 의사결정은 무엇인지, 그리고 효과적인 의사결정을 위

그림 7-1 | 자료수집과정

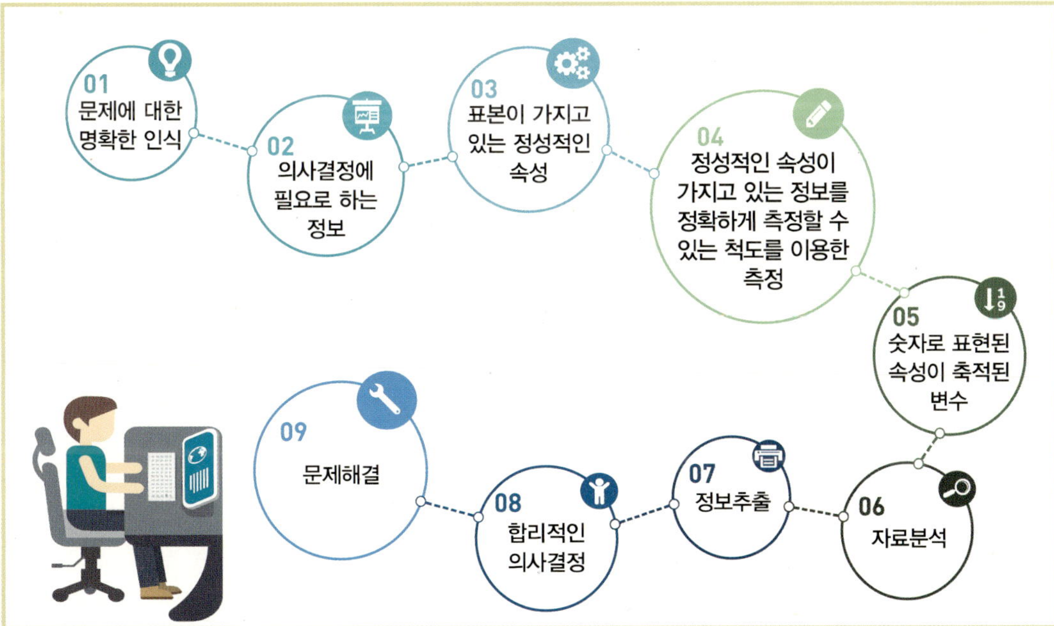

해서는 어떠한 정보가 필요한지를 판단하는 것부터 시작한다. 특히, 필요한 정보를 얻기 위해서는 어떠한 속성들로 구성된 자료가 필요한지를 판단한 다음 자료를 수집한다.

따라서 구체적인 자료수집과정은 자료수집대상을 선정하고 수집대상의 어떠한 속성을 측정할 것인지, 즉 관심속성을 결정하는 것으로부터 시작된다. 그리고 정성적인 속성이 가지고 있는 정보를 가장 정확하게 나타낼 수 있는 적합한 척도를 선택하여 측정하고 그 값을 변수에 축적하는 식으로 진행한다. 이러한 자료수집과정을 도식화하여 설명하면 [그림 7-1]과 같다. 본장에서는 자료와 자료수집과정에서 사용되는 척도 및 측정을 통해서 축적된 변수에 대해서 보다 구체적으로 설명하고자 한다.

제1절 자료와 측정(Data and Measurement)

애초에 자료는 모든 관심 속성들이 숫자로 표현되지 않은 상태의 정성적인 형태로 존재한다. 그러나 분석을 통하여 자료로부터 필요한 정보를 추출하기 위해서는 정량적인 형태로 표시된 속성들로 구성된 자료가 필요하다. 따라서 의사결정에 필요한 정성적인 속성에 대하여 충분히 이해한 후에 이를 정량적인 숫자로 변화시키는 과정, 즉 측정(measurement)이 필요하다. 정성적인 속성의 특성에 따라 이를 가장 효과적으로 측정하여 정량적인 형태로 변환시키는 데에 필요한 도구를 척도(scale)라 한다.

요약하면, 관심대상의 정성적인 속성을 관찰하여 적합한 척도(scale)를 이용해서 정량적인 변수 값으로 변환시키는 측정으로 생성된 변수값들을 총칭하여 자료(data), 보다 정확하게 숫자로 표현된 양적 자료(qualitative data)라 한다. 따라서 우리가 일반적으로 특히 통계·조사·분석에 있어서 자료라 하면 이렇게 숫자로 표현된 양적자료를 일컫는 것으로 이해해도 된다.

1.1 자료(Data)

자료(data)는 사람, 물건, 조건, 상황 등을 묘사하는 기본적인 사실의 집합으로 의사결정(decision making)에 필요한 정보(information)로 가공되기 전의 상태를 말한다. 이러한 자료는 다시 정성적 형태의 질적자료(qualitative data)와 정량적인 형태로 표현된 양적자료(quantitative data)로 나누어진다. 우리가 자료수집과정에서 구체적인 숫자로 얻는 것, 즉 이미 양적자료로 전환된 것들을 제외한 모든 것은 서술적으로 표현된 질적자료에 속한다. 인터넷 서핑을 통해서 얻는 대부분의 자료도 질적자료에 속한다. 또한 길거리에 다니면서 접하는 모든 풍경, 사물, 사람 그리고 관계 등 대부분은 아직 숫자로 표시하지 않은 질적자료에 속한다. '정원이 아름답다', '깨끗하다', '친절하다', '똑똑하다', '잘한다', '명확하다', '손님이 많다' 등과 같은 내용들은 질적자료의 형태로 존재한다. 물론 이러한 질적자료도 의사결정과 문제해결에 도움이 될 수 있다. 그러나 이러한 자료를 이용해서는 분석, 특히 통계를 적용해서 분석하기는 어렵다. 통계분석을 수행하기 위해서는 이러한 질적자료를 양적자료로 변형시키는 추가적인 준비절차인 척도를 이용한 측정이 필요하다.

그러나 측정을 통해서 만들어진 자료 내에 같은 숫자라 해도 어떠한 척도를 이용해서 측정하였는가에 따라 숫자가 내포하고 있는 정보의 특성이 다르기 때문에 이를 분석할 수 있는 분석방법도 서로 달라질 수 있다. 따라서 정성적 자료의 특성에 따른 적합한 척도의 선정은 측정과 분석 그리고 정보의 가치에 큰 영향을 미치기 때문에 매우 중요하다.

그림 7-2 | 자료

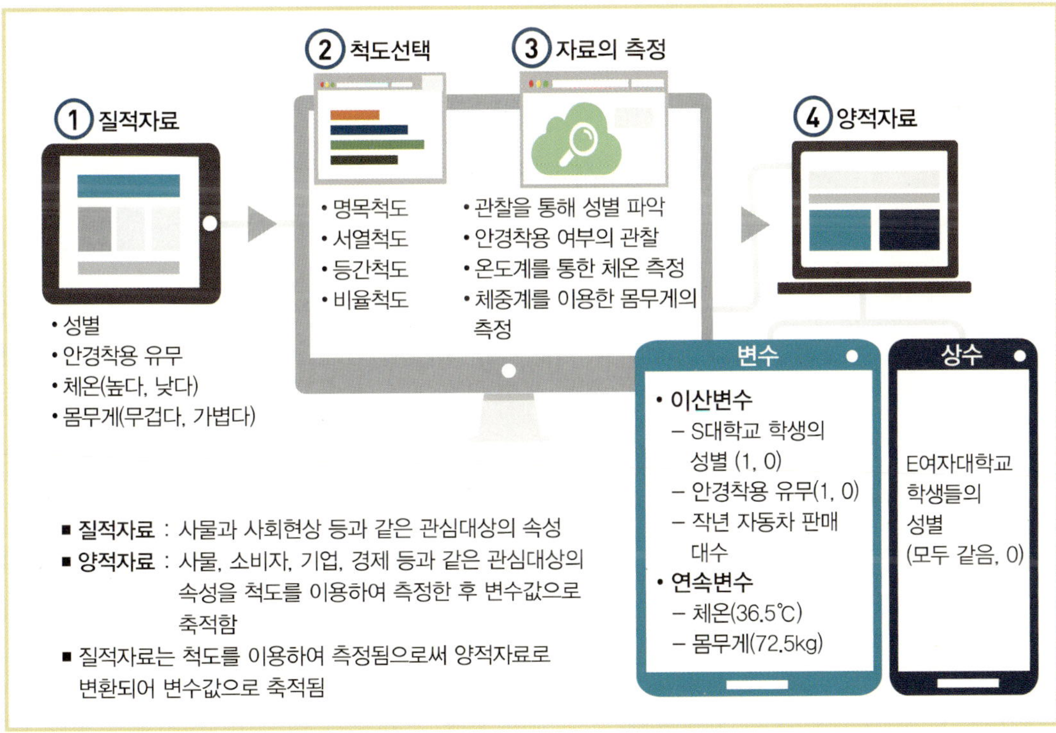

수치로 표시된 양적자료에는 변수(variable)와 상수(constant)가 있다. 변수는 2개 이상의 서로 다른 값을 갖는 양적자료이고, 상수는 오직 한 가지의 수치값만을 갖는 양적자료이다. 예를 들면, 상수는 E여자대학교 학생의 성별을 숫자로 나타낼 때 모든 학생이 동일한 하나의 숫자만을 갖게 되는 경우에 해당하고, 변수는 남녀공학인 S대학교 학생의 성별처럼 남자와 여자를 나타내는 서로 다른 숫자를 변수값으로 갖는 경우를 말한다. 또한 변수는 그 값의 연속성 여부에 따라 이산변수(discrete variable)와 연속변수(continuous variable)로 구분된다.

일반적으로 이산변수는 나이나 소득 그리고 자동차 판매대수와 같이 명확히 구분되는 정수값들만을 갖는 변수를 말한다. 반면에, 연속변수는 몸무게, 키, 체온, 평점 등과 같이 소수점 이하로 연속적으로 이어지는 값을 갖는 변수이다. 예를 들어, 몸무게와 키는 대표적인 연속변수로서 매우 정밀한 저울이나 자로 측정하면 정수와 같이 명확하게 구분되는 수치가 아니라 소수점 이하로 길게 이어지는 연속적인 값을 갖는다. 그러나 보통 소수점 첫 번째 자리에서 반올림하여 kg단위와 cm단위로 표기하기도 한다. 이러한 경우 이는 엄밀히 말하면 이산변수라고 할 수도 있다. 이처럼 이산변수와 연속변수를 명확하게 구분하기 어려운 경우도 많다. 따라서 일반적으로 컴퓨터나 자동차 판매대수처럼 정수값만을 갖는 것을 이산변수라고 하고, 몸무게나 온도 등과 같이 소수점 이하 연속적으로 이어지는 값을 갖는 것을 연속변수라고 생각하면 된다.

제2절 척도(Scales)

앞에서 설명하였듯이 우리가 일상생활에서 사용하는 '저 사람 키가 크다', '고양이가 사랑스럽다','애가 참 똑똑하다'와 같은 표현들은 질적인 형태의 자료에 속한다. 그러나 이것을 키가 구체적으로 얼마인지 자를 이용하여 측정하고, 고양이가 얼마나 사랑스러운지 그 값을 측정해서 숫자로 기록하면 그 결과는 양적인 형태의 자료가 된다. 그리고 이렇게 측정을 통하여 질적인 형태의 자료를 양적인 형태의 자료로 전환시키는 데에 사용되는 규칙을 척도(scale)라 한다.

따라서 척도는 관찰대상의 속성을 측정하여 그 값을 숫자로 나타내는 일종의 규칙을 말한다. 즉, 질적인 자료를 양적인 자료로 전환시켜 주는 도구라 할 수 있다. 이러한 척도에는 이를 이용하여 측정한 결과로 나타나는 수치의 특성에 따라 명목척도(nominal scale), 서열척도(ordinal scale), 등간척도(interval scale), 비율척도(ratio scale)의 4가지 종류가 있다.

척도를 이용하여 생성된 양적인 형태의 자료 중에는 변수(variable)와 상수(constant)가 있다. 앞에서도 언급했듯이, 상수는 변하지 않는 하나의 수치값만을 갖고, 변수는 서로 다른 2개 이상의 수치값들을 갖는다. 이러한 변수는 측정에 사용된 척도에 따라 질적변수(qualitative variable)와 양적변수(quantitative variable)로 나누어진다. 질적변수는 산술적인 사칙연산, 즉 가감승제(+, −, ×, ÷)하는 것이 의미가 없는 변수를 말하고, 양적변수는 사칙연산의 일부 혹은 모두가 의미 있는 변수를 말한다.

그러나 이러한 질적변수와 양적변수를 질적인 형태의 질적자료(qualitative data)와 양적인 형태의 양적자료(quantitative data)의 구분과 혼동을 해서는 안 된다. 질적자료는 수치로 표현되지 않은 서술적 형태의 자료이고, 양적자료는 수치로 표현된 자료로서, 양적자료 내에 질적변수와 양적변수가 있

그림 7-3 | 척도의 정의와 종류

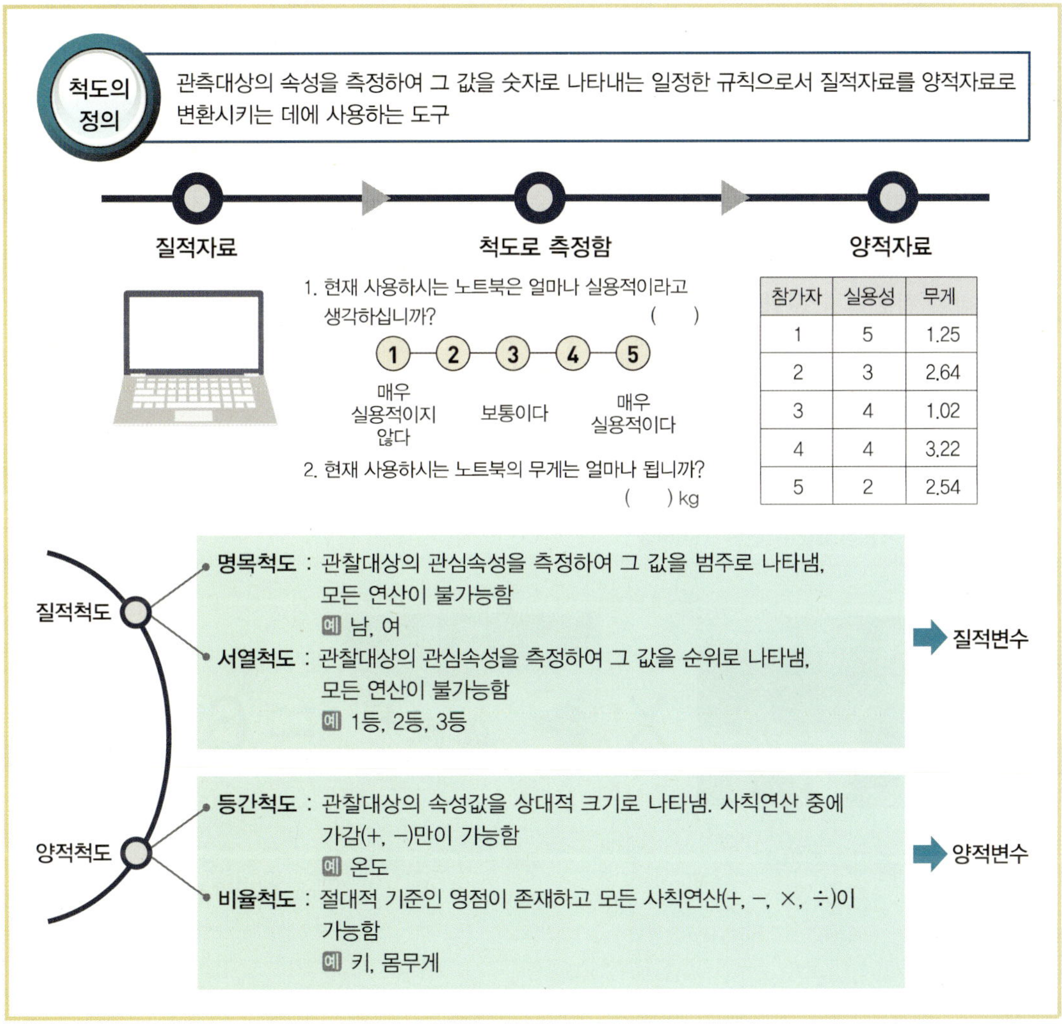

참가자	실용성	무게
1	5	1.25
2	3	2.64
3	4	1.02
4	4	3.22
5	2	2.54

다. 즉, 변수는 수치로 표현되기 때문에 모두 양적자료에 속한다고 볼 수 있다.

또한, 질적변수의 측정에 사용되는 명목척도와 서열척도를 질적척도라고 하고, 양적변수의 측정에 사용되는 등간척도와 비율척도를 양적척도라 한다. 이들 척도에 대해 보다 구체적으로 설명하면 [그림 7-3]과 같다.

2.1 명목척도(Nominal Scale)

명목척도(nominal scale)는 관찰대상이 갖는 속성에 따라 관찰대상을 상호 배타적인 범주로 구분하는 것으로서, 관찰대상을 단순히 범주로 분류하기 위한 목적으로 숫자를 사용하는 척도를 말한다. 예를 들어, 류현진 선수의 LA 다저스에서의 백넘버 99번이나 손흥민 선수의 토트넘 핫스퍼에서의 백넘버 7번은 숫자로서 선수를 타 선수들과 구분하는 목적 외에 어떠한 용도도 없다. 설문지를 이용하여 분석하는 경우에도 예를 들어 남자는 1로 여자는 0으로 코딩하는 경우에도, 이러한 숫자는 성별을 구분하기 위하여 사용하는 연산이 불가능한 단순한 기호에 불과하다. 이와 같이 명목척도로 측정된 숫자는 숫자로서의 양적인 의미는 없어서 연산에 사용될 수 없고, 다만 관찰대상을 서로 구별하기 위하여 사용된 단순한 기호에 불과하다.

그림 7-4 | 명목척도

- 관찰대상의 속성에 따라 관찰대상을 상호 배타적이고 포괄적인 범주로 구분하는 수치를 부여하는 도구
- 명목척도로 측정된 변수 간의 사칙연산(+, −, ×, ÷)은 의미가 없음
  예 운동선수의 백넘버, 학번, 지역번호

2.2 서열척도(Ordinal Scale)

서열척도(ordinal scale)는 관찰대상이 가지고 있는 속성의 크기를 측정하여 크기 순서대로 대상의 순위를 나타내는 것으로써 명목척도와 마찬가지로 대상을 서로 구분할 수 있을 뿐만 아니라, 속성의 크기에 따라 대상의 순서(order)를 정할 수 있다. 그러나 서열척도는 관찰대상의 속성을 비교하여 단순히 상대적인 순위만 구분할 뿐, 각 서열 간의 차이 정도를 측정하지 않는다. 따라서 서열척도는 서열 간의 구체적인 차이 정도에 관한 내용까지는 포함하지 않고 단순히 순서에 관한 정보만을 나타낸다.

예를 들어, 1992년 스페인 바로셀로나 올림픽의 마라톤 경기에서 황영조가 우승을 하였다. 2등을 한 일본의 모리시타보다 22초 빠른 2시간 13분 23초의 기록으로 우승을 하였다. 이 경우 두 선수의 차이가 22초이든 1초이든 그 크기는 문제가 되지 않는다. 단 0.1초라도 빠르면 1등이고 늦으면 2등이 되는 것이다. 같은 맥락으로 의료관광지로 가장 선호하는 나라별로 순위를 물을 경우, 순위별 차이는 중요하지 않고 순위에 관한 정보를 얻고자 할 때 서열척도가 사용된다. 이와

그림 7-5 | 서열척도

- 관찰대상이 가지고 있는 속성 크기에 따라 관찰대상의 순위를 나타내는 수치를 부여하는 측정도구
- 상대적인 순위만 구분할 뿐, 서열 간의 차이는 중요하지 않음
  예 1992년 스페인 바로셀로나 올림픽 마라톤 순위

▶ 올림픽에서는 기록보다 순위가 더 중요함

1. 다음은 실버타운이 갖추어야 될 요건입니다. 귀하께서 중요하게 생각하시는 요인들을 순서대로 적어주시기 바랍니다.
첫째 ( ) 둘째 ( ) 셋째 ( ) 넷째 ( ) 다섯째 ( ) 여섯째 ( )

보기

① 대도시접근성 ② 의료지원성 ③ 생활편의성 ④ 문화생활성
⑤ 자연친화성 ⑥ 비용경제성

같이 서열척도는 서열 간의 차이, 즉 간격에 대해서는 측정하지 않고, 오직 대상들의 순서에 관한 정보만을 측정하는 데에 사용되는 척도이다.

그러나 서열척도는 이러한 순위정보를 통하여 명목척도가 가지고 있는 대상을 서로 구분하는 정보도 당연히 포함하고 있다. 따라서 중국인들의 의료관광 선호 순위에서 1위는 한국이고, 2위는 싱가포르 그리고 3위는 일본으로 집계되는 경우 순위정보는 대상 국가들에 대한 선호정보를 내포하고 있을 뿐 아니라 이들을 서로 구분하는 정보도 가지고 있다.

2.3 등간척도(Interval Scale)

등간척도(interval scale)는 속성크기에 따른 관찰대상들 간에 어느 정도 차이가 있는가에 관한 정보, 즉 관찰대상 속성들의 크기를 측정하여 대상들 간의 상대적 차이(difference)를 서로 비교할 수 있도록 하는 척도를 말한다. 등간척도는 대상이 지닌 속성의 상대적 크기와 차이를 측정하기 위하여 균일한 간격, 즉 등간격을 두고 분할한 길이를 이용하여 측정하는 척도이다. 따라서 등간척도를 이용

그림 7-6 | 등간척도

- 관찰대상이 가지고 있는 속성 크기의 순서뿐 아니라 상대적인 차이도 고려하여 측정하는 도구
- 관찰대상이 가지고 있는 속성 크기의 양적 차이를 측정하기 위해서 등간격으로 분할한 척도를 사용함
- 관찰대상이 가지고 있는 속성 크기의 차이는 절대적 기준이 없어 상대적인 차이로만 나타남
- 등간척도로 측정된 변수들 간의 가감(+, −)연산이 가능함 예 리커트 5점 척도, 온도계

1. 해외의료관광을 선택하는 경우 한국으로부터 얻을 수 있는 편익에 대한 인식을 확인하는 질문입니다. 1점부터 5점 중에서 다음 질문에 동의할수록 높은 점수를 주시면 됩니다.

	전혀 그렇지 않다		보통이다		매우 그렇다
1) 숙박시설은 잘 갖추어져 있을 것이다	1	2	3	4	5
2) 쇼핑을 하기에 좋을 것 같다	1	2	3	4	5
3) 흥미로운 구경거리가 많을 것 같다	1	2	3	4	5
4) 스트레스 해소에 도움이 될 것 같다	1	2	3	4	5
5) 맛있는 음식을 즐길 수 있을 것 같다	1	2	3	4	5

2. 귀하께서는 해외의료관광을 떠날 용의가 있습니까? (　　　　)

전혀 그렇지 않다 — 보통이다 — 매우 그렇다

1 — 2 — 3 — 4 — 5

하여 대상이 가지고 있는 속성의 크기를 측정하고자 할 경우에는 등간격을 표시하는 길이를 나타내는 그림을 제시하며 측정해야 한다. 예를 들어 [그림 7-6]에서와 같이 일정한 길이의 선을 등간격으로 나누고 상대적 크기를 글이나 숫자로 표시한 척도를 이용해서 측정한다.

이러한 등간척도를 이용하면 관심대상이 가지고 있는 속성의 크기에 따른 서열뿐만 아니라 크기의 상대적인 차이(relative difference)도 측정할 수 있다. 또한 등간척도로 측정한 속성 간의 상대적 차이를 나타내는 숫자를 더하거나 빼는(+, −) 산술적 계산(arithmetical calculation)이 가능하다. 따라서 등간척도로 측정된 값들의 평균을 구하여 사용할 수도 있다.

그러나 등간척도에서의 간격의 수가 제한적이기 때문에 동일한 크기의 속성값을 갖는 관심대상이 복수로 나타날 수 있다. 이 경우 정확한 서열정보를 얻기 힘들 수도 있다는 제한점도 있다. 따라서 관심대상 간에 동률이 없는 정확한 순위정보를 필요로 하면 서열척도를 사용하는 것이 좋다.

이러한 등간척도는 앞에서 설명한 명목척도와 서열척도가 제공할 수 있는 정보 대부분과 관찰대상이 가지고 있는 속성들의 상대적 크기(relative size)를 측정할 수 있으나, 속성의 절대적 크기(absolute size)는 측정할 수 없다. 따라서 사칙연산(four fundamental arithmetic operations) 중에서 가감(+, −)의 계산은 가능해도 비율처럼 곱하거나 나누는 승제(×, ÷)의 계산은 불가능하다. 예를 들어, 대표적인 등간척도에 속하는 온도의 경우 절대적인 기준이 없다. 섭씨에서 물이 얼음으로 변하는 온도를 0도로 하여 기준점이 있는 듯이 생각되나 물 이외의 다른 모든 물질들이 있음을 고려할 때, 하나의 특정한 물질에 불과한 물의 빙고점(freezing point)은 모든 물질에 적용할 수 있는 절대적인 기준점이 못 된다. 또한 또다른 등간척도인 화씨에서는 32도가 빙점이 됨으로써 온도는 특정한 절대적 기준점이 존재한다고 볼 수 없다.

온도처럼 등간의 수가 많은 경우도 있으나 대부분 설문에서 사용되는 등간은 응답자의 인지와 인식의 차이를 측정하는 것이기 때문에 비교적 제한적이다. 일반적으로 응답자의 이해가 용이한 5점 등간척도가 가장 많이 사용된다. 그러나 경우에 따라서는 7점 등간척도나 9점 등간척도가 사용되기도 한다. 어느 등간척도를 사용하는 것이 바람직한지는 조사하고자 하는 내용에 대하여 응답자가 어느 정도까지 그 차이를 인식하고 구분할 수 있느냐에 따라 달라진다. 일반적으로 조사자가 응답자들 간의 어느 정도 응답의 차이가 있기를 원하는 경우, 5점 척도보다 7점 척도나 9점 척도를 사용하는 경우가 있다. 그러나 7점이나 9점 이상의 척도를 사용할 경우 그 부담이 응답자에게 전가되어, 피로함을 느끼는 응답자가 정확한 답을 안할 수 있으니 주의할 필요가 있다.

2.4 비율척도(Ratio Scale)

마지막으로 절대적인 기준(absolute datum point)을 가지고 속성의 상대적 크기 비교는 물론 절대적 크기까지 측정할 수 있도록 비율의 개념이 추가된 비율척도(ratio scale)가 있다. 일반적으로 비율척도는 0을 절대적인 기준으로 하여 표시한다. 예를 들어, 무게에 있어서 절대적인 기준은 아무런 무게가 없는 0이 된다. 모든 관측대상의 무게는 이러한 절대기준을 바탕으로 평가할 수 있다. 예를 들어, 홍길동의 몸무게가 98kg이라면 다른 사람들과 비교하지 않아도 우리는 홍길동이 매우 무겁구나 하고 생각할 수 있는데, 이는 절대적인 기준점인 0으로부터 그 크기를 판단할 수 있기 때문이다. 또한 김민석의 몸무게가 49kg이라면 홍길동의 절반(50%) 정도이구나 하고 판단할 수 있다. 즉, 홍길동 몸무게에 0.5를 곱하면 김민석의 몸무게를 얻을 수 있다. 이외에도 다른 사람들의 몸무게를 홍길동의 몸무게와 직접적으로 비교하는 것이 가능하다.

또 다른 예를 들면, 에베레스트산의 높이는 8,848m로서 3,776m인 후지산의 높이의 약 234%에 해당한다고 말할 수 있는데, 이는 해수면이라는 절대적인 기준점이 있어 이들을 측정한 높이를 서로 비교할 수 있기 때문이다. 즉, 3,776m인 후지산의 높이에 2.34를 곱하면 에베레스트산의 높

그림 7-7 | 비율척도

- 등간척도에 비율의 개념이 추가된 척도로서 절대적 기준값이 존재하는 척도
- 수치상 가감승제와 같은 모든 산술적인 사칙연산(+, −, ×, ÷)이 가능함

예 해수면을 기준으로 하는 산의 높이, 몸무게, 키 등

- 에베레스트산의 높이가 8,848m이고, 후지산의 높이가 3,776m라는 것은 해수면이라는 절대적인 기준점에서부터의 높이임

1. 귀하께서는 은퇴 후에 실버타운에 입주할 의향은 어느 정도 입니까?
내가 은퇴 후에 실버타운에 입주할 가능성은 (   )% 이다.

2. 귀하께서는 실버타운에 입주하실 의향이 있다면, 입주를 위한 보증금으로 지불할 용의가 있는 최대 금액은 얼마입니까? (   ) 만원

이를 구할 수 있다. 다른 지역이나 산들의 높이도 후지산과 직접적으로 비교할 수 있다. 반면에, 등간척도는 절대적인 기준이 없어서 같은 조사과정에서 일정한 크기의 척도로 측정된 값들 간의 상대적인 크기 비교만 가능하다. 예를 들어, 5점 등간척도로 측정된 값은 7점 등간척도로 측정된 값과 정확하게 비교하기는 어렵다. 또한 같은 5점 등간척도로 측정한 값이더라도 서로 다른 조사에서 측정된 값들이면 이들을 직접적으로 비교하기는 어렵다.

요약하면, 비율척도로 측정된 값들은 곱하거나 나누는 것을 포함한 모든 사칙연산, 가감승제(+, −, ×, ÷)가 가능하다. 따라서 비율척도로 측정된 값들이 가장 많은 정보를 포함하고 있다고 볼 수 있다. 즉, 순서에 관한 정보는 물론이고, 대상 간의 상대적인 크기를 비교할 수 있는 정보, 그리고 서로 다른 상황에서 각각 독립적으로 측정된 값들 간에도 절대적인 기준을 바탕으로 그 크기를 비교할 수 있는 비율정보까지도 포함하고 있다.

2.5 척도의 특징(Characteristics of Scale)

척도는 비율척도, 등간척도, 서열척도, 명목척도의 순서대로 많은 정보를 포함하고 있다. 따라서 조사자가 많은 정보를 얻고자 하면 가능한 한 많은 정보를 포함할 수 있는 척도를 사용해야 한다. 그러나 많은 정보를 얻을 수 있는 척도를 사용할수록 응답자에게 부담을 주게 되어 실제로 측정하고자 하는 정확한 값을 얻기가 어려워진다. 따라서 정보의 양과 정보의 정확성간에는 어느 정도 트레이드 오프(trade−off) 관계가 있다.

예를 들어, 설문조사의 경우 조사자가 많은 정보를 얻는다는 것은 조사대상이 되는 응답자가 보다 많은 정보를 제공하여야 한다는 것을 의미한다. 응답자가 많은 정보를 제공하기 위해서는 신중하게 많이 생각해야 하고 이에 따라서 피곤함과 부담감을 느끼게 된다. 응답자가 피곤함과 부담감을 느끼게 되면 될수록 측정하고자 하는 질문에 대하여 정확한 정보를 제공하지 않을 수도 있다. 따라서 조사자가 필요로 하는 정확한 정보를 얻기 위해서는 응답자에게 너무 큰 부담을 주지 않는 적당한 수준에서 정보를 추출할 수 있도록 해야 한다. 특히, 설문지 등을 이용하여 정보를 얻고자 하는 경우에는 이러한 정보의 양과 정확성의 트레이드 오프(trade−off) 관계를 고려하여 가장 정확한 정보를 효과적으로 얻을 수 있는 적절한 척도를 사용해서 측정해야 한다. 그러나 보다 많은 노력과 시간 그리고 비용을 투자하면 정확하고 많은 정보를 얻을 수 있다. 즉, 노력과 시간 그리고 비용을 이용해서 정보의 양과 질 간의 트레이드 오프 선을 상향 조정할 수 있다.

그림 7-8 | 척도의 특징

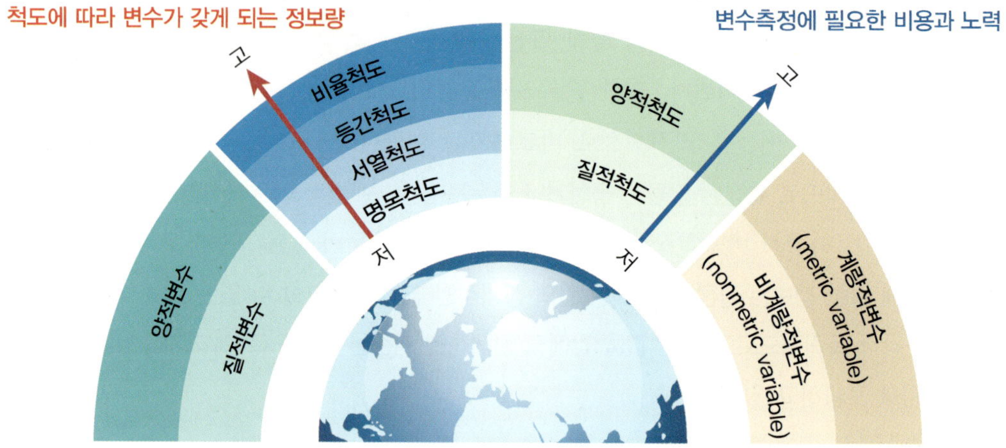

- 명목척도에서 비율척도로 척도의 수준이 높아질수록 변수가 내포하고 있는 정보의 양이 증가함
- 척도의 수준이 높아질수록 자료수집에 필요한 비용과 노력이 많이 소요됨
- 변수측정에 필요한 비용이나 노력과 변수가 갖는 정보량은 서로 비례함
- 조사자는 응답자 부담과 연구내용, 그리고 얻고자 하는 정보량을 고려하여 적합한 척도를 선택해야 함

제3절 측정과 변수(Measurement(Scaling) and Variables)

3.1 측정과 측정방법(Measurement and Scaling Technique)

측정(measurement)은 관찰대상이 가지고 있는 속성의 값을 일정한 규칙으로 만들어진 도구(척도)를 이용하여 계량화하는 것, 즉 관찰대상의 속성에 대하여 기술적으로 수치를 부여하는 행위를 말한다. 다시 말하면, 관찰대상의 속성값을 계량화하기 위해 적합한 척도를 사용해서 면접이나 설문 등의 커뮤니케이션 방법으로 그 값을 측정하여 자료로 기록하는 과정을 측정이라 한다. 예를 들어, 키나 몸무게를 재서 그 크기를 숫자로 기록하거나, 시험을 통하여 학생의 지식수준을 계량화하여 점수로 기록하는 것을 말한다. 따라서 측정, 특히 통계·조사·분석에서의 측정은 관찰대상이 가지고 있는 속성의 값을 측정한 다음 그 결과를 수치로 표현하는 행위를 말한다. 또한 이러한 측정과정에서 위에서 설명한 척도들이 측정도구로 사용된다.

그림 7-9 | 측정방법의 분류

척도를 이용해서 측정하는 방법(scaling technique)으로는 한 번에 둘 이상의 자극점, 즉 평가대상들을 서로 비교해가면서 평가하도록 하는 상대적 비교측정(comparative scaling)방법과 대상들 간의 차이를 서로 비교하지 않고 한 번에 오직 하나의 평가대상에 대해서만 개별적으로 평가하도록 하는 절대적 측정(noncomparative scaling)이 있다.

1) 상대적 비교측정(Comparative Scaling)

상대적 비교측정은 여러 개의 자극점(평가대상)들을 제시하고 관심속성의 크기차이를 서로 비교해서 평가하도록 하는 측정방법이다. 이러한 상대적 비교측정방법으로는 대응비교법(paired comparison)과 순위평가법(rank order) 그리고 상수합법(constant sum) 등이 있다. 대응비교법(paired comparison)은 여러 평가대상들 중에서 2개씩 짝을 지어 2개의 대상(object)들 간의 유사성이나 더욱 선호하는 대상에 대하여 질문하는 방식을 말한다. 순위평가법(rank order)은 여러 개의 평가대상들을 특정한 속성에 대해서 그 크기에 따라 순위를 정하는 방법이다. 또한 상수합법(constant sum)은 여러 개의 평가대상에 대한 평가결과의 합이 일정한 상수가 되도록 제한한 상태에서 평가대상들을 상대적으로 평가하는 방법이다.

이러한 상대적 비교측정은 자극객체 간의 미미한 차이도 찾아낼 수 있으며, 모든 평가자들이 동일한 준거점(reference point)들을 가지고 대상을 평가한다는 장점이 있다. 또한 많은 이론과 설명이 없이도 쉽게 이해하고 적용하기 용이할 뿐 아니라 이해하기 쉽고 선행한 응답 내용이 후행하는 응답에 영향

그림 7-10 | 대응비교법

■ 대응비교법(paired comparison)은 여러 평가대상들 중에서 2개씩 짝을 지어 2개의 대상(object)들 간의 유사성이나 더욱 선호하는 대상에 대하여 질문하는 방식임

1. 다음은 아파트 브랜드에 대한 선호도를 측정하기 위한 질문입니다.
   행과 열의 브랜드를 비교하여 행보다 열의 브랜드를 보다 선호하는 경우 해당 셀에 1을 표기하시오.

	힐스테이트	푸르지오	래미안	롯데캐슬
힐스테이트				
푸르지오	1^a			
래미안	0			
롯데캐슬	1			
총선호횟수	2^b			

(0=선호하지않음, 1=선호함)

• 위의 빈 칸에 표시되어 있는 1^a의 경우, 힐스테이트를 푸르지오보다 선호한다는 의미이다
• 위의 빈 칸에 표시되어 있는 2^b의 경우, 힐스테이트가 비교브랜드보다 선호된 횟수이다

그림 7-11 | 순위평가법

■ 순위평가법(rank order)은 여러 개의 평가대상들을 특정한 속성에 대해서 그 크기에 따라 순위를 정하는 방법임

1. 다음은 현재 우리 사회의 심각한 사회문제로 대두되고 있는 항목입니다. 사회문제 중 귀하께서 가장 심각하다고 생각하는 순서대로 순위를 적어주시기 바랍니다.

사회문제	취업문제	노인문제	아동문제	실업문제	교육문제	소득불평등	환경문제	저출산문제
심각성순위								

»그림 7-12 | 상수합법

■ 상수합법(constant sum)은 여러 개의 평가대상에 대한 평가결과의 합이 일정한 상수가 되도록 제한한 상태에서 평가대상들을 상대적으로 평가하는 방법임

1. 다음은 서비스 이용 시 중요시하는 요인평가에 대한 질문입니다.
각 서비스의 5개 중요도 가중치의 합이 '100'이 되도록 각 항목에 대해 점수를 적어주시길 바랍니다.

평가항목	항공서비스	금융서비스	의료서비스
직원의 친절도			
신속성			
정확성			
편리성			
청결도			
총점수(100)	100	100	100

을 미치는 이월효과(carryover effect)를 최소화할 수 있다는 장점이 있다. 반면에, 측정된 자료가 서열척도로 측정된 자료이기 때문에 분석에 활용할 수 있는 통계기법이 제한적이고, 이미 선정된 평가대상집단 안에 없는 평가대상은 평가할 수 없다는 단점이 있다.

2) 절대적 무비교측정(Non-comparative Scaling)

무비교측정은 한 번에 하나의 자극점(평가대상)에 대해서만 단독으로 평가하여 측정하는 방법을 말한다. 이러한 측정방법으로는 리커트척도법(likert scaling)과 어의차이척도법(semantic differential scaling) 그리고 스타펠척도법(stapel scaling) 등이 있다. 리커트척도법(likert scaling)은 하나의 자극점(대상)에 대한 일련의 진술들 각각에 대하여 응답자가 어느 정도 동의하거나 동의하지 않는 정도를 나타내도록 하는 자료수집방법이다. 여러 응답자료를 종합적으로 활용하고자 하는 경우에는 일련의 진술에 대한 일관성을 검토해서 필요한 경우에는 역코딩(reverse coding)해서 사용해야 한다. 어의차이척도법(semantic differential scaling)은 하나의 자극점(대상)에 대하여 평가하도록 하되, 7점 척도의 양쪽 끝에 서로 반대로 극단적인 의미를 가진 형용사를 놓고 어느 쪽의 표현이

그림 7-13 | 리커트척도법

- 리커트척도법(likert scaling)은 하나의 자극점(대상)에 대한 일련의 진술들 각각에 대하여 응답자가 어느 정도 동의하거나 동의하지 않는 정도를 나타내도록 하는 자료수집방법임

1. 다음은 민원행정서비스의 품질에 대한 질문입니다. 아래 설문문항을 읽고 귀하의 생각을 가장 잘 반영하고 있는 칸에 체크(✓)하여 주시기 바랍니다.

설문문항	전혀 그렇지 않다	그렇지 않다	보통이다	그렇다	매우 그렇다
1) 나는 오늘 신속하게 민원서비스를 제공받았다.	①	②	③	④	⑤
2) 담당자는 내가 제기한 민원에 대해서 자발적으로 대응해주었다.	①	②	③	④	⑤
3) 내가 제기한 민원서비스를 처리하기 위한 대기시간이 짧았다.	①	②	③	④	⑤
4) 나는 민원실의 운영시간이 적절하게 잘 운영되고 있다고 생각한다.	①	②	③	④	⑤
5) 나는 민원실의 민원행정서비스 관련 자료가 잘 구비되어 있다는 인상을 받았다.	①	②	③	④	⑤

더 부합된다고 생각하는가를 명시하도록 하는 측정방법이다. 이 경우 −3에서 +3 혹은 1에서 7로 코딩해서 사용하되 합이나 평균값을 이용하고자 하는 경우에는 왼쪽과 오른쪽에 맞추어 일관성 있게 배열되어 있는가에 유의할 필요가 있다. 스타펠척도법(stapel scaling)은 양극평가척도(bipolar rating scale)인 어의차이척도법(semantic differential scaling)과 달리 단극평가척도(unipolar rating scale)를 사용해서 측정하는 방법이다. 스타펠척도법(stapel scaling)은 일반적으로 −5에서 +5에 이르는 수직으로 표시된 10개의 범주를 사용하고, 0이 되는 중간위치에는 평가 속성에 해당하는 형용사나 서술 등을 나타낸다. 이렇게 해서 수집된 자료는 어의차이척도법(semantic differential scaling)을 통해서 수집된 자료를 분석하는 방법으로 분석한다.

≫그림 7-14 | 어의차이척도법

■ 어의차이척도법(semantic differential scaling)은 하나의 자극점(대상)에 대하여 평가하도록 하되, 7점 척도의 양쪽 끝에 서로 반대로 극단적인 의미를 가진 형용사를 놓고 어느 쪽의 표현이 더 부합된다고 생각하는가를 명시하도록 하는 측정방법임

1. 다음은 S기업의 G핸드폰 이미지에 대한 질문입니다. G핸드폰에 대해 귀하가 느끼는 이미지를 아래 척도에 표시해주십시오.

	매우 −3	어느 정도 −2	약간 −1	중간 0	약간 +1	어느 정도 +2	매우 +3	
유용하지 않다								유용하다
매력적이지 않다								매력적이다
가치가 작다								가치가 크다
진부하다								참신하다

≫그림 7-15 | 스타펠척도법

■ 스타펠척도법(stapel scaling)은 단극평가척도를 사용해서 측정하는 방법으로, 일반적으로 −5에서 +5에 이르는 수직으로 표시된 10개의 범주를 사용하여 측정함

1. 최근 사회에서 심각한 현안으로 제기되고 있는 저출산문제와 관련하여 정부에서는 이를 해결하기 위한 정책을 시행하기로 결정했습니다. 아래 정책에 대하여 각 속성별로 평가해주시기 바랍니다.

저출산 주요 정책

- 보조인력 지원 등 유치원 종일제 확대
- 60% → 70% 보육비 · 교육비 지원 확대
- 직장 보육시설 확충
- 맞벌이 가구에 영아 정기 돌봄서비스 도입
- 방과후 돌봄교실 등 사교육비 부담 경감

+5	+5	+5
+4	+4	+4
+3	+3	+3
+2	+2	+2
+1	+1	+1
효과성	필요성	실현가능성
−1	−1	−1
−2	−2	−2
−3	−3	−3
−4	−4	−4
−5	−5	−5

3.2 변수(Variable)

변수(variable)란 척도를 이용하여 관심대상이 되는 개체(object)의 속성을 측정한 값을 대표하여 일컫는 말이다. 즉, 변수는 조사대상이 되는 개체가 가지고 있는 속성 중에 조사자가 관심을 갖는 속성을 척도를 이용해서 측정한 값을 수치로 표현한 것을 의미한다. 또한, 변수는 그 값으로 2개 이상의 서로 다른 값들, 즉 다양하게 변하는 값들을 가져야 한다. 만일, 변수가 갖는 값들이 모두 일정한 하나의 숫자라면 이것은 변수가 아니라 상수(constant)가 된다. 따라서 변수는 변화하는 서로 다른 값들을 가질 수 있어야 하며 이러한 의미에서 그 이름을 변수라 지칭한다. 이러한 변수의 의미를 다른 실질적인 측면에서 살펴보면, **변수는 조사자가 관심을 가지고 있는 대상의 속성을 척도로 측정하여 수치로 계량화하는 규칙이라고 정의할 수 있다.** 변수를 이와 같이 규정하면, **실험을 통해서 하나의 현상이나 관심대상의 속성을 관찰하고 측정하더라도 이를 표현하는 규칙을 여러 개 정의하게 되면, 그 규칙의 수만큼 서로 다른 여러 개의 변수들을 생성할 수도 있다.** 예를 들어, 설문 응답자들의 성별을 측정하고 그 값을 수치로 나타내는 경우를 생각해보자. 남성은 1로 여성을 0으로 나타내는 규칙을 기준으로 생성된 변수를 생각할 수 있고, 또한 남성은 7로 여성은 8로 나타내는 또 다른 규칙의 변수를 생각해볼 수 있다. 따라서 **변수는 실험 결과로 나타난 현상을 관찰한 결과나 관심대상의 속성을 측정하여 그 값을 수치로 나타내는 하나의 규칙**으로 보는 것이 보다 이해하기 쉽고 정확한 표현이 된다.

그림 7-16 | 변수의 종류

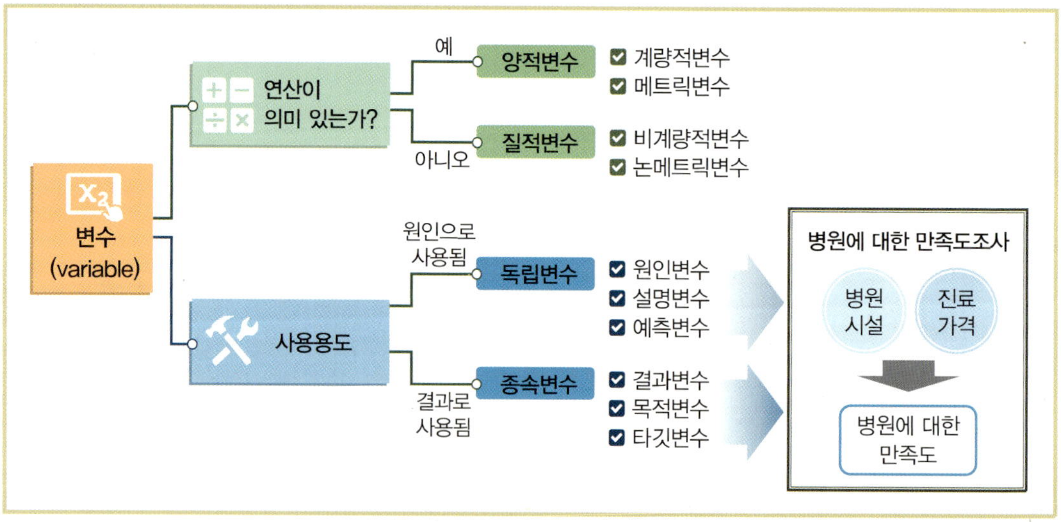

일반적으로 변수는 사칙연산의 가능 여부에 따라 연산이 불가능한, 즉 적용한 결과가 의미 없는 질적변수(qualitative variable)와 연산이 가능한, 즉 의미가 있는 양적변수(quantitative variable)로 구분할 수 있다. 질적변수는 속성의 값을 나타내는 수치의 크기가 의미 없는 변수로서 비계량적변수 혹은 논메트릭(nonmetric)변수라고도 한다. 예를 들어, 성별을 나타내는 변수의 경우, 남성을 1로 하고 여성을 2라는 수치로 표시할 때, 이들 변수값들 간의 가감(+, −)은 아무런 의미가 없다. 따라서 질적변수값은 숫자라기보다는 기호에 불과한 것으로 생각해도 무방하다. 성별 외에도 종교, 직업, 학력 등을 구분하기 위하여 숫자로 나타낼 경우도 숫자의 크기는 의미가 없으므로 이들은 질적변수에 속한다. 이러한 질적변수는 주로 명목척도와 서열척도를 이용하여 측정되는 것이 일반적이다.

반면에, 계량적변수 혹은 메트릭(metric)변수라고도 불리는 양적변수는 측정한 속성값을 이용한 연산이 가능하다. 연산이 가능하다는 것은 변수값들을 나타내는 숫자들 간에 적어도 가감(+, −)이, 경우에 따라서는 가감승제(+, −, ×, ÷)하여 얻은 결과가 숫자로서 의미가 있다는 말이다. 이러한 양적변수의 예로는 만족도, 유사도, 시험점수, 몸무게, 지지율 등이 있다. 이러한 양적변수들은 일반적으로 등간척도나 비율척도를 이용하여 측정된다. 또한 이러한 양적변수는 학생수나 자동차 판매대수와 같이 정수값만을 취할 수 있는 이산변수(discrete variable)와 몸무게나 키와 같이 연속적인 모든 실수값을 취할 수 있는 연속변수(continuous variable)로 나누어진다.

대부분의 경우 양적변수를 질적변수로 바꾸는 것은 가능하나, 역으로 질적변수를 양적변수로 바꾸는 것은 불가능하다. 예를 들어, 몸무게가 80kg 이상인 사람을 '무겁다' 하여 1로 표시하고, 80kg 이하인 사람을 0으로 표시하는 것은 양적변수를 질적변수로 변환시킨 결과로 볼 수 있다. 그러나 질적변수를 양적변수로 바꾸는 것은 거의 불가능하며, 가능한 경우에도 매우 제한적이며, 변환에 따른 적지 않은 오차의 발생을 감수해야 한다. 왜냐하면, 양적변수가 질적변수보다 많은 정보량을 가지고 있기 때문에 정보량이 많은 것을 정보량이 적은 것으로 변경하는 것은 가능하나 적은 것을 많은 것으로 변환하는 것은 불가능하기 때문이다.

또한, 변수가 사용되는 용도에 따라 독립변수(independent variable)와 종속변수(dependent variable)로 구분하기도 한다. 변수가 사용되는 상황과 용도에 따라 원인이 되는 변수, 설명과 예측에 사용되는 변수인 독립변수와 이러한 독립변수가 변하는 결과로 얻게 되는 종속변수, 다른 말로 결과변수, 목적변수, 타깃변수가 있다. 명칭에서 알 수 있듯이 독립변수는 독립적으로 변하는 것이고, 종속변수는 독립변수에 종속되어 그 값을 갖게 되는 변수이다. 따라서 독립변수는 조사자에 의해 조작이 가능한 변수이고, 종속변수는 독립변수값에 따라 수동적으로 값이 주어지는 변수이다.

예를 들어, 병원에 대한 전반적인 만족도는 병원의 시설, 진료의 질, 전산시스템, 서비스, 가격

그림 7-17 | 자료와 변수 및 상수

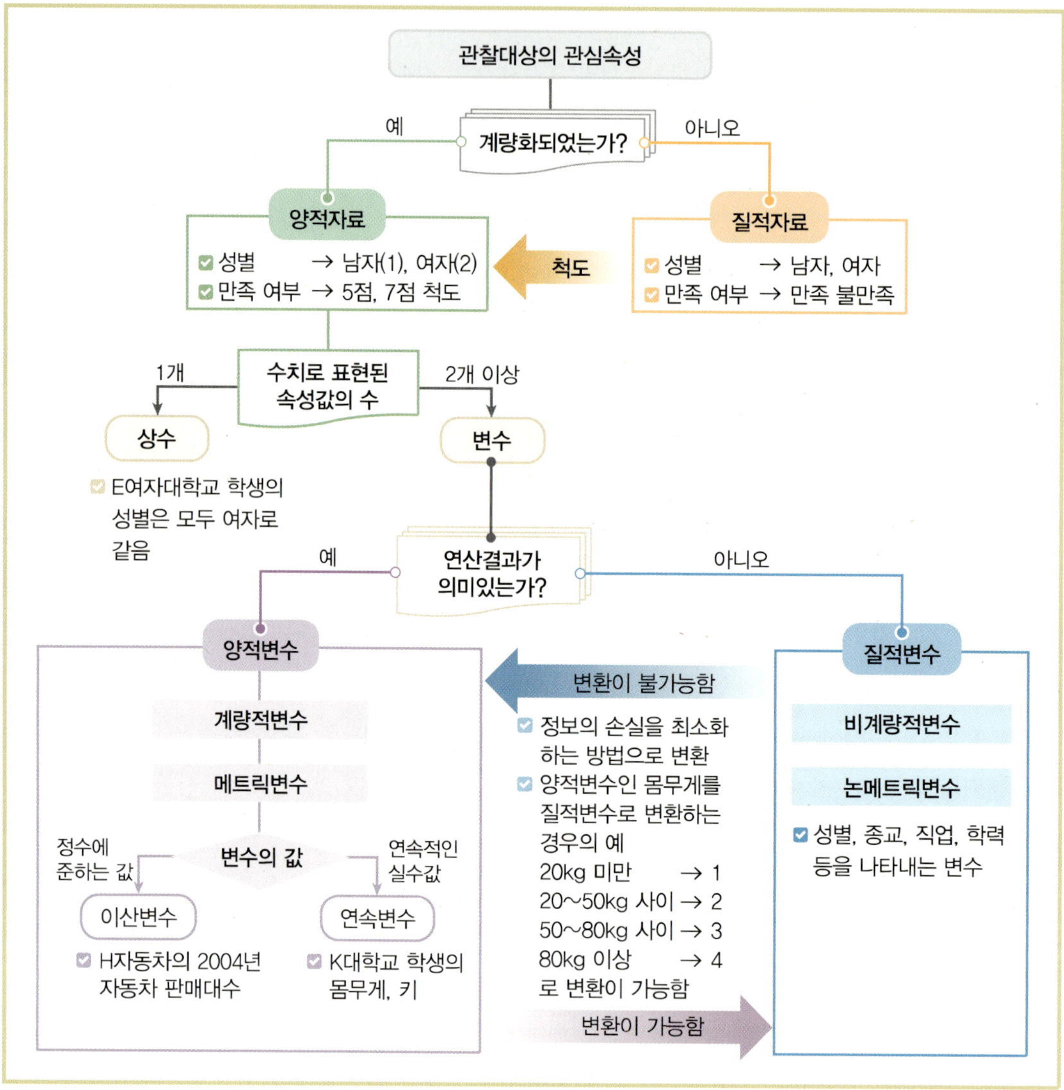

등에 의하여 영향을 받는다고 할 경우, 고객의 만족도는 병원의 시설, 진료의 질, 전산시스템, 서비스, 가격 등과 같은 독립변수에 의하여 영향을 받는 종속변수로 볼 수 있다. 또한 경제의 원만한 발전을 위하여 한국은행은 금리라는 독립변수를 이용해서 이로 인해 영향을 받게 되는 물가, 부동산 가격, 그리고 기업의 투자 등과 같은 종속변수들을 조정한다.

지금까지 설명한 자료와 척도 그리고 변수에 관한 내용을 정리하면 [그림 7-17]과 같다. 관찰대상의 관심속성을 수치로 표현하기 전 단계의 자료를 질적인 형태의 자료라 하고, 질적자료

(qualitative data)를 척도(scale)를 이용하여 수치로 나타내면, 즉 계량화하면 양적인 형태의 양적자료(quantitative data)가 된다. 수치로 표현된 양적자료의 값이 모두 하나의 값으로 일정하면 상수(constant)가 되고, 모두 같지 않고 2개 이상의 서로 다른 값을 갖게 되면 변수(variable)가 된다.

또한, 변수 중에 그 값들을 이용한 연산 결과가 의미가 없으면 질적변수(qualitative variable)가 되고, 의미가 있으면 양적변수(quantitative variable)가 된다. 질적변수는 명목척도나 서열척도와 같은 질적척도(qualitative scales)를 이용하여 측정한 값을 갖게 되는 반면에, 양적변수는 등간척도나 비율척도와 같은 양적척도(quantitative scales)로 측정한 값을 갖는다. 일반적으로 양적변수는 질적변수로의 변환이 가능하나, 역으로 질적변수를 양적변수로 변환시키는 것은 거의 불가능하다. 또한 양적변수는 변수가 가질 수 있는 값이 자동차 생산대수나 학생수와 같은 정수값만을 갖는 이산변수(discrete variable)와 정수를 포함하여 연속적인 어느 값, 즉 실수값들을 가질 수 있는 연속변수(continuous variable)로 구분된다.

CHAPTER 8

확률변수와 확률분포
(Random Variable and Probability Distribution)

Chapter 08

확률변수와 확률분포 (Random Variable and Probability Distribution)

조사를 하는 근본적인 이유는 모집단(population)의 특성을 나타내는 모수(parameter)에 대한 정보를 얻기 위해서이다. 모수에 대한 정보를 얻는 방법으로는 모수에 대한 정보가 없는 상태에서 모수를 예측하는 추정(estimation)과 모수에 대한 기존의 연구자료 및 이론 등을 바탕으로 모수에 대한 새로운 가설을 설정하고 이를 검증하는 가설검정(hypothesis test)이 있다. 모집단의 크기가 크지 않은 경우 전수조사를 통한 추정이나 가설검정이 가능하다. 그러나 대부분의 사회과학 연구나 조사의 경우 모집단이 전수조사(total inspection)가 가능할 만큼 작지 않다. 따라서 불가피하게 모집단을 정확하게 대표할 수 있는 표본을 선정해서 조사하는 표본조사(sample survey)를 해야 한다.

그러면 우리가 표본조사를 통해서 얻은 표본의 특성을 나타내는 값, 즉 통계량(statistic)은 모집단의 모수(parameter)에 대한 정보를 얻는 데에 얼마나 적합하고 신뢰할 수 있는가? 일반적으로 모집단으로부터 어느 표본이 선정되는가에 따라 표본의 특성을 나타내는 통계량값들이 달라진다. 즉, 가용한 많은 표본들 중에서 어느 표본을 추출하는가에 따라 표본의 특성을 나타내는 값, 즉 통계량(statistic)이 달라진다. 또한 이처럼 서로 다른 값들을 갖기 때문에 변수라고 할 수 있다. 따라서 표본조사를 통해서 얻게 되는 표본통계량은 변수인 동시에 모집단에서 현재의 특정한 표본이 추출될 가능성, 즉 확률(probability)을 내포하고 있다. 이러한 이유로 모집단으로부터 추출된 표본의 특성을 나타내는 통계량은 확정적인 값이 아니라 선정된 표본에 따라 값이 달라지는 변수, 즉 확률의 개념을 포함한 확률변수(random variable)라고 칭한다. 본장에서는 먼저 확률변수에 대하여 보다 자세히 설명하고, 이를 이용한 추정과 가설검정은 제9장 추정과 가설검정에서 상세하게 설명하도록 한다.

제1절 확률변수(Random Variable)

1.1 확률변수의 정의(Definition of Random Variable)

확률(probability)이란 경험이나 실험결과로 특정한 사건이 일어날 수 있는 가능성을 말하는 것이고, 변수(variable)란 관찰대상의 속성을 척도를 이용하여 측정한 값들을 대표하는 말이다. 따라서 이들을 결합한 말인 확률변수(random variable)는 변수가 가질 수 있는 특정한 값과 그 값을 가질 수 있는 가능성, 즉 확률이 결합된 개념을 말한다. **모집단으로부터 추출한 표본의 평균이나 분산과 같은 통계량들은 확률과 변수의 개념을 모두 포함하고 있는 대표적인 확률변수에 해당한다.**

그림 8-1 | 확률과 변수

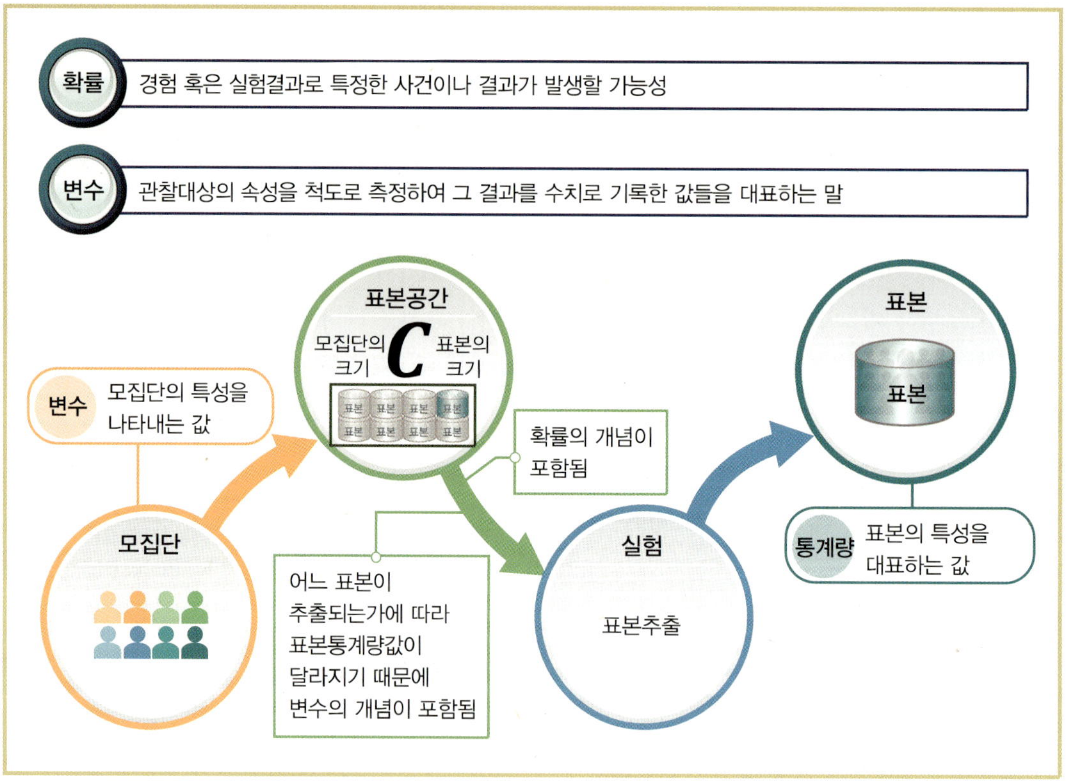

예를 들어, K대학교 학생 12,000여 명 중에서 100명을 표본으로 뽑아서 이들 표본의 평균키인 통계량(statistic)으로 모집단인 전체학생의 평균키인 모수(parameter)를 추정하고자 할 경우, 추출될 수 있는 통계량값들은 12,000명에서 100명을 뽑는 조합의 수($_{12,000}C_{100}$ = 5.8678E+249)만큼 많다. 따라서 우리가 실제적으로 100명을 표본조사해서 이들의 평균키값으로 168.787cm를 얻었다면, 이 값을 얻을 수 있는 확률은 5.8678의 10249승 분의 1($\frac{1}{5.8678E+249}$)이 된다. 즉, 12,000명 중에서 표본으로 추출된 100명의 표본은 엄청나게 많은 가능한 표본들 중의 하나에 불과하며, 이렇게 특정한 표본이 추출될 확률은 $\frac{1}{5.8678E+249}$이 된다. 이와 같이 모집단으로부터 일정한 수의 표본을 추출해서 얻은 통계량값들에게는 자연스럽게 확률이라는 개념이 포함되게 된다. 또한 표본통계량은 추출된 표본에 따라 그 값이 변하는 일종의 변수이다. 따라서 **표본으로부터 구한 표본통계량(statistic)은 확률개념이 포함된 대표적인 확률변수이다.**

1.2 확률변수의 종류(Types of Random Variable)

일반적으로 변수가 이산변수와 연속변수로 나누어지는 것과 같이 **확률변수도 이산확률변수(discrete random variable)와 연속확률변수(continuous random variable)로 나누어진다.** 이산확률변수는 이산변수처럼 확률변수가 가질 수 있는 값들이 정수와 같아 그 값을 정확하게 알 수 있는 변수를 말한다. 즉, 이산확률변수는 변수값이 서로 명확하게 구분되는 정수값만을 가질 수 있는 확률변수를 말한다.

반면에, 연속확률변수는 연속변수처럼 확률변수는 실수값(real value)을 갖기 때문에 그 값을 정확하게 정의하기도 어려울 뿐만 아니라 그 개수도 일일이 셀 수도 없을 정도로 많다. 따라서 연속확률변수가 무수히 많은 실수값들 중에 어느 특정한 값, 예를 들어 168.75… 처럼 소수점 이하가 거의 무한대로 나가는 정확한 값을 가질 수 있는 확률은 0으로 볼 수 있다. 또한, 소수점 이하 무한대에 이르는 값들을 모두 고려할 때 연속확률변수가 가질 수 있는 값들의 수는 무한대(∞)에 이른다. 따라서 연속확률변수가 어느 특정한 값을 가질 수 있는 확률은(1/∞)로서 0이기 때문에 연속확률변수는 특정한 값이 아니라 일정한 구간 내에 속한 값을 가질 확률을 이용해서 추가적인 분석이나 검증에 활용한다.

[그림 8-2]의 아래의 그래프를 보면 확률변수는 X축상의 어떠한 값도 가질 수 있다. 이 경우 확률변수가 어느 특정한 값을 가질 확률을 계산하는 것은 불가능하고, 일정한 구간 내의 값을 가

그림 8-2 | 확률변수의 종류

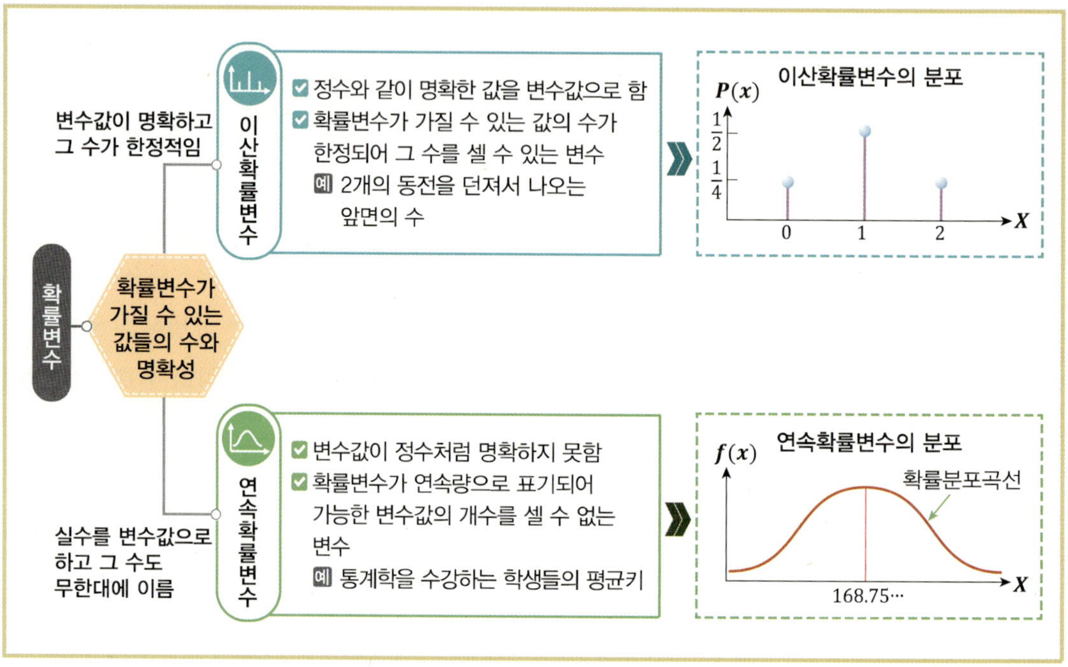

질 확률은 그 구간 내에서 확률분포곡선을 적분한 면적 값이 된다. 이렇게 확률변수가 가질 수 있는 값과 그 값을 가질 확률을 표시한 것을 확률분포(probability distribution)이라 한다.

제2절 확률분포(Probability Distribution)

2.1 확률분포의 정의(Definition of Probability Distribution)

확률분포(probability distribution)는 확률변수가 가질 수 있는 값들과 그 특정한 값을 가질 상대적 가능성을 나타내는 확률을 그래프나 도수분포표(frequency table)로 나타낸 것이다. 즉, 확률변수가 가질 수 있는 값과 그 값을 가질 확률을 요약해서 [그림 8-3]과 같이 도표나 그림으로 알기 쉽게 표현한 것을 확률분포라 한다. 일반적으로 그래프로 표현한 것만을 확률분포로 생각하는 경향이 있으

그림 8-3 | 확률분포

확률분포의 개념

- 확률변수가 가질 수 있는 값과 그 값을 가질 상대적 가능성, 즉 확률을 표현한 것
- 확률변수가 가질 수 있는 모든 값에 대하여 그 값이 발생할 가능성을 도수분포표나 그래프로 표현한 것

2개의 동전을 던져 나온 앞면의 수를 변수값으로 하는 확률변수 X의 확률분포표

표본공간	확률변수 X의 값(x)	x값을 가질 확률
(T, T)	0	$\frac{1}{4}$
(H, T), (T, H)	1	$\frac{1}{4}+\frac{1}{4}=\frac{1}{2}$
(H, H)	2	$\frac{1}{4}$

2개의 동전을 던져 나온 앞면의 수를 변수값으로 하는 확률변수 X의 확률분포 그래프

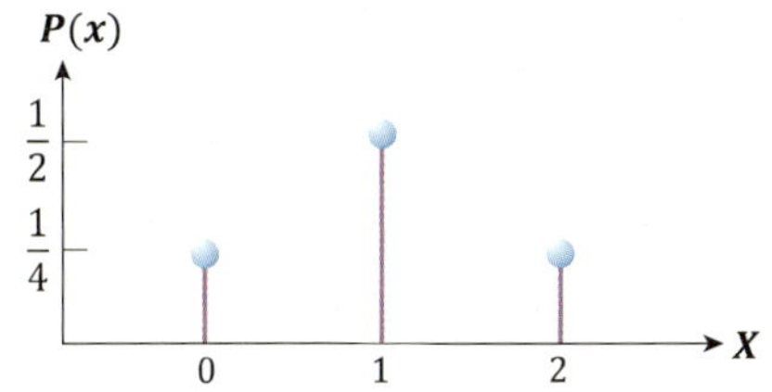

나, 변수값과 이에 상응하는 확률을 알기 쉽게 정리한 표나 테이블도 확률분포로 본다. 또한 그래프로 확률분포를 나타내는 경우, 확률분포를 나타내는 그래프상의 함수를 확률함수(probability function)라고 한다.

2.2 확률분포의 종류(Types of Probability Distribution)

확률분포는 확률변수의 종류에 따라 이산확률분포(discrete probability distribution)와 연속확률분포(continuous probability distribution)의 2종류로 구분할 수 있다. 말 그대로 이산확률분포는 이산확률변수의 확률분포이고, 연속확률분포는 연속확률변수의 확률분포이다. 그러나 이산확률분포와 연속확률분포 모두 종류를 지어 구분할 수 없을 정도로 많고도 다양하다. 이들이 세세하게 서로 다름을 정확하게 인정하면 어떠한 통계적 추론이나 가설검정이 불가하다. 왜냐하면 특정한 확률변수값에 대응하는 확률값을 정확하게 산출해낼 수 있는 방법이 없기 때문이다. 따라서 현재의 확률분포가 아주 정확하지는 않더라도 우리가 특정한 확률변수값이나 구간값에 해당하는 확률을 계산해낼 수 있는 아주 특정한 분포, 예를 들어 포아송분포(poisson distribution)나 t분포와 카이제곱분포(chi-square distribution) 그리고 F분포(fisher distribution) 등에 준하는 분포를 한다는 가정

그림 8-4 ❙ 확률분포의 종류

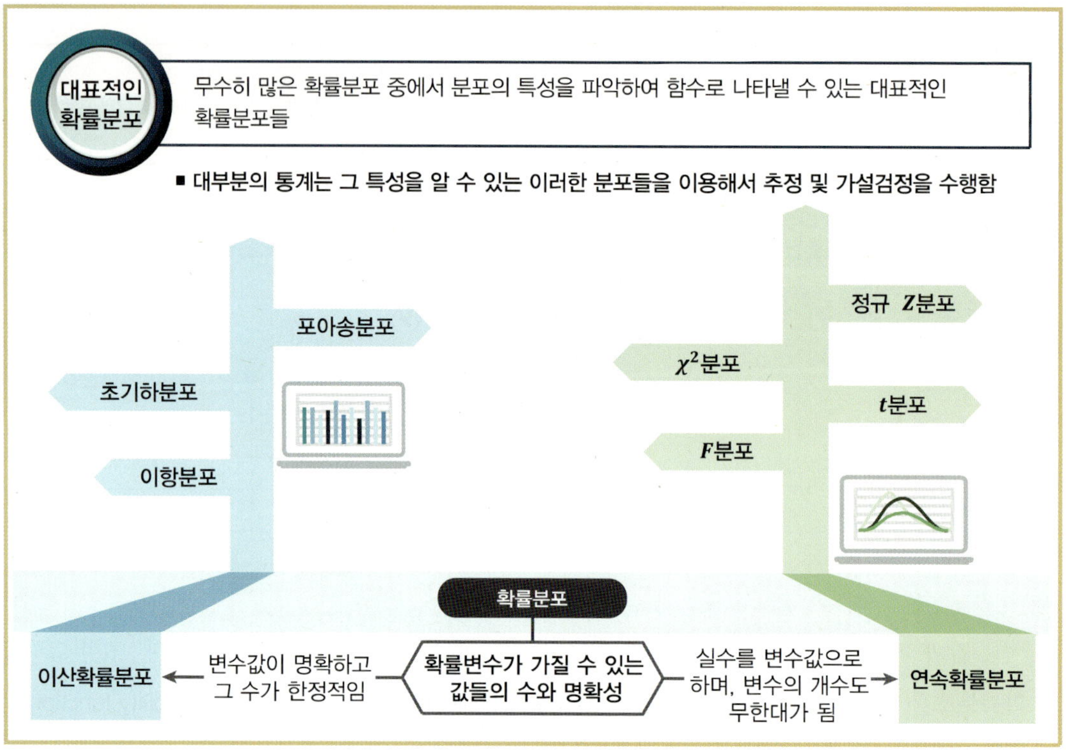

하에 해당 확률변수값이나 구간값에 대응하는 확률을 계산해서 추정과 검정을 수행한다. 즉, 표본 통계량의 확률분포를 확률값 계산이 가능한 특정한 확률분포(이항분포, 지수분포, t분포, F분포 등)로 가정하고, 이를 바탕으로 추정과 가설검정을 수행한다.

일반적으로 많이 활용되는 수식으로 표현이 가능한 몇 가지 대표적인 확률분포의 예를 들면 [그림 8-4]와 같다. 그림에서 소개하는 함수들은 무수히 많은 다양한 확률분포 중에서 어느 정도 그 특성을 파악할 수 있는 대표적인 확률분포들이다. 분석에서 많이 사용되는 대표적인 이산확률분포로는 이항분포(binomial distribution), 초기하분포(hypergeometric distribution), 그리고 포아송분포(poisson distribution)가 있다. 또한 대표적인 연속확률분포로는 정규분포(normal distribution)와 t분포 그리고 카이제곱분포(chi-square distribution)와 F분포가 있다. 본절에서는 일반적인 분석에서 가장 많이 사용되는 대표적인 연속확률분포에 대하여 소개하도록 한다.

1) 정규분포와 표준정규분포(*Z*분포)(Normal Distribution and Standard Normal Distribution)

정규분포(normal distribution)는 연속확률분포 중에서 가장 대표적인 분포로서 통계학과 조사방법론에서 가장 많이 사용되는 확률분포이다. 사람들의 몸무게나 키 그리고 지능지수(IQ) 등과 같은 대부분의 변수들은 정규분포를 한다고 할 수 있으며, 특히 이들을 모집단으로 하여 추출한 표본의 평균($\bar{x}$)은 관측치의 수가 많아질수록 정규분포에 더욱 가까워진다. 이러한 정규분포의 가장 큰 특징은 좌우대칭인 종(鍾)모양을 이루고 있다는 것이다.

정규분포는 평균(μ)과 분산(σ^2)의 크기에 따라 여러 가지 형태를 갖는다. 따라서 서로 다른 두 개의 분포를 비교하거나 확률분포상의 면적의 크기를 계산하여 확률을 알아내는 것은 쉽지 않다. 예를 들어, 평균이 5이고 분산이 16인 정규분포에서 $P(2<X<8)$의 확률을 계산하는 것은 상당히 어렵다. 단지 정규분포함수를 계속 부분적분하여 그 근사치를 구할 수 있으나, 이러한 계산과정

그림 8-5 | 정규분포와 표준정규분포

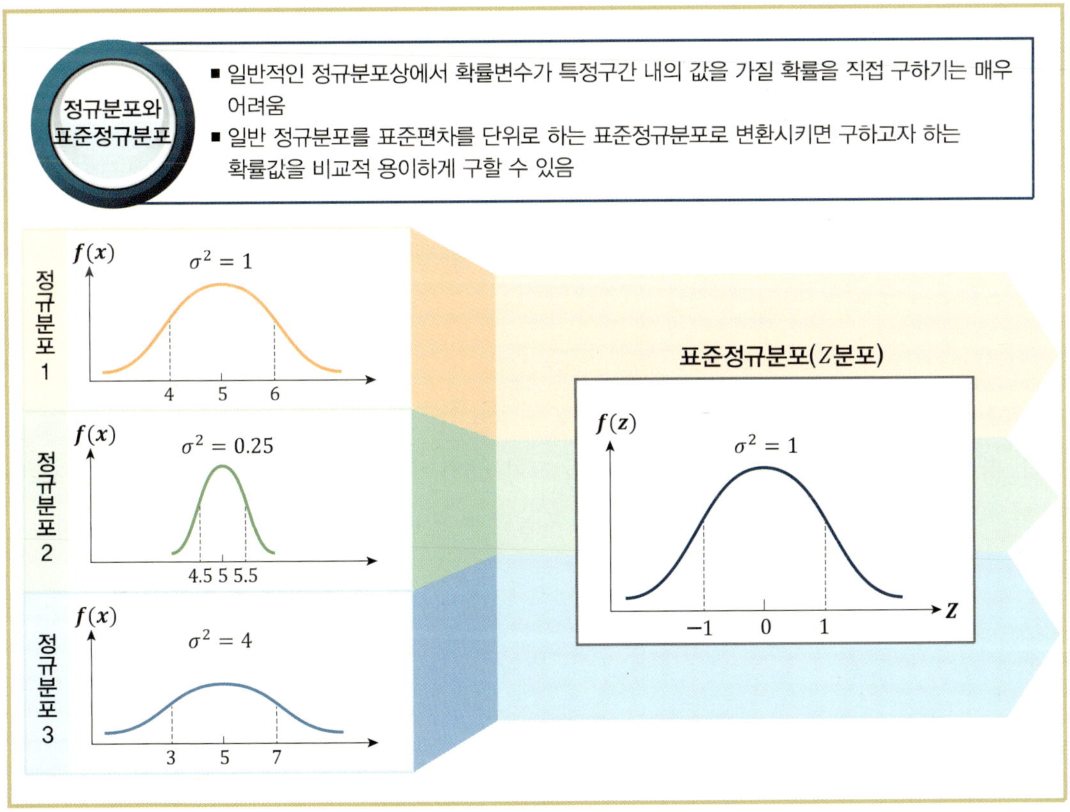

도 매우 복잡하고 어렵다. 또한 정규분포 곡선의 모양도 측정단위에 따라 달라진다. 따라서 평균과 분산에 따라 변하는 정규분포의 모양과 측정단위에 무관하게 어떠한 정규분포이든 특정구간 사이의 확률값을 구할 수 있는 방법이 필요하다.

이를 위해서 만들어진 것이 평균이 0이고 분산이 1인 표준정규분포($N(0,\ 1)$)다. **표준정규분포(standard normal distribution)는 평균과 분산은 물론 측정단위에 따라 영향을 받지 않는 값인 표준편차(σ)를 측정단위로 하는 확률변수($Z=(x-\mu)/\sigma$)값을 나타내는 정규분포를 말한다.** 이러한 표준정규분포는 확률변수를 Z로 표시하기 때문에 Z분포라고도 한다. 표준정규분포인 Z분포는 표준편차를 측정단위로 사용하기 때문에 다양한 측정단위를 사용하고 있는 모든 정규분포는 표준정규분포로의 전환이 가능하다. 또한 표준확률변수인 Z가 특정구간 내에 있을 확률은 본서 뒤에 있는 도표를 이용하면 쉽게 구할 수 있다.

2) t분포(t-Distribution)

좌우대칭이라는 점에서는 정규분포와 같으나 일반적으로 정규분포보다 평평하고 두터운 꼬리모양을 가진 구릉모양의 분포를 t분포라고 한다. 이러한 t분포의 특징을 살펴보면 다음과 같다. **첫째, 표준정규분포와 같이 평균인 0을 중심으로 좌우대칭인 낮은 구릉(hill)이나 종모양을 하고 있다. 둘째, 자유도($n-1$), 즉 표본평균($\bar{x}$)을 구하는 데에 사용된 관측치의 수(n)에 따라 모양이 변한다. 일반적으로 t분포의 모양은 자유도($n-1$)가 적을수록 표준정규분포보다 더 평평하고 두터운 꼬리모양을 가진다. 그러나 자유도($n-1$)가 증가함에 따라 분산은 1에 접근하며, 표본의 크기(n)가 30개 이상이면 t분포는 표준정규분포(Z분포)와 거의 동일한 모양의 분포를 한다.**

통계분석 결과로 얻게 되는 표본평균($\bar{x}$)을 표준화한 값($\bar{x}-\mu/\sigma/\sqrt{n}$)을 변수값으로 하는 확률변수의 분포가 대표적인 t분포에 해당한다. 또한 표본의 크기(n)가 30개 이상일 경우 확률변수 t의 분포는 표준정규분포와 거의 동일하기 때문에, **Z분포는 t분포에 포함되는 특수한 형태라고 볼 수 있다.** 따라서 대부분의 통계분석에서는 표본의 크기(n)가 큰 경우에만 사용할 수 있는 **Z분포보다는 표본의 크기(n)가 큰 경우나 작은 경우 모두 적용할 수 있는 포괄적인 t분포가 주로 사용된다.**

그림 8-6 | t분포

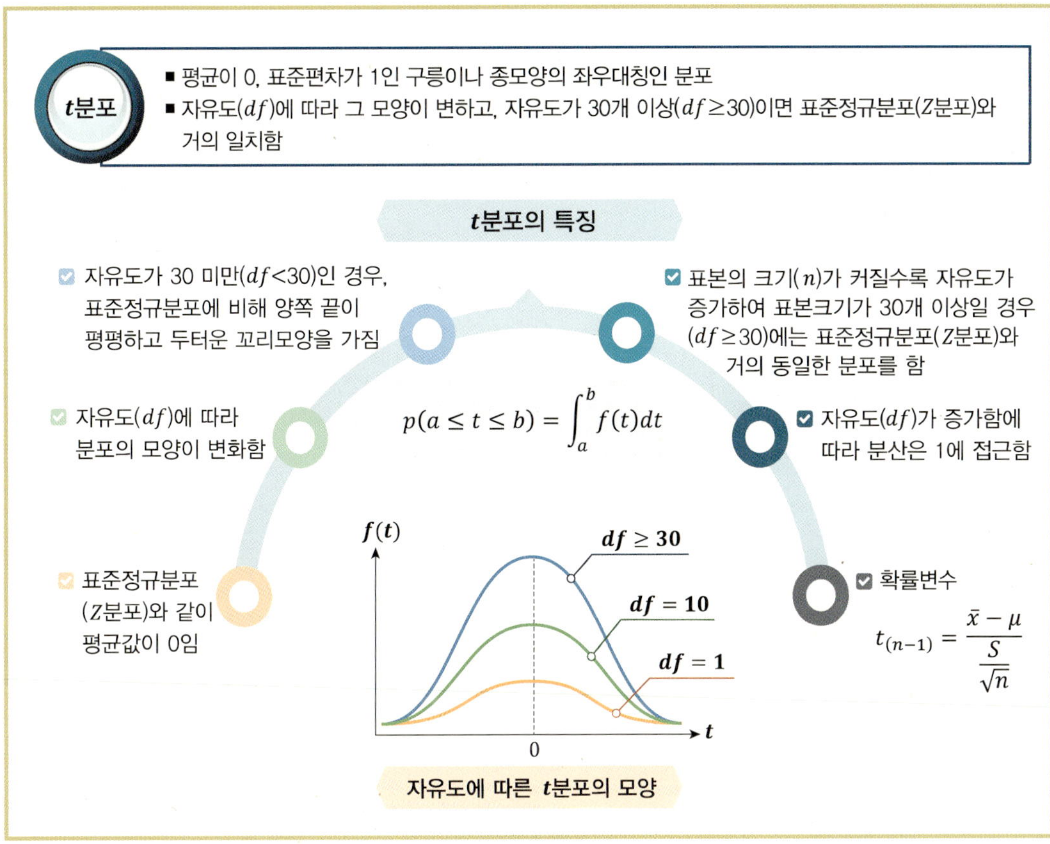

3) 카이제곱(χ^2)분포(Chi-square Distribution)

카이제곱분포(chi-square distribution)는 1900년경 칼 피어슨(Karl Pearson)에 의해 개발되어 모집단분산에 대한 가설검정이나 교차분석에서 유용하게 사용되는 분포이다. 평균(μ)이나 비율(π)에 대한 통계적 추론이나 가설검정에는 t분포를 사용하나, 분산(σ^2)에 대해 추론이나 검정을 할 경우에는 카이제곱(χ^2)분포나 F분포를 사용한다. 단일 모집단으로부터 추출한 표본분산(S^2)과 모집단분산(σ^2)의 비($\frac{(n-1)S^2}{\sigma^2}$)를 나타내는 확률변수는 카이제곱($\chi^2$, Chi-square)분포를 하고, 또한 명목척도로 측정한 변수들 간의 상호 연관성을 분석하는 경우에도 카이제곱분포가 사용된다.

이러한 카이제곱분포의 특징은 [그림 8-7]과 같다. 첫째, 연속확률분포로서 확률변수는 항상 양의 값만을 갖는다. 즉, 확률변수는 0보다 큰 값의 범위에서만 정의된다. 둘째, 오른쪽꼬리를 가진 비대칭분포이다. 셋째, 카이제곱분포는 t분포와 마찬가지로 자유도에 의해서 모양이 결정된다. 마지막으로, 카이

그림 8-7 | 카이제곱분포

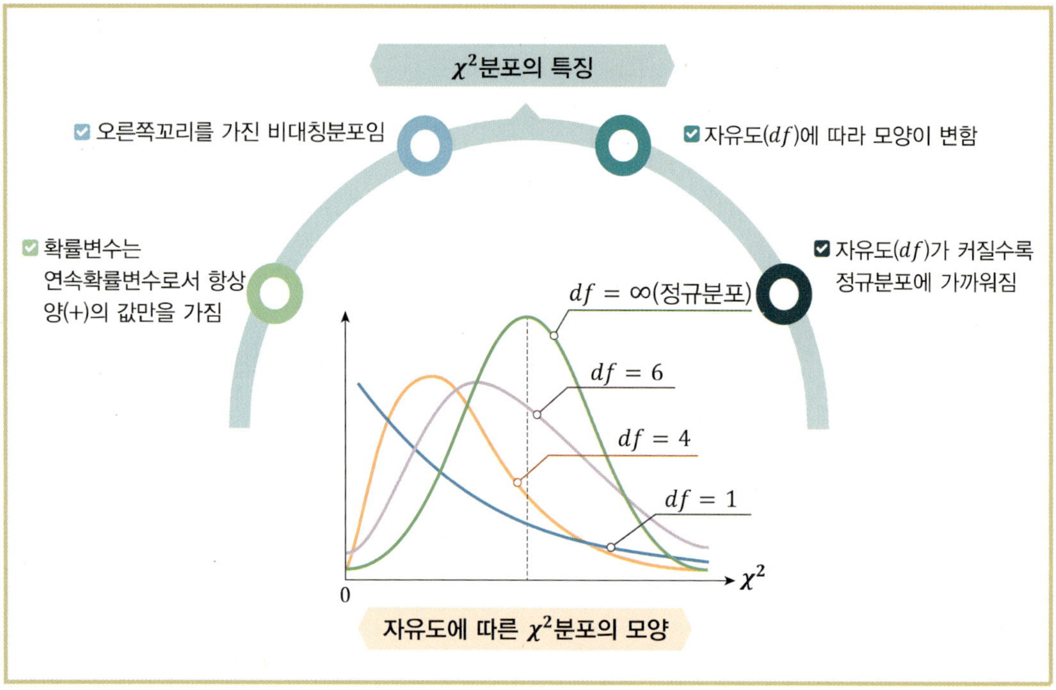

제곱분포도 t분포처럼 자유도가 커짐에 따라 좌우대칭인 정규분포에 접근하게 된다.

4) *F*분포(Fisher Distribution)

F분포(Fisher distribution)는 [그림 8-8]에서와 같이 2개의 카이제곱분포값을 각각의 자유도로 나눈 평균 카이제곱값의 비를 변수값으로 하는 확률변수의 분포이다. [그림 8-8]에서와 같이 확률변수 F를 나타내는 식을 정리하면, 2개의 모집단으로부터 추출한 표본분산의 비$\left(\frac{S_1^2}{S_2^2}\right)$를 모집단분산의 비$\left(\frac{\sigma_1^2}{\sigma_2^2}\right)$로 나눈 값$\left(\frac{S_1^2}{S_2^2} \div \frac{\sigma_1^2}{\sigma_2^2}\right)$이 된다.

일반적으로 두 모집단의 분산을 비교하는 경우 두 모집단의 분산이 차이가 없다는 귀무가설을 전제로 검정을 수행하게 된다. 따라서 확률변수 F를 나타내는 식의 분모에 있는 모집단 분산의 비$\left(\frac{\sigma_1^2}{\sigma_2^2}\right)$가 1이 됨으로써 F로 표시되는 확률변수는 단순히 두 표본분산의 비$\left(\frac{S_1^2}{S_2^2}\right)$가 된다. 즉, 두 모집단 분산에 대한 가설검정의 경우 두 모집단으로부터 추출한 표본분산비$\left(\frac{S_1^2}{S_2^2}\right)$를 나타내는 확률변수를 사용하게 되는데, 이 확률변수 F는 F분포를 한다.

양(+)의 값만을 갖는 두 개의 카이제곱 확률변수의 비로 표시되는 확률변수 F는 항상 양(+)의

그림 8-8 | *F*분포

F분포

- 2개의 카이제곱분포하는 확률변수값을 각각의 자유도로 나눈 평균 카이제곱값의 비를 변수값으로 하는 확률변수의 분포를 말함
- 정규분포를 이루며 서로 독립적인 두 모집단에서 각각 표본을 추출한 경우, 두 집단의 표본분산의 비$\left(\frac{S_1^2}{S_2^2}\right)$를 모집단분산의 비$\left(\frac{\sigma_1^2}{\sigma_2^2}\right)$로 나눈 값을 변수값으로 하는 확률변수는 분포를 함
- 2개의 표본분산이 사용되기 때문에 2개 표본의 자유도에 따라 *F*분포의 모양이 결정됨 (즉, 2개의 자유도가 *F*분포의 모양을 결정하는 파라미터가 됨)
- 일반적으로 *F*분포는 오른쪽꼬리를 갖는 비대칭 모양의 분포이나, 자유도(df)가 증가함에 따라 점차 정규분포 모양을 띠게 됨
- *F*분포하는 확률변수는 항상 양(+)의 값만을 가짐

☑ 확률변수 $F = \dfrac{\dfrac{\chi^2_{(n_1-1)}}{(n_1-1)}}{\dfrac{\chi^2_{(n_2-1)}}{(n_2-1)}} \sim F_{(df_1,\, df_2)}$

여기서, df_1 : 분자의 자유도 $(n_1 - 1)$
df_2 : 분모의 자유도 $(n_2 - 2)$

☑ 확률변수 $F = \dfrac{\dfrac{\chi^2_{(n_1-1)}}{(n_1-1)}}{\dfrac{\chi^2_{(n_2-1)}}{(n_2-1)}} = \dfrac{\dfrac{(n_1-1)S_1^2}{(n_1-1)\sigma_1^2}}{\dfrac{(n_2-1)S_2^2}{(n_2-1)\sigma_2^2}} = \dfrac{\dfrac{S_1^2}{\sigma_1^2}}{\dfrac{S_2^2}{\sigma_2^2}} = \dfrac{\dfrac{S_1^2}{S_2^2}}{\dfrac{\sigma_1^2}{\sigma_2^2}}$

요약하면, 확률변수 $F = \dfrac{S_1^2/\sigma_1^2}{S_2^2/\sigma_2^2} = \dfrac{S_1^2/S_2^2}{\sigma_1^2/\sigma_2^2}$

$= \dfrac{S_1^2}{S_2^2} \ (if\ \sigma_1^2 = \sigma_2^2)$

☑ *F*분포의 모양은 분자의 자유도(df_1)와 분모의 자유도(df_2)에 따라 달라짐

F분포

F분포의 특징

- ☑ 확률변수 *F*는 항상 양의 값만을 갖는 연속확률변수임
- ☑ χ^2분포와 다르게 2개의 자유도를 가짐
- ☑ 2개의 자유도(df)에 따라 분포의 모양이 변함
- ☑ 오른쪽꼬리 모양을 갖는 비대칭분포임
- ☑ 자유도(df)가 커질수록 정규분포에 가까워짐

자유도에 따른 F분포의 모양

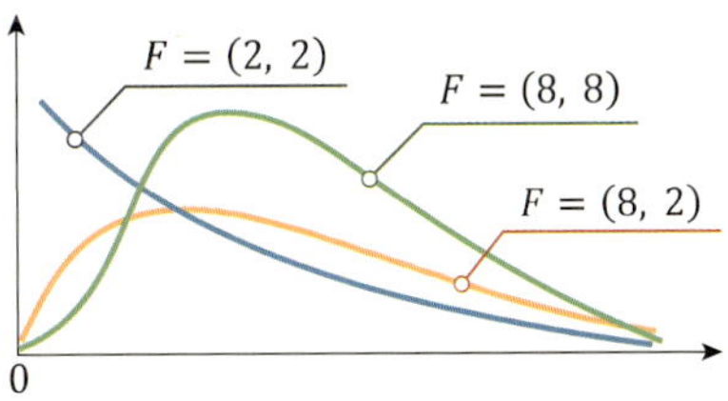

값만 갖게 된다. 따라서 확률변수 *F*의 분포 또한 항상 양(+)의 값상에서만 존재하며 카이제곱분포와 같이 오른쪽꼬리를 갖는 비대칭모양의 분포를 한다. 그러나 1개의 확률변수(표본통계량)만을 사용하는 카이제곱분포와는 달리, *F*분포는 2개의 확률변수(표본통계량)(S_1^2, S_2^2)를 사용하기 때문에 2개 표본의 자유도에 따라 *F*분포의 모양이 결정된다. 따라서 *F*분포는 2개의 자유도를 모수(parameter)

로 하는 분포가 된다. 또한 F분포도 카이제곱분포와 같이 자유도가 커질수록 좌우대칭인 정규분포 모양에 근접하게 된다.

제3절 중심극한정리(Central Limit Theorem)

중심극한정리는 통계학과 조사방법론에서 가장 중요하면서도 기본적인 정리이다. 통계분석에서 가장 많이 사용되고 있는 표본평균이나 표본비율을 이용한 추정이나 가설검정이 가능한 것은 바로 중심극한정리가 성립되기 때문이다. 본절에서는 이러한 중심극한정리에 대해서 자세히 설명하도록 한다.

3.1 표본분포(Sampling Distribution)

일반적으로 모집단 전체를 조사하고 분석하는 것은 상대적으로 많은 시간과 비용을 필요로 하기 때문에 대부분의 통계분석은 모집단으로부터 표본을 추출하여 분석한다. 즉, 표본을 분석하여 얻은 정보를 이용하여 모집단의 모수를 추정하고 모수에 대한 가설을 검정하며 의사결정을 한다. 따라서 통계분석은 표본으로부터 시작한다고 해도 과언이 아니다.

그러나 분석을 위해서 추출된 특정한 표본은 무수히 많은 추출가능한 표본들 중의 하나에 불과하다. 예를 들어, 5명에서 3명을 표본으로 뽑아 이들을 분석하여 전체 5명에 대하여 파악하고자 할 경우, 5명에서 3명을 뽑는 경우의 수는 모두 10가지($_5C_3$)가 된다. 즉, 10가지 종류의 표본추출이 가능하며, 이들 가능한 10개 표본들의 특성을 나타내는 10개 통계량의 분포를 표본분포(sampling distribution)라 한다. 예를 들어, 10개 표본의 평균값의 분포나 분산값의 분포를 평균의 표본분포 그리고 분산의 표본분포라 한다.

추가적으로 설명하면, 추출된 표본에 대하여 조사하고 분석하면 표본의 특성을 요약하여 설명하는 평균이나 분산 등 다양하고도 많은 값들을 얻을 수 있다. 이렇게 표본의 특성을 나타내는 값들을 통계량(statistic) 혹은 모집단의 모수를 추정하는 데에 사용되는 값이라 하여 추정량(estimator)이라 한다. 분석하여 얻은 통계량이 표본의 평균이면 표본분포는 표본평균($\bar{x}$)의 표본분포가

그림 8-9 | 표본분포

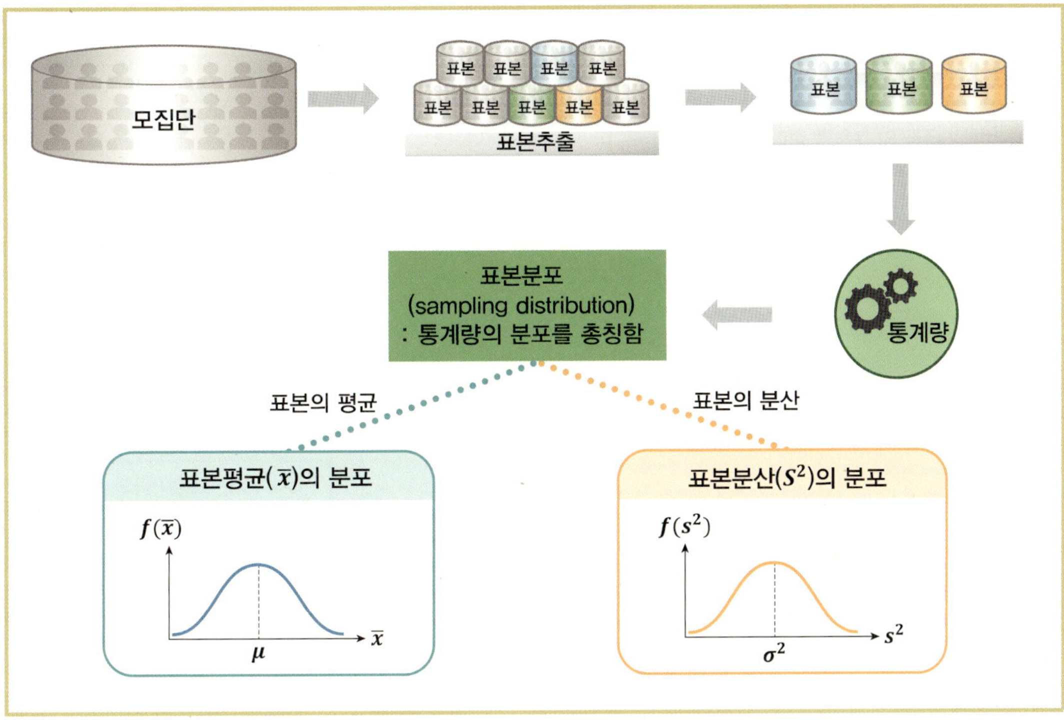

되고, 만일 분산이면 표본분산(S^2)의 표본분포가 된다. 정리하면, 표본분포란 이러한 통계량의 분포를 총칭하여 일컫는 말이다.

우리가 이들 통계량을 가지고 추정이나 가설검정하기 위해서는 이들 통계량의 분포, 즉 표본분포는 분포의 확률값들을 산출할 수 있는 확률분포에 준하는 분포를 해야만 한다. 요약하면, 통계량인 확률변수가 특정한 구간값을 가질 확률을 산출해낼 수 있는 t분포나 F분포 등에 준하는 확률분포를 한다고 가정할 수 있어야만 통계량을 이용해서 추정하고 가설검정할 수 있다.

3.2 중심극한정리(Central Limit Theorem)

여러 가지 표본통계량 중에서 가장 대표적인 통계량은 표본의 중심성향을 나타내는 표본평균($\bar{x}$)이나 표본비율(p)이다. 이들의 표본분포와 분포의 특성에 대하여 살펴보면, 다행히도 이들 표본평균($\bar{x}$)이나 표본비율(p)의 분포는 표본으로 추출되는 관측치의 수, 즉 표본의 크기(n)가 증가

그림 8-10 | 중심극한정리

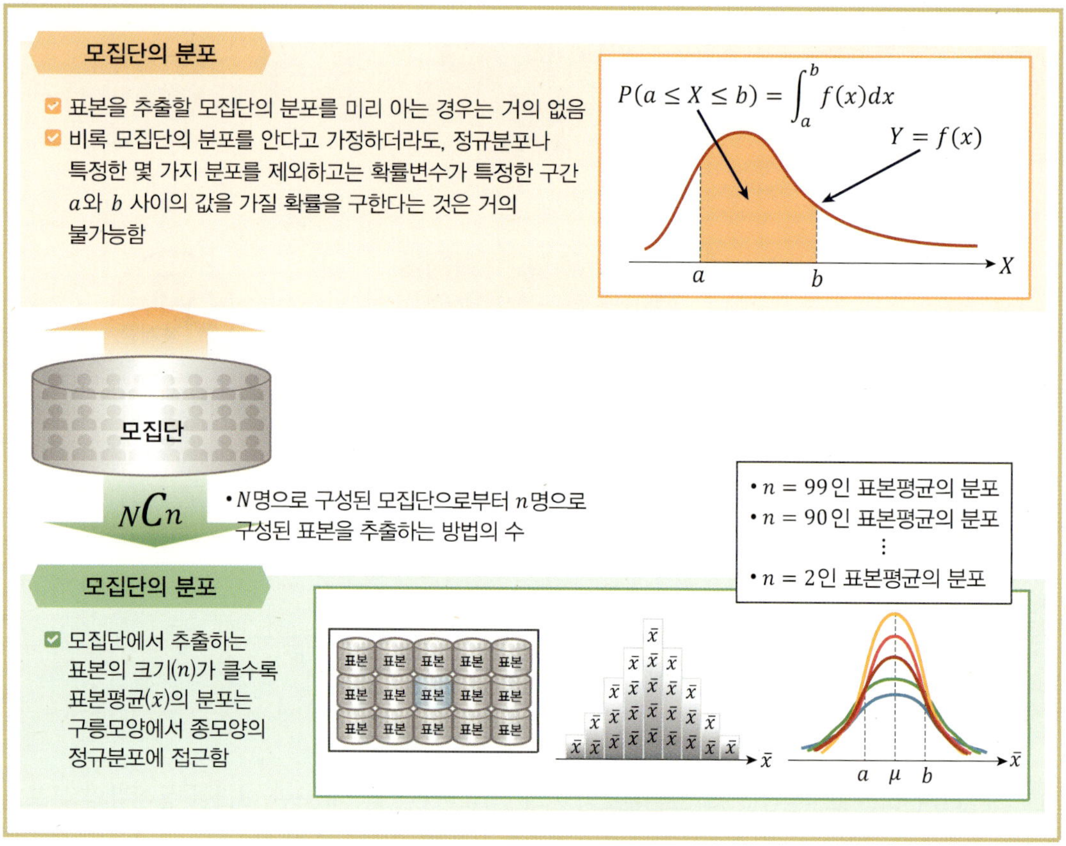

함에 따라 완만한 구릉모양에서 점차 종모양의 정규분포 형태에 가까운 분포를 한다. 이렇게 표본의 크기(n)가 증가함에 따라 표본평균($\bar{x}$)이나 비율(p)의 분포가 정규분포에 근접해가는 현상을 중심극한정리(central limit theorem)라 한다. 이러한 중심극한정리로 인하여 표본평균($\bar{x}$)이나 표본비율(p)의 분포에 대해 가정할 수 있고 이를 바탕으로 모집단평균(μ)에 대한 추정과 가설검정이 가능하다.

일반적으로 확률변수의 분포는 매우 다양하기 때문에 t분포와 F분포 등 몇 가지 대표적인 확률분포를 제외하고는 확률변수의 특성에 따라 분포곡선을 파악하여 확률밀도함수를 구하는 것은 쉽지 않다. 더욱이 분포를 알 수 없는 확률변수가, 어느 특정한 구간 a와 b 사이의 값을 가질 확률을 구한다는 것은 불가능하다. 그러나 확률변수가 정규분포나 t분포 모양의 분포를 한다면 확률변수를 표준화하여 표준정규분포(Z분포)나 t분포상의 값으로 치환한 다음, 표준정규분포표(Z분포)나 t분포표를 이용하여 확률변수가 특정구간($a \sim b$) 내의 값들을 가질 확률을 구할 수 있다.

그러나 대부분의 확률변수가 특정구간 내의 값을 가질 확률의 계산이 가능한 t분포나 정규분포 혹은 F분포 등의 분포를 한다고 단정할 수 없기 때문에, 확률변수가 특정한 구간 내의 값을 가질 확률을 계산하는 것은 거의 불가능하다. 다행스럽게도 모집단에서 추출한 표본의 평균($\bar{x}$)은 모집단 자체의 분포와는 관계없이, 표본의 수(n)가 증가함에 따라 모집단의 평균(μ)을 중심으로 구릉이나 종모양의 분포를 한다. 즉, 어떠한 분포를 하는 모집단으로부터 추출한 표본이든 간에 표본의 평균($\bar{x}$)은 모집단평균(μ)을 중심으로 종모양의 정규분포나 최소한 좌우대칭인 구릉모양의 분포를 한다. 이러한 표본평균($\bar{x}$)의 분포특성을 설명하는 이론을 중심극한정리(central limit theorem)라고 한다.

요약하면, 일반 조사과정에서 표본으로 추출되어 측정되는 대부분의 값들은 그들이 추출된 모집단의 분포에 대하여 알 수 없는 경우가 대부분이다. 그러나 이들의 평균값, 즉 추출된 표본의 평균($\bar{x}$)을 변수값으로 하는 확률변수는 중심극한정리에 의하여 모집단의 평균(μ)을 중심으로 구릉모양이나 종모양의 분포를 한다. 정리하면, 모집단으로부터 n개의 개체로 구성된 표본을 뽑을 경우에 가능한 모든 표본들($_NC_n$개)의 평균($\bar{x}$)들은 모집단의 평균(μ)을 중심으로 좌우대칭인 구릉이나 종모양의 분포를 한다.

예를 들어, 100명으로 구성된 반 학생들의 평균키를 표본을 추출하여 추정하고자 할 경우를 살펴보자. 만일 하나의 표본으로 1명(n=1)씩을 추출하면, 가능한 모든 표본평균($\bar{x}$)의 분포는 모집단의 분포와 동일한 모양이고, 표본으로 5명(n=5)씩 뽑는다면 가능한 표본평균($\bar{x}$)들은 전체 모집단의 평균(μ)을 중심으로 어느 정도 몰려 있는 구릉모양의 분포를 한다. 극단적인 경우를 예로 들어 만일 99명(n=99)씩을 표본으로 추출한다면, 100개($_{100}C_{99}$)의 가능한 표본들의 표본평균($\bar{x}$)들은 대부분 모집단인 100명의 평균(μ)과 거의 일치하여, 표본평균($\bar{x}$)의 분포는 모집단인 100명의 평균(μ)을 중심으로 마치 송곳처럼 뾰족한 모양을 띄게 된다. 이와 같이 표본의 크기(n)가 커질수록, 표본평균($\bar{x}$)들의 분포는 전체 모집단의 평균(μ)을 중심으로 구릉모양에서 종모양으로 그리고 극단적으로는 송곳모양으로 변해가게 된다. 이렇게 표본평균($\bar{x}$)의 분포가 형성됨을 밝히는 이론을 중심극한정리라 한다.

이러한 중심극한정리를 보다 구체적인 예를 들어 설명하면 [그림 8-11]과 같다. [그림 8-11]에서 보면 알 수 있듯이, 정수(1, 2, 3, 4, 5)로 구성된 유니폼분포(uniform distribution)를 하는 모집단에서 추출한 표본의 평균($\bar{x}$)을 변수값으로 하는 확률변수의 분포는 표본의 크기(n)가 1부터 4까지 증가함에 따라 모집단의 평균(μ)인 3을 중심으로 점차 구릉모양의 분포로 변해감을 알 수 있다.

이처럼 모집단 자체의 분포에 관계없이, 즉 모집단이 어떠한 분포를 하든지 모집단으로부터 추

그림 8-11 | 중심극한정리의 사례

$n=1$: $_5C_1$ = 5가지	표본평균	$n=2$: $_5C_2$ =10가지	표본평균	$n=3$: $_5C_3$ =10가지	표본평균	$n=4$: $_5C_4$ = 5가지	표본평균
{1}	1.00	{1, 2}	1.50	{1, 2, 3}	2.00	{1, 2, 3, 4}	2.50
{2}	2.00	{1, 3}	2.00	{1, 2, 4}	2.33	{1, 2, 3, 5}	2.75
{3}	3.00	{1, 4}	2.50	{1, 2, 5}	2.67	{1, 2, 4, 5}	3.00
{4}	4.00	{1, 5}	3.00	{1, 3, 4}	2.67	{1, 3, 4, 5}	3.25
{5}	5.00	{2, 3}	2.50	{1, 3, 5}	3.00	{2, 3, 4, 5}	3.50
		{2, 4}	3.00	{1, 4, 5}	3.33		
		{2, 5}	3.50	{2, 3, 4}	3.00		
		{3, 4}	3.50	{2, 3, 5}	3.33		
		{3, 5}	4.00	{2, 4, 5}	3.67		
		{4, 5}	4.50	{3, 4, 5}	4.00		
$\bar{x}$의 평균	3	$\bar{x}$의 평균	3	$\bar{x}$의 평균	3	$\bar{x}$의 평균	3
$\bar{x}$의 분산	2.5	$\bar{x}$의 분산	0.83	$\bar{x}$의 분산	0.37	$\bar{x}$의 분산	0.16

표본크기(n)에 따른 표본평균($\bar{x}$)의 변화

$\bar{x}$	$n=1$	상대빈도	$n=2$	상대빈도	$n=3$	상대빈도	$n=4$	상대빈도
1.00	1	0.20	0	0.00	0	0.00	0	0.00
1.50	0	0.00	1	0.10	0	0.00	0	0.00
2.00	1	0.20	1	0.10	1	0.20	0	0.00
2.50	0	0.00	2	0.20	1	0.10	1	0.20
3.00	1	0.20	2	0.20	4	0.40	2	0.40
3.50	0	0.00	2	0.20	2	0.20	2	0.40
4.00	1	0.20	1	0.10	2	0.10	0	0.00
4.50	0	0.00	1	0.10	0	0.00	0	0.00
5.00	1	0.20	0	0.00	0	0.00	0	0.00
총합	5	1	10	1	10	1	5	1

표본평균($\bar{x}$)의 도수분포표

모집단의 분포

- 모집단이 숫자 {1, 2, 3, 4, 5}로 구성된 유니폼 분포를 함

- 표본의 크기(n)를 증가시키면서 표본평균($\bar{x}$)의 분포의 모양 변화를 살펴봄
- 표본의 크기(n)가 커짐에 따라 표본평균의 분포는 모집단의 평균(μ)을 평균으로 하고 $\frac{\sigma^2}{n}$을 분산으로 하는 정규분포에 접근함

표본평균($\bar{x}$)의 분포(그래프)

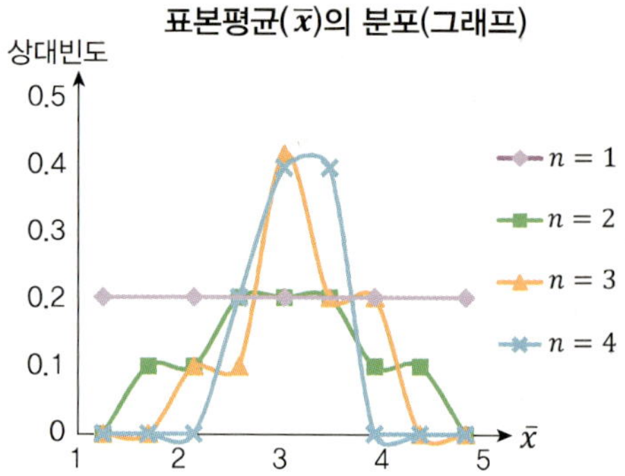

출한 표본평균($\bar{x}$)의 분포는 표본으로 추출되는 표본의 크기(n)가 증가할수록 모집단의 평균(μ)을 중심으로 좌우대칭인 구릉모양(hill shape)에서 종모양(bell shape)으로 변하게 된다. 일반적으로 하나의 표본의 크기(n)가 30개 이상($n \geq 30$)이면 표본평균($\bar{x}$)을 변수값으로 하는 확률변수는 정규분포하는 것으로 간주하여도 무방하다.

[그림 8-12]는 모집단의 분포에 관계없이 표본의 크기(n)가 증가하면 증가할수록 표본의 평균($\bar{x}$)들이 모집단의 평균(μ)을 중심으로 밀집되어 가는 것을 보여주고 있다.

이와 같이 표본평균($\bar{x}$)을 변수값으로 하는 확률변수는 정규분포나 최소한 구릉모양의 분포를 하기 때문에 이 확률변수가 특정한 값들을 가질 확률을 추정할 수 있다. 따라서 표본평균($\bar{x}$)을

그림 8-12 | 표본크기에 따른 표본평균의 표본분포

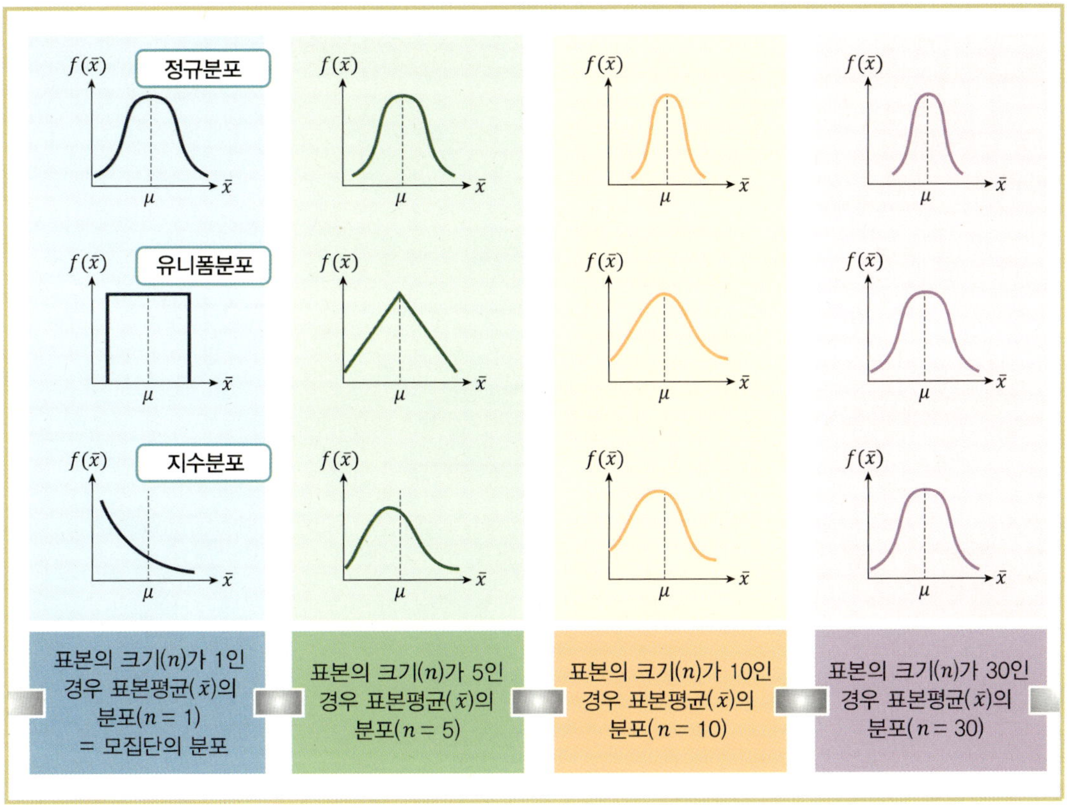

이용한 모집단평균(μ)에 대한 추정이나 가설검정과 같은 통계분석이 가능하다. 이 모든 것이 표본평균($\bar{x}$)분포의 독특한 특성 때문이고, 이를 칭해서 중심극한정리라 한다. 만일, 이러한 중심극한정리(central limit theorem)가 없다면 통계분석에서 가장 많이 실행되는 모집단평균(μ)에 대한 통계적 추정(estimation)이나 가설검정(hypothesis test)은 거의 불가능하다. 따라서 중심극한정리는 통계학 그리고 조사방법론에서 가장 중요한 이론이라 해도 과언은 아니다.

CHAPTER

9

추정과 가설검정
(Estimation and Hypothesis Test)

Chapter 09 추정과 가설검정
(Estimation and Hypothesis Test)

통계(statistics)에는 기술통계(descriptive statistics)와 추론통계(inferential statistics, statistical inference)가 있다. 기술통계는 자료를 정리해서 그래프나 요약 표 형태의 정보로 바꾸는 모든 방법과 과정을 말하며, 추론통계는 표본통계량으로 모집단의 모수에 대하여 추정하거나 이에 대한 가설을 검정하는 통계를 의미한다. 일반적으로 통계라 하면 추론통계를 일컫는다.

>>그림 9-1 | 추정과 가설검정

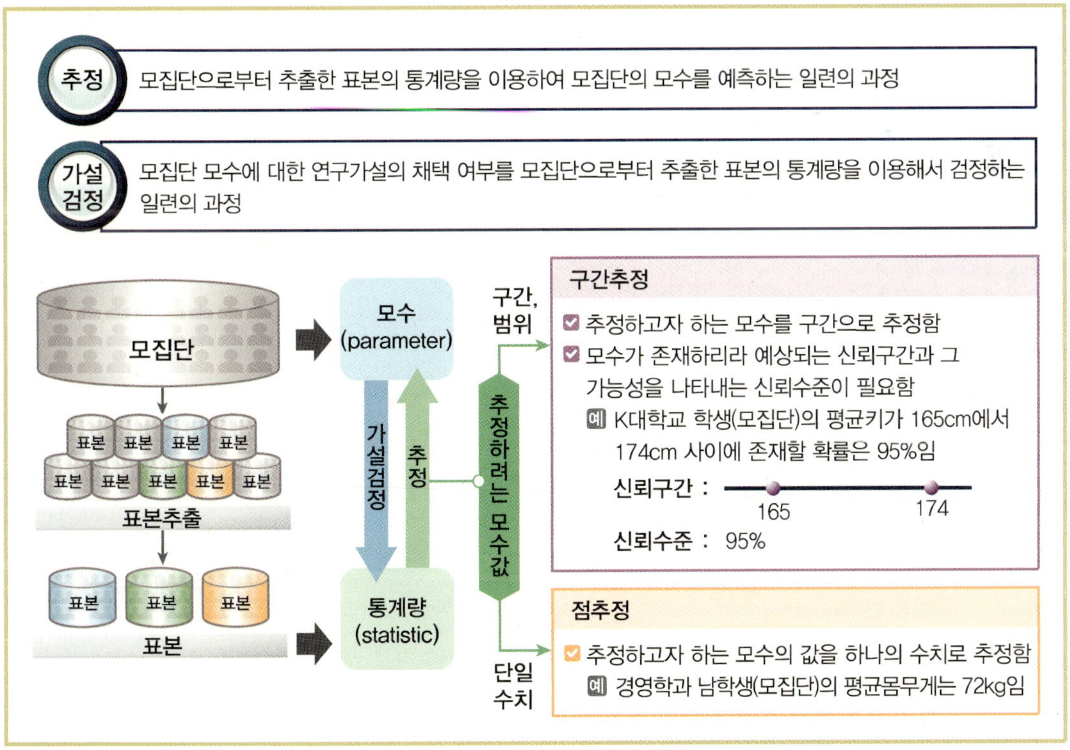

이렇게 추론통계를 이용해서 모집단의 모수에 대하여 추론하는 방법에는 [그림 9-1]과 같이 추정과 가설검정이라는 두 가지 방법이 있다. 추정(estimation)이란 모집단에 대한 정보가 전혀 없는 상태에서 표본의 통계량으로 모집단의 모수를 예측하는 방법이고, 가설검정(hypothesis test)은 새로운 정보를 바탕으로 모집단의 모수에 대한 연구가설을 세우고 표본의 통계량으로 연구가설이 과연 옳은지를 검정하는 방법이다. 본장에서는 먼저 추정에 대해서 설명을 하고, 다음으로 가설검정에 대해서 알아보기로 한다.

제1절 추정(Estimation)

1.1 추정의 기본개념(Concept of Estimation)

1) 추정의 정의(Definition of Estimation)

추정(estimation)이란 모집단에 대한 어떠한 정보가 없는 상태에서 모집단을 대표할 수 있는 표본을 추출하여, 추출된 표본의 통계량(statistic)을 이용해서 모집단의 모수(parameter)를 예측하는 것을 말한다. 즉, 표본의 통계량(statistic)으로 모집단의 모수(parameter)를 추정하는 것이다.

일반적으로 모집단은 크기가 너무 크기 때문에 전수조사를 하기 위해서는 많은 비용과 시간이 소요되며, 어떤 모집단은 전수조사 자체가 불가능한 경우도 있다. 따라서 대부분의 경우 모집단을 대표할 수 있는 표본을 추출 하여, 그 표본의 통계량으로 모집단의 모수를 추정한다. 예를 들면, K대학교 학생의 평균키를 추정하고자 하는 경우에 12,000명이 넘는 모집단인 K대학교 학생 전체를 조사하기는 어렵기 때문에, 이 중에 100명을 표본으로 추출하여 구한 표본의 평균키로 모집단인 K대학교 학생 전체의 평균키를 추정하는 것을 말한다.

2) 추정의 종류(Types of Estimation)

이러한 추정의 종류에는 점추정(point estimation)과 구간추정(interval estimation) 두 가지가 있다. 점추정이란 추정하고자 하는 모수를 하나의 점, 즉 하나의 수치로 추정하는 것이고, 구간추정은 특정한 구간 내에 모수가 존재할 확률을 가지고 모수를 추정하는 방법을 말한다. 점추정의 경우 모

그림 9-2 | 추정의 개념

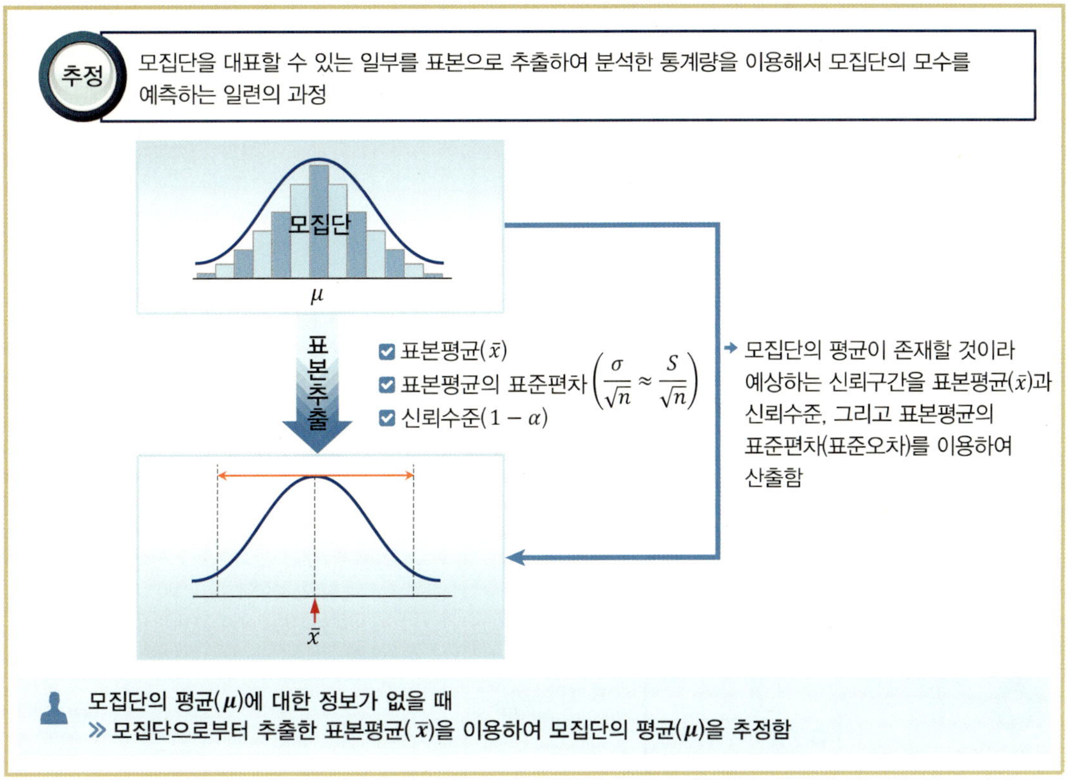

수를 추정하기 위한 통계량을 추정량(estimator)이라 한다. 따라서 모평균(population mean: μ)의 추정량은 표본평균(sample mean: $\bar{x}$)이 되고, 모분산(population variance: σ^2)의 추정량은 표본분산(sample variance: S^2)이 된다. 또한, 구체적인 수치로 표시된 특정한 표본추정량값을 추정치라 한다. 일반적으로 좋은 추정량(estimator)이 되기 위한 조건으로는 불편성(unbiasedness), 효율성(efficiency), 일치성(conformity), 충분성(sufficiency)이 있다.

예를 들어, K대학교 학생들로부터 표본으로 뽑은 100명 학생의 평균키가 167cm이었다면, 모수인 전체 K대학교 학생의 평균키를 167cm로 추정하는 것이 점추정이다. 그러나 실제 모수값이 정확하게 167cm일 확률은 0이다. 따라서 표본평균으로는 전체 학생의 평균키인 모수가 대략 167cm정도 될 것으로만 추측할 수밖에 없다. 어떠한 과학적인 방법으로 모수와 추정치가 일치할 확률도 제시하기 어렵다. 이렇게 점추정의 애매한 점을 보완하기 위해서 구간추정이 필요하다.

구간추정(interval estimation)이란 모수(parameter)가 존재할 것이라 추정하는 구간과 그렇게 될 확률값을 가지고 모수를 추정하는 방법이다. 즉, 추정하고자 하는 모수가 특정한 구간 내에 위치할 확률이 어

그림 9-3 | 점추정과 구간추정

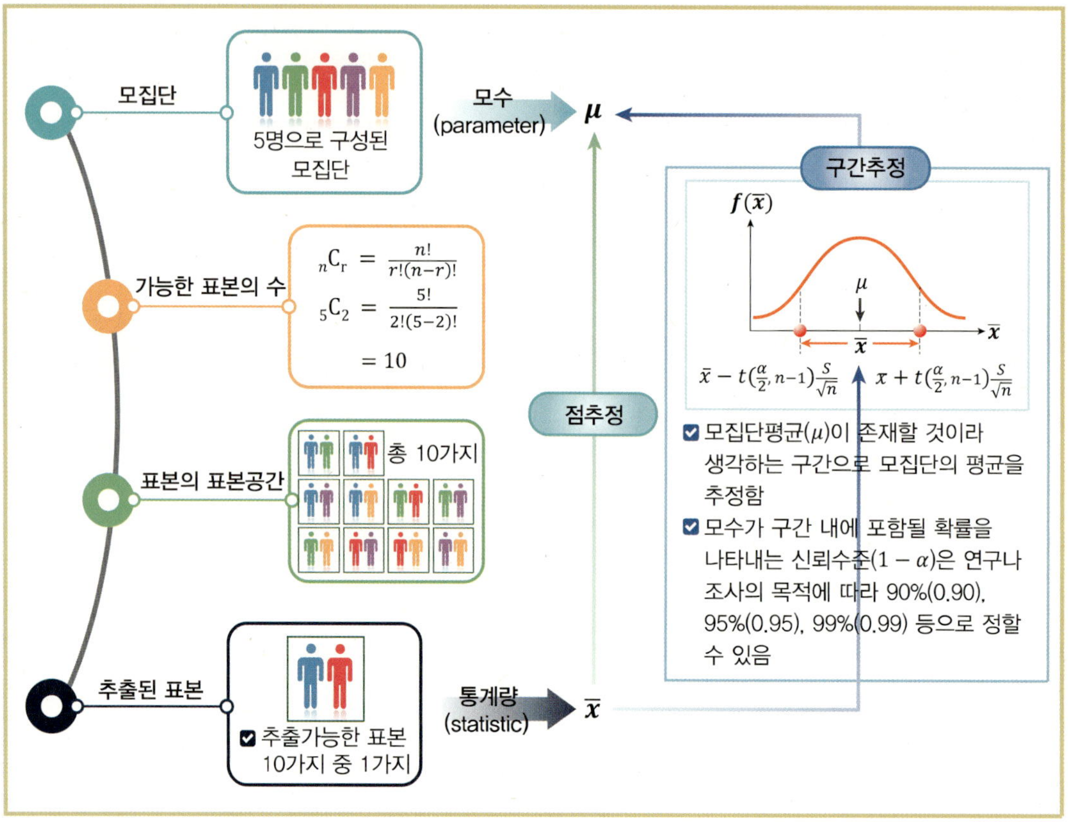

느 정도라고 추정하는 것이다. 위의 예에서 표본의 평균키로 167cm가 나왔다면 167cm를 중심으로 좌우 2cm 구간에, 즉 165cm에서 169cm 사이에 진정한 모수인 전체 K대학교 학생의 평균키가 있다고 어느 정도(몇 %) 신뢰한다는 식으로 추정하는 것을 말한다. 또 다른 예를 들어, 선거 때 TV방송이나 신문에서 '여론조사 결과 K후보의 지지율은 36%이고, 오차범위는 95%(0.95) 신뢰수준에서 ±3%이다'라고 말하는 것을 자주 들을 수 있다. 이것의 진정한 의미는 K후보의 지지율이 33%에서 39% 사이에 있을 확률이 95%(0.95) 정도라는 뜻이다. 따라서 5% 정도는 실제 모수가 이 구간 밖에 있을 수 있다는 의미이다.

대부분의 추정에서는 추정치가 모수와 일치하지 않았을 경우에 발생할 수 있는 오차에 대한 정보가 없는 점추정보다는 어느 정도 오차를 허용한 범위 내에 모수가 존재할 가능성에 대한 정보를 충분히 활용할 수 있는 구간추정이 보편적으로 사용된다. 따라서 본절에서는 일반적인 조사분석에서 많이 사용되는 구간추정에 대해서 보다 구체적으로 설명하도록 한다.

1.2 구간추정(Interval Estimation)

구간추정(interval estimation)을 위해서는 신뢰수준(confidence level)과 신뢰구간(confidence interval)이 필요하다. 여론조사 결과 'K후보의 지지율은 36%이고, 오차범위는 95%(0.95) 신뢰수준에서 ±3%이다'라고 할 경우, 95% 신뢰수준은 말 그대로 신뢰수준을 나타내는 것이고, 오차범위 ±3%를 고려한 33%에서 39%에 이르는 구간이 신뢰구간이 된다. 즉, 신뢰구간은 모수가 포함될 가능성이 있는 구간을 말하며, 신뢰수준과 정비례하여 구간의 크기가 변한다. 즉, 표본의 크기(n)가 일정한 경우 신뢰수준이 높아지면 신뢰구간이 넓어지고, 신뢰수준이 낮아지면 신뢰구간이 좁아진다.

1) 신뢰수준(Confidence Level)과 신뢰구간(Confidence Interval)

신뢰수준(confidence level)은 신뢰구간(confidence interval)에 모수가 위치할 것이라 믿는 확률을 말하는 것으로, 조사자의 믿음 정도를 나타낸다. 일반적으로 신뢰구간은 하한값(lower bound)과 상한값(upper bound)으로 표기하며, 신뢰구간의 하한을 신뢰하한(lower confidence limit), 상한을 신뢰상한(upper confidence limit)이라고 한다. 이러한 신뢰구간 내에 모수가 포함될 확률이 바로 신뢰수준이며, 이는 전체 1에서 허용오차(α)를 뺀 값($1-\alpha$)이다. 따라서 허용오차수준(allowable error level)은 100%에서 신뢰수준을 뺀 값으로, 진정한 모수가 신뢰구간 밖에 존재할 가능성을 나타낸다. 예를 들어, 95% 신뢰수준이라 하면 α는 5%가 되며, 이는 진정한 모수가 신뢰구간 내에 있으리라고 95% 신뢰할 수 있으나 이러한 믿음이 잘못될 가능성이 5% 정도 된다는 것을 의미한다.

이처럼 허용오차수준(α)과 신뢰수준($1-\alpha$)의 합이 1이 되기 때문에 신뢰수준과 허용오차수준은 명확하게 서로 반비례관계에 있다. 신뢰수준이 높아지면 허용오차수준은 낮아지고, 신뢰수준이 낮아지면 허용오차수준은 높아진다. 즉, 모수가 신뢰구간 내에 있을 확률은 신뢰수준($1-\alpha$)이며, 신뢰구간을 벗어나 신뢰구간 밖에 있을 확률이 허용오차수준(α)이다.

가설검정에서도 허용오차수준(allowable error level)에 해당하는 개념이 소개되고 있는데 이 경우에는 허용오차수준(allowable error level)이라 하지 않고 유의수준(significance level)이라는 용어를 사용한다. 이러한 유의수준에 대해서는 가설검정에서 자세히 설명하도록 한다.

일반적으로 하한값(lower confidence bound)과 상한값(upper confidence bound)으로 표기되는 신뢰구간(confidence interval)은 실제 모수가 있을 것이라고 예상하는 구간을 말한다. 이러한 신뢰구간의 크기는 신뢰수준에 비례한다. 예를 들어, A후보의 지지율을 추정하는 경우, A후보의 진정한 지지율이

그림 9-4 | 신뢰수준과 신뢰구간

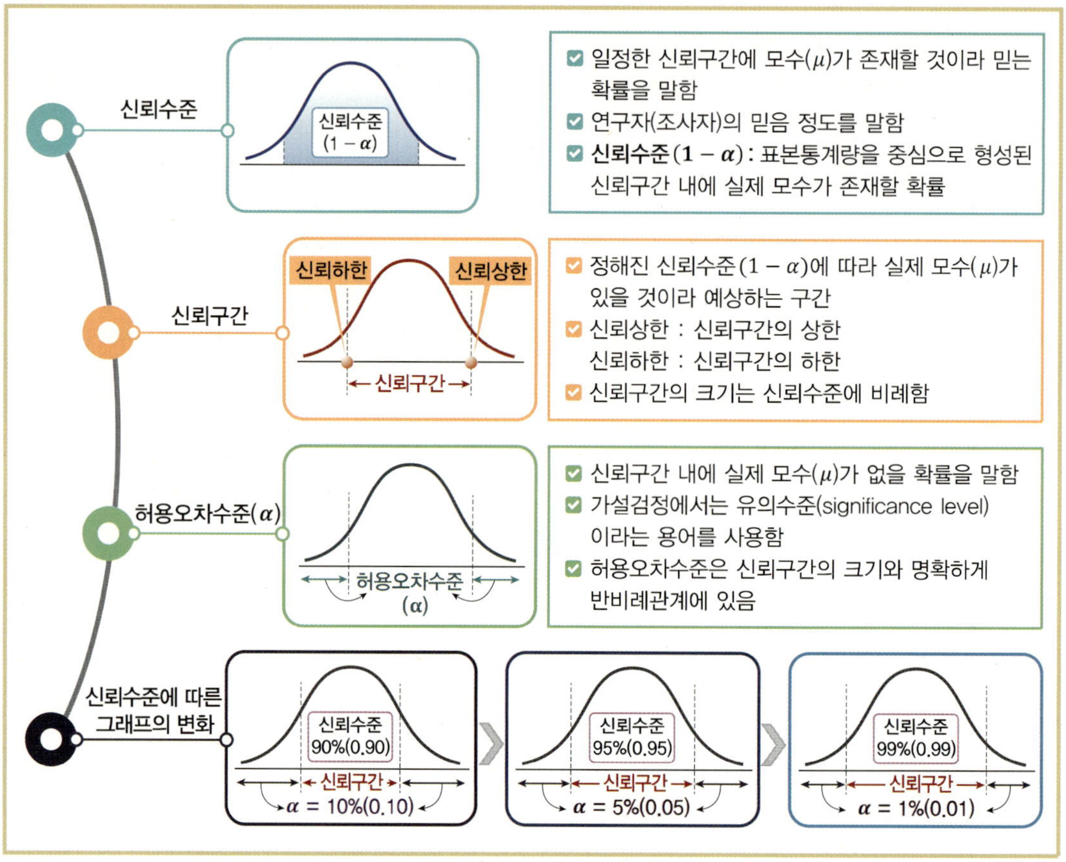

좁은 신뢰구간보다는 넓은 신뢰구간 내에 있다고 보다 자신 있게 확신할 수 있다. 즉, 35%에서 40% 사이에 A후보의 지지율이 있을 것이라고 정확하게 확신하기는 어렵지만, 1%에서 99% 사이에 A후보의 지지율이 있을 것이라고는 거의 100% 확신할 수 있다. 따라서 신뢰수준이 높아지면 신뢰구간의 폭도 넓어지며, 신뢰수준이 낮아지면 신뢰구간의 폭도 좁아진다.

2) 모집단평균의 구간추정(Interval Estimation of Population Mean)

모집단의 평균(μ)은 표본의 평균($\bar{x}$)을 이용하여 구간추정한다. 표본평균($\bar{x}$)은 중심극한정리(central limit theorem)에 의해서 모집단의 분포와는 관계없이 표본의 크기(n)가 증가함에 따라 모집단 평균(μ)을 중심으로 구릉모양의 t분포나 종모양의 정규분포를 한다. 따라서 표본평균($\bar{x}$)을 가지고 모집단의 평균(μ)을 추정하는 경우, 모집단의 평균이 존재하리라 예상하는 구간, 즉 신뢰구간은 표

그림 9-5 | 표본평균의 표준편차인 표준오차

모집단의 분산 : $var(X) = \sigma^2$

- S^2는 σ^2의 불편추정량 : $E(S^2) = \sigma^2$
- σ^2의 값을 알 수 없는 경우에는 σ^2의 불편추정량(unbiased estimator)인 S^2를 σ^2 대신 사용함

표본평균($\bar{x}$)의 분산 :

- $var(\bar{x}) = var\left(\frac{x_1 + x_2 + \cdots + x_n}{n}\right) = \frac{var(x_1) + var(x_2) + \cdots + var(x_n)}{n^2} = \frac{n \times var(X)}{n^2} = \frac{\sigma^2}{n} \approx \frac{S^2}{n}$

표본평균($\bar{x}$)의 표준편차인 표준오차 :

- $\frac{\sigma}{\sqrt{n}} \approx \frac{S}{\sqrt{n}}$

본평균($\bar{x}$)을 중심으로 형성된다. 이러한 신뢰구간의 크기는 신뢰수준($1-\alpha$)과 표본평균의 표준편차, 즉 표준오차(standard error)에 의하여 결정된다.

표본평균($\bar{x}$)의 표준편차(standard deviation of sample mean)를 다른 말로 표준오차(standard error)라 하며, 이는 표본평균($\bar{x}$)의 분산(sample variance)에 루트($\sqrt{\ }$)를 씌운 값, 즉 제곱근값이다. 표본평균의 분산은 [그림 9-5]와 같이 모집단의 분산(σ^2)을 표본을 구성하는 관측치의 수(n)로 나눈 값 $\frac{\sigma^2}{n}$이다. 그러나 대부분의 경우에는 모집단의 분산(σ^2)을 알 수 없으므로, 모집단분산(σ^2) 대신에 모집단분산(σ^2)의 불편추정량(unbiased estimator)인 표본의 분산(s^2)을 사용함으로써 표준오차는 $\frac{S}{\sqrt{n}}$가 된다.

모집단의 분산을 표본의 크기(n)로 나눈 표본평균의 분산은 표본의 크기(n)가 커질수록 점차 작아진다. 예를 들어, [그림 9-6]에서와 같이 K대학교 행정학과 전체 1,000명 중에서 10명($n=10$)을 표본으로 뽑으면 표본평균($\bar{x}$)의 분포는 모집단의 평균(μ)을 중심으로 양쪽꼬리가 두터운 구릉모양을 띤다. 그러나 하나의 표본으로 100명($n=100$)씩 뽑는다면, 표본평균($\bar{x}$)의 분포는 모집단의 평균(μ)에 좀 더 밀집된 종모양을 한다. 보다 극단적으로 999명($n=999$)씩을 표본으로

뽑으면 표본평균($\bar{x}$)의 분포는 대부분의 표본평균($\bar{x}$)이 모집단의 평균(μ)에 아주 가까이 분포함으로써 표본평균($\bar{x}$)은 분산이 거의 없는 바늘처럼 뾰족한 형태로 분포할 것이다. 왜냐하면 1,000명 중에서 1명을 빼고 나머지를 표본으로 하여 평균을 구했으니 모집단의 평균(μ)과 표본의 평균($\bar{x}$)은 거의 차이가 없기 때문이다. 이처럼 표본평균의 분산(variance of sample mean : $\frac{\sigma^2}{n}$)은 표본으로 추출한 관측치의 개수(n)가 늘어날수록 작아지기 때문에 표본평균의 표준편차(standard deviation of sample mean)인 표준오차(standard error : $\frac{\sigma}{\sqrt{n}}$)도 작아진다.

표준오차가 작아짐에 따라 신뢰구간도 좁아지게 된다. 즉, 표본의 크기(n)가 커짐에 따라 표본평균의 표준편차인 표준오차 $\frac{\sigma}{\sqrt{n}}$가 작아져서 신뢰수준(confidence level)이 동일하다면 신뢰구간(confidence interval)은 좁아지게 된다.

신뢰수준은 모집단의 모수에 대한 추정이 잘못될 가능성의 정도, 즉 조사자가 허용할 수 있는 허용오차수준(α)에 따라 결정된다. 신뢰수준($1-\alpha$)이 결정되면 표본평균($\bar{x}$)이 추정된 모집단의 평균인 표본평균을 중심으로 t분포 형태의 분포를 한다는 중심극한정리에 따라 표본평균($\bar{x}$)을 중심으로 좌우 임계치(critical value)까지의 면적, 즉 확률이 신뢰수준($1-\alpha$)과 일치하도록 신뢰구간을 결정한다.

정규분포의 경우 집단의 평균(μ)을 중심으로 좌우 1σ(표준편차) 내의 확률은 68.26%이고, 좌우 2σ(표준편차) 내의 확률은 95.44%이며, 또한 좌우 3σ(표준편차) 내에는 99.74%에 이르는 대부분

그림 9-6 | 표본평균의 분포

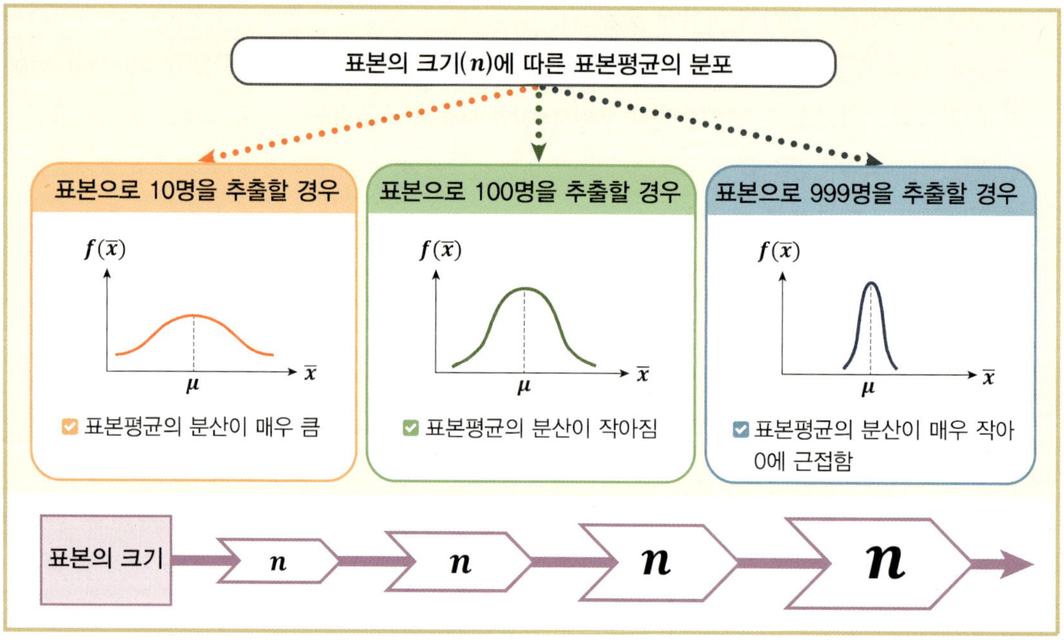

의 값들이 있어야 한다. 여기서 68.26%, 95.44%, 99.74%는 신뢰수준에 해당하며, 1σ(표준편차), 2σ(표준편차), 3σ(표준편차)는 이러한 신뢰수준을 확보하기 위하여 평균을 중심으로 좌우 몇 개의 표준편차가 필요한지를 나타내는 값들이다.

확률변수(random variable)를 표준화하여 Z값이나 t값으로 치환할 경우, 주어진 신뢰수준에 해당하는 확률을 얻기 위하여 0을 중심으로 좌우로 몇 개의 표준편차가 필요한지를 나타내는 값이 Z분포(표준정규분포)나 t분포상의 임계치(critical value)가 된다. 예를 들어, 95%의 신뢰수준의 범위를 나타내는 Z분포상의 임계치는 ±1.96이 된다. 이것은 정규분포의 경우 평균을 중심으로 좌우로 1.96개의 표준편차만큼 떨어진 구간 내에 확률변수값이 존재할 확률이 95%라는 것을 의미한다. 따라서 표본평균($\bar{x}$)이 정규분포를 하는 경우 추출한 특정 표본의 평균($\bar{x}$)을 중심으로 좌우로 1.96개씩의 표본평균의 표준편차(표준오차)만큼 떨어진 구간 내에 진정한 모집단의 평균(μ)이 존재할 확률이

그림 9-7 | 구간추정에서의 신뢰구간과 신뢰수준

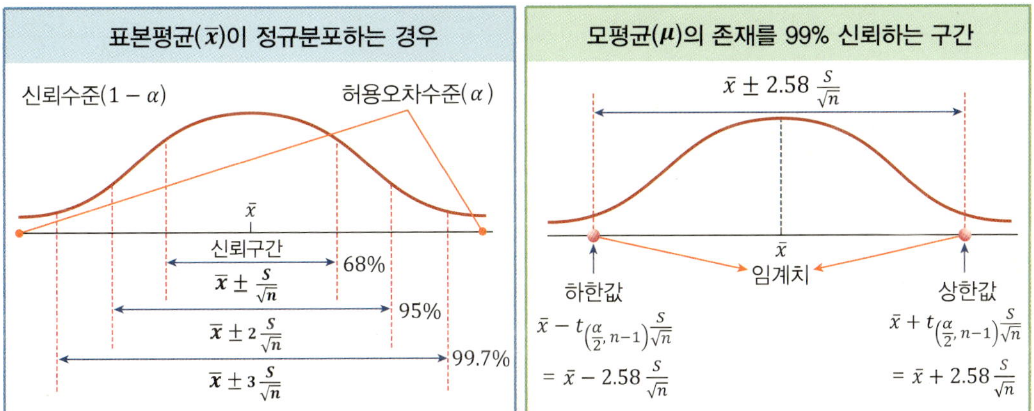

- 모집단의 평균과 분산을 모르므로 표본의 평균과 분산을 이용하여 신뢰구간을 정함
- 신뢰수준($1-\alpha$)과 허용오차수준(α)의 합은 1이 됨
- 신뢰수준($1-\alpha$)이 높아질수록 신뢰구간은 넓어지고 허용오차수준(α)은 낮아짐
- 신뢰구간은 신뢰수준($1-\alpha$)과 비례하고 허용오차수준(α)과 반비례함

- 신뢰수준이 99%이면 허용오차수준은 1%임 신뢰구간의 하한값과 상한값을 임계치라 함
- 일반적으로 허용오차수준(α)은 좌우 임계치 밖의 확률을 말함
- 자유도가 큰($n > 120$) t분포상에서 99%의 신뢰수준($1-\alpha$)을 나타내는 t값은 −2.58과 +2.58임
- 일반적으로 t값은 신뢰수준($1-\alpha$)과 표본의 크기(n)에 따라 결정됨

모집단평균(μ)이 존재하리라고 $(1-\alpha) \times 100\%$만큼 신뢰하는 신뢰구간

$$\mu \in \bar{x} \pm t_{(\frac{\alpha}{2},\, n-1)}\frac{S}{\sqrt{n}} = \left[\bar{x} - t_{(\frac{\alpha}{2},\, n-1)}\frac{S}{\sqrt{n}},\ \bar{x} + t_{(\frac{\alpha}{2},\, n-1)}\frac{S}{\sqrt{n}}\right]$$

그림 9-8 | 신뢰구간 결정과 방법

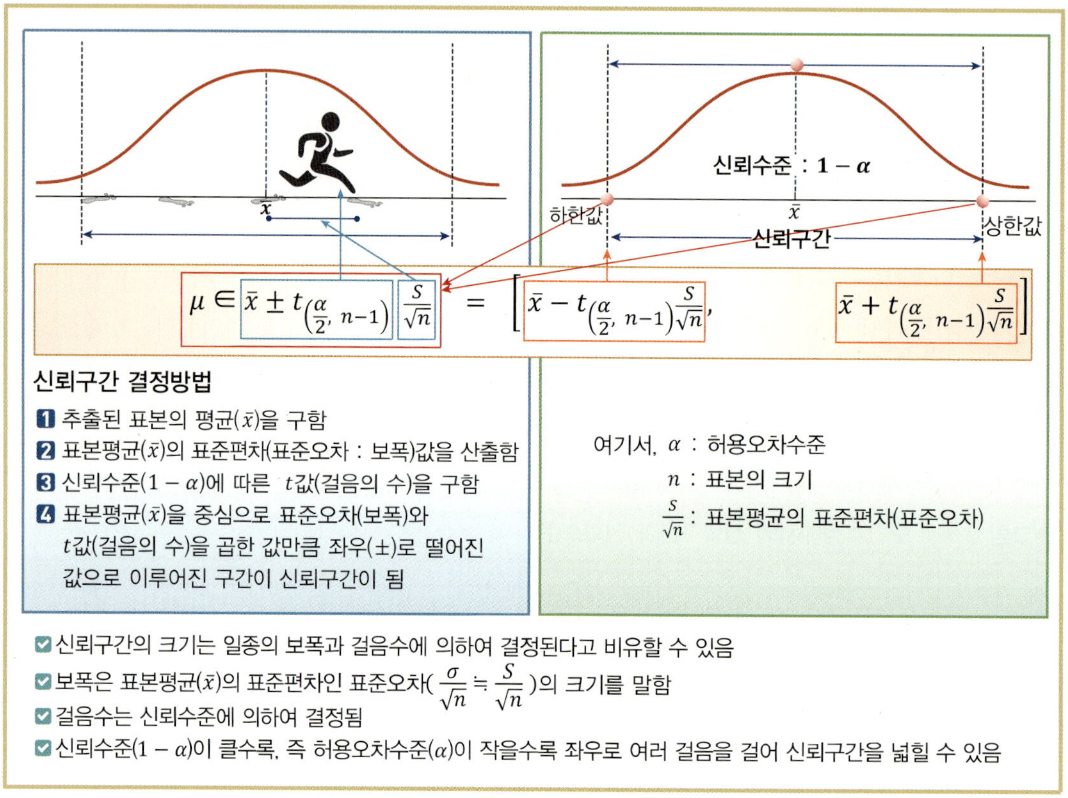

95%라고 해석할 수 있다. 만일 표본평균을 표준화한 확률변수가 Z분포상의 ±1.96의 구간 내에 존재할 확률 즉, 면적의 합이 0.95가 된다는 것을 의미한다.

만일 표본의 크기(n)가 30개 이상일 경우($n \geq 30$)에는 표본평균($\bar{x}$)이 정규분포에 준하는 분포를 한다고 가정할 수 있기 때문에 Z분포를 이용해서 신뢰구간을 설정해도 무방하나, 30개 미만인 경우($n < 30$)에는 표본평균($\bar{x}$)의 분포가 구릉모양의 t분포를 하기 때문에 t분포를 이용하여 신뢰구간을 설정해야 한다. 또한 일반적으로 표본의 수(n)가 30개를 넘을 경우, 즉 자유도($n-1$)가 30이 넘을 경우, t분포는 표준정규분포(Z분포)와 거의 일치하기 때문에, 분석에서는 표본의 크기(n)에 관계없이 항상 이용할 수 있는 t분포만을 주로 사용한다. 따라서 대부분의 추정이나 가설검정에서는 Z분포 대신 t분포를 이용한다.

신뢰구간을 이용하여 모집단의 평균을 추정하는 경우, 신뢰수준($1-\alpha$)에 따른 신뢰구간은 [그림 9-8]에서와 같이 평균을 중심으로 좌우측으로 사람이 걸음을 걸어 그 구간이 결정된다고 비유할 수 있다. 이 경우 신뢰구간은 걸어가는 사람의 보폭크기와 걸음수에 의해서 결정이 된다고 볼 수 있다. 걸어가는 사람의 보폭이 크면 몇 걸음만 걸어도 신뢰구간은 커지며, 보폭이 작으면 여러 걸음을 걸어도 신뢰구간은 그리 크지 않다. 여기서 보폭의 크기는 표준오차의 크기에 해당하며, 걸음수는 신뢰수준($1-\alpha$)에 의하여 결정되는 t값(Z값)에 비유할 수 있다. 즉, 좌우로 몇 걸음을 걸어서 구간을 결정할 것인가는 신뢰수준(confidence level : $1-\alpha$)에 의한 t값으로 결정되고, 한 걸음의 보폭은 표본평균($\bar{x}$)의 표준편차(standard deviation of sample mean)인 표준오차(standard error)에 의하여 결정된다. 요약하면, 이렇게 비유해봄으로써 걸음수를 결정하는 신뢰수준과 보폭의 크기를 결정하는 표준오차에 의하여 신뢰구간이 정해진다는 점을 보다 명확하게 이해할 수 있다.

1.3 표본의 크기(Sample Size)

표본의 크기(n)는 추정에서 매우 중요하다. 표준오차를 구하는 식에서 알 수 있듯이, 표본의 크기(n)가 커질수록 표본평균($\bar{x}$)의 분산($\frac{S^2}{n}$)이 작아져서, 표본평균($\bar{x}$)의 분포는 점차적으로 모집단평균(μ) 주위에 밀집된 형태를 띄게 된다. 따라서 오차가 작은 매우 정확한 추정을 하고자 한다면 표본의 수(n)를 크게 해야 한다.

예를 들어, 12,000명으로 구성된 K대학교 학생의 평균키를 추정하고자 할 경우, 10,000명($n=10,000$)을 표본으로 추출하면 표준오차(standard error)가 아주 작아지기 때문에 매우 정확하게 모집단의 평균(μ)을 추정할 수 있다. 그러나 이러한 경우 거의 전수조사에 가까우므로 조사과정에서 많은 시간과 노력 그리고 비용이 필요하다. 반대로, 매우 적은 비용과 시간을 들여서 10명의 학생들만을 표본으로 선정하여 모평균을 추정하고자 한다면, 표준오차가 크기 때문에 그 정확도는 급격히 떨어질 수밖에 없다. 이처럼 추정의 정확도와 표본의 수(n)는 서로 정비례관계에 있다. 즉, 추정의 정확도를 높이고자 하면 표본의 크기(n)를 늘려야 하고, 반면에 큰 표본은 많은 조사비용을 필요로 하기 때문에 추정의 정확도와 조사비용은 서로 정비례 관계에 있다. 따라서 추정의 목적 및 조사 여건과 상황을 고려하여 적절한 수로 표본의 크기를 결정하는 것이 바람직하다.

표본의 크기(n)를 결정하는 요인으로는 조사자가 용납할 수 있는 최대허용오차(e)의 크기와 신뢰수준이 있다. 주의할 점은 여기서 말하는 허용오차(e)와 허용오차수준(α)을 혼동해서는 안 된다. 허용오차(e)는 표본으로부터 얻은 추정량($\bar{x}$, p)과 추정하고자 하는 모집단의 모수(μ, π)와의 직접적인 차이, 즉 실제오차를 말한다. 반면에, 허용오차수준(α)은 실제 모수가 신뢰구간 밖에 존재할 확률, 즉 1에서 신

그림 9-9 | 표본의 크기

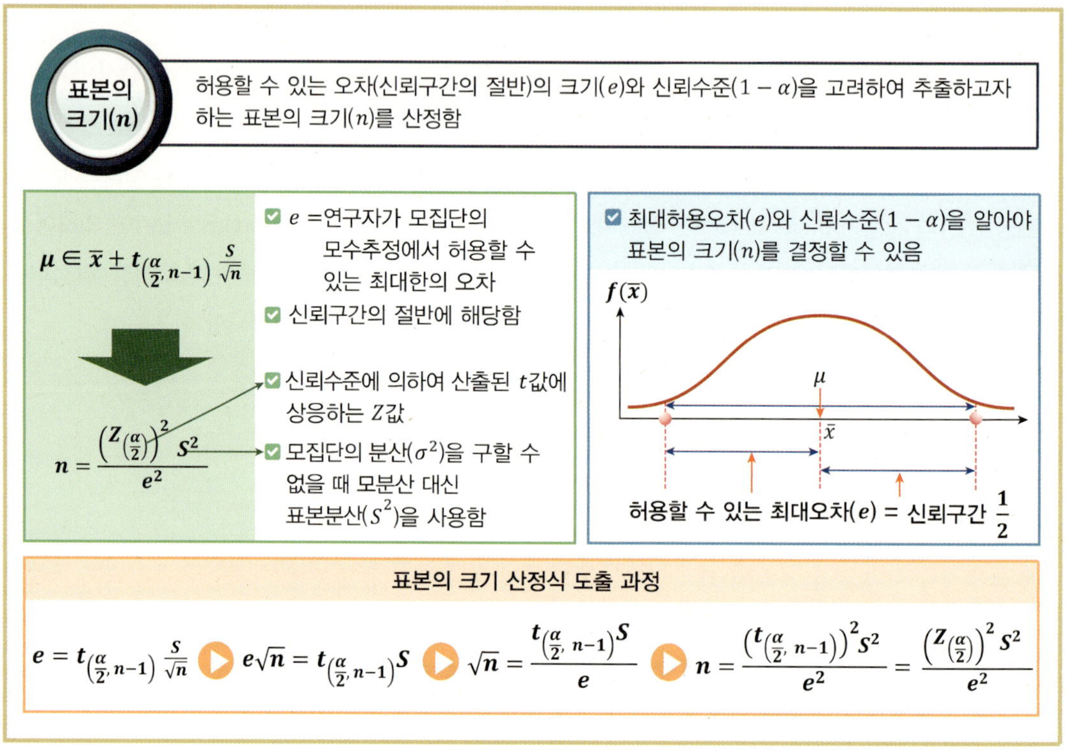

뢰수준($1-\alpha$)을 뺀 확률값을 말한다.

이러한 내용을 구체적인 예를 들어 설명하면 다음과 같다. 'K대학교 학생의 평균키를 추정하기 위하여 100명 학생들의 키를 조사한 결과, 이들의 평균값이 168cm이고 오차범위는 90% 신뢰수준($1-\alpha$)에서 ±3cm다'라고 할 경우, 신뢰구간은 165cm~171cm가 된다. 또한 최대허용오차(e)는 신뢰구간 크기의 절반인 3cm가 되며, 허용오차수준(α)은 0.1, 즉 10%가 된다. 여기서 신뢰구간(165cm~171cm)은 허용오차수준이 동일할 경우 표본의 크기(n)가 커질수록 작아진다. 즉, 표본의 크기(n)가 커지면 보폭에 해당하는 표준오차$\left(\frac{S}{\sqrt{n}}\right)$가 작아지며, 보폭이 줄어들면 같은 걸음 수를 걸어도 조금 밖에 못 가는 것과 마찬가지로 신뢰구간도 작아지게 된다. 신뢰구간의 크기가 작아지면 이에 비례하여 최대허용오차(e)의 크기도 작아진다. 반면에, 신뢰수준($1-\alpha$)을 90%에서 95%로 높이면 높아진 신뢰수준을 확보하기 위해 필요한 중심에서부터 가용한 걸음의 수, 즉 표본오차의 개수가 증가하게 되어 신뢰구간의 크기가 커지며, 이에 따라 최대허용오차(e)의 크기도 커지게 된다.

이처럼 신뢰구간과 신뢰구간의 절반에 해당하는 최대허용오차(e)의 크기는 신뢰수준($1-\alpha$)과 비례관계에 있는 반면에, 표본의 크기(n)와는 반비례관계에 있다. 이에 따라 최대허용오차(e)를 정해놓은 상태에서, 즉 신뢰구간의 크기를 고정시킨 상태에서 신뢰수준을 높이고자 한다면, 조사자는 표본의 크기(n)를 늘려서 보폭에 해당하는 표준오차$\left(\frac{S}{\sqrt{n}}\right)$의 크기를 줄여야 한다. 요약하면, 적절한 표본의 크기(n)를 결정하기 위해서는 신뢰수준($1-\alpha$)과 조사자가 용납할 수 있는 최대허용오차(e)의 크기에 대한 정보가 필요하다. 일반적으로 이러한 최대허용오차(e)와 신뢰수준($1-\alpha$)은 특정한 공식이나 이론에 의해서 결정된다고 보기보다는 조사의 목적이나 상황 그리고 조사자의 과거경험 등에 의하여 결정되곤 한다.

표본의 크기(n)를 연산을 통해서 구하는 공식은 [그림 9-9]에서와 같이 최대허용오차(e)의 크기와 신뢰구간의 절반이 동일함을 나타내는 등식을 표본의 크기(n)에 대하여 정리해서 구할 수 있다. 여기서 유

그림 9-10 | 평균과 비율의 추정 및 표본크기 결정식의 비교

비율추정 시 표본의 크기(n): 비율의 추정에서 표본크기(n)를 결정하는 방법

평균추정에서의 모집단과 표본, 그리고 표본평균의 평균과 표준편차

	모집단(X)	표본(x)	표본평균($\bar{x}$)
평균	μ	$\bar{x}$	$\mu_{\bar{x}} = \mu$
표준편차	σ	S	$\frac{\sigma}{\sqrt{n}} \Rightarrow \frac{S}{\sqrt{n}}$

표본평균($\bar{x}$)의 표준편차 = 표준오차(standard error)

☑ 모집단평균을 추정하기 위한 신뢰구간

$$\mu \in \bar{x} \pm t_{(\frac{\alpha}{2},\, n-1)} \frac{S}{\sqrt{n}}$$

☑ 평균추정에서의 표본크기(n)

$$n = \frac{\left(t_{(\frac{\alpha}{2},\, n-1)}\right)^2 S^2}{e^2} = \frac{\left(Z_{(\frac{\alpha}{2})}\right)^2 S^2}{e^2}$$

비율추정에서의 모집단과 표본, 그리고 표본비율의 평균과 표준편차

	모집단(X)	표본(x)	표본비율(p)
비율(평균)	π	p	$\pi_{\bar{p}} = \pi$
표준편차	$\sqrt{\pi(1-\pi)}$	$\sqrt{p(1-p)}$	$\sqrt{\frac{\pi(1-\pi)}{n}} \Rightarrow \sqrt{\frac{p(1-p)}{n}}$

표본비율(p)의 표준편차 = 표준오차(standard error)

☑ 모집단비율을 추정하기 위한 신뢰구간

$$\pi \in p \pm t_{(\frac{\alpha}{2},\, n-1)} \sqrt{\frac{p(1-p)}{n}}$$

☑ 비율추정에서의 표본크기(n)

$$n = \frac{\left(t_{(\frac{\alpha}{2},\, n-1)}\right)^2 p(1-p)}{e^2} = \frac{\left(Z_{(\frac{\alpha}{2})}\right)^2 p(1-p)}{e^2}$$

의할 점은 자유도($n-1$)에 따라 분포의 모양이 달라지는 t분포의 t값 대신 이에 상응하는 Z값을 이용해야 한다는 것이다. 또한 공식을 보면, 모집단의 분산(σ^2)이나 표본의 분산(S^2)에 대한 정보가 필요하다. 그러나 표본의 크기(n)를 정하는 과정에서 모집단의 분산(σ^2)이나 표본의 분산(S^2)을 미리 알 수 없는 경우가 대부분이다. 따라서 이 경우에는 선행 조사로부터 얻을 수 있는 과거의 경험치를 이용하거나, 모집단이 정규분포한다는 가정하에 모집단으로부터 소수의 표본을 추출하여 그 최대값과 최소값의 차이를 6개의 표준편차(6σ)로 간주하여 결정한다. 즉, 소수 표본의 최대값과 최소값의 차이를 6으로 나눈 값을 표준편차로 사용해서 적합한 표본의 수를 추정 결정한다.

비율추정 시 표본의 크기(n)를 구하는 방법은 [그림 9-10]에서 설명하는 바와 같이 모집단의 평균(μ)을 추정하는 과정에서 사용하는 방법과 동일하다. 다만, 비율에서는 표본의 평균($\bar{x}$) 대신 표본비율(p)을 사용하고 표준오차로는 $\frac{S}{\sqrt{n}}$ 대신 $\sqrt{\frac{p(1-p)}{n}}$를 사용한다는 점에서만 차이가 있을 뿐이다. 예를 들어 설명하면, '여론조사 결과 A후보의 지지율은 36%이고, 오차범위는 90% 신뢰수준($1-\alpha$)에서 ±3%이다'라고 할 경우, 신뢰구간은 33~39%가 되고, 최대허용오차(e)는 신뢰구간 크기의 절반인 3%가 되며, 허용오차수준(α)은 10%가 된다. 여기서 신뢰구간이 커질수록 표본의 크기(n)가 작아지고 반대로 신뢰구간이 작아질수록 이에 상응하는 표본의 크기는 커진다.

제2절 가설검정(Hypothesis Test)

2.1 가설(Hypothesis)

가설(hypothesis)이란 두 개 이상의 변수 또는 현상 간의 관계를 검정이 가능한 형태로 서술한 문장으로 과학적 조사에 의하여 검정이 가능한 사실을 말한다. 가설에는 조사자가 새로이 주장하여 검정하고자 하는 연구가설(research hypothesis) 혹은 대립가설(alternative hypothesis)과 이에 반하여 기존에 일반적인 사실로 받아들여지고 있는 내용을 담고 있는 귀무가설(null hypothesis)이 있다. 일반적으로 귀무가설은 H_0로 표기하고, 연구가설은 H_1 혹은 H_a로 표시한다. 통상적으로 연구가설이 먼저 설정되면, 귀무가설은 연구가설에서 주장하는 내용과 반대되는 모든 내용을 포함하는 것이 된다. 그러

그림 9-11 | 가설의 정의

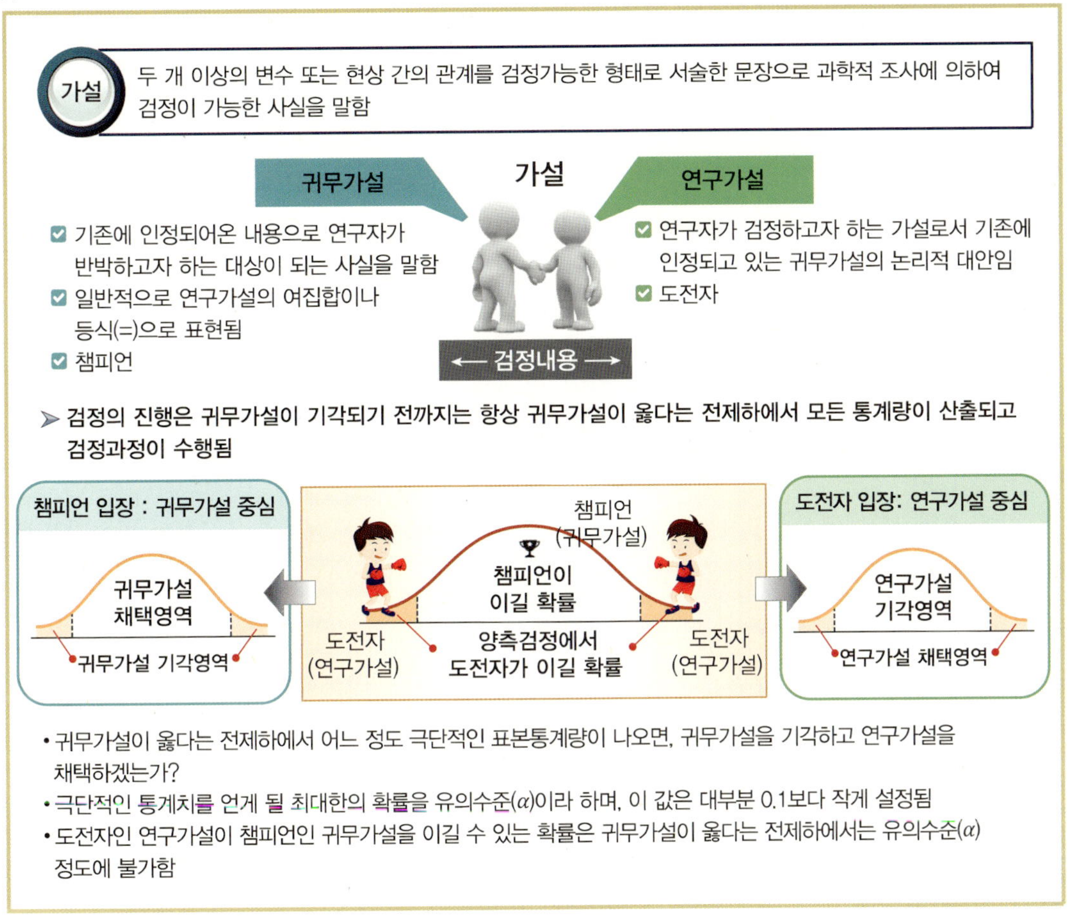

나 경우에 따라서는 단순한 등식으로 인식되기도 한다.

일반적으로 새로운 주장(연구가설)은 그것이 객관적으로 명백하게 입증되지 않으면 쉽게 받아들여지지 않는다. 따라서 기존에 일반적인 사실로 믿어온 귀무가설을 기각하고 연구가설을 채택하기 위해서는 기존의 믿어온 지식을 나타내는 귀무가설이 명확하게 잘못되었음을 입증하여야 한다. 이것은 권투시합에서 챔피언 타이틀 매치의 경우와 유사하다. 일반적으로 알려진 기존의 지식이나 상식을 나타내는 귀무가설이 챔피언에 비유되고, 새로이 입증하고자 하는 지식이나 주장을 나타내는 연구가설(대립가설)이 도전자에 비유된다. 챔피언 타이틀매치에서는 모든 사람들이 객관적으로 평가하여 인정할 수 있을 만큼 명백하게 차이가 나도록 도전자가 충분히 잘 싸워야만 승자가 될 수 있다. 그렇지 못한 대부분의 경우, 무승부를 포함해서 챔피언이 도전자를 물리치고 타이틀을 방어한 것으로 평가하게 된다.

가설검정도 권투의 챔피언 타이틀매치와 유사하다. 귀무가설은 일반적으로 알려진 기존의 지식이나 당연하게 인정되는 사실로 권투에 있어서 챔피언에 해당한다. 챔피언은 도전자가 나타나지 않으면 계속 챔피언으로 남듯이, 귀무가설에 도전하는 새로운 연구가설이 없는 한 귀무가설은 계속해서 옳은 사실과 지식으로 존재한다. 귀무가설이 옳지 않음을 인식한 조사자가 나타나서 기존의 귀무가설에 반하는 새로운 연구가설을 세우고 이를 객관적으로 입증해야만 연구가설이 비로소 새로운 챔피언이 될 수 있다. 따라서 항상 연구가설이 먼저 설정되고, 연구가설에 대응하는 나머지 여집합이나 등식(=)이 귀무가설이 된다.

가설을 설정하는 과정에 대한 구체적인 예를 들어 보면 다음과 같다. 통조림을 생산하는 D회사에서는 400g짜리 참치통조림을 수년 동안 생산해오고 있다. 그러나 최근 들어 많은 소비자들로부터 이 회사 참치통조림의 실제 중량이 400g보다 작은 것 같다는 불만이 소비자단체에 접수되었다. 이에 소비자단체에서는 D회사 참치통조림이 실제로 400g이 되는지를 조사하여 밝히기로 하였다. 이를 위해 소비자단체에서는 'D회사의 통조림의 무게는 400g이 안 된다, 즉 400g보다 작다'는 가설을 세우고 이를 검정하게 되는데, 이 가설이 바로 연구가설이다. 그리고 이러한 연구가설에 따라 귀무가설은 연구가설의 여집합인 'D회사의 통조림은 400g보다 크거나 같다' 혹은 여집합 대신에 등식으로 'D회사의 통조림 무게는 400g이다'가 된다.

2.2 가설검정의 개념(Concept of Hypothesis Test)

일반적으로 가설검정(hypothesis test)은 표본을 추출하여 얻은 표본통계량으로 모집단의 모수에 대한 새로운 예상과 가설 등이 옳다고 판단할 수 있는지를 평가하는 것을 말한다. 즉, 모집단의 모수(parameter)에 대한 정보를 표본통계량(statistic)으로 검정하는 것이다. 예를 들어, K대학교 학생의 평균키가 168cm로 알려져 있다. 그러나 요즈음은 경제적 환경이 많이 좋아져서 어린 학생들의 발육을 위한 영양 상태가 향상되었다는 많은 조사보고서나 연구결과를 바탕으로 하여 조사자는 'K대학교 학생의 평균키가 168cm보다 클 것이다'라고 확신하게 되었다. 이 경우 조사자가 입증하고자 하는 연구가설은 'K대학교 학생의 평균키는 168cm보다 크다'이며, 귀무가설은 'K대학교 학생의 평균키는 168cm보다 작거나 같다' 혹은 'K대학교 학생의 평균키는 168cm이다'가 된다. 이렇게 가설을 세우고 난 후, 모집단인 K대학교 학생을 대상으로 표본조사를 실시하여 얻은 통계량을 가지고 모집단 모수에 대한 가설의 통계적 유의성을 검정하는 것이 바로 가설검정이다.

그림 9-12 | 가설검정

가설검정: 모수에 대한 새로운 가설이 옳다고 판단할 수 있는지를 표본통계량을 이용해서 평가하고 판단하는 과정

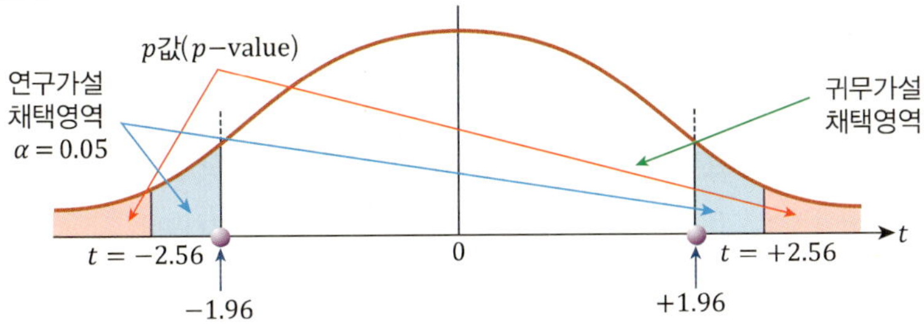

가설검정에서 사용되는 용어

유의수준(α)	☑ 귀무가설이 옳다는 전제하에서 어느 정도 극단적인 표본통계량값이 나오면 귀무가설이 잘못되었다고 판단하여 귀무가설을 기각할 최대한의 확률 ☑ 귀무가설이 옳으나 귀무가설을 기각하고 연구가설을 채택할 1종오류의 최대치
임계치	☑ 검정의 종류(양측, 단측)와 유의수준(α)을 고려해서 산출한 값으로 가설의 채택 여부를 결정짓는 경계값
검정통계량	☑ 표본으로부터 추출한 통계량이나 검정에 사용할 분포에 따라 그에 맞는 값으로 치환한 통계량
p값(p−value)	☑ 표본으로부터 얻은 통계량 혹은 이를 치환한 검정통계량의 절대값보다 더 큰 절대값을 또다른 표본으로부터 얻을 수 있는 확률(컴퓨터패키지는 항상 양측검정을 기준으로 p값을 산출함)

가설검정은 모집단에 대해서 알려진 일반적인 정보나 상식을 나타내는 귀무가설이 옳다는 전제하에 이루어진다. 즉, **귀무가설이 기각되기 전까지는 귀무가설이 옳다는 전제하에서 모든 가설검정이 진행된다.** 그러나 표본조사 결과로부터 얻은 통계량값이 귀무가설이 옳다는 전제하에서 쉽게 얻을 수 없는 매우 극단적이고 예외적인 값이 나오면, 무언가 귀무가설에서 주장하는 바가 잘못되었음을 짐작할 수 있다. 이러한 경우에야 비로소 귀무가설을 기각하고 연구가설을 채택한다. 만일 크게 예외적인 값이 아니면 대부분의 경우 귀무가설이 채택되고 연구가설이 기각된다. 이는 권투시합에서 무승부로 판정이 나면 챔피언이 타이틀을 방어할 수 있는 것과 유사하다.

위의 예에서도 K대학교 학생 중에서 표본으로 일부 학생들을 뽑아 얻은 평균키가 귀무가설에서 주장하는 168cm보다 어느 정도만 크면 귀무가설을 기각시킬 수 없다. 그러나 **표본으로부터 산출된 값이 아주 극단적이고 예외적인 값, 즉 귀무가설이 옳다는 전제하에 이러한 표본통계량값이 나올 가능성**

이 최대한 10% 미만, 대부분의 경우 5% 미만인 경우에만 귀무가설을 기각시키고 연구가설을 채택한다. 즉, 귀무가설이 옳다는 전제하에서 극히 얻기 힘든 결과를 얻었을 경우에만 귀무가설이 잘못되었다고 기각하고 연구가설을 채택한다.

그러나 가설검정에서 단순히 표본의 통계량값만을 가지고 귀무가설을 기각하거나 채택해서는 안 된다. 즉, 위의 예에서 표본의 평균이 172cm가 되었다고 귀무가설을 기각할 수 있고, 반대로 172cm보다 작은 169cm가 나왔다고 귀무가설을 기각시킬 수 없다고 단정해서는 안 된다. 귀무가설의 기각과 채택은 모집단의 모수가 옳다는 전제하에 이와 같은 표본의 통계량값이 나올 가능성, 즉 확률을 가지고 판단하여야 한다. 이러한 확률값은 표본으로부터 얻은 통계치뿐만 아니라 표본의 크기(n)에 따라 크게 달라진다.

예를 들어, 169cm는 168cm와 큰 차이가 없으나 10,000명의 표본으로부터 산출된 값이고, 172cm는 10명의 표본으로부터 얻은 값이라면, 물론 표본의 분산에 따라 다르겠으나, 169cm의 경우에는 귀무가설을 기각하고, 반대로 172cm의 경우에는 귀무가설을 기각할 수 없는 경우도 있을 수 있다. 따라서 단순히 표본의 통계량값만을 가지고 귀무가설의 기각 여부를 판단하기 어려우며 반드시 표본의 크기(n)를 동시에 고려한 확률값을 가지고 판단하여야 한다.

2.3 가설검정의 절차(Procedure of Hypothesis Test)

1) 가설설정(Hypothesis Establishment)

가설검정의 절차는 먼저 조사자가 관심을 가지고 있는 일이나 사건 등에 대해 문제제기를 하면서 시작된다. 문제가 파악되면 조사자는 이를 바탕으로 새로이 입증하고자 하는 내용을 연구가설로 설정한다. 일단 연구가설이 설정되면 이에 반대가 되는 나머지 내용을 포함하는, 즉 연구가설의 여집합 내용을 중심으로 귀무가설을 설정하게 된다.

이러한 가설설정 과정에서 고려하여야 할 또 하나의 중요한 사항은 양측검정(two-tailed test)을 하기 위한 가설로 할 것인지 아니면 단측검정(one-tailed test)을 하기 위한 가설로 할 것인지를 결정하는 일이다. 양측검정과 단측검정의 차이에 대하여 보다 구체적으로 설명하면 다음과 같다. 양측검정(two-tailed test)은 귀무가설을 기각하고 연구가설을 채택할 수 있는 영역이 양쪽 극단에 있는 경우를 말한다. 즉, 통계량으로 얻은 값이 예외적으로 크거나 아주 작아서 귀무가설에서 주장하는 모수의 값과 통계적으로 유의하게 다르면 귀무가설을 기각하고 연구가설을 채택하는 식의 검정을 말한

그림 9-13 | 양측검정과 단측검정

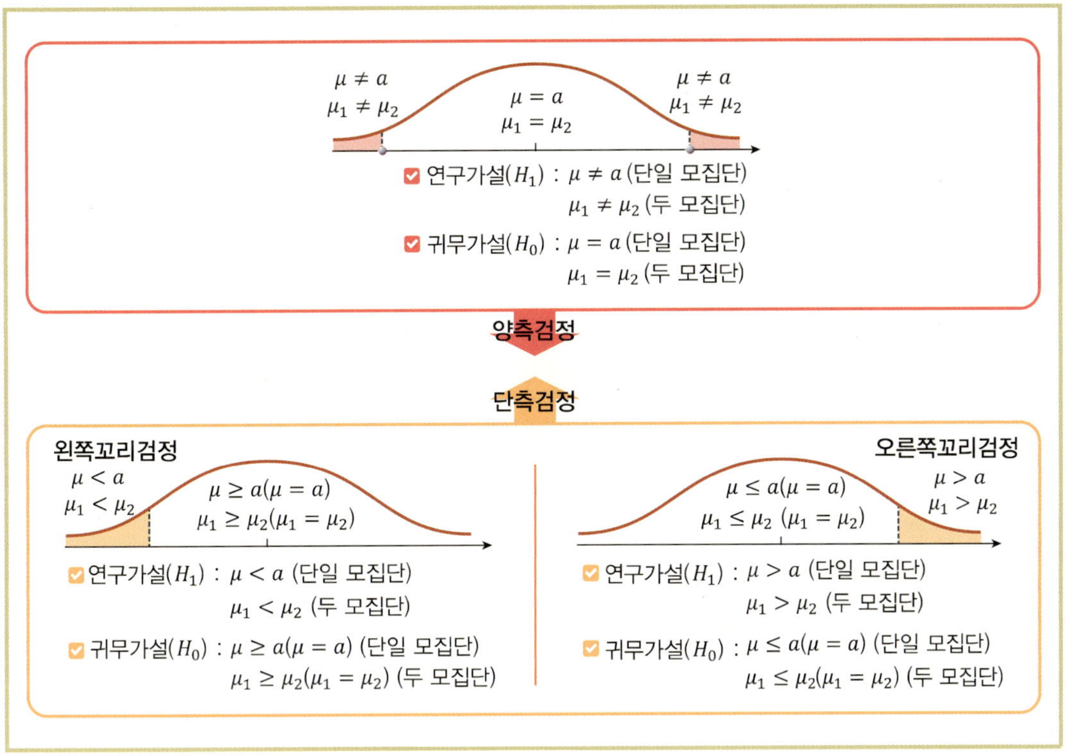

다. 이 경우 연구가설은 '모수는 어느 특정한 값인 a가 아니다'가 되고 귀무가설은 '모수는 특정한 값인 a이다'라는 식으로 표현된다.

반면에, 단측검정(one-tailed test)은 연구가설을 채택할 수 있는 영역이 한쪽에만 있는 경우를 말한다. 즉, '다르다(≠)'가 아니라 '크다(>)'나 '작다(<)'와 같이 한쪽만을 검정하는 가설검정을 단측검정이라 한다. 이 경우 연구가설에서 주장하는 방향으로 임계치(critical value) 밖의 매우 극단적인 통계량 값을 표본으로부터 얻게 되면 연구가설을 채택하고 귀무가설을 기각한다. 연구가설에서 모수가 특정한 값보다 크다고 주장하면 표본통계량값이 임계치보다 더 큰지를 판단해서 검정하는 오른쪽꼬리검정(right-tailed test)을 하고, 반대로 연구가설에서 모수가 특정한 값보다 작다고 주장하면 표본통계량값이 작은 쪽의 임계치보다 더 작은지를 판단해서 검정하는 왼쪽꼬리검정(left-tailed test)을 하게 된다. 이와 같이 단측검정에서는 연구가설에서 주장하는 한쪽 방향만을 고려해서 가설을 검정한다.

앞에서 설명한 참치통조림공장의 예에서, 소비자단체에서 주장하는 식으로 'D회사의 통조림의 무게는 400g이 안 된다, 즉 400g보다 작다'라는 연구가설은 왼쪽꼬리검정에 해당하는 단측검정 가설이다. 이 경우 귀무가설은 연구가설의 여집합으로 'D회사의 통조림무게는 적어도 400g 이상이다, 즉 400g보다 크거나 같다' 혹은 등식으로 'D회사의 통조림 무게는 400g이다'가 된다. 반면에, 소비자단체에서 'D회사의 통조림 무게는 400g이 아니다'라는 연구가설을 세우면, 이에 상응하는 귀무가설은 'D회사의 통조림 무게는 400g이다'가 된다. 이와 같이 **연구가설이 '아니다'나 '다르다'로 표현되어 통계량값이 작거나 큰 경우 모두가 연구가설 채택을 위한 고려대상이 되는 검정을 양측검정**이라 한다. 이러한 양측검정의 경우에는 표본통계량값이 400g보다 통계적으로 유의하게 작거나 혹은 반대로 유의하게 큰 경우 모두 연구가설을 채택하고 귀무가설을 기각하게 된다.

그러나 가능하면 양측검정보다는 단측검정을 할 수 있도록 연구가설을 설정하는 것이 바람직하다. 왜냐하면 동일한 유의수준(α)으로 검정하는 경우 양측검정보다는 단측검정에서 연구가설이 채택될 가능성

그림 9-14 | 가설검정절차

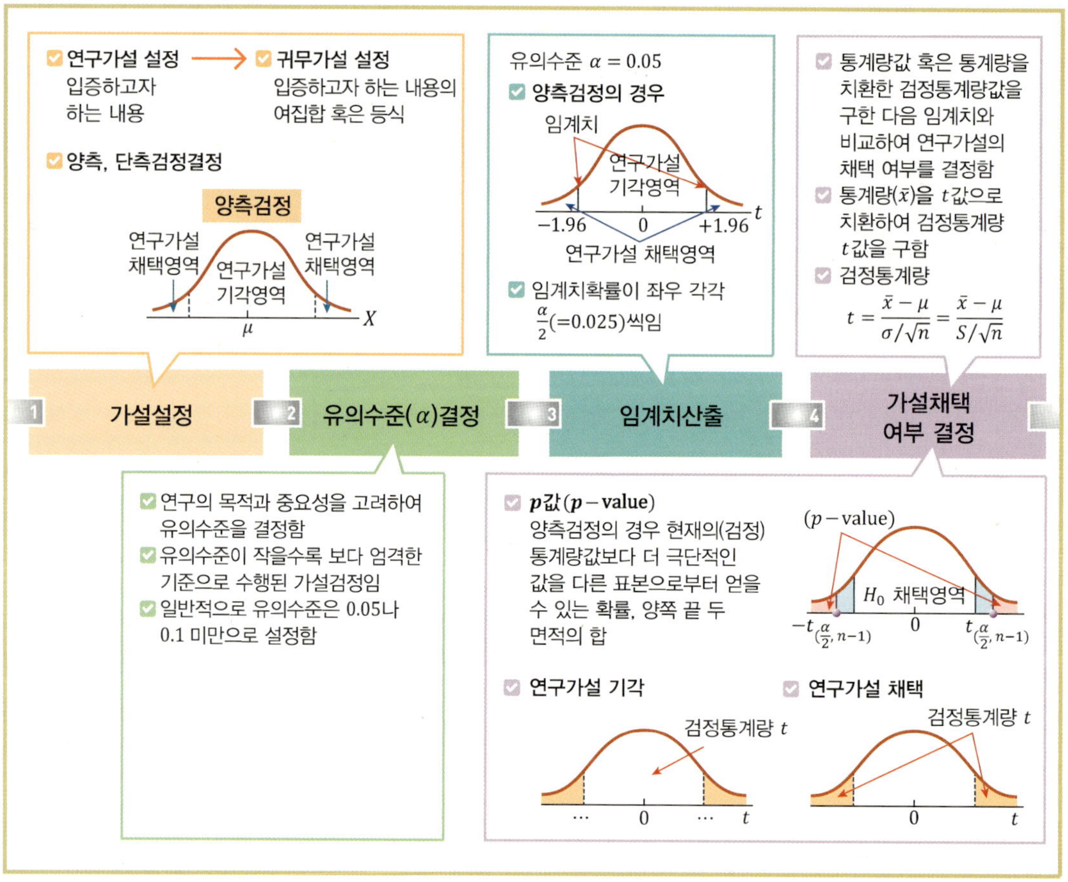

이 더 높기 때문이다. 또한 단측검정에 사용되는 연구가설은 크거나 작다와 같이 방향성에 대한 정보가 포함됨으로써 단순히 다르다는 양측검정의 정보보다 유용하다는 장점이 있다. 그러나 단측검정하기 위해서 가설을 설정하는 경우 현재의 문제를 좀 더 명확하게 파악하고 판단할 수 있어야만 한다. 즉, 단측검정의 경우 가설설정을 위해서 양측검정보다 명확하게 문제를 이해하기 위해서 보다 많은 노력과 정보가 필요하다. 따라서 문제가 명확하지 않거나 방향성을 확신할 수 없는 경우에는 양측검정에 해당하는 가설을 사용할 수밖에 없다. 그리고 단순히 모수가 특정한 값이 아님을 밝히고자 하는 경우에도 양측검정을 해야 한다.

2) 유의수준 결정(Determination of Significance Level)

가설검정에서 귀무가설을 기각시키고 연구가설을 채택할 확률을 유의수준(significance level)이라고 하며, α로 표시한다. 유의수준(α)은 표본으로부터 구한 통계량값이 귀무가설이 옳다는 전제하에서 어느 정도로 얻기 힘든 극단적인 값인가를 나타내는 확률수준을 의미한다. 역으로 말하면, 귀무가설이 옳음에도 불구하고 귀무가설을 기각하게되는 오류(1종오류 : type I error)의 최대 크기를 의미한다. 예를 들어, 유의수준(α)을 0.05로 하여 가설검정한다는 것은 모집단으로부터 추출한 표본통계량값이 귀무가설이 옳다는 전제하에서는 매우 얻기 힘든 5% 미만인 극단적인 표본통계량값을 얻을 경우에만 귀무가설이 잘못되었다고 판단하겠다는 것을 의미한다. 즉, 5% 미만의 극단적인 표본통계량값이 나오면 비록 귀무가설이 옳다고 해도 귀무가설을 기각하는 오류를 인정한다는 말이다.

3) 임계치 산출(Computation of Critical Value)

다음으로 양측검정이나 단측검정과 같은 검정의 종류와 유의수준(α)을 고려하여 가설의 채택 여부 판단에 기준이 되는 임계치(critical value)를 산출한다. 양측검정인 경우에는 유의수준 α를 반으로 나누어 분포의 좌우 꼬리로부터 $\frac{\alpha}{2}$에 해당하는 확률을 얻을 수 있는 경계값들인 2개의 임계치들을 산출한다. 따라서 좌우 임계치로부터 각각 플러스 무한대($+\infty$)와 마이너스 무한대($-\infty$)에 이르는 구간상의 확률분포함수를 적분하면 각각 $\frac{\alpha}{2}$에 해당하는 확률이 되어 이를 합치면 유의수준 α가 된다.

반면에, 단측검정의 경우, 연구가설에 따라 분포의 좌우 한쪽으로만 전체 유의수준 α에 해당하는 확률을 할당하게 됨으로써 임계치는 연구가설에서 주장하는 한쪽에만 설정된다. 이 경우에도 임계치로부터 연구가설에서 주장하는 쪽의 무한대에 이르는 구간상의 확률밀도함수를 적분하게 되면 유의수준 α에 해당하는 확률값을 얻을 수 있다.

일반적으로 임계치와 표본으로부터 얻은 통계량값을 비교하여 연구가설의 채택 여부가 결정된다. 따라서 임계치(critical value)와 통계량(statistic)은 같은 단위로 통일하여 서로 쉽게 비교할 수 있도록 되어야 한다. 그러나 대부분의 경우 표본통계량은 표본을 측정할 때 사용한 단위(예를 들어, cm, kg)로 되어 있고, 반면에 임계치는 표본통계량의 분포와 유사한 대표적인 분포상의 값으로 표현된다. 예를 들어, 평균에 대한 가설검정에서는 표준편차를 단위로 하는 t분포상의 t값이 임계치로 사용되고, 분산에 대한 검정에서는 카이제곱분포(χ^2)의 카이제곱값이나 F분포상의 F값이 임계치로 사용된다. 따라서 평균에 대한 검정에서는 t분포상의 임계치 t값을 표본을 측정한 단위로 변환하여 비교하거나, 반대로 표본통계량을 표준화하여 표준편차를 단위(σ단위)로 하는 t값으로 바꾸어 t분포상의 임계치와 비교하여 검정한다. 이 경우 표본통계량을 표준화하여 얻게 되는 t값도 역시 표본통계량으로 보아야 한다. 요약하면, 표본을 측정한 단위나 표준편차 단위 중에서 어느 쪽이든 임계치와 통계량의 단위를 통일시켜 이들을 서로 비교함으로써 검정을 수행한다.

대부분의 경우 표본통계량을 그대로 사용하여 검정하기보다는 이를 표준화하여 t통계량값으로 변환시킨 다음 이 값을 t분포상의 임계치와 비교하여 검정한다. 왜냐하면 표본통계량을 그대로 사용하는 경우에는 통계치의 크기가 측정단위에 따라 크게 달라지기 때문에 통계치만으로는 그 값이 어느 정도 극단적인 값인지 판단하기 어렵기 때문이다. 반면에, 표준편차를 단위로 하는 경우에는 t통계량값만으로도 비교적 쉽게 통계량의 위치와 이러한 t통계량값을 얻을 수 있는 확률을 어느 정도 짐작할 수 있다. 예를 들어, t통계량값이 3이라고 하면 평균으로부터 3개의 표준편차만큼 떨어진 값을 의미함으로써 이러한 값을 얻을 수 있는 확률이 어느 정도인지 쉽게 짐작할 수 있기 때문에 굳이 임계치와 비교하지 않아도 가설의 채택 여부를 판단할 수 있다.

또한, 분산에 대한 가설검정의 경우에도 카이제곱(χ^2)값이나 F값으로 통계량을 변환시키는 것은 용이하나 반대로 카이제곱(χ^2)값이나 F값으로 나타난 임계치를 표본을 측정한 단위로 바꾸는 것은 쉽지 않다. 따라서 분산에 대한 검정에서는 표본으로부터 얻은 통계량을 카이제곱(χ^2)통계량값이나 F통계량값으로 치환한 다음 이를 임계치와 비교하여 가설의 채택 여부를 판단하는 것이 일반적이다.

4) 연구가설의 채택 여부 결정 (Decision on Accepting or Rejecting Research Hypothesis)

검정의 종류(양측, 단측)와 유의수준(α)에 따라 임계치가 결정되면 이를 표본으로부터 얻은 통계량값, 즉 통계치와 비교하여 채택할 가설과 기각할 가설을 결정한다. 일반적으로 표본을 측정한 단위로 된 통계량을 t값이나 카이제곱(χ^2)값 혹은 F값으로 치환하여 임계치와 비교함으로써 가설의 채택 여

그림 9-15 | 검정통계량 t값 혹은 p(p-value)을 이용한 가설검정

검정통계량 t값을 이용한 가설검정에서 연구가설을 채택하는 경우

- 양측검정
  - → |검정통계량 t값| > |임계치 t값|
- 단측검정
  - → 오른쪽꼬리검정
    - ➡ 검정통계량 t값 > 임계치 t값
  - → 왼쪽꼬리검정
    - ➡ 검정통계량 t값 < 임계치 t값

p값(p − value)을 이용한 가설검정에서 연구가설을 채택하는 경우

- 양측검정
  - → p값(p − value) < 유의수준(α)
- 단측검정
  - → 통계패키지에서 얻은 p값의 $\frac{1}{2}$ < 유의수준(α)

부를 판단한다. 귀무가설이 옳다는 가정하에서 표본으로부터 얻은 통계치(통계량 값)가 유의수준(α)에 의하여 설정된 임계치보다 더 극단적인 값이면 귀무가설을 기각하고 연구가설을 채택한다.

이때 산출된 통계치(통계량값)와 같거나 더 극단적인 값이 나올 확률을 p값(p−value)이라 한다. 즉, 모집단 평균에 대한 검정의 경우 p값은 귀무가설(H_0)이 옳다는 전제하에서 현재의 표본으로부터 구한 통계치보다 절대값으로 비교하여 같거나 더 큰 값을 갖는 통계치를 또 다른 표본으로부터 얻을 수 있는 확률을 말한다. 예를 들어, 유의수준(α)을 0.05로 하는 양측검정인 경우는 임계치가 ±1.96이 되며, 이때 t값으로 치환한 표본통계량값이 2.58로 나왔다면, p값은 모집단으로부터 또 다른 표본을 추출할 경우 그 표본으로부터 2.58보다 더 크거나 혹은 반대로 −2.58보다 더 작은 t통계량값(통계치)을 얻게 될 확률을 말한다. 그러나 단측검정의 경우에는 한쪽 방향으로 현재 통계량값보다 더 크거나 작은 통계치를 얻을 확률을 말한다. 따라서 p값이 작을수록 표본조사를 통해서 얻은 통계치가 매우 극단적인 값이라는 것을 의미한다. 일반적으로 양측검정의 경우 통계치의 p값이 유의수준(α)보다 작으면 귀무가설을 기각하고 연구가설을 채택한다. 즉, 귀무가설(H_0)이 옳다는 전제하에서는 얻기 힘든 상당히 극단적이고 예외적인 표본통계량값(통계치)이 나왔다는 것은 귀무가설이 잘못

될 수 있음을 의미한다.

또한, 통계패키지는 항시 양측검정을 전제로 하여 산출된 p값만을 제시하기 때문에 단측검정인 경우에는 제시된 p값의 $\frac{1}{2}$이 단측검정에서 유의수준과 비교해야 하는 진정한 p값임을 유의하여 가설의 채택 여부를 결정하여야 한다. 따라서 단측검정의 경우에는 통계패키지로부터 산출된 p값의 절반을 유의수준(α)과 비교하여 이 값($\frac{p}{2}$)이 유의수준(α)보다 작으면 연구가설을 채택한다.

2.4 가설검정의 오류(Errors in Hypothesis Test)

일반적으로 가설검정에서 발생할 수 있는 오류로는 1종오류(type Ⅰ error)와 2종오류(type Ⅱ error)가 있다. 1종오류(type Ⅰ error)는 귀무가설이 옳음에도 불구하고 매우 예외적인 표본이 추출되어 극단적인 통계치로 인하여 옳은 귀무가설을 기각하고 연구가설을 잘못 채택함으로써 발생하는 오류로써 기호로는 α로 표시한다. 예를 들어, 실제로 K대학교 학생의 평균키는 168cm임에도 불구하고 표본추출

그림 9-16 | 가설검정의 오류

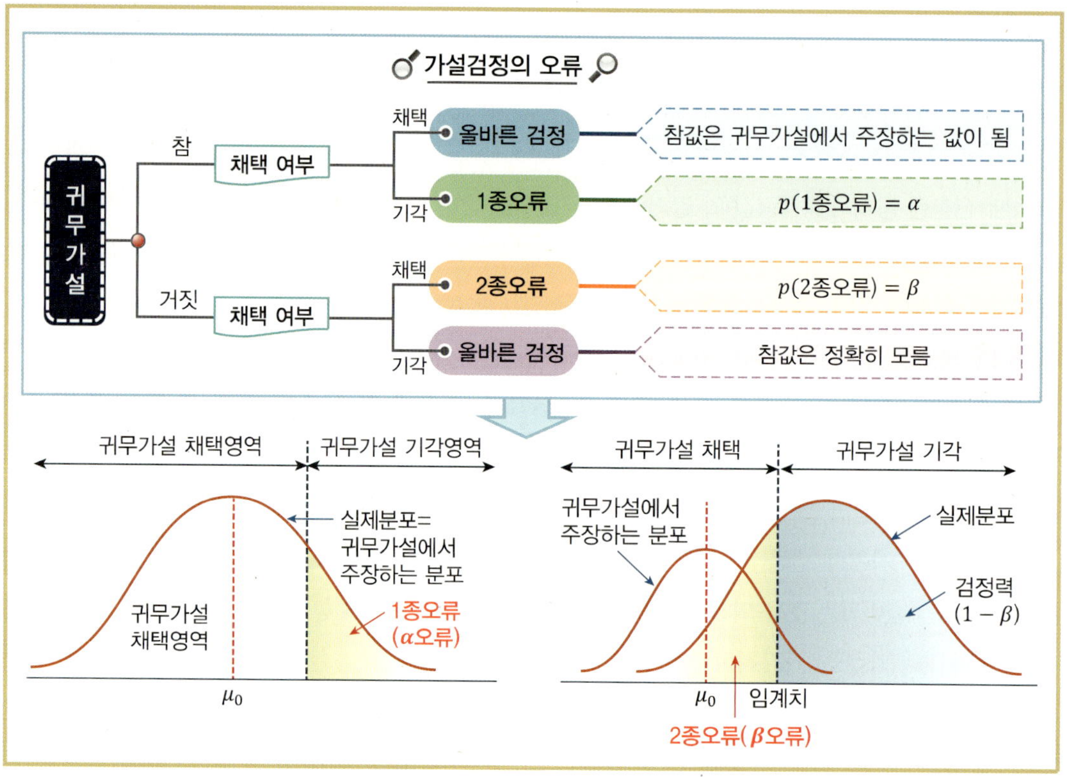

과정에서 잘못되어 키가 큰 학생들이나 혹은 여학생들만을 표본으로 추출함으로써 K대학교 학생의 평균키가 168cm라는 귀무가설을 기각하는 경우를 말한다.

또한 1종오류를 허용오차수준(allowable error level)이라고도 하는데, 이는 귀무가설이 옳음에도 불구하고 귀무가설을 기각하는 오류를 범하게 되는 것을 허용하는 수준을 의미한다. 이를 가설검정의 경우로 설명하면, 가설검정에서 연구가설이 채택될 확률을 나타내는 유의수준(α)과 같고 기호도 α로 동일하다.

반대로, 연구가설이 옳고 귀무가설이 틀림에도 불구하고, 귀무가설을 기각하지 못하고 귀무가설을 채택하게 되는 오류가 있는데 이를 2종오류(type Ⅱ error)라고 하며 기호로는 β로 표시한다. 예를 들어, 실제 K대학교 학생의 평균키가 168cm가 아닌데도 불구하고 검정결과 168cm라고 주장하는 귀무가설의 주장을 기각하지 못하는 경우를 말한다.

또한 실제로 연구가설이 옳은 경우 잘못된 귀무가설을 기각할 수 있는 확률을 검정력(statistical power)이라 한다. 이러한 검정력은 전체 확률값 1에서 2종오류를 범할 확률을 뺀 값, $1-\beta$가 된다.

2.5 대표적인 가설검정의 종류(Types of Typical Hypothesis Tests)

조사분석에서 많이 사용되는 대표적인 가설검정으로는 모집단의 평균(μ)에 대한 가설검정과 분산(σ^2)에 대한 가설검정이 있다. 이들을 정리하면 [그림 9-17]과 같다. 평균에 대한 가설검정은 단일 모집단의 평균에 대한 가설검정과 2개 모집단의 평균들에 대한 가설검정, 그리고 3개 이상 모집단들의 평균에 대한 가설검정으로 다시 나누어진다. 단일 모집단과 2개 모집단의 평균에 대한 가설검정은 t분포를 이용한 t검정(t-test)으로 하고, 3개 이상 모집단 간의 평균에 대한 가설검정은 분산분석(ANOVA : analysis of variance)으로 한다. 이에 대한 자세한 설명은 제10장 모집단 평균과 분산에 대한 가설검정과 제12장 분산분석에서 상세하게 설명하도록 한다.

분산에 대한 가설검정으로는 단일 모집단의 분산에 대한 검정과 2개 모집단의 분산에 대한 검정이 있다. 단일 모집단의 분산에 대한 가설검정은 카이제곱(χ^2)분포를 이용한 카이제곱(χ^2)검정으로 한다. 그러나 2개 모집단의 분산에 대한 가설검정의 경우에는 F분포를 하는 두 모집단의 분산의 비, 즉 F통계량값을 이용한 F검정으로 검정을 실행한다.

일반적으로 대부분의 통계분석 방법들은 [그림 9-17]에서 설명하는 가설검정의 종류 중의 하나 혹은 몇 개를 병행해서 사용한다. 예를 들어, 회귀분석(regression analysis)의 경우 회귀모형 그 자체의 통계적 유의성은 분산분석으로 검정하고, 모형에 사용되는 개별 독립변수의 통계적 유의성은 t검

>>그림 9-17 | 조사분석에서 사용하는 대표적인 가설검정의 종류

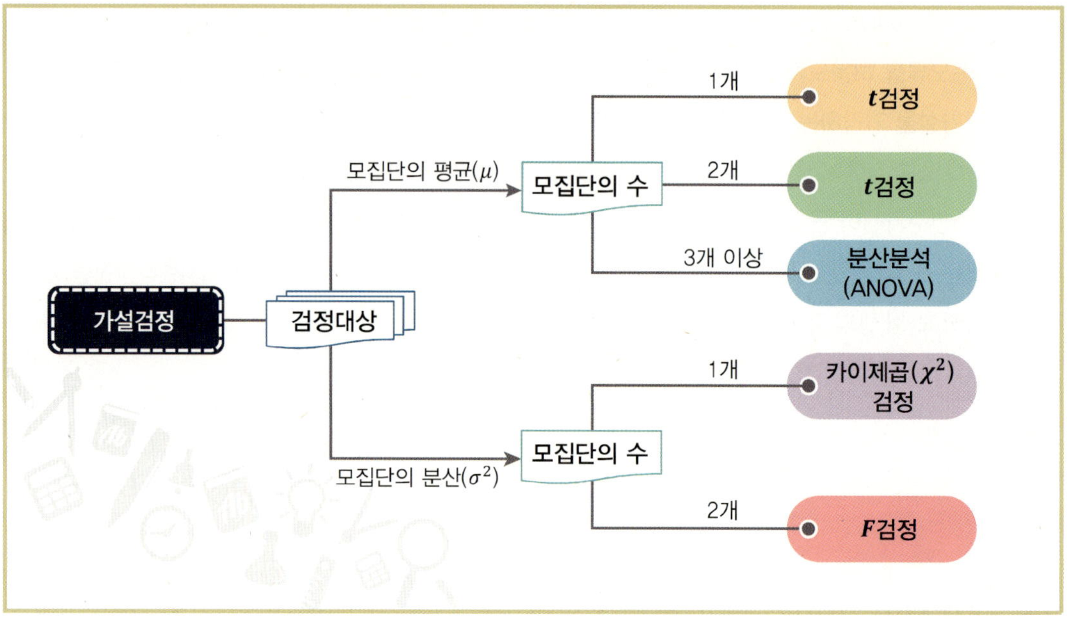

정으로 검정한다.

CHAPTER

10

모집단에 대한 가설검정

(Hypothesis Test of Population)

Chapter

10 모집단에 대한 가설검정 (Hypothesis Test of Population)

일상생활에서 '하루 한 알, 24시간 지속되는 새로운 진통제', 'H회사의 다이어트 프로그램에 참여하시면 10일에 10kg을 감량할 수 있습니다' 등의 광고들을 흔히 접할 수 있다. 그러나 실제로 이러한 광고내용을 100% 믿는 사람은 없으며, 많은 의구심을 가지고 있다. 이러한 내용을 확인할 수 있는 방법은 없는 것일까? 이들을 확인할 수 있는 통계적인 방법으로 가설검정이 있다. 본 장에서는 이러한 주장들의 진위 여부를 확인하는 가설검정이 어떻게 이루어지는지 구체적으로 살펴보도록 한다.

일반적으로 가설검정은 연구자가 기존에 알려진 사실이나 이론에 문제가 있다고 생각하여 이에 대해서 이의를 제기함으로써 시작된다. 그러나 연구자가 제기한 새로운 내용 또한 옳다고 단정할 수 없다. 따라서 연구가설이 객관적인 검정을 통하여 옳다는 것이 밝혀지기 전까지는 아직 귀무가설이 옳다는 전제하에서 검정이 진행된다. 즉, 검정과정에서 모집단의 모수에 대한 정보가 필요한 경우, 귀무가설의 내용으로부터 구할 수 있으면 이를 우선적으로 활용하여 가설검정을 한다. 그러나 귀무가설에도 이러한 정보가 없을 경우에는 모수의 불편추정량(unbiased estimator)인 표본통계량을 사용하여 검정한다.

가설검정(hypothesis test)을 크게 나누면 모집단의 평균(mean)이나 비율에 대한 가설검정과 분산(variance)에 대한 가설검정으로 구분할 수 있다. 또한 평균과 분산에 대한 가설검정은 검정하고자 하는 모집단의 수에 따라 검정방법이 다르다. 평균에 대한 검정의 경우 모집단의 수가 2개 이하인 경우에는 t검정으로 검정하고, 모집단의 수가 3개 이상인 경우에는 분산분석(ANOVA)으로 검정을 한다. 또한 하나의 모집단분산에 대하여 검정하는 경우에는 카이제곱분포(χ^2)를 이용해서 검정하며, 2개 모집단의 분산 크기를 비교검정하는 경우에는 F분포를 이용해서 검정한다. 본장에서는 1개 혹은 2개 모집단의 평균검정에 사용되는 t검정에 대하여 살펴보고, 분산을 검정하는 데에 사용되는 카이제곱검정과 F검정에 대하여서도 설명하도록 한다. 또한 3개 이상 모집단의 평균검정에 사용되는 분산분석(ANOVA)에 대해서는 제12장에서 자세히 살펴보도록 한다.

제1절 모집단의 평균에 대한 가설검정(Hypothesis Test of Population Mean)

평균에 대한 가설검정은 검정하고자 하는 가설에 사용되는 모집단의 수에 따라 t검정과 분산분석(ANOVA)으로 나누어진다. [그림 10-1]에서 보는 바와 같이, 모집단이 1개인 경우와 2개인 경우 모두 t검정으로 검정하며, 3개 이상일 경우에는 분산분석을 이용하여 검정한다.

모집단이 1개인 단일 모집단평균에 대한 가설검정은 모집단의 평균이 어떠하다는 가설이 맞는지를 검정하는 것이다. 검정을 위해서는 모집단으로부터 표본을 추출하여 그 표본의 평균, 즉 통계량값을 가설에서 주장하고 있는 값과 비교하여 검정한다. 또한 2개의 모집단평균에 대한 가설검정은 2개 모집단의 평균이 서로 다른지 혹은 어느 것이 더 큰지에 대하여 가설을 검정하는 것이다. 이 또한 2개의 모집단에서 각각 뽑은 표본의 평균값들을 서로 비교하여 가설을 검정한다. 더 나아가 모집단이 3개

그림 10-1 | 모집단에 대한 가설검정의 종류

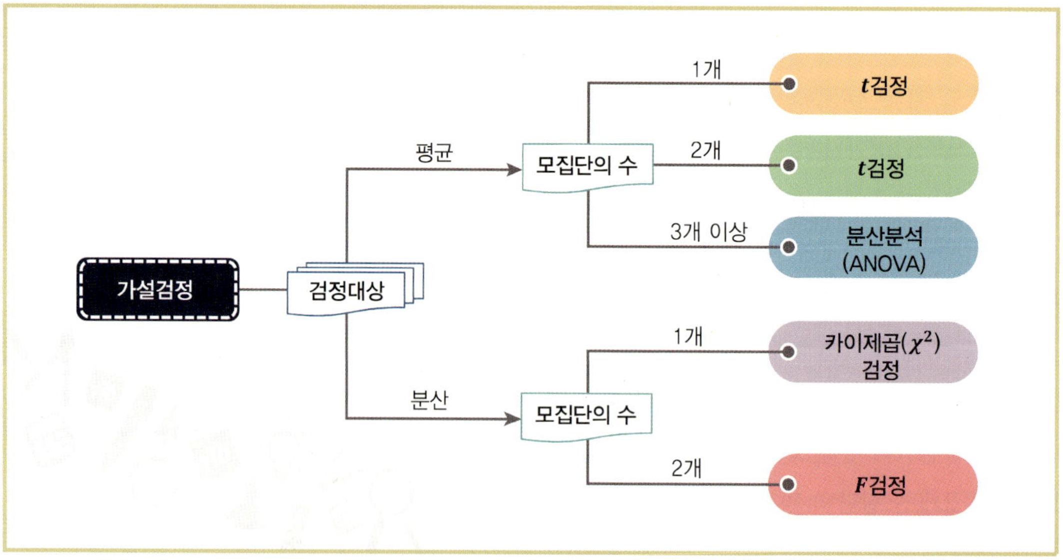

이상인 경우에는 이들 모두의 평균이 같은지 아니면 서로 다른 것이 있는지를 분산분석을 통하여 검정한다. 또한, 단일 모집단에 대한 가설검정은 일반적인 단일 모집단평균에 대한 가설검정과 쌍체비교로 나누어진다.

쌍체비교는 동일한 표본을 대상으로 실험을 실시하기 전에 측정한 값과 실험 후에 측정한 값과의 차이가 어떠한가를 분석하여 검정하는 것이다. 예를 들어, 다이어트 프로그램의 효과를 파악하고자 하는 경우 A, B, C, D라는 사람을 표본으로 뽑아서 몸무게를 측정하고 다이어트 프로그램을 수행한 후에 이들 A, B, C, D의 몸무게를 다시 측정하여 각 표본의 몸무게 변동값들을 분석하여 다이어트 프로그램의 효과를 검정하는 것이다.

그러나 두 모집단평균에 대한 가설검정의 경우에는 쌍체비교와는 달리 서로 독립적인 완전히 다른 2개의 모집단으로부터 각각 표본을 추출하여 이들의 평균값을 비교하여 검정을 수행한다. 이러한 모집단평균에 대한 가설검정을 정리하면 [그림 10-2]와 같다.

그림 10-2 | 모집단평균에 대한 가설검정

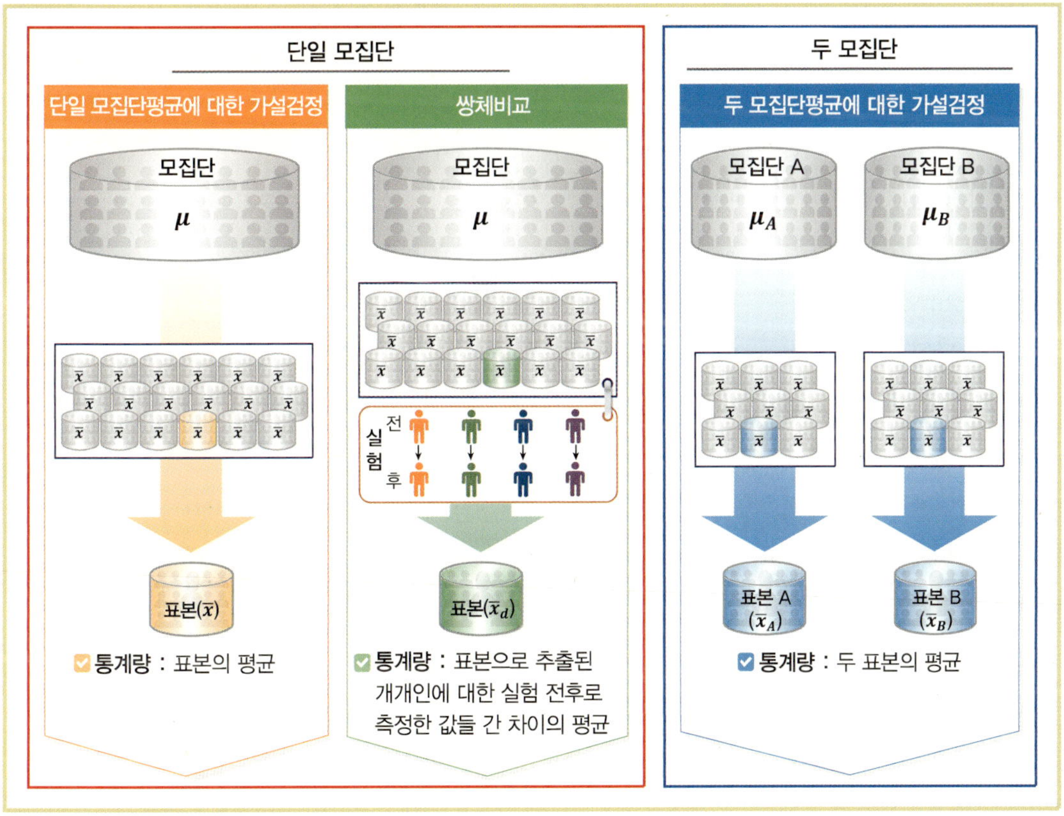

1.1 단일 모집단평균에 대한 가설검정(One sample t-test)

일반적으로 모집단이 하나이고, 이 모집단의 평균(μ)이 어느 특정한 값(a)이라고 알려진 상태에서, 연구자가 기존에 알려진 값(a)과 '다르다' 혹은 '작다'나 '크다'와 같은 이의를 연구가설로 제기하고 이를 검정하는 것이 단일 모집단평균에 대한 가설검정이다.

단일 모집단평균에 대한 가설검정을 세부적으로 구분하면 일반적인 단일 모집단평균에 대한 가설검정과 쌍체비교로 나누어 볼 수 있다. 또한 검정의 종류도 설정된 가설에 따라 양측검정, 왼쪽꼬리검정, 그리고 오른쪽꼬리검정의 3가지로 나누어진다.

1) 가설과 검정의 종류(Type of Hypothesis and Test)

단일 모집단평균에 대한 가설검정은 모집단의 평균(μ)에 대하여 지금까지 알려진 일반적인 이론이나 사실, 즉 모집단의 평균(μ)은 어느 특정한 값(a)이라는 믿음에 대해 연구자가 이의를 제기함으로써 시작된다. 따라서 연구자가 주장하는 연구가설은 '$\mu \neq a$'라고 설정되며, 이에 대응되는 귀무가설은 '$\mu = a$'가 된다. 예를 들어, 종로제과점에서는 아이스크림을 생산하고 있는데 그 무게가 200g이 되도록 만들어왔다. 그러나 이 아이스크림의 무게가 200g이 아닌 것 같다는 소비자들의 불만이 있었다. 따라서 소비자단체는 '종로제과점에서 만드는 아이스크림은 200g이 아니다($\mu \neq a$)'라는 연구가설을 세우고 이를 검정해보기로 하였다. 이 경우 귀무가설은 '종로제과점에서 만드는 아이스크림은 200g이다($\mu = a$)'가 된다. 그리고 표본조사 결과 표본평균($\bar{x}$)이 200g보다 현저하게 작거나 큰 경우에 귀무가설을 기각할 수 있는 양측검정에 해당한다.

그러나 만일 종로제과점이 아이스크림의 무게를 줄여 이득을 내고자 한다고 생각되는 경우, 즉 아이스크림의 무게가 200g이 채 안 되는 것 같다고 생각하여 이를 검정해보고자 하는 경우의 연구가설은 '종로제과점에서 만드는 아이스크림은 200g보다 작다($\mu < a$)'가 되며, 이에 상응하는 귀무가설은 연구가설의 여집합으로서 '종로제과점에서 만드는 아이스크림은 200g보다 크거나 같다($\mu \geq a$)' 혹은 그냥 등식으로 '종로제과점에서 만드는 아이스크림은 200g이다($\mu = a$)'가 된다. 이러한 경우의 검정은 표본통계량($\bar{x}$)이 200g보다 현저하게 작아야만 귀무가설을 기각할 수 있는 왼쪽꼬리검정에 해당한다.

그러나 반대로 '종로제과점에서 만드는 아이스크림은 200g보다 크다($\mu > a$)'라고 연구가설을 세울 경우에, 귀무가설은 '종로제과점에서 만드는 아이스크림은 200g보다 작거나 같다($\mu \leq a$)' 혹은 '종로제과점에서 만드는 아이스크림은 200g이다($\mu = a$)'가 되며, 이러한 검정은 오른쪽꼬리

그림 10-3 | 단일 모집단평균에 대한 가설설정과 검정의 종류

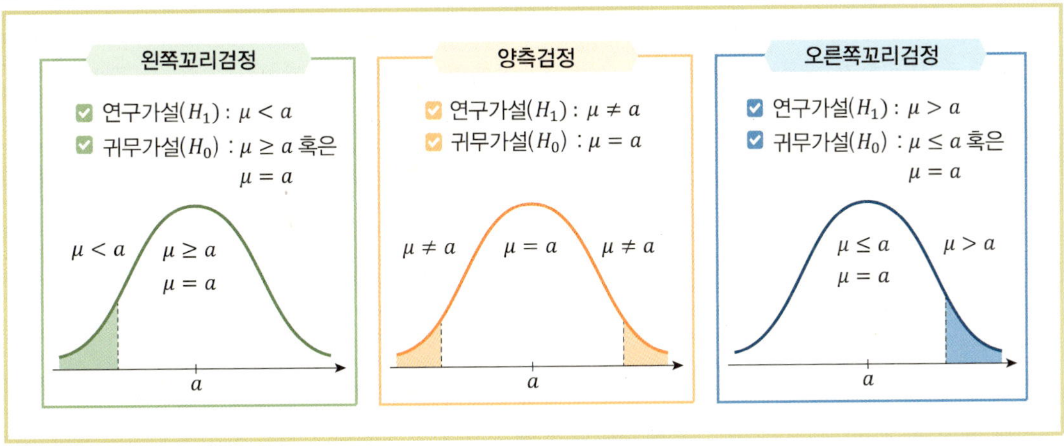

검정에 해당한다. 이와 같이 연구가설이 어떻게 설정되는가에 따라서 검정종류도 양측검정, 왼쪽꼬리검정, 그리고 오른쪽꼬리검정으로 나누어진다.

2) 유의수준(Significance Level)

일반적으로 가설이 설정되고 설정된 가설에 따라 검정의 종류가 결정되면, 다음으로 가설검정의 통계적 유의수준(α), 즉 귀무가설을 기각하고 연구가설을 채택할 확률을 정한다.

유의수준(α)(significance level)이 결정되면 다음으로 검정의 종류(양측, 왼쪽꼬리, 오른쪽꼬리)에 따른 임계치를 산출하고, 이를 기준으로 표본조사를 통해 얻은 통계량값이 어디에 위치하는가에 따라 가설의 채택 여부를 판단하여 검정한다.

일반적으로 유의수준(α)이 작을수록 우측으로는 더욱 큰 값, 좌측으로는 더욱 작은 값의 임계치가 설정됨으로써 표본으로부터 구한 검정통계량값도 이들보다 더 크거나 더 작아야 귀무가설을 기각할 수 있기 때문에 연구가설이 채택될 확률은 낮아진다. 따라서 작은 유의수준(α)의 검정에서 채택된 연구가설일수록 그 결과를 더욱 신뢰할 수 있다.

3) 검정기준에 따른 검정방법(Test Method according to Test Statistic used)

평균(μ)에 대한 가설검정은 무엇을 기준으로 검정하느냐에 따라 다음 3가지 방법이 있을 수 있다. 첫째, 일반적으로 모집단을 구성하고 있는 변수(X)의 단위, 즉 표본으로부터 얻은 통계량을 그대로 검정통계량으로 사용하여 검정하는 방법이다. 예를 들어, 키에 대한 가설검정의 경우에는 길이 단위

인 cm로 측정된 표본통계량값을, 몸무게의 경우에는 kg으로 표시된 통계량값을 직접 검정통계량으로 사용하여 검정하는 방법이다. 이 방법은 표본을 측정한 단위로 표시된 통계량값을 직접 검정통계량으로 사용하기 때문에 이해하기는 쉬우나, 임계치를 구하는 과정이 복잡하고, 특히 검정통계량값만으로는 검정 결과를 미리 짐작하기가 어렵다는 큰 단점이 있다.

둘째, 중심극한정리(central limit theorem)에 의하여 표본평균($\bar{x}$)이 $t(Z)$분포한다는 가정하에 측정된 통계량값($\bar{x}$)을 표준화하여, 즉 $t(Z)$값으로 치환한 값을 검정통계량으로 하여 검정하는 방법이다. 다시 말하면 표본을 측정하는 데에 사용한 단위(cm, kg)를 표준편차의 단위(σ)로 바꾼 다음 $t(Z)$분포를 이용하여 검정하는 것이다. 이 방법의 가장 큰 장점은 대부분의 경우 일반적으로 사용되는 유의수준(α)에 해당하는 임계치 t값을 잘 알고 있기 때문에 치환된 t통계량값만으로도 연구가설의 채택 여부를 판단할 수 있다는 점이다. 예를 들어, 유의수준(α)을 0.05로 하는 양측검정에서의 임계치는 ±1.96 정도가 됨으로써, 만일 표본통계량 t값이 +1.96보다 크거나 −1.96보다 작으면 귀무가설을 기각할 수 있다는 것을 쉽게 짐작할 수 있다. 그러나 표본의 크기(n)가 30개 미만인 경우에는 임계치의 절대값이 1.96보다는 약간 커지기 때문에 필요에 따라서는 t분포표에서 정확한 임계치를 구하여 검정해야 한다.

마지막으로, 표본통계량값에 상응하는 p값(p-value)을 구하여, p값이 유의수준(α)보다 작을 경우에는 연구가설을 채택하고 반대로 크면 기각하는 식으로 검정하는 방법이 있다. 그러나 p값을 이용한 검정의 경우에도 통계량 p값을 구하기 위해서는 일반적으로 통계량 t값을 먼저 산출해야 하기 때문에 사실상 두 번째 방법과 유사한 방법이라 볼 수 있다.

일반적으로 여기서 말하는 p값은 현재의 표본으로부터 구한 통계량값보다 절대값으로 비교하여 더 큰 통계량값을 갖는 표본을 추출할 수 있는 확률이다. 그러나 보다 정확하게 설명하면, 이러한 p값은 검정의 종류에 따라 달리 계산되어야 한다. 예를 들어, 양측검정의 경우에는 현재 표본으로부터 구한 통계량값보다 절대값으로 비교하여 더 큰 통계량값을 갖는 표본을 뽑을 확률을 말한다. 그러나 오른쪽꼬리검정의 경우에는 현재의 표본통계량보다 더 큰 통계량값이 나올 확률을 의미하며, 반대로 왼쪽꼬리검정의 경우에는 현재 얻은 표본통계량값보다 더 작은 통계량값이 나올 확률을 의미한다.

이렇게 p값을 이용하여 검정하는 경우에는 p값이 유의수준(α)보다 크면 연구가설이 기각되고, 반대로 작으면 연구가설이 채택된다. 즉, p값이 작을수록 귀무가설을 기각하고 연구가설을 채택할 가능성이 높아진다. 일반적인 컴퓨터 패키지를 이용하여 p값을 구하는 경우 대부분의 패키지는 항시 양측검정을 전제로 하여 산출한 p값을 제시함에 유의해야 한다. 따라서 단측검정의 경우 패키지로부터 산출된 p값의 절반만이 단측검정에서의 진정한 p값으로 생각하여 검정하여야 한다.

즉, 통계패키지로부터 산출된 p값의 절반이 유의수준(α)보다 작으면 연구가설을 채택하는 식으로 검정해야 한다.

4) 가설검정(Hypothesis Test)

(1) 표본평균($\bar{x}$)을 검정통계량으로 사용하는 검정(Test of using Mean($\bar{x}$) as Test Statistic)

단일 모집단평균에 대한 가설검정의 경우 우선 표본평균($\bar{x}$)을 검정통계량으로 사용하는 검정에 대해 살펴보자. 양측검정인 경우, 연구가설은 $\mu \neq a$가 되고, 귀무가설은 $\mu = a$가 된다.

다음으로 주어진 유의수준(α)(significance level)을 이용하여 표본평균($\bar{x}$)과 같은 단위의 값으로 표현되는 임계치(critical value)를 구한다. 이 경우 분포의 평균은 귀무가설에서 주장하는 대로 α로 가정하고, 이를 중심으로 좌우 임계치를 계산한다. 임계치를 계산하는 방법은 유의수준(α)과 표본평균의 표준편차인 표준오차$\left(\frac{S}{\sqrt{n}}\right)$에 의해서 결정이 된다. 이렇게 좌우 임계치가 결정된 다음, 마지막으로 조사한 표본의 평균($\bar{x}$)이 어디에 위치하느냐에 따라서 연구가설의 채택 여부를 판단한다. 즉, 검정통계량인 표본평균($\bar{x}$)이 좌우 임계치 바깥쪽에 위치하면 연구가설을 채택하고, 안쪽에 위치하면 연구가설을 기각한다.

예를 들어, 제약회사의 품질관리부에서는 공장에서 생산하고 있는 타이레놀 1정 중 아세트아미노펜 함량이 정확하게 500mg인지를 표본조사를 통하여 검정하기로 하였다. 이 경우 품질관리부는 아세트아미노펜 함량이 500mg이 아닐 수도 있다고 생각하여 조사하는 것이므로, 연구가설은 '타이레놀 1정 중 아세트아미노펜 함량은 500mg이 아니다'가 되며, 귀무가설은 '타이레놀 1정 중 아세트아미노펜 함량은 500mg이다'가 된다.

검정을 위하여 타이레놀 100정을 무작위로 추출하여 조사한 결과, 표본의 평균($\bar{x}$)은 494mg이었고, 표본의 분산(S^2)은 289mg이었다. 만일 유의수준(a)을 0.05로 하여 검정하고자 하면, 좌우 임계치는 [그림 10-4]에서와 같이 귀무가설에서 주장하는 평균인 500mg을 중심으로 좌측은 496.63mg이 되며, 우측은 503.36mg이 된다. 이 경우 검정통계량으로 사용되는 표본의 평균(494mg)이 좌측임계치(496.63mg)보다 작으므로, 귀무가설을 기각하고 연구가설을 채택하게 된다. 이에 따라 '타이레놀 1정 중 아세트아미노펜 함량은 500mg이 아니다'라고 판단할 수 있다.

그림 10-4 | 단일 모집단평균에 대한 가설검정 사례

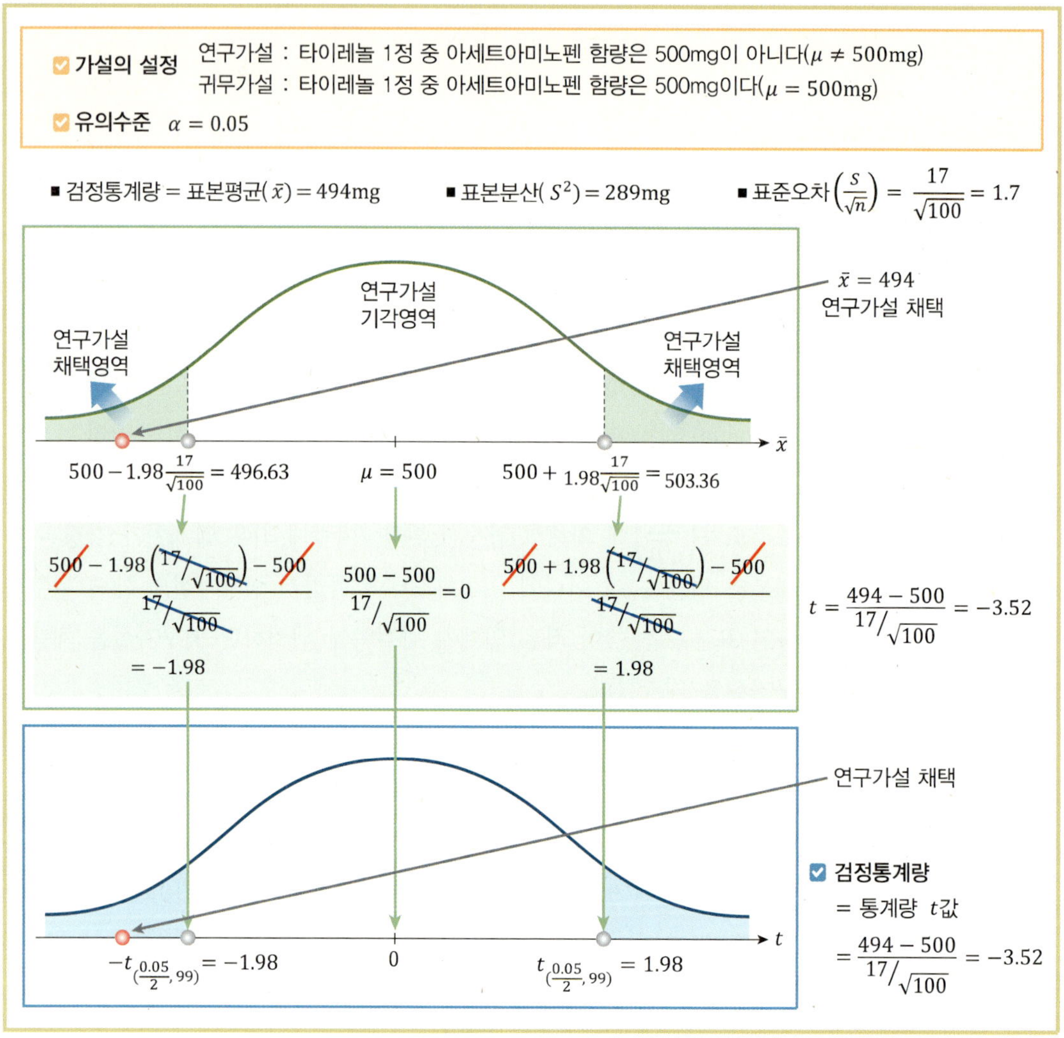

(2) 표본평균($\bar{x}$)을 표준화한 t값을 검정통계량으로 사용하는 검정(Test of using $t(Z)$-value as Test Statistic)

표본평균($\bar{x}$)값을 표준화하여 얻은 통계량 t값을 사용하여 검정하는 과정에 대하여 살펴보면 다음과 같다. 우선 [그림 10-5]에 있는 공식에서와 같이 표본의 평균($\bar{x}$)에서 모집단평균(μ)을 빼서 얻은 값을 다시 표본평균의 표준편차인 표준오차$\left(\frac{S}{\sqrt{n}}\right)$로 나누면 검정통계량 t값을 구할 수 있다. 가설검정은 귀무가설이 기각되기 전까지는 항상 귀무가설이 옳다는 전제하에서 이루어진다. 따라서 모집단의 평균(μ)을 나타내는 a를 t값으로 치환하면 분자($a-a$)가 0이 되기 때문에 t분포

그림 10-5 | 단일 모집단평균에 대한 가설검정 사례

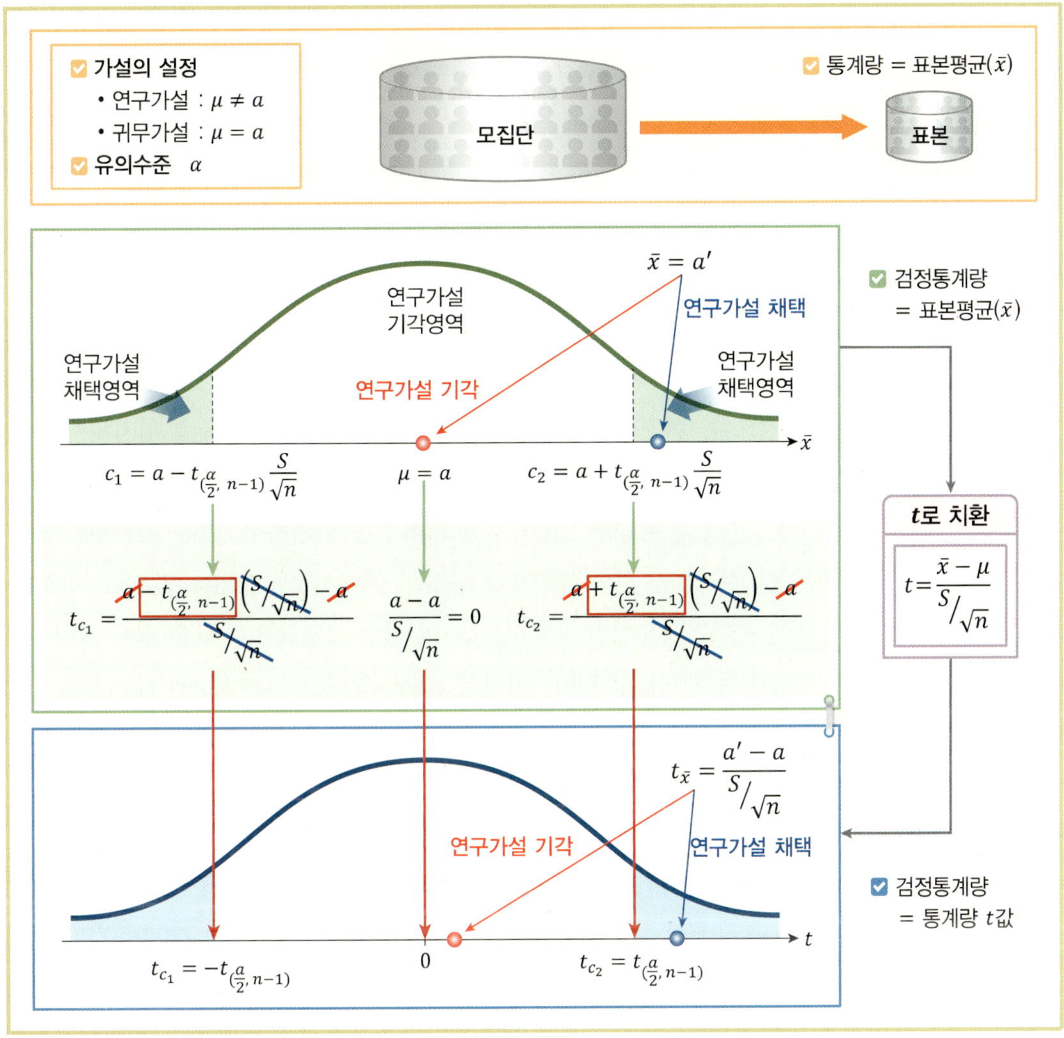

의 중심은 0이 된다. 또한 좌우측 임계치를 나타내는 c_1과 c_2도 표준화하여 t분포상의 값으로 치환하면, [그림 10-5]에서 보는 바와 같은 t분포상의 좌우측 임계치를 나타내는 t_{c_1}과 t_{c_2}값들을 구할 수 있다.

다음으로 통계량인 표본평균($\bar{x}$)을 t값으로 치환하여 얻은 통계량 $t_{\bar{x}}$값, 즉 검정통계량값이 어디에 위치하느냐에 따라 연구가설의 채택 여부를 결정한다. 이때 통계량인 표본평균($\bar{x}$)을 표준화한 t값도 일종의 통계량임을 유의하여야 한다. [그림 10-5]에서는 표본의 평균($\bar{x}$)을 a'라고 표시하고, 이 표본평균($\bar{x}$)을 표준화하여 구한 검정통계량 t값을 $t_{\bar{x}}$로 표시하였다.

제약회사 공장의 예에서 설명한 연구가설과 귀무가설 그리고 유의수준(significance level)이 같다면, t축상의 0을 중심으로 좌우 임계치는 ±1.98이 되고, 표본의 평균(a')을 표준화한 검정통계량 $t_{\bar{x}}$값은 −3.52가 된다. 따라서 검정통계량 $t_{\bar{x}}$값이 좌측 임계치(−1.98)보다 작으므로 귀무가설을 기각하고 연구가설을 채택한다.

일반적으로 대부분의 검정에서는 표본평균($\bar{x}$)을 t통계량으로 변환시킨 검정통계량을 이용하여 가설검정을 실시하며, 통계 패키지들도 모두 t값을 계산하여 제시하고 이를 이용하여 검정한다. 이와 같이 통계량 t값으로 가설검정을 하는 이유는 표본평균($\bar{x}$)값을 이용하여 가설검정을 하는 경우, 표본의 평균($\bar{x}$)값만으로는 연구가설의 채택 여부를 판단하기 어려우나, 이를 표준화한 t통계량값으로도 어느 정도 검정이 가능하기 때문이다. 제약회사 공장의 경우를 예로 들면, 표본조사를 실시하여 표본평균($\bar{x}$)이 494mg임을 알았으나, 이것이 임계치의 바깥쪽에 위치하는지 안쪽에 위치하는지 알 수가 없다. 그러나 t통계량($t_{\bar{x}}$)값을 구하면, 일반적으로 사용되는 유의수준(0.1, 0.05, 0.01)에 따른 t값들이 $t_{(\frac{0.1}{2},\ 99)}=1.66$, $t_{(\frac{0.05}{2},\ 99)}=1.98$, $t_{(\frac{0.01}{2},\ 99)}=2.68$ 임을 암기하여 알고 있으므로, 연구가설의 채택 여부를 바로 알 수 있다. 위의 제약회사 공장의 예에서 t통계량($t_{\bar{x}}$)값으로 −3.52가 나왔다. 일반적으로 $t_{\bar{x}}$값이 −3.52 정도이면 유의수준(α)이 아주 극단적으로 낮은 경우가 아니면 연구가설을 채택할 수 있음을 쉽게 알 수 있다. 따라서, 대부분의 경우 표본통계량 t값($t_{\bar{x}}$)을 알면 바로 연구가설의 채택 여부를 알 수 있다.

(3) p값을 이용한 가설검정(Hypothesis Test using the p−value)

마지막으로 p값(p−value)을 이용하여 가설검정하는 경우를 살펴보자. 일반적으로 p값(p−value)이 유의수준(α)(significance level)보다 크면 연구가설을 기각하고, 유의수준(α)보다 작으면 연구가설을 채택한다.

예를 들어, 유의수준(α)이 0.05일 경우, p값이 0.03이라면 연구가설을 채택한다. 이러한 p값은 자유도에 따른 t분포를 이용하여 구할 수 있는데, 통계 패키지를 이용하여 분석하는 경우에는 통계 패키지가 자동으로 p값을 계산해서 제시한다. 단, 패키지가 제시하는 p값은 항시 양측검정을 전제로 하여 계산한 p값임을 유의해야 한다. 따라서 단측검정에 활용하고자 하는 경우에는 p값의 절반만을 실제 p값으로 생각하여 이를 유의수준(α)과 비교해서 검정해야 한다.

5) 단일 모집단평균에 대한 가설검정 절차(Procedure of One Sample t−test)

앞에서 단일 모집단평균의 가설검정에서 사용할 수 있는 3가지 검정방법에 대하여 살펴보았다.

그림 10-6 | 검정통계량 t값을 이용한 가설검정

STEP1 : 가설설정

- ☑ 연구자가 규명하고자 하는 연구가설(H_1 : 대립가설)을 설정함
  연구가설의 반대 혹은 모집단의 평균이 특정한 값과 같음을 나타내는 등식을 귀무가설(H_0)로 함

STEP2 : 유의수준(α)과 검정의 종류에 따른 임계치 산출 및 연구가설의 채택영역 설정

- ☑ 설정된 가설을 보고 검정의 종류(양측검정, 왼쪽꼬리검정, 오른쪽꼬리검정)를 결정함

연구가설의 채택 및 기각영역 결정

양측검정	왼쪽꼬리검정	오른쪽꼬리검정
■ 연구가설(H_1) : $\mu \neq a$	■ 연구가설(H_1) : $\mu < a$	■ 연구가설(H_1) : $\mu > a$
■ 귀무가설(H_0) : $\mu = a$	■ 귀무가설(H_0) : $\mu \geq a$ 혹은 : $\mu = a$	■ 귀무가설(H_0) : $\mu \leq a$ 혹은 : $\mu = a$

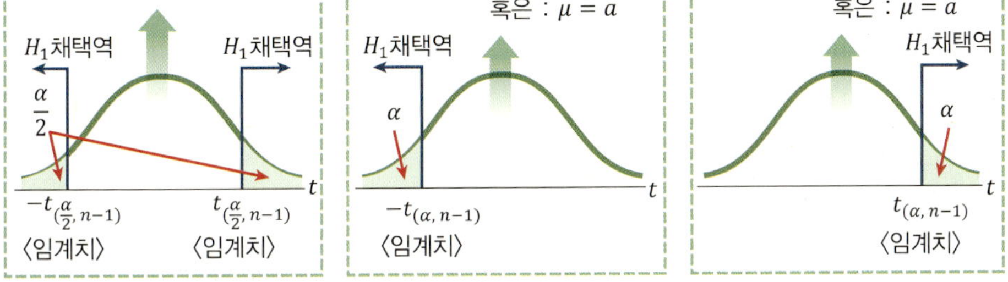

STEP3 : 검정통계량(t값) 산출

- ☑ 표본평균에서 귀무가설의 모평균값을 뺀 차이를 표준오차로 나누어 검정통계량 t값을 구함

단일 모집단평균	쌍체비교	두 모집단평균
$t = \dfrac{\bar{x} - \mu}{S/\sqrt{n}}$	$t = \dfrac{\bar{x}_d - \mu_d}{S_d/\sqrt{n}}$	$t = \dfrac{(\bar{x}_1 - \bar{x}_2) - (\mu_1 - \mu_2)}{\sqrt{\dfrac{S_1^2}{n_1} + \dfrac{S_2^2}{n_2}}}$

STEP4 : 임계치와 검정통계량을 비교하여 연구가설의 채택 여부를 결정함

양측검정	왼쪽꼬리검정	오른쪽꼬리검정

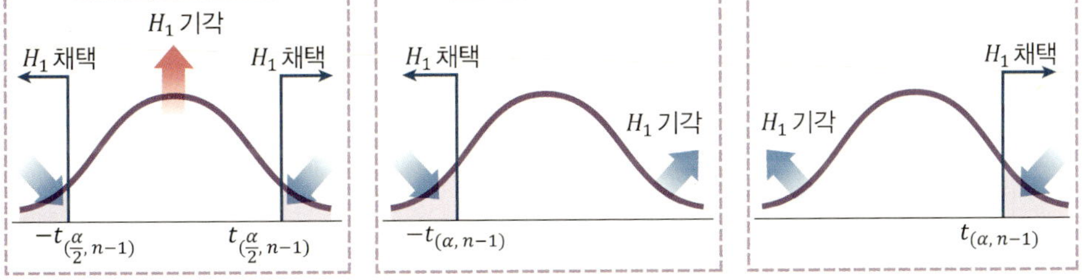

그러나 이들 3가지 검정방법은 서로 다르지 않으므로 사용하기 쉽고 이해하기 용이한 방법으로 검정하는 것이 좋다. 이들 중에서 가장 보편적으로 사용되는 검정방법은 표본평균을 표준화한 t통계량값을 이용해서 검정하는 것이다. 가설검정에 대한 구체적인 예를 들어 설명하기 전에 표본평균($\bar{x}$)값을 표준화한 통계량 t값을 이용하여 가설검정하는 절차를 요약하여 설명하면 [그림 10-6]과 같다.

가설검정의 첫 번째 단계는 연구가설(H_1)과 귀무가설(H_0)을 설정하는 것이다. 연구가설(H_1 : 대립가설)은 연구자가 규명하고자 하는 가설이고, 귀무가설은 연구가설이 설정된 다음 연구가설의 반대로 설정되거나 혹은 모집단의 평균이 특정한 값과 같다는 등식으로 표현된다.

두 번째 단계는 유의수준(α)과 검정의 종류(단측, 양측)에 따라 임계치를 산출하고 연구가설의 채택영역을 결정하는 것이다. 우선 설정된 연구가설을 보고 양측검정인지 아니면 단측검정(왼쪽꼬리검정, 오른쪽꼬리검정)인지를 판단한다. 그리고 유의수준(α)과 표본의 크기(n)에 따른 자유도($n-1$)를 고려한 t분포상에서의 임계치를 구하고, 이를 바탕으로 연구가설의 채택영역과 기각영역을 설정한다.

세 번째 단계로 표본으로부터 검정통계량 t값을 구하게 되는데, 검정통계량 t값은 표본평균($\bar{x}$)에서 귀무가설에서 주장하는 모집단의 평균($\mu = a$)을 뺀 차이를 표준오차로 나누어 구한다. 검정통계량을 산출하는 방법은 검정의 종류, 즉 단일 모집단평균검정, 쌍체비교 혹은 두 모집단평균검정인지에 따라 약간의 차이가 있으나 기본적인 개념은 모두 동일하다. 마지막 단계로 임계치와 검정통계량을 비교하여 연구가설의 채택 여부를 결정한다.

6) 단일 모집단평균에 대한 가설검정 사례(Example of One Sample t-test)

모집단의 평균에 대한 가설검정의 종류에는 앞에서 설명한 바와 같이 양측검정(two-tail test), 왼쪽꼬리검정(left-tail test), 오른쪽꼬리검정(right-tail test)의 3가지가 있다. [그림 10-7]의 사례는 왼쪽꼬리검정을 이용한 단일 모집단평균에 대한 가설검정 문제의 예이며, 이를 풀어가는 가설검정과정을 정리하면 [그림 10-8]과 같다.

문제해결의 첫 번째 단계는 연구가설(H_1)과 귀무가설(H_0)을 설정하는 것이다. 연구가설(H_1)은 'K기업의 핸드폰 보조배터리의 평균사용시간은 720분보다 작다($\mu < 720$)'가 되고, 귀무가설(H_0)은 'K기업의 핸드폰 보조배터리의 평균사용시간은 720분보다 크거나 같다($\mu \geq 720$)' 혹은 'K기업의 핸드폰 보조배터리의 평균사용사간은 720분이다($\mu = 720$)'가 된다.

두 번째 단계는 유의수준(α)(significance level)과 연구가설에 따른 임계치(critical level)를 산

그림 10-7 | 단일 모집단평균에 대한 가설검정(왼쪽꼬리검정) 사례

문 제

K기업은 자사가 생산하는 핸드폰 보조배터리의 1회 충전 시 평균사용시간이 720분이라고 주장하고 있다. 그러나 이를 사용해본 소비자들은 720분이 되지 않는다고 불평하여 이를 소비자보호원에서 밝혀줄 것을 호소하였다. 이에 따라 소비자보호원에서는 144개의 보조배터리를 표본으로 뽑아 조사를 실시하였다. 조사 결과 표본 144개의 평균수명은 640분이고, 표본의 표준편차는 36분이었다. 소비자의 주장을 유의수준(α) 0.05에서 검정하시오.

문제 파악

☑ **연구가설(H_1) :**
K기업의 핸드폰 보조배터리의 평균사용시간은 720분보다 작다.
$H_1 : \mu < 720$

☑ **귀무가설(H_0) :**
K기업의 핸드폰 보조배터리의 평균사용시간은 720분보다 크거나 같다.
혹은, K기업의 핸드폰 보조배터리의 평균사용시간은 720분이다.
$H_0 : \mu \geq 720$ 혹은 $H_0 : \mu = 720$

출하고 연구가설의 채택영역을 설정하는 과정이 된다. 우선 설정된 가설을 보고 어떠한 검정(양측검정, 왼쪽꼬리검정, 오른쪽꼬리검정)인지를 결정해야 하는데, 본 예는 표본통계량값이 임계치보다 작으면 연구가설(H_1)이 채택되는 왼쪽꼬리검정에 해당한다. 또한, 유의수준($a=0.05$)을 이용하여 자유도가 143($=n-1$)인 t분포상에서의 왼쪽꼬리검정 임계치($=t_{(0.05,\,143)}$)를 구하면 −1.65라는 값을 얻을 수 있다. 따라서 만일 표본으로부터 구한 검정통계량 t값이 −1.65보다 작으면 연구가설을 채택하고, 반대로 −1.65보다 크면 연구가설을 기각한다.

세 번째 단계는 표본으로부터 검정통계량 $t_{\bar{x}}$값을 구하는 것이다. 검정통계량 t값은 표본평균($\bar{x}$)에서 귀무가설이 주장하는 모집단평균을 뺀 차이를 표준오차$\left(\frac{S}{\sqrt{n}}\right)$로 나누어 구할 수 있다. 본 예에서는 표본평균($\bar{x}$)이 640분이고 귀무가설의 모평균이 720분이며, 표준오차가 36분이므로 검정통계량($t_{\bar{x}}$)은 −26.6이 된다.

마지막 단계로 임계치와 검정통계량을 비교하여 가설의 채택 여부를 결정한다. 임계치와 검정통계량을 비교한 결과, 검정통계량값인 −26.6이 왼쪽꼬리 임계치인 −1.65보다 작기 때문에 귀무가설을 기각하고 연구가설을 채택한다. 따라서 유의수준 $a=0.05$에서 검정해본 결과 K기업의 핸

그림 10-8 | 단일 모집단평균에 대한 가설검정(왼쪽꼬리검정)

STEP1 : 가설설정

- **연구가설(H_1)** : K기업의 핸드폰 보조배터리의 평균사용시간은 720분보다 작다($\mu < 720$)
- **귀무가설(H_0)** : K기업의 핸드폰 보조배터리의 평균사용시간은 720분보다 크거나 같다($\mu \geq 720$)
  혹은, K기업의 핸드폰 보조배터리의 평균사용시간은 720분이다($\mu = 720$)

STEP2 : 유의수준(α)과 검정의 종류에 따른 임계치 산출 및 연구가설의 채택영역 설정

- 설정된 가설을 보고 검정의 종류(양측검정, 왼쪽꼬리검정, 오른쪽꼬리검정)를 결정함

연구가설의 채택 및 기각영역 결정

왼쪽꼬리검정

- 연구가설(H_1) : $\mu < 720$
- 귀무가설(H_0) : $\mu \geq 720$
  혹은 : $\mu = 720$

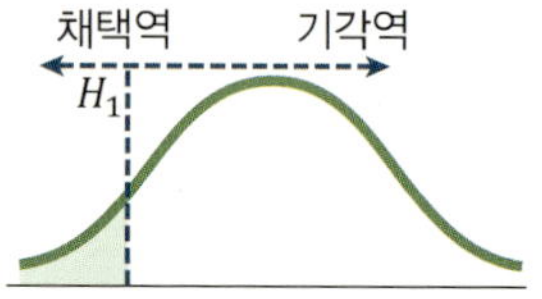

임계치 : $-t_{(0.05,\ 143)} = -1.65$

- 표본통계량값이 작을수록 연구가설(H_1)이 채택되는 왼쪽꼬리검정임
- 유의수준(α)이 0.05이며 자유도($n-1$)가 143인 t분포상의 임계치($-t_{(0.05,\ 143)}$)를 구하면 -1.65가 됨
- 따라서 표본으로부터 구한 검정통계량 t값이 -1.65보다 작으면 연구가설을 채택하고 이보다 크면 연구가설을 기각함

STEP3 : 검정통계량(t값) 산출

- 표본평균에서 귀무가설의 모평균값을 뺀 차이를 표준오차로 나누어 검정통계량 t값을 구함

표본통계량	검정통계량 t값 산출식	검정통계량(t값)
평균수명($\bar{x}$) = 640분 표준편차(S) = 36분	$t_{\bar{x}} = \dfrac{\bar{x} - \mu}{S/\sqrt{n}}$	$t_{\bar{x}} = \dfrac{640 - 720}{36/\sqrt{144}} = -26.6$

STEP4 : 임계치와 검정통계량을 비교하여 연구가설의 채택 여부를 결정함

- 임계치와 검정통계량을 비교한 결과, 값(-26.6)이 임계치(-1.65)보다 작으므로 귀무가설을 기각하고 연구가설을 채택함
- 따라서 유의수준(α) 0.05에서 검정해본 결과, K기업의 보조배터리의 평균사용시간은 소비자들의 주장대로 720분 보다 작은 것으로 판단됨

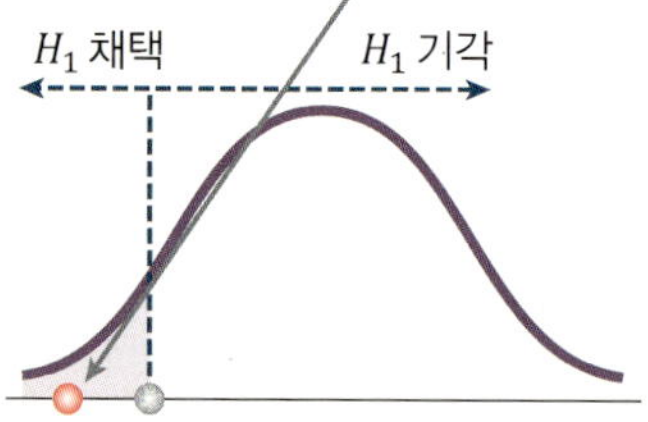

임계치 : $-t_{(0.05,\ 143)} = -1.65$

드폰 보조배터리의 평균사용시간은 소비자들의 주장대로 720분보다 작다고 판단할 수 있다.

1.2 쌍체비교(Paired Samples t-test)

P대학교에서 운영하는 6개월 영어 학습 프로그램이 있다. 영어 학습 프로그램의 효과를 측정하기 위한 방법으로는 학습 프로그램에 참여하지 않은 집단과 참여하였던 집단을 대상으로 각각 표본을 추출하여 영어 실력을 테스트하고, 성적의 평균값을 비교함으로써 프로그램의 효과를 분석할 수 있다. 그러나 일정한 표본, 예를 들어 100명의 학생들을 대상으로 영어 학습 프로그램에 참여하기 전에 테스트하여 성적을 기록하고, 영어 학습 프로그램이 끝나고 난 후에 이들 100명에 대하여 다시 테스트하여 그 차이의 크기로 프로그램의 효과를 비교·분석하면 보다 정확하게 학습 프로그램의 효과를 파악할 수 있다. 즉, 프로그램에 참여하기 전에 측정한 동일한 학생의 실력을 프로그램 참여 후에 다시 측정하여 그 점수 차이를 분석함으로써 영어 학습 프로그램의 효과를 보다 정확하게 측정할 수 있다.

이와 같이 **일정한 표본을 대상으로 특정한 사건을 전후로 두 번 측정하여 얻은 값들 간에 유의한 차이가 있는지를 검정하는 분석을 쌍체비교(paired samples t-test)라 한다.** 이 경우 하나의 대상을 두 번 측정한 값들 간의 차이로 모집단이 구성되었다고 생각하면, 쌍체비교는 단일 모집단평균검정과 같다. 단, 귀무가설에서 모집단의 평균이 항상 0을 중심으로 설정된다는 특징이 있을 뿐이다.

일반적으로 이러한 쌍체비교는 다음에 설명할 독립적인 두 모집단평균에 대한 검정보다 효율적이다. 즉, 실험에 참여하지 않은 집단과 실험에 참여한 집단을 서로 독립적인 두 모집단으로 보고 이들을 대상으로 무작위로 표본추출하여 조사한 표본평균값들 간에 서로 유의한 차이가 검정되지 않는 경우에도 쌍체비교를 하게 되면 유의한 차이가 검정되는 경우가 있다.

예를 들어, 영어 학습 프로그램에 참여하지 않은 학생들 집단과 참여한 학생들 집단에서 각기 서로 다른 학생들을 무작위로 추출하여 비교하는 경우에는 표본을 추출하는 방법에 따라 프로그램에 참여하지 않은 학생집단에서는 영어실력이 우수한 학생들이 표본으로 뽑히고, 참여한 학생집단에서는 상대적으로 영어실력이 낮은 학생들이 뽑혔다면 진정한 영어 학습 프로그램의 효과를 분석하기 어렵다. 이처럼 서로 독립적인 두 모집단의 평균 차이를 비교하는 식으로 검정하면 경우에 따라 표본추출상의 문제로 인하여 연구자가 검정하기를 원하는 실험 효과가 제대로 측정되지 못하여 그 차이가 유의하지 않게 나타날 수도 있다.

그러나 이러한 경우에 만일 실험에 참여하기 전에 추출한 표본을 정확하게 추적 관리하여 실험 후 다시 측정하는 것이 가능하다면, 실험의 효과를 보다 정확하게 검정할 수 있다. 또한 통계적으로 유의한 결과를 얻게 될 가능성도 높아진다. 예를 들어, 길동이는 영어 학습 프로그램에 참여하기 전에 영어성적이 75점이었는데, 영어 학습 프로그램을 마치고 난 후에는 영어성적이 88점으로 향상되었고, 철이는 영어 학습 프로그램에 참여하기 전에 영어성적이 80점이었는데, 참여하고 난 후에는 영어성적이 90점으로 향상되었다는 자료의 수집이 가능하도록 연구를 설계하면 실험의 효과를 보다 정확하게 분석할 수 있다.

요약하면, **쌍체비교(paired samples t-test)는 추가적인 노력으로 보다 정확하고 많은 정보를 가지고 가설을 검정하기 때문에 서로 독립적인 두 모집단의 평균을 검정하는 방법보다 더 효과적인 검정방법이**다. 즉, 두 모집단의 평균검정에서 유의한 차이를 발견하지 못하는 경우에도 쌍체비교를 하면 유의한 차이를 검정할 수 있는 경우가 있다. 따라서 시간과 비용 그리고 여건 등이 허락하면 서로 독립적인 두 모집단의 평균검정보다는 쌍체비교를 이용하여 검정하는 것이 바람직하다.

그러나 모든 경우에 쌍체비교를 할 수 있는 것은 아니다. 오히려 쌍체비교를 할 수 있는 경우는 극히 제한되어 있으며, 가능하다고 하여도 많은 노력과 비용을 필요로 한다. 쌍체비교가 불가능하면 실험 전과 후를 서로 다른 집단으로 인식하여, 두 모집단평균 차이에 대한 검정을 하여야 한다. 두 모집단평균검정을 실시하는 경우 정보의 손실로 인하여 쌍체비교보다 통계적으로 유의한 결과를 얻기 힘들다. 따라서 연구자는 쌍체비교가 가능한지, 그리고 쌍체비교를 실시하는 경우 추가적인 정보수집을 위해서 필요한 시간과 비용 등을 정확하게 파악하여 가장 효과적인 방법으로 연구를 설계하도록 하여야 한다.

1) 쌍체비교 절차(Procedure of paired samples t-test)

쌍체비교(paired samples t-test)는 단일 모집단에서 추출한 하나의 표본을 대상으로 실험 전과 후에 각각 측정하여 그 차이값들의 평균을 단일 모집단의 평균에 대한 가설검정과 같은 방법으로 검정하면 된다. 따라서 연구가설은 '차이값의 평균이 0이 아니다($\mu_d \neq 0$)', '차이값이 0보다 크다($\mu_d > 0$)' 혹은 '차이값이 0보다 작다($\mu_d < 0$)'가 된다. 또한 차이값의 표본평균과 표본분산은 $\bar{x}_d$와 S_d^2으로 나타내고, 검정통계량 t값의 계산에 사용되는 표준오차는 차이값의 표본분산인 S_d^2을 표본의 크기(n)로 나눈 값에 루트를 씌운 제곱근값이 된다.

요약하면, 쌍체비교를 통한 검정은 일반적인 단일 모집단의 평균에 대한 가설검정과는 표본을 측정하는 방법만 다를 뿐이지, 일단 차이값들이 산출되면 단일 모집단평균검정과 같다. 표본으로

그림 10-9 | H사의 배출가스저감장치를 사용하기 전과 후의 매연배출량 차이 검정

	사용 전 (x^B)	사용 후 (x^A)	차이 ($x_d = x^B - x^A$)
1	132	121	11
2	143	134	9
3	197	167	30
4	177	143	34
5	164	125	39
6	186	164	22
7	173	142	31
8	146	125	21
9	159	129	30
10	124	109	15
11	137	121	16
12	196	157	39
13	166	138	28
14	129	113	16
15	167	133	34
16	179	148	31
17	132	118	14
18	149	125	24
19	158	131	27
20	186	151	35
	평균($\bar{x}^B$)	평균($\bar{x}^A$)	합 = 506
	160	134.7	평균($\bar{x}_d$) = 25.3
			표준편차(S_d) = 9.31

사용 전과 후의 차이

- $\sum_{i=1}^{20}(x_i^B - x_i^A) = 506$ ➡ $\sum_{i=1}^{20} x_{d_i} = 506$
- $\bar{x}_d = \dfrac{\sum_{i=1}^{20} x_{d_i}}{n} = \dfrac{506}{20} = 25.3$
- $\sum_{i=1}^{20}$(각 차량별 매연배출량 차이 − 각 차량별 매연배출량 차이의 평균)^2

  $= 1648.2$ ➡ $\sum_{i=1}^{20}(x_{d_i} - \bar{x}_d)^2 = 1648.2$
- 표준편차 $S_d = \sqrt{\dfrac{\sum(x_{d_i} - \bar{x}_d)^2}{n-1}} = \sqrt{\dfrac{1648.2}{19}} = 9.31$
- 표준오차 $S_{\bar{d}} = \dfrac{S_d}{\sqrt{n}} = \dfrac{9.31}{\sqrt{20}} = 2.08$

부터 실험 전과 후에 측정한 값들을 이용하여 차이값의 평균($\bar{x}_d$)과 분산(S_d^2)을 구하는 과정을 예를 들어 설명하면 [그림 10-9]와 같다.

엔진개발 기업인 H사에서는 자동차의 매연배출량을 감소시키기 위해 배출가스저감장치를 개발하였다. 이러한 H사의 배출가스저감장치는 매연배출량 감소에 탁월한 효과가 있다고 알려져 있다. 이에 한 연구자가 과연 H사의 배출가스저감장치가 매연배출량 감소에 효과가 있는지를 쌍체비교로 검정해보기로 하였다. 연구를 위해 중형차(2000cc 미만) 20대를 표본으로 선정한 뒤, H사의 배출가스저감장치를 사용하기 전과 후의 매연배출량을 측정하여 [그림 10-9]와 같이 정리하였다.

이러한 자료를 이용하여 H사의 배출가스저감장치가 실제로 매연배출량 감소에 효과가 있는지를 검정하고자 하는 경우 다음 [그림 10-10]과 같은 과정을 거쳐서 가설검정에 필요한 통계량을 산출한다. 우선 표본을 구성하는 각 차량별로 배출가스저감장치를 부착하기 전과 후의 매연배출량차이($\bar{x}_d$)를 계산하여, 이를 단일 모집단의 평균검정을 위한 자료로 생각하고 검정을 수행하면 된다. 즉, 매연배출량의 차이(x_d)에 대한 표본평균($\bar{x}_d$)과 표준편차($S_d = \sqrt{\frac{\Sigma(x_{d_i} - \bar{x}_d)^2}{n-1}}$)를 계산한 다음 이를 이용하여 단일 모집단의 경우와 같은 방식으로 검정통계량 t값을 구하여 검정하면 된다. 이때 표준오차(standard error)는 표준편차(standard deviation)를 관측치수(n)의 제곱근으로 나눈 값($\frac{S_d}{\sqrt{n}}$)이 되고, 검정통계량 $t_{\bar{x}_d}$값은 $t_{\bar{x}_d} = \frac{\bar{x}_d - \mu_d}{S_d/\sqrt{n}}$이 된다. 또한 귀무가설에서 차이값

그림 10-10 | 쌍체비교

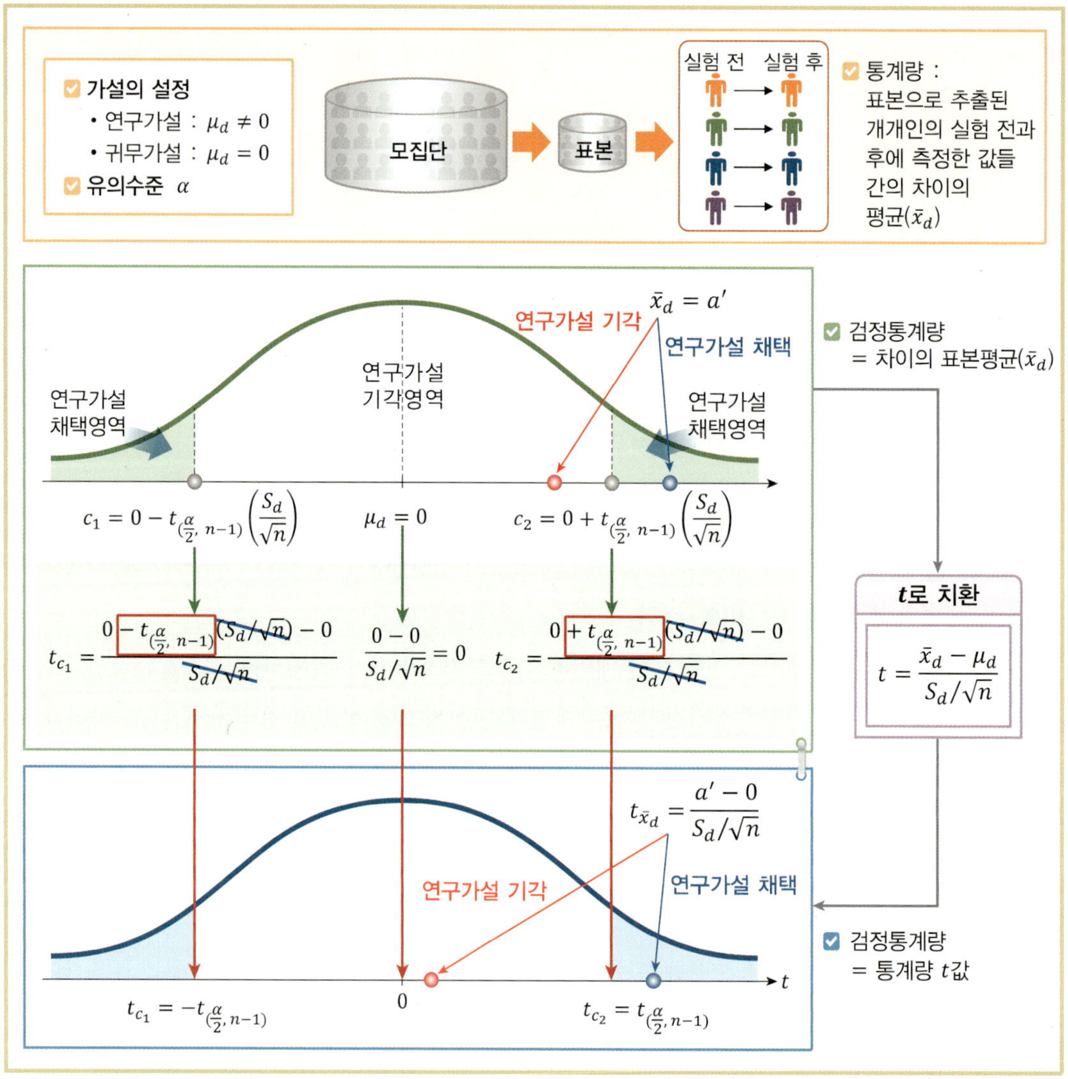

(x_d)으로 구성된 모집단의 평균을 $0(\mu_d=0)$으로 규정하기 때문에 통계량 $t_{\bar{x}_d}$값은 $t_{\bar{x}_d}=\dfrac{x_d}{S_d/\sqrt{n}}$가 된다.

이와 같이 쌍체비교에 의한 검정은 일반적인 단일 모집단의 경우와 몇 가지 기호만 달리하여 표기할 뿐 대부분의 과정은 동일하다. 이러한 쌍체비교를 이용한 가설검정 과정을 자세히 설명하면 [그림 10-10]과 같다.

2) 쌍체비교 사례(Example of paired samples *t*-test)

[그림 10-11]은 단일 모집단 쌍체비교 문제의 예를, 그리고 [그림 10-12]에서는 이를 기본으로 한 가설검정 과정을 자세히 설명하고 있다. [그림 10-12]에서 보듯이 문제해결을 위한 가설검정은 연구가설(H_1)과 귀무가설(H_0)을 설정하는 것에서부터 시작한다. 연구가설(H_1)은 'H사의 배출가스저감장치는 자동차 매연배출량 감소에 효과가 있다($\mu_d=\mu_{(전-후)}>0$)'가 되며, 귀무가설(H_0)은 'H사의 배출가스저감장치는 자동차 매연배출량 감소에 효과가 없다($\mu_d=\mu_{(전-후)}\leq 0$ 혹은 $\mu_d=\mu_{(전-후)}=0$)'가 된다.

그림 10-11 | 쌍체비교(오른쪽꼬리검정) 사례

문 제

엔진개발 기업인 H사에서는 자동차의 매연배출량을 감소시키기 위해 배출가스저감장치를 개발하였다. 이러한 H사의 배출가스저감장치가 매연배출량 감소에 탁월한 효과가 있는지를 검정하기 위하여 중형차(2000cc 미만) 20대를 표본으로 추출하여 배출가스저감장치의 사용 전과 후의 배출량을 살펴보았다. 그 결과 평균 25.3g/km가 감소되었음을 알 수 있었다. 또한 감소된 배출량의 표준편차는 9.31로 측정되었다. 이러한 표본조사 결과를 이용해서 과연 H사의 배출가스저감장치가 자동차 매연배출량 감소에 효과가 있다고 판단할 수 있는지를 5% 유의수준에서 검정해보시오.

문제 파악

☑ **연구가설**(H_1) :
H사의 배출가스저감장치는 자동차 매연배출량 감소에 효과가 있다
$H_1 : \mu_d = \mu_{(전-후)} > 0$

☑ **귀무가설**(H_0) :
H사의 배출가스저감장치는 자동차 매연배출량 감소에 효과가 없다
$H_0 : \mu_d = \mu_{(전-후)} \leq 0$
혹은 $\mu_d = \mu_{(전-후)} = 0$

그림 10-12 | 단일 모집단평균에 대한 가설검정(쌍체비교-오른쪽꼬리검정)

STEP1 : 가설설정

- **연구가설(H_1)** : H사의 배출가스저감장치는 자동차 매연배출량 감소에 효과가 있다 ($\mu_d = \mu_{(전-후)} > 0$)
- **귀무가설(H_0)** : H사의 배출가스저감장치는 자동차 매연배출량 감소에 효과가 없다
  ($\mu_d = \mu_{(전-후)} \le 0$ 혹은 $\mu_d = \mu_{(전-후)} = 0$)

STEP2 : 유의수준(α)과 검정의 종류에 따른 임계치 산출 및 연구가설의 채택영역 설정

- 설정된 가설을 보고 검정의 종류(양측검정, 왼쪽꼬리검정, 오른쪽꼬리검정)를 결정함

연구가설의 채택 및 기각영역 결정

- 연구가설(H_1) : $\mu_d = \mu_{(전-후)} > 0$
- 귀무가설(H_0) : $\mu_d = \mu_{(전-후)} \le 0$
  혹은 $\mu_d = \mu_{(전-후)} = 0$

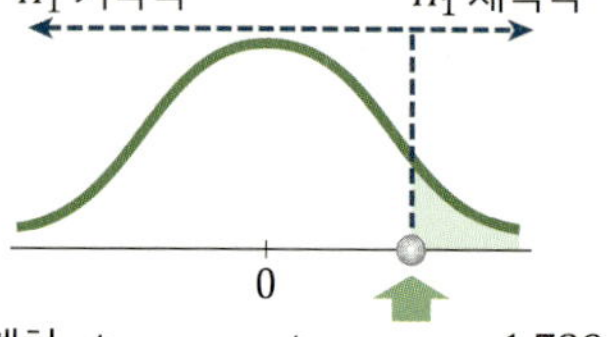

임계치 : $t_{(\alpha,\, n-1)} = t_{(0.05,\, 19)} = 1.729$

- 표본통계량값이 클수록 연구가설(H_1)이 채택되는 오른쪽꼬리검정임
- 유의수준(α)이 0.05이며 자유도가 19($= n-1$)인 t분포상의 임계치($-t_{(0.05,\, 19)}$)는 1.729가 됨
- 따라서 표본으로부터 구한 검정통계량 t값이 1.729보다 크면 연구가설을 채택하고, 이보다 작으면 연구가설을 기각함

STEP3 : 검정통계량(t값) 산출

- 표본평균에서 귀무가설의 모평균값을 뺀 차이를 표준오차로 나누어 검정통계량 t값을 구함

표본통계량	검정통계량 t값 산출식	검정통계량(t값)
감소평균($\bar{x}_d$) = 25.3 감소표준편차(S_d) = 9.31	$t_{\bar{x}_d} = \dfrac{\bar{x}_d - \mu_d}{S_d/\sqrt{n}}$	$t_{\bar{x}_d} = \dfrac{25.3 - 0}{9.31/\sqrt{20}} = 12.15$

STEP4 : 임계치와 검정통계량을 비교하여 연구가설의 채택 여부를 결정함

- 임계치와 검정통계량을 비교한 결과, 검정통계량 t값(12.15)이 임계치(1.729)보다 크기 때문에 귀무가설을 기각하고 연구가설을 채택함
- 따라서 유의수준(α) 0.05에서 검정해본 결과, H사의 배출가스저감장치를 사용하기 전과 후에 유의한 차이가 있으므로 H사의 배출가스저감장치는 자동차 매연배출량 감소에 효과가 있는 것으로 판단됨

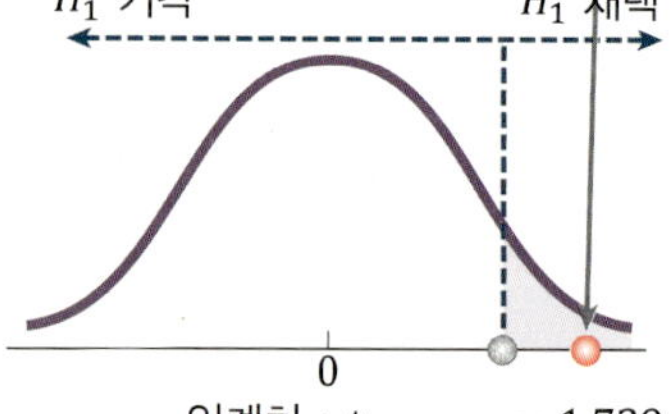

임계치 : $t_{(0.05,\, 19)} = 1.729$

다음으로 유의수준(α)(significance level)과 연구가설의 종류(양측, 단측)에 따라 임계치를 산출하고 연구가설의 채택영역을 설정한다. 본 예에서의 검정은 표본통계량값이 임계치보다 크면 클수록 연구가설(H_1)이 채택되는 오른쪽꼬리검정에 해당한다. 유의수준($\alpha=0.05$)을 이용하여 자유도가 19($=n-1$)인 t분포상에서의 오른쪽꼬리에 해당하는 임계치($t_{(0.05,\ 19)}$)를 구하면 1.729라는 값을 얻을 수 있다. 따라서 만일 표본으로부터 구한 검정통계량 t값이 1.729보다 크면 연구가설을 채택하고, 반대로 1.729보다 작으면 연구가설을 기각하는 식으로 검정한다.

세 번째 단계로 표본으로부터 검정통계량 $t_{\bar{x}_d}$ 값을 구하게 되는데 검정통계량값은 실험 전후 차이값의 평균($\bar{x}_d$)을 표준오차로 나누어 산출한다. 이 경우 표본으로부터 얻은 실험 전후 차이의 평균($\bar{x}_d$)인 25.3g/km을 표준오차로 나누어 얻은 검정통계량($t_{\bar{x}_d}$)값은 12.15가 된다.

마지막으로 임계치와 검정통계량을 비교하여 가설의 채택 여부를 결정한다. 임계치와 검정통계량을 비교한 결과, 검정통계량값 12.15가 오른쪽꼬리에 있는 임계치 1.729보다 크기 때문에 귀무가설을 기각하고 연구가설을 채택한다. 따라서 유의수준(α) 0.05에서 검정해본 결과, H사의 배출가스저감장치를 부착하기 전과 후의 매연배출량 차이는 통계적으로 유의하기 때문에, H사의 배출가스저감장치는 자동차 매연배출량 감소에 효과가 있다고 판단할 수 있다.

1.3 두 모집단평균에 대한 가설검정(Two samples t-test)

두 모집단평균에 대한 가설검정은 쌍체비교에서처럼 차이를 비교하는 것이지만, 모집단이 하나가 아니고 두 개이며, 이들 모집단들은 서로 연계된 정보가 없어 쌍체비교가 불가능한 경우 실행하는 검정을 말한다. 즉, 각각의 모집단에서 서로 독립적으로 표본을 추출해서 구한 표본평균($\bar{x}$)들을 서로 비교하여 검정하는 것을 말한다. 예를 들어, P대학에서는 통계학을 A와 B 두 반으로 나누어 가르쳤다. A반은 주로 복학생들로 구성되어 있고, 반면에 B반은 재학생이 주류를 이루고 있었다. 이 두 반은 서로 공부하는 분위기가 달라 성적도 다를 것으로 예상되어, 과연 그러한지를 시험점수로 검증해보기로 하였다. 이러한 경우가 두 모집단의 평균에 대한 가설검정에 해당하며, 두 모집단의 구성원들 간에는 서로 연계성이 없으므로 쌍체비교는 불가능하다.

단순히 두 모집단의 평균이 다른지를 비교하고자 할 경우, 연구가설은 'A반과 B반의 통계학 시험점수는 다르다($\mu_A \neq \mu_B$)'가 되며, 이에 대응하는 귀무가설은 'A반과 B반의 통계학 시험점수는 같다($\mu_A = \mu_B$)'가 된다. 이에 대한 검증은 양측검정으로 수행된다. 그러나 만일 연구자가 생각하

그림 10-13 | 두 모집단평균에 대한 검정에서의 가설설정

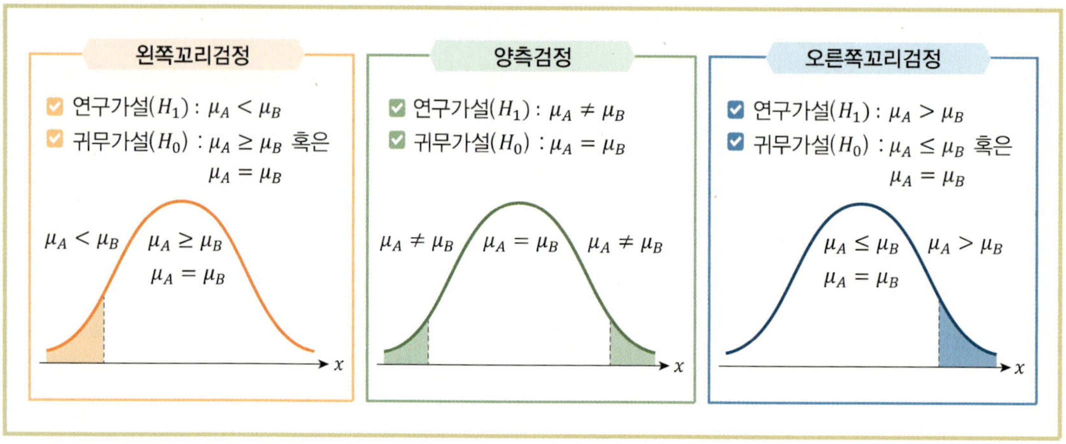

기에 A반이 B반보다 통계학 시험점수가 높다고 생각한다면 연구가설은 'A반의 통계학 시험점수가 B반의 통계학 시험점수보다 높다($\mu_A > \mu_B$)'가 되며, 귀무가설은 'A반의 통계학 시험점수는 B반의 통계학 시험점수보다 낮거나 같다($\mu_A \leq \mu_B$)' 혹은 'A반의 통계학 시험점수는 B반의 통계학 시험점수와 같다($\mu_A = \mu_B$)'가 된다.

특히 단측검정의 경우에는 어떠한 값을 기준으로 검정하고자 하는가에 따라 오른쪽꼬리검정이 되거나 왼쪽꼬리검정이 된다. 만일 $\mu_A - \mu_B$값으로 검증하고자 하면 $\mu_A - \mu_B > 0$가 연구가설이 되어 오른쪽꼬리검정이 되고, 반대로 $\mu_B - \mu_A$값으로 검정하고자 하면 연구가설이 $\mu_B - \mu_A > 0$로 설정되어 왼쪽꼬리검정이 된다. 그러나 어떠한 값을 기준으로 검정하여도 동일한 검정결과를 얻게 된다.

두 모집단평균에 대한 가설검정이 단일 모집단평균에 대한 가설검정과 다른 가장 대표적인 차이는 단일 모집단의 경우에는 모집단의 평균에 대한 구체적인 값, 예를 들어 $\mu = 300$g과 같이 특정한 수치값이 가설에서 제시된다. 그러나 **두 모집단평균에 대한 가설검정의 경우에는 구체적인 값이 없이 두 모집단의 평균에 대한 비교만이 가설로 설정된다.** 즉, 특정한 값이 가설에서 사용되지 않고 단순히 두 모집단의 평균이 같은지 아니면 다른지, 다르면 어떻게 다른지만 가설로 설정하여 검정을 수행한다.

1) 두 모집단평균에 대한 가설검정 절차(Procedure of Two samples t-test)

앞에서 언급한 A반과 B반의 통계학 성적을 비교하는 예를 사용하여 두 모집단평균에 대한 가설검정에 대해서 설명하도록 한다. A반의 통계학 성적 평균을 μ_A라고 하고, B반의 통계학 성적 평균을 μ_B라고 하자. 그리고 A반에서 추출한 표본의 통계학 점수 평균을 $\bar{x}_A$이라고 하고, B반에서 뽑은 표본의 통계학 점수 평균을 $\bar{x}_B$이라고 하자. 양측검정의 경우 연구가설은 $\mu_A \neq \mu_B$가 되고, 귀무가설은 $\mu_A = \mu_B$가 된다. 또한 좌변에 있는 μ_B를 우변으로 이항하면 연구가설은 $\mu_A - \mu_B \neq 0$이 되고 귀무가설은 $\mu_A - \mu_B = 0$이 된다. 여기서 만일 $\mu_A - \mu_B$를 하나의 값으로 생각하여 단순히 μ라 하면 연구가설은 $\mu \neq 0$이 되고 귀무가설은 $\mu = 0$이 됨으로써, 단일 모집단평균에 대한 가설검정과 같아진다. 다만 표준오차를 구하는 방법이 약간 다르고 복잡하다는 점에서 차이가 있을 뿐이다.

표준오차를 구하는 방법에는 두 모집단에서 추출한 각각의 표본으로부터 구한 표본분산을 이용하는 방법과 2개 표본을 합하여 하나의 표본처럼 생각하고 이로부터 통합된 표본분산을 구하는 방법이 있다. 즉, 두 모집단의 분산이 동일하다고 판단되면 통합된 표본분산을 사용하고 만일 서로 크게 다르다고 판단되면 2개의 표본분산을 별도로 구하여 사용해야 한다. 따라서 어떠한 경우에 통합된 분산을 쓰고, 또 다른 어느 경우에 서로 다른 분산값을 이용하여 표준오차를 계산하여야 하는가에 대해서는 연구자가 판단하여야 한다. 통계 패키지를 이용하여 분석하는 경우, 대부분의 통계 패키지에서는 두 모집단분산이 같은지를 검정할 수 있는 통계량을 제공하고, 각각의 경우마다 두

그림 10-14 | 두 모집단평균에 대한 가설검정에서의 표준오차와 t분포의 자유도

두 모집단분산이 서로 다른 경우($\sigma_A^2 \neq \sigma_B^2$)

☑ 모집단 A와 B에 대응하는 표본의 분산 S_A^2와 S_B^2을 각각의 표본개수 n_A와 n_B로 나눈 값을 더한 다음 루트를 씌워 구함

$$표준오차(standard\ error) = \sqrt{\frac{S_A^2}{n_A} + \frac{S_B^2}{n_B}}$$

$$t분포의\ 자유도(df) = \frac{(S_A^2/n_A + S_B^2/n_B)^2}{\frac{(S_A^2/n_A)^2}{n_A - 1} + \frac{(S_B^2/n_B)^2}{n_B - 1}}$$

두 모집단분산이 서로 같은 경우($\sigma_A^2 = \sigma_B^2$)

☑ 두 개의 표본을 합쳐서 하나의 표본으로 생각하고 통합된 분산 S_p^2를 구하여 표준오차를 계산함

$$표준오차(standard\ error) = \sqrt{S_p^2\left(\frac{1}{n_A} + \frac{1}{n_B}\right)} \Leftarrow S_p^2 = \frac{(n_A - 1)S_A^2 + (n_B - 1)S_B^2}{(n_A - 1) + (n_B - 1)}$$

$$t분포의\ 자유도 = n_A + n_B - 2$$

모집단평균 검정에 사용할 수 있는 검정통계량 t값과 p값을 같이 제시한다. 연구자는 이렇게 제시된 값들을 이용하여 판단하고, 현재의 검정에 적합한 통계량값을 선정하여 가설검정에 활용해야 한다. 따라서 연구자는 통계 패키지에서 분석결과로 제시되는 내용을 정확하게 이해할 수 있는

그림 10-15 | 두 모집단 평균에 대한 가설 설정

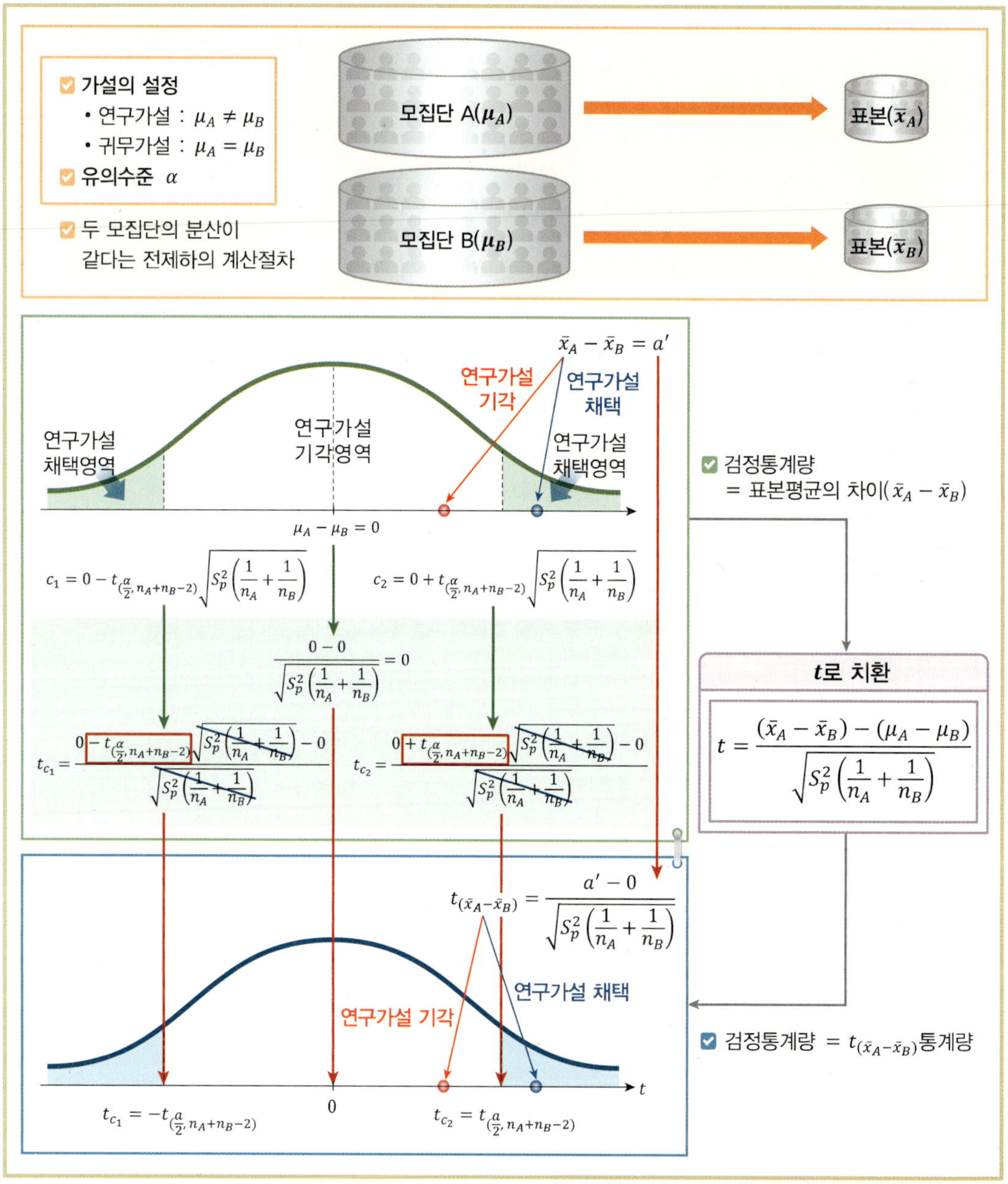

충분한 지식이 있어야 한다.

그러나 대부분의 경우 서로 다른 2개의 표본분산을 이용하거나 통합된 표본분산을 사용해도 검정 결과에는 큰 차이가 없으므로, 일반적으로 두 모집단의 분산이 서로 다르다는 가정하에서 구한 표준오차와 검정통계량을 이용해서 검정해도 큰 문제는 없다.

일단 표준오차가 계산되면 표준오차의 크기와 유의수준을 고려하여 임계치를 구한다. 다음으로 두 모집단의 차이를 나타내는 통계량, 즉 A반의 표본평균($\bar{x}_A$)과 B반의 표본평균($\bar{x}_B$)의 차이값(a')을 이용하여 가설검정을 수행하게 된다. 차이를 나타내는 통계량값(a')이 분포의 평균인 0을 중심으로 하는 임계치 안쪽에 있으면 연구가설을 기각하고, 반대로 임계치 바깥쪽에 있으면 연구가설을 채택하고 귀무가설을 기각한다.

평균의 차이값(a')을 표준화한 t값으로 치환하여 가설검정하는 경우에도, 단일 모집단의 가설검정과 같은 방법으로 수행하면 된다. 즉, 임계치값을 t분포상의 값으로 구한 다음 표본통계량(a')을 표준화하여 얻은 t통계량($t_{(\bar{x}_A-\bar{x}_B)}$)값이 임계치의 어느 쪽에 위치하는가에 따라 연구가설의 채택 여부를 결정하면 된다.

2) 두 모집단평균에 대한 가설검정 사례(Example of Two samples t-test)

두 모집단의 평균에 대한 가설검정을 예를 들어 설명하면 다음과 같다. [그림 10-16]의 문제는 두 모집단평균이 같지 않다고 주장하는 연구가설이 옳은지를 검정하는 사례이다. 이러한 가설검정은 양측검정에 해당한다.

검정을 위한 첫 번째 단계는 연구가설(H_1)과 귀무가설(H_0)을 설정하는 것이다. 연구가설(H_1)은 'A병원과 B병원의 보건의료종사자들의 주당 평균노동시간은 다르다($\mu_A \neq \mu_B$)'가 되고, 귀무가설(H_0)은 'A병원과 B병원의 보건의료종사자들의 주당 평균노동시간은 다르지 않다, 즉 같다($\mu_A = \mu_B$)'가 된다.

두 번째 단계에서는 유의수준(α)(significance level)과 검정의 종류에 따라 임계치를 산출하고 그에 따른 연구가설의 채택영역을 설정한다. 우선 설정된 가설을 보고 검정의 종류(양측검정, 왼쪽꼬리검정, 오른쪽꼬리검정)를 결정해야 하는데, [그림 10-17]의 예는 표본통계량값이 오른쪽 임계치보다 크거나 왼쪽 임계치보다 작으면 연구가설(H_1)이 채택되는 양측검정에 해당한다. 또한, 유의수준(α) 0.05를 이용하여 자유도가 82.49($=\{(S_A^2/n_A)+(S_B^2/n_B)\}^2 \div \{(S_A^2/n_A)/(n_A-1) + (S_B^2/n_B)/(n_B-1)\}$)인 t분포상에서의 양측의 임계치($\pm t_{(0.025,\ 82.49)}$)를 구하면 1.989라는 값을 얻을 수 있다. 따라서 만일 표본으로부터 구한 검정통계량 t값이 1.989보다 크거나 −1.989보다

그림 10-16 | 두 모집단평균에 대한 가설검정(양측검정) 사례

문 제

A병원 보건의료종사자의 주당 평균노동시간과 B병원 보건의료종사자의 주당 평균노동시간이 차이가 있는지를 검정하기 위하여 각 병원의 보건의료종사자들을 무작위로 50명씩 표본으로 추출하여 조사하였다. 표본조사 결과 A병원 보건의료종사자들의 주당 평균노동시간은 46시간이고 표준편차는 2.2시간이었다. 반면에, B병원 보건의료종사자들의 주당 평균노동시간은 49시간이고 표준편차는 3.5시간이었다. 두 병원의 분산이 다르다는 전제하에서 유의수준(α)을 0.05로 하여 두 병원의 주당 평균노동시간이 차이가 있는지를 검정하시오.

문제 파악

☑ **연구가설**(H_1) :
A병원과 B병원 보건의료종사자들의 주당 평균노동시간은 다르다
$\boldsymbol{H_1 : \mu_A \neq \mu_B}$

☑ **귀무가설**(H_0) :
A병원과 B병원 보건의료종사자들의 주당 평균노동시간은 같다
$\boldsymbol{H_0 : \mu_A = \mu_B}$

작으면 연구가설을 채택하고 이들 사이(−1.989~1.989)에 있으면 연구가설을 기각한다.

세 번째 단계에서는 표본으로부터 검정통계량 t값($t_{\bar{x}_A - \bar{x}_B}$)을 구하게 되는데, 검정통계량 t값은 두 집단 표본평균의 차이를 표준오차($\sqrt{\frac{S_A^2}{n_A} + \frac{S_B^2}{n_B}}$)로 나누어 계산한다. 즉, 두 집단의 표본평균차이($\bar{x}_A - \bar{x}_B$)인 −3을 표준오차(0.5846)로 나누어 표본통계량($t_{\bar{x}_A - \bar{x}_B}$)을 구하면 그 값은 −5.13이 된다.

마지막 단계로 임계치와 검정통계량 t값을 비교하여 가설의 채택 여부를 결정한다. 임계치와 검정통계량을 비교한 결과, 검정통계량 t값(−5.13)이 왼쪽꼬리의 임계치(−1.989)보다 작기 때문에 귀무가설을 기각하고 연구가설을 채택한다. 따라서 유의수준(α) 0.05에서 검정을 실시한 결과, A병원과 B병원의 보건의료종사자들의 주당 평균노동시간은 다르다고 판단할 수 있다.

그림 10-17 | 두 모집단평균에 대한 가설검정(양측검정)

STEP1 : 가설설정

- **연구가설(H_1)** : A병원과 B병원 보건의료종사자들의 주당 평균노동시간은 다르다($\mu_A \neq \mu_B$)
- **귀무가설(H_0)** : A병원과 B병원 보건의료종사자들의 주당 평균노동시간은 같다($\mu_A = \mu_B$)

STEP2 : 유의수준(α)과 검정의 종류에 따른 임계치 산출 및 연구가설의 채택영역 설정

- 설정된 가설을 보고 검정의 종류(양측검정, 왼쪽꼬리검정, 오른쪽꼬리검정)를 결정함

연구가설의 채택 및 기각영역 결정

- 연구가설(H_1) : $\mu_A \neq \mu_B$
- 귀무가설(H_0) : $\mu_A = \mu_B$

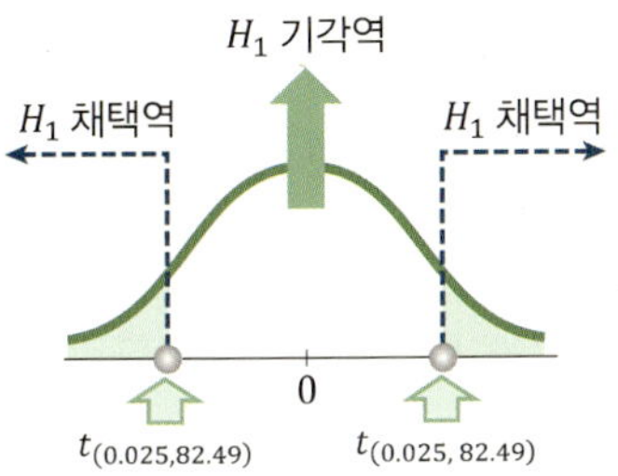

- 모집단의 분산이 다르다는 전제하에서의 자유도

$$df = \left[\frac{(S_A^2/n_A + S_B^2/n_B)^2}{\frac{(S_A^2/n_A)^2}{(n_A-1)} + \frac{(S_B^2/n_B)^2}{(n_B-1)}}\right] = \left[\frac{\left(\frac{2.2^2}{50} + \frac{3.5^2}{50}\right)^2}{\frac{(2.2^2/50)^2}{(50-1)} + \frac{(3.5^2/50)^2}{(50-1)}}\right] = 82.49$$

- 표본통계량값이 좌측 임계치보다 작거나 우측 임계치보다 큰 경우에 연구가설(H_1)이 채택되는 양측검정임
- 유의수준(α)이 0.05이며 두 모집단의 분산이 다르다는 전제하에 산출된 자유도가 82.49인 t분포상의 임계치($\pm t_{(0.025, 82.49)}$)는 ± 1.989가 됨
- 따라서 표본으로부터 구한 검정통계량 t값이 1.989보다 크거나 −1.989보다 작으면 연구가설을 채택하고, 이들 사이에 있으면 연구가설을 기각함

STEP3 : 검정통계량(t값) 산출

- 귀무가설에서의 모평균 간 차이가 0이므로 단순히 표본평균 차이를 표준오차로 나누어 검정통계량 t값을 구함

표본통계량

표본	A병원	B병원
n	50	50
$\bar{x}$	46	49
S	2.2	3.5

검정통계량 t값 산출식

$$t_{\bar{x}_A - \bar{x}_B} = \frac{(\bar{x}_A - \bar{x}_B) - (\mu_A - \mu_B)}{\sqrt{\frac{S_A^2}{n_A} + \frac{S_B^2}{n_B}}}$$

검정통계량(t값)

$$\frac{-3 - 0}{\sqrt{\frac{(2.2)^2}{50} + \frac{(3.5)^2}{50}}} = -5.13$$

STEP4 : 임계치와 검정통계량을 비교하여 연구가설의 채택 여부를 결정함

- 임계치와 검정통계량을 비교한 결과, 검정통계량 t값(−5.13)이 임계치(−1.989) 보다 작기 때문에 귀무가설을 기각하고 연구가설을 채택함
- 따라서 유의수준(α) 0.05에서 검정해본 결과, 두 병원 보건의료종사자들의 주당 평균노동시간은 다르다고 판단할 수 있음

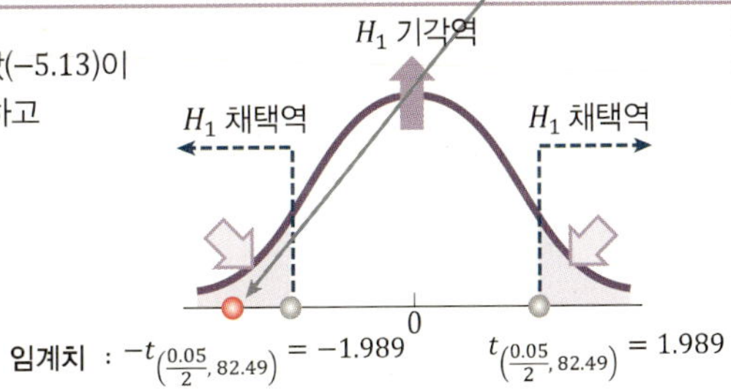

제2절 모집단의 분산에 대한 가설검정 (Hypothesis Test about Population Variance)

어느 사람이나 사물을 다른 사람이나 사물들과 구분지을 수 있는 특징을 나타내는 값들은 매우 많으며 다양하다. 우리가 관심을 가지고 분석하는 모집단의 경우에도 모집단의 특성을 나타내는 값인 모수는 매우 많다.

일반적으로 사람의 경우 한 사람을 다른 사람들과 구분하는 가장 대표적인 값은 성과 이름이라고 볼 수 있다. 같은 맥락에서 모집단을 다른 모집단과 구분하는 가장 중요한 값들, 즉 사람의 성과 이름에 해당하는 값들이 바로 평균(μ)과 분산(σ^2)이다.

앞의 절에서는 모집단의 평균에 대한 검정에 대하여 설명하였다. 본 절에서는 모집단의 대표적인 특성을 나타내는 데에 있어, 평균 못지않게 중요한 분산에 대한 가설검정에 대하여 설명하고자 한다.

분산(variance)은 변수값들의 분포가 퍼져 있는 정도를 나타내는 말로서, 경우에 따라서는 분산이 평균보다 더 중요한 경우도 있다. 예를 들어, 새로 개발된 수면제의 약효가 지속되는 시간이라든지, 전구의 수명과 같은 경우에는 평균수명도 중요하지만 평균을 중심으로 각 제품마다 변동이 얼마나 심한지도 중요한 관심의 대상이 된다. 수면제의 경우, 한 알의 평균 약효 지속시간은 8시간인데, 복용하는 사람의 체질에 따라 어떤 경우에는 약효가 2시간 지속되고, 또 다른 경우에는 16시간 지속된다면, 이러한 수면제는 안심하고 사용하기가 곤란하다. 전구 수명의 경우에도 마찬가지로 수명의 편차가 심하면 제품을 신뢰하고 사용하기 어렵다. 이러한 경우에서와 같이 평균이 아니라 모집단을 구성하는 값들이 평균으로부터 퍼져 있는 정도를 나타내는 분산에 관심을 가지고 이에 대해 가설을 세우고 이를 검정하는 것이 바로 모집단분산에 대한 가설검정이다.

모집단의 분산에 대한 가설검정은 몇 개 모집단의 분산에 대하여 검정하는가에 따라, 즉 모집단의 수에 따라 [그림 10-18]에서처럼 카이제곱(χ^2)검정과 F검정으로 나누어진다. 단일 모집단의 분산에 대한 검정은 카이제곱(χ^2)분포를 이용한 카이제곱(χ^2)검정이 되고, 두 모집단의 분산에 대한 검정은 F분포를 이용한 F검정이 된다. 이러한 검정에 사용되는 카이제곱분포와 F분포에 대해서는 이미 제8장에서 살펴보았다.

그림 10-18 | 모집단의 분산에 대한 가설검정

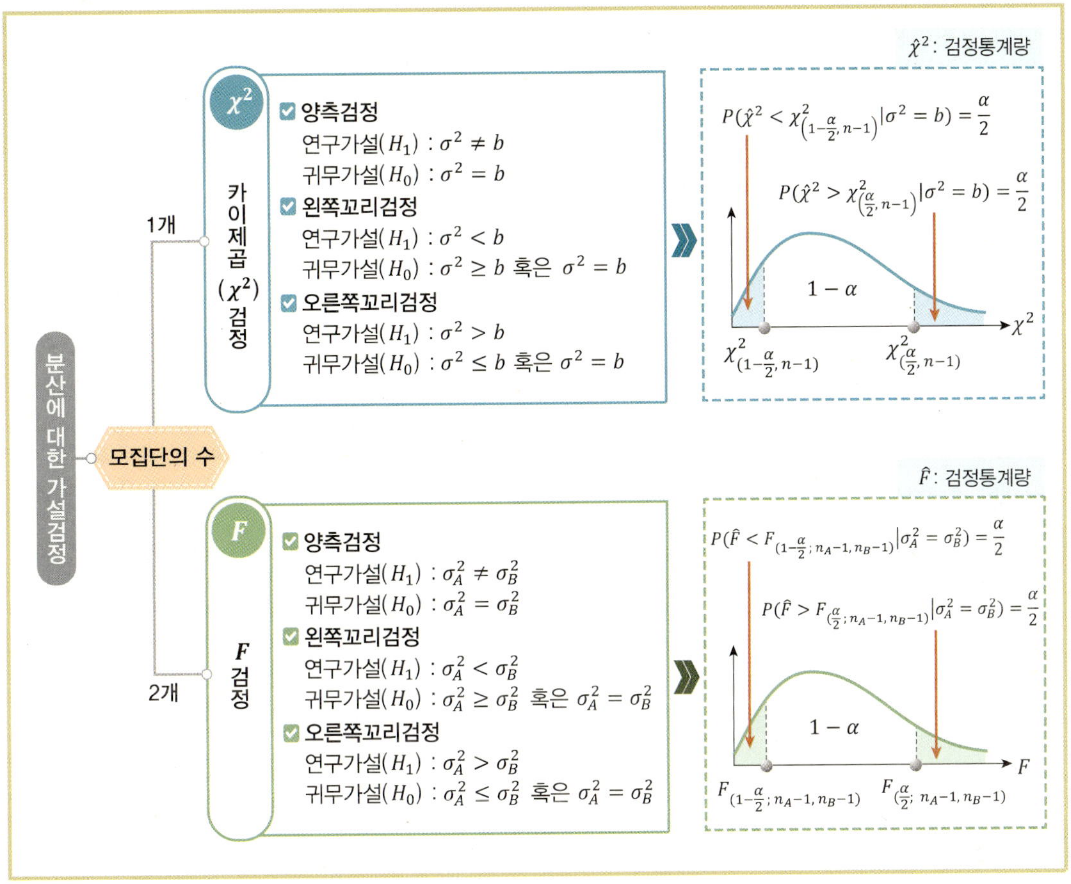

2.1 단일 모집단분산에 대한 가설검정(Chi-Square test)

단일 모집단분산(σ^2)에 대한 가설검정은 단일 모집단평균(μ)에 대한 가설검정과 유사하다. 즉, 평균에 대한 가설검정에서의 평균(μ) 대신에 분산(σ^2)이 사용된다는 점만 다르다. 따라서 일반적인 연구가설은 '모집단의 분산이 어떤 특정한 값(b)과 다르다($\sigma^2 \neq b$)'나 혹은 '특정한 값보다 크다($\sigma^2 > b$)'나 '작다($\sigma^2 < b$)'는 것이 된다. 이러한 연구가설에 따라 귀무가설은 '모집단의 분산이 특정한 값(b)과 같다($\sigma^2 = b$)' 혹은 '그 값보다 작거나 같다($\sigma^2 \leq b$)'나 '크거나 같다($\sigma^2 \geq b$)'가 된다.

1) 단일 모집단분산에 대한 가설검정 절차(Procedure of Chi-Square test)

단일 모집단분산에 대한 가설검정에는 카이제곱(χ^2)분포가 사용된다. 카이제곱분포는 t분포처럼 자유도(df)에 따라 그 모양이 달라지나 일반적으로 오른쪽꼬리모양의 비대칭 분포이다. 따라서 카이제곱(χ^2)분포상의 임계치는 유의수준(α)과 자유도($df = n-1$), 그리고 검정의 종류(양측검정, 왼쪽꼬리검정, 오른쪽꼬리검정)에 의하여 결정이 된다.

대부분의 카이제곱(χ^2)값은 t값처럼 통계학이나 조사방법론 책 뒤에 부록으로 제시된 χ^2분포표를 이용하면 쉽게 찾을 수 있다. 그러나 항상 양의 값만을 갖는 χ^2분포는 t분포와 달리 좌우대칭이 아니라는 점에 유의하여야 한다. 따라서 양측검정의 경우 오른쪽 임계치는 $\chi^2_{(\frac{\alpha}{2}, n-1)}$이지만, 왼쪽 임계치는 이와 대칭값인 $-\chi^2_{(-\frac{\alpha}{2}, n-1)}$이 아니라 $\chi^2_{(-\frac{\alpha}{2}, n-1)}$이 된다.

일반적으로 카이제곱(χ^2)분포표에 있는 확률값은 항상 특정한 χ^2값으로부터 무한대까지의 면적을 나타낸다. 따라서 임계치를 구하는 경우에는 임계치로부터 오른쪽 무한대까지의 면적을 나타내는 확률값을 고려해서 구해야 한다. 양측검정의 경우 [그림 10-19]에서 카이제곱(χ^2)분포의 전체 면적이 1이고 오른쪽 임계치로부터 무한대까지의 면적을 나타내는 확률이 $\frac{\alpha}{2}$가 되며, 왼쪽 임계치로부터

그림 10-19 | 단일 모집단분산에 대한 가설검정

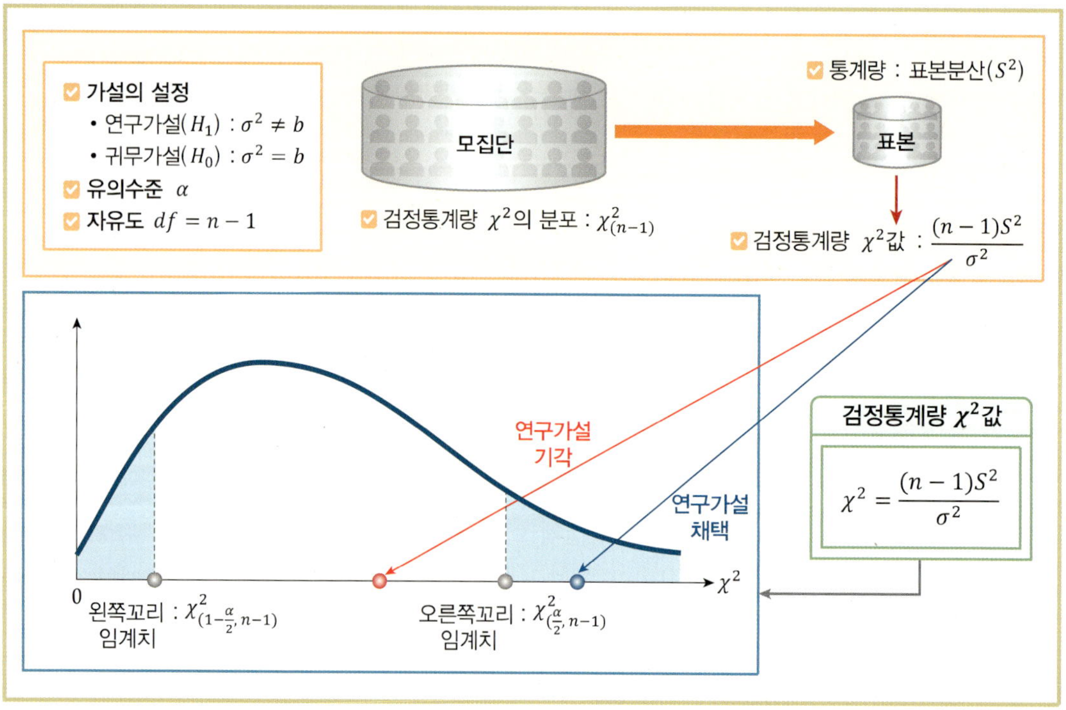

무한대까지의 면적을 나타내는 확률은 $1-\frac{\alpha}{2}$가 된다. 따라서 전체에서 $1-\frac{\alpha}{2}$의 확률을 제외한 0으로부터 왼쪽 임계치까지의 면적으로 표시되는 확률은 $\frac{\alpha}{2}$가 되며, 이러한 왼쪽 임계치는 $\chi^2_{(1-\frac{\alpha}{2}, n-1)}$이 된다. 이와 같이 카이제곱분포상의 양측 임계치가 대칭이 아닌 형태로 표시되는 이유는 카이제곱분포가 대칭이 아니기 때문이다.

임계치가 구해지면 다음으로 **표본의 분산(S^2)과 모집단의 분산(σ^2), 그리고 자유도($df=n-1$)를 이용하여 검정에 사용되는 검정통계량인 χ^2값을 [그림 10-19]에서 제시된 식을 이용하여 구한다.** 단, 식에서 필요로 하는 모집단의 분산(σ^2)값은 귀무가설에서 주장하는 모분산(σ^2)값을 사용한다. 왜냐하면 가설검정은 귀무가설이 기각되기 전까지는 귀무가설이 항상 옳다는 전제하에서 수행되기 때문이다. 따라서 귀무가설에서 $\sigma^2=b$라 하면, σ^2 대신에 b값을 대입해서 검정통계량으로 사용되는 χ^2값을 구해야 한다. 이렇게 구한 검정통계량인 χ^2값이 양측검정의 경우 왼쪽 임계치보다 작거나 오른쪽 임계치보다 크면 연구가설을 채택하고, 이들 임계치 사이의 값이면 연구가설을 기각한다.

2) 단일 모집단분산에 대한 가설검정 사례(Example of Chi-Square test)

단일 모집단분산(Chi-Square test)에 대한 가설검정을 구체적인 예를 들어가며 설명하면 다음과 같다. N사에서 생산하는 캔커피에 함유되어 있는 카페인의 분산이 164mg²이라고 알려져 있다. 그러나 소비자단체에서는 생산되는 시기에 따라 캔커피에 함유되어 있는 카페인이 캔커피마다 서로 크게 다른 것 같다는 소비자들의 불만을 접수하여, 일주일 동안에 생산된 캔커피 중에서 임의로 30개를 표본으로 추출하여 유의수준(α)을 0.05로 하는 검정을 실시해보기로 하였다. 이 경우 연구가설(H_1)은 '$\sigma^2 \neq 164\text{mg}^2$'이 되고, 이에 대응하는 귀무가설($H_0$)은 '$\sigma^2 = 164\text{mg}^2$'이 되며, 검정은 카이제곱($\chi^2$)분포를 이용한 양측검정으로 수행된다.

가설이 설정되면 다음으로 유의수준(α)(significance level)을 0.05로 하는 양측검정의 임계치를 구해야 한다. 그러나 카이제곱(χ^2)분포는 t분포와 달리 좌우대칭이 아니기 때문에 양측검정의 경우 자유도가 29(=$n-1$)인 카이제곱(χ^2)분포상에서의 오른쪽 임계치는 $\chi^2_{(0.025, 29)}$가 되고 왼쪽 임계치는 $\chi^2_{(0.975, 29)}$가 된다. 왼쪽 임계치($\chi^2_{(0.975, 29)}$)는 자유도가 29인 카이제곱(χ^2)분포에서 임계치로부터 무한대에 이르는 확률을 나타내는 오른쪽 면적이 0.975인 카이제곱(χ^2)값으로서 이를 부록에 있는 표를 이용해서 구하면 그 값이 16.05가 된다. 또한 자유도가 29이고 오른쪽꼬리 면적이 0.025인 카이제곱값을 구하면 45.72라는 오른쪽 임계치($\chi^2_{(0.025, 29)}$)값을 얻을 수 있다.

임계치가 정해지면 다음으로 표본의 분산(S^2)과 모집단의 분산(σ^2), 그리고 자유도($n-1$)를 이

그림 10-20 | 단일 모집단분산에 대한 가설검정(양측검정) 사례

단일 모집단분산에 대한 가설검정

N사에서 생산하는 캔커피에 포함되어 있는 카페인의 분산이 164mg^{2}이라고 알려져 있다. 그러나 생산되는 시기에 따라 캔커피에 포함되어 있는 카페인이 캔커피마다 서로 크게 다른 것 같다는 소비자들의 불만이 많아 소비자단체에서는 일주일 동안 생산된 캔커피 중에서 임의로 30개를 표본으로 추출한 결과 카페인의 분산은 112mg^{2}으로 측정되었다.
이러한 결과를 바탕으로 조사하여 5%를 유의수준(α)으로 하여 분산에 대한 가설검정을 실시해 보시오.

문제 파악

- **연구가설**(H_1) :
캔커피 속의 카페인 함유량의 분산은 164mg^{2}이 아니다
$\boldsymbol{H_1 : \sigma^2 \neq 164}\text{mg}^2$

- **귀무가설**(H_0) :
캔커피 속의 카페인 함유량의 분산은 164mg^{2}이다
$\boldsymbol{H_0 : \sigma^2 = 164}\text{mg}^2$

용해서 검정통계량인 카이제곱(χ^2)값을 구해야 한다. 이 값은 카이제곱(χ^2) 통계량을 구하는 식 $\left(\chi^2 = \dfrac{(n-1)S^2}{\sigma^2}\right)$을 이용하면 손쉽게 구할 수 있다. 이렇게 표본으로부터 구한 검정통계량 χ^2 값이 왼쪽 임계치(16.05)보다 작거나 오른쪽 임계치(45.72)보다 크면 연구가설을 채택하고, 이들 사이의 값이면 연구가설을 기각한다.

이때 30개의 캔커피 속에 들어있는 카페인 함유량의 표본분산(S^2)이 112mg^{2}이므로, 카이제곱(χ^2)통계량값은 19.80이 되어 왼쪽 임계치인 16.05보다 크고, 오른쪽 임계치인 45.72보다 작다. 따라서 이러한 경우에는 '캔커피 속의 카페인 함유량의 분산은 164mg^{2}가 아니다'라는 연구가설을 기각하고, '캔커피 속의 카페인 함유량의 분산은 164mg^{2}이다' 라는 귀무가설을 채택한다. 이러한 과정을 정리하면 [그림 10-21]과 같다.

그림 10-21 | 단일 모집단분산에 대한 가설검정(양측검정)

STEP1 : 가설설정

- **연구가설(H_1)** : 캔커피 속의 카페인 함유량의 분산은 164mg^{2}이 아니다($\sigma^2 \neq 164\text{mg}^2$)
- **귀무가설(H_0)** : 캔커피 속의 카페인 함유량의 분산은 164mg^{2}이다($\sigma^2 = 164\text{mg}^2$)

STEP2 : 유의수준(α)과 검정의 종류에 따른 임계치 산출 및 연구가설의 채택영역 설정

- 설정된 가설을 보고 검정의 종류(양측검정, 왼쪽꼬리검정, 오른쪽꼬리검정)를 결정함

연구가설의 채택 및 기각영역 결정

- 연구가설(H_1) : $\sigma^2 \neq 164\text{mg}^2$
- 귀무가설(H_0) : $\sigma^2 = 164\text{mg}^2$

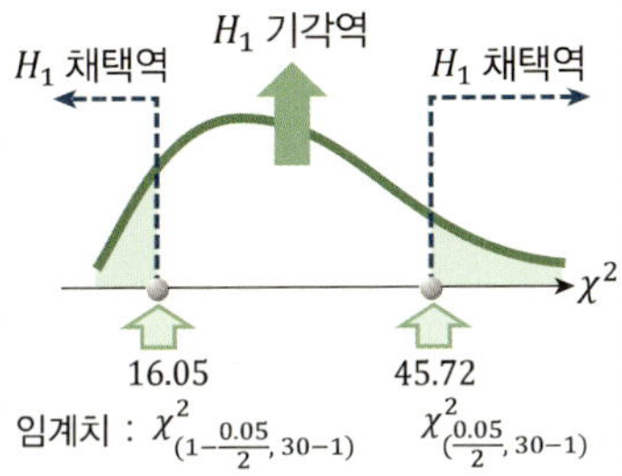

양측검정

- 표검정통계량 χ^2값이 매우 크거나 반대로 매우 작으면 연구가설(H_1)을 채택하는 양측검정임
- 자유도가 29(=30−1)인 χ^2분포상에서 유의수준(α) 0.05에 해당하는 양측검정임계치는 16.05와 45.72가 됨
- 따라서 표본으로부터 구한 검정통계량 χ^2값이 좌측임계치(16.05)보다 작고 우측임계치(45.72)보다 크면 연구가설을 채택하고, 이 구간 내에 있으면 연구가설을 기각함

STEP3 : 검정통계량 χ^2값의 산출

- 표본의 자유도($n-1$)에 표본분산(S^2)을 곱한 값을 귀무가설에서 주장하는 모집단의 분산(σ^2)으로 나누어 검정통계량 χ^2값을 산출함

표본통계량	검정통계량 χ^2값 산출식	검정통계량(χ^2값)
• $n = 30$ • $S^2 = 112$ • 자유도 $(df) = 30 - 1 = 29$	$\chi^2 = \dfrac{(n-1)S^2}{\sigma^2}$	$\dfrac{(30-1)112}{164} = 19.80$

STEP4 : 임계치와 검정통계량을 비교하여 연구가설의 채택 여부를 결정함

- 임계치와 검정통계량을 비교한 결과, 검정통계량 χ^2값(19.80)이 좌측임계치(16.05)보다 크고 우측임계치(45.72)보다 작기 때문에 연구가설을 기각하고 귀무가설을 채택함
- 따라서 유의수준(α) 0.05에서 검정해본 결과, 캔커피 속의 카페인 함유량은 164mg^{2}이 아니라고 판단할 수 없음

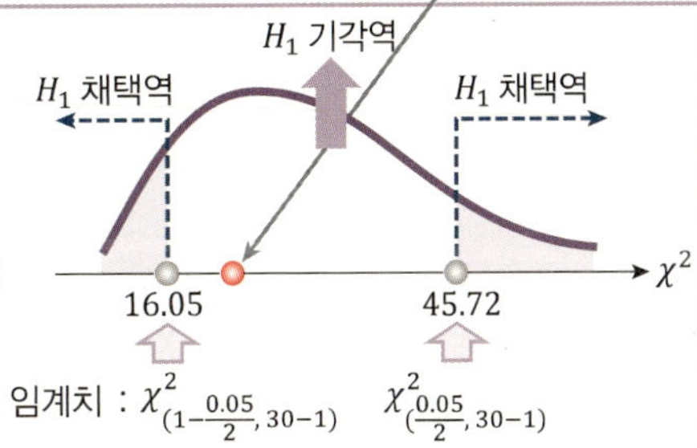

2.2 두 모집단분산에 대한 가설검정(F-Test)

두 모집단분산에 대한 가설검정은 2개의 모집단으로부터 각각 표본을 추출하여 이들의 분산을 비교함으로써 모집단 간 분산의 차이를 검정하는 것을 말한다. 즉, 두 모집단분산에 대한 가설검정은 두 모집단의 평균에 대한 검정과 마찬가지로, 두 모집단의 분산이 같은지 아니면 어느 쪽의 분산이 더 큰지를 검정하는 것이다. 따라서 이에 대한 연구가설도 '모집단 A와 B의 분산이 다르다($\sigma_A^2 \neq \sigma_B^2$)'가 되거나 '어느 한쪽이 크다($\sigma_A^2 > \sigma_B^2$)'는 식으로 표현되며, 이에 대한 검정과정은 두 모집단의 평균에 대한 검정과정과 동일하다. 다만 검정에 사용되는 분포와 통계량만 다를 뿐이다.

두 모집단으로부터 추출된 표본분산의 비를 변수값으로 하는 확률변수를 확률변수 F로 나타내며 이 확률변수 F는 F분포한다. 예를 들어, 모집단 A에서 추출한 표본의 분산을 σ_A^2라 하고, 모집단 B에서 추출된 표본의 분산이 σ_B^2라고 하면, 두 표본분산의 비$\left(\frac{S_A^2}{S_B^2}\ or\ \frac{S_B^2}{S_A^2}\right)$를 나타내는 통계량, 즉 확률변수 F는 F분포한다. 따라서 두 모집단분산에 대한 가설검정은 F분포를 이용하게 된다.

1) 비대칭 F분포의 특성(Characteristics of Asymmetric F-Distribution)

F분포는 모집단으로부터 추출한 표본이 2개이기 때문에 2개 표본의 자유도에 따라 분포의 모양이 변하는 좌우 비대칭 모양의 분포이다. 즉, 두 표본분산비$\left(\frac{S_A^2}{S_B^2}\ or\ \frac{S_B^2}{S_A^2}\right)$로 표시되는 확률변수 F의 분포는 분자와 분모에 해당하는 이들 2개 표본분산의 자유도값에 의하여 분포의 모양이 확정된다. 또한 어느 표본의 분산이 분자나 분모가 되는가에 따라 통계량값 F값이 달라지며 이에 따른 F분포의 모양도 다르게 나타난다. 따라서 이들 분자와 분모에 따라 결정되는 자유도의 순서는 F분포의 모양을 결정짓는 매우 중요한 요인이 된다. 이러한 F분포는 카이제곱분포와 비슷한 모양을 띄고 있으며, F분포표에는 χ^2분포표와 마찬가지로 특정한 F값으로부터 무한대에 이르는 면적으로 표시되는 확률값들을 제시하고 있다.

일반적으로 임계치는 두 표본분산의 자유도에 의하여 확정된 F분포와 유의수준(α), 그리고 검정의 종류(양측 혹은 단측)에 따라 결정된다. 좌우 비대칭인 F분포를 이용하여 확률값을 구하거나, 주어진 확률값에 해당하는 F값을 구하는 방식은 카이제곱분포를 이용하여 확률값이나 χ^2값을 구하는 방법과 같다. 일반적으로 χ^2값은 한 개의 자유도만으로 분포의 모양이 확정되기 때문에 하나의 자유도만 알면 확률값에 따른 χ^2값을 구할 수 있으므로 χ^2값을 구하기가 비교적 용이하였다.

그러나 F분포에서는 2개의 자유도와 이들의 순서에 따라 분포의 모양이 달라지기 때문에 모든

그림 10-22 | *F*분포의 임계치

☑ 분자와 분모변환에 따른 F분포와 확률변수 F값의 변화

F분포의 임계치

$$F_{(1-p;\ df_A,\ df_B)} = \frac{1}{F_{(p;\ df_B,\ df_A)}} \Rightarrow F_{(1-\frac{\alpha}{2};\ n_A-1,\ n_B-1)} = \frac{1}{F_{(\frac{\alpha}{2};\ n_B-1,\ n_A-1)}}$$

여기서, $p < 0.5$

- ☑ 확률과 분자와 분모의 자유도 순서에 따른 F값들 간의 호환식
- ☑ 확률은 2개의 자유도에 의하여 규정된 F분포상에서 구하고자 하는 F값으로부터 무한대까지 적분한 값이 됨
- ☑ 호환식은 양측검정 시 왼쪽꼬리임계치를 구하는 데에 유용하게 사용됨

F분포에 따른 확률값을 도표로 제시한다는 것은 양이 너무 많아 쉽지 않다. 특히 분자와 분모 2개 자유도의 순서만 바뀌어도 새로운 확률표를 제시해야 하므로 그 양이 크게 늘어난다. 따라서 확률표의 양을 줄이기 위한 방법이 필요하다. 다행스럽게도 확률변수 F를 나타내는 분자와 분모 2개 표본분산의 순서를 바꾸면 0.5부터 1까지의 확률값을 갖는 F값을 0부터 0.5 사이의 확률값을 갖는 F값을 이용하여 구할 수 있는 방법이 있다. 특정한 F값에서 분자와 분모를 바꿀 경우 서로 상응하는 F값들의 관계를 나타내는 식은 [그림 10-22]와 같다.

2) 두 모집단분산에 대한 가설검정 절차(Procedure of F-test)

두 모집단분산에 대한 가설검정에서는 카이제곱(χ^2)분포를 사용하는 단일 모집단분산에 대한 가설검정과는 달리 F분포가 사용된다. F분포는 모집단이 2개이고, 이에 따라 표본도 2개이기 때문에 2개 표본의 자유도($n_A-1,\ n_B-1$)에 따라 그 모양이 달라지나 일반적으로 오른쪽꼬리가 긴 비대칭분포 모양을 갖는다. F분포상의 임계치는 유의수준(α)과 2개의 자유도 ($n_A-1,\ n_B-1$), 그리고 검정의 종류(양측검정, 왼쪽꼬리검정, 오른쪽꼬리검정)에 의하여 결정이 된다.

대부분의 F값은 t값이나 χ^2값처럼 통계학이나 조사방법론 책 뒤에 부록으로 제시된 표를 이용하면 쉽게 찾을 수 있다. 그러나 항상 양의 값을 갖는 F분포는 t분포와는 달리 좌우대칭이 아니라 χ^2분포와 같이 오른쪽꼬리 모양의 비대칭분포라는 점에 유의하여야 한다. 따라서 양측검정의 경우 오른쪽 임계치는 $F_{(\frac{\alpha}{2};\ n_A-1,\ n_B-1)}$이지만, 왼쪽 임계치는 이와 대칭값인 $-F_{(\frac{\alpha}{2};\ n_A-1,\ n_B-1)}$가 아니라 $F_{(1-\frac{\alpha}{2};\ n_A-1,\ n_B-1)}$이 된다. 그리고 왼쪽 임계치를 확률값이 0.5보다 작은 F값을 이용해서

그림 10-23 | 두 모집단 분산에 대한 가설검정

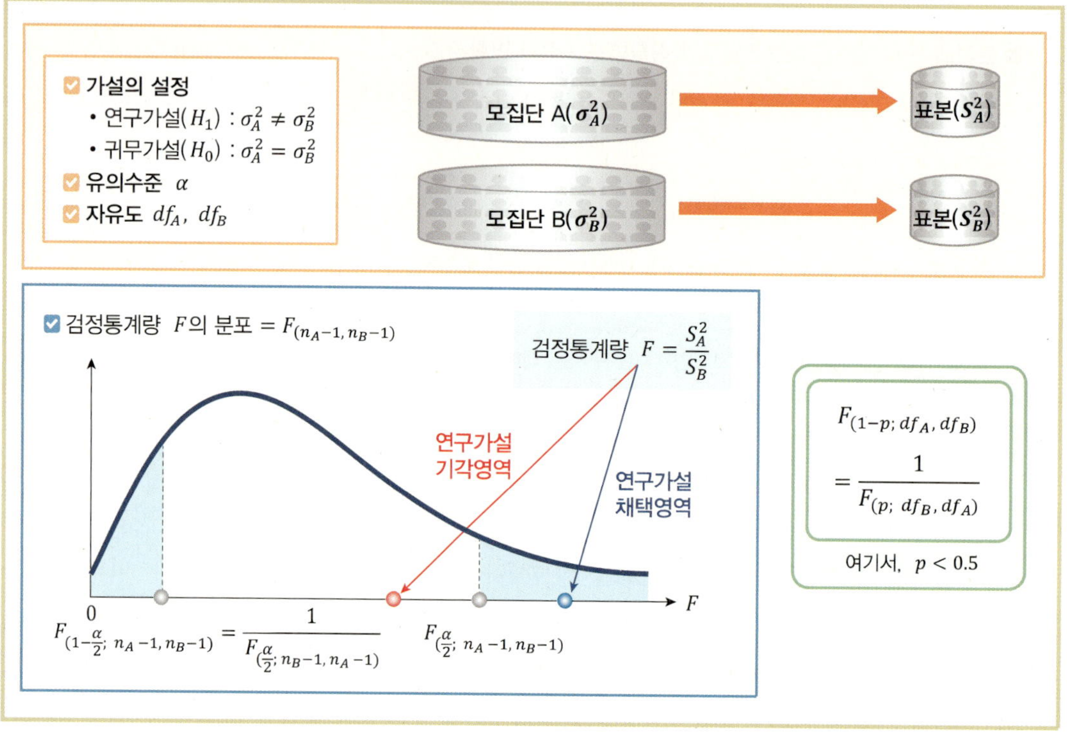

표현하면 [그림 10-22]의 식에서와 같이 $\dfrac{1}{F_{(\frac{\alpha}{2};\ n_B-1, n_A-1)}}$ 이 된다.

일반적으로 F분포표에 있는 확률값은 특정한 F값으로부터 무한대까지의 면적을 나타낸다. 따라서 임계치를 구할 경우에는 그 값부터 오른쪽 무한대까지의 면적을 나타내는 확률을 고려해서 구해야 한다. 양측검정의 경우 [그림 10-23]에서 F분포 전체의 면적이 1이고 왼쪽 임계치로부터 무한대까지의 면적을 나타내는 확률은 $1-\dfrac{\alpha}{2}$가 된다. 따라서 전체에서 $1-\dfrac{\alpha}{2}$의 확률을 제외한 0으로부터 왼쪽 임계치까지의 면적으로 표시되는 확률은 $\dfrac{\alpha}{2}$가 되며, 이러한 왼쪽 임계치는 $F_{(1-\frac{\alpha}{2};\ n_A-1, n_B-1)}$이 된다. 이와 같이 F분포상의 양측 임계치가 대칭이 아닌 형태로 표시되는 이유는 F분포가 대칭이 아니기 때문이다.

임계치가 구해지면 두 모집단으로부터 추출된 표본분산의 비율, 즉 모집단 A에서 추출한 표본분산(S_A^2)과 모집단 B에서 추출한 표본분산(S_B^2)을 이용하여 검정에 사용되는 검정통계량 F값$\left(\dfrac{S_A^2}{S_B^2}\right)$을 구한다. 이렇게 구한 검정통계량 F값이 양측검정의 경우 왼쪽 임계치보다 작거나 오른쪽 임계치보다 크면 연구가설을 채택하고, 이들 임계치 사이의 값이면 연구가설을 기각한다.

3) 두 모집단분산에 대한 가설검정 사례(Example of F-test)

[그림 10-24]의 사례는 두 모집단분산에 대한 가설검정 중에 왼쪽꼬리검정의 예이고, 이에 대한 구체적인 가설검정과정을 정리하면 [그림 10-25]와 같다.

가설검정과정의 첫 번째 단계는 연구가설(H_1)과 귀무가설(H_0)을 설정하는 것이다. 이 경우 연구가설은 'A반 성적의 분산이 B반 성적의 분산보다 작다($\sigma_A^2 < \sigma_B^2$)'가 되고, 이에 대응하는 귀무가설은 'A반 성적의 분산이 B반 성적의 분산보다 크거나 같다($\sigma_A^2 \geq \sigma_B^2$)' 혹은 'A반 성적의 분산과 B반 성적의 분산은 같다($\sigma_A^2 = \sigma_B^2$)'가 된다.

두 번째 단계로 유의수준(α)(significance level)과 검정의 종류를 고려한 임계치를 산출하고 연구가설의 채택영역을 결정한다. 우선 결정된 가설을 보고 검정의 종류(양측검정, 왼쪽꼬리검정, 오른쪽꼬리검정)를 결정한다. [그림 10-24]의 예는 검정통계량값이 왼쪽 임계치보다 작으면 연구가설(H_1)을 채택하는 왼쪽꼬리검정에 해당한다. 또한 분자의 자유도가 25(=26−1)이고 분모의 자유도가 30(=31−1)인 F분포상에서 유의수준(α) 0.05에 해당하는 왼쪽 임계치($F_{(1-0.05;\,25,\,30)}$)를 구하면 0.5208이라는 값을 얻을 수 있다. 따라서 만일 표본으로부터 구한 검정통계량 F값이

그림 10-24 | 두 모집단분산에 대한 가설검정(왼쪽꼬리검정) 사례

단일 모집단분산에 대한 가설검정

K대학교 사회과학조사방법 수업은 A반과 B반으로 나누어져 있다. 이 강의를 맡으신 교수님은 A반과 B반의 수업태도를 살펴본 결과, B반보다 A반 학생들의 성정이 더 고를 것이라고 믿고 있다. 과연 그러한지 알아보기 위하여 A반에서 26명, B반에서 31명을 무작위로 선정해서 최종 성적을 내어보니 A반은 평균 88.5점에 분산이 37.6이었으며, B반은 평균 81.2점에 분산이 97.6이었다. 과연 A반의 분포가 B반의 분포보다 평균에 더 밀집되어 성적이 고르다고 볼 수 있는가? 유의수준을 5%로 하여 검정해보시오.

문제 파악

- **연구가설(H_1)** : A반 성적의 분산은 B반 성적의 분산보다 작다.
  $H_1 : \sigma_A^2 < \sigma_B^2$
- **귀무가설(H_0)** : A반 성적의 분산은 B반 성적의 분산보다 크거나 같다. 혹은, A반 성적의 분산과 B반 성적의 분산은 같다.
  $H_0 : \sigma_A^2 \geq \sigma_B^2$ 혹은 $\sigma_A^2 = \sigma_B^2$

그림 10-25 | 두 모집단분산에 대한 가설검정(왼쪽꼬리검정)

STEP1 : 가설설정

- **연구가설(H_1)** : A반 성적의 분산은 B반 성적의 분산보다 작다($\sigma_A^2 < \sigma_B^2$, $\frac{\sigma_A^2}{\sigma_B^2} < 1$, $1 < \frac{\sigma_B^2}{\sigma_A^2}$)
- **귀무가설(H_0)** : A반 성적의 분산은 B반 성적의 분산보다 크거나 같다($\sigma_A^2 \geq \sigma_B^2$)
  혹은, A반 성적의 분산과 B반 성적의 분산은 같다($\sigma_A^2 = \sigma_B^2$)

STEP2 : 유의수준(α)과 검정의 종류에 따른 임계치 산출 및 연구가설의 채택영역 설정

- 설정된 가설을 보고 검정의 종류(양측검정, 왼쪽꼬리검정, 오른쪽꼬리검정)를 결정함

연구가설의 채택 및 기각영역 결정

- 연구가설(H_1) : $\sigma_A^2 < \sigma_B^2$, $\frac{\sigma_A^2}{\sigma_B^2} < 1$
- 귀무가설(H_0) : $\sigma_A^2 \geq \sigma_B^2$ 혹은 $\sigma_A^2 = \sigma_B^2$

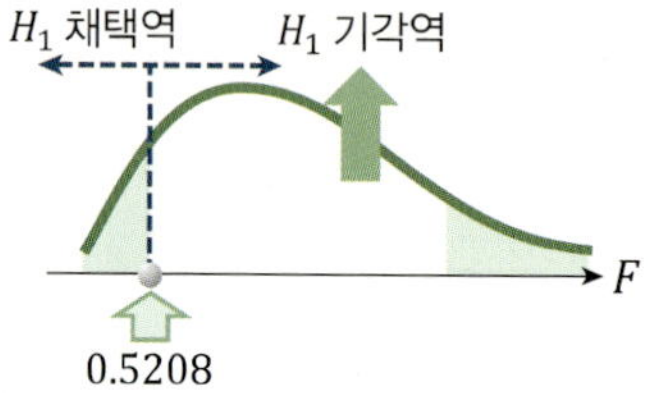

- 검정통계량 F값이 임계치보다 작을 경우에 연구가설(H_1)을 채택하는 왼쪽꼬리검정임
- 분자와 분모의 자유도가 각각 25와 30인 F분포 상에서 유의수준(α) 0.05에 해당하는 왼쪽꼬리검정의 임계치($F_{(1-0.05;\ 25,\ 30)}$)를 구하면 0.5208이 됨
- 따라서 표본으로부터 구한 검정통계량 F값이 왼쪽꼬리임계치(0.5208)보다 작으면 연구가설을 채택하고, 반대로 이보다 크면 연구가설을 기각함

임계치 : $F_{(1-\alpha;\ n_A-1,\ n_B-1)} = \frac{1}{F_{(\alpha;\ n_B-1,\ n_A-1)}} = \frac{1}{F_{(0.05;30,25)}} = \frac{1}{1.92} = 0.5208$

STEP3 : 검정통계량 F값 산출

- 두 표본분산의 비로써, 임계치를 구할 때 사용된 F분포의 분자와 분모의 순서에 맞추어 검정통계량 F값을 산출함

두 모집단의 표본통계량	검정통계량 F값 산출식	검정통계량(F값)
• $S_A^2 = 37.6$, $n_A = 26$ • $S_B^2 = 97.6$, $n_B = 31$ • A반의 자유도(df_A) = 26 − 1 = 25 • B반의 자유도(df_B) = 31 − 1 = 30	$F = \frac{S_A^2}{S_B^2}$	$F = \frac{37.6}{97.6} = 0.385$

STEP4 : 임계치와 검정통계량을 비교하여 가설의 채택 여부를 결정함

- 임계치와 검정통계량을 비교한 결과, 검정통계량 F값(0.385)이 왼쪽꼬리 임계치(0.5208)보다 작으므로 귀무가설을 기각하고 연구가설을 채택함
- 따라서 유의수준(α) 0.05에서 검정해본 결과, A반의 분산이 B반의 분산보다 통계적으로 유의하게 작다고 판단할 수 있음

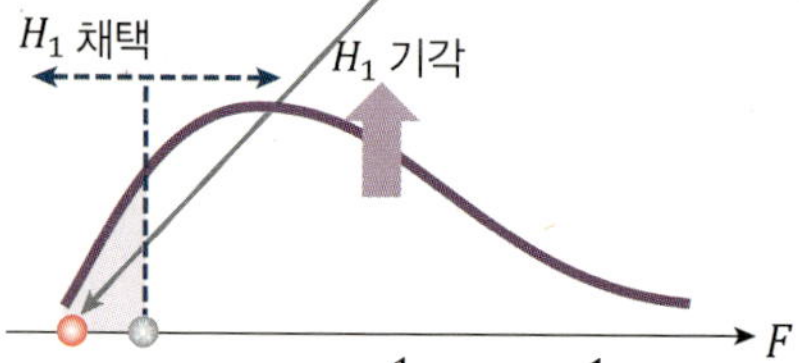

임계치 : $F_{(1-0.05;\ 25,\ 30)} = \frac{1}{F_{(0.05;30,\ 25)}} = \frac{1}{1.92} = 0.5208$

0.5208보다 작으면 연구가설을 채택하고 반대로 0.5208보다 크면 연구가설을 기각한다.

세 번째 단계는 표본으로부터 검정통계량 F값을 구하는 것이다. 검정통계량 F값은 집단 A에서 추출한 표본분산(S_A^2)과 집단 B에서 추출한 표본분산(S_B^2)의 비$\left(\frac{S_A^2}{S_B^2}\right)$로 구한다. 본 예의 경우 A반의 사회과학조사방법 성적분산(37.6)을 B반의 사회과학조사방법 성적분산(97.6)으로 나누어 검정통계량 F값을 구하면 그 값은 0.385가 된다.

마지막으로 임계치와 검정통계량을 비교하여 연구가설의 채택 여부를 결정한다. 임계치와 검정통계량을 비교한 결과, 검정통계량 F값(0.385)이 왼쪽 임계치(0.5208)보다 더 작기 때문에 귀무가설을 기각하고 연구가설을 채택한다. 따라서 유의수준(α) 0.05에서 검정해본 결과 A반 성적의 분산이 B반 성적의 분산보다 더 작다고 판단할 수 있다.

PART

3

이훈영교수의 **사회과학조사방법**
Social Science Rsearch Method

분석방법

CHAPTER 11

연관성분석 (Association Analysis)

Chapter

11 연관성분석 (Association Analysis)

연관성분석은 2개의 변수가 서로 독립적인가 아니면 이들 간에 어떠한 연관성이 존재하는가를 파악하는 분석방법으로 변수의 척도에 따라 교차분석과 상관분석이 있다. 일반적으로 분석하고자 하는 변수가 명목척도나 서열척도로 측정된 변수일 경우에는 교차분석으로 변수 간의 독립성 여부를 파악하며, 등간이나 비율척도로 측정된 변수인 경우에는 상관분석으로 연관성 정도를 분석한다.

그러나 경우에 따라서는 서열척도로 측정된 변수도 상관분석으로 분석할 수도 있다. 따라서 상

그림 11-1 | 연관성분석의 정의와 종류

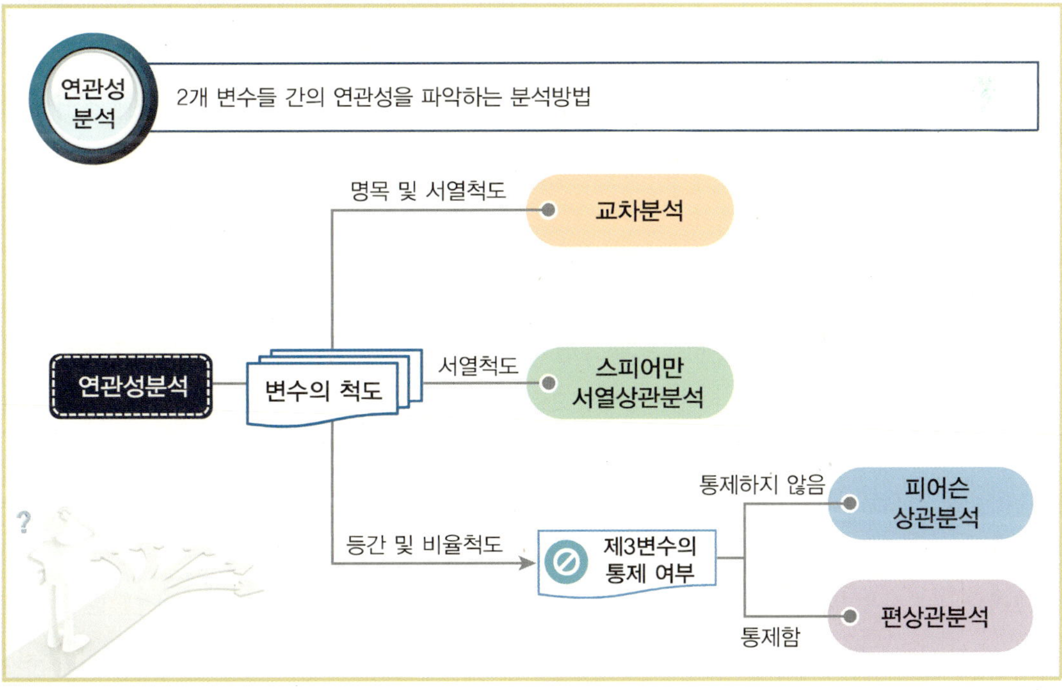

관분석은 다시 서열척도일 경우와 등간이나 비율척도일 경우로 나누어지는데, 변수의 척도가 서열척도일 경우는 스피어만 서열상관분석을, 등간이나 비율척도일 경우는 피어슨 상관분석을 이용하여 변수 간 연관성 정도를 분석한다.

또한 상관분석은 두 변수에 공통으로 영향을 미치는 제3의 변수에 대한 통제 여부에 따라 일반적인 상관분석과 편상관분석으로 구분된다. 예를 들어, 분석하고자 하는 두 변수에 공통으로 영향을 미치는 제3의 변수가 존재할 경우, 제3의 변수의 영향을 통제하지 않고 분석하는 방법이 일반적인 상관분석이며, 제3의 변수의 영향을 제거하여 두 변수 간의 순수한 상관관계만을 분석하는 방법이 편상관분석이다. 교차분석을 포함한 이러한 연관성분석의 종류를 정리하면 [그림 11-1]과 같다.

제1절 상관분석(Correlation Analysis)

1.1 상관분석의 정의(Definition of Correlation Analysis)

1) 상관분석의 정의(Definition of Correlation Analysis)

상관분석(correlation analysis)은 변수들 간의 연관성을 파악하기 위해 사용하는 분석기법 중의 하나로 변수 간의 선형관계 정도를 분석하는 통계기법이다. 예를 들어, 광고나 판촉비용 등이 매출액과 선형적인 연관관계가 있는지를 알아보고자 하는 경우, 혹은 이들 중에 어느 것이 매출액과 선형적인 연관관계가 더 강한지를 분석하고자 하는 경우, 상관분석을 이용하면 간단하게 분석할 수 있다.

상관분석은 두 변수 간의 공분산(covariance)분석으로부터 시작한다. 공분산은 동시에 2개의 변수값들을 갖는 개별 관측치들이 각 변수의 평균으로부터 어느 정도 산포되어 있는가를 나타내는 지표이다. 예를 들어, X축과 Y축을 변수값으로 하는 좌표평면상에 두 변수값을 동시에 갖는 개별 관측치들을 점으로 나타내는 산포도(scatter diagram)를 그려보면 두 변수 간의 관계, 즉 공분산을 어느 정도 시각적으로 파악할 수 있다.

그러나 공분산을 파악할 수 있는 산포도는 두 변수가 측정된 척도의 크기에 따라 그 모양이 달라진다. 따라서 공분산이 척도 크기에 의한 영향을 받지 않도록 각 변수를 그 변수의 표준편차로 나누어

그림 11-2 | 모집단의 모수와 표본통계량의 비교

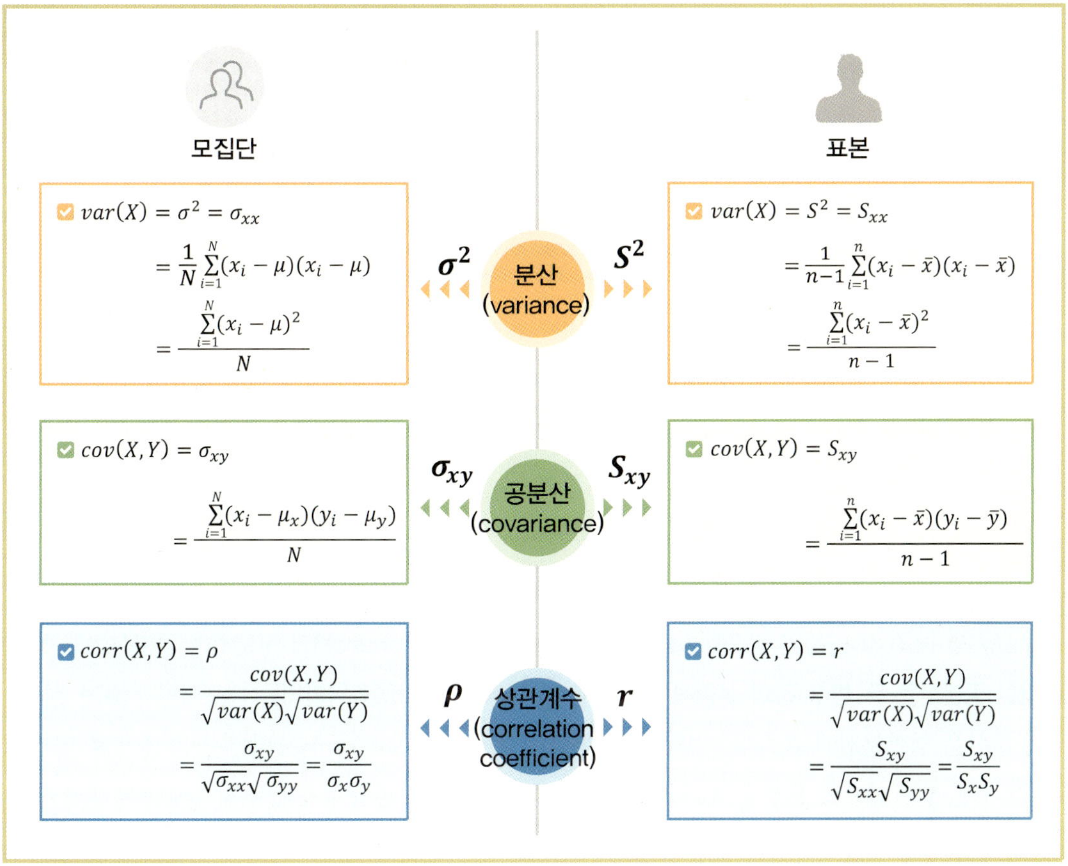

표준화시킨 변수값을 표준화된 공분산이라고 하는데, 이 값이 바로 상관계수(correlation coefficient)가 된다. 상관분석은 바로 이렇게 표준화된 공분산값인 상관계수를 구하는 분석을 말한다.

2) 모집단의 상관분석과 표본의 상관분석(Correlation Analysis of Population and Sample)

상관분석의 경우에도 일반적인 다른 통계분석에서와 마찬가지로 모집단 전체를 대상으로 하는 분석과 모집단에서 추출한 표본을 대상으로 하는 분석이 있다. 그러나 실제적으로는 이들 간에 차이는 거의 없고, 분산을 구하는 과정에서 사용되는 자유도의 차이만 있을 뿐이다. 따라서 모집단을 대상으로 하는 상관계수와 표본을 대상으로 하는 상관계수 간에는 큰 차이가 없다.

일반적으로 분산과 공분산, 그리고 상관계수는 각각 $var(X)$, $cov(X, Y)$ 그리고 $corr(X, Y)$로 표시하기도 한다. 그러나 이렇게 나타내는 경우에는 모집단의 모수인지 표본의 통계량인지 명확하게 구분할 수 없다. 따라서 이들을 보다 구체적인 기호로 나타내고자 할 경우에는 [그림 11-2]에서와 같이 모집단의 모수와 표본의 통계량으로 구분하여 서로 다르게 표기할 수 있다.

통계학에서는 일반적으로 표본을 추출하여 통계량을 구하고 이를 이용하여 추론하는 것을 전제로 하기 때문에 본장에서도 모집단보다는 표본통계량을 나타내는 기호들을 이용하여 상관분석을 설명하고자 한다. 그러나 만일 모집단을 분석한 결과로 나타내고자 하는 경우에는 [그림 11-2]에서 표본통계량에 대응하는 모수를 나타내는 좌측에 있는 부호나 식을 사용하면 된다.

1.2 공분산을 이용한 상관관계분석(Correlation Analysis using Covariance)

1) 공분산의 의미(Meaning of Covariance)

일반적으로 두 변수 사이의 연관성에 관한 분석은 두 변수의 분포를 동시에 고려해야 한다. 이 경우 두 변수 간의 공통된 분포를 나타내는 분산을 일반분산(variance)과 구분하여 공분산이라 하며, 이러한 공분산은 두 변수 간의 선형적 연관성(linear relationship)을 나타내는 대표적인 지표가 된다.

공분산은 일반분산과 유사한 개념으로 관측치들이 평균으로부터 산포되어 있는 정도를 나타내는 값이다. 일반적으로 분산은 하나의 변수에 대하여 측정한 관측치가 변수의 평균으로부터 떨어져 있는 정도를 나타내는 편차를 제곱한 값의 평균, 즉 편차제곱의 평균이다. 이에 반하여 공분산은 하나가 아닌 2개의 변수값을 동시에 갖는 관측치의 각 변수에 대한 평균과의 편차를 구한 다음 이들을 서로 곱한 편차곱(multiplication of deviations)의 평균이다. 예를 들어, 통계학을 수강하는 60명 학생들의 키와 몸무게를 측정하여 키와 몸무게의 공분산을 구하고자 하는 경우, 공분산은 학생 개인의 몸무게와 반의 평균 몸무게 간의 편차($x_i - \bar{x}$)와 개인의 키와 반의 평균키 간의 편차($y_i - \bar{y}$)를 곱한 값들의 평균이 된다.

표본의 분산과 공분산을 좌표평면상에 나타내면 [그림 11-3]과 같다. 한 변수의 분산을 좌표평면상에 표시하기 위해서는 평면상의 X축과 Y축 모두를 같은 변수를 나타내는 것으로 하고, 변수의 평균을 기준으로 좌표평면을 4등분하면 4개의 사분면이 형성된다. 관측치들을 사분면상에 나타내면 [그림 11-3]의 위에 있는 그래프에서와 같이 1사분면과 3사분면을 통과하는 대각선 위에 모든 관측치들이 존재하게 된다. 이때 대각선상에 있는 관측치들이 평균을 중심으로 넓게 퍼져 있느냐 좁게 모여 있느냐에 따라서 분산의 크고 작음을 알 수 있다.

그림 11-3 | 표본의 분산과 공분산

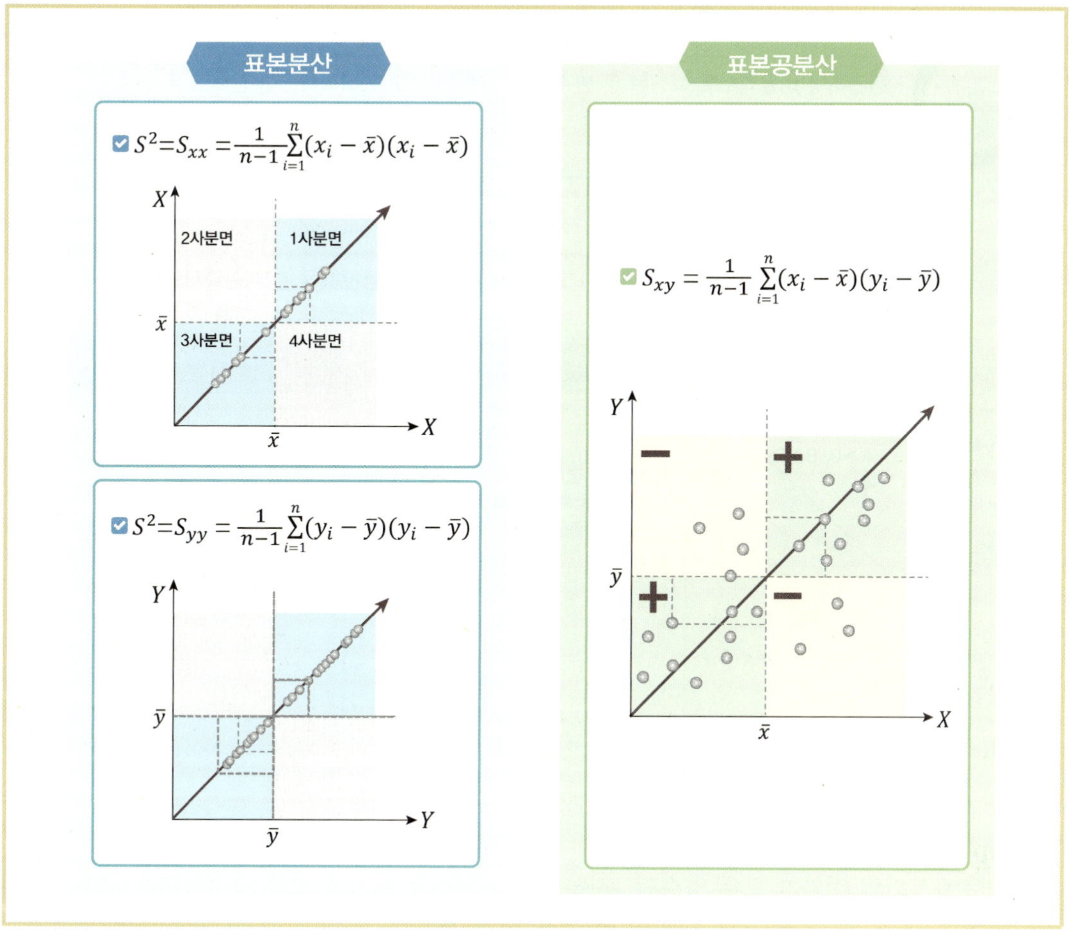

일반적으로 편차는 관측치가 평균을 중심으로 어느 쪽에 있는가에 따라 양수 혹은 음수가 될 수 있다. 즉, 분산을 나타내는 그림에서 1사분면에 있는 관측치들의 편차는 양의 값이고, 3사분면에 있는 관측치들의 편차는 음의 값을 갖는다. 그러나 편차를 제곱하여 구하는 분산은 항상 양의 값이며, 다만 평균을 중심으로 대각선상에 퍼져 있는 정도가 클수록 그 값이 크다.

그러나 공분산의 경우에는 X축과 Y축이 각각 서로 다른 변수를 나타내고 있으므로, 관측치는 두 변수의 평균을 기준으로 구분되는 사분면상의 어느 곳에든지 위치할 수 있다. 따라서 편차를 제곱함으로써 항상 양의 값만을 갖는 분산과는 달리 공분산은 부호에 제한이 없다. 즉, 모든 양의 값이나 음의 값 중에 어떠한 값도 가질 수 있다. 이렇게 공분산이 양수나 음수 어느 값도 가질 수 있다는 점에 대하여 보다 구체적으로 살펴보면 [그림 11-4]와 같다.

그림 11-4 | 공분산과 상관관계

공분산: 등간이나 비율척도로 측정된 두 변수 간의 공통된 분포를 나타내는 분산으로 두 변수 간의 선형적인 연관성 정도를 나타내는 대표적인 지표로 사용됨

표본공분산 $S_{xy} = \frac{1}{n-1}\sum_{i=1}^{n}\underbrace{(x_i - \bar{x})}_{A}\underbrace{(y_i - \bar{y})}_{B}$

두 변수의 평균$(\bar{x}, \bar{y})$을 기준으로 관측치가 나타내는 공간을 4등분했을 경우 관측치의 산포도

대부분의 관측치가 주로 1과 3사분면에 분포할 경우	대부분의 관측치가 주로 2와 4사분면에 분포할 경우	관측치가 전체 사면에 고르게 분포할 경우

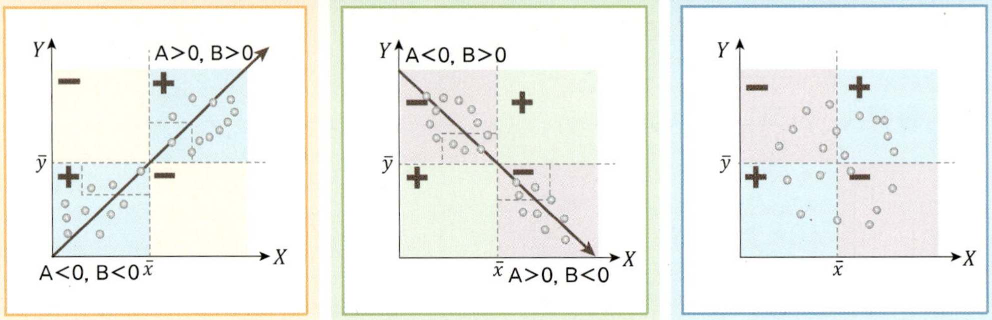

$S_{xy} > 0$ → 양(+)의 선형관계	$S_{xy} < 0$ → 음(−)의 선형관계	$S_{xy} \fallingdotseq 0$ → 선형관계가 없음

두 변수로부터의 편차가 모두 양수인 1사분면이나 반대로 편차가 모두 음수인 3사분면에 있는 관측치가 많으면 많을수록 공분산은 증가하여 높은 양의 값을 갖게 된다. 그러나 X축상에 음의 편차와 Y축상에 양의 편차의 곱으로 나타나는 2사분면이나 반대로 X축상에 양의 편차와 Y축상에 음의 편차의 곱으로 나타나는 4사분면상에 있는 관측치들이 많으면 많을수록 공분산은 점차 줄어들어 급기야는 음의 값을 갖게 된다. 이와 같이, 1과 3사분면상의 관측치는 공분산을 높이는 데에 기여하고, 반대로 2와 4사분면상의 관측치는 공분산을 낮추는 데에 기여한다. 따라서 표본의 관측치들이 어느 사분면에 많이 있는가에 따라 공분산이 양수나 음수값을 갖게 된다.

또한 관측치들이 각 사분면을 45도 각도로 관통하는 직선에 가까이 그리고 평균에서 먼 곳에 많을수록 공분산의 크기가 증가하게 된다. 즉, 대부분의 관측치가 1과 3사분면을 45도 각도로 관통하는 직선 가까이에, 그리고 평균에서 먼 곳에 있을수록 공분산은 증가하고, 반대로 2와 4분면을 45도로 관통하는 직선 가까이 그리고 평균에서 먼 곳에 있을수록 공분산이 감소해서 낮은 음

의 값을 갖게 된다. 그러나 관측치들이 4개의 사분면에 골고루 분포할 경우에는 양(+)과 음(−)의 값들이 서로 상쇄됨으로써 공분산은 거의 0에 가까워진다. 따라서 공분산이 양수로서 매우 크거나 음수로서 매우 작은 경우 두 변수는 선형의 관계가 있음을 알 수 있다.

공분산이 양수로서 매우 클 경우에는 두 변수는 양(+)의 선형관계(linear relationship)가 있고, 반대로 음수로서 매우 작을 경우 두 변수는 음(−)의 선형관계가 있다고 판단할 수 있다. 즉, 공분산이 클수록 변수 간의 양의 선형관계가 커서, 한 변수가 증가할 때 다른 변수도 같이 증가하고, 반대로 공분산이 작을수록 변수 간의 음의 선형관계가 성립되어 한 변수가 증가하면 다른 변수는 오히려 감소한다는 것을 의미한다. 그러나 공분산은 변수의 측정단위에 따라 그 크기가 변하므로 공분산 자체 값만으로 변수 간의 선형관계를 파악하는 데는 문제가 있다.

2) 측정단위에 따라 변하는 공분산(Covariance Depending on Scaling Unit)

일반적으로 두 변수 간의 선형관계는 한 변수가 또 다른 한 변수와 연관되어 같이 변화하는 정도를 나타내는 공분산(covariance)의 크기에 따라 결정된다. 그러나 공분산의 크기는 두 변수를 측정한 척도크기, 즉 측정단위에 따라 크게 달라진다. 예를 들어, 키와 몸무게의 공분산을 구하고자 하는 경우, 키의 단위를 m와 cm 중에 어느 것을 단위로 하는가에 따라서 공분산이 달라지게 된다. 키의 단위를 cm로 하는 경우의 공분산이 m로 하는 경우의 공분산보다 100배 더 크다. 이러한 이유로 인하여 공분산값만으로 두 변수 간의 연관성에 대하여 단정적으로 평가하는 것은 쉽지 않다. 따라서 두 변수 간의 선형관계를 측정하되 측정단위에 따라 그 값이 변하지 않는 절대적인 기준이 될 수 있는 단위가 필요하다. 이러한 절대적인 기준의 단위로는 표준편차가 있다. 즉, 공분산을 구할 때 사용하는 편차(deviation)를 해당 변수의 표준편차(standard deviation)로 나누어 줌으로써 편차를 표준편차(standard deviation) 단위로 바꿀 수 있다. 이렇게 편차를 표준편차 단위로 바꾸어 사용함으로써 측정단위에 따른 편차의 크기 변화를 제거할 수 있다. 또한 표준화된 편차값들을 사용하여 공분산을 구함으로써 측정단위에 따라 크기가 변하지 않는 표준화된 공분산(standardized covariance)을 구할 수 있다. 이러한 과정을 거쳐 구한 표준화된 공분산을 다른 말로 상관계수(correlation coefficient)라 한다.

그림 11-5 | 공분산과 상관계수

A기업의 마케팅부서에서 근무하고 있는 직원들을 대상으로 키와 몸무게를 조사한 자료를 이용하여 키와 몸무게의 선형관계를 파악하고자 함

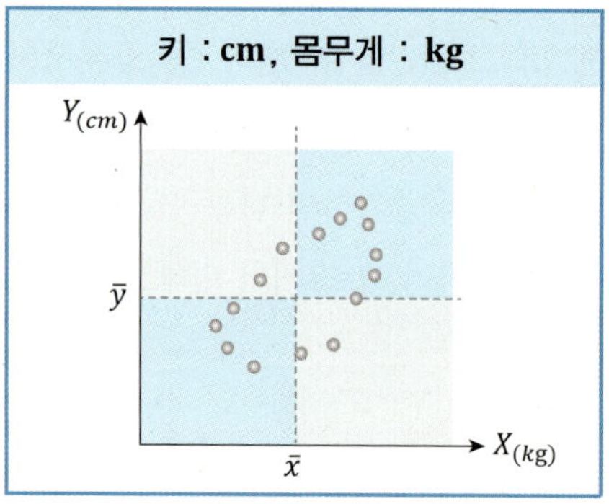

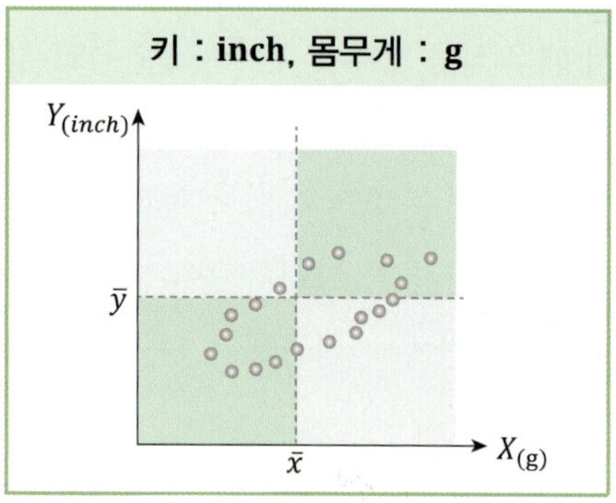

$$r = \frac{S_{xy(kg \cdot cm)}}{S_{x(kg)}S_{y(cm)}} \qquad r = \frac{S_{xy(g \cdot inch)}}{S_{x(g)}S_{y(inch)}}$$

공분산의 표준화 | 두 변수의 공분산을 각 변수의 표준편차로 나누어 표준화된 공분산을 구함

표준화된 산포도

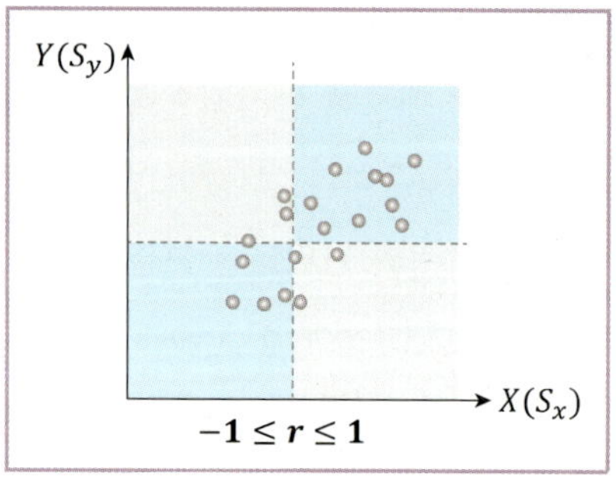

표준화된 공분산 = 상관계수(r)
(Pearson's correlation coefficient)

- 측정된 두 변수를 X축과 Y축으로 하는 평면상에 나타낸 관측치의 산포도는 변수를 측정한 단위에 따라 모양이 변함
- 변수의 측정단위(kg, cm, …)에 따라 공분산이 달라지기 때문에 공분산만으로 두 변수 간의 선형관계를 정확하게 파악하기 어려움
- 즉, 공분산은 두 변수를 측정한 척도의 단위에 따라 달라지기 때문에 두 변수의 선형관계를 나타내는 지표로는 충분하지 못함
- 공분산은 두 변수의 편차를 곱한 값의 평균이므로, 곱하기 전에 각각의 편차를 해당 변수의 표준편차로 나누어, 즉 표준화하여 곱하면 표준화된 공분산인 상관계수를 구할 수 있음
- 상관계수의 크기는 공분산 크기에 따라 결정되며, 부호는 공분산의 부호와 같음
- 상관계수는 −1에서 +1 사이의 값만을 갖음

1.3 상관계수를 통한 상관관계 파악 (Understanding Correlation using Correlation Coefficient)

1) 상관계수의 의미(Meaning of Correlation Coefficient)

두 변수의 평균으로부터의 차이, 즉 편차를 서로 곱한 값들의 평균인 공분산은 변수를 측정한 척도의 단위(scale unit)에 따라 그 값이 달라지기 때문에, 공분산만으로 두 변수 간의 선형관계를 정확하게 파악하기 어렵다. 따라서 측정단위에 따라 그 크기가 바뀌지 않는 공분산을 구하면 그 값이 바로 상관계수(correlation coefficient)가 된다.

변수의 측정단위에 따라 그 크기가 변하지 않는 공분산은 공분산 계산에 사용되는 두 변수의 편차를 해당 변수의 표준편차로 나누어줌으로써, 즉 각 변수의 편차를 표준화한 편차값들을 사용하여 구할 수 있다. 다시 말해서, 공분산을 구할 때 사용하는 각 변수의 편차를 그 변수의 표준편차로

그림 11-6 | 상관계수

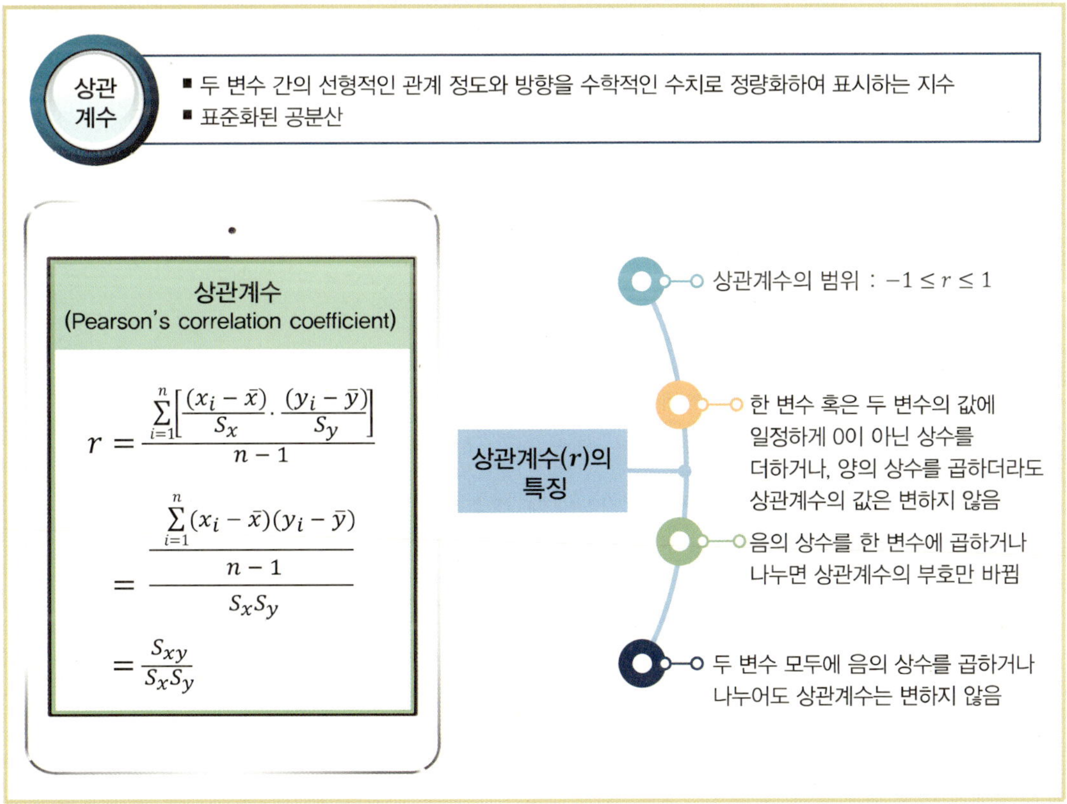

나누어 편차를 표준편차 단위로 바꾼 다음 이들을 서로 곱한 값들의 평균을 공분산으로 한다. 이렇게 함으로써 측정단위에 따라 변하지 않는 두 변수 간의 선형관계를 파악할 수 있는 표준화된 공분산을 도출할 수 있는데, 이 값이 바로 상관계수이다. 이처럼 두 변수의 표준화된 편차곱의 평균으로 구한 상관계수를 피어슨의 적률상관계수(Pearson's product-moment correlation coefficient) 혹은 간단히 피어슨 상관계수라 한다.

공분산이 클수록 표준화된 공분산인 상관계수도 커지고, 반대로 공분산이 작을수록 상관계수도 작아진다. 상관계수의 부호는 당연히 공분산의 부호와 같다. 그러나 일반적인 공분산과 달리 표준화된 공분산, 즉 상관계수의 크기는 −1에서 +1 사이의 값을 갖게 된다.

2) 상관계수의 특징(Characteristics of Correlation Coefficients)

기본적으로 두 변수 간의 선형관계의 정도를 나타내는 상관계수는 두 변수 간의 선형관계 정도와 방향을 수학적인 수치로 정량화하여 표시하는 지수로서 −1에서 +1 사이의 값을 갖는다. 상관계수가 +1 혹은 −1일 경우에 두 변수는 완전한 양과 음의 상관관계를 갖는 반면에, 상관계수가 0에 가까울 때 두 변수는 선형이 아닌 다른 관계이거나 서로 독립적이어서 무관한 관계에 있다고 볼 수 있다.

또한 상관계수는 계수를 구하는 데 사용된 어느 한 변수 또는 두 변수의 값에 일정하게 0이 아닌 상수를 더하거나 양의 상수를 곱하여도 그 값이 변하지 않는다는 특징이 있다. 그러나 어느 한 변수에만 음의 상수를 곱하면 상관계수의 크기는 일정하나 방향, 즉 부호가 바뀐다.

산포도를 이용하여 상관계수의 개념을 설명하면 [그림 11-7]과 같다. 그래프 (가)와 (나)에서 볼 수 있듯이, 기울기가 양수(+)이면 한 변수의 값이 증가할 때 다른 한 변수의 값 또한 증가하므로 두 변수는 양(+)의 상관관계가 있다. 반대로 그래프 (다)와 (라)에서와 같이 기울기가 음수(−)일 경우에는 한 변수의 값이 증가함에 따라 다른 한 변수의 값은 감소하므로 음(−)의 상관관계에 있다고 본다.

또한 부호에 관계없이 상관계수의 절대값 크기는 변수들 간의 선형관계 정도를 나타내는 지표가 된다. 음(−)의 상관계수라도 그 값이 −1에 가까우면 두 변수 간의 선형관계가 매우 높다고 판단할 수 있다. 예를 들어, 공기의 밀도를 나타내는 대기압과 해수면으로부터의 높이를 나타내는 해발고도는 서로 밀접한 선형관계에 있다. 즉, 해발고도가 높아질수록 대기압이 일정하게 낮아지는 매우 강한 음의 상관관계에 있다.

그러나 [그림 11-7]의 그래프 (마)와 (바)처럼 좌표평면상에 측정치들이 선형이 아닌 불규칙한

그림 11-7 | 분포와 상관계수

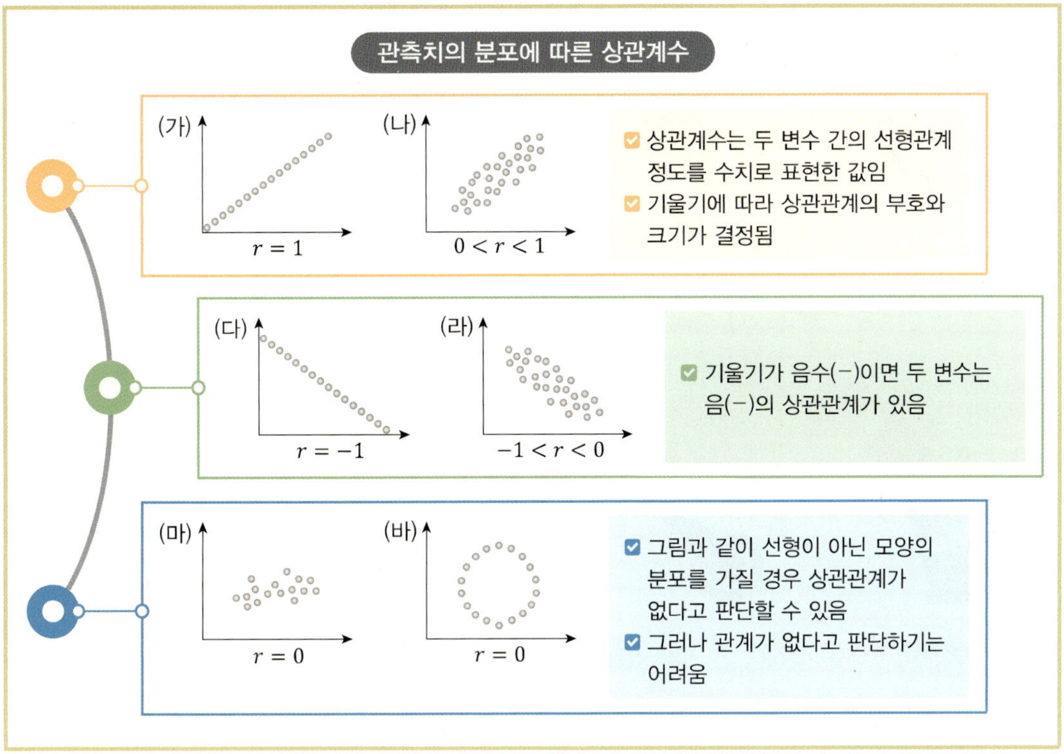

모양이나 원 모양으로 나타났을 경우, 두 변수 간에는 선형상관관계가 없다고 말할 수 있다. 그러나 선형관계가 아니라고 해서 두 변수가 서로 무관하다고 단정지을 수는 없다. 만일 [그림 11-7]의 그래프 (바)에서와 같이, 두 변수의 관계가 원 모양으로 나타나는 경우에는 두 변수가 비록 선형관계는 아니더라도 거의 완벽한 관계에 있다고 볼 수 있다.

3) 상관계수 해석 및 유의성 검정 (Interpretation of Correlation Coefficient and Significance Test)

상관계수는 −1에서 +1 사이의 값을 가지며, 부호에 관계없이 상관계수의 절대값 크기가 변수들 간의 연관성 정도를 판단하는 기준이 된다. 그러나 어떠한 자료의 변수들 간 연관성을 분석하는가에 따라 상관 정도를 판단하는 기준은 서로 다를 수 있다. 예를 들어, 경제나 재무분야에 관한 자료에서는 변수 간 상관계수의 절대값이 비교적 낮은 경우에도 의미있고 유의한 선형관계가 있는 것으로 평가할 수도 있다. 그러나 마케팅을 비롯한 다른 사회과학분야에서 설문으로 수집된

그림 11-8 | 상관계수의 해석

상관계수의 평가

- 조사의 성격과 자료의 특성에 따라 상관 정도를 평가하는 기준이 달라짐
- 실제 경제현상 등을 측정한 변수들 간의 상관계수는 비교적 낮고, 설문 등을 이용하여 얻은 변수들 간의 상관계수는 상대적으로 높음

조사의 목적과 자료의 종류에 따라 상관 정도를 평가하는 기준은 상이하나 사회과학분야에서 사용하는 일반적인 기준은 다음과 같음

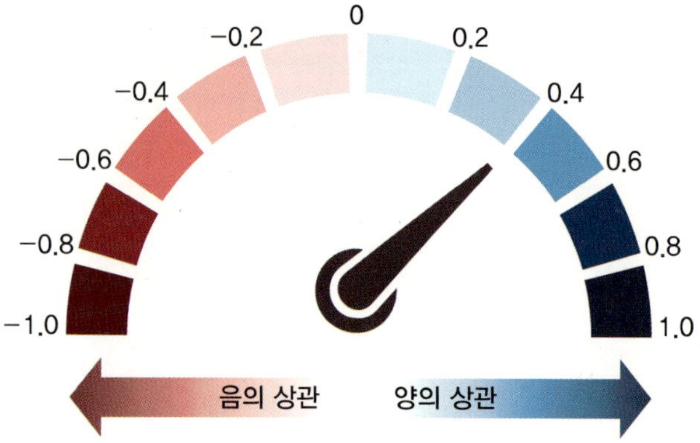

상관계수(r)의 절대값	r값의 해석
0.2 이하	관계가 거의 없음
0.2 ~ 0.4	낮은 상관관계
0.4 ~ 0.6	비교적 높은 상관관계
0.6 ~ 0.8	높은 상관관계
0.8 이상	매우 높은 상관관계

자료의 경우에는 상관계수값이 0.3 이상이 되어야만 변수들 간에 상관관계가 존재한다고 평가하는 것이 일반적이다.

다음으로 상관분석을 통하여 얻은 상관계수가 과연 통계적으로도 유의한가를 검정할 필요가 있다. 통계적으로 유의하여야만 2개 변수 간의 상관계수를 일반화하여 사용할 수 있기 때문이다. 유의성 검정에서의 연구가설은 '두 변수 간에는 선형관계가 존재하여 상관계수가 0이 아니다($\rho \neq 0$)'가 되고, 반대로 귀무가설은 '두 변수는 선형관계가 없어 상관계수가 0이다($\rho = 0$)'가 된다. 상관계수의 유의성 검정에서는 [그림 11-9]의 식을 이용하여 얻을 수 있는 t값이 검정통계량으로 사용되며, 이러한 검정통계량은 자유도가 $n-2$인 t분포를 한다. 따라서 t검정으로 상관계수의 통계적 유의성을 검정한다.

그림 11-9 | 상관계수의 유의성 검정

- 일반적으로 t분포를 이용하여 상관계수의 통계적 유의성을 검정함
- 표본으로부터 얻은 상관계수가 통계적으로 유의한가를 판단하기 위하여 연구가설과 귀무가설을 설정하여 계수값의 유의성을 검정함
- 가설을 검정하기 위해서는 t통계량값을 사용하며, 이때 t통계량은 자유도가 $n-2$인 t분포를 함

STEP1 : 가설설정

- **연구가설(H_1)** :
  - 두 변수는 선형관계가 있다
  - 두 변수의 상관계수는 0이 아니다($\rho \neq 0$)
- **귀무가설(H_0)** :
  - 두 변수는 선형관계가 없다
  - 두 변수의 상관계수는 0이다($\rho = 0$)
- 가설검정은 표본으로 해도 가설에 대한 표기는 모집단의 모수로 함

STEP2 : 임계치 및 검정통계량(t값) 산출

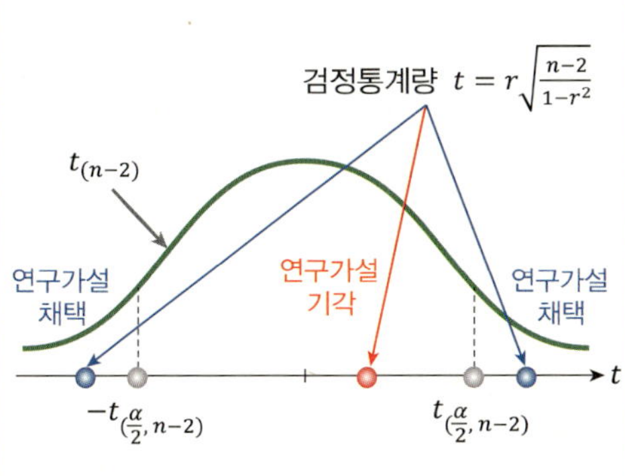

STEP3 : 결과의 해석

- 연구가설이 채택되면 상관분석을 통하여 구한 상관계수값이 통계적으로 유의하다고 판단함

4) 상관분석 사례(Example of Correlation Analysis)

구체적인 상관분석 과정을 예를 들어 설명하면 [그림 11-10]과 같다. [그림 11-10]은 D구청 세무과 직원 15명의 키와 몸무게를 측정한 자료를 이용해서 두 변수 간의 선형관계를 나타내는 피어슨의 상관계수를 구하고 그 유의성을 검정하는 상관분석 사례이다. 우선 검정을 위하여 '키와 몸무게 간에는 선형관계가 있다'는 연구가설과 '키와 몸무게 간에는 선형관계가 없다'는 귀무가설을 설정한다.

주어진 자료와 식을 이용하여 [그림 11-10]에서처럼 피어슨 상관계수(r)를 도출한다. 피어슨의 상관계수(r)는 키와 몸무게의 공분산을 두 변수의 표준편차의 곱으로 나누어 구할 수 있다. 이때 공분산과 두 변수의 표준편차를 곱한 값 모두를 같은 크기의 자유도($n-1$)로 나누어야 하기 때문에 이를 상쇄시켜 간단히 하면 상관계수(r)는 두 변수 편차곱의 합($\sum_{i=1}^{n}(x_i-\bar{x})(y_i-\bar{y}) = 1301.7$)을 각 변수의 편차제곱합을 변수별로 각각 구한 다음 서로 곱한 값의 제곱근값 ($\sqrt{\sum_{i=1}^{n}(x_i-\bar{x})^2 \cdot \sum_{i=1}^{n}(y_i-\bar{y})^2} = 1365.508$)으로 나눈 값($0.95 = \frac{1301.7}{1365.508}$)이 된다.

다음으로 도출된 상관계수(r)가 통계적으로 유의한지를 검정하여야 한다. 이를 위해서는 임계치와 검정통계량이 필요하다. 자유도가 13($=15-2$)인 t분포상에서 유의수준(α)을 0.05로 하는

그림 11-10 | 상관계수의 도출 및 유의성 검정 사례

다음은 D구청 세무과 직원 15명의 키와 몸무게를 측정한 자료이다. 준비된 자료를 분석하여 키와 몸무게의 선형관계를 나타내는 피어슨 상관계수를 구하고, 그 유의성을 유의수준(α) 0.05에서 검정하시오.

STEP1 : 가설설정

- **연구가설(H_1)** : 키와 몸무게 간에는 선형관계가 있다 혹은 키와 몸무게의 상관계수는 0이 아니다($\rho \neq 0$)
- **귀무가설(H_0)** : 키와 몸무게 간에는 선형관계가 없다 혹은 키와 몸무게의 상관계수는 0이다($\rho = 0$)

STEP2 : 자료수집

응답자 ID	키 (x_i)	몸무게 (y_i)
1	186	88
2	169	52
3	181	78
4	179	72
5	184	76
6	162	49
7	159	50
8	169	56
9	172	63
10	177	73
11	163	48
12	167	57
13	175	64
14	170	65
15	169	56
평균	**172.1**	**63.1**

STEP3 : 키와 몸무게의 상관계수(r)의 도출

$(x_i-\bar{x})$	$(x_i-\bar{x})^2$	$(y_i-\bar{y})$	$(y_i-\bar{y})^2$	$(x_i-\bar{x})\times(y_i-\bar{y})$
13.9	192.3	24.9	618.4	344.8
−3.1	9.8	−11.1	124.0	34.9
8.9	78.6	14.9	221.0	131.8
6.9	47.2	8.9	78.6	60.9
11.9	140.8	12.9	165.6	152.7
−10.1	102.7	−14.1	199.8	143.2
−13.1	172.5	−13.1	172.5	172.5
−3.1	9.8	−7.1	50.9	22.4
−0.1	0.0	−0.1	0.0	0.0
4.9	23.7	9.9	97.4	48.0
−9.1	83.4	−15.1	229.0	138.2
−5.1	26.4	−6.1	37.6	31.5
2.9	8.2	0.9	0.8	2.5
−2.1	4.6	1.9	3.5	−4.0
−3.1	9.8	−7.1	50.9	22.4
합계	**909.7**		**2049.7**	**1301.7**

키와 몸무게의 상관계수(r)

$$r = \frac{S_{xy}}{S_x S_y} = \frac{\dfrac{\sum_{i=1}^{n}(x_i-\bar{x})(y_i-\bar{y})}{\cancel{(n-1)}}}{\dfrac{\sqrt{\sum_{i=1}^{n}(x_i-\bar{x})^2 \cdot \sum_{i=1}^{n}(y_i-\bar{y})^2}}{\cancel{(n-1)}}} = \frac{1301.7}{\sqrt{909.7\times 2049.7}} = \mathbf{0.95}$$

STEP4 : 가설검정 및 결과해석

- **유의수준 :** $\alpha = 0.05$
- **자유도 :** $df = 15-2 = 13$

임계치 및 검정통계량 t값 산출

$$t = r\sqrt{\frac{n-2}{1-r^2}} \rightarrow t = 0.95\sqrt{\frac{15-2}{1-0.95^2}} = 10.969$$

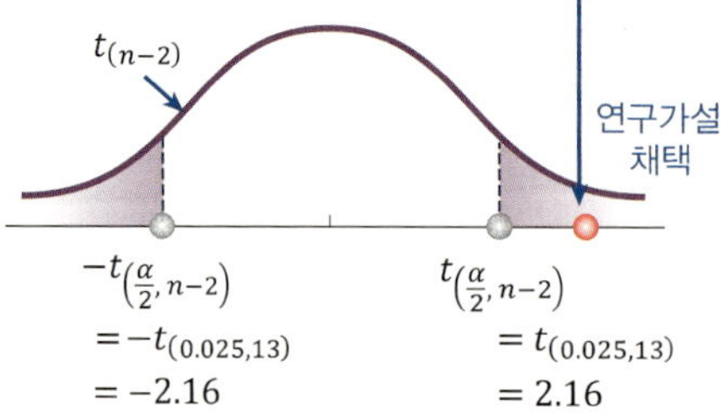

- 유의수준(α)을 0.05로 하여 검정한 결과, 검정통계량 t값(10.969)이 우측 임계치(2.16)보다 크므로 귀무가설을 기각하고 연구가설을 채택함
- 키와 몸무게의 상관계수(r)값인 0.95는 5% 유의수준(α)에서 검정한 결과 통계적으로 유의함

양측검정 임계치 $t_{\left(\frac{\alpha}{2}, n-2\right)}$를 구하면 ±2.16($=\pm t_{(0.025,\ 13)}$)이 된다. 또한 표본으로부터 산출된 피어슨의 상관계수($r=0.95$)와 자유도($n-2=13$)를 식에 대입하여 검정통계량 t값을 구하면 10.969라는 값을 얻을 수 있다. 이렇게 구한 검정통계량 t값(10.969)을 임계치(±2.16)와 비교하면 검정통계량 t값(10.969)이 우측 임계치(2.16)보다 크기 때문에 귀무가설을 기각하고 연구가설을 채택한다. 따라서 키와 몸무게의 상관계수값으로 산출된 0.95는 유의수준(α) 0.05에서 검정한 결과 통계적으로 유의함을 알 수 있다.

1.4 서열척도로 측정된 변수들 간의 상관분석 (Correlation Analysis of Ordinal Scaled Variables)

일반적으로 상관분석은 등간척도나 비율척도를 이용하여 측정된 변수들 간의 선형관계를 파악하는 데 사용된다. 그러나 비모수 통계분석을 이용하면 서열척도로 측정된 변수들 간의 연관성도 파악할 수 있다. 서열척도로 측정된 변수 간의 상관관계는 스피어만의 서열상관계수(Spearman's rank correlation coefficient)나 켄달의 타우(Kendall's tau)기법으로 산출하는 서열상관계수를 이용하여 분석할 수 있다. 이들 두 가지 방법은 큰 차이가 없으므로 비교적 계산이 간편한 스피어만의 서열상관계수가 많이 사용된다.

1) 스피어만 서열상관계수(Spearman's Rank Correlation Coefficient)

스피어만의 서열상관계수(r_s)는 분석하고자 하는 각각의 대상이 가지고 있는 속성에 대하여 서열척도로 측정한 2개 변수 간의 연관성, 즉 상관관계를 나타내는 계수로서 [그림 11-11]에서와 같은 공식을 이용하여 구할 수 있다. 일반적으로 서열상관계수는 관심의 대상이 되는 집단 내의 개별 구성원이나 객체들을 두 개의 서로 다른 관점이나 특성에 대하여 평가한 순위값들을 이용해서 분석하는 경우에 사용된다. 이 경우 서로 다른 특성에 대하여 평가한 결과를 나타내는 두 변수는 서열척도로 측정한 값들을 갖게 된다.

스피어만 서열상관계수는 개별적인 관측대상에 대하여 서로 다른 기준으로 평가하여 얻은 두 변수값들 간의 차이, 즉 서열차이를 구한 후 이 서열차이를 제곱한 값(d_i^2)을 [그림 11-11]의 공식에 대입하여 구할 수 있다. 또한 이렇게 공식을 이용해서 산출되는 스피어만 서열상관계수도 일반적인 피어슨 상관계수와 같이 -1에서 $+1$ 사이의 값만을 갖는다.

그림 11-11 | 스피어만 서열상관계수

스피어만 서열상관 계수

관심대상이 되는 개별 구성원이나 객체들을 두 개의 서로 다른 특성이나 관점에 대해 평가하여 순위를 매긴 순위변수들 간의 선형관계를 나타내는 계수

하나의 관측치 i에 대하여 두 가지 기준으로 평가한 값의 순위를 나타내는 변수 X와 Y값(x_i, y_i)의 차이를 $d_i = x_i - y_i$라 하면 스피어만 서열상관계수는 다음 식을 이용하여 구할 수 있음

$$r_s = 1 - \frac{6\sum_{i=1}^{n} d_i^2}{n(n^2-1)},\ (-1 \le r_s \le 1)$$

여기서, n : 관측치수

d_i : 대상자 i가 X와 Y에서 받은 등위의 차이

스피어만 서열상관분석을 구체적인 예를 들어 설명하면 [그림 11-12]와 같다. 대선후보자들에 대한 전반적인 선호도와 도덕성을 평가한 변수 간의 상관관계를 파악하기 위하여 8명의 후보자들에 대한 선호순위와 도덕성에 관한 평가순위 자료를 수집하였다. 이러한 자료는 한 사람의 응답자에게 전체 8명의 후보자 모두에 대하여 선호하는 우선순위와 도덕성에 대하여 평가한 순위를 물어서 얻을 수 있다.

만일 여러 응답자로부터 이에 대한 자료를 얻을 수 있는 경우에는 순위의 평균값을 이용하여 분석할 수 있다. 그러나 이러한 경우에는 굳이 스피어만 서열상관분석을 이용하기보다는 피어슨 상관분석을 이용해서 분석하는 것이 바람직하다. 따라서 스피어만 서열상관계수는 지극히 제한적인 상황에서만 사용된다.

[그림 11-12]에 있는 예의 경우, 선호도와 도덕성을 기준으로 개별 후보자를 평가한 순위의 차이를 계산한 다음, 공식에 대입하여 스피어만 상관계수를 구하면 0.762라는 높은 계수값을 얻을 수 있다. 따라서 전반적인 선호도와 후보자의 도덕성에 대한 평가 사이에는 높은 상관관계가 있음을 알 수 있다. 즉, 선호도가 높은 사람은 도덕성이 높은 사람으로 평가되고, 도덕성이 높은 사람은 선호도 또한 높게 평가됨을 알 수 있다.

그림 11-12 | 스피어만 서열상관분석 사례

다음은 8명의 대통령 후보에 대한 선호도와 도덕성을 평가하여 순위로 나타낸 자료이다. 후보에 대한 선호서열과 도덕성을 평가한 순위 간의 관계를 분석하기 위한 스피어만의 서열상관계수를 구하시오.

STEP1 : 자료수집

자료 : 각 대통령후보의 선호도와 도덕성에 대한 평가

대선후보 ID	선호 서열	도덕성평가 서열	서열차이 (d_i)	서열차이제곱 (d_i^2)
1	2	4	−2	4
2	3	1	2	4
3	1	2	−1	1
4	7	8	−1	1
5	4	5	−1	1
6	8	6	2	4
7	6	7	−1	1
8	5	3	2	4
합계				20

STEP2 : 스피어만 서열상관계수(r_s) 도출

스피어만 서열상관계수

$$r_s = 1 - \frac{6\sum_{i=1}^{n} d_i^2}{n(n^2-1)}$$

$$= 1 - \frac{6 \times 20}{8(8^2-1)} = 0.762$$

n : 관측치수

d_i : 대선후보 i가 선호도와 도덕성에서 받은 등위의 차이

STEP3 : 결과 해석

- 공식에 대입하여 계산한 결과 0.762라는 서열상관계수값을 얻게 됨
- 따라서 대통령 후보에 대한 선호순위와 도덕성에 대한 평가서열 간에는 높은 상관관계가 있음

1.5 편상관분석(Partial Correlation Analysis)

편상관분석(partial correlation analysis)은 두 변수 간의 상관관계를 나타내는 상관계수에서 제3의 변수의 영향으로 인하여 발생할 수 있는 부분을 제거한 상태에서 두 변수 간의 순수한 상관관계를 분석하는 방법을 말한다. 여기서 제3의 변수를 통제하고 분석하는 이유는 제3의 변수가 두 변수 간의 관계에 미치는 영향을 통제함으로써 두 변수 간의 순수한, 즉 정확한 상관관계를 파악하기 위해서이다. 이 경우 두 변수 간의 관계에 미치는 영향력이 통제된 제3의 변수를 통제변수라 한다.

예를 들어, 두 변수 X와 Y 간의 상관분석에서 만약 이 두 변수가 모두 제3의 변수 Z와 높은 상관관계가 있는 경우, 변수 Z가 두 변수 X와 Y 간의 상관관계에 미치는 영향을 제외한 상태에서 변수 X와 Y 간의 순수한 상관관계 정도를 분석하는 것을 편상관분석이라 한다. 이러한 편상관분

그림 11-13 | 편상관계수

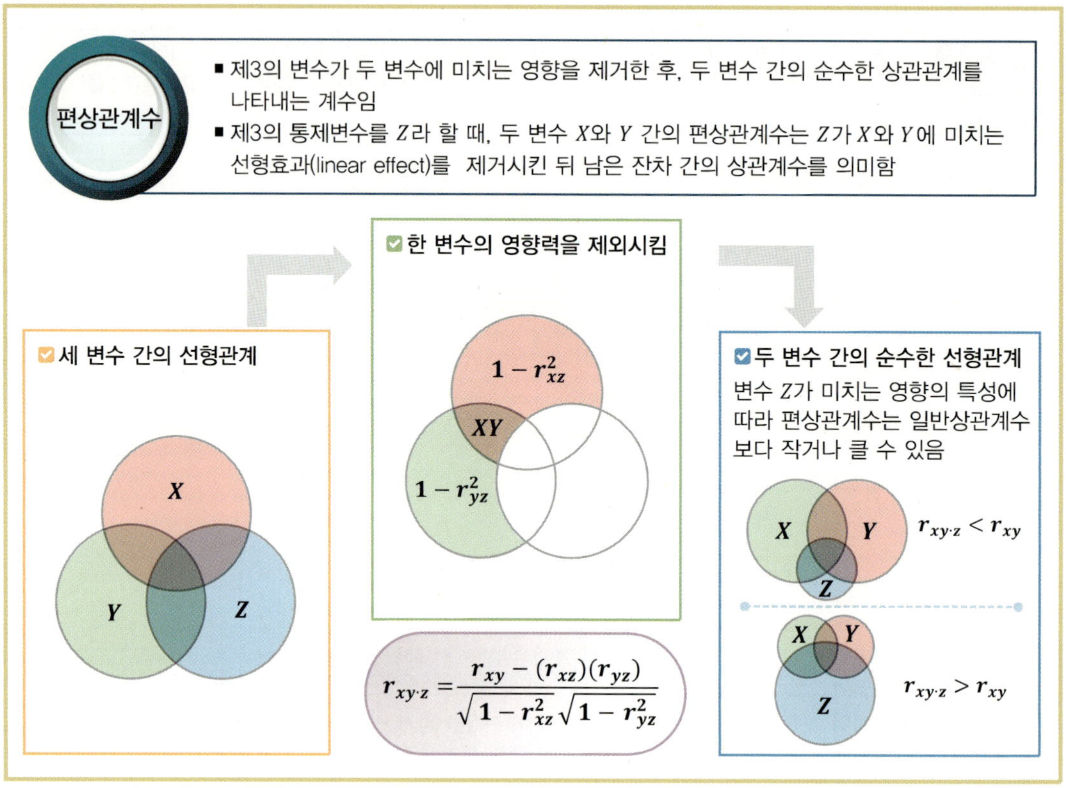

석을 통하여 얻게 되는 상관계수를 편상관계수라 하며, 이때 두 변수에 동시에 영향을 미치는 변수 Z를 통제변수라 한다.

그림 11-14 | 상관계수와 편상관계수의 비교

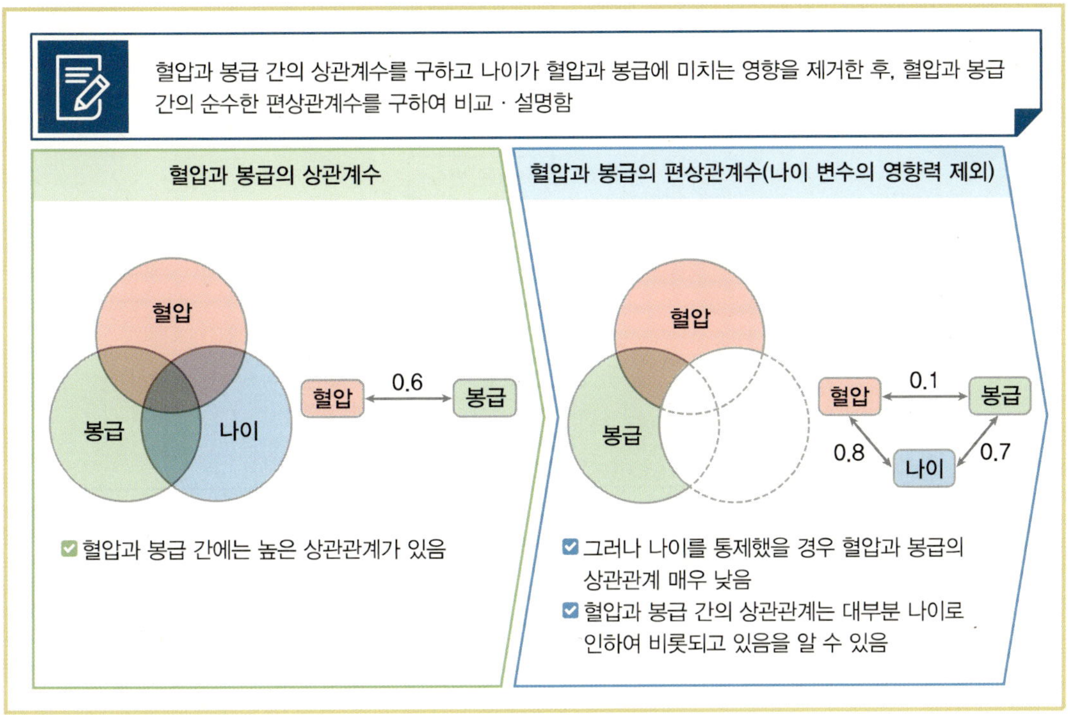

제2절 교차분석(Cross Tabulation Analysis)

2.1 교차분석의 정의(Definition of cross Tabulation Analysis)

교차분석(cross tabulation analysis)은 명목척도나 서열척도로 측정된 범주형 변수(categorical variables)들 간의 연관성을 분석하는 방법이다. 등간척도나 비율척도로 측정된 연속변수 간의 선형적 연관성은 상관분석을 통하여 구할 수 있으나 명목척도나 서열척도로 측정된 변수들, 특히 명목척도로 측정된 변수들 간의 연관성은 상관분석을 이용하여 분석하기 어렵다. 따라서 이러한 범주형 변수 간의 연관성분석은 교차분석을 통하여 이루어진다. 교차분석은 변수들 간의 범주를 교차시켜 얻은 각각의 셀에 해당하는 관측치 빈도를 나타내는 빈도교차표를 이용하여 두 변수 간의 상호독립성

그림 11-15 | 교차분석의 정의

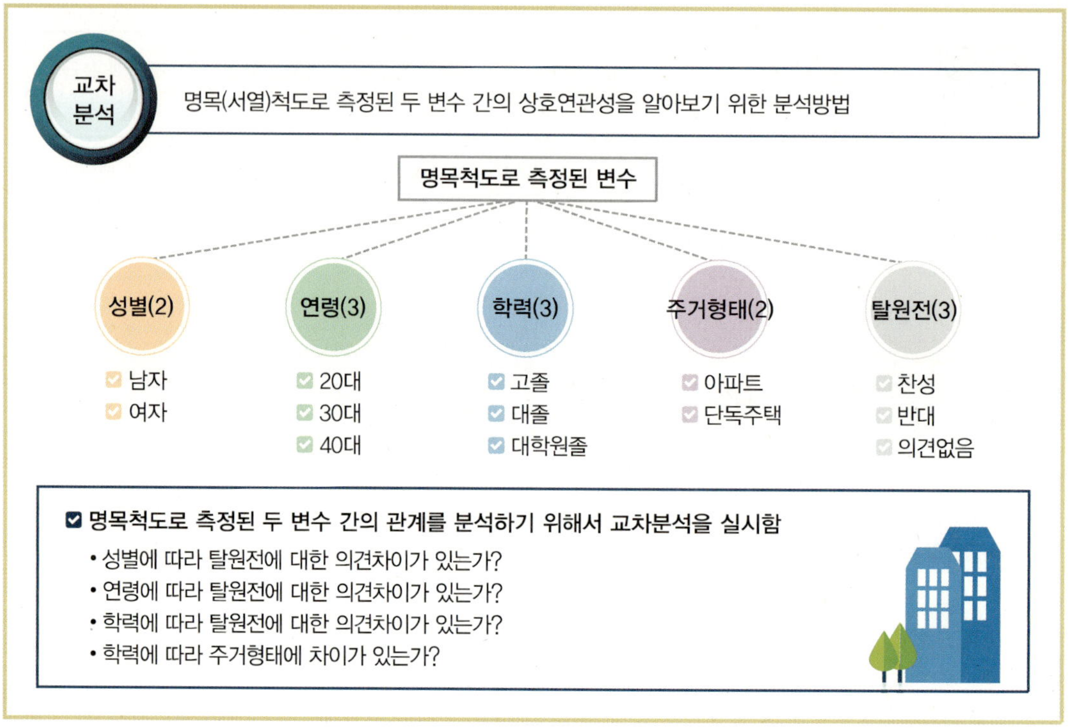

이나 관련성 정도를 분석하는 기법이다.

2.2 교차분석의 알고리즘(Algorithm of Cross Tabulation Analysis)

교차분석의 알고리즘을 설명하면 다음과 같다. 우선 두 범주형 변수의 범주들을 이용하여 빈도교차표를 만든다. 교차표에서 행을 i로, 열을 j로 놓고, i와 j로 구분되는 각 셀에 해당하는 관측치의 수, 즉 빈도를 f_{ij}로 표시하면, [그림 11-16]에서와 같은 빈도교차표를 구할 수 있다. 이 표에서 $f_{i\cdot}$는 열(j)에 의한 구분을 무시하고 구한 행(i)에 있는 모든 빈도의 합을 나타내며, 반대로 $f_{\cdot j}$는 행(i)에 의한 구분을 무시하고 구한 열(j)에 나타난 모든 빈도의 합을 표시하고 있다. 또한 각 셀의 빈도를 모두 더한 전체 관측치의 수는 N으로 표시하고 있다.

다음으로 빈도교차표가 완성되면, 이를 이용하여 두 변수가 서로 독립적인지를 분석한다. 분석을 위해서는 우선 두 변수에 의해서 구분되는 행과 열의 합($f_{i\cdot}$, $f_{\cdot j}$)에 대한 확률($P_{i\cdot}$, $P_{\cdot j}$)을 구하여야

그림 11-16 | 빈도교차표와 확률교차표/기대빈도교차표와 카이제곱값의 교차표

교차분석 알고리즘

빈도교차표에 나타난 빈도수와 확률교차표상의 결합확률을 이용하여 구한 기대빈도와의 차이를 분석하여 두 변수 간의 연관성(독립성)을 검증함

STEP1 : 빈도교차표

(범주형 변수 1: i행, 범주형 변수 2: j열)

	1	2	행 빈도합
1	f_{11}	f_{12}	$f_{1\cdot}$
2	f_{21}	f_{22}	$f_{2\cdot}$
열 빈도합	$f_{\cdot 1}$	$f_{\cdot 2}$	N

(f_{ij}, $f_{i\cdot}$, $f_{\cdot j}$)

☑ **한계확률** : 행이나 열합계의 확률

• $P_{i\cdot} = \dfrac{f_{i\cdot}}{N}$ • $P_{\cdot j} = \dfrac{f_{\cdot j}}{N}$

STEP2 : 확률교차표

	1	2	행의 한계확률
1	P_{11}	P_{12}	$P_{1\cdot}$
2	P_{21}	P_{22}	$P_{2\cdot}$
열의 한계확률	$P_{\cdot 1}$	$P_{\cdot 2}$	1

결합확률(P_{ij}), 한계확률($P_{i\cdot}$), 한계확률($P_{\cdot j}$)

☑ **결합확률** : 행과 열에 있는 한계확률의 곱

• $P_{i\cdot} \times P_{\cdot j} = P_{ij}$

STEP3 : 기대빈도교차표

(범주형 변수 1: i행, 범주형 변수 2: j열)

	1	2	행의 기대빈도합
1	E_{11}	E_{12}	$E_{1\cdot}$
2	E_{21}	E_{22}	$E_{2\cdot}$
열의 기대빈도합	$E_{\cdot 1}$	$E_{\cdot 2}$	N

기대빈도(E_{ij})

☑ **기대빈도** : 두 변수가 서로 독립적이라는 가정하에서 전체 관측치(N)를 각 셀에 배분했을 때, 각각의 셀에 기대되는 관측치의 수

$$E_{ij} = P_{ij} \times N = (P_{i\cdot} \times P_{\cdot j}) \times N = \left(\frac{f_{i\cdot}}{N} \times \frac{f_{\cdot j}}{N}\right) \times N = \frac{f_{i\cdot} \times f_{\cdot j}}{N}$$

STEP4 : 카이제곱(χ^2)교차표

	1	2	행의합
1	$\frac{(f_{11}-E_{11})^2}{E_{11}}$	$\frac{(f_{12}-E_{12})^2}{E_{12}}$	$\sum_j \frac{(f_{1j}-E_{1j})^2}{E_{1j}}$
2	$\frac{(f_{21}-E_{21})^2}{E_{21}}$	$\frac{(f_{22}-E_{22})^2}{E_{22}}$	$\sum_j \frac{(f_{2j}-E_{2j})^2}{E_{2j}}$
열의 합	$\sum_i \frac{(f_{i1}-E_{i1})^2}{E_{i1}}$	$\sum_i \frac{(f_{i2}-E_{i2})^2}{E_{i2}}$	전체 합

카이제곱값(χ^2)

☑ 카이제곱값이 클수록 두 변수 간에 높은 연관성이 존재한다고 판단할 수 있음

$$\chi^2 = \sum_i \sum_j \frac{(f_{ij}-E_{ij})^2}{E_{ij}}$$

한다. 이러한 확률값들은 빈도표에서 각 행과 열의 합을 나타내는 $f_{i\cdot}$와 $f_{\cdot j}$를 전체 관측치의 수(N)로 나누어 구할 수 있는데, 이러한 확률값($P_{i\cdot}$, $P_{\cdot j}$)들을 한계확률(marginal probability)이라 한다.

두 변수가 서로 독립적이라는 전제하에서 한계확률($P_{i\cdot}$, $P_{\cdot j}$)을 이용하면 어느 한 관측치가 특정한 셀에 해당될 확률(P_{ij})을 구할 수 있다. 이러한 확률을 결합확률(joint probability)이라고 하는데, 결합확률(P_{ij})은 [그림 11-16]에서와 같이 각 셀을 결정짓는 행과 열의 한계확률을 곱하여 구할 수 있다. 또한 행의 한계확률을 모두 더한 확률과 열의 한계확률을 모두 더한 확률, 그리고 행과 열로 구분되는 셀에 있는 모든 결합확률의 합은 1이 된다.

두 개의 변수가 서로 독립적이라는 가정하에서 어느 한 관측치가 특정한 셀에 해당될 확률을 나타내는 결합확률을 이용하면 전체 관측치(N)를 각 셀에 배분할 경우 각각의 셀에 기대되는 관측치의 수, 즉 기대빈도를 구할 수 있다. 이러한 기대빈도는 한계확률의 곱($P_{i\cdot} \times P_{\cdot j}$)으로 표시되는 결합확률($P_{ij}$)과 전체 관측치의 수($N$)를 곱하여 구할 수 있다. 그러나 결합확률 대신에 이를 구하는 데에 사용된 두 개의 한계확률을 계산하는 식을 넣어 간단히 하면, 셀(i, j)에 기대되는 빈도(E_{ij})는 그 셀을 지정하는 행의 빈도($f_{i\cdot}$)와 열의 빈도($f_{\cdot j}$)를 곱한 값을 전체 관측치의 수(N)로 나눈 값($E_{ij} = \dfrac{f_{i\cdot} \times f_{\cdot j}}{N}$)이 된다.

그러나 실제로 각 셀에 할당된 관측치의 수는 그 셀의 기대빈도와 다를 수 있다. 만일 실제로 측정되어 할당된 관측치의 수(f_{ij})가 두 변수가 서로 독립적이라는 가정하에 기대되는 관측치의 수(E_{ij})와 차이가 많이 날 경우, 두 변수가 서로 독립적이라는 가정이 잘못되었음을 알 수 있다. 따라서 교차분석은 각 셀의 기대빈도(E_{ij})와 실제로 관측된 빈도(f_{ij}) 간의 차이를 이용하여 두 변수 간의 독립성 여부를 분석하는 것이다.

그러나 두 빈도 간의 차이를 직접 계산하여 사용하기보다는 이를 제곱하여 구한 차이의 제곱을 기대빈도(E_{ij})로 나눈 값$\left(\dfrac{(f_{ij} - E_{ij})^2}{E_{ij}}\right)$을 각각의 셀에 대하여 구한 다음, 이들을 모두 더한 값을 카이제곱(χ^2) 검정통계량값으로 사용하여 분석한다. 이렇게 하여 구한 검정통계량 χ^2값은 두 변수의 범주 수에서 각각 1을 뺀 후 서로 곱한 값($(i-1)(j-1)$)을 자유도로 하는 카이제곱(χ^2)분포를 한다. 이렇게 구한 검정통계량을 이용하여 가설검정한 결과 그 차이가 통계적으로 유의하게 나오면 두 변수가 서로 독립적이지 못하다, 즉 연관성이 있다고 판단할 수 있다.

2.3 교차분석 절차(Procedure of Cross Tabulation Analysis)

교차분석 절차를 구체적으로 설명하면 다음과 같다. 첫째, 분류기준이 되는 두 변수의 수준을 정하고 이들 두 변수의 수준에 의해 구분되는 각 셀에 해당하는 관측치의 수를 조사함으로써 두 개의 범주형 변수들을 이용한 빈도교차표를 작성한다. 둘째, 분석하고자 하는 두 변수 간의 관계에 대한 가설을 설정한다. 셋째, 두 변수가 서로 독립적이라는 가정하에 각 셀의 기대빈도를 구하여 기대빈도교차표를 작성한다. 넷째, 빈도교차표상의 실제빈도와 기대빈도의 차이를 제곱한 값을 기대빈도로 나눈 값을 모든 셀에 대하여 구한 다음 이들을 모두 더하여 카이제곱 검정통계량(χ^2)값을 구한다. 마지막으로 자유도($(i-1)(j-1)$)에 의하여 정의되는 카이제곱(χ^2)분포상에서 검정통계량 χ^2값과 유의수준(α)에 해당하는 임계치를 비교하여 가설검정을 수행한다. 이러한 교차분석 과정을 정리하면 [그림 11-17]과 같다.

2.4 교차분석 사례(Example of Cross Tabulation Analysis)

구체적인 교차분석을 예를 들어 설명하면 다음과 같다. 여론조사 전문업체 ○○리서치는 지역별로 지지하는 대통령후보가 다른지를, 즉 거주지역과 지지하는 대통령후보가 서로 독립적인지 아닌지를 분석하기 위하여 1,987명의 투표권이 있는 대한민국 국민들을 대상으로 조사하여 [그림 11-18]과 같은 자료를 구하였다.

준비된 자료를 이용하여 교차분석하는 과정을 설명하면 다음과 같다. 우선 분석을 위하여 조사한 1,978명을 거주지역(서울/경기, 강원, 충청, 전라, 경상, 제주)과 지지하는 대통령후보(A후보, B후보, C후보)에 따라 구분하여 빈도교차표를 작성한다. 다음으로 빈도교차표의 행 빈도합과 열 빈도합을 이용하여, 만일 거주지역과 지지하는 대통령후보를 나타내는 두 변수가 명확하게 서로 독립적이라면 발생할 수 있는 기대빈도교차표를 구한다. 각 셀의 기대빈도는 [그림 11-18]에서와 같이 행빈도합과 열빈도합을 곱하여 구한 값을 총빈도합으로 나누어 구할 수 있다. 예를 들어, 거주지역이 제주이면서 A후보를 지지하는 국민의 기대빈도는 A후보를 지지하는 전체 국민의 수(623명)와 제주지역에 거주하고 있는 전체 국민의 수(274명)를 곱한 다음 이를 전체 응답자수(1,978명)로 나누어 구하면 해당 셀의 기대빈도(86명)를 구할 수 있다.

다음으로 빈도교차표와 기대빈도교차표를 이용하여 각 셀의 카이제곱값을 계산한 다음 이들을 모두 더하여 검정통계량 χ^2값을 구한다. 예를 들어, 거주지역이 제주이면서 A후보를 지지하고 있

그림 11-17 | 교차분석 절차

교차분석 절차

명목척도로 측정된 두 변수들 간의 연관성을 파악하기 위해서 다음과 같은 절차로 교차분석을 실시함

STEP1 : 빈도교차표 작성

	1	2	3	행빈도합
1				
2				
열빈도합				총빈도합

- 분류기준이 되는 두 변수로 수준을 구분하고 각 수준에 의해 지정되는 셀에 해당하는 관측치수를 조사함
- 각 셀의 빈도를 찾아 빈도교차표를 작성함

STEP2 : 가설설정

- 두 변수 간의 연관성(독립성) 검증을 위해 가설을 설정함
- 연구가설(H_1) :
  행변수와 열변수는 서로 연관되어 있다
  분류기준이 되는 두 변수는 서로 독립적이지 않다
- 귀무가설(H_0) :
  행변수는 열변수와 서로 연관되어 있지 않다
  분류기준이 되는 두 변수는 서로 독립적이다

STEP3 : 기대빈도교차표 작성

	1	2	3	행빈도합
1	$(A_1\ B_1)$			$S_{1\cdot}$
2				$S_{2\cdot}$
열빈도합	$S_{\cdot 1}$	$S_{\cdot 2}$	$S_{\cdot 3}$	총빈도합

- 각 셀의 기대빈도수를 도출함

$$\text{셀}(i,j)\text{의 기대빈도 } (E_{ij}) = \frac{\text{행빈도합} \times \text{열빈도합}}{\text{총빈도합}}$$

$$\text{셀}(1,1)\text{의 기대빈도 } (E_{11}) = \frac{S_{1\cdot} \times S_{\cdot 1}}{\text{총빈도합}}$$

STEP4 : 검정통계량 산출

- 각 셀의 $\chi^2_{ij} = \frac{(\text{실제빈도}_{ij} - \text{기대빈도}_{ij})^2}{\text{기대빈도}_{ij}}$을 구하여 전체 셀의 합을 구함

$$\chi^2 = \sum_i \sum_j \frac{(\text{실제빈도}_{ij} - \text{기대빈도}_{ij})^2}{\text{기대빈도}_{ij}} = \sum_i \sum_j \frac{(f_{ij} - E_{ij})^2}{E_{ij}}$$

STEP5 : 가설검정

- 검정통계량은 (행의 수 -1)(열의 수 -1)의 자유도를 갖는 χ^2분포를 함
- 검정통계량 χ^2값과 유의수준(α)에 따라 결정된 임계치를 비교하여 가설을 검정함

그림 11-18 | 교차분석 사례

여론조사 전문업체 ○○리서치는 지역별로 지지하는 대통령후보가 다른지를 알아보기 위하여 투표권이 있는 대한민국 국민 1,978명을 대상으로 조사하여 자료를 수집하였다. 수집된 자료를 이용하여 각 지역과 지지하는 대통령후보 사이에 연관성이 있는지를 교차분석을 이용해서 분석하는 과정은 다음과 같다.

STEP1 : 자료수집

☑ 자료 : 지역별 지지하는 후보

응답자ID	후보	거주지역
1	A후보	서울/경기
2	B후보	충청
3	A후보	강원
4	C후보	제주
5	B후보	경상
6	A후보	서울/경기
7	A후보	강원
8	B후보	충청
9	C후보	전라
10	C후보	제주
.	.	.
.	.	.
.	.	.
.	.	.
.	.	.
1,978	C후보	충청

STEP2 : 빈도교차표 및 기대빈도교차표 작성

☑ 빈도교차표 작성 (단위 : 명)

후보	서울/경기	강원	충청	전라	경상	제주	행빈도합
A후보	148	108	105	87	119	56	623
B후보	115	48	132	106	151	98	650
C후보	170	82	98	139	96	120	705
열빈도합	433	238	335	332	366	274	1,978

$$\text{셀의 기대빈도} = \frac{\text{행빈도합} \times \text{열빈도합}}{\text{총빈도합}} = \frac{623 \times 274}{1978} = 86$$

☑ 기대빈도교차표 작성 (단위 : 명)

후보	서울/경기	강원	충청	전라	경상	제주	행빈도합
A후보	136	75	106	105	115	86	623
B후보	142	78	110	109	120	90	650
C후보	154	85	119	118	130	98	705
열빈도합	433	238	335	332	366	274	1,978

STEP3 : χ^2교차표를 통한 검정통계량 χ^2값 산출

☑ χ^2교차표

$$\chi^2 = \frac{(\text{실제빈도}_{ij} - \text{기대빈도}_{ij})^2}{\text{기대빈도}_{ij}}$$

후보	서울/경기	강원	충청	전라	경상	제주
A후보	1.0	14.6	0.0	3.0	0.1	10.6
B후보	5.2	11.7	4.4	0.1	7.9	0.7
C후보	1.6	0.1	3.8	3.6	9.1	5.1

☑ 검정통계량 χ^2값을 산출함

$$\chi^2 = \sum_i \sum_j \frac{(\text{실제빈도}_{ij} - \text{기대빈도}_{ij})^2}{\text{기대빈도}_{ij}}$$

$$= \frac{(148-136)^2}{136} + \frac{(108-75)^2}{75} + \cdots + \frac{(56-86)^2}{86}$$

$$= 82.5$$

STEP4 : 가설검정 및 결론

- 유의수준 : $\alpha = 0.05$
- 자유도 : $df = (6-1)(3-1) = 10$
- 임계치 : $\chi^2_{(0.05,\,10)} = 18.3$

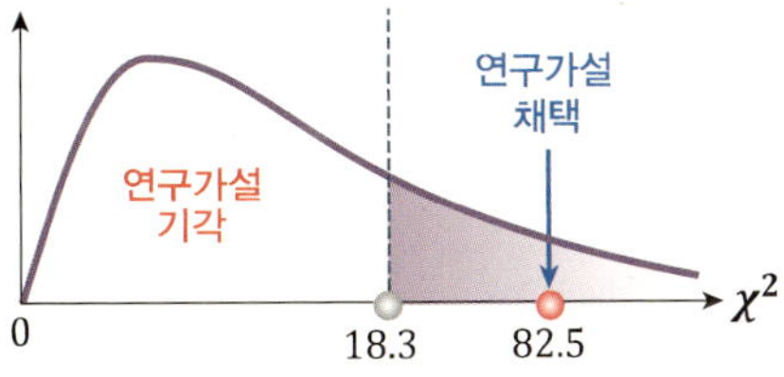

☑ 검정통계량 χ^2값(82.5)이 임계치(18.3)보다 크기 때문에 두 변수가 독립적이라는 귀무가설을 기각함

☑ 각 지역에 따라 지지하는 대통령후보자의 연관성이 5% 유의수준에서 검정됨

는 국민의 실제빈도는 56명이고 기대빈도가 86명일 경우, 실제빈도(56명)와 기대빈도(86명)의 차이(30명)를 제곱한 값을 기대빈도(86명)로 나누면 10.6이라는 카이제곱값을 구할 수 있다. 이와 같은 방법으로 모든 셀의 카이제곱값들을 구한 다음 모두 더하면 검정통계량 χ^2값(82.5)을 구할 수 있다.

마지막으로, 자유도(10=5×2)에 의해서 결정된 카이제곱(χ^2)분포상에서 유의수준(=0.05)에 해당하는 오른쪽꼬리검정 임계치를 구하면 임계치는 18.3이 된다. 이렇게 구한 임계치(18.3)와 검정통계량값(82.5)을 비교하면 검정통계량 χ^2값(82.5)이 임계치(18.3)보다 크기 때문에 독립성을 주장하는 귀무가설을 기각하고 연구가설을 채택한다. 따라서 제주지역에 거주하는 국민의 경우, 거주지역과 지지하는 후보는 서로 독립적이지 않다고 판단할 수 있다. 즉, 이들은 서로 연관되어 있어 거주지역만 알면 주로 지지하는 대통령후보를 어느 정도 짐작할 수 있다. 지금까지 설명한 교차분석 과정을 정리하면 [그림 11-18]과 같다.

CHAPTER

12

분산분석
(ANOVA : Analysis of Variance)

Chapter 12

분산분석 (ANOVA : Analysis of Variance)

제1절 분산분석의 개념(Concept of ANOVA)

1.1 분산분석의 정의(Definition of ANOVA)

분산분석(ANOVA : analysis of variance)은 집단 간 평균의 차이(difference of means)를 검정하는 분석방법이다. 일반적으로 집단이 2개인 경우에는 t검정으로 집단 간 평균 차이를 검정할 수 있다. 그러나 집단이 3개 이상인 경우 t검정으로 집단 간 평균 차이를 한 번에 분석하기는 어렵다. 이처럼 집단이 3개 이상인 경우에 집단 간 평균 차이를 동시에 비교 검정할 수 있는 방법이 바로 분산분석이다. 즉, 분산분석은 3개 이상의 집단 간 평균이 서로 다른지를 검정하는 분석방법이다.

또 다른 각도로 분산분석을 설명하면, 분산분석은 제13장에서 설명하는 회귀분석과 같이 독립변수가 종속변수에 미치는 영향을 분석하는 방법 중의 하나이다. 이때 독립변수는 집단을 구분하는 이산변수가 되며, 종속변수는 관심의 대상이 되는 값으로서 연속변수이어야 한다. 따라서 분산분석은 독립변수로 구분되는 각각의 집단에 속한 관측치들의 평균, 즉 집단 간 종속변수값의 평균들이 통계적으로 유의하게 차이가 있는지를 분석하는 것이다. 또한 분산분석에서 독립변수는 집단을 결정짓는 변수로서 경우에 따라 1개 이상의 독립변수가 있을 수 있다. 독립변수가 2개 이상인 경우에는 일반적으로 이들 독립변수들 간에 교차표를 만들어 집단을 나누게 된다.

그림 12-1 | 분산분석의 개념적 이해

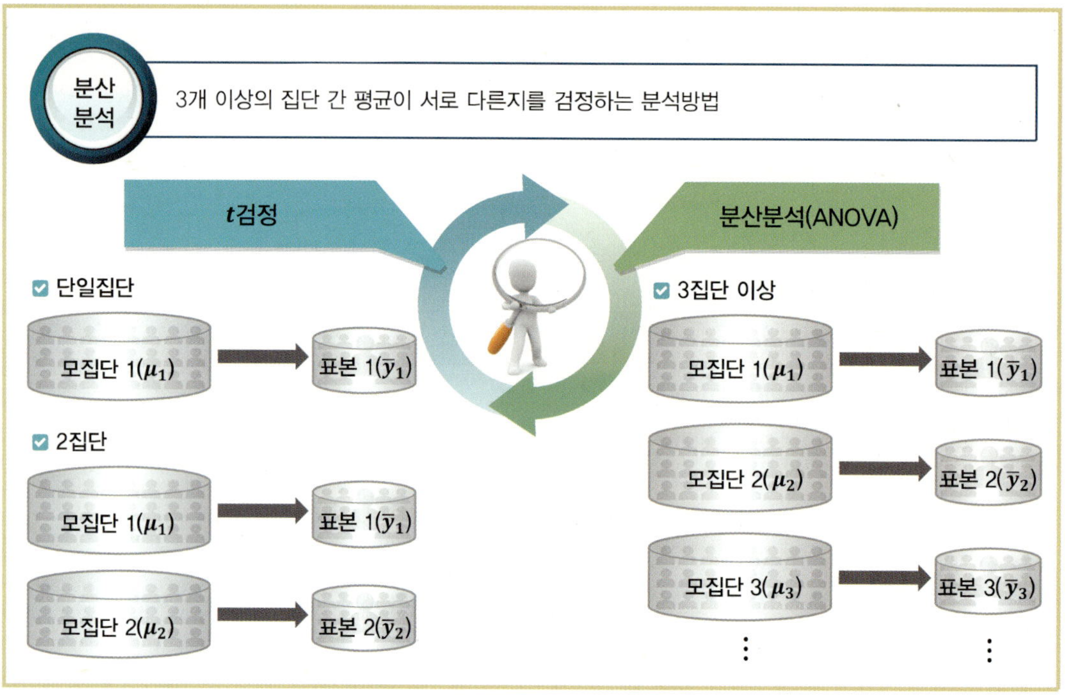

1.2 왜 분산분석인가?(Why is it called Analysis of Variance?)

분산분석은 3개 이상의 집단 간의 평균들이 서로 차이가 있는지를 분석하는 방법이다. 그러면 집단 간의 평균들을 비교하는 데 왜 분산을 이용하여 분석하고 이를 분산분석이라 하는가? 이에 대한 의문점을 간략하게 설명하면, [그림 12-2]에서 보듯이 집단 간 평균들이 서로 다르다는 것은 평균들이 서로 멀리 떨어져 퍼져 있는 정도를 나타내는 분산이 매우 크다는 것을 의미한다. 집단의 평균들이 서로 멀리 떨어져 있어 이들의 분산이 크면 클수록 집단 간의 평균들이 서로 다름을 알 수 있다. 즉, 집단 간 평균들의 분산이 클수록 평균들이 서로 다르다. 따라서 집단평균들의 분산으로 집단 간 평균들이 서로 어느 정도 다른지를 파악할 수 있다.

그러면 집단평균들의 분산이 어느 정도 커야만 집단 간 평균들이 서로 다르다고 판단할 수 있는가? 일반적으로 분산의 크기는 측정단위에 따라 크게 달라진다. 또한 측정대상이 무엇이냐에 따라 분산의 크기를 판단하는 기준이 달라진다. 따라서 단순하게 숫자로 나타난 분산값만으로 분산의 크기

그림 12-2 | 왜 분산분석이라고 하는가?

Q1. 집단 간의 평균 차이를 비교하는데 왜 분산을 이용하여 분석하고, 이를 분산분석이라고 하는가?

☑ 집단의 평균들이 서로 멀리 떨어져 있어서 집단 간 평균의 분산이 클수록 집단의 평균들이 서로 다르다고 할 수 있음

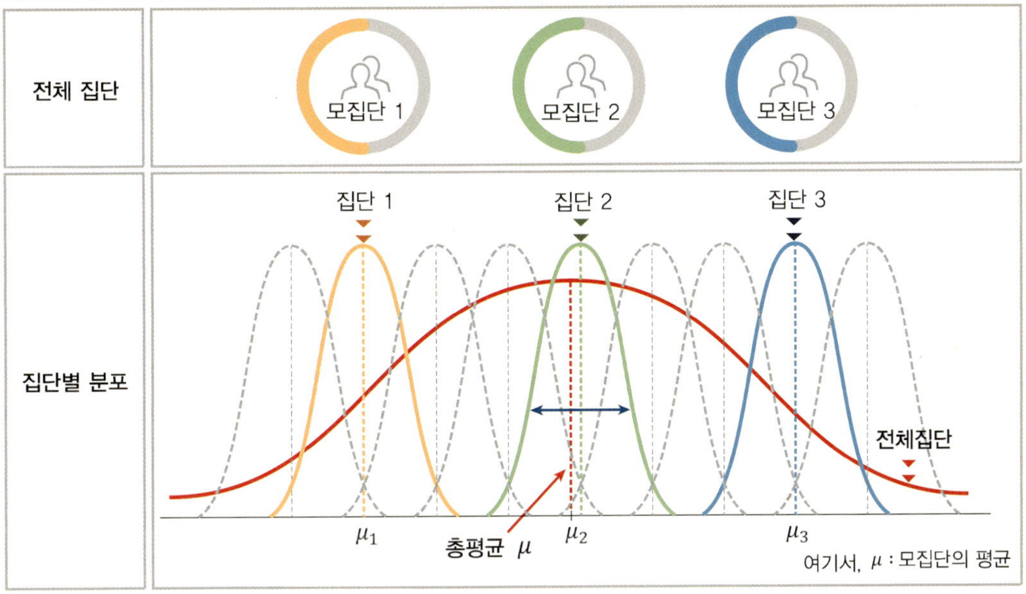

정도를 판단하기는 어렵다. 예를 들어, 키의 분산을 나타내는 경우 m단위로 측정된 값들의 분산과 mm단위로 측정된 값들의 분산은 크게 다르다. 또한 키의 분산과 몸무게의 분산을 서로 비교한다는 것은 더욱 어렵다. 따라서 단순히 숫자로 표시된 분산값만으로는 집단 간 평균들이 서로 어느 정도 다른지를 판단하기는 어렵다.

평균값들의 차이를 정확하게 파악하기 위해서는 분산의 크기 정도를 평가할 수 있는 상대적인 기준이 필요하다. 즉, 측정단위와 측정내용에 무관하게 집단평균들의 분산크기를 판단할 수 있는 상대적인 기준이 필요하다. 그러면 집단평균들의 분산크기를 상대적으로 평가할 수 있는 기준으로는 무엇이 적합한가? 상대적 평가기준으로는 각 집단 내에 속해 있는 관측치들이 해당 집단의 평균으로부터 어느 정도 퍼져 있느냐를 나타내는 집단 내 분산, 다른 말로 집단 내 평균제곱이 사용될 수 있다. 이러한 집단내 평균제곱의 크기와 집단 간 평균의 분산을 나타내는 집단 간 평균제곱의 크기를 비교하여 봄으로써 집단 간 평균제곱의 크기를 상대적으로 평가할 수 있다. 따라서 집단 내 관측치가 그 집단의 평균으로부터 퍼져 있는 분산, 즉 집단 내 평균제곱에 비하여 집단 간 평균제곱의

그림 12-3 | 왜 분산분석인가?

Q1. 왜 분산분석인가?

☑ 집단 간의 평균을 비교하는 데 어떻게 분산을 이용하여 분석할 수 있는가?

- 사회학과와 경영학과의 학년별 점수의 분산은 서로 같음
- 경영학과와 무역학과의 학년별 평균점수는 서로 같음
- 사회학과는 학년별로 평균점수가 서로 다른가?
- 경영학과는 학년별로 평균점수가 서로 다른가?
- 무역학과는 학년별로 평균점수가 서로 다른가?

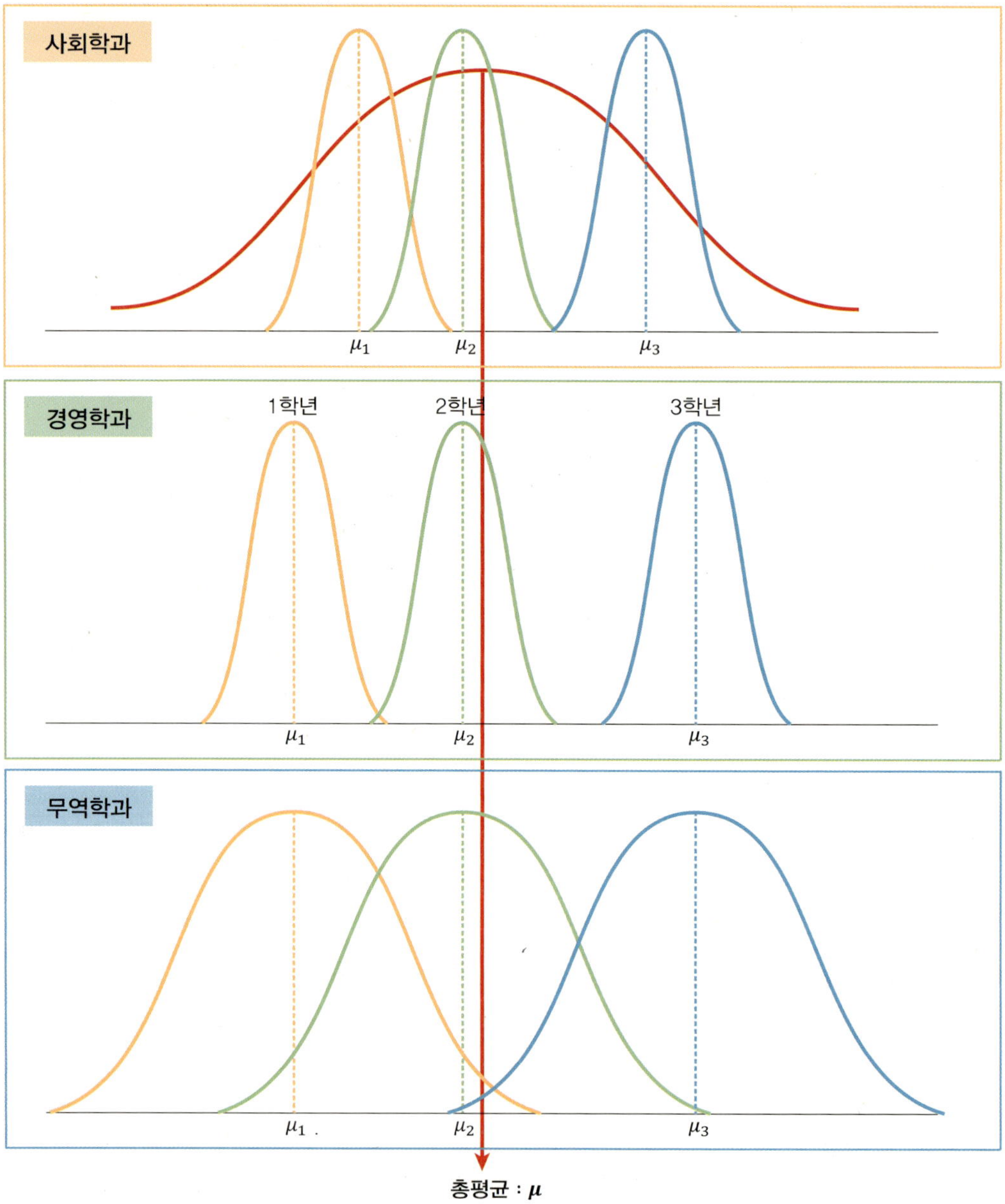

평균차이 결과

- 경영학과는 학년별로 평균점수에 차이가 있음
- 무역학과는 학년별로 평균점수에 차이가 있다고 단정하지 못함
  - 학년별 분포에서 많은 부분이 서로 중복됨
  - 3학년 중에는 2학년보다 점수가 나쁜 학생들이 적지 않고, 2학년 중에도 1학년보다 점수가 나쁜 학생들이 많이 있음
- 평균들 간의 차이, 즉 분산뿐만 아니라 집단에 속한 값들의 집단 내 분산이 집단 간 평균의 차이에 대한 판단에 영향을 미치고 있음
- 집단평균들 간의 분산이 크면 클수록 반면에 집단 내 분산은 작으면 작을수록 집단 간 평균의 차이가 분명함을 알 수 있음
- 사회학과는 경영학과와 같이 집단 내 분산이 작으나 집단평균들 간의 분산 또한 상당히 작아서 무역학과와 마찬가지로 학년별 분포에서 많은 부분이 서로 중복됨
- 따라서 사회학과는 학년별로 평균점수가 명확하게 다르다고 단정할 수 없음

크기가 상대적으로 크면 클수록 집단의 평균들이 넓게 퍼져 있어 서로 명확하게 다르다고 판단할 수 있다.

이들 평균제곱값 간의 상대적 크기는 두 값의 비를 이용해서 파악할 수 있으며, 이때 사용하는 평균제곱값들을 표본으로부터 구했을 경우 표본분산의 비는 제8장에서 설명한 통계량 F값이 된다. 이렇게 구한 통계량 F값을 검정통계량으로 하여 집단 간 평균의 차이가 통계적으로 유의한지를 검정하는 것이 바로 분산분석이다.

요약하면 분산분석이란 각 집단의 평균들이 서로 달라 넓게 퍼져 있는 정도를 나타내는 집단 간 분산, 즉 집단 간 평균제곱이 집단 내 관측치들의 분산, 즉 집단 내 평균제곱에 비하여 몇 배나 큰가를 나타내는 통계량 F값으로 집단 간 평균의 차이가 통계적으로 유의한지를 검정하는 것이다. **이와 같이 여러 집단 간 평균들이 서로 다름을 집단 간 분산과 집단 내 분산들을 이용하여 비교하고 판단하기 때문에 이를 분산분석이라 한다.**

분산분석을 좀 더 구체적인 예를 들어 설명하면 [그림 12-3]과 같다. [그림 12-3]은 사회학과와 경영학과 그리고 무역학과에서 통계학 시험을 치른 후 학년별로 학생들을 분류하여 그들의 점수분포를 그래프로 나타낸 것이다. 그림에서 보듯이 사회학과의 각 학년별 분산은 경영학과와 같으나 학년별 평균은 경영학과와 다르다. 반면에 경영학과와 무역학과의 학년별 평균점수들은 서로 같으나 학년별 분산은 서로 다르다. 따라서 경영학과는 사회학과와 학년별 분산은 같으나 평균점수는 다르며, 반면에 무역학과와는 학년별 평균점수는 같으나 분산이 서로 다르다. 이러한 경우 경영학과는 학년별로 통계학 시험의 점수에 차이가 있다고 할 수 있는가? 사회학과와 무역학

과는 어떠한가?

경영학과의 경우 학년별로 평균점수는 분명하게 차이가 있다고 판단할 수 있다. 즉, 대부분의 3학년은 2학년보다 점수가 높고, 대부분의 2학년은 1학년보다 점수가 높다. 따라서 학년을 알면 그 학생의 성적에 대하여 짐작할 수 있다. 그러나 사회학과와 무역학과의 경우 학년별 평균의 차이가 경영학과에 비하여 명확하지 않다. 왜냐하면 사회학과의 경우 학년별 평균이 서로 크게 다르지 않기 때문이고, 반면에 무역학과의 경우에는 학년별 평균의 차이는 있으나 학년 내 분산이 크기 때문이다. 따라서 사회학과와 무역학과의 경우 성적분포를 나타내는 분포그래프들 간에는 서로 겹치는 부분이 많다. 즉, 2학년 중에는 3학년보다 성적이 좋은 학생이 많고, 1학년보다도 성적이 좋지 못한 학생들도 적지 않다.

요약하면, 경영학과는 학년에 따라 성적이 명확하게 구분되나 사회학과와 무역학과는 학년에 따라 성적이 명확하게 구분되지 않는다. 따라서 경영학과는 학년별 평균이 통계적으로 유의하게 다르다고 할 수 있으나, 사회학과와 무역학과의 경우에는 학년별 평균이 통계적으로 유의할 정도로 다르다고 판단하기 어렵다.

그러면 각 과의 학년별 평균이 서로 통계적으로 유의하게 다른지, 아니면 다르지 않은지를 판단하는 요인은 무엇인가? 사회학과와 경영학과의 경우를 보면, 두 학과의 학년 내 분산이 모두 동일하므로 학년별 평균점수의 차이 정도에 따라 통계적 유의성 정도가 달라진다. 따라서 [그림 12-3]의 그래프에서와 같이 집단별 평균값의 차이가 크면 클수록, 즉 집단의 평균들이 서로 떨어져 있어 집단 간 분산이 크면 클수록 집단 간 평균차이가 명확하여 그 차이가 통계적으로 유의하다고 판단할 수 있다.

반면에 경영학과와 무역학과를 비교해보면, 두 학과의 학년별 평균점수가 동일하므로 각 학과의 학년별 평균이 통계적으로 유의하게 다른지에 대한 판단은 학년별 점수의 분포인 집단 내 분산으로 판단하게 된다. 즉, 집단 내 분산이 클수록 집단별 평균차이가 통계적으로 유의하게 다를 가능성이 낮아지고, 반대로 집단 내 분산이 작을수록 집단별 평균이 통계적으로 유의하게 다를 가능성이 높아지게 된다.

1.3 분산분석의 가정(Assumption of ANOVA)

분산분석에서 집단을 구분하는 변수, 즉 독립변수를 요인이라 하고 이러한 요인의 수준 혹은 범주수에 따라 종속변수는 몇 개의 집단으로 분류된다. 예를 들어, 성별이라는 요인의 범주로 남자와 여자가 있다. 이에 따라 종속변수를 남자와 여자의 집단으로 분류해 볼 수 있고, 계절이 요인인 경우에는 봄, 여름, 가을, 겨울의 4개 집단으로 종속변수값을 분류해 볼 수 있다. 분산분석은 독립변수의 요인수준에 따라 종속변수값이 얼마나 다른지를 분석하는 것이다. 따라서 분산분석에서 독립변수 역할을 하는 요인은 집단을 구분할 수 있는 명목척도나 서열척도로 측정된 값이어야 하며, 종속변수는 등간척도나 비율척도로 측정된 값이어야 한다. 그러나 부득이하게 등간척도나 비율척도로 측정된 연속변수를 독립변수로 사용해야 한다면 이러한 연속변수를 특정값을 기준으로 나누어서, 즉 명확하게 구분되는 명목변수로 변환하여 사용하여야 한다.

분산분석을 이용하여 집단 간 평균값에 차이가 있는지를 검정하기 위해서는 다음과 같은 몇 가지 가정이 필요하다. 첫째, 처리효과, 즉 집단을 나누는 독립변수의 개별 수준에 대응하는 모집단들은 정규분포해야 하며 서로 동일한 분산을 가져야 한다.

예를 들어, [그림 12-3]에서 분산분석을 하고자 하는 학과 내의 학년별 통계학 성적은 정규분포해야 하며 이들의 분산은 서로 같아야 한다. 즉, 표본을 추출하여 분산분석하는 경우 표본추출의 대상이 되는 각각의 모집단은 정규분포해야 하며, 이들의 분산은 모두 동일해야 한다는 것을 의미한다.

둘째, 표본으로 추출된 각 집단에 속한 관측치들은 무작위로 추출된 것이며 서로 독립적이어야 한다. 즉, 추출된 관측치들 간에 서로 연관성이 없어야 한다. 그러나 대부분의 경우 이러한 가정이 성립되는지 미리 검정하고 분산분석을 실시하는 경우는 거의 없다. 따라서 이러한 가정들이 맞지 않음을 명확하게 알 수 없는 경우에는 이들 가정들을 크게 고려하지 않는 상태에서 분산분석하는 것이 일반적이다.

1.4 분산분석의 종류(Types of ANOVA)

일반적으로 분산분석은 독립변수와 종속변수의 수에 따라 [그림 12-4]와 같이 분류된다. 우선 종속변수의 수에 따라 단일변량분산분석과 다변량분산분석으로 분류된다. 단일변량분산분석(univariate analysis of variance)은 단일 종속변수의 평균값이 집단 간에 차이가 있는지를 분석하는 것이고, 다변량분산분석(MANOVA : multivariate analysis of variance)은 2개 이상 종속변수들의 평균값들, 즉 평균벡터의 집단 간 차이를 동시에 비교・분석하는 방법이다.

그림 12-4 | 분산분석의 종류

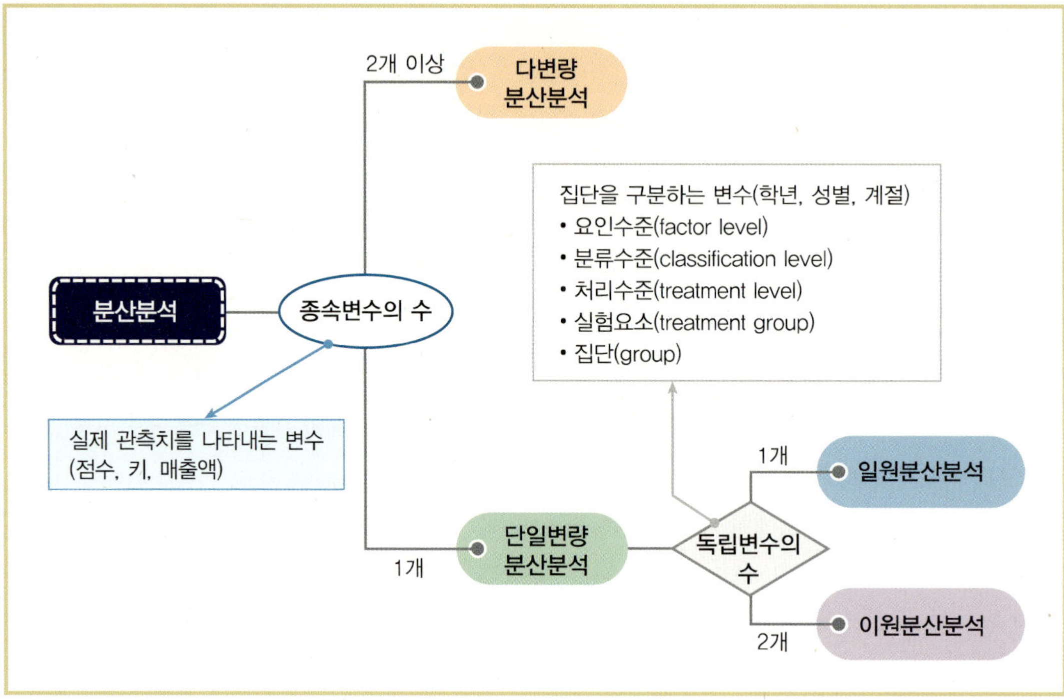

또한 집단을 나누는 요인인 독립변수의 수에 따라서 분산분석을 일원분산분석과 이원분산분석으로 구분할 수 있다. 일원분산분석은 단일요인(독립변수)으로 구분되는 집단 간 종속변수의 평균차이를 분석하는 것으로써 대부분의 분산분석이 여기에 속한다. 이원분산분석은 2개의 요인, 즉 2개의 독립변수로 구분되는 세분화된 집단 간 종속변수의 평균차이를 분석하는 방법이다. 일반적으로 독립변수가 늘어날수록 종속변수를 구분하는 차원 또한 복잡해져 분석결과를 해석하기가 어려워지기 때문에 3개 이상의 독립변수를 사용하는 경우는 극히 드물다.

제2절 일원분산분석(One-Way ANOVA)

2.1 일원분산분석의 개념(Concept of One-Way ANOVA)

모집단 전체를 대상으로 분석하는 경우에는 모집단의 평균을 나타내는 μ를 사용하여 분석한다. 그러나 대부분의 경우 모집단의 일부를 표본으로 추출해서 분석하는 것을 전제로 하기 때문에 모집단평균(μ) 대신에 종속변수의 표본평균을 나타내는 $\bar{y}$를 사용하여 분산분석을 설명하기로 한다. 즉, 앞으로 모집단과 표본의 구분 없이 종속변수의 표본통계량이나 관측치를 나타내는 y를 이용해서 모든 설명을 진행하도록 한다. 따라서 [그림 12-5]의 분포도 특정한 표본의 분포에 해당하는 것으로 볼 수 있다.

일원분산분석은 집단을 구분하는 독립변수가 1개인 경우 집단 간 종속변수의 평균차이를 분석

그림 12-5 | 일원분산분석

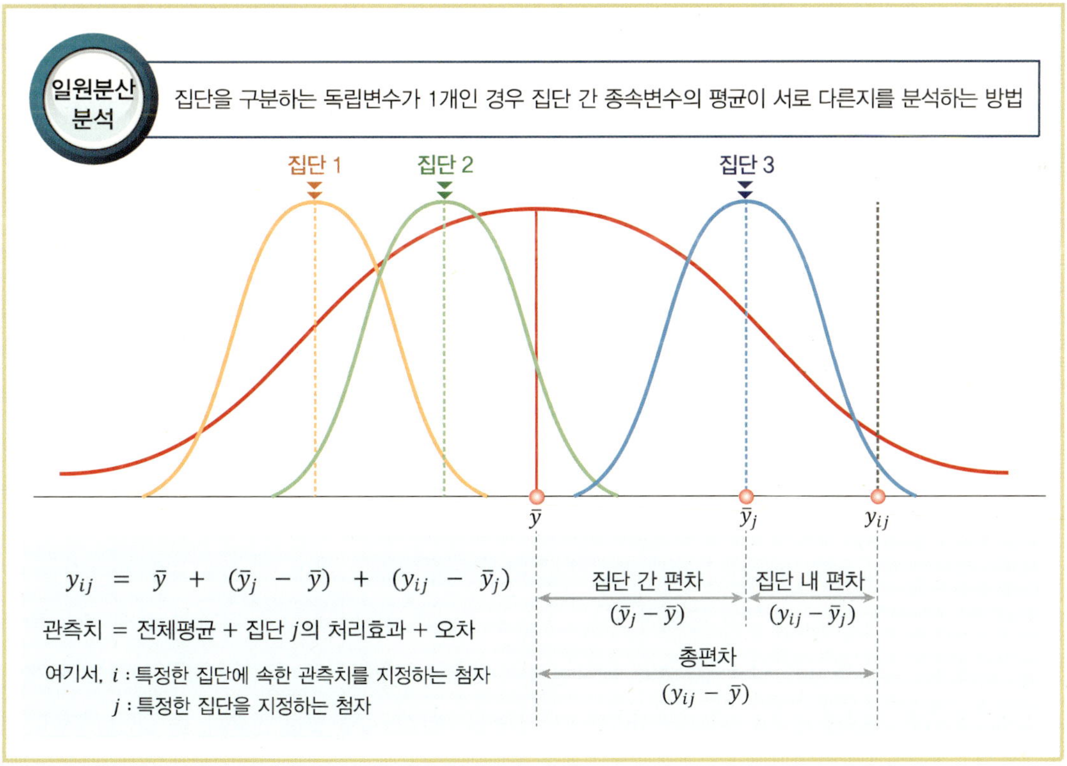

그림 12-6 | 집단 간 편차와 집단 내 편차

$(y_{ij} - \bar{y}) = (\bar{y}_j - \bar{y}) + (y_{ij} - \bar{y}_j)$ 총편차 = 집단 간 편차 + 집단 내 편차	관측치(y_{ij})가 전체평균($\bar{y}$)으로부터 떨어져 있는 거리($y_{ij} - \bar{y}$)는 전체평균($\bar{y}$)으로부터 이 관측치(y_{ij})가 속해 있는 집단의 평균($\bar{y}_j$)까지의 거리($\bar{y}_j - \bar{y}$)와 관측치(y_{ij})가 속한 집단의 평균($\bar{y}_j$)에서부터 관측치(y_{ij})까지의 거리($y_{ij} - \bar{y}_j$)로 구성됨

하는 방법이다. 일원분산분석의 경우 X축에 집단 j에 속한 i번째 관측치(y_{ij})는 전체 표본평균($\bar{y}$)에다 전체 표본평균($\bar{y}$)으로부터 그 관측치가 속한 집단의 표본평균($\bar{y}_j$)까지의 거리(처리효과), 그리고 집단의 표본평균($\bar{y}_j$)으로부터 관측치(y_{ij})까지의 거리(오차)를 더한 값이 된다. 이를 그래프와 수식으로 나타내면 [그림 12-5]와 같다.

또한 [그림 12-5]의 식에서 우변의 전체 표본평균($\bar{y}$)을 좌변으로 이항하면, [그림 12-6]의 식이 된다. 이 식을 살펴보면, 관측치가 전체 평균으로부터 떨어져 있는 거리($y_{ij} - \bar{y}$)는 전체 표본평균($\bar{y}$)에서 이 관측치가 속해 있는 집단의 표본평균($\bar{y}_j$)까지의 거리($\bar{y}_j - \bar{y}$)와 관측치가 속한 집단의 표본평균에서부터 관측치까지의 거리($y_{ij} - \bar{y}_j$)로 구성되어 있다.

그러나 [그림 12-6]의 식을 보면, 경우에 따라 좌변이나 우변의 항들이 음의 값을 가질 수도 있으므로 '거리'라는 표현이 적합하지 않다. 따라서 양수만을 나타내는 '거리' 대신에 양수와 음수 모든 값을 나타낼 수 있는 통계학 용어인 '편차'를 사용하도록 한다. 이에 따라 [그림 12-6]의 식은 좌변의 총편차는 우변의 집단 간 편차와 집단 내 편차의 합으로 구성됨을 표시하고 있다.

그러나 분산분석에서의 관심사항은 집단 간 평균값의 크기 비교가 아니라 거리와 같은 단순한 차이므로 방향성을 나타내는 부호(+, −)는 의미가 없다. 따라서 편차가 아닌 편차의 절대값이 더 정확한 관심사항이 된다. 반면에, 절대값은 계산절차가 복잡하여 컴퓨터를 이용한 분석에 활용하기는 쉽지 않기 때문에 일반 분산의 경우와 마찬가지로 절대값 대신 편차를 제곱하여 사용함을 원칙으로 한다.

또한 분산분석은 하나의 관측치만을 대상으로 하여 이루어지는 것이 아니라 전체 관측치를 대상으로 하기 때문에 분산분석의 대상이 되는 모든 관측치의 편차제곱값을 더하여 전체 편차제곱합을 구해야 한다. 따라서 전체 관측치는 모두 g개의 집단으로 구분되고, 각각의 집단(j)에는 n_j개의 관측치가 있다고 가정할 경우, [그림 12-6]의 식에서 양변을 제곱한 값을 모든 관측치, 즉 집단(j)에 따라

그림 12-7 | 제곱합

$$\sum_{j}^{g}\sum_{i}^{n_j}(y_{ij} - \bar{y})^2 = \sum_{j}^{g}\sum_{i}^{n_j}(\bar{y}_j - \bar{y})^2 + \sum_{j}^{g}\sum_{i}^{n_j}(y_{ij} - \bar{y}_j)^2$$

총제곱합(SST) = 집단 간 제곱합(SSB) + 집단 내 제곱합(SSW)

- 분산분석은 식의 우측에 있는 2개 항의 제곱합 크기를 비교하여 집단 간 평균이 통계적으로 유의하게 차이가 있는지를 분석함

n_j개씩의 관측치를 가지고 있는 g개의 집단 모두에 대하여 더하면 [그림 12-7]에서와 같은 식을 얻을 수 있다. 이 경우 우변을 제곱하여 나올 수 있는 나머지 값들은 모두 0이 되어 상쇄된다.

이와 같이 [그림 12-7]의 좌우변 항들을 제곱하여 더한 값들을 [그림 12-7]에서와 같이 좌변을 '총제곱합(SST : sum of squared total)' 그리고 우변을 집단 간 제곱합(SSB : sum of squared between groups)'과 '집단 내 제곱합(SSW : sum of squared within groups)'이라 부른다. 즉, 총제곱합(SST)은 집단 간 제곱합(SSB)과 집단 내 제곱합(SSW)을 더한 값이 된다($SST = SSB + SSW$). 따라서 식에서 2개의 제곱합을 구하면 나머지 하나의 제곱합도 알 수 있다. 예를 들어, 총제곱합(SST)과 집단 간 제곱합(SSB)을 구하면 집단 내 제곱합(SSW)은 총제곱합(SST)에서 집단 간 제곱합(SSB)을 빼서 구할 수 있다.

분산분석에서 집단 간 평균에 차이가 있다는 것이 무엇을 의미하는지를 제곱합들을 기준으로 다시 한번 생각해보자. 우선 집단 간 제곱합(SSB)이 클수록 집단 간 평균의 차이가 큼을 알 수 있다. 그러면 집단 간 제곱합(SSB)이 어느 정도 커야만 집단의 평균들 간에 통계적으로 유의한 차이가 있다고 말할 수 있는가? 일반적으로 집단 간 제곱합(SSB)은 관측치의 단위와 집단의 수(g)에 따라 그 크기가 달라지기 때문에 집단 간 제곱합(SSB)의 크기 하나로 집단 간에 통계적으로 유의한 차이가 있는지를 검정하기 어렵다. 따라서 집단 간 제곱합(SSB)의 크기를 상대적으로 비교·평가할 수 있는 기준이 필요하다.

집단 간 제곱합(SSB)의 상대적 크기를 비교할 수 있는 기준으로는 총제곱합(SST)에서 집단 간 제곱합(SSB)이 차지하는 비중(SSB/SST)이나 집단 간 제곱합(SSB)과 집단 내 제곱합(SSW)의 비율(SSB/SSW)이 사용될 수 있다. 이 중에 집단 내 제곱합(SSW)을 이용한 비율(SSB/SSW)이 보다 효과적으로 사용할 수 있는 값이 된다. 왜냐하면 [그림 12-9]에서 설명하듯이 집단 내 제곱합

(SSW)의 크기에 따라 집단 간 평균의 차이가 명확할 수도 있고, 그렇지 않을 수도 있기 때문이다.

앞의 [그림 12-3]에 있는 경영학과와 무역학과의 통계학 평균점수 차이분석의 예에서처럼 집단 간 제곱합(SSB)이 같은 경우에도 집단 내 제곱합(SSW)의 크기에 따라 집단 간 평균의 차이가 명확할 수도 있고 그렇지 않을 수도 있다. 경영학과는 집단 내 제곱합(SSW)이 작기 때문에 학년별 평균점수가 명확하게 차이가 있음을 알 수 있었으나, 무역학과는 집단 내 제곱합(SSW)이 크기 때문에 그 차이가 명확하게 나타나지 않았다. 이처럼 집단 내 제곱합(SSW)은 집단 간 제곱합(SSB)과는 반대로 그 크기가 작을수록 집단 간 평균의 차이가 명확해짐을 알 수 있다. 따라서 **분산분석은 집단 간 제곱합(SSB)을 집단 내 제곱합(SSW)과 그 크기를 비교함으로써 집단 간 평균의 차이가 통계적으로 유의한지를 분석하는 것으로 볼 수 있다.**

그러나 이렇게 사용되는 제곱합들 또한 관측치의 수(n)나 집단의 수(g)에 따라 그 크기가 크게 달라지기 때문에 이들 간의 직접적인 비교는 정확한 척도가 되기 어렵다. 예를 들어, 관측치가 많으면 많을수록 모든 제곱합의 크기가 커지나 그 증가 정도는 집단의 수(g)에 따라 영향을 받는다. 일반적으로 총제곱합은 집단의 수(g)와 무관하나 집단 간 제곱합은 집단의 수(g)가 증가할수록 커지고 집단 내 제곱합은 집단의 수(g)가 증가할수록 작아지는 경향이 있다. 따라서 **제곱합을 그대로 사용하기보다는 이들이 관측치의 수(n)나 집단의 수(g)에 의하여 받을 수 있는 영향을 제거한 평균제곱들을 구하여 분석함으로써 보다 정확한 결과를 얻을 수 있다.** 즉, 각 제곱합을 해당 자유도로 나눈 평균제곱값, 즉 분산을 구한 후 이들 간의 크기를 비교하는 것이 바람직하다.

이러한 평균제곱을 구하기 위해서는 자유도를 알아야 한다. 총제곱합의 자유도는 전체 관측치의 수(n)에서 제곱합에서 사용한 통계량($\bar{y}$)의 수(1)를 제외한 값($n-1$)이 된다. 제곱합을 구하는 식에서 사용하는 통계량의 수만큼 자유도를 빼주는 이유는 다음과 같다. 제곱합을 구하는 식에서 사용하고 있는 특정한 통계량값을 산출하기 위해서는 제곱합을 구하는 데에 사용하는 관측치들과 동일한 관측치들이 사용된다. 따라서 특정한 통계량값을 사용한다는 것은 이 값을 얻기 위해 사용된 관측치들이 어느 정도 제약을 받을 수밖에 없다는 것을 의미한다.

예를 들어, 정수에서 5개의 숫자를 추출하여 표본분산(S^2)을 구하는 경우를 살펴보자. 분산을 계산하는 식에서는 표본의 평균값($\bar{y}$)이 필요하다. 따라서 표본으로 추출된 5개 수의 평균을 구하여보니 38이 되었다. 이 38이라는 표본평균($\bar{y}$)을 표본분산(S^2)과 같은 다른 통계량을 구하는 데에 사용하는 경우를 생각해보자. 분산을 구하는 식에서 사용되는 첫 번째 숫자는 무엇이 되어야 하는가? 첫 번째 숫자는 어느 정수값도 될 수 있다. 즉, 완전한 자유가 보장된다. 두 번째 숫자는 어떠한가? 마찬가지로 첫 번째 정수값이 무엇이든 관계없이 어떠한 값도 가질 수 있다. 세 번째와

그림 12-8 | 자유도 및 평균제곱의 도출

$(n-1)$		$(g-1)$		$(n-g)$
총제곱합의 자유도	=	집단 간 제곱합의 자유도	+	집단 내 제곱합의 자유도
$\dfrac{\sum_{j}^{g}\sum_{i}^{n_j}(y_{ij}-\bar{y})^2}{n-1}$		$\dfrac{\sum_{j}^{g}\sum_{i}^{n_j}(\bar{y}_j-\bar{y})^2}{g-1}$		$\dfrac{\sum_{j}^{g}\sum_{i}^{n_j}(y_{ij}-\bar{y}_j)^2}{n-g}$
총평균제곱(MST) (총분산)	=	집단 간 평균제곱(MSB) (집단 간 분산)	+	집단 내 평균제곱(MSW) (집단 내 분산)

여기서, n : 전체 관측치수
g : 집단수

- 평균제곱은 각각의 제곱합을 해당 자유도로 나눈 값임
- 제곱합은 관측치의 수(n_j)와 집단의 수(g)에 따라 크기가 달라지므로 제곱합을 사용하기보다는 이들의 수에 영향을 받지 않는 평균제곱을 사용하여 분석해야 함

네 번째도 마찬가지이다. 앞의 수가 어떠한 값이든 관계없이 어떠한 정수값도 가질 수 있다. 그러나 5개 숫자 중에 4개가 정해진 다음 마지막 숫자는 어떠한가? 마지막 숫자는 앞의 4개의 숫자가 정해진 상태에서 자신을 포함한 5개 숫자의 평균($\bar{y}$)이 38이 되기 위해서는 고정된 특정한 값 하나만을 가질 수밖에 없다. 즉, 어떠한 정수값이든 자유롭게 가질 수 있는 자유를 박탈당하게 된다. 이러한 이유로 표본분산을 구하는 식의 분모값으로 표시되는 자유도가 하나 줄어들게 된다.

분산분석에서 사용되는 제곱합들의 자유도를 정리하면 [그림 12-8]과 같다. 우선 총제곱합(SST)의 자유도는 집단을 구분하지 않으므로 일반적인 표본분산의 자유도와 같다. 즉, 총제곱합의 자유도는 전체 관측치의 수(n)에서 1을 뺀 값($n-1$)이 된다. 자유도를 구할 때 전체 관측치의 수(n)에서 1을 빼는 이유는 총제곱합을 구하는 과정에서 통계량인 전체 표본평균($\bar{y}$)값을 사용하기 때문이다. 집단 간 제곱합(SSB)을 계산하는 식에서도 통계량인 전체 표본평균($\bar{y}$)값이 사용되고 있으므로 집단의 수(g)에서 자유도 하나를 빼주어야 한다. 즉, 집단의 수(g)에서 1을 뺀 (g − 1)이 집단 간 제곱합(SSB)의 자유도가 된다. 집단 내 제곱합(SSW)의 자유도는 각각의 집단에 속한

그림 12-9 | 일원분산분석표

원천	제곱합(SS)	자유도(df)	평균제곱(MS)	F
집단 간	$SSB = \sum_j \sum_i (\bar{y}_j - \bar{y})^2$	$(g-1)$	$MSB = \frac{SSB}{g-1}$	$\frac{MSB}{MSW}$
집단 내	$SSW = \sum_j \sum_i (y_{ij} - \bar{y}_j)^2$	$(n-g)$	$MSW = \frac{SSW}{n-g}$	
총(합계)	$SST = \sum_j \sum_i (y_{ij} - \bar{y})^2$	$(n-1)$		

관측치는 자신이 속한 집단의 평균($\bar{y}_j$)과의 편차를 제곱한 합을 모든 집단에 대하여 구하는 것이기 때문에 자유도는 $\sum_j (n_j - 1)$이 되어 전체 관측치의 수(n)에서 집단의 수(g)를 뺀 ($n-g$)가 된다. 또한 총제곱합(SST)의 자유도인 ($n-1$)은 집단 간 제곱합의 자유도인 ($g-1$)과 집단 내 제곱합(SSW)의 자유도인 ($n-g$)의 합이 되므로 이를 이용하여 역으로 계산할 수도 있다.

다음으로 각각의 제곱합을 해당 자유도로 나누면 평균제곱들을 구할 수 있다. 따라서 총제곱합(SST)을 자유도인 ($n-1$)로 나누면 총평균제곱(MST : mean of squared total), 즉 총분산이 된다. 이것은 집단을 구분하지 않은 상태에서 전체 관측치에 대한 일반적인 표본분산과 같다. 집단 간 평균제곱(MSB : mean of squared between groups)은 집단 간 제곱합(SSB)을 자유도인 ($g-1$)로 나누어 구하고, 집단 내 평균제곱(MSW : mean of squared within groups)은 집단 내 제곱합(SSW)을 이에 해당하는 자유도인 ($n-g$)로 나누어 구한다. 이러한 과정을 거치면 [그림 12-9]와 같은 일원분산분석표가 완성된다.

다음으로 집단 간 평균제곱(MSB), 즉 집단 간 분산을 집단 내 평균제곱(MSW), 즉 집단 내 분산으로 나눈 값(MSB/MSW)으로 집단 간 평균이 통계적으로 유의하게 다른지를 검정한다. 따라서 분산분석은 전체 표본평균($\bar{y}$)을 중심으로 집단의 평균($\bar{y}_j$)들이 어느 정도 퍼져 있는가를 나타내는 집단 간 분산(MSB)이 각각의 관측치가 자신이 속한 집단의 평균($\bar{y}_j$)으로부터 퍼져 있는 정도를 나타내는 집단 내 분산(MSW)의 몇 배인가, 즉 두 분산의 비를 나타내는 통계량 F값으로 집단 간 평균의 차이가 통계적으로 유의한지를 분석하여 검정하는 것이다.

앞에서 설명하였듯이 집단 간 제곱합(SSB)의 평균인 집단 간 평균제곱(MSB)이 크면 클수록, 반면에 집단 내 제곱합(SSW)의 평균인 집단 내 평균제곱(MSW)이 작으면 작을수록 집단 간 평균들이 서로 멀리 떨어져 명확하게 다름을 알 수 있다. 따라서 이들 두 값의 비, 즉 집단 간 평균제곱(*MSB*)을 집단 내 평균제곱(*MSW*)으로 나눈 값으로 표시되는 통계량 *F*값(*MSB*/*MSW*)이 크면 클수록 집단 간에 평균의 차이가 크다고 할 수 있다.

이러한 평균제곱 간의 비(*MSB*/*MSW*), 즉 집단 간 평균제곱(*MSB*)이 집단 내 평균제곱(*MSW*)의 몇 배인가를 나타내는 통계량 *F*값은 분자와 분모의 자유도가 각각 (g−1)과 (n−g)인 *F*분포하는 것으로 알려져 있다. 예를 들어, 이러한 분산의 비를 나타내는 확률변수값을 *F*로 표기할 때 $F=3.4$라고 하는 것은 집단 간 평균제곱(*MSB*)이 집단 내 평균제곱(*MSW*)의 3.4배에 해당한다는 것을 의미한다. 따라서 집단 간 평균제곱(*MSB*)을 집단 내 평균제곱(*MSW*)으로 나눈 통계량 *F*값으로 집단 간 평균의 분산이 집단 내 관측치들의 분산보다 통계적으로 유의할 만큼 큰 것인지 아닌지를 검정한다. 검정결과 *F*값의 크기가 통계적으로 유의할 정도로 크면 집단의 평균 간에 유의한 차이가 있다고 판단할 수 있다.

집단 간 분산(*MSB*)을 집단 내 분산(*MSW*)으로 나누어 얻은 통계량 *F*값을 이용한 분산분석의 가설검정은 다음과 같이 수행된다. 우선 분산분석을 실시하는 기본적인 목적을 살펴보면, 분산분석은 집단의 평균들이 서로 다른지를 검정하기 위해서 실시한다. 따라서 분산분석은 '집단 간 평

그림 12-10 | *F*값의 유의성 검정

- 분산분석은 집단 간 평균제곱(*MSB*)을 집단 내 평균제곱(*MSW*)으로 나눈 통계량 *F*값을 검정통계량값으로 하여 집단 간 평균의 차이가 통계적으로 유의한지를 분석함
- 연구가설(H_1) : 비교하려는 집단들의 평균이 모두 같지는 않음
  – 적어도 한 집단의 평균은 나머지와 차이가 있음

집단 간 평균제곱(*MSB*)		집단 내 평균제곱(*MSW*)		검정통계량 *F*값
$\frac{\sum_j^g \sum_i^{n_j} (\bar{y}_j - \bar{y})^2}{g-1}$	÷	$\frac{\sum_j^g \sum_i^{n_j} (y_{ij} - \bar{y}_j)^2}{n-g}$	=	$F = \frac{MSB}{MSW}$

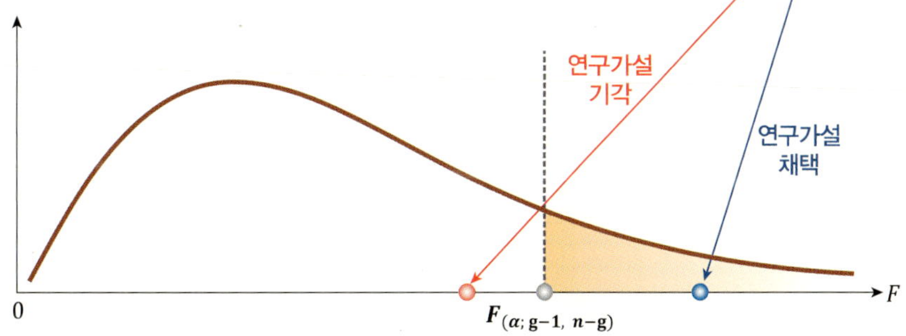

균에 차이가 있다'는 연구가설을 전제로 하여 수행된다. 이러한 연구가설에 대한 귀무가설은 모든 집단의 평균들은 동일하다는 것이다. 다시 말하면 집단 간 평균제곱(MSB)을 집단 내 평균제곱(MSW)으로 나눈 비율, 즉 F값이 1이라는 것이 귀무가설이 되고, F값이 1보다는 월등히 크다는 것이 연구가설이 된다. 따라서 분산분석은 단측검정 중에 오른쪽꼬리검정에 해당한다.

분산분석에서 귀무가설과 연구가설의 채택과 기각영역을 결정하는 임계치 F값은 허용오차(α)와 2개의 자유도에 의해 정의되는 F분포에 의하여 결정된다. 이때의 F분포는 2개의 자유도, 즉 분자인 집단 간 평균제곱(MSB)의 자유도($\mathrm{g}-1$)와 분모인 집단 내 평균제곱(MSW)의 자유도($n-\mathrm{g}$)에 따라 그 모양이 결정된다. 결국 허용오차(α)와 집단의 수(g), 그리고 전체 표본의 수(n)에 의하여 임계치가 결정되고, 표본으로부터 얻은 검정통계량 F값이 임계치를 중심으로 어느 쪽에 위치하는가에 따라 연구가설의 채택 여부가 결정된다. 만일 임계치보다 검정통계량 F값이 크면 연구가설을 채택하고, 반대로 임계치보다 작으면 연구가설을 기각함으로써 분산분석을 완료하게 된다.

2.2 일원분산분석의 사례(Example of One-Way ANOVA)

분산분석에 대한 기본적인 개념과 분석절차에 대해서는 본절의 앞부분에서 상세하게 설명하였다. 그러나 개념과 수식만을 이용하여 설명하였기 때문에 분산분석에 대하여 명확하게 이해하기는 쉽지 않았을 것이다. 따라서 분산분석의 개념과 분석과정을 보다 명확하게 이해할 수 있도록 구체적인 예를 들어 단계별로 분산분석을 설명하면 다음과 같다.

예를 들어, 학과별로 대학생들의 주량에 차이가 있는지를 유의수준(α)을 5%로 하여 분산분석으로 검정하는 과정을 살펴보자. 이 경우 연구가설은 '학과별로 대학생들의 주량이 모두 동일하지는 않다'는 것이 되며, 귀무가설은 '학과별로 대학생들의 주량이 동일하다'가 된다. 분석을 위하여 3명의 건축공학과 학생과 4명의 영문학과 학생 그리고 5명의 경영학과 학생에게 주량을 물어 각 학과별 평균과 학과 구분이 없는 전체 응답자의 평균을 구하여 [그림 12-11]에서와 같이 정리하였다. 참고로 분산분석에서는 각 집단에 속하는 관측치의 수가 동일하지 않아도 된다.

그림 12-11 | 일원분산의 사례

학과별로 대학생들의 주량에 차이가 있는지를 분석하기 위하여 6명의 경영학과 학생과 5명의 무역학과 학생 그리고 4명의 사회학과 학생에게 소주주량을 물어 도표로 정리하였다. 학과별로 평균 소주주량에 차이가 있는지를 5%의 유의수준에서 검정해보시오.

자료: 학생들의 소주주량

응답자 ID	학과	소주주량(병)
응답자 1	경영학과	2.0
응답자 2	사회학과	3.5
응답자 3	무역학과	1.5
응답자 4	경영학과	2.0
응답자 5	사회학과	3.0
응답자 6	무역학과	1.0
응답자 7	경영학과	0.5
응답자 8	경영학과	1.0
응답자 9	무역학과	2.5
응답자 10	사회학과	2.5
응답자 11	무역학과	1.5
응답자 12	경영학과	2.0
응답자 13	사회학과	3.0
응답자 14	무역학과	2.0
응답자 15	경영학과	1.0

학과별로 정리한 표

(단위 : 병)

응답자	경영학과	무역학과	사회학과
첫째	2.0	1.5	3.5
둘째	2.0	1.0	3.0
셋째	0.5	2.5	2.5
넷째	1.0	1.5	3.0
다섯째	2.0	2.0	
여섯째	1.0		
평균	$\bar{y}_1 = 1.42$	$\bar{y}_2 = 1.70$	$\bar{y}_3 = 3.00$

총평균 : $\bar{y}$ =1.93

분산분석에서 나오는 3종류의 제곱합에 대하여 보다 알기 쉽게 설명하기 위하여 이들을 그래프로 나타내면 [그림 12-12]와 같다. 총제곱합(*SST*)은 [그림 12-12]에서 보듯이, 집단을 구분하지 않고 전체 표본의 평균($\bar{y}$)으로부터 개별 관측치가 떨어져 있는 거리를 제곱하여 모두 합한 값을 말한다. 즉, 각 관측치(y_{ij})에서 전체 표본의 평균($\bar{y}$)을 뺀 값을 제곱하여 합한 값이다. 전체 평균이 1.93이므로 이를 기준으로 총제곱합(*SST*)을 구하면 [그림 12-13]에서와 같이 10.43이 된다.

집단 간 제곱합(*SSB*)은 집단의 평균값($\bar{y}_j$)들이 전체평균($\bar{y}$)으로부터 떨어져 있는 정도를 나타내는 제곱합이다. 각 집단의 평균($\bar{y}_j$)에서 전체평균($\bar{y}$)을 뺀 값을 제곱한 값에다 해당 집단에 속한 관측치의 수(n_j)를 가중치로 생각하여 곱해 얻은 값들을 집단별로 모두 합하여 구한다. 즉, 개별 관측치는 모두 자신이 속한 집단의 평균과 같다라는 가정하에 집단평균($\bar{y}_j$)이 전체평균($\bar{y}$)으로부터 떨어져 있는 거리를 제곱하여 집단의 크기(n_j)만큼 가중한 다음 집단별로 모두 더한 값이다. 이와 같이 하여 각 집단의 평균($\bar{y}_j$)을 그 집단에 속한 관측치의 수(n_j)만큼 가중하여 제곱

그림 12-12 | 일원분산분석의 편차

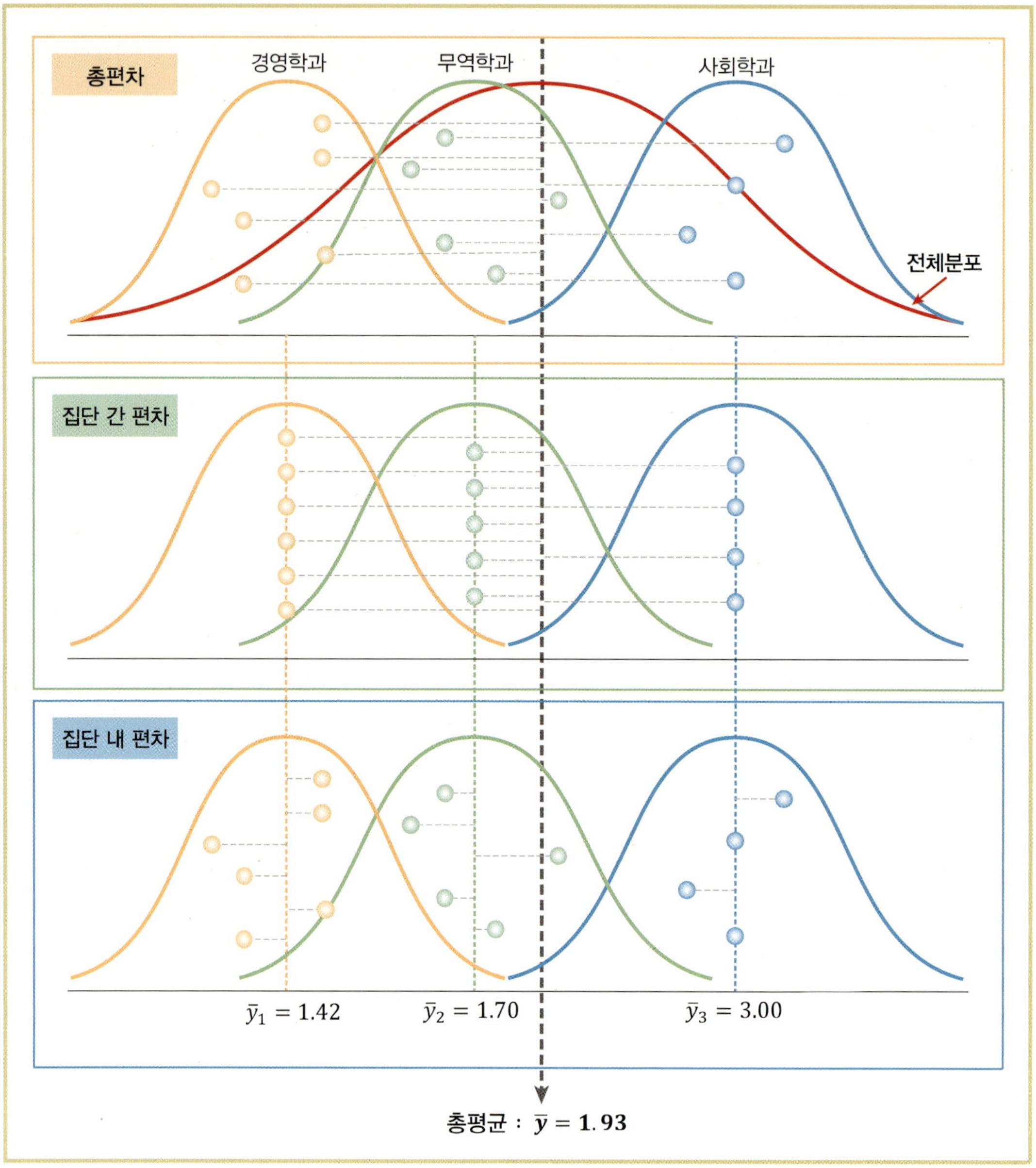

합을 계산하면 집단 간 제곱합(SSB)은 [그림 12-13]에서와 같이 6.43이 된다.

집단 내 제곱합(SSW)은 총제곱합(SST) 중에서 집단 간 제곱합(SSB)으로 설명되지 않고 남아있는 제곱합이다. 집단 간 제곱합(SSB)을 계산하는 경우, 모든 관측치는 자신이 속한 집단의 평균

그림 12-13 | 일원분산분석의 제곱합

☑ 집단 간 제곱합과 집단 내 제곱합 그리고 총제곱합의 산출

구분	제곱합 계산식	제곱합
집단 간	경영학과 : $6 \times (1.42 - 1.93)^2$ 무역학과 : $5 \times (1.70 - 1.93)^2$ 사회학과 : $4 \times (3.00 - 1.93)^2$	6.43
집단 내	경영학과 : $(2.0 - 1.42)^2 + (2.0 - 1.42)^2 + (0.5 - 1.42)^2 + (1.0 - 1.42)^2 + (2.0 - 1.42)^2 + (1.0 - 1.42)^2$ 무역학과 : $(1.5 - 1.70)^2 + (1.0 - 1.70)^2 + (2.5 - 1.70)^2 + (1.5 - 1.70)^2 + (2.0 - 1.70)^2$ 사회학과 : $(3.5 - 3.00)^2 + (3.0 - 3.00)^2 + (2.5 - 3.00)^2 + (3.0 - 3.00)^2$	4.01
총(합계)	경영학과 : $(2.0 - 1.93)^2 + (2.0 - 1.93)^2 + (0.5 - 1.93)^2 + (1.0 - 1.93)^2 + (2.0 - 1.93)^2 + (1.0 - 1.93)^2$ 무역학과 : $(1.5 - 1.93)^2 + (1.0 - 1.93)^2 + (2.5 - 1.93)^2 + (1.5 - 1.93)^2 + (2.0 - 1.93)^2$ 사회학과 : $(3.5 - 1.93)^2 + (3.0 - 1.93)^2 + (2.5 - 1.93)^2 + (3.0 - 1.93)^2$	10.43

($\bar{y}_j$)에 위치한다고 가정하였는데 실제 관측치는 자신이 속한 집단의 평균으로부터 어느 정도 떨어져 있다. 따라서 집단 내 제곱합(SSW)은 특정 집단에 속한 관측치(y_{ij})가 자신이 속한 집단의 평균($\bar{y}_j$)으로부터 떨어져 있는 정도($y_{ij} - \bar{y}_j$)를 제곱하여 합한 값이다. 이를 계산하면 [그림 12-13]에서와 같이 4.01이 된다.

분산분석에서는 집단 간 제곱합(SSB)이 클수록 집단 간 평균차이가 크다고 볼 수 있다. 그러나 이러한 제곱합들은 관측치의 수(n)와 집단의 수(g)에 따라 크게 달라지기 때문에 관측치의 수(n)나 집단의 수(g)에 영향을 받지 않는 각 제곱합의 평균제곱을 구하여 분석해야 한다. 따라서 학과별로 소주주량에 차이가 있는가를 검정하기 위해서는 총제곱합(SST)과 집단 간 제곱합(SSB), 그리고 집단 내 제곱합(SSW)을 해당 자유도로 나누어 각 제곱합의 평균제곱을 구해서 분석해야 한다.

평균제곱을 구하기 위한 각 제곱합의 자유도는 다음과 같다. 첫째, 총제곱합(SST)의 자유도는 일반적인 표본분산의 자유도와 같다. 즉, 학과별로 소주주량에 차이가 있는가를 검정하는 사례에서 총제곱합(SST)의 자유도는 전체 관측치의 수(n)인 15에서 1을 뺀 14가 된다. 둘째, 집단 간 제곱합(SSB)의 자유도는 집단의 수(g)인 3에서 1을 뺀 2가 된다. 셋째, 집단 내 제곱합(SSW)의

그림 12-14 | 일원분산분석표

일원분산분석표

구분	제곱합(SS)	자유도(df)	평균제곱(MS)	F
집단 간	$SSB = 6.43$	$g-1=2$	$MSB = 3.215$	$\frac{MSB}{MSW}$
집단 내	$SSW = 4.01$	$n-g=12$	$MSW = 0.334$	$=\frac{3.215}{0.334}$
총(합계)	$SST = 10.43$	$n-1=14$	$MST = 0.745$	$= 9.625$

사후검정

Duncan's multiple range test				
Duncan		N	집단	
			1	2
학과	경영학과	6	1.416^C	
	무역학과	5	1.700^C	
	사회학과	4		3.000^A

사후검정 : A(high) > B(medium) > C(low)

- ☑ 각 집단 간 평균차이 검정결과가 유의한 경우, 사후검정을 통해 집단 간에 차이가 있는지를 파악
- ☑ 사후검정 결과,
  - 경영학과와 무역학과는 유의미한 평균차이가 없음
  - 경영학과와 사회학과는 평균차이가 있음
  - 무역학과와 사회학과는 평균차이가 있음
  - 집단 1보다 집단 2의 평균이 더 큼($\mu_1 < \mu_2$)

자유도는 전체 관측치의 수(n)인 15에서 집단의 수(g)인 3을 뺀 12가 된다.

평균제곱은 각 제곱합을 그 제곱합에 해당하는 자유도로 나누어 구한다. 따라서 집단 간 평균제곱(MSB)은 집단 간 제곱합(SSB)인 6.43을 그 제곱합의 자유도인 2로 나눈 값으로 3.215가 된다. 집단 내 평균제곱(MSW)은 집단 내 제곱합(SSW)인 4.01를 자유도 12로 나누어 구하면 0.334가 된다.

집단 간 평균차이 검정은 집단 간 평균제곱(MSB)이 집단 내 평균제곱(MSW)보다 어느 정도 크냐에 따라 달라진다. 즉, 이들 간의 비율을 나타내는 통계량 F값이 크면 클수록 집단 간 평균의 차이가 크다고 할 수 있다. 사례에서 통계량 F값은 집단 간 평균제곱(MSB)인 3.215를 집단 내 평균제곱(MSW)인 0.334로 나눈 값으로서 9.625가 된다.

이렇게 구한 검정통계량 F값이 통계적으로 유의한지를 검정하는 과정을 살펴보면 [그림 12-15]와 같다. 집단 간 제곱합(SSB)의 자유도 2와 집단 내 제곱합(SSW)의 자유도 12에 의해 규정되는 F분포상에서 유의수준 0.05에 해당하는 임계치 $F_{(0.05;\,2,\,12)}$값은 3.89가 된다. 이 경우 표본

그림 12-15 | 일원분산분석의 유의성 검정

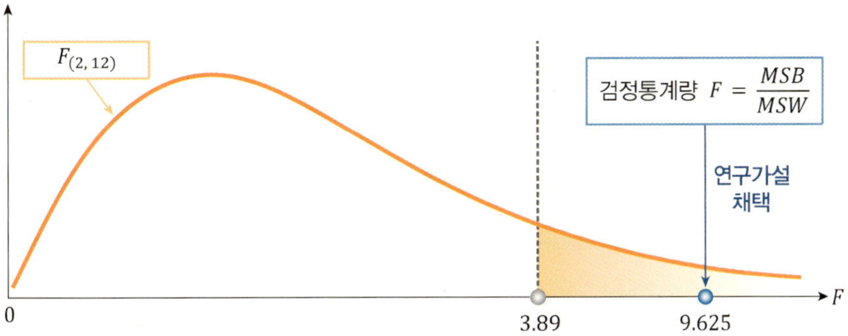

- 연구가설(H_1) : '세 집단의 평균이 모두 같지는 않다', '적어도 하나는 다르다'
- 귀무가설(H_0) : '세 집단의 평균이 모두 같다'($\mu_{경영학과} = \mu_{무역학과} = \mu_{사회학과}$)
- 유의수준(α) : 0.05
- 임계치 : $F_{(\alpha;\, g-1,\, n-g)} = F_{(0.05;\, 2,\, 12)} = 3.89$
- 검정통계량 F값 $= \frac{MSB}{MSW} = \frac{3.215}{0.334} = 9.625$
- 검정통계량 F값(9.625)이 임계치(3.89)보다 크기 때문에 귀무가설을 기각하고 연구가설을 채택함
- 학과별로 평균소주주량의 차이는 5% 유의수준에서 검정해본 결과 통계적으로 유의함
- 학과별로 평균소주주량에는 차이가 있다고 판단됨

으로부터 구한 검정통계량 F값(9.625)이 임계치(3.89)보다 크기 때문에 연구가설을 채택하고 귀무가설을 기각한다. 따라서 학과별 소주주량에 차이가 있는지에 대해 유의수준(α) 0.05에서 검정해본 결과 학과별 학생들의 평균소주주량은 통계적으로 유의한 차이가 있다고 판단할 수 있다.

[그림 12-15]에서와 같이 학과별 학생들의 평균소주주량이 통계적으로 유의한 차이가 있다고는 판단할 수 있지만, 어느 학과의 평균이 다른 학과의 평균과 차이가 있는지에 대해서는 알 수가 없다. 이러한 경우 사후검정(post hoc test)을 통해 각 집단 간 평균차이를 판단할 수 있다. 즉, 일원분산분석 결과 각 집단 간의 유의미한 차이가 있다고 판단되는 경우 사후검정(post hoc test)을 통해 어느 집단 간에 평균차이가 있는지를 파악할 수 있다. [그림 12-15]와 같이 학과에 따라 대학생들의 평균소주주량이 유의미하게 차이가 있다고 판단되는 경우, 과연 어느 학과 간에 평균차이가 있는지에 대해 구체적으로 살펴보기 위해 사후검정을 실시한다. 사후분석을 위한 다중비교방법에는 Duncan방법, Scheffe방법, Turkey방법, Bonferroni방법 등이 있다.

[그림 12-14]에서는 Duncan's multiple range test를 사용하여 사후검정을 실시하였다. 이때 집

단 간의 평균차이를 A(high), B(medium), C(low)로 나타내었으며, 집단 1보다 집단 2의 평균이 더 크다($\mu_1 < \mu_2$)는 것을 알 수 있다. 사후검정 결과, 경영학과의 평균소주주량은 1.416, 무역학과의 평균소주주량은 1.700, 사회학과의 평균소주주량 3.000으로 나타났으며 사회학과의 평균소주주량이 가장 높고, 경영학과와 무역학과의 평균소주주량은 동일하면서 낮은 것으로 나타났다. 또한 경영학과와 무역학과의 평균소주주량은 유의미한 차이가 없는 것으로 나타났으며, 경영학과와 사회학과, 그리고 무역학과와 사회학과의 평균소주주량은 유의미한 차이가 있는 것으로 나타났다.

제3절 이원분산분석(Two-Way ANOVA)

이원분산분석은 2개의 독립변수가 종속변수에 어떠한 영향을 미치고 있는가를 분석하는 것이다. 일반적으로 2개의 독립변수가 종속변수에 미치는 영향에는 크게 2가지 종류가 있다. 하나는 각각의 독립변수가 종속변수에 미치는 영향으로 이를 주효과(main effect)라 한다. 또 다른 하나는 2개의 독립변수가 동시에 작용하여 종속변수에 미치는 영향으로 이를 상호작용효과(interaction effect)라고 한다. 따라서 이원분산분석은 일원분산분석에서와는 달리 이 두 가지 효과를 모두 고려해서 분석해야 한다.

그러나 경우에 따라서는 상호작용효과를 분석할 수 없는 경우가 있다. 예를 들어, 2개의 독립변수로 구분되는 개별집단 내에 오직 1개씩의 관측치만 있을 경우에는 상호작용효과를 분석할 수 없다. 집단 내의 관측치수(n_j)가 2개 이상인 집단이 있을 경우에만 상호작용효과를 분석할 수 있다. 그러나 이 경우에도 상호작용효과를 분석할 수는 있으나 상호작용효과가 있다고 단정할 수는 없다.

따라서 이원분산분석을 실시하기 위해서는 우선 2개의 독립변수로 구분되는 각 집단 내의 관측치수(n_j)가 몇 개씩인가를 살펴보아야 한다. 만일 각 집단 내의 관측치 수가 모두 1개일 경우에는 개별 독립변수의 주효과만을 분석한다. 그러나 집단 내 관측치 수(n_j)가 2개 이상인 집단이 있을 경우에는 주효과와 더불어 상호작용효과를 분석할 수 있다. 이러한 이원분산분석에서 실시할 수 있는 분석의 종류를 그림으로 나타내면 [그림 12-16]과 같다.

≫그림 12-16 ❙ 이원분산분석의 종류

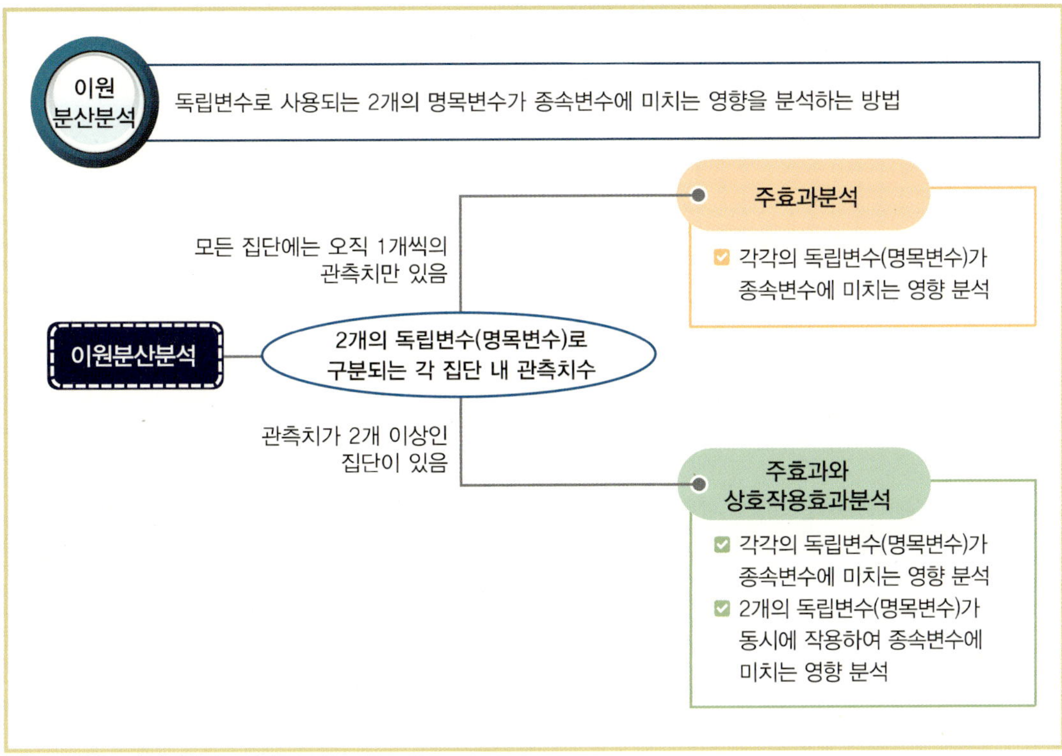

3.1 주효과검정만이 가능한 이원분산분석(Two-Way ANOVA only for Main Effect Test)

주효과검정만이 가능한 이원분산분석이란 2개의 독립변수에 의하여 구분되는 각 집단(셀)에 오직 1개씩의 관측치만 있는 경우의 분석을 말한다. 이 경우에는 주효과검정만이 가능하다. 이러한 주효과검정만이 가능한 이원분산분석을 예를 들어 설명하면 다음과 같다.

매장규모(소형, 중형, 대형)와 지리적 위치(강남, 강북)에 따라 대리점의 매출액에 차이가 있는지를 분석하는 경우를 살펴보자. 분석을 위하여 지리적 위치와 매장규모에 따라 분류가능한 각각의 집단에 대하여 하나씩의 대리점을 표본으로 선정하여 매출을 조사하였다.

이원분산분석에 대하여 설명하기에 앞서서 분석을 설명하는 식에서 사용되는 몇 가지 기호(notation)를 정리하면 [그림 12-17]과 같다. 한 가지 유의할 사항은 각 요인의 첨자를 이용하여

그림 12-17 | 주효과검정만이 가능한 이원분산분석

Step 1. 주효과검정만이 가능한 이원분산분석

- 2개의 독립변수(명목변수)에 의하여 구분되는 각 집단 내에 오직 1개씩의 관측치만 있는 경우
  - 주효과(main effect)분석만이 가능함

- 매장의 규모(요인 i)와 지리적 위치(요인 j)에 따른 매출액차이 분석

여기서, i : 요인 1을 요인 i로 표기함
j : 요인 2을 요인 j로 표기함
y_{ij} : 요인 i와 요인 j에 의해 구분되는 집단에 속한 관측치
$\bar{y}_{..}$: 전체평균
$\bar{y}_{i\cdot}$: 요인 i에 의해서만 구분되는 집단의 평균
$\bar{y}_{\cdot j}$: 요인 j에 의해서만 구분되는 집단의 평균

규모 \ 위치	강남	강북	요인 i(평균)
대형	15	12	13.50
중형	12	9	10.50
소형	7	2	4.50
요인 j(평균)	11.33	7.67	9.50

(y_{ij}: 강남·강북의 각 셀, $y_{i\cdot}$: 요인 i(평균) 열, $y_{\cdot j}$: 요인 j(평균) 행, $y_{..}$: 9.50)

- 매장규모(요인 i)와 지리적 위치(요인 j)로 구분되는 세분집단(셀) 내에 오직 1개씩의 관측치만 있으므로 상호작용효과분석이 불가능함

요인 1을 요인 i로, 요인 2를 요인 j로 표기하기도 한다는 점이다. 관측치 y_{ij}는 요인 i와 요인 j에 의하여 구분되는 집단에 속하는 관측치를 나타낸다. 또한 $\bar{y}_{i\cdot}$는 요인 j를 무시하고 요인 i에 의해서만 구분되는 집단의 평균을 나타내고, $\bar{y}_{\cdot j}$는 요인 i를 무시하고 요인 j에 의해서만 구분되는 집단의 평균을 나타낸다. 또한 $\bar{y}_{..}$는 요인 i와 요인 j를 모두 고려하지 않은 전체 관측치의 평균을 나타낸다.

[그림 12-17]에서는 요인 1을 나타내는 대리점 규모를 요인 i로, 요인 2를 나타내는 대리점 위치는 요인 j로 표기하고 있다. 이 경우에는 집단을 구분하는 요인, 즉 2개의 독립변수에 의하여 구분되는 각 집단(셀)의 관측치수가 1개씩 밖에 없기 때문에 2개 요인 간의 상호작용효과(interaction effect)에 대한 분석은 불가능하고, 주효과(main effect)에 대한 검정만이 가능하다. 이것을 수식으로 설명하면 [그림 12-18]과 같다.

그림 12-18 | 주효과검정만이 가능한 이원분산분석에서의 편차

$$\bar{y}_{..} + (\bar{y}_{i.} - \bar{y}_{..}) + (\bar{y}_{.j} - \bar{y}_{i.}) + (y_{ij} - \bar{y}_{.j}) = y_{ij}$$

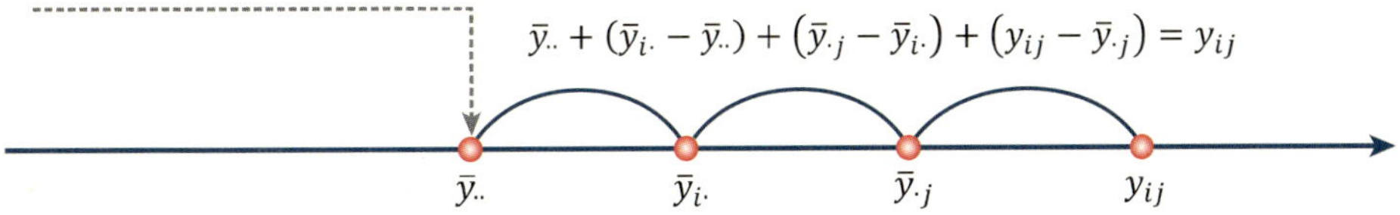

$$
\begin{aligned}
y_{ij} &= \bar{y}_{..} + (\bar{y}_{i.} - \bar{y}_{..}) + (\bar{y}_{.j} - \bar{y}_{i.}) + (y_{ij} - \bar{y}_{.j}) \\
&= \bar{y}_{..} + (\bar{y}_{i.} - \bar{y}_{..}) + (\bar{y}_{.j} \boxed{- \bar{y}_{..} + \bar{y}_{..}} - \bar{y}_{i.}) + (y_{ij} - \bar{y}_{.j}) \\
&= \bar{y}_{..} + (\bar{y}_{i.} - \bar{y}_{..}) + (\bar{y}_{.j} - \bar{y}_{..}) + [(\bar{y}_{..} - \bar{y}_{i.}) + (y_{ij} - \bar{y}_{.j})] \\
&= \bar{y}_{..} + (\bar{y}_{i.} - \bar{y}_{..}) + (\bar{y}_{.j} - \bar{y}_{..}) + (\bar{y}_{..} - \bar{y}_{i.} - \bar{y}_{.j} + y_{ij})
\end{aligned}
$$

여기서, y_{ij} : 요인 i와 요인 j에 의해 구분되는 집단에 속한 관측치
$\bar{y}_{..}$: 요인을 구분하지 않는 전체평균
$\bar{y}_{i.}$: 요인 i에 의해서만 구분되는 집단의 평균
$\bar{y}_{.j}$: 요인 j에 의해서만 구분되는 집단의 평균
i : 요인 i에 의해서 구분되는 c개의 집단을 구분하는 첨자
j : 요인 j에 의해서 구분되는 g개의 집단을 구분하는 첨자

- 관측치(y_{ij})
  = 전체평균($\bar{y}_{..}$)
  \+ 전체평균에서부터 관측치가 속한 요인 i의 평균까지의 거리($\bar{y}_{i.} - \bar{y}_{..}$)
  \+ 관측치가 속한 요인 i의 평균에서부터 관측치가 속한 요인 j의 평균까지의 거리 ($\bar{y}_{.j} - \bar{y}_{i.}$)
  \+ 관측치가 속한 요인 j의 평균에서부터 관측치까지의 거리($y_{ij} - \bar{y}_{.j}$)
- 일원분산분석에서와 같이 2개 요인의 독립적인 효과를 추정하기 위해 식을 변형하면 위와 같은 결과를 얻을 수 있음

이 경우 요인 i와 요인 j에 의해서 구분되는 특정 집단에 속한 관측치(y_{ij})의 값은 전체 표본평균($\bar{y}_{..}$)에 전체 표본평균($\bar{y}_{..}$)에서부터 관측치가 속한 요인 i의 평균($\bar{y}_{i.}$)까지의 거리($\bar{y}_{i.} - \bar{y}_{..}$)와 관측치가 속한 요인 i의 평균($\bar{y}_{i.}$)에서부터 관측치가 속한 요인 j의 평균($\bar{y}_{.j}$)까지의 거리($\bar{y}_{.j} - \bar{y}_{i.}$), 그리고 관측치가 속한 요인 j의 평균($\bar{y}_{.j}$)에서부터 관측치(y_{ij})까지의 거리($y_{ij} - \bar{y}_{.j}$)를 모두 더한 값이 된다.

이들 2개의 독립변수효과를 개별적으로 추정하기 위해서는 일원분산분석에서와 같이 요인의 평균에서 전체 표본평균($\bar{y}_{..}$)을 빼는 항이 필요하다. 이러한 항들을 만들기 위해 [그림 12-18]에서와 같이 전체 표본평균($\bar{y}_{..}$)을 더하고 빼서 식을 변형하였다. 변형된 식에서 보면 관측치(y_{ij})는 전체 표본평균($\bar{y}_{..}$)에다 요인 i의 효과($\bar{y}_{i.} - \bar{y}_{..}$)와 요인 j의 효과($\bar{y}_{.j} - \bar{y}_{..}$), 그리고 전체 표본평균($\bar{y}_{..}$)에서부터 관측치가 속한 요인 i에 의해 구분되는 집단의 평균($\bar{y}_{i.}$)과 요인 j에 의해 구분되는

그림 12-19 | 주효과검정만이 가능한 이원분산분석의 편차

$$(y_{ij} - \bar{y}_{..}) = (\bar{y}_{i\cdot} - \bar{y}_{..}) + (\bar{y}_{\cdot j} - \bar{y}_{..}) + (\bar{y}_{..} - \bar{y}_{i\cdot} - \bar{y}_{\cdot j} + y_{ij})$$

(총편차) = (요인 i에 의한 편차) + (요인 j에 의한 편차) + (요인 i와 j에 의하여 설명할 수 없는 편차)

(요인 i 의 주효과) (요인 j의 주효과) (오차)

그림 12-20 | 주효과검정만이 가능한 이원분산분석의 제곱합

$$\sum_{i=1}^{c}\sum_{j=1}^{g}(y_{ij} - \bar{y}_{..})^2 = \sum_{i=1}^{c}\sum_{j=1}^{g}(\bar{y}_{i\cdot} - \bar{y}_{..})^2 + \sum_{i=1}^{c}\sum_{j=1}^{g}(\bar{y}_{\cdot j} - \bar{y}_{..})^2 + \sum_{i=1}^{c}\sum_{j=1}^{g}(\bar{y}_{..} - \bar{y}_{i\cdot} - \bar{y}_{\cdot j} + y_{ij})^2$$

(총제곱합) (요인 i에 의한 제곱합) (요인 j에 의한 제곱합) (오차제곱합)

$$SST = SSB_i + SSB_j + SSE$$

집단의 평균($\bar{y}_{\cdot j}$)을 빼고 관측치(y_{ij})를 더해준 값($\bar{y}_{..} - \bar{y}_{i\cdot} - \bar{y}_{\cdot j} + y_{ij}$), 즉 오차를 모두 더한 값이 된다. 이원분산분석에서는 2개의 요인으로 설명되지 않는 부분을 오차라 정의하고 있다. 이는 일원분산분석에서의 집단 내 편차와 같은 의미로 해석된다. 이 식에서 전체 표본의 평균($\bar{y}_{..}$)을 이항하여 정리하면 [그림 12-19]와 같은 식을 얻을 수 있다.

[그림 12-19]의 식에서 보듯이 좌변의 총편차는 우변에 있는 2종류의 집단 간 편차들과 2개 요인으로 설명할 수 없는 오차를 나타내는 편차의 합으로 구성된다. 개별 관측치에서 나타나는 이러한 편차들을 제곱하여 모두 더하면 [그림 12-20]과 같은 제곱합의 식을 구할 수 있다. [그림 12-20]에서 좌변의 총제곱합은 우변에 있는 2종류의 제곱합, 즉 요인 i에 의한 제곱합과 요인 j의 제곱합인 집단 간 제곱합과 오차 제곱합으로 구성된다.

각각의 제곱합에 대한 자유도는 [그림 12-21]과 같다. 전체 총제곱합의 자유도는 2개의 독립변수(요인)로 구분되는 각각의 집단 내에 오직 1개의 관측치만 있으므로 2개의 요인으로 구분되는 집단의 수를 각각 c와 g라 할 때 이들을 곱한 값에서 1을 뺀 값($cg-1$)이 된다. 이는 일원분산분

그림 12-21 | 주효과검정만이 가능한 이원분산분석의 자유도

SST		SSB_i		SSB_j		SSE
$cg-1$	=	$c-1$	+	$g-1$	+	$(c-1)(g-1)$
총제곱합의 자유도	=	요인 i에 의한 제곱합의 자유도	+	요인 j에 의한 제곱합의 자유도	+	오차제곱합의 자유도

여기서, 요인 i에 의해 구분되는 집단의 수 : c개
요인 j에 의해 구분되는 집단의 수 : g개

그림 12-22 | 주효과검정만이 가능한 이원분산분석의 분산분석표

원천	제곱합(SS)	자유도(df)	평균제곱(MS)	F비
요인 i	SSB_i	$c-1$	MSB_i	$\frac{MSB_i}{MSE}$
요인 j	SSB_j	$g-1$	MSB_j	$\frac{MSB_j}{MSE}$
오차	SSE	$(c-1)(g-1)$	MSE	
총(합계)	SST	$cg-1$		

석에서와 같이 전체 표본의 크기(n)에서 1을 뺀 값($n-1$)과 같다. 또한 각 요인별 자유도는 각 요인으로 구분되는 집단의 수에서 1을 뺀 값이 된다. 마지막으로 오차의 자유도는 요인 i의 자유도($c-1$)와 요인 j의 자유도($g-1$)를 곱한 값이 된다.

개별요인의 효과, 즉 주효과(main effect)는 집단 간 제곱합을 해당 자유도로 나누어 구한 집단 간 평균제곱을 이용해서 검정한다. 이러한 분산분석 과정을 정리하면 [그림 12-22]와 같은 이원분산분석의 분산분석표를 작성할 수 있다.

주효과검정만이 가능한 이원분산분석에서는 2가지 요인의 효과를 동시에 다루고 있으므로 2가지 요인에 대한 가설검정을 별도로 수행해야 한다. 이때 검정방법 및 순서는 앞에서 설명한 일원

분산분석의 경우와 같다. 따라서 주효과검정만이 가능한 이원분산분석의 경우에는 2개의 일원분산분석을 수행하는 것과 같이 생각해도 된다. 검정과정에 대해서 간략하게만 설명하면 다음과 같다.

우선 요인 i(매장규모)에 의하여 구분되는 집단 간의 평균에 차이가 있는지를 요인 j(지리적 위치)에 의한 구분을 무시한 채 일원분산분석의 경우에서처럼 검정통계량 F값을 구하여 검정한다. 다음에 같은 방법으로 요인 j(지리적 위치)에 의하여 구분되는 집단 간 평균차이를 검정한다.

이원분산분석의 가설검정은 각 요인에 따라 구분되는 집단 간 평균에 차이가 있다는 것을 연구가설로 한다. 따라서 이에 대한 귀무가설은 각 요인에 따라 구분되는 집단 간 평균에는 차이가

그림 12-23 | 주효과검정만이 가능한 이원분산분석의 유의성검정

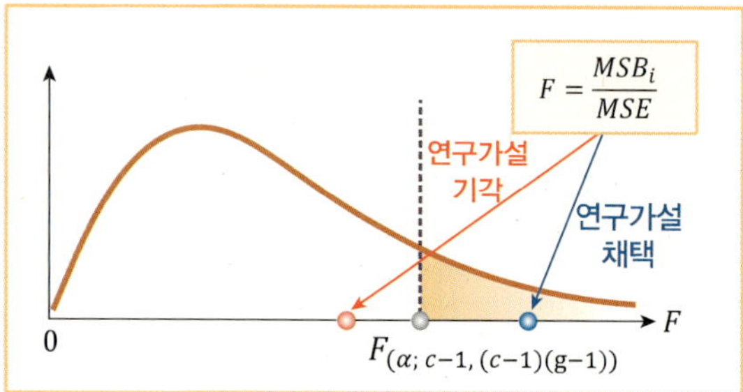

요인 i의 검정통계량 F값	$F = \frac{MSB_i}{MSE}$

- F분포 : $F_{(c-1,\, (c-1)(g-1))}$
- 유의수준 : α
- 임계치 : $F_{(\alpha;\, c-1,\, (c-1)(g-1))}$

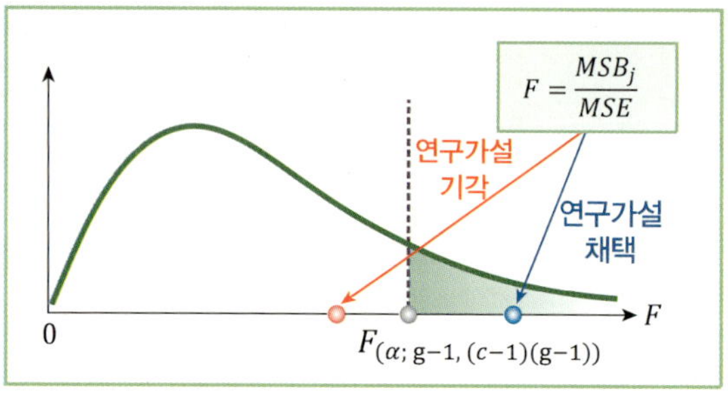

요인 j의 검정통계량 F값	$F = \frac{MSB_j}{MSE}$

- F분포 : $F_{(g-1,\, (c-1)(g-1))}$
- 유의수준 : α
- 임계치 : $F_{(\alpha;\, g-1,\, (c-1)(g-1))}$

- 주효과검정만이 가능한 이원분산분석에서는 2가지 요인에 대한 가설검정을 별도로 해야 함
  - (1) 요인 i에 의하여 구분된 집단 간에 통계적으로 유의한 평균차이가 있는지를 일원분산분석에서와 같이 검정함
  - (2) 요인 j에 의하여 구분된 집단 간에 통계적으로 유의한 평균차이가 있는지를 일원분산분석에서와 같이 검정함
- 가설에 대한 검정 : 2개의 자유도로 결정되는 F분포상에서 표본으로부터 구한 검정통계량 F값과 유의수준(α)에 의한 임계치 F값과 비교하여 검정함
- 검정통계량 F값이 임계치보다 클 경우 각 요인에 따라 구분되는 집단 간 평균이 모두 같지는 않다는 연구가설을 채택함

없다는 것이 된다. 이를 그림으로 정리하면 [그림 12-23]과 같다.

가설에 대한 검정은 검정통계량 F값이 이 값을 구하는 데에 사용된 2개 평균제곱의 자유도로 규정된 F분포상에서 허용오차(α)에 해당하는 임계치보다 크면 귀무가설을 기각하고 연구가설을 받아들인다. 역으로 임계치보다 작으면 연구가설을 기각하고 귀무가설을 받아들인다. 이처럼 이원분산분석과 일원분산분석의 검정방법은 동일하다. 그러나 이원분산분석에서는 2가지 요인의 효과를 동시에 다루고 있기 때문에 2가지 요인에 대한 가설검정을 별도로 구분해서 해야 한다는 점에서 차이가 있을 뿐이다.

3.2 주효과와 상호작용효과검정이 가능한 이원분산분석(Two-Way ANOVA for Main Effect Test and Interaction Effect Test)

상호작용효과검정이 가능한 이원분산분석은 2개의 독립변수(요인)로 구분되는 집단 내에 복수의 관측치가 있는 경우에만 가능하다. 즉, 상호작용효과(interaction effect)를 분석하기 위해서는 2개 요인들에 의하여 구분되는 세분화된 집단(셀) 내에 2개 이상의 관측치가 있어야 한다. 그러면 세분화된 모든 집단(셀) 내의 관측치수가 모두 2개 이상이어야 하는가? 정확히 말하면, 관측치 수가 2개 이상인 집단(셀)이 적어도 1개 이상만 있으면 된다. 그러나 관측치수가 2개 이상인 집단이 적을수록 통계적으로 유의한 상호작용효과를 기대하기는 어렵다. 상호작용효과를 분석할 수 있도록 앞의 대리점 예에서 표본을 추가적으로 선정하여 조사한 결과를 [그림 12-24]의 표와 같이 정리하였다.

상호작용효과분석이 가능한 이원분산분석을 설명하기 위해서는 주효과분석에서 사용한 기호(notation) 이외에 추가로 몇 가지 기호가 더 필요하다. 예를 들어, 요인 i와 요인 j로 구분되던 y_{ij}는 요인 i와 요인 j로 구분되는 집단의 평균으로 표기되며, 그 집단을 구성하는 관측치들은 서로를 구분하기 위하여 새로운 첨자 k를 도입하게 됨으로써 개별 관측치는 y_{ijk}로 나타내도록 한다. 또한 모든 집단 내의 관측치수가 다를 수도 있으므로 단순히 k값을 사용하는 것도 문제가 있을 수 있다. 따라서 이를 정확하게 표현하기 위해서 각 집단(셀)의 관측치수를 나타내는 k는 요인 i와 요인 j를 첨자로 사용해야 한다. 즉, 단순한 k 대신에 $k_{(i,j)}$로 사용하여야 하며, 이에 따라 y_{ijk}도 $y_{ijk(i,j)}$가 되어야 한다. 그러나 분석과정에 대한 이해가 쉽도록 수식을 단순하게 표현하여, 각 집단 내의 관측치수를 나타내는 첨자로 $k_{(i,j)}$ 대신에 단순히 k로 통일하여 설명하고

그림 12-24 | 주효과와 상호작용효과검정이 가능한 이원분산분석

Step 2. 상호작용효과검정이 가능한 이원분산분석

☑ 2개의 독립변수로 구분되는 세분집단(셀) 중에 2개 이상의 관측치가 있는 집단(셀)이 있는 경우에만 상호작용효과검정이 가능함

여기서, y_{ijk} : 요인 i와 요인 j에 의하여 지정된 집단(셀) 내의 k번째 관측치
$\bar{y}_{..}$: 전체평균
$\bar{y}_{i.}$: 요인 i에 의해서 구분되는 집단의 평균
$\bar{y}_{.j}$: 요인 j에 의해서 구분되는 집단의 평균
$\bar{y}_{ij}$: 요인 i와 요인 j에 의해 구분되는 집단 ij의 평균
i : 요인 i에 의해 구분되는 집단을 표시하는 첨자
j : 요인 j에 의해 구분되는 집단을 표시하는 첨자
k : 요인 i와 요인 j로 구분되는 집단(셀) 내의 관측치를 나타내는 첨자

■ 자료

일련번호	매장규모	지리적 위치	매출(억원)
점포 1	대형	강남	13
점포 2	대형	강남	15
점포 3	대형	강남	12
점포 4	대형	강북	7
점포 5	대형	강북	6
점포 6	대형	강북	8
점포 7	중형	강남	10
점포 8	중형	강남	9
점포 9	중형	강북	9
점포 10	중형	강북	8
점포 11	소형	강남	6
점포 12	소형	강남	8
점포 13	소형	강남	7
점포 14	소형	강북	6
점포 15	소형	강북	7

■ 주효과와 상호작용효과 검정이 가능한 이원분산분석의 자료요약표

(y_{ijk}, $\bar{y}_{ij}$, $\bar{y}_{i.}$, $\bar{y}_{.j}$, $\bar{y}_{..}$)

매장규모	강남	강북	행평균
대 형	13	7	
대 형	15	6	
대 형	12	8	
대형 평균	13.33	7.00	10.17
중 형	10	9	
중 형	9	8	
중형 평균	9.50	8.50	9.00
소 형	6	6	
소 형	8	7	
소 형	7		
소형 평균	7.00	6.50	6.80
열평균	9.94	7.33	8.66

자 한다.

앞에서 설명하였듯이 상호작용효과분석이 가능한 이원분산분석의 경우 각 집단에 있는 관측치의 수(k)가 서로 동일하지 않아도 된다. 따라서 [그림 12-24]에서와 같이 매장규모가 대형이면서 강남에 위치한 점포 3개, 매장규모가 대형이면서 강북에 위치한 점포 3개, 매장규모가 중형이면

그림 12-25 | 주효과와 상호작용효과검정이 가능한 이원분산분석의 편차

주효과와 상호작용효과검정이 가능한 이원분산분석에서의 관측치

$$\bar{y}_{..} + (\bar{y}_{i.} - \bar{y}_{..}) + (\bar{y}_{.j} - \bar{y}_{i.}) + (\bar{y}_{ij} - \bar{y}_{.j}) + (y_{ijk} - \bar{y}_{ij}) = y_{ijk}$$

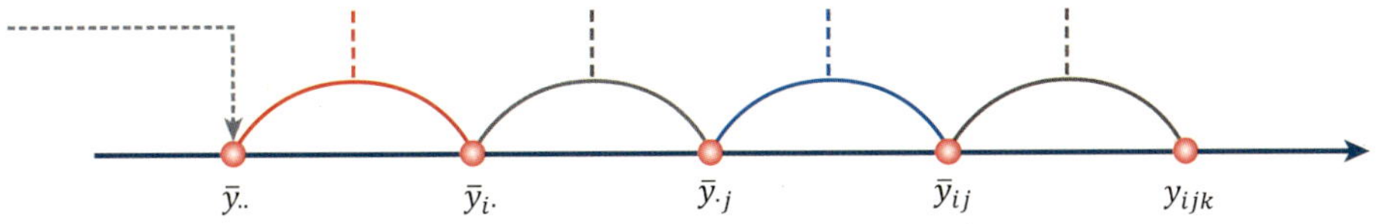

$$\begin{aligned} y_{ijk} &= \bar{y}_{..} + (\bar{y}_{i.} - \bar{y}_{..}) + (\bar{y}_{.j} - \bar{y}_{i.}) + (\bar{y}_{ij} - \bar{y}_{.j}) + (y_{ijk} - \bar{y}_{ij}) \\ &= \bar{y}_{..} + (\bar{y}_{i.} - \bar{y}_{..}) + (\bar{y}_{.j} \boxed{- \bar{y}_{..} + \bar{y}_{..}} - \bar{y}_{i.}) + (\bar{y}_{ij} - \bar{y}_{.j}) + (y_{ijk} - \bar{y}_{ij}) \\ &= \bar{y}_{..} + (\bar{y}_{i.} - \bar{y}_{..}) + (\bar{y}_{.j} - \bar{y}_{..}) + [(\bar{y}_{..} - \bar{y}_{i.}) + (\bar{y}_{ij} - \bar{y}_{.j})] + (y_{ijk} - \bar{y}_{ij}) \\ &= \bar{y}_{..} + (\bar{y}_{i.} - \bar{y}_{..}) + (\bar{y}_{.j} - \bar{y}_{..}) + (\bar{y}_{..} - \bar{y}_{i.} - \bar{y}_{.j} + \bar{y}_{ij}) + (y_{ijk} - \bar{y}_{ij}) \end{aligned}$$

- 관측치(y_{ijk})는 전체평균값($\bar{y}_{..}$)에 전체평균($\bar{y}_{..}$)에서부터 관측치가 속한 요인 i에 의해 구분되는 집단의 평균($\bar{y}_{i.}$)까지의 거리($\bar{y}_{i.}-\bar{y}_{..}$), 요인 i에 의해 구분되는 집단의 평균($\bar{y}_{i.}$)에서부터 요인 j에 의해 구분되는 집단의 평균($\bar{y}_{.j}$)까지의 거리($\bar{y}_{.j}-\bar{y}_{i.}$), 요인 j에 의해 구분되는 집단의 평균($\bar{y}_{.j}$)에서부터 요인 i와 요인 j를 모두 사용하여 구분되는 집단의 평균($\bar{y}_{ij}$)까지의 거리($\bar{y}_{ij}-\bar{y}_{.j}$), 그리고 요인 i와 요인 j를 모두 사용하여 구분되는 집단의 평균($\bar{y}_{ij}$)에서부터 관측치(y_{ijk})까지의 거리($y_{ijk}-\bar{y}_{ij}$)를 모두 더한 값이 됨
- 일원분산분석에서와 같이 2개 요인의 독립적인 효과를 추정하기 위해 식을 변형하면 편차로 이루어진 식을 구할 수 있음

서 강남에 위치한 점포 2개, 강북에 위치한 중형점포 2개 그리고 매장규모가 소형이면서 강남에 위치한 점포 3개, 강북에 위치한 소형점포 2개를 선정하여 월평균 매출액을 조사하였다.

이원분산분석의 경우 관측치(y_{ijk})는 [그림 12-25]에서와 같이 전체평균($\bar{y}_{..}$)에 전체평균($\bar{y}_{..}$)에서부터 관측치가 속한 요인 i에 의하여 구분되는 집단의 평균($\bar{y}_{i.}$)까지의 거리($\bar{y}_{i.}-\bar{y}_{..}$), 요인 i에 의해 구분되는 집단의 평균($\bar{y}_{i.}$)으로부터 요인 j에 의해 구분되는 집단의 평균($\bar{y}_{.j}$)까지의 거리($\bar{y}_{.j}-\bar{y}_{i.}$), 요인 j에 의해 구분된 집단의 평균($\bar{y}_{.j}$)에서부터 요인 i와 요인 j를 모두 사용하여 구분되는 집단의 평균($\bar{y}_{ij}$)까지의 거리($\bar{y}_{ij}-\bar{y}_{.j}$), 그리고 요인 i와 요인 j를 모두 사용하여 구분되는 집단의 평균($\bar{y}_{ij}$)에서부터 관측치(y_{ijk})까지의 거리($y_{ijk}-\bar{y}_{ij}$)를 모두 더한 값이 된다.

그리고 일원분산분석에서와 같이 2개 요인의 독립적인 효과를 추정하기 위한 항을 별도로 만들기 위해서 전체평균($\bar{y}_{..}$)을 더하고 빼서 식을 변형하면 [그림 12-25]의 아래와 같은 과정을 거쳐

그림 12-26 | 주효과와 상호작용효과검정이 가능한 이원분산분석의 편차

$$(y_{ijk} - \bar{y}_{..}) = (\bar{y}_{i.} - \bar{y}_{..}) + (\bar{y}_{.j} - \bar{y}_{..}) + (\bar{y}_{..} - \bar{y}_{i.} - \bar{y}_{.j} + \bar{y}_{ij}) + (y_{ijk} - \bar{y}_{ij})$$

총편차 = 요인 i에 의한 편차 (요인 i의 주효과) + 요인 j에 의한 편차 (요인 j의 주효과) + 요인 i와 요인 j의 상호작용에 의한 편차 (요인 i와 요인 j의 상호작용효과) + 요인 i와 요인 j에 의해 설명되지 않는 집단 내 편차 (오차)

서 식이 정리된다. [그림 12-26]은 [그림 12-25]의 정리된 식에서 우변의 전체평균($\bar{y}_{..}$)을 좌변으로 이항하여 나타낸 것이다. 이 식을 살펴보면, 관측치(y_{ijk})에서부터 전체평균값($\bar{y}_{..}$)까지의 거리를 나타내는 총편차($y_{ijk} - \bar{y}_{..}$)는 요인 i의 독자적인 영향($\bar{y}_{i.} - \bar{y}_{..}$), 요인 j의 독자적인 영향($\bar{y}_{.j} - \bar{y}_{..}$), 그리고 전체평균($\bar{y}_{..}$)에서부터 요인 i에 의해서만 구분되는 집단의 평균($\bar{y}_{i.}$)과 요인 j에 의해서만 구분되는 집단의 평균($\bar{y}_{.j}$)을 빼주고, 요인 i와 요인 j를 모두 이용해서 구분되는 집단의 평균($\bar{y}_{ij}$)을 더해준 값($\bar{y}_{..} - \bar{y}_{i.} - \bar{y}_{.j} + \bar{y}_{ij}$)과 관측치($y_{ijk}$)에서부터 관측치가 요인 i와 요인 j를 모두 사용해서 구분되는 집단의 평균($\bar{y}_{ij}$)까지의 거리($y_{ijk} - \bar{y}_{ij}$), 즉 2가지 요인 i와 요인 j에 의

그림 12-27 | 주효과와 상호작용효과검정이 가능한 이원분산분석의 제곱합

$$\sum_{i=1}^{c}\sum_{j=1}^{g}\sum_{k=1}^{h_{ij}}(y_{ijk} - \bar{y}_{..})^2$$
$$= \sum_{i=1}^{c}\sum_{j=1}^{g}\sum_{k=1}^{h_{ij}}(\bar{y}_{i.} - \bar{y}_{..})^2 + \sum_{i=1}^{c}\sum_{j=1}^{g}\sum_{k=1}^{h_{ij}}(\bar{y}_{.j} - \bar{y}_{..})^2 + \sum_{i=1}^{c}\sum_{j=1}^{g}\sum_{k=1}^{h_{ij}}(\bar{y}_{..} - \bar{y}_{i.} - \bar{y}_{.j} + \bar{y}_{ij})^2 + \sum_{i=1}^{c}\sum_{j=1}^{g}\sum_{k=1}^{h_{ij}}(y_{ijk} - \bar{y}_{ij})^2$$

(총제곱합) = (요인 i에 의한 제곱합) + (요인 j에 의한 제곱합) + (요인 i와 j에 의한 제곱합) + (오차 제곱합)

SST SSB_i SSB_j SSB_{ij} SSE

여기서, c : 요인 i에 의해 구분되는 집단의 수(i첨자로 구분함)

g : 요인 j에 의해 구분되는 집단의 수(j첨자로 구분함)

h_{ij} : 요인 i와 요인 j에 의해 구분되는 집단 내의 관측치 수(k첨자로 구분함)

그림 12-28 | 주효과와 상호작용효과검정이 가능한 이원분산분석의 자유도

$$\sum_{i}^{c}\sum_{j}^{g} h_{ij} - 1 = c-1 + g-1 + (c-1)(g-1) + \sum_{i}^{c}\sum_{j}^{g} (h_{ij}-1)$$

SST	=	SSB_i	+	SSB_j	+	SSB_{ij}	+	SSE
총제곱합의 자유도		요인 i에 의한 집단 간 제곱합의 자유도		요인 j에 의한 집단 간 제곱합의 자유도		요인 i와 요인 j에 의한 집단 간 제곱합의 자유도		오차 제곱합의 자유도

여기서, c : 요인 i에 의해 구분되는 집단의 수(첨자 i로 구분함)
g : 요인 j에 의해 구분되는 집단의 수(첨자 j로 구분함)
h_{ij} : 요인 i와 요인 j에 의해 구분되는 집단 내의 관측치수

하여 설명되지 않는 오차를 모두 더한 값이 된다. 여기서 $(\bar{y}_{..} - \bar{y}_{i.} - \bar{y}_{.j} + \bar{y}_{ij})$는 요인 i와 요인 j의 상호작용효과를 나타낸다.

[그림 12-26]의 식에서 양변을 제곱하여 모두 더하면 [그림 12-27]에서처럼 좌변의 전체 제곱합은 우변에 있는 4종류의 제곱합과 같음을 알 수 있다. 우변에 남게 되는 4개의 제곱합 이외의 값들은 모두 0이 되어 사라진다.

또한 각각의 제곱합에 대한 자유도를 정리하면 [그림 12-28]과 같다. 우선 2개의 독립변수(요인)로 구분되는 각 집단 내에 h_{ij}개의 관측치가 있다고 가정할 경우 전체 관측치의 수(n)는 $\sum_{i}^{c}\sum_{j}^{g} h_{ij}$가 된다. 총제곱합($SST$)의 자유도는 일원분산분석에서와 같이 총제곱합(SST)을 구하는 과정에서 전체평균($\bar{y}_{..}$)이 사용되기 때문에 전체관측치의 수(n)에서 1을 뺀 값($n-1$)이 된다. 또한 각 요인별 제곱합의 자유도는 각 요인으로 구분되는 집단의 수에서 1을 뺀 값이 된다. 또한 두 요인을 곱한 항으로 표시되는 상호작용제곱합에 대한 자유도는 각 요인별 자유도를 서로 곱하여 구한 값($(c-1)(g-1)$)이 된다. 마지막으로, 오차제곱합의 자유도는 요인 i와 j에 의하여 구분되는 각각의 집단별로 h_{ij}개의 관측치가 있고, 또한 요인 i와 j로 구분되는 세분집단별 평균($\bar{y}_{ij}$)이 사용되기 때문에 각 집단별 자유도는 $h_{ij}-1$이 된다. 따라서 오차제곱의 자유도는 $\sum_{i}^{c}\sum_{j}^{g}(h_{ij}-1)$이 된다.

개별요인의 효과, 즉 주효과와 상호작용효과를 분석하기 위해서는 제곱합을 해당 자유도로 나누어 평균제곱을 구해서 검정해야 한다. 지금까지 설명한 내용을 중심으로 분산분석에서 필요로

그림 12-29 | 주효과와 상호작용효과 검정이 가능한 이원분산분석표

원천	제곱합(SS)	자유도(df)	평균제곱(MS)	F비
요인 i	SSB_i	$c-1$	MSB_i	$\frac{MSB_i}{MSE}$
요인 j	SSB_j	$\mathrm{g}-1$	MSB_j	$\frac{MSB_j}{MSE}$
요인 i와 j의 상호작용	SSB_{ij}	$(c-1)(\mathrm{g}-1)$	MSB_{ij}	$\frac{MSB_{ij}}{MSE}$
오차	SSE	$\sum_{i}^{c}\sum_{j}^{\mathrm{g}}(h_{ij}-1)$	MSE	
총(합계)	SST	$\sum_{i}^{c}\sum_{j}^{\mathrm{g}}h_{ij}-1$		

여기서, c : 요인 i에 의해 구분되는 집단의 수
g : 요인 j에 의해 구분되는 집단의 수
h_{ij} : 요인 i와 요인 j에 의해 구분되는 집단의 관측치수

하는 값들을 정리하면 [그림 12-29]와 같은 이원분산분석표를 작성할 수 있다.

주효과와 상호작용효과의 검정이 가능한 이원분산분석에서는 2가지 요인 각각에 대한 개별적인 검정과 더불어 두 요인의 상호작용효과에 대한 검정까지 별도로 해야 한다. 상호작용효과검정이 가능한 이원분산분석의 절차는 주효과검정만이 가능한 이원분산분석의 경우와 크게 다르지 않다. 검정을 하기 위해서는 우선 각 요인별 평균제곱을 알아야 한다. 평균제곱은 각 제곱합을 그 제곱합에 해당하는 자유도로 나누어 구한다. 각 제곱합에 해당하는 자유도는 [그림 12-28]에서 제시된 바와 같다. 다음으로, 평균제곱을 이용해서 가설검정을 위한 검정통계량 F값들을 구해야 한다.

주효과분석만이 가능한 분산분석의 경우에는 각 요인에 대한 검정을 위하여 오차평균제곱(MSE)을 기준으로 하여 2개의 검정통계량 F값들을 구해서 검정하였다. 그러나 상호작용효과분석이 가능한 이원분산분석의 경우에는 상호작용효과분석을 위해서 추가적인 검정통계량 F값이 필요하다. 표본으로부터 구한 이러한 검정통계량 F값이 2개의 자유도로 결정되는 F분포상에서의 허용오차(α)에 해당하는 임계치보다 크면 귀무가설을 기각하고 연구가설을 채택한다. 역으로 임계치보다 검정통계량 F값이 작으면 연구가설을 기각하고 귀무가설을 채택하는 식으로 검정을 진행한다.

그림 12-30 | 주효과와 상호작용효과검정이 가능한 이원분산분석의 유의성검정

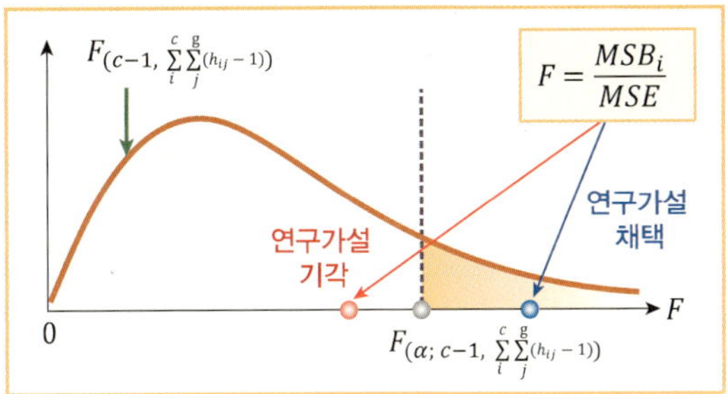

요인 i의 주효과검정

- F분포 : $F_{(c-1,\ \sum_{i}^{c}\sum_{j}^{g}(h_{ij}-1))}$
- 유의수준 : α
- 임계치 : $F_{(\alpha;\ c-1,\ \sum_{i}^{c}\sum_{j}^{g}(h_{ij}-1))}$
- 검정통계량 F값 : $F = \frac{MSB_i}{MSE}$

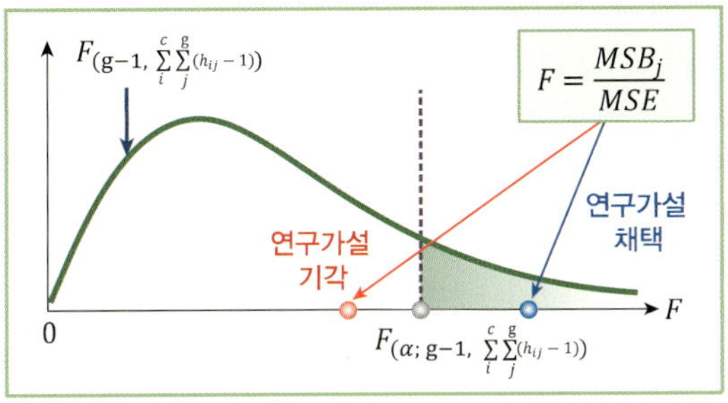

요인 j의 주효과검정

- F분포 : $F_{(g-1,\ \sum_{i}^{c}\sum_{j}^{g}(h_{ij}-1))}$
- 유의수준 : α
- 임계치 : $F_{(\alpha;\ g-1,\ \sum_{i}^{c}\sum_{j}^{g}(h_{ij}-1))}$
- 검정통계량 F값 : $F = \frac{MSB_j}{MSE}$

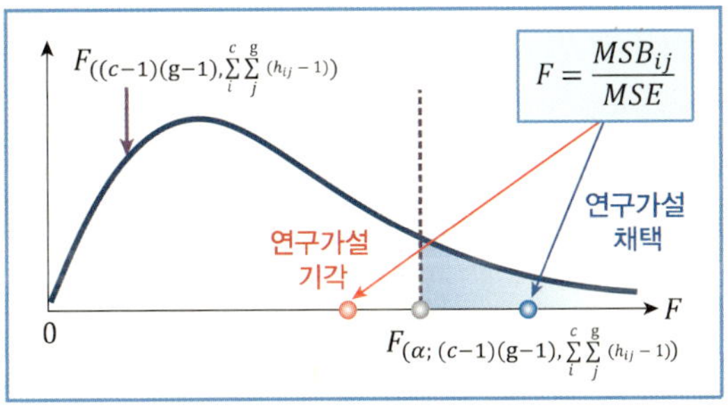

요인 i와 요인 j의 상호작용효과검정

- F분포 : $F_{((c-1)(g-1),\ \sum_{i}^{c}\sum_{j}^{g}(h_{ij}-1))}$
- 유의수준 : α
- 임계치 : $F_{(\alpha;\ (c-1)(g-1),\ \sum_{i}^{c}\sum_{j}^{g}(h_{ij}-1))}$
- 검정통계량 F값 : $F = \frac{MSB_{ij}}{MSE}$

- 주효과와 상호작용효과에 대한 검정이 가능한 이원분산분석에서는 2가지 요인을 다루고 있으므로 2가지 요인에 대한 검정 이외에 요인 i와 요인 j의 상호작용효과에 대한 검정까지 별도로 해야 함
  (1) 요인 i에 의하여 구분되는 집단 간 평균에 차이가 있는지를 일원분산분석에서와 같은 방법으로 검정함
  (2) 요인 j에 의하여 구분되는 집단 간 평균에 차이가 있는지를 일원분산분석에서와 같은 방법으로 검정함
  (3) 요인 i와 요인 j에 의해 구분되는 집단 간 평균차이에 상호작용효과가 존재하는지를 검정함
- 상호작용효과검정이 가능한 이원분산분석의 가설검정은 '각 요인에 따라 구분되는 집단 간 평균에 차이가 있다'와 '요인 i와 요인 j에 의하여 구분되는 집단 간 평균차이에는 상호작용효과가 존재한다'가 연구가설로 설정됨
- 2개의 자유도로 결정되는 F분포상에서 유의수준(α)에 따라 결정되는 임계치 F값과 표본으로부터 구한 검정통계량 F값을 비교하여 검정통계량 F값이 임계치보다 클 경우 연구가설을 채택함

그림 12-31 | 상호작용효과와검정이 가능한 이원분산분석에서의 상호작용효과분석

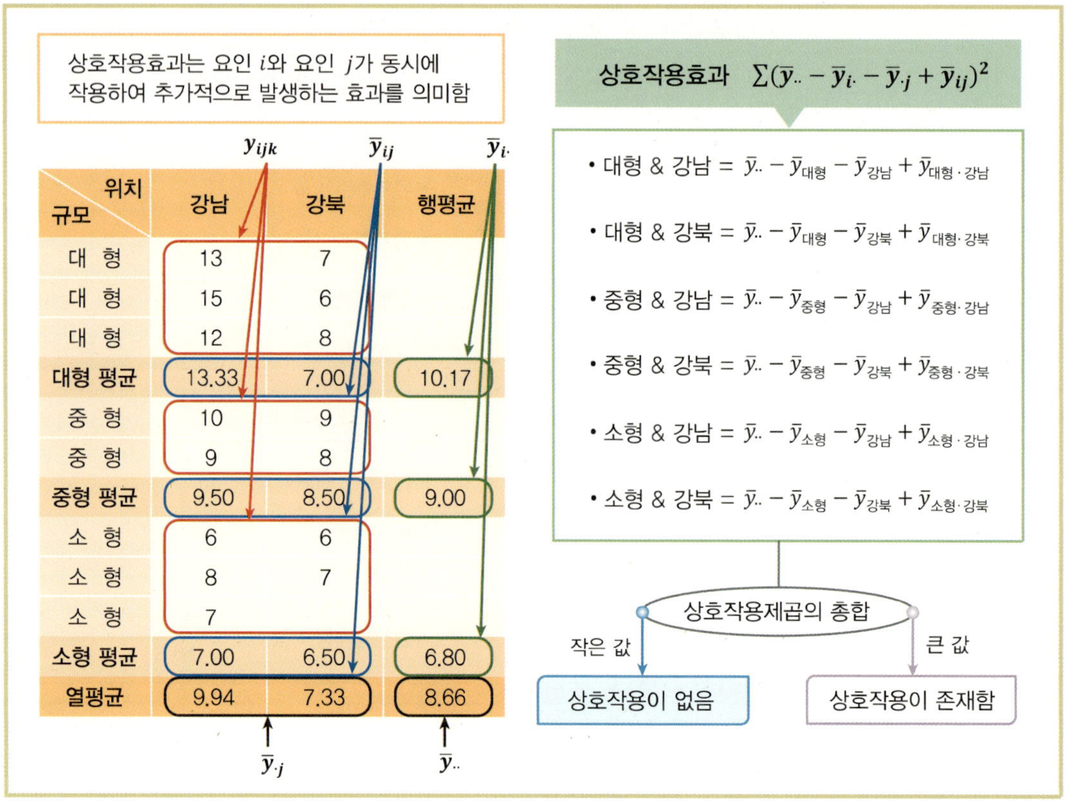

이원분산분석에서의 상호작용효과를 검정하는 과정을 추가적으로 설명하면 다음과 같다. 일반적으로 상호작용효과는 요인 i와 요인 j가 동시에 작용하여 발생하는 효과를 의미한다. 즉, 요인 i와 요인 j로 인한 특정한 집단 내에서의 개별적인 효과 이외에 이들이 같이 작용함으로써 발생하는 추가적인 효과를 말한다. [그림 12-31]에서 보여주는 것처럼 상호작용효과를 나타내는 식은 $\bar{y}_{\cdot\cdot} - \bar{y}_{i\cdot} - \bar{y}_{\cdot j} + \bar{y}_{ij}$이 된다. 이 값은 전체평균($\bar{y}_{\cdot\cdot}$)에서부터 관측치가 속한 요인 i에 의해서만 구분되는 집단의 평균($\bar{y}_{i\cdot}$)과 요인 j에 의해서만 구분되는 집단의 평균($\bar{y}_{\cdot j}$)을 빼면, 요인 i와 요인 j를 모두 사용하여 구분되는 집단의 평균($\bar{y}_{ij}$)을 이중으로 빼는 결과가 되기 때문에 두 요인에 의해 구분되는 집단의 평균($\bar{y}_{ij}$)을 다시 더해준 값이 된다.

[그림 12-31]의 식을 이용하여 개별 관측치에 대해 요인 i와 요인 j의 상호작용효과를 모두 계산한다. 개별 관측치의 상호작용효과를 모두 합산한 결과 그 값이 작을 경우에는 상호작용효과가 없는 것으로 판단하고 클 경우에는 요인 i와 요인 j 간에는 상호작용효과가 존재한다고 판단한다.

그림 12-32 | 상호작용분석이 가능한 이원분산분석에서의 상호작용효과분석 그래프

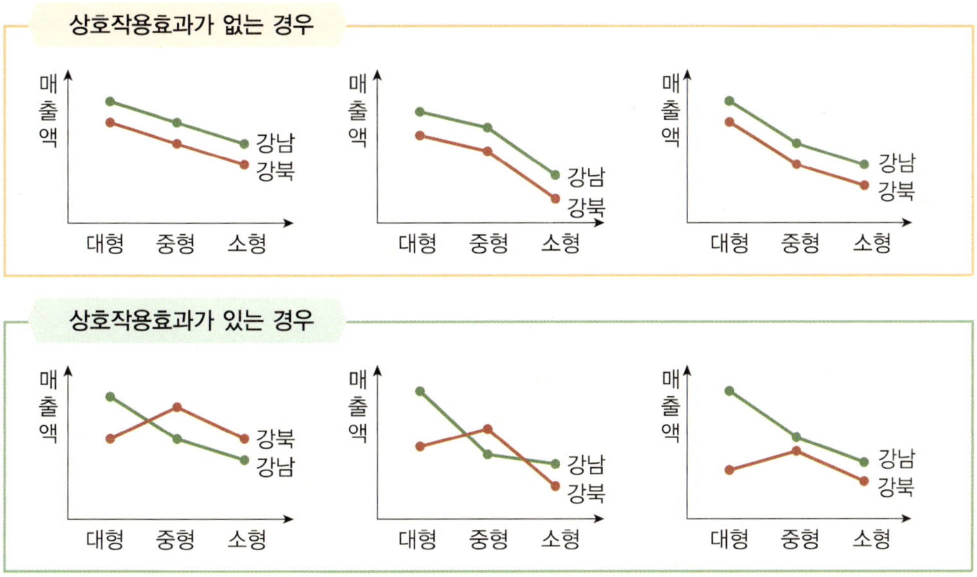

- 요인 1과 요인 2에 따른 상호작용효과의 존재 여부에 대한 판단은 그래프에서 한 요인(매장규모)의 변화를 나타내는 *X*축상의 값이 변화함에 따라 다른 한 요인(지리적 위치)을 나타내는 꺾은선들이 서로 평행한지 아닌지에 따라 판단함
- 위쪽 세 개의 그래프에서와 같이 꺾은선 그래프가 일정한 차이를 두고 서로 같은 모양으로 변하는 경우 2개의 요인들 간에 상호작용이 존재하지 않는 것으로 판단함
- 아래쪽 세 개의 그래프에서와 같이 꺾은선 그래프가 평행하게 같은 비율로 변하지 않는 경우에는 상호작용 효과가 있는 것으로 판단함

어느 정도 커야 유의한지에 대한 판단은 앞에서 설명한 바와 같이 오차평균제곱과의 비교를 통한 통계적 검정에 따라 달라진다. 이러한 상호작용효과를 이해하기 쉽게 그래프로 나타내면 [그림 12-32]와 같다.

그래프를 살펴보면, *Y*축은 매출액이 되고 *X*축은 점포의 규모를 나타내는 요인 1과 점포의 위치를 나타내는 요인 2가 그래프상에서 서로 다른 꺾은선으로 표시되고 있다. 이 경우 요인 1을 나타내는 *X*축 값의 변화에 따라 서로 다른 요인 2의 수준으로 나타나는 꺾은선들이 서로 평행한 경우도 있고 평행하지 않는 경우도 있다. 만일 [그림 12-32]의 위쪽 그래프들에서와 같이 그래프상의 꺾은선들이 서로 평행하면 상호작용이 없는 것으로 판단할 수 있다. 이 경우에는 점포규모가 대형에서 중형 그리고 소형으로 변화함에 따라 줄어드는 매출액 크기의 변화는 강남과 강북에서 모두 같게 나타나고 있다. 즉, 점포가 대형에서 중형으로 바뀌는 경우에는 점포가 강남에 있는지 아니면 강북에 있는지를 굳이 구분할 필요 없이 매출액이 서로 같은 비율로 줄어드는 것으로 판단하면 된다.

그러나 꺾은선 그래프가 서로 평행하지 않는 경우에는 상호작용이 있는 것으로 판단한다. 즉, 대형에서 중형으로 점포의 규모가 작아지는 경우, 그 점포가 어디에 위치하고 있는가에 따라 매출액이 변하는 정도가 다르다. [그림 12-32]의 아래쪽에 있는 그래프들을 보면 대형에서 중형이 됨에 따라 강남에 있는 점포는 매출액이 크게 감소하나, 강북에 있는 점포는 매출이 크게 감소하지 않고 오히려 매출액이 증가하는 것으로 나타났다. 따라서 점포의 규모를 나타내는 요인 1의 수준과 점포의 위치를 구분하는 요인 2의 수준을 모두 알아야 점포의 평균매출액을 파악할 수 있다. 즉, 요인 1과 요인 2의 수준을 알아야 해당 집단(셀)의 평균을 파악할 수 있다.

CHAPTER 13

회귀분석

(Regression Analysis)

Chapter 13

회귀분석 (Regression Analysis)

통계학을 수강하고 있는 학생 중에 한 사람을 임의로 선정하여 밖에 잠시 나가 있으라 하고 이 학생의 키를 예측해보고자 하는 경우에 어떻게 추정하는 것이 가장 바람직한가? 키를 추정하고자 하는 학생에 관하여 아무런 추가적인 정보를 얻을 수 없는 경우에 생각할 수 있는 가장 손쉬운 방법은 수강생 모두에게 키를 물어 이들의 평균으로 밖에 있는 학생의 키를 예측하는 값으로 사용하는 것이다. 이것은 다른 아무런 추가적인 정보를 사용할 수 없는 경우에 사용할 수 있는 예측방법이다.

그러나 만일 밖에 있는 학생에게 질문하여 키를 제외한 다른 정보를 얻을 수 있다고 가정할 경우, 어떻게 하면 보다 정확한 예측을 할 수 있겠는가? 잠시 생각해본 결과, 몸무게와 키는 어느 정도 연관성이 있다고 생각하여, '몸무게를 알면 보다 정확하게 키를 짐작할 수도 있겠구나'라고 판단하여 밖에 나가 있는 학생의 몸무게를 물어보니 67kg이라고 한다. 이 경우 일반적으로 몸무게가 67kg 나가는 사람의 키는 대충 어느 정도일 것이라는 것을 마음속으로 짐작하여 추정할 수 있다. 그러나 이러한 방법으로 예측한 값은 추정하는 사람마다 크게 다를 수 있으며, 정확도 또한 그리 높지 않을 수 있다. 더 좋은 방법은 없겠는가?

보다 체계적이며 과학적인 방법으로는 몸무게와 키 간의 관계를 파악할 수 있는 모형을 만들어 이를 이용하면 보다 효과적으로 밖에 있는 학생의 키를 예측하는 것이다. 이를 위해서 우선 밖에 나가 있는 학생을 제외한 반 학생들 모두에게 키와 몸무게를 적도록 하여 키와 몸무게에 대한 자료를 수집한다. 이렇게 수집된 자료를 분석하여 키와 몸무게의 관계를 파악할 수 있는 모형을 만든 다음, 이를 이용하면 보다 효과적으로 밖에 나가 있는 학생의 키를 예측할 수 있다. 즉, 단순한 추측으로 몸무게가 67kg이니까 키가 얼마일 것이라고 예측하는 것이 아니고, 일반적으로 사람들의 몸무게가 몇 kg일 때, 키는 몇 cm정도 된다는 보편적인 관계를 나타내는 객관적인 모형을 만들어 키를 예측하는 것이다. 이러한 모형을 이용하면 몸무게가 67kg인 학생의 키를 100% 정확하게 예측할 수는 없을지라도, 다른 방법에 비해서는 비교적 적은 오차로 예측할 수 있다.

이렇게 변수들 간의 관계를 파악하여 어떤 현상을 예측하고 설명하는 데에 사용되는 가장 대표적인 분석방법이 바로 회귀분석이다.

제1절 회귀분석(Regression Analysis)

1.1 회귀와 회귀분석(Regress and Regression Analysis)

1) 회귀의 어원(Etymology of Regression)

일반적으로 사람들은 키가 큰 아버지로부터 태어나는 아들의 키는 아버지처럼 클 것이라고 생각한다. 그렇다면 같은 세대의 평균보다 비정상적으로 키가 큰 아버지로부터 태어나는 아들의 키도 아버지처럼 비정상적으로 클 것인가? 만약 그렇다면 키가 큰 사람들의 자손들은 영원히 키가

≫그림 13-1 | 회귀의 어원

크고, 키가 작은 사람들의 자손들은 영원히 키가 작지 않겠는가?

우생학의 창시자인 다윈의 사촌이 되는 유전학자 프란시스 골턴(Sir Francis Galton, 1822~1911)은 유전의 법칙에 대해 연구하다가 회귀의 법칙을 발견하였다. 그는 아들의 키를 아버지의 키와 비교할 경우, 아버지의 키가 아무리 크다고 할지라도 아들의 키는 모집단(아들 세대)의 평균으로 접근하는 경향이 있다는 것을 발견하였다. 즉, 키가 큰 아버지는 자신보다 키가 좀 더 작은 아들을 가지며, 키가 작은 아버지는 자신보다 좀 더 큰 아들을 갖는 경향이 있다. 골턴은 이러한 현상을 평균으로의 회귀(regression toward mean)라고 하였다. 이처럼 **회귀분석의 회귀란 평균으로 되돌아간다는 의미이다.**

2) 회귀분석의 이론적 배경(Theoretical Background of Regression Analysis)

앞의 사례에서 통계학을 수강하는 학생들 중에서 어느 한 명의 키를 추정하고자 할 경우, 아무런 정보가 없으면 반 학생들의 평균키로 추정한다고 하였다. 이것도 엄밀히 말하면 회귀의 법칙에 의한 것이다. 프란시스 골턴이 아버지와 아들의 키를 통해서 밝혀낸 것과 같이, 사람들의 키는 결국은 모집단의 평균으로 회귀한다. 따라서 평균값으로 밖에 나가 있는 학생의 키를 예측하는 것은 적절한 방법으로 볼 수 있다.

그러나 단순히 평균값으로 밖에 나가 있는 학생의 키를 예측하는 경우에는 예측 정확도가 많이 떨어지기 때문에 추가적인 정보를 얻을 수만 있다면 이를 이용하여 예측하는 것이 바람직하다. 예를 들어, 몸무게라는 추가적인 정보를 얻을 수 있다면 어떤 방법으로 예측하는 것이 좋은지 살펴보도록 하자.

[그림 13-2]의 첫 번째 그림은 몸무게에 따른 사람들의 키를 산점도로 나타낸 것이다. 일반적으로 몸무게가 증가함에 따라 키가 커짐을 알 수 있다. 따라서 몸무게에 따라 집단을 구분한 후 집단의 평균키로 추정하는 것이 집단을 구분하지 않은 전체 평균키로 추정하는 것보다 바람직한 방법이 된다. 먼저 [그림 13-2]의 두 번째 그림과 같이 학생들을 10kg 단위로 구분하여 집단을 만든다. 다음으로 각각의 집단에 속한 모든 학생들의 키를 조사하여 집단별로 평균키를 구한다. 즉, 40kg대 집단에 속하는 학생들의 평균키를 구할 수 있고, 50kg대 집단에 속하는 학생들을 평균키를 구할 수 있으며, 이렇게 모든 집단의 평균키를 구한다. 그리고 밖에 나가 있는 학생의 몸무게를 물어봐서 만일 67kg이라고 한다면 60kg대 집단의 평균키로 그 학생의 키를 추정한다.

이런 방식으로 밖에 있는 학생의 키를 추정하는 것이 단순히 전체 학생들의 평균키 값으로 예측하는 것보다 더 정확한 예측이 될 수 있다. 그러나 이렇게 몸무게를 10kg 단위로 나누어 집단을

그림 13-2 | 회귀분석의 이론적 배경

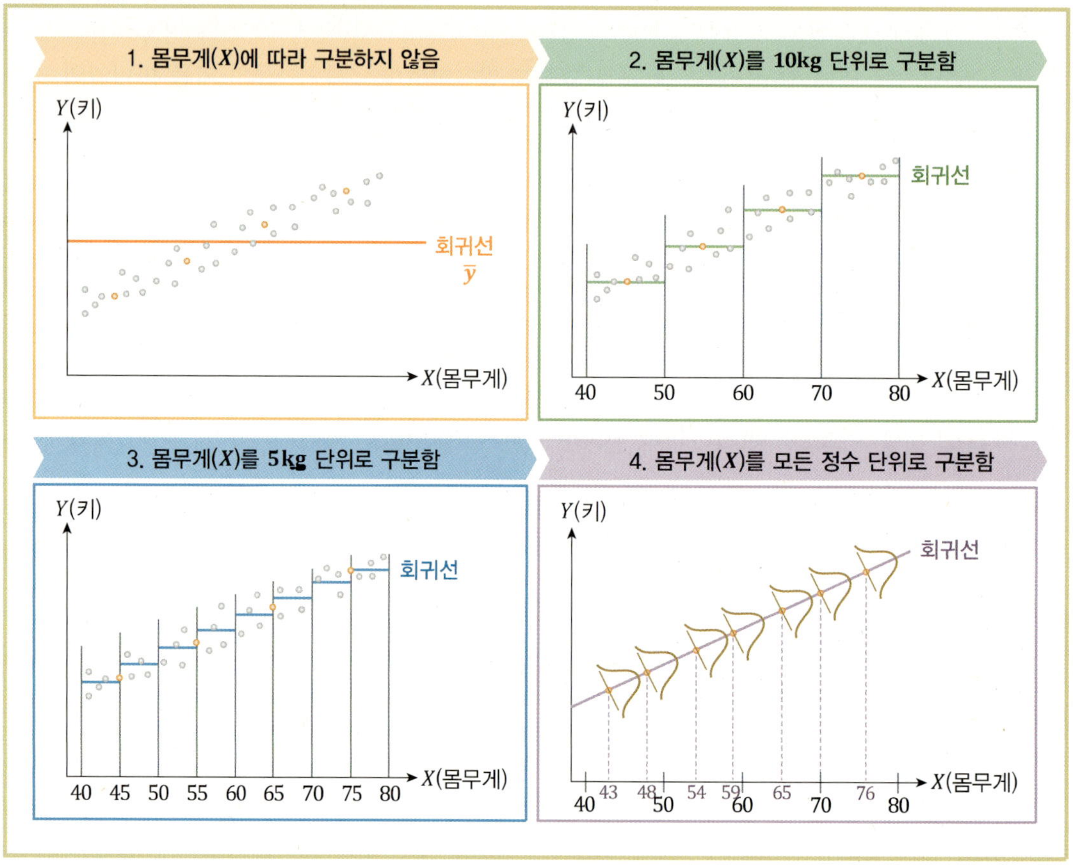

구분한 경우도 집단을 구분하기 전의 전체 집단에서와 마찬가지로 각각의 집단에 속한 사람들의 키는 자신이 속한 집단의 평균으로 회귀한다는 것을 전제로 하고 있다.

여기서 좀 더 나아가서 학생들의 몸무게를 5kg 단위로 구분하여 집단을 만들 수 있으며, 더 세부적으로는 1kg 단위로 구분하여 집단을 만들 수도 있다. 이처럼 집단을 나누는 단위를 세분화하면 결국은 X축상의 모든 점들이 집단을 나누는 단위가 될 수 있다. 통계학을 수강하는 학생들의 경우에는 구성원의 수가 제한되어 있기 때문에 각 점에 해당하는 몸무게를 지닌 학생들이 있을 수도 있고 없을 수도 있다. 즉, 몸무게가 55kg인 학생들이 있을 수도 있고 없을 수도 있으며, 단 한 명만 있을 수도 있다. 그러나 이것을 모집단인 전체 사람들을 대상으로 하여 생각하면, 각각의 점에 해당하는 특정한 값의 몸무게를 가진 사람들을 모두 모아 개별적인 집단을 구성할 수 있다. 그리고 각 집단에 속한 사람들의 키는 그 집단의 평균으로 회귀하기 때문에 해당 집단의 평균키값으로 그 집단에 속한 사람들의 키를 추정한다. 이렇게 하면 사람들의 몸무게가 몇 kg일 때 키가 몇 cm이다라는 일반적인 관계를 도출할 수 있으며, 이를 이용하면 어떠한 값의 몸무게이든 간에 그 몸무게에 해당하는 키값을 예측할 수 있다.

이때 세분화된 각 집단의 평균을 통과하는 직선을 그릴 수 있는데, 이것이 바로 회귀선이다. 즉, 주어진 X값의 각 점에 대응하는 Y값들의 평균을 관통하는 직선이 바로 회귀선이다. 그리고 이러한 회귀선을 도출하기 위한 분석방법이 바로 회귀분석이다. 따라서 회귀분석은 변수와 변수 간의 관계를 나타내는 회귀선을 도출하여 이를 바탕으로 독립변수 X값이 주어졌을 경우 이에 대응하는 종속변수 Y값을 예측하거나 종속변수에 대한 독립변수의 영향을 설명하는 데에 사용되는 분석방법이다.

3) 회귀분석의 정의(Definition of Regression Analysis)

회귀분석이란 변수들 간의 함수관계를 분석하는 방법 중의 하나로 독립변수(independent variable)가 종속변수(dependent variable)에 미치는 영향력의 크기를 파악하고, 이를 통하여 독립변수의 일정한 값에 대응하는 종속변수값을 예측하는 모형을 산출하는 방법이다.

예를 들어, 광고횟수와 매출액의 관계나 자동차대수와 미세먼지농도와의 관계, 그리고 담배 판

≫그림 13-3 | 회귀분석의 정의

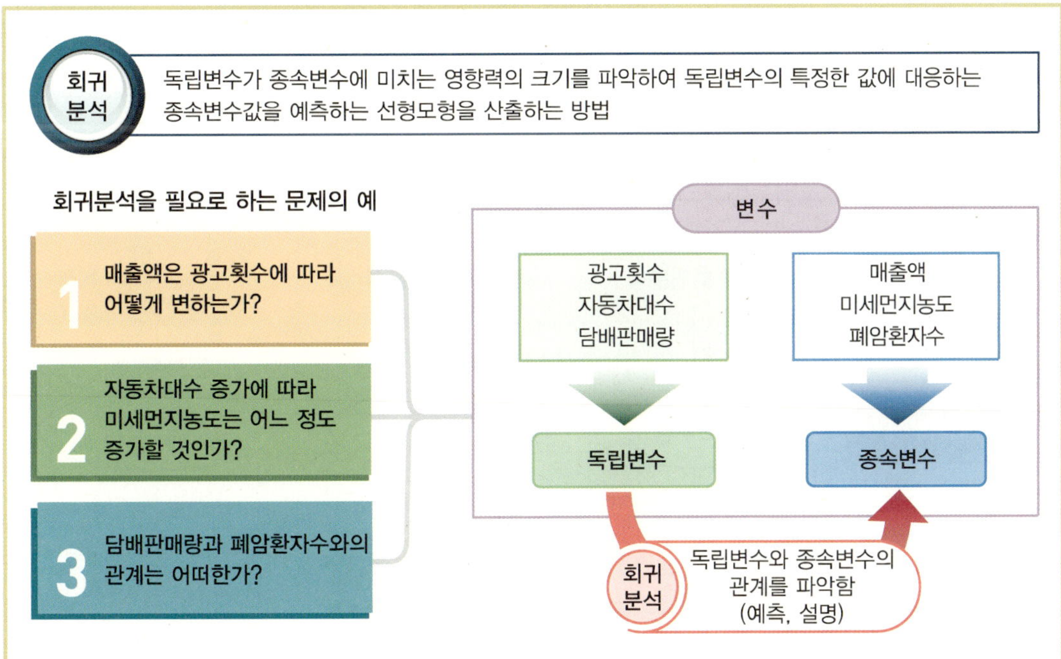

매량과 폐암환자수와의 관계 등을 파악하고자 하는 경우 회귀분석이 유용하게 사용될 수 있다. 이때 광고횟수와 자동차대수 그리고 담배판매량처럼 독립적으로 변하며 다른 변수에 영향을 주는 변수를 독립변수라고 하고, 매출액과 미세먼지농도 그리고 폐암환자수처럼 독립변수에 영향을 받아 종속적으로 변하는 변수를 종속변수라고 한다. 이러한 회귀분석은 오늘날 사회과학분야에서 가장 널리 쓰이고 있는 분석방법이다.

1.2 회귀분석의 종류(Types of Regression Analysis)

회귀분석을 독립변수의 수에 따라 구분하기도 하는데 독립변수가 1개이면 단순회귀분석(simple regression)이라 하고, 2개 이상이면 다중회귀분석(multiple regression)이라 한다. 또한 명목척도나 서열척도로 측정된 변수를 독립변수로 사용하고자 하는 경우에는 이항변수(binary variable)로 표시된 몇 개의 더미변수(dummy variable)를 이용하여 분석할 수 있는데, 이러한 회귀분석을 등간척도나 비율척도로 측정한 변수를 독립변수로 이용하는 일반회귀분석과 구분하여 더미변수를 이용한 회귀분석(dummy variable regression)이라 한다. 이외에도 독립변수와 종속변수 간의 관계에 따라 선형회귀분석과 비선형회귀분석으로 나누어진다. 이러한 회귀분석의 종류를 요약하여 정리하면 [그림 13-4]와

>> 그림 13-4 | 회귀분석의 종류

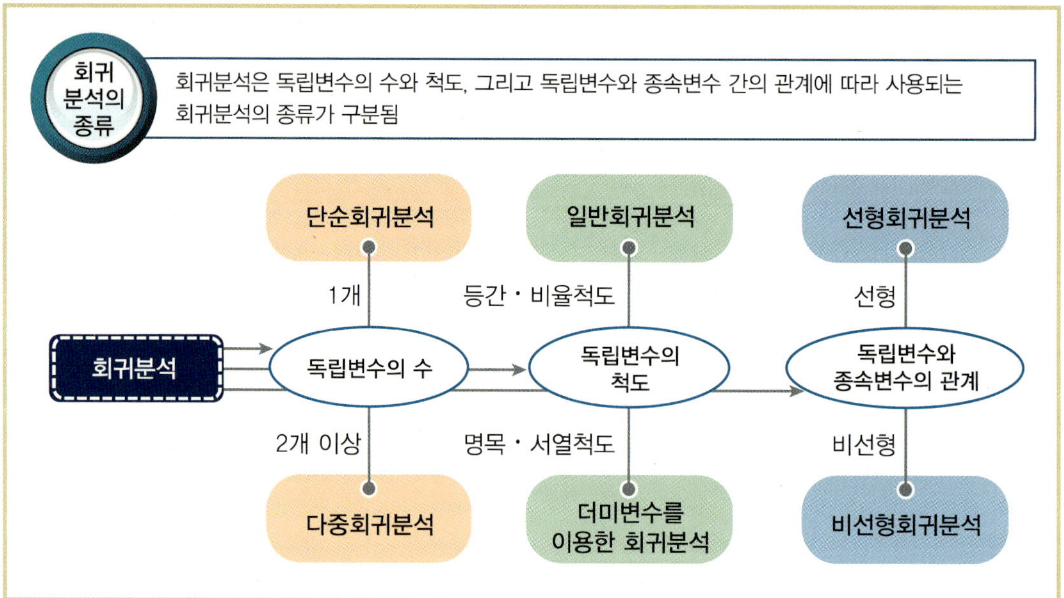

같이 나타낼 수 있다.

회귀분석의 종류를 구체적인 예를 들어 설명하면, 종속변수인 키를 예측하거나 설명하는 데 있어서 앞에서의 예와 같이 몸무게 하나만을 독립변수로 사용하는 분석을 단순회귀분석이라 한다. 그러나 몸무게에 관한 정보만으로는 뚱뚱하면서 키가 작은 사람이나 마르면서 키가 큰 사람의 키를 예측하기에는 충분하지 못하다. 따라서 살찐 사람과 마른 사람을 구분할 수 있는 기준이 하나 더 필요하다고 생각하는 경우, 허리둘레를 나타내는 값을 또 하나의 독립변수로 사용할 수 있다. 이렇게 하여 키를 예측하는 경우에는 몸무게뿐만 아니라 허리둘레라는 키와 연관된 독립변수를 하나 더 사용함으로써 보다 정확하게 키를 예측할 수 있다. 이처럼 2개 이상의 독립변수를 사용하는 회귀분석을 다중회귀분석이라고 한다.

또한 키는 성별에 따라 차이가 있다. 일반적으로 남자는 여자보다 키가 크다. 따라서 성별도 키에 영향을 미치는 중요한 변수가 된다. 즉, 몸무게 및 허리둘레와 더불어 성별도 하나의 독립변수로 활용해서 회귀분석을 할 필요가 있다. 그러나 회귀분석에서 사용되는 독립변수와 종속변수는 모두 다 등간척도나 비율척도로 측정된 양적변수이어야 한다. 반면에 성별은 명목척도로만 측정이 가능한 질적변수로서 이를 회귀분석에서 활용하는 것은 쉽지 않다. 성별 외에도 봄, 여름, 가을, 겨울과 같은 계절은 많은 기업, 특히 의류나 빙과류 회사의 매출에 큰 영향을 미치는 중요한 변수가 된다. 이러한 경우 명목척도로만 표시되는 성별이나 계절의 영향을 어떻게 회귀분석에 활용할 수 있는가?

성별이나 계절처럼 명목척도나 서열척도로 측정된 변수를 회귀분석에서 활용하고자 하는 경우에는 이러한 변수를 0과 1의 값만을 갖는 몇 개의 이항변수(binary variable)로 바꾸어 표시한 다음 이들을 회귀분석에 사용하여 분석할 수 있다. 예를 들어, 성별의 경우 남자는 1로 여자는 0으로 표시하거나, 계절의 경우 계절의 수(4)에서 1을 뺀 수, 즉 3개의 더미변수를 이용하여 계절을 구분할 수 있도록 한 다음 이들을 활용해서 회귀분석을 한다. 이렇게 명목척도로 측정된 변수의 범주를 구분할 수 있도록 가상적으로 만든 이항변수들을 더미변수(dummy variable)라 한다. 또한 이처럼 더미변수를 독립변수로 이용해서 분석하는 회귀분석을 일반적인 회귀분석과 구분하여 더미변수를 이용한 회귀분석이라고 한다.

일반적으로 회귀분석은 독립변수와 종속변수 간의 선형관계를 전제로 하고 있다. 예를 들어, 몸무게와 키의 관계처럼 독립변수값이 증가함에 따라 종속변수값도 일정한 폭으로 증가하거나 감소하는 선형관계를 말한다.

그러나 경우에 따라서는 종속변수와 독립변수의 관계가 선형이 아닌 경우도 있다. 예를 들어,

광고금액과 매출액 간의 관계를 보면, 광고금액을 아무리 많이 늘린다고 해도 광고비의 증가에 따라 같은 비율로 매출이 지속적으로 증가하기는 어렵다. 처음에 어느 수준까지는 투입하는 광고액에 따라 매출이 거의 선형적인 관계로 증가하나, 광고액이 어느 수준을 넘게 되면 광고비 지출에 따른 추가적인 매출이 점차 감소하게 되는 현상이 나타난다. 따라서 엄밀히 말하면 광고액과 매출액 간의 관계는 선형이 아닌 비선형관계이다.

비선형관계란 독립변수가 일정한 폭으로 증가해도 종속변수의 증가폭이 일정하지 않은 경우를 말한다. 즉, 일정수준까지는 광고액이 증가함에 따라 매출액도 일정하게 증가하나, 일정수준이 넘어가면 광고액을 아무리 늘려도 매출액의 증가는 뚜렷하게 나타나지 않는다. 그러나 광고액과 매출액 간의 관계는 완전히 불규칙한 비선형의 관계가 아니라 어느 정도 일정한 규칙적인 관계이다.

이처럼 독립변수와 종속변수 간의 관계가 선형은 아니더라도 어느 정도 규칙이 있는 비선형관계일 경우에 회귀분석을 이용한 분석이 가능한가? **비선형관계가 어느 정도 단조로운(monotonous) 비선형관계이면 회귀분석이 가능하다.** 만일 독립변수를 치환하여 새로 만든 독립변수가 종속변수와 선형관계가 될 수 있으면 회귀분석이 가능하다. 예를 들어, 광고액과 매출액 간의 관계의 경우 광고액을 로그함수를 이용하여 치환하면 광고액의 로그값과 매출액은 비교적 선형에 가까운 관계를 갖게 된다. 따라서 치환하여 얻은 광고액의 로그값을 이용하면 보다 효과적으로 회귀분석을 할 수 있다. 이렇게 **독립변수를 치환한 값을 새로운 독립변수로 하여 종속변수와의 관계를 분석하는 회귀분석을 비선형회귀분석이라 한다.** 그러나 경우에 따라서는 독립변수 대신 종속변수를 치환하여 분석하기도 한다. 본장에서는 지금까지 설명한 다양한 종류의 회귀분석들에 대해서 하나씩 예를 들어 가며 설명한다.

1.3 회귀분석의 전제조건(Precondition of Regression Analysis)

회귀분석을 할 경우 대부분의 사람들은 단순히 회귀모형의 설명력을 나타내는 결정계수와 독립변수의 영향력을 나타내는 회귀계수에 대해서만 관심을 갖는다. 그러나 분석에 사용할 자료가 회귀분석에 적합하지 않을 경우에는 회귀분석 결과를 신뢰할 수 없는 경우가 있다. 따라서 회귀분석의 수행 결과로 산출된 모형을 신뢰하고 이를 이용하여 예측하거나 그 결과를 의사결정에 효과적으로 활용하기 위한다면 회귀분석에 사용될 자료는 다음의 몇 가지 전제조건을 충족해야 한다.

이러한 전제조건이 충족된 상태에서 회귀분석이 수행되어야만 분석결과를 믿고 활용할 수 있다.

첫째, 특정한 독립변수값(x_i)에 해당하는 종속변수값(y_i)들은 정규분포(normal distribution)를 해야 하며, 모든 정규분포의 분산은 동일해야 한다. 예를 들어, 몸무게와 키의 관계를 회귀분석으로 분석하고자 하는 경우 주어진 특정한 독립변수값(x), 예를 들어, 몸무게가 60kg인 모든 사람들의 키를 나타내는 종속변수값(y)들은 정규분포해야 한다. 또한 몸무게가 55kg인 사람들의 키값들도 정규분포해야 하며 이들 두 분포의 분산은 서로 동일해야 한다. 즉, 어떠한 독립변수값(x)이든 이 값을 갖는 모든 관측치의 종속변수값들은 정규분포해야 하며, 이들의 분산은 모두 동일해야 한다.

이를 그림으로 표현하면 [그림 13-5]의 ①번 그림과 같이 특정한 독립변수값(x)에 대응하는 종속변수값(y)들의 분포는 모두 정규분포를 해야 회귀분석을 통하여 신뢰할 수 있는 모형을 도출할 수 있으며, 이때의 회귀선은 모든 정규분포의 중심인 평균을 관통하는 선이 된다. 또한 독립변수(x_i) 값에 따라 결정되는 집단별 종속변수(y_i)들의 평균이 되는 회귀식의 예측값($\hat{y}_i$)들은 서로 달라도 분산은 모두 같아야 한다는 등분산성을 만족시켜야 한다.

이러한 입력자료의 전제조건을 개별 종속변수값(y_i)에서 이들이 속한 집단의 평균값이 되는 회귀식의 예측값($\hat{y}_i$)을 뺀 값, 즉 오차($e_i = y_i - \hat{y}_i$)의 개념으로 표현하면 [그림 13-5]의 ②번 그래프와 같다. 이 그래프에서도 볼 수 있듯이, 독립변수값(x_i)에 따라 결정되는 집단의 오차(e_i)는 0을 중심으로 하는 정규분포를 하며, 집단별 예측오차(e_i)의 분산은 모두 같다. 즉, 오차분포의 평균은 0이고 분산은 모두 동일하나. 이러한 오차의 분포는 특정한 독립변수값(x_i)을 갖는 종속변수값(y_i)들의 분포를 이들의 평균에 해당하는 회귀식의 예측값($\hat{y}_i$)만큼 수평이동시킨 분포와 같다.

그러나 만일 독립변수값(x_i)에 대응하는 종속변수값(y_i)들이 정규분포하지 않고 제각각 나름대로의 분포를 한다면 이러한 자료를 이용한 회귀분석결과로 얻게 되는 회귀식에 대하여 신뢰하기 어렵다. 또한 처음부터 이러한 자료는 회귀분석을 이용하여 분석하는 것이 타당하지 못하다고 판단할 수 있다. 그러나 이러한 기준이 항상 매우 엄격하게 적용되는 것은 아니며, 실제로 대부분의 경우 자료의 정규분포성이나 등분산성을 사전에 정확하게 파악하고 회귀분석한다는 것은 거의 불가능하다. 따라서 이러한 정규분포성과 등분산성에 대한 가정은 명목척도처럼 특별한 척도로 측정한 변수가 아니면 묵시적으로 이러한 전제조건이 성립된다는 전제하에 회귀분석을 실시하는 것이 일반적이다.

둘째, 종속변수값(y_i)들은 통계적으로 서로 독립적이어야 한다. 일반적으로 회귀분석은 독립변수값(x_i)의 변화에 따른 종속변수값(y_i)의 변화를 분석하는 것이다. 그러나 독립변수값(x_i)의 변화에

그림 13-5 | 회귀분석의 전제조건

회귀분석의 전제조건

- 특정한 독립변수(x_i)값을 갖는 종속변수(y_i)값들은 정규분포해야 하며, 이들의 분산은 모두 동일해야 함
- 종속변수(y_i)값들은 통계적으로 서로 독립적이어야 함
- 독립변수들이 여러 개인 경우 이들 독립변수들 간에는 다중공선성이 존재하지 않아야 함

- 특정한 독립변수(x_i)값을 갖는 종속변수(y_i)값들의 분포는 독립변수(x_i)값에 따라 서로 평균은 다를 수 있으나 분산은 모두 같은 정규분포를 해야 함
- 종속변수(y_i)값들의 분포를 종속변수(y_i)값과 독립변수(x_i)값에 따라 구분되는 집단의 평균($\bar{y}$)과의 차이를 나타내는 오차값($e_i = y_i - \bar{y}_i$)의 분포로 나타내면 아래 2번 그래프와 같음

① 특정한 독립변수(x_i)값에 대응하는 종속변수(y_i)값들의 분포는 모두 같은 모양의 정규분포임

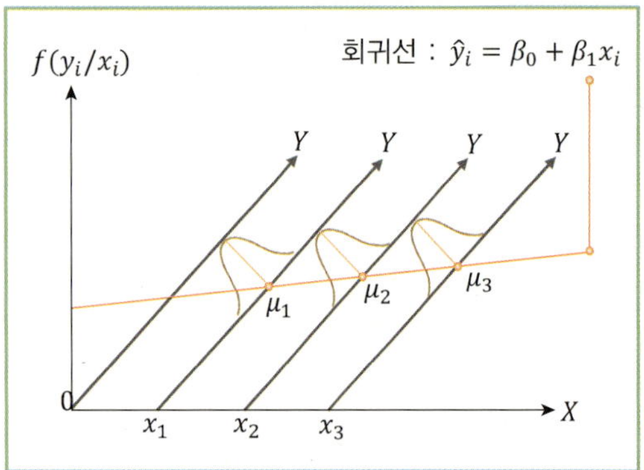

② 특정한 독립변수(x_i)값에 대응하는 오차값($e_i = y_i - \hat{y}_i$)들의 분포는 모두 동일한 모양의 정규분포임

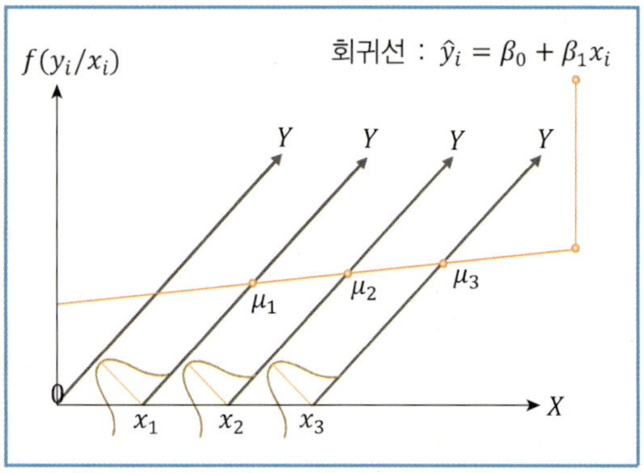

③ 특정한 독립변수(x)값에 대응하는 종속변수(y)값들이 정규분포하지 않거나 분포별로 분산이 서로 다른 경우

- 그러나 오른쪽 그래프에서와 같이 독립변수(x_i)값에 따라 구분되는 집단별 종속변수(y_i)값들의 분포가 정규분포가 아니거나 분포별로 분산이 모두 다른 경우, 이러한 자료를 이용하여 회귀분석하면 신뢰할 수 있는 회귀모형을 도출할 수 없음

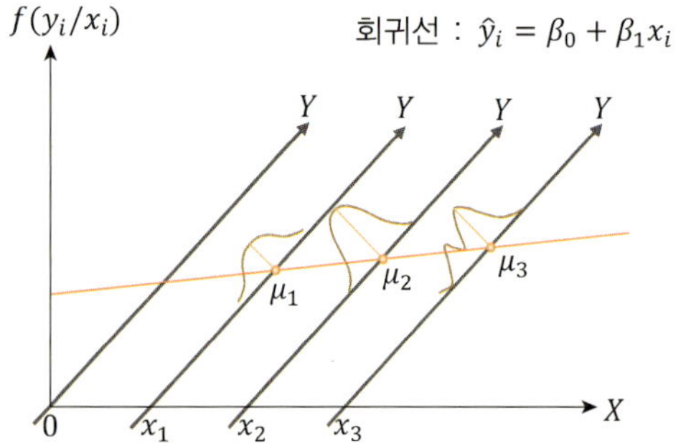

관계없이 종속변수값(y_i)들끼리 서로 영향받아 변한다면 올바른 회귀모형을 도출할 수 없다. 예를 들어, 몸무게와 키의 관계를 분석하는 경우 집단 내에서는 서로 동질성이 강하고 타 집단과는

이질성이 두드러진 아프리카의 특정한 종족이나 집단의 자료가 분석자료의 일부로 포함된다면 이러한 자료를 이용하여 올바른 회귀모형을 도출하기 어렵다. 또한 전기의 값이 다음기의 값에 영향을 미칠 수 있는 시계열값들, 예를 들어 매일매일의 주가지수나 환율과 같은 값들을 종속변수로 하는 회귀분석은 문제가 있다. 이러한 경우에는 종속변수들 간의 연관성을 제거한 후 회귀분석을 하거나 이러한 연관성을 통제하며 분석할 수 있는 특수한 회귀분석기법을 사용해서 분석해야 한다. 따라서 회귀분석에 사용되는 종속변수값(y_i)들은 서로 독립적이어야 하며 서로 연관되거나 영향을 미쳐서는 안 된다.

셋째, **다중회귀분석의 경우 독립변수들 간에 다중공선성(multicollinearity)이 존재하지 않아야 한다.** 다중공선성이란 [그림 13-6]에서 설명하는 바와 같이 독립변수들 간의 상관관계를 말한다. 하나의 독립변수가 다른 독립변수에 미치는 영향이 클 경우에 다중공선성이 존재한다고 본다. 다중공선성이 존재하는 경우에는 최소자승법에 의해 추정된 회귀모형의 표준오차값이 커지는 경향이 있으므로 회귀모형이 잘못 추정될 가능성이 높다. 또한 다중공선성이 클수록 추정된 회귀모형의 예측력은 그만큼 감소하게 된다. 예를 들어, 몸무게와 허리둘레가 키에 미치는 영향에 대해서 분석

그림 13-6 | 다중공선성

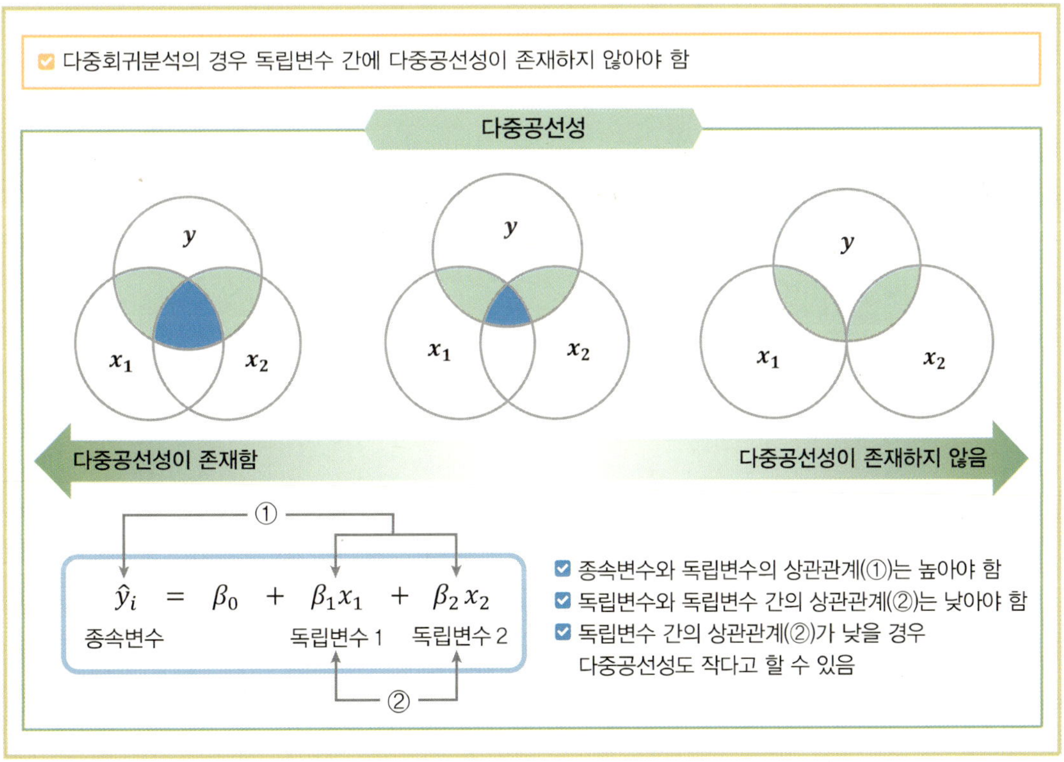

을 할 경우, 몸무게와 허리둘레가 서로 연관성이 높다면 정확한 회귀모형을 도출하기 어렵다.

보다 극단적인 예로 몸무게와 허리둘레 대신 왼손 길이와 오른손 길이를 독립변수로 사용하여 키를 추정하는 회귀모형을 개발하고자 하는 경우, 독립변수들 간에 높은 다중공선성이 존재한다. 즉, 왼손과 오른손 길이는 서로 매우 높은 상관관계가 있으므로 마치 똑같은 값을 갖는 2개의 변수를 동시에 독립변수로 사용해서 분석하는 것과 같다. 이렇게 극단적인 경우에는 왼손의 길이나 오른손 길이 중에 어느 하나만을 독립변수로 하여 모형을 추정하는 것이 옳다.

또한 몸무게와 허리둘레를 이용하여 키를 추정하고자 하는 경우에도, 몸무게와 허리둘레가 서로 상관관계가 높아서 이들 각각의 변수가 키값의 변화를 설명하는 부분 중에 60%가 중복되고, 개별적으로 키를 설명하는 부분이 각각 10%에 불과하다면, 차라리 몸무게와 허리둘레 중에 하나의 변수만을 선택해서 키값 변화의 70%만 설명하는 회귀식 모형을 개발하는 것이 바람직하다.

다중공선성을 진단하는 방법으로는 공차한계(tolerance)를 이용하는 방법이 있다. 공차한계란 여러 개의 독립변수들 중에 하나의 독립변수를 종속변수로 하고 나머지 다른 독립변수들을 독립변수로 한 회귀분석에서 모형의 설명력을 나타내는 결정계수(R^2)값을 구한 다음 이 값을 1에서 뺀 값($1-R^2$)이다. 따라서 공차한계가 커진다는 것은 하나의 독립변수가 다른 독립변수들에 의해 설명되는 변량이 작다는 것을 의미한다. 따라서 공차의 한계가 1에 가까워질수록 독립변수들 간에 다중공선성이 존재하지 않는다고 판단할 수 있다.

또 다른 방법으로는 분산확대지수(VIF : variance inflation factor)에 의한 방법이 있다. 이 값은 공차한계와 역수관계에 있기 때문에$\left(\text{VIF}=\frac{1}{\text{공차한계}}\right)$, 공차한계가 커서 1에 접근할수록 분산확대지수(VIF) 또한 1에 근접하게 된다. 따라서 분산확대지수(VIF)가 1에 가까워질수록 독립변수들 간에는 다중공선성이 없는 것으로 판단하며, 1을 초과하여 큰 값을 갖게 되면 독립변수들 간에 높은 다중공선성이 존재하는 것으로 판단한다.

제2절 단순회귀분석(Simple Regression Anlaysis)

단순회귀분석은 독립변수가 하나일 경우에 종속변수와의 관계를 분석하여 독립변수가 종속변수에 미치는 영향을 분석하는 방법이다. 예를 들어, IQ와 학업성적의 관계를 분석하여 IQ가 학업성적에 미치는 영향을 알아본다든가 혹은 자동차의 배기량과 연간 연료비와의 관계를 분석하여 배기량이 연료비에 미치는 영향을 파악하여 배기량에 따른 연료비 예측에 회귀분석을 사용할 수 있다.

이와 같이 두 변수 간의 관계를 분석하여 그 결과를 모형으로 개발하기 위해서는 우선 두 변수가 대략적으로 어떠한 관계를 가지고 있는지를 살펴볼 필요가 있다. 두 변수 간의 관계를 파악하는 데에 가장 효과적인 방법은 두 변수 간의 관계를 나타내는 산점도를 그려보는 것이다. 산점도란 하나의 변수를 가로(X)축으로 놓고, 다른 또 하나의 변수를 세로(Y)축으로 한 다음에 2개 변수의 값들을 동시에 갖는 개별 관측치들을 이들 X축과 Y축으로 구성된 좌표 위에 점으로 나타낸 그래프이다. 예를 들어, 통계학 과목을 수강하는 학생들의 키와 몸무게를 조사하여 산점도를 그리면 [그림 13-7]과 같은 그래프가 된다. 이러한 산점도를 보면 두 변수 간의 관계를 대략적으로 파악할 수 있다. [그림 13-7]에 있는 산점도를 보면 몸무게와 키는 양의 선형관계가 있음을 알 수 있다.

산점도를 통해서 두 변수 간의 관계를 개괄적으로 파악한 결과 두 변수가 양의 선형관계가 있다고 파악되어 이들 자료를 이용하여 회귀분석을 하고자 하는 경우 어떻게 회귀식이 도출되는가를

그림 13-7 | 산점도와 회귀선

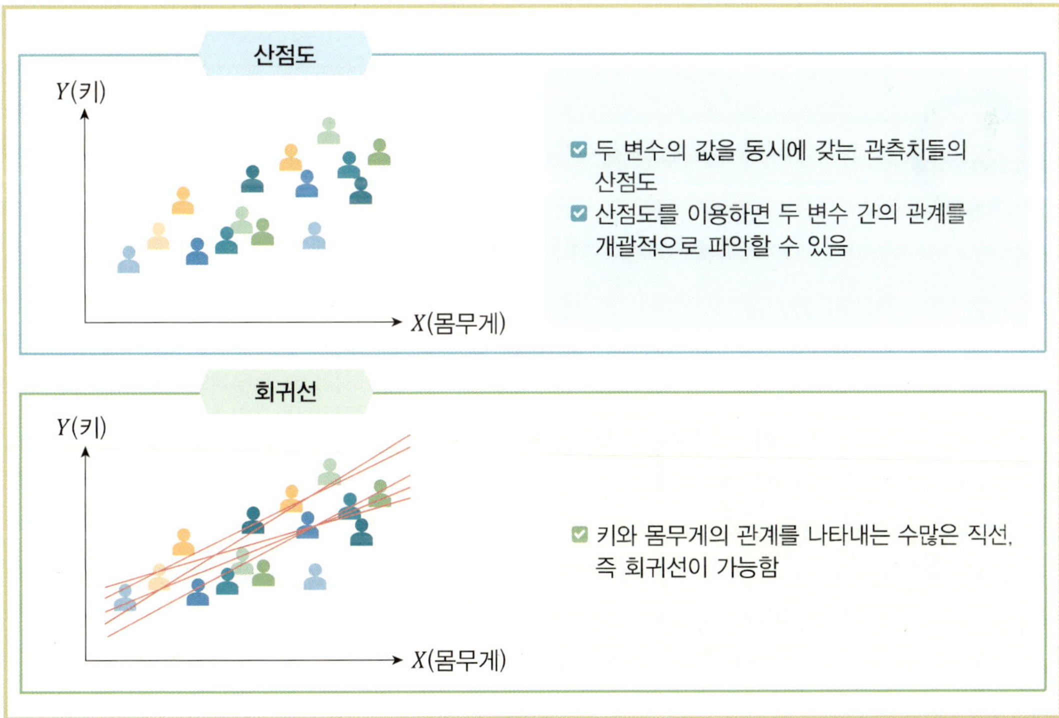

살펴보면 다음과 같다. [그림 13-7]의 아래 그림에서와 같이 산점도상의 관측치들을 통과하는, 즉 두 변수 간 양의 관계를 나타내는 직선은 수없이 많이 있을 수 있다. 이 직선들 중에 산점도의 정중앙을 통과하는 직선이 회귀분석으로 찾고자 하는 회귀선이 된다.

이러한 회귀선은 독립변수가 하나인 경우에는 어느 정도 눈대중으로도 찾아볼 수 있다. 그러나 구체적인 직선의 식은 구하기 어렵다. 따라서 정확하게 산점도에 표시된 관측치들의 정중앙을 통과하는 직선, 즉 최적의 회귀선을 보다 과학적인 방법으로 구할 필요가 있다. 이러한 경우 최적의 회귀선 도출에 사용되는 가장 대표적인 방법으로는 최소자승법이 있다. 최소자승법에 대해서는 뒤에서 자세히 설명하도록 한다.

단순회귀분석의 결과로 도출되는 회귀식은 $\hat{y}_i = \beta_0 + \beta_1 x_i$의 형태를 띠고 있다. 식에서 변수들을 대문자가 아닌 소문자로 표기하는 이유는 대부분의 경우 모집단으로부터 추출한 표본의 자료를 이용하여 분석하기 때문에 표본의 변수를 나타내기 위하여 소문자로 표기한다. 몸무게와 키의 관계를 나타내는 회귀식에서 변수 $\hat{y}_i$은 종속변수인 키의 추정치를 나타내고, 변수 x_i는 독립변수인 몸무게를 나타낸다. 또한 회귀선의 기울기를 나타내는 β_1은 회귀계수라 하며, 그 크기는 독립변수가 한 단위 증가함에 따른 종속변수의 증가분을 의미한다. 예를 들어, kg 단위로 측정된 몸무

그림 13-8 | 단순회귀분석

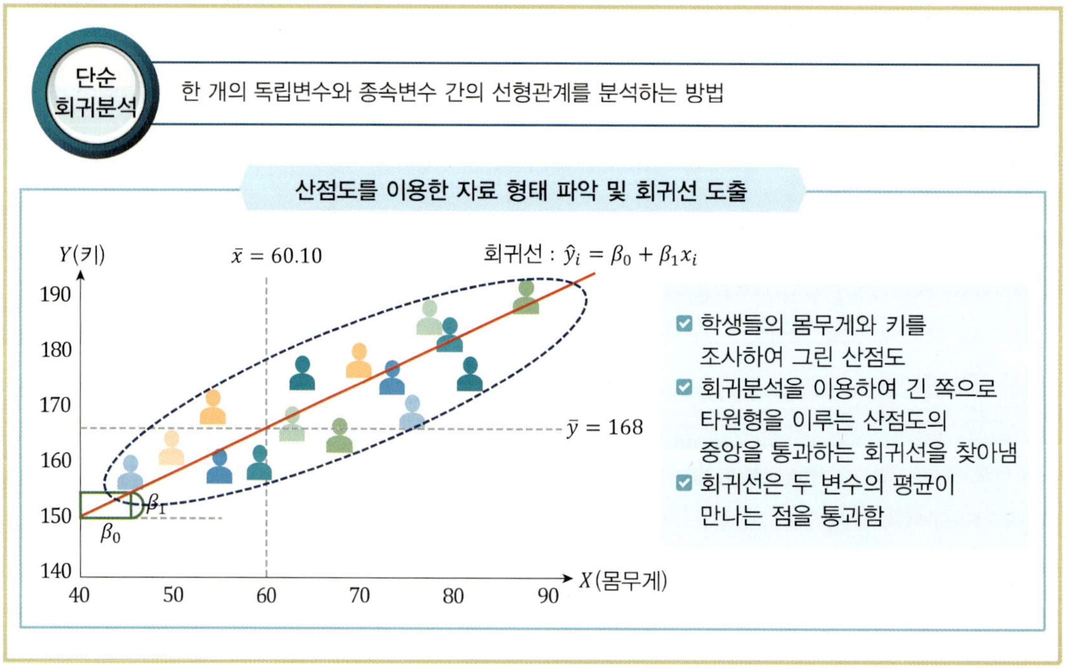

게가 1kg이 증가하는 경우 cm 단위로 측정된 키의 증가분을 나타낸다. 또한 β_0는 회귀직선이 Y축과 만나는 절편에 해당한다. 따라서 종속변수의 예측값($\hat{y}_i$)은 독립변수의 크기에 따른 증가분에 절편값을 추가한 값이 된다.

2.1 최소자승법을 이용한 회귀식 모형의 도출(Regression Model Deduced by Least-Squares Method)

[그림 13-9]는 몸무게로 키를 예측하는 회귀식 모형을 개발하기 위하여 통계학을 수강하는 학생들의 키와 몸무게를 조사한 결과를 표와 산점도로 나타낸 것이다. 산점도를 보면 몸무게와 키는 개괄적으로 양의 선형관계, 즉 양의 상관관계가 있음을 알 수 있다. 그러나 타원을 이루는 산점도

그림 13-9 | 회귀식의 도출 및 활용

자료

응답자		1	2	3	4	5	6	7	8	9	10	11	12	13	14	15	16	17	18	19	20	21	22	23	24	25	평균
변수 X	몸무게	88	52	78	72	76	49	50	56	63	73	48	57	64	65	56	73	45	60	62	64	47	51	74	88	56	62.7
변수 Y	키	186	169	181	179	184	162	159	169	172	177	163	167	175	170	169	182	148	170	166	172	160	163	170	182	163	170.3

산점도를 이용하여 독립변수와 종속변수 간의 개괄적인 관계를 파악함

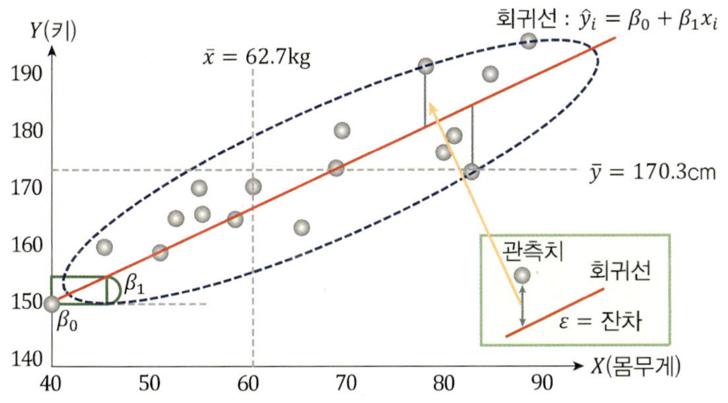

회귀식의 도출 및 활용

- 몸무게와 키에 관한 자료를 이용하여 선형 회귀식을 도출함
- 회귀식을 이용하여 몸무게에 따른 키를 예측함
- 도출된 회귀선은 두 변수의 평균이 교차하는 점을 통과함

상의 긴쪽으로 중앙을 지나는 회귀선을 눈대중으로 찾는다는 것은 쉽지 않으며, 그 결과를 구체적인 식으로 도출한다는 것은 더욱더 어렵다. 따라서 흩어져 있는 개별 관측치들과 산출될 회귀선과의 거리, 다른 말로 잔차(residual)를 최소화시킬 수 있는 회귀선의 식을 보다 객관적이며 과학적으로 구하는 방법이 필요하다.

회귀식을 도출할 수 있는 여러 방법 중에 가장 대표적인 방법으로는 최소자승법(least squared method)이 있다. **최소자승법(least-squared method)이란 회귀선과 관측치들 간의 차이를 제곱하여 모두 더한 값, 즉 잔차의 제곱합이 최소가 되도록 하는 최적의 직선식을 구하는 방법이다.** 이러한 최소자승법에 대해서 구체적으로 살펴보기 전에 최소자승법에서 사용하게 되는 잔차와 제곱합에 대해서 살펴보자.

회귀분석을 이용하여 도출된 회귀선은 독립변수값에 의해 구분되는 관측치들이 가지고 있는 종속변수값들의 평균을 관통하는 선이다. 따라서 잔차란 [그림 13-10]에서 보듯이 관측치의 실제 종속변수값(y_i)과 회귀선($\hat{y}_i$)과의 거리를 말한다. 다시 말하면, 관측치의 실제값(y_i)과 이를 예측

그림 13-10 | 잔차와 잔차제곱합

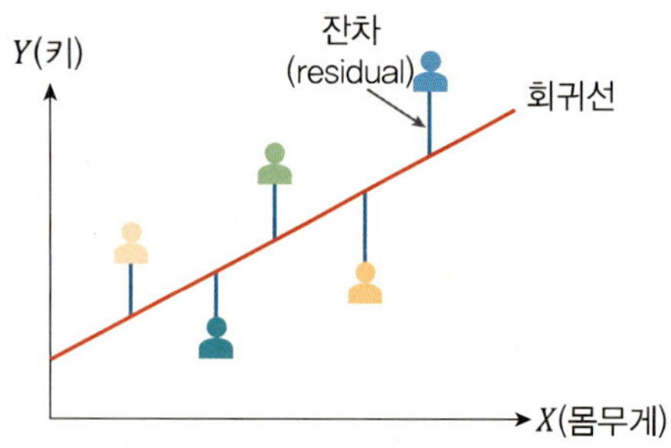

- 가상의 회귀선과 관측치들 간의 거리, 즉 잔차의 절대값을 모든 관측치에 대하여 구한 다음 그 합을 최소화하는 직선이 가장 적합한 회귀선임
- 일반적인 잔차는 양수나 음수가 될 수 있으므로 단순한 잔차의 합은 회귀식을 구하는 기준으로 적합하지 않음
- 그러나 절대값은 컴퓨터를 이용한 계산이 불편함

$$Min\sum_{i=1}^{n}|\varepsilon_i| = Min\sum_{i=1}^{n}|y_i - \hat{y}_i|$$

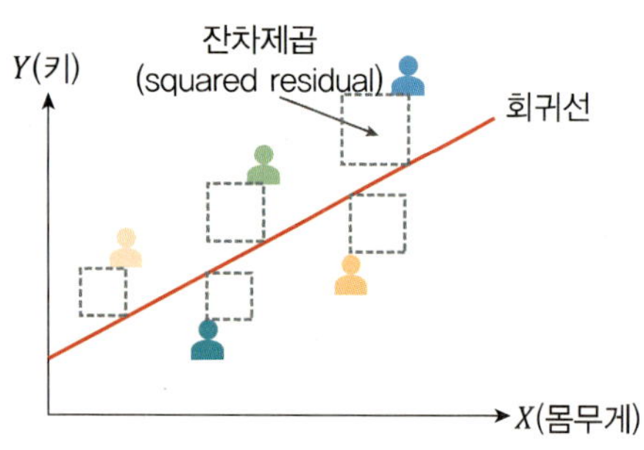

- 관측치와 회귀선 간의 잔차를 제곱한 값을 모든 관측치에 대하여 구한 다음 그 합을 최소화하면 최적의 회귀선을 도출할 수 있음
- 그림에서 사각형 면적의 합이 가장 작은 회귀선이 최적의 회귀선임

$$Min\sum_{i=1}^{n}\varepsilon_i^2 = Min\sum_{i=1}^{n}(y_i - \hat{y}_i)^2 = Min\sum_{i=1}^{n}[y_i - (\beta_0 + \beta_1 x_i)]^2$$

하는 회귀선($\hat{y}_i$)과의 차이로서 그림에서 보듯이 그 값은 관측치의 위치에 따라 양수나 음수가 된다. 따라서 단순히 잔차의 합을 최소화한다는 것은 양수와 음수가 서로 상충되기 때문에 이를 최적의 모형산출 기준으로 사용하기에는 적합하지 못하다.

이를 보완하기 위하여 잔차의 절대값을 구하여 이들의 합을 최소화하는 방법으로 회귀식을 도출하면 비교적 정확한 회귀식 모형을 구할 수 있다. 그러나 절대값을 사용하는 경우에는 컴퓨터를 이용해서 계산하기 불편하다는 단점이 있다. 왜냐하면 절대값은 항시 두 가지 경우를 가정하고 계산해야 하기 때문이다.

이러한 단점을 피하기 위한 방법으로 잔차의 절대값 대신에 이를 제곱하여 사용하는 방법이 있다. 잔차를 제곱함으로써 잔차의 영향이 약간 왜곡되는 경향은 있어도 계산상의 어려움을 극복할

그림 13-11 | 최소자승법

최소자승법

- 관측치(y_i)값과 회귀선($\hat{y}_i$)과의 거리인 잔차(ε_i)제곱의 합을 최소화하는 직선식을 찾는 방법
- 잔차의 합($\sum_{i=1}^{n}\varepsilon_i$)을 최소화하는 것이 아니고, 잔차제곱의 합($\sum_{i=1}^{n}\varepsilon_i^2 = \sum_{i=1}^{n}(y_i - \hat{y}_i)^2$)을 최소화하는 직선식을 구하는 방법

STEP 1. 잔차제곱합

$$E = \sum_{i=1}^{n}\varepsilon_i^2 = \sum_{i=1}^{n}(y_i - \hat{y}_i)^2 = \sum_{i=1}^{n}[y_i - (\beta_0 + \beta_1 x_i)]^2$$

STEP 2. 잔차제곱합의 최소화

$$Min[E] = Min\left[\sum_{i=1}^{n}\varepsilon_i^2\right] = Min\left[\sum_{i=1}^{n}(y_i - \hat{y}_i)^2\right] = Min\left[\sum_{i=1}^{n}[y_i - (\beta_0 + \beta_1 x_i)]^2\right]$$

STEP 3. 절편과 기울기의 편미분

절편(β_0)과 기울기(β_1)로 편미분한 값을 0으로 하여 정리하면 최종 기울기와 상수항을 도출할 수 있음

$$\frac{\partial E}{\partial \beta_0} = 2\sum_{i=1}^{n}(-1)[y_i - (\beta_0 + \beta_1 x_i)] = 0 \qquad \frac{\partial E}{\partial \beta_1} = 2\sum_{i=1}^{n}(-x_i)[y_i - (\beta_0 + \beta_1 x_i)] = 0$$

STEP 4. 절편과 기울기값 도출

$$\beta_0 = \bar{y} - \beta_1 \bar{x} \qquad \beta_1 = \frac{\sum_{i=1}^{n}(x_i - \bar{x})(y_i - \bar{y})}{\sum_{i=1}^{n}(x_i - \bar{x})^2}$$

수 있다는 장점이 있기 때문에 통계분석에서는 잔차제곱이 주로 사용된다. 이와 같이 잔차제곱의 합을 이용하여 이를 최소화하는 방법으로 회귀식을 도출하는 법을 최소자승법(least squared method)이라 한다.

최소자승법이란 모든 관측치들을 대상으로 관측치의 값(y_i)과 구하고자 하는 회귀선($\hat{y}_i$)과의 거리인 잔차를 제곱한 값의 합을 최소화하는 회귀선을 찾는 방법이다. 예를 들어, 관측치 i의 실제 종속변수값을 y_i라 하고, 이 관측치가 가지고 있는 독립변수값(x_i)에 대응하는 회귀선상의 예측값을 $\hat{y}_i$이라 할 때, 잔차(ε_i)는 $\varepsilon_i = (y_i - \hat{y}_i)$으로 나타낼 수 있다. 최소자승법으로 구하는 회귀식은 이들 잔차의 합$\left(\sum_{i=1}^{n} \varepsilon_i\right)$을 최소화하는 것이 아니라 잔차제곱의 합$\left(\sum_{i=1}^{n} \varepsilon_i^2 = \sum_{i=1}^{n} (y_i - \hat{y}_i)^2\right)$을 최소화하는 직선이다.

잔차제곱합을 최소화하는 회귀선의 추정 과정을 단계별로 정리하여 설명하면 [그림 13-11]과 같다. 우선 기울기(β_1)와 Y절편(β_0) 값을 갖는 가상적인 식으로 구하고자 하는 회귀식 ($\hat{y}_i = \beta_0 + \beta_1 x_i$)을 표기한다. 다음으로, 모든 관측치들의 독립변수값을 대입하여 이 식으로부터 추정되는 값($\hat{y}_i$)과 실제값(y_i)과의 차이, 즉 잔차($\varepsilon_i = y_i - \hat{y}_i$)를 구한 다음 이를 제곱하여 모두 합한 잔차제곱합을 최소화하는 Y절편(β_0)과 기울기(β_1)를 구한다. 이는 잔차제곱합을 나타내는 식$\left(\sum_{i=1}^{n} \varepsilon_i^2 = \sum_{i=1}^{n} (y_i - \hat{y}_i)^2 = \sum_{i=1}^{n} [y_i - (\beta_0 + \beta_1 x_i)]^2\right)$을 Y절편(β_0)과 기울기(β_1)에 대하여 각각 편미분한 값을 0으로 하는 2개의 식을 풀어 구할 수 있다. 이 경우 구하고자 하는 값과 식이 모두 2개씩이므로 방정식을 풀면 Y절편(β_0)과 기울기(β_1)를 구할 수 있다. 이와 같이 하여 회귀식의 Y절편(β_0)과 기울기(β_1)가 구해지면 이를 이용한 추정회귀선이 도출된다.

말로 설명하는 계산 과정은 다소 복잡해 보이나 컴퓨터 패키지를 이용하면 식에서 사용하는 계수값들을 손쉽게 구할 수 있다. [그림 13-12]는 [그림 13-9]에서 제시한 몸무게와 키의 자료를 이용하여 최소자승법으로 회귀식을 도출하는 구체적인 예를 보여주고 있다. [그림 13-12]에서 보듯이 몸무게를 독립변수로 하고 키를 종속변수로 하여 도출된 회귀식은 기울기(β_1)가 0.659이고 Y절편(β_0)이 129.012인 직선이다. 조사된 자료에서 몸무게의 단위는 kg이고 키의 단위는 cm이므로, 도출된 회귀식에 따르면 몸무게가 1kg 증가함에 따라 키는 0.659cm 증가함을 알 수 있다. 이렇게 구한 회귀식에 관측치의 X값, 즉 몸무게를 넣으면 예상되는 키(Y)를 구할 수 있다.

그림 13-12 | 최소자승법을 이용한 회귀선 도출

편차와 편차곱 그리고 편차제곱의 도출

ID	X좌표 몸무게	Y좌표 키	편차 X $(x_i - \bar{x})$	편차 Y $(y_i - \bar{y})$	편차곱 $(x_i - \bar{x})(y_i - \bar{y})$	편차제곱 $(x_i - \bar{x})^2$
1	88	186	25.3	15.7	397.0	641.1
2	52	169	−10.7	−1.3	14.1	114.1
3	78	181	15.3	10.7	163.6	234.7
4	72	179	9.3	8.7	80.9	86.9
5	76	184	13.3	13.7	182.2	177.4
6	49	162	−13.7	−8.3	113.8	187.1
7	50	159	−12.7	−11.3	143.5	160.8
8	56	169	−6.7	−1.3	8.8	44.6
9	63	172	0.3	1.7	0.5	0.1
10	73	177	10.3	6.7	68.9	106.5
11	48	163	−14.7	−7.3	107.5	215.5
12	57	167	−5.7	−3.3	18.9	32.3
13	64	175	1.3	4.7	6.2	1.7
14	65	170	2.3	−0.3	−0.7	5.4
15	56	169	−6.7	−1.3	8.8	44.6
16	73	182	10.3	11.7	120.5	106.5
17	45	148	−17.7	−22.3	394.6	312.6
18	60	170	−2.7	−0.3	0.9	7.2
19	62	166	−0.7	−4.3	2.9	0.5
20	64	172	1.3	1.7	2.2	1.7
21	47	160	−15.7	−10.3	161.8	245.9
22	51	163	−11.7	−7.3	85.5	136.4
23	74	170	11.3	−0.3	−3.6	128.1
24	88	182	25.3	11.7	295.7	641.1
25	56	163	−6.7	−7.3	48.9	44.6
총합	1567	4258	0	0	2423.6	3677.4
평균	62.7	170.3				

회귀계수

$\bar{x} = 62.7$ $\quad$ $\bar{y} = 170.3$

$$\sum(x_i - \bar{x})(y_i - \bar{y}) = 2423.6$$

$$\sum(x_i - \bar{x})^2 = 3677.4$$

☑ 회귀선의 기울기

$$\beta_1 = \frac{\sum_{i=1}^{n}(x_i - \bar{x})(y_i - \bar{y})}{\sum_{i=1}^{n}(x_i - \bar{x})^2} = \frac{2423.6}{3677.4} = 0.659$$

☑ 회귀선의 Y절편

$$\beta_0 = \bar{y} - \beta_1\bar{x} = 170.3 - (0.659 \times 62.7) = 129.012$$

회귀선의 도출과 활용

☑ 최종 회귀선: $\hat{y}_i = 129.012 + 0.659x_i$

☑ 몸무게(x_i)가 72kg인 학생의 키는 176.46cm로 추정할 수 있음

$$\hat{y}_i = 129.012 + 0.659 \times 72 = 176.46\text{cm}$$

2.2 회귀선의 설명력(Exploratory Power of Regression Line)

최소자승법에 의하여 추정된 회귀선이 종속변수(Y)의 변화를 어느 정도 잘 설명할 수 있는가? 즉, 회귀선을 이용하지 않고 단순히 종속변수의 평균값($\bar{y}$)을 사용하여 예측할 때 발생하였던 편차를 회귀선이 어느 정도 흡수하여 설명함으로써 줄일 수 있는가? 이러한 회귀선의 설명력을 나타내는 지수로써 결정계수가 있다. **결정계수(coefficient of determination)란 평균값($\bar{y}$)으로 관측치의 값(y_i)을 추정하였을 경우에 발생하는 편차($y_i - \bar{y}$)를 추정된 회귀선이 어느 정도 줄일 수 있는가, 즉 전체 편차($y_i - \bar{y}$) 중에 회귀선이 설명하여 줄일 수 있는 부분($\hat{y}_i - \bar{y}$)의 비를 말한다.**

편차라는 어휘가 사용되고 있는데 편차와 거의 같은 개념으로 사용되는 어휘로 잔차와 오차가 있다. 이들의 의미가 서로 크게 다르지 않아 일반적으로 서로 혼용되는 경향이 있다. 그러나 모두 같은 뜻으로 알고 사용하기에는 좀 무리가 있다 생각되어 나름대로 정리하여 보았다. **편차(deviation)는 관측치가 평균으로부터의 떨어져 있는 정도, 즉 평균과의 차이($y_i - \bar{y}$)를 말한다. 반면에 잔차(residual)는 평균이 아니라 회귀식 등으로 추정된 값과의 차이($y_i - \hat{y}_i$)를 말한다.** 즉, 추정된 값이 설명할 수 없어서 아직도 남아있는 편차라는 말로 해석할 수 있다. 따라서 **잔차는 편차의 일부분이 된다고도** 볼 수 있다.

오차는 편차와 달리 예측하기 위하여 추정된 값과 실제값의 차이($y_i - \hat{y}_i$)를 말한다. 이러한 오차는 잔차와 거의 같은 부분을 말하는 경우가 많다. 그러나 **잔차는 편차의 일부분이라 생각하고, 오차(error)는 평균을 생각할 필요없이 단순히 예측값(predicted value) 혹은 기대값(expected value)과 실제값(true value)의 차이, 즉 예측값이 정확하지 못한 정도를 나타낸다고** 보는 것이 바람직하다. 이러한 이들 어휘에 대한 정의가 정확하다고 단언하기는 어려우나 앞으로 설명할 내용들은 이에 준하여 이해하기 바란다.

편차를 세분화하기 위하여 실제 관측치와 평균과의 편차를 총편차라고 하면 [그림 13-13]에서 보듯이 총편차($y_i - \bar{y}$)는 회귀선이 설명할 수 있는 편차($\hat{y}_i - \bar{y}$)와 회귀선으로도 설명할 수 없어 남아있는 편차인 잔차($y_i - \hat{y}_i$)로 나눌 수 있다. 따라서 **총편차($y_i - \bar{y}$)는 회귀선으로 설명할 수 있는 편차($\hat{y}_i - \bar{y}$)와 회귀선으로 설명할 수 없어 남아 있는 편차, 즉 잔차($y_i - \hat{y}_i$)의 합이 된다.**

이를 식으로 표시하면 [그림 13-14]와 같이 총편차($y_i - \bar{y}$)는 회귀선이 설명할 수 있는 편차($\hat{y}_i - \bar{y}$)와 회귀선으로 설명할 수 없는 편차인 잔차($y_i - \hat{y}_i$)의 합으로 표시할 수 있다. 회귀식의 설명력은 총편차 중 회귀식으로 설명되는 편차의 비율을 나타내는데, 이러한 편차는 관측치가 회귀선의 위에 있는가 아니면 아래에 있는가에 따라 양수 또는 음수가 된다. 따라서 모든 관측치에

그림 13-13 | 회귀분석에서 사용되는 편차의 개념

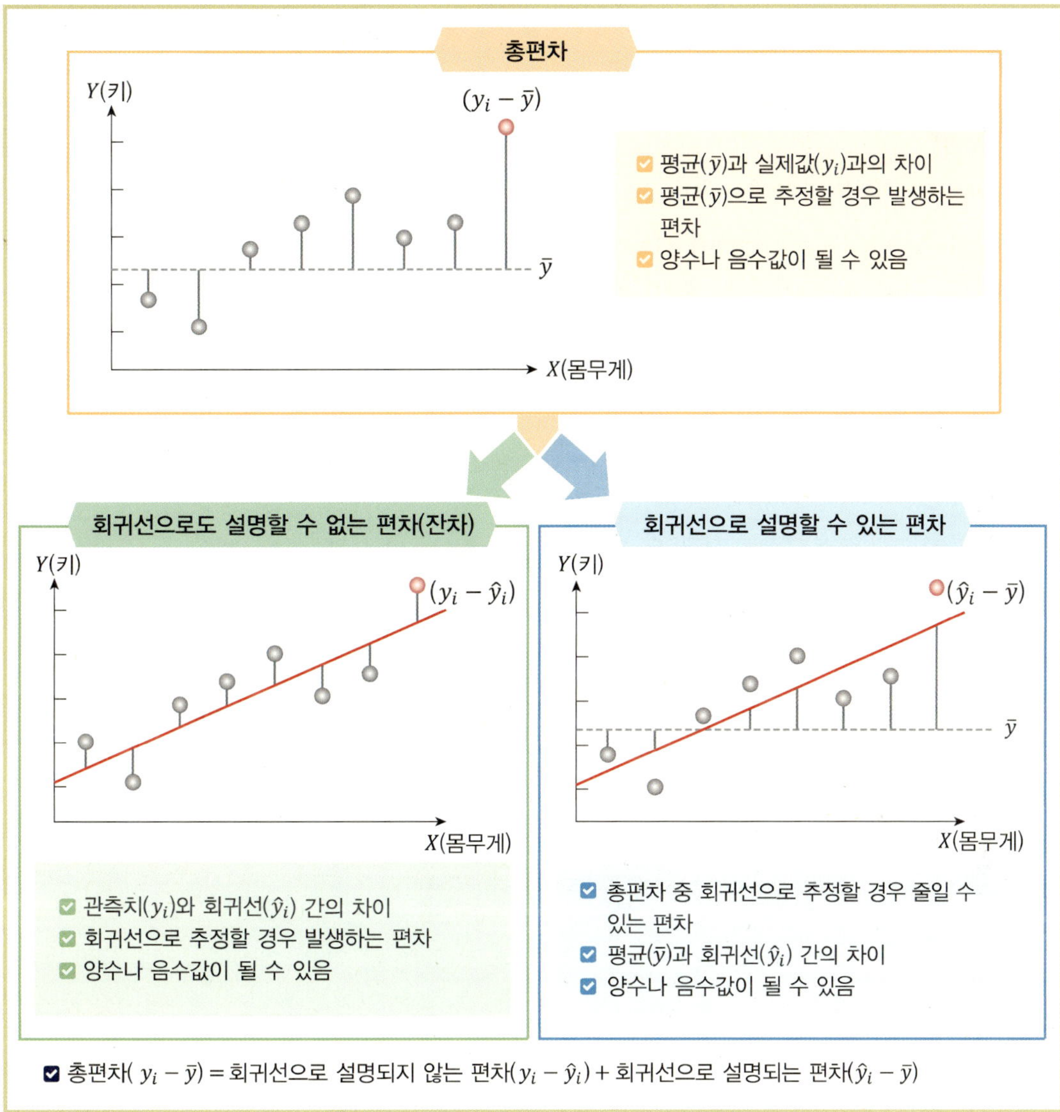

대하여 이러한 편차들을 단순하게 모두 더하게 되면 양과 음의 값이 서로 상쇄되어 편차의 크기를 정확하게 나타내지 못할 수도 있다. 따라서 편차를 그냥 더하기보다는 편차를 제곱하여 모두 합한 편차제곱합들을 비교하여 회귀식의 설명력을 판단하여야 한다.

총편차는 회귀식으로 설명되지 못하여 남아있는 편차와 설명되는 편차의 합으로 표현되는 식 $((y_i - \bar{y}) = (y_i - \hat{y}_i) + (\hat{y}_i - \bar{y}))$에서 좌변과 우변을 각각 제곱하여 모든 관측치에 대하여 더한

그림 13-14 | 결정계수

결정계수

- 추정된 회귀선($\hat{y}_i$)이 실제값(y_i)과 평균($\bar{y}$) 사이의 편차를 얼마나 줄여주는가를 나타내는 지수
- 일반적으로 R^2으로 나타냄

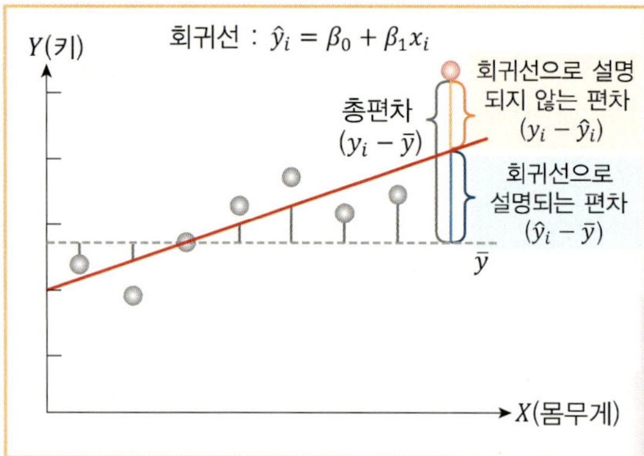

☑ 편차는 양수나 음수값을 가질 수 있으므로 편차를 제곱한 값을 활용하여 분석함

$$(y_i - \bar{y}) = (y_i - \hat{y}_i) + (\hat{y}_i - \bar{y})$$

$$\sum_{i=1}^{n}(y_i - \bar{y})^2 = \sum_{i=1}^{n}(y_i - \hat{y}_i)^2 + \sum_{i=1}^{n}(\hat{y}_i - \bar{y})^2$$

$$SST = SSE + SSR$$

(총제곱합) = 회귀선으로 설명되지 않는 제곱합 + 회귀선으로 설명되는 제곱합

$$R^2 = \frac{\text{회귀선에 의해 설명되는 제곱합}}{\text{총제곱합}}$$

$$= 1 - \frac{\text{회귀선에 의해 설명되지 않는 제곱합}}{\text{총제곱합}}$$

$$R^2 = \frac{SSR}{SST} = 1 - \frac{SSE}{SST} \quad (0 \le R^2 \le 1)$$

☑ 결정계수(R^2)는 총제곱합 중에서 회귀선으로 설명되는 제곱합의 비율임

☑ 결정계수(R^2)가 1에 가까울수록 설명력이 높고 바람직한 회귀선이 됨

식을 정리하면 [그림 13-14]의 오른쪽에 있는 식이 된다. 이때 우변의 두 항을 서로 곱한 형태로 나타나는 부분($(y_i - \hat{y}_i)(\hat{y}_i - \bar{y})$)을 모두 더하면 0이 되어 없어진다.

정리된 상태에서 남아있는 제곱합을 살펴보면 좌변에 총제곱합(SST : sum of squared total), 우변에 회귀선으로 설명되지 않는 제곱합(SSE : sum of squared error)과 회귀선으로 설명되는 제곱합(SSR : sum of squared regression)의 3가지가 있다. 따라서 편차와 마찬가지로 총제곱합(SST)도 회귀선에 의해 설명되지 못한 편차의 제곱합(SSE)과 회귀선에 의해 설명되는 편차의 제곱합(SSR)으로 구성된다($SST = SSE + SSR$).

회귀식의 설명력은 총제곱합(SST) 중에서 회귀선에 의해 설명되는 제곱합(SSR)이 차지하는 비율을 말

한다. 이러한 회귀식의 설명력을 나타내는 비율을 결정계수라 하며 R^2으로 표기한다. 따라서 설명력이 높은 바람직한 회귀선일수록 총제곱합(SST) 중에 회귀선으로 설명되는 제곱합(SSR)이 차지하는 비율이 높아 결정계수(R^2)값이 1에 가까워진다. 또한 단순회귀분석의 결정계수(R^2)는 독립변수와 종속변수 간의 피어슨 상관계수를 제곱한 값(r_{xy}^2)과 같다.

2.3 회귀식 모형의 적합도분석(Goodness of fit Analysis of Regression Model)

회귀모형의 적합도분석(goodness of fit analysis)이란 회귀식을 도출하는 데에 사용된 자료가 모집단이 아니고 표본인 경우에 표본으로 추정된 회귀모형이 어느 정도 믿을만한가에 대한 분석과 검증이다. 즉, 모집단에서 추출된 일부 표본만을 이용해서 추정된 회귀모형을 모집단 전체로 일반화하여 확대 적용하여 사용해도 괜찮을 만큼 추정된 회귀식이 통계적으로 유의한가에 대한 검정이다. 이와 같은 회귀식의 통계적 유의성 검정(significance test)을 회귀모형의 적합도분석이라 하며, 이때 사용하는 대표적인 방법으로는 추정값의 표준오차를 이용하는 방법과 분산분석표를 이용하는 방법이 있다.

1) 추정값의 표준오차를 이용한 방법(Method using Standard Error of Estimated Value)

추정값의 표준오차(standard error)란 실제값(y_i)이 회귀식으로 추정한 값($\hat{y}_i$)으로부터 떨어져 있는 잔차를 제곱한 값의 평균, 즉 잔차평균제곱(MSE : mean of squared error)의 제곱근값을 말한다. 즉, 추정값의 표준오차는 잔차를 제곱하여 모두 더한 잔차제곱합(SSE : sum of squared error)을 자유도로 나누어 구한 잔차평균제곱(MSE)의 제곱근값이 된다. 이 값은 잔차의 표준편차와 같다.

일반적으로 단순회귀분석의 경우 잔차제곱합(SSE : sum of squared error)의 자유도는 $n-2$가 된다. 그 이유는 잔차제곱합을 구하는 식에서는 회귀식의 추정값($\hat{y}_i$)이 사용되는데 이 추정값을 얻기 위해서는 2개의 통계량, 즉 회귀선의 Y절편(β_0)과 기울기(β_1)를 사용됨으로써 2개의 자유도가 박탈되기 때문이다. 따라서 잔차제곱합의 자유도는 전체 자유도(n)에서 2를 뺀 $n-2$가 되며, 산출된 잔차제곱합을 자유도 $n-2$로 나누게 되면 잔차평균제곱(MSE : mean of squared error)을 구할 수 있다. 다음으로 잔차평균제곱의 제곱근값을 구하면 그 값은 잔차의 표준편차로서 추정값의 표준오차가 된다.

그림 13-15 | 추정값의 표준오차

추정값의 표준오차

- 실제 관측치값(y_i)과 추정된 회귀선의 예측값($\hat{y}_i$)과의 차이, 즉 오차 혹은 잔차(ε_i)의 표준편차를 말함
- 잔차는 음의 값과 양의 값이 있기 때문에 서로 상충되지 않도록 잔차의 합($\sum_{i=1}^{n} \varepsilon_i$) 대신 잔차제곱합($\sum_{i=1}^{n} \varepsilon_i^2$)을 사용함

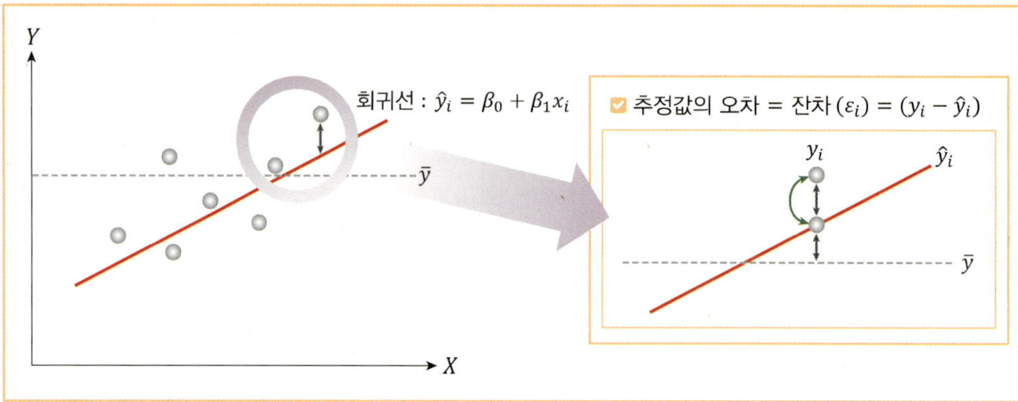

잔차제곱의 합 (sum of squared error)

$$SSE = \sum_{i=1}^{n} (y_i - \hat{y}_i)^2 = \sum_{i=1}^{n} [y_i - (\beta_0 + \beta_1 x_i)]^2$$

- $\hat{y}_i$을 구하는 과정에서 β_0와 β_1을 사용하기 때문에 잔차제곱합(SSE)은 2개의 자유도를 잃게 되어 잔차제곱합(SSE)의 자유도는 $n-2$가 됨
- 잔차제곱합(SSE)을 자유도인 $n-2$로 나누어주면 잔차평균제곱(MSE)이 됨

잔차평균제곱 (mean of squared error)

$$MSE = \frac{SSE}{n-2} = \frac{\sum_{i=1}^{n} (y_i - \hat{y}_i)^2}{n-2}$$

일반적으로 추정값의 표준오차가 작을수록 추정된 회귀식이 적합하다고 판단할 수 있다. 그러나 어느 정도로 작아야 적합한지에 대한 명확한 기준은 없다. 예를 들어, 몸무게로 키를 예측하는 회귀식 모형의 표준오차가 5cm라면 회귀식 모형이 적합하다고 할 수 있는가? 만일 적합하다고 생각되면 그 기준은 무엇인가? 이러한 질문에 대하여 명확한 답변을 제시하기는 어렵다. 다만 분석하는 사람이 스스로의 경험에 비추어 판단할 수밖에 없다. 이처럼 **표준오차의 크기를 평가할 수 있는 객관적인 기준이 없기 때문에 표준오차값으로 회귀선의 적합도를 판단하는 것은 쉽지 않다.**

또한 표준오차는 종속변수의 측정단위에 따라서도 그 크기가 달라지기 때문에 일정한 기준을 정하기가 어렵다. 예를 들어, 종속변수가 동일하게 키를 측정한 값이라 하여도 측정 단위를 cm로

그림 13-16 | 추정값의 표준오차

잔차평균제곱 (mean of squared error)

$$MSE = \frac{SSE}{n-2} = \frac{\sum_{i=1}^{n}(y_i - \hat{y}_i)^2}{n-2}$$

추정값의 표준오차(standard error of estimation)

$$S_e = \sqrt{\frac{\Sigma(\text{실제값} - \text{추정값})^2}{n-2}} = \frac{\sqrt{\Sigma(y_i - \hat{y}_i)^2}}{n-2}$$

$$= \frac{\sqrt{\Sigma[y_i - (\beta_0 + \beta_1 x_i)]^2}}{n-2}$$

- 잔차평균제곱(MSE)을 S_e^2으로 표시함
- 잔차평균제곱(MSE)의 제곱근값인 S_e가 추정값의 표준오차(standard error of estimation)가 됨
- 잔차가 작을수록 회귀선의 표준오차(S_e)는 작아지고, 표준오차(S_e)가 작을수록 추정된 회귀선이 적합하다고 판단할 수 있음
- 그러나 표준오차(S_e)는 종속변수의 측정단위에 따라 크기가 달라지기 때문에 일정한 기준을 가지고 판단하기 어려움

하였는가 아니면 m로 측정하였는가에 따라 잔차의 단위가 달라지고 이에 따라 표준오차를 나타내는 수치의 크기도 달라진다. 따라서 객관적인 기준을 가지고 표준오차를 평가하기는 어렵기 때문에 단순히 분석자 임의로 모형의 표준오차가 허용할만한 크기인가 아닌가를 판단하여 회귀식의 적합성 여부를 평가해야 한다.

2) 분산분석표(ANOVA Table)

추정값의 표준오차에 의한 회귀식의 적합성 판단은 연구자의 주관적인 판단에 크게 의존하기 때문에 객관적인 방법이 못 된다. 이러한 문제점을 극복하여 회귀식의 통계적 유의성을 객관적으로 평가할 수 있는 방법으로는 분산분석표를 이용하는 방법이 있다. 분산분석표를 이용하는 방법은 분산분석을 통하여 얻은 결과에 대한 통계적 유의성을 검정하는 방법과 같다. 회귀분석을 분산분석의 관점에서 보면, 주어진 독립변수값에 따라 규정된 집단에 속한 종속변수의 평균을 나타내는 회귀선($\hat{y}_i$)과 집단 전체의 평균($\bar{y}$)과의 차이를 실제 관측치(y_i)가 회귀선($\hat{y}_i$)으로부터 떨어져 있는 잔차($y_i - \hat{y}_i$)와 비교하여 통계적으로 유의하게 다른가를 분석하는 것이 된다.

일반적으로 편차제곱합의 경우에도 분산분석에서와 같이 총제곱합(SST)과 집단간 제곱합(SSB)

에 해당하는 회귀제곱합(*SSR*), 그리고 집단내 제곱합(*SSW*)에 해당하는 잔차제곱합(*SSE*)으로 나눌 수 있다. 그러나 이들 제곱합들의 크기는 관측치의 수(n)와 회귀식에 사용된 독립변수의 수(k)에 따라 달라지기 때문에 이들 간의 직접적인 비교는 별로 의미가 없다. 따라서 관측치의 수(n)나 독립변수의 수(k)에 따라 변하지 않는 평균제곱을 구하여 비교해야 한다. 평균제곱은 회귀선이 설명하는 편차의 제곱합, 즉 회귀제곱합(*SSR*)과 회귀선으로 설명 안 되는 편차인 잔차의 제곱합, 즉 잔차제곱합(*SSE*)을 각각의 자유도로 나누어줌으로써 구할 수 있다.

평균제곱을 구하기 위해서는 각 제곱합의 자유도를 알아야 한다. 분산분석에서 설명하였듯이 총제곱합(*SST*)의 자유도는 전체 관측치의 수(n)에서 1을 뺀 값이 된다. 여기서 1을 빼는 이유는 표본의 총제곱합을 구할 때 통계량인 표본평균($\bar{y}$)을 사용하기 때문이다. 일반적으로 특정한 통계

그림 13-17 | 단순회귀분석의 분산분석표

단순 회귀분석의 분산분석표

- 객관적으로 도출된 회귀식이 통계적으로 유의한가를 평가하는 방법
- 회귀선의 설명력(R^2)이 아무리 높아도 통계적으로 유의하지 않으면 일반화하여 사용하기 어려움
- 분산분석에서와 같은 방법으로 회귀식의 통계적 유의성을 검정함

원 천	제곱합(SS)	자유도(df)	평균제곱(MS)	검정통계량 F
회 귀	$SSR=\sum_{i=1}^{n}(\hat{y}_i-\bar{y})^2$	$(k+1)-1$	$MSR=\frac{SSR}{(k+1)-1}$	$\frac{MSR}{MSE}$
잔 차	$SSE=\sum_{i=1}^{n}(y_i-\hat{y}_i)^2$	$n-(k+1)$	$MSE=\frac{SSE}{n-(k+1)}$	
총(합계)	$SST=\sum_{i=1}^{n}(y_i-\bar{y})^2$	$n-1$		

여기서, n : 관측치의 수
k : 독립변수의 수

분산분석표

원 천	제곱합(SS)	자유도(df)	평균제곱(MS)	검정통계량 F	유의확률(p-value)
회 귀	1597.210	1	1597.210	99.763	.000
잔 차	328.230	23	16.010		
총(합계)	1965.440	24			

량값을 구하는 식에서 다른 통계량값을 필요로 하게 되면 식에서 사용하는 통계량의 수만큼 자유도가 감소한다.

또한 회귀선을 한 집단의 평균으로 간주하여 구하게 되는 회귀제곱합(*SSR*)의 자유도는 독립변수의 수(k)가 된다. 따라서 단순회귀분석일 경우 독립변수의 수(k)가 1개이므로 회귀선으로 설명되는 제곱합의 자유도는 1이 된다. 좀 더 자세히 설명하면 일반적인 분산에서 집단간 제곱합을 구하는 경우 개별 집단은 집단의 평균에 의하여 규정되는 한 개의 자유도만을 갖게 된다. 그러나 회귀분석의 경우에는 독립변수의 계수와 Y축 절편을 나타내는 계수에 따라 집단을 규정하는 회귀식이 결정되기 때문에 단순회귀식의 경우 2개의 자유도가 주어진다. 그러나 회귀제곱합을 구하는 과정에서 통계량인 평균($\bar{y}$)을 사용하게 됨으로써 1개의 자유도가 박탈되어 절편을 제외한 독립변수의 수(k)에 해당하는 1개의 자유도만 남게 된다.

반면에 회귀선으로 설명되지 않는 잔차제곱합(*SSE*)의 자유도는 관측치의 수(n)에서 추정된 값($\hat{y}_i$)을 구하는 데 사용되는 회귀식에서의 통계량 수(독립변수의 수+Y절편$=k+1$)를 뺀 수가 된다. 따라서 회귀선으로 설명이 안 되는 잔차제곱합(*SSE*)의 자유도는 $n=(k+1)$이 된다. 또한 회귀제곱합(*SSR*)의 자유도(k)와 잔차제곱합(*SSE*)의 자유도($n-(k+1)$)를 합하면 총제곱합(*SST*)의 자유도($n-1$)가 된다.

회귀제곱합(*SSR*)과 잔차제곱합(*SSE*)을 해당 자유도((k와 $n-(k+1)$)로 나누면 회귀선으로 설명되는 회귀평균제곱(*MSR*)과 회귀선으로로도 설명되지 않는 잔차평균제곱(*MSE*)을 구할 수 있다. 이렇게 구한 회귀평균제곱(*MSR*)을 잔차평균제곱(*MSE*)으로 나누면 개념상으로 회귀선이 전체 평균($\bar{y}$)으로부터 떨어져 있는 정도가 개별 관측치(y_i)들이 회귀선($\hat{y}_i$)으로부터 떨어져 있는 정도의 몇 배인가를 나타내는 통계량 F값이 된다. 이러한 통계량 F는 분자와 분모의 자유도를 각각 k와 $n-(k+1)$로 하는 F분포를 하며, 현재 표본으로부터 구한 F값은 회귀식의 통계적 유의성 검정에 사용되는 검정통계량 F값이 된다.

일반적으로 검정통계량 F값이 크면 클수록 추정된 회귀식이 통계적으로 유의하게 된다. 이러한 회귀모형의 통계적 유의성 검정은 분산분석에서의 유의성 검정과 동일하다. 예를 들어, 현재 표본으로부터 구한 검정통계량 F값보다 큰 값이 나올 확률이 0.05 이하인 경우에는 2개의 분산이 같다는 귀무가설을 기각함으로써 회귀식으로 설명되는 회귀평균제곱(*MSR*)이 회귀식으로 설명되지 않는 잔차평균제곱(*MSE*)보다 통계적으로 유의할 정도로 크다고 판단하게 된다. 이를 정리하면 [그림 13-18]과 같다.

그림 13-18 | 회귀식의 통계적 유의성검정

검정통계량 F값으로 회귀식의 유의성을 검정함

☑ 분산분석과 검정하는 과정이 같음

검정통계량 F값

$$F = \frac{\dfrac{\text{회귀선으로 설명되는 제곱합}(SSR)}{\text{독립변수의 수}(k)}}{\dfrac{\text{회귀선으로 설명되지 않는 제곱합}(SSE)}{\text{관측치} - (\text{독립변수의 수} + 1)}} = \frac{\text{회귀평균제곱}}{\text{잔차평균제곱}}$$

$$F = \frac{\dfrac{SSR}{k}}{\dfrac{SSE}{n-(k+1)}} = \frac{MSR}{MSE} \sim F_{(k,\, n-(k+1))}$$

여기서, n : 관측치의 수
k : 독립변수의 수

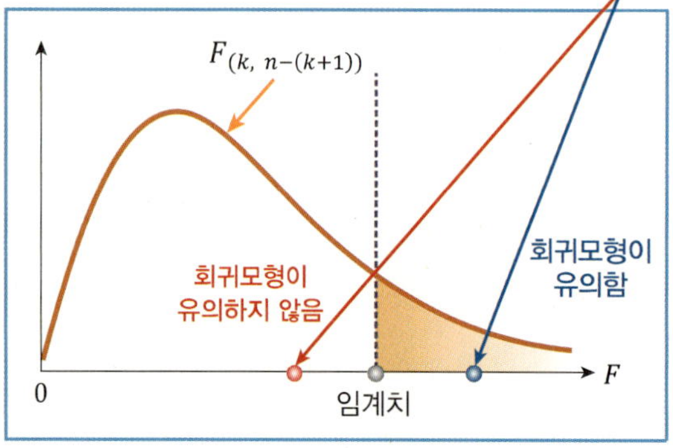

☑ 회귀선이 평균으로부터 떨어져 있는 거리제곱의 평균인 회귀평균제곱(MSR)과 실제 관측치가 회귀선으로부터 떨어져 있는 잔차제곱의 평균인 잔차평균제곱(MSE)의 비율로 표시되는 검정통계량 F값으로 회귀식(모형)의 통계적 유의성을 검정함

☑ 검정통계량 F값이 임계치 $F_{(\alpha;\, k,\, n-(k+1))}$보다 크면 추정된 회귀식이 통계적으로 유의한 것으로 판단함

제3절 다중회귀분석(Multiple Regression Analysis)

3.1 다중회귀분석의 기본개념(Basic Concept of Multiple Regression Analysis)

제2절에서는 1개의 독립변수만을 사용하여 종속변수를 예측하는 모형을 개발하는 단순회귀분석에 대해서 설명하였다. 그러나 일반적인 사회현상은 하나의 변수로 설명되거나 예측되는 경우는 거의 없다. 따라서 2개 이상의 독립변수를 사용하여 종속변수의 분산을 보다 효과적이고 정확

하게 설명하고 예측하는 모형을 개발하는 경우도 생각할 수 있다. 이처럼 2개 이상 복수의 독립변수들을 이용한 회귀분석을 다중회귀분석(multiple regression analysis)이라고 한다.

다중회귀분석은 [그림 13-19]의 예에서와 같이 몸무게와 허리둘레라는 2개의 독립변수로 종속변수인 키를 예측하고 설명하는 회귀식을 구하는 방법이다. 이처럼 2개의 독립변수를 이용하여 산출된 회귀식은 회귀선이 아니라 회귀면이라 부르는 것이 보다 정확한 표현이 된다. 왜냐하면 2개의 독립변수로 규정되는 회귀식값은 특정한 독립변수값들을 갖는 모든 종속변수값들의 평균이 된다. 이러한 평균값은 2개 독립변수를 이용하여 만들 수 있는 모든 조합에 대하여 구할 수 있으므로 이들 값들은 [그림 13-19]에서와 같이 하나의 평면을 구성하게 된다. 이와 같이 하여 만일 독립변수가 k개라면 $k+1$차원의 공간상에 k차원 모양의 회귀값이 형성된다.

이러한 다중회귀분석의 경우 단순회귀분석에 비해 약간은 복잡해 보이나 대부분의 과정이 단순

그림 13-19 | 다중회귀분석

다중회귀분석: 2개 이상의 독립변수와 종속변수 간의 관계를 설명하고 종속변수값의 예측에 사용할 수 있는 회귀식(모형)을 도출하는 분석방법

기본식

$$\hat{y}_i = \beta_0 + \beta_1 x_1 + \beta_2 x_2 + \beta_3 x_3 + \cdots + \beta_n x_n$$

예 제

- 2개의 독립변수를 이용하여 키를 예측하는 경우

변수	→	설명
Y	→	키
X_1	→	몸무게
X_2	→	허리둘레

- 종속변수와 독립변수 간의 관계를 나타내는 3차원의 그래프
- Y축은 종속변수인 키를 나타내고 X_1축과 X_2축은 각각 독립변수인 몸무게와 허리둘레를 나타냄

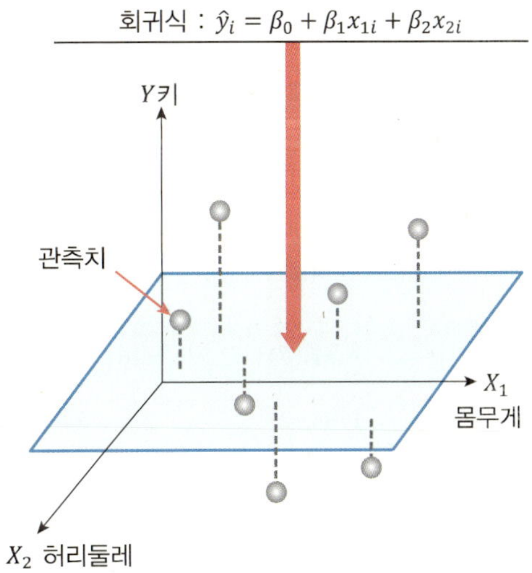

회귀분석과 동일하다. 단지 단순회귀분석에 독립변수가 더 추가되어 확장되었을 뿐이다. 따라서 회귀식을 도출하고 결정계수(R^2)를 구하며, 산출된 회귀식의 통계적 유의성 검정은 모두 단순회귀분석의 경우에서와 같은 방법에 의해서 이루어진다.

[그림 13-20]은 몸무게와 허리둘레를 독립변수로 하고 키를 종속변수로 사용하여 다중회귀분석을 실시한 결과이다. 앞에서 설명하였듯이 분산분석표는 도출된 회귀모형의 통계적 유의성을 검정하는 데 사용된다. 분산분석표를 보면 모형의 검정통계량 F값이 130.635으로써 유의확률 p값(p-value)은 0.000이다. 따라서 몸무게와 허리둘레를 독립변수로 하고 키를 종속변수로 하는 다중회귀모형은 유의수준(α) 0.01에서도 통계적으로 유의한 모형이라고 판단할 수 있다.

그림 13-20 | 다중회귀분석의 분산분석표

다중 회귀분석의 분산분석표

다중회귀분석에서 도출된 회귀식(모형)의 통계적 유의성 검증은 분산분석표를 이용하여 수행됨

원 천	제곱합(SS)	자유도(df)	평균제곱(MS)	검정통계량 F
회 귀	$SSR = \sum(\hat{y}_i - \bar{y})^2$	$(k+1)-1$	$MSR = \dfrac{SSR}{(k+1)-1}$	$\dfrac{MSR}{MSE}$
잔 차	$SSE = \sum(y_i - \hat{y}_i)^2$	$n-(k+1)$	$MSE = \dfrac{SSE}{n-(k+1)}$	
총(합계)	$SST = \sum(y_i - \bar{y})^2$	$n-1$		

여기서, n : 관측치의 수
k : 독립변수의 수

분산분석표

원 천	제곱합(SS)	자유도(df)	평균제곱(MS)	검정통계량 F	유의확률(p-value)
회 귀	1788.127	2	894.064	130.635	.000
잔 차	219.015	32	6.844		
총(합계)	2007.142	34			

3.2 독립변수의 유의성과 중요성 평가 (Significance and Importance Evaluation of Independent Variable)

회귀모형에 대한 통계적 유의성 검정이 끝나면 회귀계수를 살펴보아야 한다. 회귀계수표를 보면 각각의 독립변수에 대한 비표준화계수와 표준화계수 그리고 t값과 유의확률 p값(p-value)이 나타나 있다. 먼저 t값과 유의확률 p값으로 개별 독립변수의 통계적 유의성을 검정할 수 있다. [그림 13-21]의 경우 몸무게를 나타내는 독립변수의 유의확률은 0.001이고, 허리둘레를 나타내는 변수의 유의확률은 0.002이다. 따라서 유의수준(α) 0.05에서 몸무게와 허리둘레 모두 다 통계적으로 유의하기 때문에 회귀식 모형의 독립변수로서 적합하다고 판단할 수 있다. 그러나 만일 둘 중에 유의하지 않은 독립변수가 있다면 그 변수를 제외하고 다시 회귀분석을 실시해야 한다. 예를 들어, 몸무게가 통계적으로 유의하지 않다면 몸무게를 독립변수에서 제외하고 다시 회귀분석하는 것이 바람직하다.

각각의 독립변수에 대한 통계적 유의성 검정이 끝나면 비표준화계수와 표준화계수를 살펴보아야 한다. 비표준화계수와 표준화계수의 차이는 분석을 위한 입력자료의 표준화 여부로 구분된다. 표준화계수는 표준화한 자료를 입력자료로 하는 회귀분석에서 얻게 되는 계수를 말하며, 비표준화계수는 표준화하기 전의 원래 자료를 이용한 회귀분석 결과로 얻게 되는 계수를 말한다. 회귀식을 이용해서 종속변수값을 예측하기 위해서는 측정된 독립변수값을 회귀식에 직접 대입하여 종속변수값을 구할 수 있어야 한다. 따라서 실제 예측에 활용할 회귀식은 비표준화계수로 만드는 것이 일반적이다. 비표준화계수를 사용한 [그림 13-21]의 회귀식 모형은 $\hat{y}_i = 0.234 \times$몸무게$+ 0.390 \times$허리둘레$+$

그림 13-21 | 회귀식과 회귀계수에 대한 평가

계 수

모 형	비표준화계수		표준화계수	t	유의확률 (p-value)
	B	표준오차	베타		
(상수)	122.865	5.424		22.653	.000
몸무게	.234	.066	.496	3.548	.001
허리둘레	.390	.116	.471	3.370	.002

☑ 회귀식 : $\hat{y}_i$(키) = 122.865 + 0.234x_1(몸무게) + 0.390x_2(허리둘레)

122.865가 된다.

통계적으로 유의한 독립변수들만으로 형성된 회귀모형이 결정되면 다음으로 여러 개의 독립변수 중에 어느 변수가 종속변수에 더 큰 영향을 미치는가를 파악할 필요가 있다. 일반적으로 회귀계수의 크기로 어느 변수가 더 중요한지를 파악한다. 그러나 비표준화계수는 측정단위와 분포의 평균에 따라 그 크기가 달라지기 때문에 비표준화계수로는 독립변수가 종속변수에 미치는 상대적인 영향력을 파악할 수 없다. 따라서 측정단위와 분포의 평균에 의해 영향을 받지 않는 표준화계수의 크기로 독립변수가 종속변수에 미치는 상대적 영향력을 살펴보아야 한다.

표준화계수는 독립변수의 측정단위와 분포의 평균에 따라 영향받지 않도록 독립변수들을 표준화한 자료로 회귀분석하여 얻게 되는 계수이다. **이러한 표준화계수값들의 크기를 서로 비교함으로써 여러 개의 독립변수 중에서 어느 변수가 종속변수에 더 많은 영향을 미치는지를 파악할 수 있다.** 즉, 독립변수 간의 상대적 중요성을 파악할 수 있다. [그림 13-21]의 예에서 보면, 몸무게의 표준화계수는 0.496이고 허리둘레의 표준화계수는 0.471이다. 따라서 몸무게의 표준화계수가 허리둘레의 표준화계수보다 약간 더 크기 때문에 키를 결정하는 데에는 허리둘레보다 몸무게가 상대적으로 더 중요하다고 판단할 수 있다.

3.3 유용한 독립변수의 선택방법 (Selection Method of Significant Independent Variable)

다중회귀분석은 2개 이상의 독립변수들을 사용하여 종속변수를 예측하거나 설명하는 모형을 개발하는 방법이다. 대부분의 회귀분석에서 종속변수에 영향을 미치거나 원인이 될 만한 변수들은 매우 많다. 그러나 생각할 수 있는 모든 변수들을 독립변수로 사용하여 회귀분석하는 것은 바람직하지 못하다. 왜냐하면 독립변수의 수가 증가함에 따라 자료를 수집하고 관리하는 데에도 보다 많은 시간과 노력, 그리고 비용을 필요로 하기 때문이다. 또한 독립변수들 간의 연관성, 즉 다중공선성과 같은 문제가 발생할 수도 있으므로 독립변수를 많이 사용한다고 좋은 회귀분석모형이 되는 것은 아니다.

예를 들어, 키를 종속변수로 하는 회귀분석에서 몸무게와 허리둘레뿐만 아니라 신발사이즈, 팔길이, 앉은키, 성별 등과 같은 변수들도 키에 영향을 미칠 수 있는 것으로 판단하여 이들을 모두 독립변수로 사용할 수 있다. 그러나 이렇게 생각할 수 있는 변수들을 모두 사용하여 회귀분석하고자 한다면 자료수집과 유용한 자료를 정제하는 과정에서 많은 시간과 노력을 필요로 하게 된다. 또한 다중공선성이 높은 독립변수들을 동시에 사용하여 분석함으로써 분석을 왜곡시켜 분석 결과로 얻게 되는 모형의 신뢰성을 크게 떨어뜨릴 수 있다. 따라서 생각할 수 있는 독립변수를 모두 사용하여 회귀모형을 개발하기보다는 꼭 필요하며 중요한 변수들만을 선별하여 모형을 개발하는 것이 필요하다.

가장 좋은 회귀모형은 가장 적은 수의 독립변수로 종속변수의 분산을 가장 많이 설명할 수 있는 모형이다. 일반적으로 독립변수들로 설명할 수 있는 종속변수 분산의 크기는 종속변수의 수에 비례한다. 즉, 독립변수의 수들로 증가함에 따라 이들 독립변수들로 설명할 수 있는 종속변수의 분산도 증가한다. 그러나 추가적으로 사용하게 되는 독립변수가 설명할 수 있는 종속변수의 분산의 양은 점차적으로 감소할 수밖에 없다. 따라서 가능하면 가장 유용한 독립변수들만을 선정하여 모형을 개발하는 것이 필요하다.

유용한 독립변수들을 선정하기 위해서는 여러 개의 독립변수들 중에 어느 변수가 중요하고 설명력이 높은지를 판단할 수 있는 방법이 필요하다. 다행히도 대부분의 통계패키지는 유용한 독립변수들을 선별하는 데에 사용할 수 있는 다양한 방법들을 제공하고 있다. 유용한 독립변수들을 선택하는 데에 사용할 수 있는 대표적인 방법으로는 입력(enter), 전진선택(forward selection), 후진제거(backward selection), 단계선택(stepwise selection), 그리고 제거(remove)가 있다. 이 중에 입력방식은 분석자가 임의로 지정한 모든 변수들을 독립변수로 사용하여 분석하는 방법으로, SPSS의 경우 초기설정으로 지정되어 있는 가장 일반적인 변수선정방법이다. 이러한 입력방식을 제외한 나머지 변수선정방식에 대해서 간략하게 설명하면 다음과 같다.

1) 전진선택방식(Forward Selection Method)

전진선택방식(forward selection)은 여러 개의 독립변수들 중에서 가장 중요한 변수의 순으로 하나씩 선택해 가는 방법이다. 이 방법으로 유용한 변수를 선정하는 과정은 다음과 같다. 우선 개별 독립변수 하나씩만을 독립변수로 사용하여 회귀분석한다. F통계량값이 가장 큰 모형을 찾아 이 모형에서 사용된 회귀분석 결과로 얻게 되는 모형들 중에 통계적 유의성이 가장 높은, 즉 변수를 가장 먼저 선택하게 된다. 즉, 여러 모형 중에 가장 높은 F값을 제시하는 모형에서 사용된 독립변수를 우선적으로 선택하는 것으로 결정하고 이 변수 다음으로 유의한 변수를 찾아 나간다. 그러나 만일 처음 변수를 사용한 모형조차 통계적으로 유의하지 않으면 유의한 독립변수가 없는 것으로 판단하고 분석을 종료한다.

다음으로 중요한 변수를 찾는 방법은 일단 선정된 변수를 포함하고, 아직 선택되지 않은 변수 하나씩만을 더 포함하는 회귀모형들 중에서 *F*값이 가장 큰 모형을 찾는다. *F*값이 가장 큰 모형에서 새로 추가된 변수가 모형의 *F*값 증가에 기여한 부분이 통계적으로 유의한가를 검정하여 통계적으로 유의하지 않으면 전 단계까지에서 선정이 확정된 변수들만을 이용한 회귀분석모형을 제시하고 분석을 종료한다. 그러나 새로 추가된 변수도 *F*값 증가에 통계적으로 유의한 역할을 하는 것으로 밝혀지면 이 변수도 같이 선정하는 것으로 결정하고 다음 변수를 찾는 과정을 되풀이 한다.

예를 들어 몸무게, 허리둘레, 신발사이즈를 독립변수로 하는 다중회귀분석에서 전진선택방식으로 변수를 선정하고자 하는 경우를 살펴보자. 만일 이들 각각을 독립변수로 하는 3개의 단순회귀분석모형 중에 *F*값이 가장 큰 모형이 몸무게를 독립변수로 하는 모형이라면 이 모형의 F값이 통계적으로 유의한지를 평가한다. 만일 모형의 *F*값이 통계적으로 유의하지 않는 경우에는 현재의 변수들로는 회귀분석모형의 개발이 적합하지 않다는 것으로 판단하고 분석을 종료한다.

그러나 몸무게를 이용한 회귀모형이 통계적으로 유의한 것으로 나타나면 몸무게라는 독립변수는 선택된 것으로 결정한다. 다음으로 선택된 변수인 몸무게와 남아있는 다른 한 변수씩을 포함하는 회귀분석결과 *F*값이 가장 크게 나타난 모형을 찾아 모형의 *F*값에서 새로 추가된 변수가 기여하는 정도(partial *F*)가 통계적으로 유의한지를 평가하게 된다. 평가 결과 만일 *F*값의 증가분이 통계적으로 유의하지 않을 경우에는 몸무게만을 이용한 모형을 최종적인 모형으로 판단하고 분석을 종료한다. 그러나 통계적으로 유의한 경우에는 새로 추가된 변수 또한 선정된 것으로 결정하고 다음 변수를 찾아 나간다.

예를 들어, *F*값이 가장 큰 모형에 새로 추가된 변수가 허리둘레라고 한다면 회귀분석결과에서 허리둘레를 나타내는 변수가 모형의 *F*값 증가에 기여한 정도가 통계적으로 유의한지를 판단하여, 유의하지 않은 경우에는 몸무게만을 사용한 회귀분석모형을 최종모형으로 결정하고 분석을 종료한다. 그러나 허리둘레도 모형의 *F*값 증가에 통계적으로 유의할 정도로 기여했다면 몸무게와 허리둘레를 선택된 변수로 결정하고 또 다른 새로운 변수를 찾는 과정을 되풀이한다. 이 방식의 특징은 일단 앞의 단계에서 이미 선정된 변수들을 반드시 사용해야 한다는 것이다.

2) 후진제거방식(Backward Elimination Method)

후진제거방식(backwaed elimination)은 전체 가용한 독립변수들 중에서 불필요한 변수를 하나씩 제거해 나가는 방식으로 유용한 변수들을 선정하는 방법이다. 따라서 후진제거방식은 사용가능한 모든 변수들을 독립변수로 하는 회귀분석에서부터 시작한다. 분석 결과 모든 변수들이 통계적으로 유의하면 이들 모두를 사용한 회귀모형을 제시하고 분석을 종료한다.

그러나 전체변수들을 이용한 회귀분석 결과 유의하지 않은 변수들도 포함되어 있으면 전체 변수에서 돌아가면서 하나씩의 변수를 제외한 나머지 독립변수들을 이용하여 회귀분석을 한다. 회귀분석결과 모형의 F값을 기준으로 유의성을 평가하여 F값이 가장 큰 모형에서 사용하지 않았던 변수를 우선적으로 제외하는 것으로 한다. 또한 F값이 가장 큰 모형에서 만일 모든 변수가 유의하면 이 모형을 최종 모형으로 채택하고 분석을 종료한다. 그러나 모형에 사용된 변수 중에 유의하지 않은 변수가 남아있다면 남은 변수 중에서 다시 하나씩의 변수를 제외한 변수들을 이용하여 회귀분석하고, 위에서 설명한 방법과 같은 방법으로 중요하지 않은 변수를 하나씩 제거해 간다. 이러한 방법으로 반복하여 유의하지 않은 변수를 하나씩 제거해 나가는 방식을 후진제거방식이라고 한다.

예를 들어, 키를 예측하는 데에 사용할 수 있는 몸무게, 허리둘레, 신발사이즈를 모두를 독립변수로 사용하기보다는 후진제거방식으로 유용한 변수들만을 선정하여 회귀모형을 개발하고자 하는 경우, 먼저 3개 변수를 모두 독립변수로 사용하여 회귀분석을 실시한다. 분석 결과 만일 모든 변수가 통계적으로 유의한 것으로 나타나면 이들 모두를 사용한 회귀모형이 적합한 것으로 판단하고 분석을 종료한다.

그러나 만일 유의하지 않은 변수가 있다면 이들 중 2개씩의 변수들만을 사용하여 3번 회귀분석을 한다. 회귀분석으로 산출된 3개의 모형 중에서 F값이 가장 큰 모형을 선정하고 그 모형에서 사용되지 않은 변수를 일차적으로 제외시키는 것으로 결정한다. 또한 F값이 가장 큰 모형에서 사용된 독립변수들이 모두 통계적으로 유의한지를 판단하여 모두 유의한 경우 이 모형을 최종 모형으로 결정하고 분석을 종료한다. 그러나 만일 유의하지 않은 변수가 남아있으면, 두 개 변수 중에 하나씩만을 사용한 단순회귀분석을 실시하여 F값이 높은 모형을 선택한다. 이 경우에도 선택된 모형 내의 독립변수가 통계적으로 유의한지를 검정하여 유의하면 이 모형이 최종모형이 되고, 유의하지 않으면 유의한 독립변수가 없으므로 회귀분석모형의 개발이 어렵다고 결론을 내리고 분석을 종료한다. 이러한 후진제거방식에서도 일단 제거된 변수는 다시 고려되지 않는다는 특징이 있다.

3) 단계선택방식(Stepwise Selection Method)

단계선택방식(stepwise selection)은 전진선택방식과 후진제거방식을 결합한 형태라고 할 수 있다. 먼저 전진선택방식을 이용하여 변수를 하나씩 선택해나감과 동시에 이미 선택되어 있는 변수들 중에 다중공선성이 높게 나타나는 변수들을 후진제거방식으로 제거해나가는 방법이다. 즉, 매 단계마다 선택과 제거를 반복하면서 중요한 변수를 찾아내는 방법이라고 할 수 있다. 이러한 단계선택방식은 입력방식과 더불어 가장 많이 사용되는 방법 중의 하나이다.

4) 제거방식(Eliminiation Method)

제거방식(elimination method)은 다른 방식들과는 달리 단독으로 사용할 수 있는 방법이 아니다. 제거방식은 먼저 다른 선택방식을 사용해서 선택된 변수들 중 연구자가 원하는 특정 변수를 제거하고자 할 경우 사용된다. 즉, 입력방식, 전진선택방식, 후진제거방식, 단계선택방식 이렇게 4가지 방식 중에 하나로 먼저 분석을 실시한 후 결과로 나온 분석모형에서 연구자가 임의로 특정한 변수를 제거하고자 할 경우에 사용한다.

제4절 더미변수를 이용한 회귀분석(Dummy Variable Regression)

몸무게와 허리둘레를 이용하여 키를 예측하는 회귀모형을 사용하던 중 성별에 따라서도 키가 차이나는 것을 발견하였다. 따라서 성별이 키를 예측하는 데 중요한 변수라고 생각하고 성별을 나타내는 변수를 회귀분석에서 활용하고자 한다. 문제는 성별과 같은 질적변수는 회귀분석에서 사용하기 어려운 명목척도로만 측정이 가능하다는 점이다. 그러나 명목척도로 측정된 변수이더라도 키를 추정하는 식에서의 성별과 같이 종속변수에 미치는 영향이 커서 꼭 사용해야만 좋은 회귀모형을 만들 수 있는 경우가 있다.

이처럼 명목척도로 측정된 변수를 부득이 사용해야 하는 경우에는 명목척도로 나타낸 변수를 0과 1의 값만을 갖는 한 개 혹은 몇 개의 이항변수(binary variable)로 바꾸어 회귀분석에 활용할 수 있다. 이때 사용하는 이항변수는 실제로 측정한 변수가 아니고 명목척도로 측정된 변수값들을 서로 구분할 수 있도록 하기 위하여 가상적으로 만든 변수라 하여 이들을 더미변수(dummy variable)라 부르고, 이러한 변수들을 이용한 회귀분석을 일반 회귀분석과 구분하여 더미변수를 이용한 회귀분석(dummy variable regression)이라 한다. 이러한 더미변수를 이용한 회귀분석에서 종종 사용되는 대표적인 명목변수들의 예로는 성별, 결혼 유무, 거주지역, 종교, 직업, 계절 등이 있다.

더미변수를 이용한 회귀분석은 명목척도나 서열척도로 측정된 변수를 독립변수로 사용하여야 하는 경우, 변수값으로 가질 수 있는 여러 수준을 0과 1의 값만을 갖는 이항변수 형태의 더미변수를 이용하여 표시하게 된다. 이때 독립변수의 개별 수준별로 하나의 더미변수를, 즉 독립변수의 수준 수만큼 더미변수를 만들어 사용할 수 있다. 그러나 가능한 한 적은 수의 독립변수를 사용하여 회귀모형을 개발하는 것이 분석자료의 자유도를 높여 보다 신뢰할 수 있는 모형을 만들 수 있기 때문에 더미변수를 최소한으로 설정하는 것이 좋다. 따라서 명목척도로 측정된 독립변수를 나타내는 여러 수준 중에 하나를 기준으로 삼고 나머지는 기준이 되는 수준과 구분되도록 이항변수를 설정하게 되면 하나의 더미변수를 줄일 수 있다. 이렇게 생각하여 만일 명목변수의 수준(level) 수가 m개라면 최소한 그리고 최적의 더미변수의 수는 $m-1$개가 된다.

[그림 13-22]는 4개의 수준을 갖는 임의의 독립변수를 더미변수로 코딩하는 예를 보여주고 있다. 이 경우 독립변수는 4개 수준의 값을 가질 수 있으므로 3개의 더미변수가 필요하다. 다음으로 각 수준을 표시하는 규칙을 정하는 코딩(coding) 작업을 하기 전에 4개의 수준 중에 어느 수준을

그림 13-22 | 더미변수를 이용한 회귀분석

더미변수를 이용한 회귀분석

- 명목척도나 서열척도로 측정된 독립변수를 활용하는 회귀분석
- 독립변수를 0과 1의 값만을 갖는 이항변수 형태의 더미변수로 변환하여 분석함

더미변수 코딩

1. 더미변수의 개수결정

- 독립변수의 수준 수$(m)-1$
  예 4개의 수준이 있으므로 3개의 더미변수를 사용함

2. 더미변수의 기준선정

- 어느 수준이나 기준이 될 수 있음
- 해석하기 용이한 수준을 기준으로 설정함

더미변수 코딩의 예

- 4개의 수준 중에 수준 1을 기준으로 하는 경우 더미코딩의 예

모 형	더미변수 1	더미변수 2	더미변수 3
수준 1	0	0	0
수준 2	1	0	0
수준 3	0	1	0
수준 4	0	0	1

기준으로 할 것인지를 결정해야 한다. 그림에서는 수준 1을 기준으로 하였다. 일반적으로 이러한 더미변수의 코딩에서 기준이 되는 수준을 정하는 데에는 특별한 규칙이 없다. 따라서 분석 결과를 판독하고 이해하기가 용이하도록 분석자가 임의로 판단하여 정하면 된다.

이렇게 하여 더미변수의 수와 기준이 되는 수준이 결정되면 [그림 13-22]에서 제시한 표처럼 코딩할 수 있다. 수준 1은 기준이 되기 때문에 3개의 더미변수가 모두 0으로 설정된다. 수준 2는 수준 1과 구분되도록 더미변수 1을 1로 하고 나머지는 0으로 한다. 수준 3은 더미변수 2를 1로 하고 나머지는 0으로 하며, 수준 4는 더미변수 3을 1로 하고 나머지는 0으로 표시한다. 이렇게 코딩하면 3개의 더미변수를 이용하여 명목척도로 측정된 독립변수의 수준을 모두 구분하여 표시할 수 있다.

이렇게 더미변수를 이용하여 분석한 결과로 얻게 되는 계수값에 대한 해석은 기준이 되는 수준 1을 바탕으로 수행된다. 이는 마치 해수면을 기준으로 한라산과 백두산의 높이를 서로 비교하거나 해저 수준을 비교하는 것과 같다. 예를 들어, 더미변수 1의 계수값이 0.3이라면 이는 독립변수

그림 13-23 | 더미변수를 이용한 회귀분석의 예

더미변수를 이용한 회귀분석

S전자는 계절과 광고비에 따라 매출액의 차이가 어느 정도 나는지 알아보기 위해서 회귀분석을 실시하고자 하였다. 그러나 계절은 명목척도로 측정되어 독립변수로 사용할 수 없다.
따라서 계절변수를 3개의 이항변수(더미변수)로 더미코딩하여 회귀분석을 실시하고자 다음과 같이 준비하였다.

더미변수를 이용해 추정한 회귀식

- 잘못된 일반적인 회귀식 → $\hat{y}_i = \beta_0 + \beta_1 x_{1i} + \beta_2 x_{2i}$
- 더미변수를 이용한 회귀식 → $\hat{y}_i = \beta_0 + \beta_1 D_{1i} + \beta_2 D_{2i} + \beta_3 D_{3i} + \beta_4 x_{4i}$

여기서, $\hat{y}_i$: 추정된 매출액(단위 : 억 원)
x_{1i} : 계절을 나타내는 변수
x_{2i}, x_{4i} : 광고비(단위 : 억 원)
D_{1i}, D_{2i}, D_{3i} : 계절을 나타내는 더미변수
$\beta_0, \beta_1, \beta_2, \beta_3, \beta_4$: 추정되어야 할 모수들

더미변수로 코딩하는 방법

4개의 수준을 갖는 계절변수를 봄을 기준으로 하여 3개의 더미변수로 코딩하는 방법

계절	더미변수 1(D_{1i})	더미변수 2(D_{2i})	더미변수3(D_{3i})
봄	0	0	0
여름	1	0	0
가을	0	1	0
겨울	0	0	1

의 수준 1에 비하여 수준 2의 경우, 종속변수값이 0.3만큼 더 크다는 것을 의미한다. 반대로 더미변수 3의 계수가 −0.5라면 이는 독립변수의 수준 4가 수준 1에 비하여 0.5만큼 적다고 해석할 수 있다. 자세한 내용을 구체적인 사례를 통해서 살펴보면 다음과 같다.

S전자에서는 계절과 광고비가 매출에 어떠한 영향을 미치고 있는지를 회귀분석을 이용하여 분석하고자 한다. 그러나 계절이라는 독립변수는 명목척도로 측정되어 있어, 이를 더미변수로 전환하여 회귀분석하도록 한다. 계절은 봄, 여름, 가을, 겨울 이렇게 4개의 범주로 분류되기 때문에 3개의 더미변수가 필요하며, 4개의 범주 중에 봄을 기준으로 더미코딩하면 [그림 13−23]과 같다.

더미변수 코딩을 통해서 도출된 회귀식에서 계절의 기준이 되는 봄의 매출액은 모든 더미변수를 무시한 경우에 해당한다. 그리고 β_1은 봄에 대비한 여름 매출액의 차이이며, β_2는 봄에 대비한 가을의 매출액 차이이고, 마지막으로 β_3는 봄에 대비한 겨울의 매출액 차이를 나타낸다.

예를 들어, 분석 결과가 [그림 13−24]와 같이 $\beta_1=30$, $\beta_2=15$, $\beta_3=-10$으로 나왔다면 여름의 매출액은 봄에 비하여 30억원, 그리고 가을은 15억원만큼 매출이 신장되고, 반대로 겨울은 10억원만큼 매출이 감소되는 것으로 해석할 수 있다. 또한 여름과 겨울을 비교하고자 하는 경우에는 마치 해수면을 기준으로 한라산과 백두산을 비교할 수 있듯이, 여름은 겨울보다 매출액이 40억원

그림 13-24 | 더미변수를 이용한 회귀분석 결과 해석

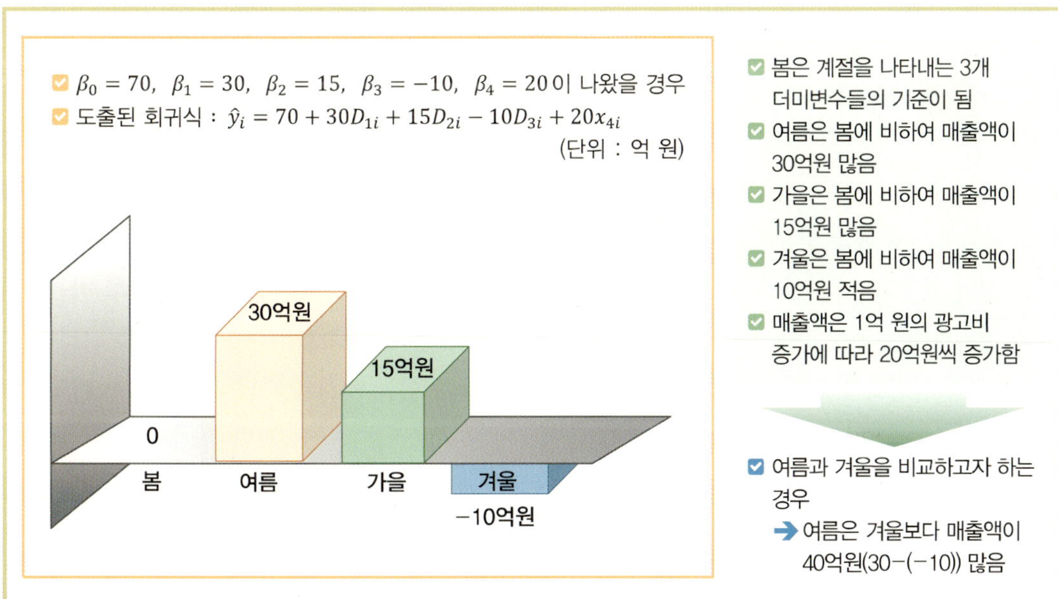

(30−(−10)=40) 많음을 알 수 있다. 이를 그래프로 나타내면 [그림 13-24]와 같이 명확하게 그 차이를 알 수 있다.

이러한 방법으로 명목척도나 서열척도로 측정된 변수를 더미변수로 바꾸어 회귀분석의 독립변수로 사용할 수 있다. 일반적으로 서열척도는 명목척도보다 더 많은 정보를 가지고 있으므로 경우에 따라서는 더미변수로 바꾸지 않고 서열값을 그대로 사용하여 분석하기도 한다. 특히 서열의 수가 많은 경우 서열변수를 그대로 사용하여 분석해도 크게 문제가 되지 않는다. 그러나 명목척도로 측정된 변수는 반드시 더미변수로 바꾸어 회귀분석해야 한다.

[그림 13-24]의 경우 기준을 봄이 아닌 다른 계절로 하여 더미변수를 설정하고 분석해도 동일한 결과를 얻게 된다. 그러나 β_1, β_2, β_3의 의미는 기준으로 설정된 계절에 따라 달라지기 때문에 주의해서 해석할 필요가 있다. 이처럼 더미변수 사용시 기준설정에 대한 특별한 규칙은 없으나 일반적으로 독립변수의 영향을 해석하고 설명하기 용이하도록 더미변수의 기준을 설정하고 분석하는 것이 바람직하다.

더미변수를 이용하여 회귀분석하는 또 하나의 이유는 명목척도로 측정된 독립변수의 영향을 제거함으로써 남은 독립변수들과 종속변수의 관계를 보다 정확하게 측정할 수 있다는 점이다. [그림 13-23]의 예에서는 계절이 매출액에 미치는 영향을 더미변수들을 이용하여 제거함으로써 광고비가 매출에 미치는 진정한 영향을 파악할 수 있다.

제5절 비선형회귀분석(Non-linear Regression Analysis)

회귀분석은 분석을 실시하기 전에 종속변수와 독립변수 간의 관계를 어느 정도 파악하고 분석하는 것이 필요하다. 이를 위해서는 하나의 독립변수와 종속변수를 각각 X축과 Y축으로 하는 2차원의 평면상에 분석하고자 하는 입력자료의 개별관측치들을 점으로 나타내는 산점도를 그려볼 필요가 있다. 산점도상에서 두 변수가 선형에 유사한 관계가 있는 것으로 나타나면 변수를 변형하지 않고 바로 사용하여 분석한다.

그러나 만일 두 변수가 선형이 아닌 다른 형태의 관계가 있다고 판단되는 경우에는 독립변수를 어떠한 방법으로 치환하면 종속변수와 선형에 가까운 관계를 가질 수 있는지를 파악한 다음, 독립변수를 치환하여 얻은 새로운 변수를 독립변수로 사용해서 회귀분석해야 한다. 단순회귀분석에서는 경우에 따라 종속변수를 치환하여 사용할 수도 있다. 이렇게 치환한 변수를 이용한 회귀분석을 일반 선형회귀분석(linear regression analysis)과 구분하여 비선형회귀분석(non-linear regression analysis)이라 한다.

5.1 독립변수의 변환(Transformation of Independent Variable)

일반적으로 비선형회귀분석은 독립변수와 종속변수 중에 어느 하나 혹은 모두를 변환하여 두 변수 간의 관계가 선형관계가 되도록 한 다음에 수행하는 분석이다. 그러나 독립변수의 수가 2개 이상인 다중회귀분석의 경우 종속변수를 변환하는 것은 쉽지 않다. 따라서 대부분의 비선형회귀분석에서는 종속변수보다는 독립변수를 변환시키는 것을 우선으로 하고 있다.

[그림 13-25]는 독립변수 X와 종속변수 Y가 선형이 아닌 비선형관계가 있는 경우의 산점도를 나타내고 있다. 〈그래프 1〉과 같은 경우 독립변수 X는 종속변수와 Log 혹은 제곱근($\sqrt{\ }$) 관계에 있다. 따라서 독립변수 X를 Log(X) 또는 $\sqrt{X}$로 변환시켜 얻게 되는 새로운 독립변수 X^{new}는 종

≫그림 13-25 | 독립변수 Y의 변환

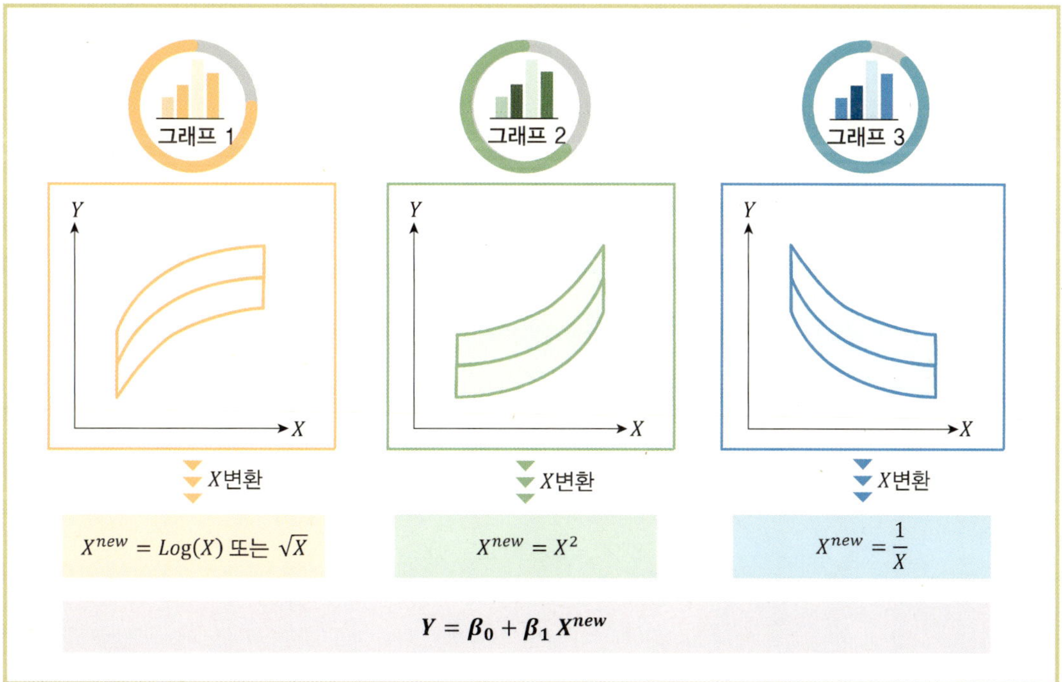

속변수와 선형관계가 된다. 〈그래프 2〉에서 독립변수 X는 종속변수 Y와 제곱관계에 있다. 따라서 독립변수 X를 X^2으로 변환시킨 새로운 변수 X^{new}는 종속변수 Y와 선형관계가 된다. 또한 〈그래프 3〉에서 독립변수 X를 $\frac{1}{X}$로 변환시키면 새로운 변수 X^{new}는 종속변수 Y와 선형관계가 된다.

5.2 종속변수의 변환(Transformation of Dependent Variable)

일반적으로 독립변수를 변환하여 변환된 독립변수가 종속변수와 선형관계가 되도록 조정한다. 그러나 경우에 따라서는, 특히 단순회귀분석에서 독립변수보다 종속변수를 변환하는 것이 바람직한 경우가 있다. 예를 들어, 회귀분석에서는 각각 독립변수에 대응하는 모든 종속변수의 오차(ε_i)는 평균이 0이고 분산(σ^2)이 모두 일정한 정규분포를 한다고 가정하고 분석한다. 그러나 이러한 가정을 충족시키지 못하는 경우에는 종속변수와 선형관계가 되도록 독립변수를 아무리 변환해도 오차의 등분산성에 대한 가정을 위배하게 되는 문제는 해결되지 않는다. 그러나 경우에 따라서는 독립변수 X 대신 종속변수 Y를 변환하면 이러한 오차의 등분산성에 대한 가정을 위배하게 되는

그림 13-26 | 종속변수 Y의 변환

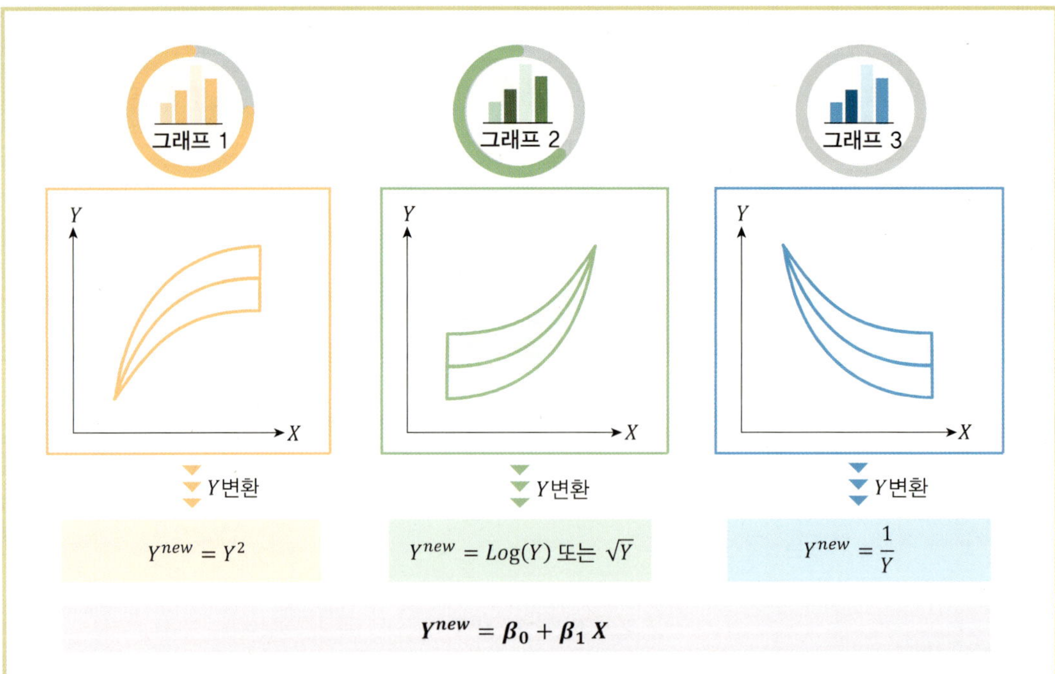

문제를 해결할 수도 있다.

[그림 13-26]은 독립변수 X와 종속변수 Y가 선형관계가 아닌 비선형관계가 있음을 나타내고 있다. 또한 모든 그래프에서 독립변수 X의 크기에 따라 종속변수 Y의 오차분산이 변화하는 형태를 보이고 있다. 즉, 종속변수 Y는 오차의 등분산성에 대한 가정이 성립되지 않고 있다. 예를 들어, 독립변수를 소득수준으로 하고 종속변수를 여행경비로 하는 경우에 〈그래프 1〉과 같은 관계를 보일 수 있다. 즉, 소득수준이 높을수록 여행경비에 대한 편차도 커질 수 있기 때문이다. 이처럼 등분산성에 대한 가정이 위배되는 경우에는 독립변수보다 종속변수를 변환하는 것이 바람직하다. [그림 13-26]의 〈그래프 1〉에서는 종속변수 Y를 Y^2으로, 〈그래프 2〉에서는 $Log(Y)$나 $\sqrt{Y}$로, 그리고 〈그래프 3〉에서는 $\frac{1}{Y}$로 변환시켜 회귀분석하면 등분산성 가정을 위배하게 되는 문제를 해결할 수도 있다.

5.3 독립변수와 종속변수의 변환(Transformation of Independent Variable and Dependent Variable)

비선형 회귀분석의 경우 상황에 따라서는 독립변수(X)나 종속변수(Y)의 어느 하나만을 변환시키기보다는 독립변수(X)와 종속변수(Y)를 동시에 변환시키는 것이 필요한 경우도 있다. 일반적으로 독립변수와 종속변수를 동시에 변환시키는 것은 쉽지 않으나 두 변수 간의 관계를 보다 정확하게 설명할 수 있으면 동시에 같이 변환시켜도 된다. 이러한 경우에는 변수 간의 산점도와 오차분포를 반복적으로 그려보면서 두 변수 간의 관계를 가장 효과적으로 설명할 수 있도록 두 변수를 변환시킨 다음 회귀분석을 수행한다.

독립변수와 종속변수를 모두 변환시키는 경우를 예를 들어 설명하면 다음과 같다. 광고액(A)과 판촉비용(P)으로 매출액(S)을 예측하는 모형을 개발하고자 하는 경우, 간단히 생각하면 단순한 다중회귀분석으로 구할 수 있다. 그러나 이에 대한 기존의 많은 연구 결과 광고와 판촉은 서로 시너지효과가 있어서 이들 간에는 $S = \alpha A^{\beta} P^{\gamma}$와 같은 관계가 단순한 선형관계보다 적합한 것으로 밝혀졌다. 이러한 경우 모형에서 필요로 하는 α와 β 그리고 γ를 구해야만 매출액을 예측할 수 있는 구체적인 모형을 개발할 수 있다.

회귀분석을 수행하기 위해서는 서로 곱한 형태로 있는 2개의 독립변수를 분리하는 것이 필요하다. 일반적으로 변수들이 서로 곱한 형태로 된 항은 Log를 취함으로써 덧셈 형태로 바꿀 수 있다.

예를 들면, $Log(X^{\alpha})$는 $\alpha Log(X)$가 되고, $Log(XY)$는 $Log(X)+Log(Y)$가 된다. 이러한 로그법칙을 이용하기 위하여 식 $S=\alpha \cdot A^{\beta}P^{\gamma}$의 양변에 Log를 취하면 변수들 간의 곱셈 형태의 식을 선형관계의 식인 $Log(S)=Log(\alpha)+\beta Log(A)+\gamma Log(P)$로 바꿀 수 있다. 이 경우 일반 상용로그($Log$) 대신에 자연로그($Ln$)를 취할 수도 있다. 이렇게 변수들 간의 관계를 선형관계로 변환시킨 다음, 광고액의 로그값($Log(A)$)과 판촉비용의 로그값($Log(P)$)을 독립변수로 하고, 매출액의 로그값($Log(S)$)을 종속변수로 하는 다중회귀분석을 실행하여 원하는 모형을 개발할 수 있다.

이처럼 변환된 자료를 이용하여 회귀분석한 결과로 얻게 되는 상수는 $Log(\alpha)$값이 되고 회귀식의 계수는 각각 β와 γ가 된다. 따라서 α는 $Log(\alpha)$값을 이용하여 역으로 Log를 풀어 구할 수 있다. 이렇게 구한 α와 β 그리고 γ값을 원래의 식에 대입하면 광고비(A)와 판촉비(P)를 이용하여 매출액(S)을 직접 예측할 수 있는 모형($S=\alpha A^{\beta}P^{\gamma}$)을 구할 수 있다.

그림 13-27 | 광고액과 판촉비용으로 매출액을 예측하는 모형 개발

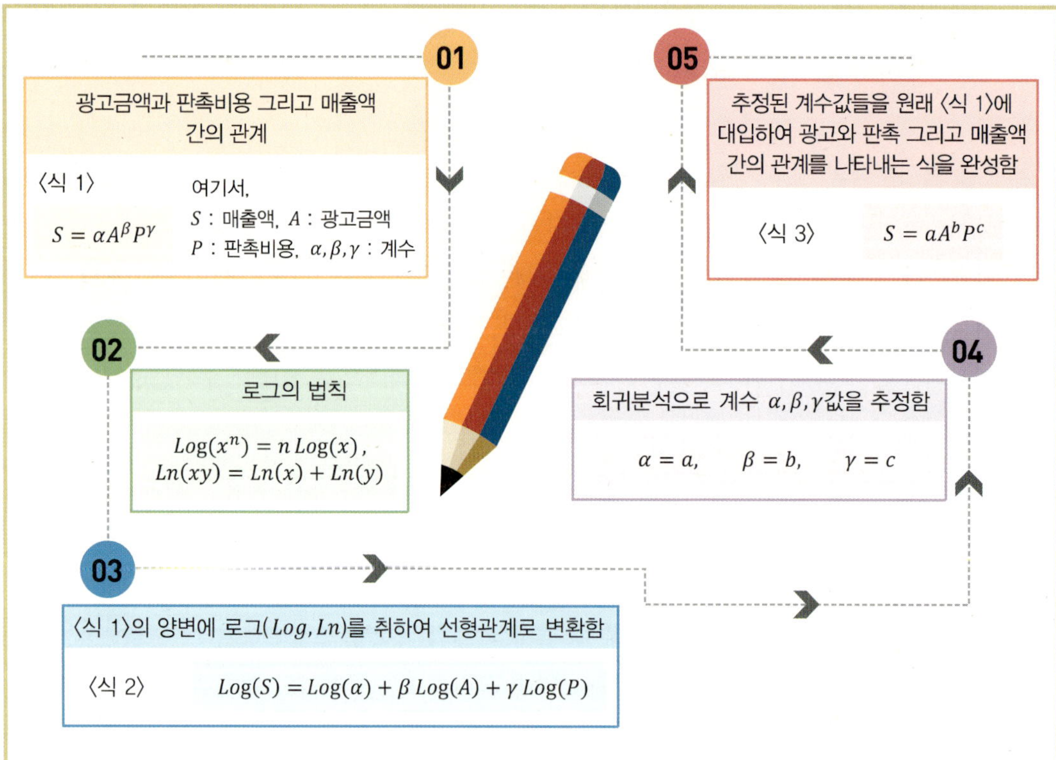

CHAPTER

14

요인분석
(Factor Analysis)

Chapter

14 요인분석(Factor Analysis)

제1절 요인분석 개관(Overview of Factor Analysis)

1.1 요인분석의 정의 및 목적(Overview of Factor Analysis)

요인분석(factor analysis)은 변수들 간의 상호 연관성(공분산, 상관관계)을 분석해서 이들 간에 공통적으로 작용하고 있는 내재된 요인을 추출하여 전체자료를 대변할 수 있는 변수의 수를 줄이는 기법이다.

[그림 14-1]에서와 같이 요인분석은 연관성(상관관계)이 높은 변수(요인)들이 가지고 있는 공통성을 중심으로 하나의 동질적인 요인으로 묶어주는 것이다. 예를 들어, '구매한 제품이나 브랜드에 대해 주변 사람들의 반응을 중요시한다', '내가 속해 있는 그룹과 잘 어울릴 제품인지 고려한다' 등은 '사회적 가치'를, '제품 선택 시 제품의 안전성과 내구성을 고려한다', '제품의 실용성을 중시한다' 등은 '기능적 가치'를, 그리고 '원하는 제품을 구매했을 때 만족감을 느낀다', '제품의 성능보다 디자인 혹은 색상이 좋은 제품을 선택하는 것이다 좋다' 등은 '감성적 가치'라는 공통적인 요인을 내재하고 있다. 또한 '사회적 가치'와 '기능적 가치' 그리고 '감성적 가치' 등의 요인들은 이보다 상위의 개념인 '소비가치'라는 공통적인 요인을 내포하고 있을 수 있다. 이러한 요인화 과정을 밟아가며 다양한 자료가 축약된 정보로 요약되어감을 알 수 있다.

따라서 요인분석을 이용하면 여러 개의 변수 형태로 주어진 많은 정보를 몇 개의 핵심적인 내재요인으로 축약하여 나타냄으로써 정보에 대한 이해와 추가분석을 용이하게 할 수 있다. 즉, 요인분석은 과다한 정보로 인한 문제를 해결해주고, 자료의 성격을 쉽게 파악할 수 있도록 도와준다.

이러한 요인분석의 기본개념은 여러 개의 변수들 간의 연관성(공분산)을 분석하여 변수 간에

그림 14-1 | 변수와 요인

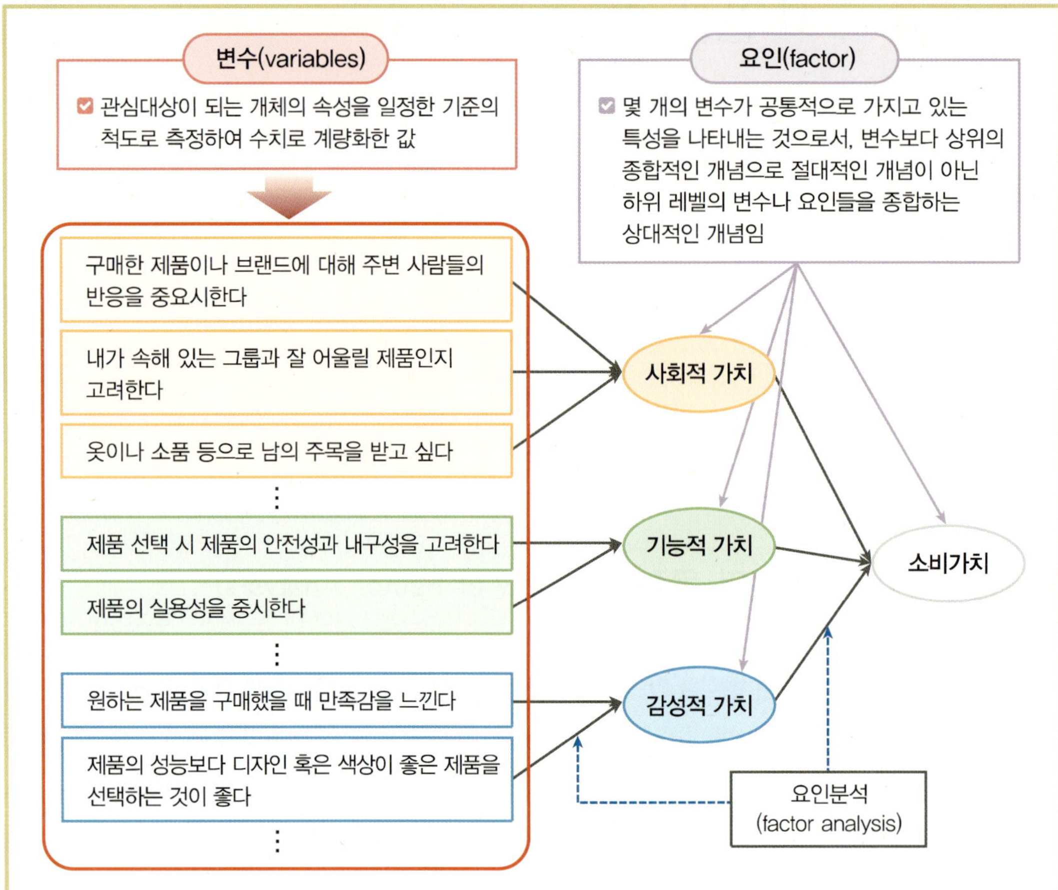

내재된 공통된 정보를 몇 개의 대표적인 요인으로 추출하여 설명하는 것이다. 그러나 이러한 과정에서 원래 변수들이 가지고 있는 정보를 가능한 한 많이 설명할 수 있도록 효과적으로 요인을 추출해야 한다. 즉, 입력변수들이 가지고 있는 정보의 손실을 최소화하면서 전체를 가장 효과적으로 대변할 수 있도록 요인을 추출해야 한다.

요인분석을 사용하는 구체적인 목적 몇 가지를 들면 다음과 같다. **첫째, 연구나 모형개발에 사용되는 변수의 수를 줄여 몇 개의 핵심적인 요인만으로 모형을 구성하고 설명하기 위하여 요인분석한다.** 일반적으로 가장 좋은 모형은 최소한의 변수나 요인으로 가장 많은 내용을 설명하는 모형이다. 따라서 모형개발과 관련된 변수들이 많을 경우 가능한 한 이들의 공통적인 특성을 요약한 몇 개의 대표적인 요인들을 추출하여 사용함으로써 보다 효과적인 모형을 개발할 수 있다.

둘째, 정보와 지식을 보다 용이하게 그리고 효과적으로 전달하기 위해서 요인분석을 한다. 즉, 많은 변수들이 가지고 있는 정보를 함축하는 몇 개의 공통적인 요인을 추출하여 설명함으로써 보다 용이하게 설명할 수 있다. 예를 들어, 대학수학능력시험점수는 대학에 입학하여 대학교육을 받고 이해할 수 있는 능력이 어느 정도인가를 나타내는 척도로 사용된다. 이것은 학생의 여러 가지 능력을 종합해서 하나의 점수로 요약한 일종의 요인으로 볼 수 있다. 즉, 고등학교 과정에서 학습한 내용을 언어능력, 수리탐구능력 및 외국어능력과 같은 몇 개 분야의 능력으로 측정한 다음 이들 점수의 합으로 대학수학능력을 측정하게 된다. 따라서 대학수학능력점수를 비교함으로써 비교적 손쉽게 학생의 대학에서의 수학능력을 평가할 수 있다. 그러나 이렇게 단순하게 하나의 점수로 학생의 대학수학능력을 평가함으로써 발생하는 오차도 적지 않다. 왜냐하면 대학수학능력점수가 한 학생이 대학에서 학습하는 내용을 원활하게 소화할 수 있는지를 정확하게 평가할 수 있는 완벽한 척도가 될 수 없기 때문이다.

그렇다고 정확하게 평가하고자 너무 많은 요인을 추출하는 것도 문제가 있다. 특히, 요인분석 결과 요인의 수가 지나치게 많으면 요인축의 회전과 추출된 요인에 대한 해석이 상대적으로 어려워지기 때문에 정보와 지식을 효과적으로 전달할 수 없다. 따라서 정확하고 충분한 정보를 요약하여 몇 개의 함축적인 요인으로 표현하고자 하는 것이 요인분석의 목적이라고 할 수 있다.

1.2 요인분석을 위한 자료(Data for Factor Analysis)

의미있는 요인분석이 되기 위해서 분석에 사용되는 자료는 다음 몇 가지 사항을 만족시켜야 한다. 첫째, 요인분석에서 사용되는 입력변수들은 모두 등간척도(interval scale)나 비율척도(ratio scale)로 측정된 양적변수(metric variable)이어야 한다. 따라서 명목척도나 서열척도로 측정한 질적변수는 요인분석의 입력자료로 사용해서는 안 된다. 또한 입력변수로 사용되는 변수들은 가능한 한 같은 종류 그리고 동일한 크기의 척도를 사용해서 측정된 값을 가지고 있어야 바람직하다. 예를 들어, 등간척도를 사용하는 경우 입력변수들은 모두 동일한 리커트 5점척도나 리커트 7점척도로 측정된 것이어야 바람직하다.

그러나 부득이하게 서로 다른 크기의 척도로 측정한 변수들, 예를 들어 몇 개는 리커트 5점척도로, 나머지는 리커트 7점척도로 측정한 변수들을 함께 사용하여 요인분석을 하고자 하는 경우에는 변수들을 모두 표준화하여 사용하거나 변수들 간의 상관계수 행렬을 구한 다음 이를 이용하여 요인분석을 수행해야 한다.

둘째, 입력변수들은 서로 독립적인 정규분포를 이루어야 하며 변수별로 분산은 모두 동일하다는 가정을 만족시켜야 한다. 또한 입력자료에서 관측치(응답자)의 수가 적어도 입력변수 수의 3배 이상은 되어야 요인분석이 가능하다.

셋째, 요인분석에 사용되는 입력변수들 간에는 어느 정도 수준 이상의 상관관계가 있어야 한다. 서로 관계가 없는 변수들로부터 이들에게 공통적으로 내재하는 요인을 추출한다는 것은 어려울 뿐만 아니라 추출된 요인도 신뢰성 측면에서 크게 의미가 없기 때문이다. 이를 위해서는 입력변수들 간의 상관계수 행렬을 SPSS에 있는 바틀렛(Bartlett)테스트나 KMO(Kaiser Meyer-Olkin)테스트를 통하여 입력변수들 간에 적지 않은 상관관계가 존재함을 밝혀야 한다. 이러한 테스트의 결과를 판정하기 위한 절대적인 기준은 없다. 그러나 일반적으로 KMO값이 0.5 이상이고 바틀렛(Bartlett) 검증의 경우 p값이 유의수준 0.1 이하이면 요인분석을 수행해도 괜찮은 정도의 상관관계가 존재한다고 판단할 수 있다.

1.3 요인분석의 종류(Type of Factor Analysis)

요인분석의 종류로는 우선 자료축소의 대상이 변수인지 응답자(케이스)인지에 따라 변수를 묶어주는 R-type과 응답자를 묶는 Q-type 요인분석이 있다. 그러나 일반적으로 요인분석이라 하면 대부분 R-type 요인분석을 말한다. 또한 R-type 요인분석은 요인분석을 실시하는 목적에 따라 확인적 요인분석과 탐색적 요인분석으로 분류된다. 확인적 요인분석(confirmatory factor analysis)은 연구자가 분석 전에 이미 개발된 연구모형이나 사전지식을 기반으로 추출할 요인의 수와 각 요인에 속할 변수들을 미리 확정한 다음, 이렇게 정한 내용이 옳은지를 검증하기 위한 요인분석이다. 반면에, 탐색적 요인분석(exploratory factor analysis)은 특별한 사전지식이나 결정된 사항이 없는 상태에서 변수 간의 내재된 관계를 탐색적으로 찾아내는 분석방법이다.

또한 탐색적 요인분석은 요인을 추출하는 방법에 따라 주성분분석을 이용한 요인분석과 공통요인분석을 이용한 요인분석으로 나누어 볼 수 있다. 주성분분석은 요인분석에 사용되는 입력변수들의 분산 모두를, 즉 총분산을 이용한 분석이며, 공통요인분석은 적어도 2개 이상의 입력변수들이 공통적으로 가지고 있는 입력변수들 간의 공통분산만을 이용한 분석이다.

그림 14-2 | 요인분석의 종류

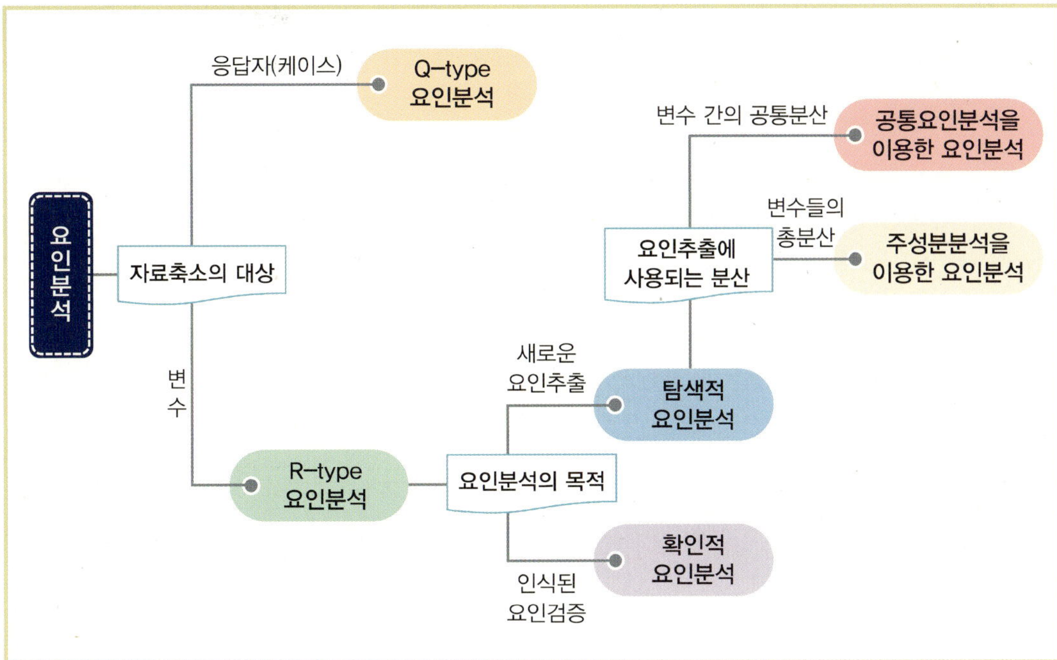

제2절 요인분석 알고리즘(Algorithm of Factor Analysis)

2.1 요인추출방법(Factor Extraction Method)

하나의 변수가 가지고 있는 총분산(total variance)은 [그림 14-3]에서와 같이 공통분산(common variable)과 고유분산(unique variance) 그리고 오차분산(error variance)으로 나누어 볼 수 있다. 공통분산은 하나의 변수가 다른 입력변수들과 연관되어서 움직이는 공통적인 변량을 나타내는 분산이고, 고유분산은 다른 입력변수들과 관계없이 그 변수만이 독자적으로 가지고 있는 독특한 변량을 나타내는 분산을 의미한다. 또한 오차분산은 공통분산이나 고유분산에 속하지 않고 다만 측정하는 과정에서 무작위로 발생할 수 있는 측정오차에 따른 변동을 나타내는 분산이다.

[그림 14-3]은 K고등학교 3학년 학생들의 국어점수, 영어점수, 수학점수, 과학점수의 분산을 구한 다음 이들의 구성에 대하여 설명하기 용이하게 가상적인 그림으로 나타낸 것이다. 그림의

그림 14-3 | 요인추출방법

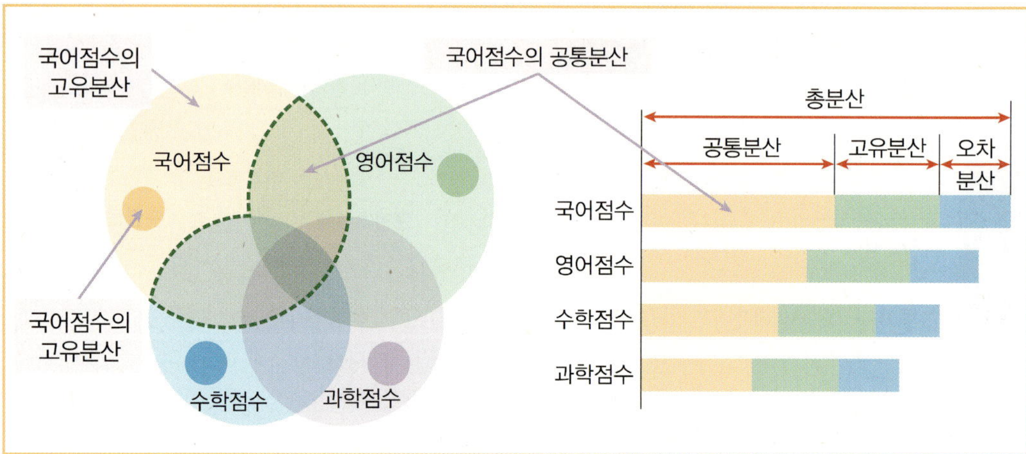

변수들 간의 선형결합	국어점수	영어점수	수학점수	과학점수

요인 1 (언어능력) $= a_1$ ×국어점수 $+ b_1$ ×영어점수 $+ c_1$ ×수학점수 $+ d_1$ ×과학점수

요인 2 (수리능력) $= a_2$ ×국어점수 $+ b_2$ ×영어점수 $+ c_2$ ×수학점수 $+ d_2$ ×과학점수

☑ 주성분분석은 총분산을 이용해서 요인을 추출하고, 공통요인분석은 공통분산만을 이용하여 요인을 추출함

좌측에 있는 벤다이어그램에서 국어, 영어, 수학, 그리고 과학점수에 해당하는 개별변수가 가지고 있는 각각의 총분산을 하나의 원으로 표시하는 경우, 이들 원이 겹치는 부분은 각 변수가 다른 입력변수들과 함께 변하는 공통분산으로 볼 수 있다. 또한 각 변수의 총분산을 나타내는 원 안에서 조그마한 원을 차지하는 부분은 오차분산으로, 오차분산을 제외한 나머지 중복되지 않는 부분은 고유분산으로 생각하면 각 변수가 가지고 있는 분산에 대한 이해가 용이하다. 반면에 개별변수의 분산 크기와 특징을 막대그래프로 표시하면 [그림 14-3]의 우측 그림과 같다. 이들 막대 그래프의 크기가 일정하지 않은 것은 개별변수가 가지고 있는 분산의 크기가 서로 다르기 때문이다.

일반적인 요인추출방법은 입력변수의 총변량(총분산)을 기반으로 하여 요인을 추출하는 주성분분석(principal component analysis)과 변수들 간의 공통변량(공통분산)만을 기반으로 하여 요인을 추출하는 공통요인분석방법(common factor analysis)이 있다. 주성분분석을 이용하여 요인분석을 실시하는 경우에는 투입변수들이 가지고 있는 분산 전체, 즉 총분산 모두를 고려하여 요인을 추출한다. 반면에 공통요인분석은 투입변수들이 가지고 있는 공통분산만을 이용하여 요인을 추출한다.

주성분분석(principal component analysis)은 n개의 입력변수들이 가지는 총분산을 n개의 주성분(principal component)으로 다시 나타낸다. 단, 먼저 추출되는 주성분요인일수록 입력변수들이 가지고 있는 총분산을 많이 설명할 수 있도록 주성분요인을 순차적으로 추출하는 방법이다.

일반적으로 n개의 입력변수들이 가지고 있는 총분산을 모두 설명하기 위해서는 n개의 주성분요인이 필요하다. 따라서 [그림 14-4]에서와 같이 3개의 투입변수가 가지고 있는 분산을 모두 설명하기 위해서는 3개의 주성분요인을 추출해야 한다. 이들 주성분요인을 다른 말로 표현하면 요인분석의 요인에 해당한다. 그러나 일반적으로 변수의 수를 줄이는 것이 요인분석의 목적이기 때문에, 추출된 주성분요인을 모두 사용하는 것이 아니라 가장 많은 양의 분산을 설명하는 주성분요

그림 14-4 | 주성분분석과 공통요인분석

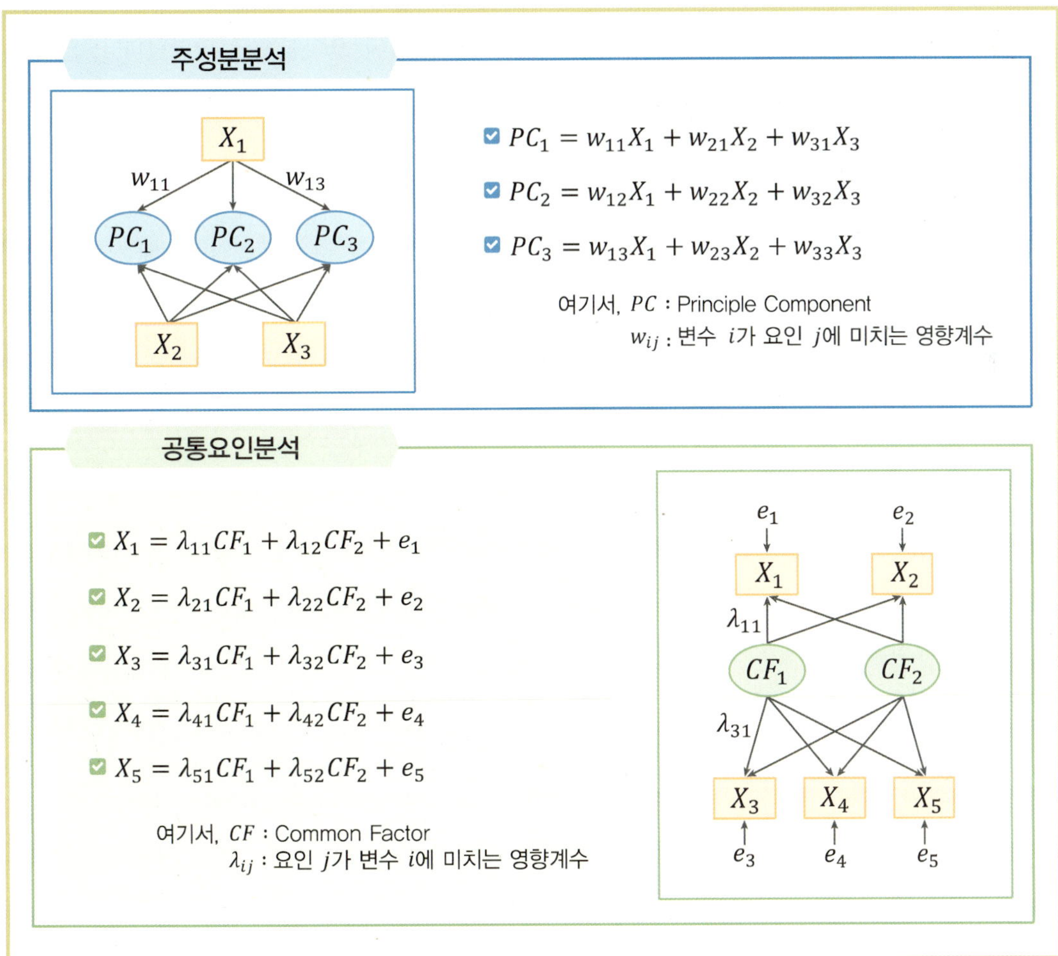

인들만을 요인으로 추출하여 사용한다.

공통요인분석(common factor analysis)은 입력변수들이 가지고 있는 공통분산만을 이용하여 공통요인(common factor)을 추출하는 방법이다. 이 경우에도 주성분분석방법으로 요인을 추출하는 경우와 마찬가지로 입력변수들 간의 공통분산을 완벽하게 설명할 수 있는 충분한 수의 요인을 모두 추출하지 않는 것이 일반적이다. 따라서 입력변수들이 가지고 있는 공통분산의 일부만이 추출된 요인으로 설명될 수 있다.

추출할 요인의 수에 대한 결정 또한 주성분분석을 이용하는 경우와 같다. 즉, 많은 양의 공통분산을 설명하는 요인을 우선적으로 추출한다. 이러한 이유로 하나의 입력변수가 가지고 있는 분산 전체 중에 일부 공통분산(common variance)은 추출된 요인에 의해서 설명되고, 그 변수 자체가 가지고 있는 고유분산(unique variance)과 오차분산(error variance)은 추출된 요인에 의해서 설명되지 못한 채 남아 있게 된다. 따라서 추출된 요인에 의하여 설명되지 못한 공통분산과 고유분산 그리고 오차분산은 [그림 14-4]에서와 같이 각 변수에 연결된 오차항으로 나타난다.

일반적인 요인분석에서는 공통요인분석보다는 주성분분석방법을 사용한다. 그 이유는 입력변수의 총분산을 이용함으로써, 정보의 손실을 줄이고 변수들이 가지고 있는 총분산을 가능한 한 많이 설명할 수 있는 요인을 효과적으로 추출할 수 있기 때문이다.

그러나 주성분분석을 이용해도 도출된 모든 주성분을 요인으로 추출할 수 없기 때문에, 요인분석 결과로 얻게 되는 요인들과 변수들의 관계 모형은 [그림 14-4]의 공통요인분석과 같은 구조로 나타나게 된다. 따라서 어떠한 분석방법을 사용하든 간에 요인분석의 입력변수는 추출된 요인들의 선형결합에 오차항을 더한 식으로 표시된다. 즉, 오차항이 항상 존재하는 형태로 표시된다.

2.2 추출할 요인 수 결정(Decision on the Number of Factors Extracted)

요인추출방법이 결정되면 다음으로 요인을 몇 개 추출할 것인지를 결정해야 한다. 확인적 요인분석의 경우에는 연구자가 분석 전에 미리 생각하고 있거나 연구된 모형을 기반으로 하여 추출할 요인의 수를 결정한다. 그러나 요인분석의 일반적인 형태인 탐색적 요인분석에서는 [그림 14-5]에서 제시되고 있는 방법들을 이용해서 추출하고자 하는 요인의 수를 결정한다.

그러나 [그림 14-5]에서 소개한 방법 중에 어느 하나만을 이용하여 요인의 수를 결정하기보다는 고유값을 비롯해서 분석에 대한 사전지식, 변수의 설명력, 스크리테스트 그래프(scree test

그림 14-5 | 추출할 적정요인 결정방법

STEP 1. 고유값에 의한 적정요인 수 결정

- 고유값(eigenvalue) : 한 요인이 몇 개의 변수들이 가지고 있는 양만큼의 분산을 설명하고 있는가를 나타내는 값임
- 요인의 설명력을 나타내는 값으로 모든 입력변수들과 요인점수와의 상관관계를 나타내는 요인적재량값을 제곱하여 모든 변수에 대하여 요인별로 더한 값임
- 한 요인의 고유값이 크다는 것은 그 요인이 입력변수들이 가지고 있는 분산을 많이 설명하고 있다는 것을 의미함
- 요인의 고유값이 1 이상인 요인만을 선정한다는 것은 요인이 적어도 입력변수 1개 이상의 변동을 설명할 수 있는 요인들만을 추출한다는 것을 의미함
- 요인분석의 목적이 자료축소, 즉 변수를 줄이는 데에 있으므로 고유값이 1 이하인 요인을 추출하지 않는다는 것은 1개의 입력변수가 가지고 있는 분산도 제대로 설명하지 못하는 요인은 요인으로 추출할 가치가 없다고 판단하여 추출하지 않음을 의미함

STEP 2. 연구목적 등 사전 기준에 의한 적정요인 수 결정

- 기존의 연구문헌이나 특정한 연구목적 혹은 필요에 따라 요인의 수를 미리 정하고 요인분석을 수행함
- 사전에 설정된 이론이나 가설을 검정하고자 하는 경우에 사용함
- 주로 확인적 요인분석에서 사용함

STEP 3. 전체 입력변수들이 가지고 있는 분산 전체의 일정비율을 기준으로 적정요인 수 결정

- 추출할 요인들이 전체 입력변수들이 가지고 있는 총분산 중에 최소한으로 어느 정도까지는 설명하도록 해야 한다는 기준에 따라 적정한 요인의 수를 결정하는 방법을 말함
- 일반적인 사회과학연구에서는 추출된 요인들이 전체 입력변수들이 가지고 있는 총분산의 60% 이상을 설명할 수 있으면 적절한 것으로 판단함
- 추출할 전체 요인들이 가지고 있는 고유값의 합이 전체 입력변수의 수, 즉 전체 고유값의 60%에 이를 때까지 요인들을 하나씩 추가적으로 추출하는 방법을 말함

STEP 4. 스크리테스트에 의한 적정요인 수 결정

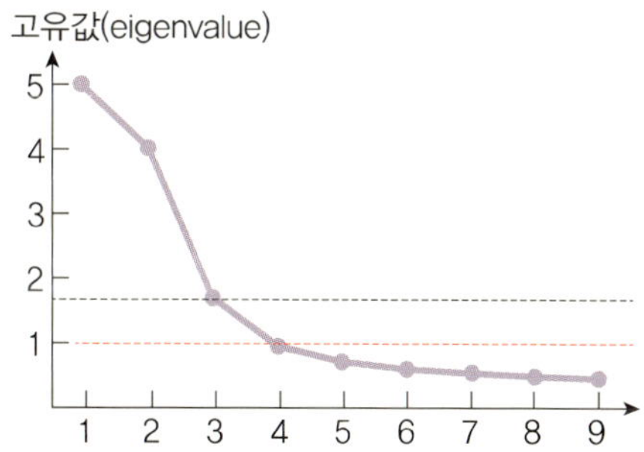

- 스크리테스트는 추출되는 순서에 따라 각각의 요인이 설명하는 고유값을 그래프로 표시하여 기울기가 급하강하다가 갑자기 완만해지는 곳 주변에서 요인의 수를 결정하는 방법을 말함

graph)를 보고 종합적으로 판단해서 연구자가 결정하는 것이 바람직하다. 즉, 대부분의 조사에서처럼 이들 4가지 기준 중에서 어느 하나만을 기준으로 사용하는 것은 바람직하지 못하다. 따라서 우선 요인의 수는 고유값(eigenvalue)을 기준으로 선정하고, 고유값이 1 이상이 될 경우 요인의

설명력과 스크리테스트 그래프를 다시 확인하여 적절한 수의 요인을 선정하는 것이 바람직하다.

만일 선정된 요인들의 수가 지나치게 많거나 또는 지나치게 적은 경우에는 요인분석의 의미가 상실되거나 입력변수들이 가지고 있는 내재된 정보를 충분히 효과적으로 분석하지 못하는 결과를 초래할 수도 있다. 따라서 연구자는 연구대상이 되는 변수들을 가장 효과적으로 설명할 수 있는 적합한 수의 요인들을 추출할 수 있도록 해야 한다.

요인들이 추출되면 요인적재량(factor loading)이 산출된다. 요인적재량은 각 변수와 요인(점수) 간의 상관계수값(correlation coefficient)이다. 따라서 각각의 입력변수는 추출된 요인 중에 요인적재량이 가장 높은 요인에 속하는 것으로 판단하여 해석할 수 있다. 일반적으로 요인적재량이 0.3 이상이면 유의한 관계가 있다고 볼 수 있으며, 이러한 요인적재량을 제곱한 값은 회귀분석의 결정계수와 같은 의미를 갖기 때문에 해당변수를 그 요인이 어느 정도로 잘 설명해주고 있는가를 나타낸다. 따라서 추출된 요인의 입장에서 보면 요인적재량이 높은 변수일수록 그 요인을 구성하고 있는 중요한 변수라고 말할 수 있다.

2.3 요인축의 회전(Rotation of Factor Axis)

요인분석의 결과 요인들과 변수들 간의 관계를 나타내는 요인적재량 행렬, 즉 요인행렬을 구할 수 있다. 도출된 요인행렬의 요인적재량은 각 변수와 해당 요인 간의 상관계수값이다. 일반적으로 처음 도출되는 요인행렬상의 자료만으로는 어떤 변수가 어떤 요인에 포함되는지에 대하여 명확하게 판단할 수 없는 경우가 많다. 즉, 특정 요인이 설명하는 주요 변수들이 무엇인지, 역으로 특정 변수가 어느 요인에 의하여 설명되는지를 명확하게 판단하고 이해하기가 어렵다.

그러나 추출된 요인의 축(factor axis)을 적당히 회전시켜 주면 추출된 요인들과 입력변수들 간의 관계를 보다 명확하게 파악하고 이해할 수 있다. 따라서 요인과 변수의 보다 명확한 관계를 파악하기 위하여 요인을 나타내는 축을 회전한다. 요인의 회전은 원점을 중심으로 요인값을 나타내는 요인의 축을 회전하는 것인데 이때 요인의 축들이 정확하게 직각이 되도록 회전하면 직각회전(orthogonal rotation), 비직각이 되도록 회전하면 비직각회전(oblique rotation)이라고 말할 수 있다. 요인의 회전과 회전방법에 따라 어떻게 요인과 변수 간의 관계가 명확하게 변화하는지는 [그림 14-6]을 보면 보다 자세히 알 수 있다.

요인축을 회전하기 전 요인 1, 2와 변수 X_1, X_2, X_3과의 관계를 나타내는 요인적재량 크기를 나

그림 14-6 | 요인축의 회전 전과 후

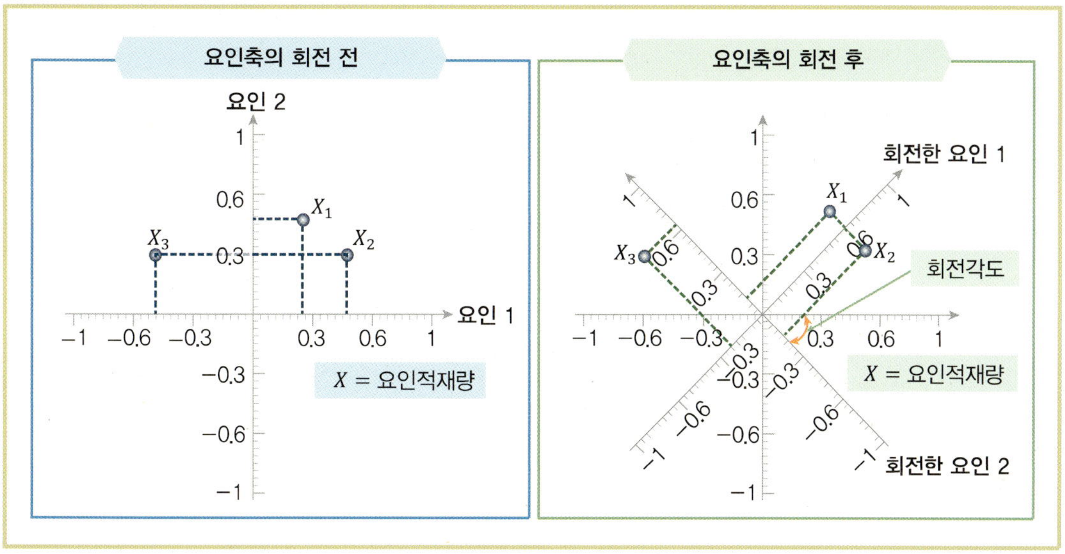

타내면 [그림 14-6]의 왼쪽 그림과 같다. 그림에서 보면 변수 X_1과 X_2는 요인 1과 2 모두와 어느 정도의 상관관계가 있어 각 변수가 어느 특정한 요인에 속하는가를 단정적으로 판단하기 어렵다. 그러나 [그림 14-6]의 오른쪽 그림에서와 같이 원점을 중심으로 요인축을 회전하면 변수 X_1과 X_2가 명확하게 요인 1로 묶여짐을 알 수 있다. 이와 같이 요인축을 회전시키는 가장 큰 목적은 변수 하나하나를 보다 명확하게 어느 한 특정 요인에 포함시키는 것이다.

또한 회전할 때 축 간의 각도에 따라 직각회전(orthogonal rotation)과 비직각회전(oblique rotation)으로 분류할 수 있다. 즉, 요인을 나타내는 축들 간의 각도가 직각이 되도록 한 상태에서 축을 회전하면 직각회전이고, 반면에 요인축 간의 각도에 대한 제한이 없는 상태에서의 회전은 비직각회전이 된다.

직각회전은 요인축 간의 독립성을 유지하면서 회전하기 때문에 요인축 간의 상관관계가 거의 없다. 구체적인 직각회전방법(orthogonal rotation method)으로는 베리멕스(Varimax), 쿠아르티멕스(Quartimax), 이퀴멕스(Equimax) 등이 있는데, 이들 간의 차이점을 간략하게 설명하면 다음과 같다. 베리멕스(Varimax)는 개별변수를 설명하는 요인의 수가 최소가 되도록 열을 단순화시키는 방향으로 회전하는 반면에, 쿠아르티멕스(Quartimax)는 행을 단순화시켜 특정한 요인을 설명한다고 볼 수 있는 변수의 수를 줄이는 방향으로 회전한다. 또한 이퀴멕스(Equimax)는 열과 행을 동시에 단순화시키는 방법으로 앞에서 설명한 두 가지 방법을 절충한 방법으로 축을 회전한다.

그림 14-7 | 요인축의 직각회전과 비직각회전

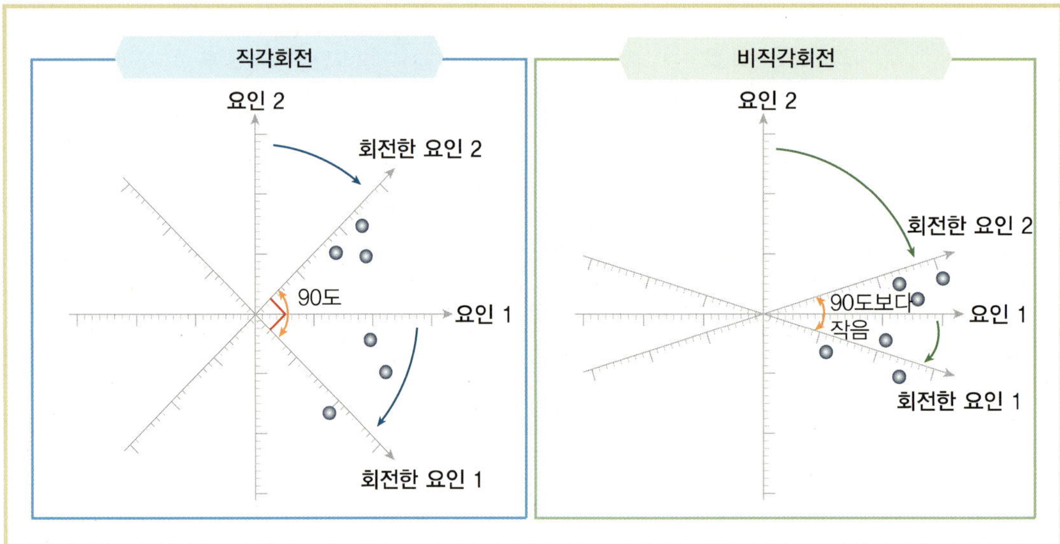

반면에 비직각회전방법(oblique rotation method)은 요인축 간의 관계를 어느 정도 허용하는 방법이기 때문에 직각회전방법보다 유연한 방법이다. 구체적인 비직각회전 방법으로는 SPSS 통계패키지의 직접 오블리민(Direct oblimin), 오블리끄(Oblique), 코베리민(Covarimin), 꾸아띠민(Quartimin), 비이꾸아리띠민(Biquartinin)과 SAS 통계패키지의 프로멕스(Promax)가 있다.

2.4 요인분석 결과 해석(Interpretation of Factor Analysis Result)

1) 요인분석 결과 분석(Understanding of Factor Analysis Result)

요인분석을 하면 그 결과로 요인적재량 행렬(factor loading matrix)을 얻을 수 있다. 일반적으로 입력자료를 표준화하여 사용하거나 상관계수행렬을 사용하기 때문에 이 행렬은 입력변수와 최종적으로 추출된 요인들과의 상관관계를 나타내는 상관계수행렬(표준화된 회귀계수행렬)이 된다. 이 행렬을 보면 어느 변수가 어떤 요인에 의하여 주로 설명되고 있는지를 파악할 수 있다.

또한 이 행렬상의 계수값들을 제곱하여 각 변수의 행별로 더하면 추출된 요인에 의하여 설명되는 변수의 분산크기를 나타내는 공통성 값을 얻을 수 있다. 즉, 공통성(communality)이란 추출된 요인이 변수가 가지는 분산의 몇 퍼센트를 설명할 수 있는가를 나타낸 값이다. 변수별 공통성 값의 크기

그림 14-8 요인적재량과 고유값, 공통성과의 관계

회전된 요인적재량 행렬

변수 \ 요인		요인 1	요인 2	요인 3	요인 4	요인 5	요인 6	요인 7	요인 8
$x1$	탑승수속은 신속하다	0.96	0.12	−0.04	0.07	−0.24	0.06	0.09	0.14
$x2$	예약 및 발권서비스가 신속하다	0.96	0.08	0.02	0.17	−0.01	0.11	0.21	0.04
$x3$	예약변경 및 취소가 용이하다	0.89	0.00	0.12	0.14	0.34	0.12	0.03	0.21
$x4$	운항은 안전하다	0.83	0.07	0.60	0.12	0.03	0.07	0.11	0.23
$x5$	기내 좌석은 편안하다	0.11	0.95	0.03	0.16	0.01	0.10	0.17	0.04
$x6$	기내는 청결하다	0.25	0.95	0.07	0.06	0.01	0.04	0.00	0.04
$x7$	기내 식음료서비스가 다양하다	0.10	0.89	0.04	0.29	0.00	0.21	0.25	0.00
$x8$	기내 휴대품 보관공간이 충분하다	0.19	0.74	0.06	0.23	0.01	0.25	0.38	0.09

- 요인적재량(factor loading) : 요인과 변수의 상관계수(표준화된 회귀계수)로서 각 변수는 요인적재량이 가장 큰 요인에 할당되는 것으로 해석함

회전된 요인적재량 제곱과 공통성 및 고유값

변수 \ 요인	요인 1	요인 2	요인 3	요인 4	요인 5	요인 6	요인 7	요인 8	공통성
탑승수속은 신속하다	$(0.96)^2$	$(0.12)^2$	$(-0.04)^2$	$(0.07)^2$	$(-0.24)^2$	$(0.06)^2$	$(0.09)^2$	$(0.14)^2$	1
예약 및 발권서비스가 신속하다	$(0.96)^2$	$(0.08)^2$	$(0.02)^2$	$(0.17)^2$	$(-0.01)^2$	$(0.11)^2$	$(0.21)^2$	$(0.04)^2$	1
예약변경 및 취소가 용이하다	$(0.89)^2$	$(0.00)^2$	$(0.12)^2$	$(0.14)^2$	$(0.34)^2$	$(0.12)^2$	$(0.03)^2$	$(0.21)^2$	1
운항은 안전하다	$(0.83)^2$	$(0.07)^2$	$(0.60)^2$	$(0.12)^2$	$(0.03)^2$	$(0.07)^2$	$(0.11)^2$	$(0.23)^2$	1
기내 좌석은 편안하다	$(0.11)^2$	$(0.95)^2$	$(0.03)^2$	$(0.16)^2$	$(0.01)^2$	$(0.10)^2$	$(0.17)^2$	$(0.04)^2$	1
기내는 청결하다	$(0.25)^2$	$(0.95)^2$	$(0.07)^2$	$(0.06)^2$	$(0.01)^2$	$(0.04)^2$	$(0.00)^2$	$(0.04)^2$	1
기내 식음료서비스가 다양하다	$(0.10)^2$	$(0.89)^2$	$(0.04)^2$	$(0.29)^2$	$(0.00)^2$	$(0.21)^2$	$(0.25)^2$	$(0.00)^2$	1
기내 휴대품 보관공간이 충분하다	$(0.19)^2$	$(0.74)^2$	$(0.06)^2$	$(0.23)^2$	$(0.01)^2$	$(0.25)^2$	$(0.38)^2$	$(0.09)^2$	1
고유값	3.44	3.17	0.39	0.23	0.17	0.15	0.30	0.13	8

- 공통성(communality) : 추출된 요인들에 의해서 설명되는 변수의 분산으로 변수와 추출된 요인들 간의 요인적재량을 제곱한 값들의 합
- 고유값(eigenvalue) : 추출된 요인이 설명하고 있는 입력변수들의 분산으로 해당되는 변수들의 요인적재량을 제곱한 값들의 합
- 추출된 모든 요인들의 고유값의 합과 모든 변수들의 공통성의 합은 전체변수의 수와 일치함

고유값(eigenvalue)이 '1' 이상인 요인들만을 추출하는 경우

변수 \ 요인	요인 1	요인 2	공통성
탑승수속은 신속하다	$(0.96)^2$	$(0.12)^2$	0.94
예약 및 발권서비스가 신속하다	$(0.96)^2$	$(0.08)^2$	0.93
예약변경 및 취소가 용이하다	$(0.89)^2$	$(0.00)^2$	0.79
운항은 안전하다	$(0.83)^2$	$(0.07)^2$	0.69
기내 좌석은 편안하다	$(0.11)^2$	$(0.95)^2$	0.91
기내는 청결하다	$(0.25)^2$	$(0.95)^2$	0.97
기내 식음료서비스가 다양하다	$(0.10)^2$	$(0.89)^2$	0.80
기내 휴대품 보관공간이 충분하다	$(0.19)^2$	$(0.74)^2$	0.58
고유값	3.44	3.17	6.62

- [탑승수속은 신속하다]에 대한 공통성 $=(0.96)^2 + (0.12)^2 = 0.94$
  - ☞ 추출된 2개 요인은 [탑승수속은 신속하다]라는 변수 분산의 94%를 설명함
- 요인 1의 고유값 $= (0.96)^2 + (0.96)^2 + (0.89)^2 + (0.83)^2 + (0.11)^2 + (0.25)^2 + (0.10)^2 + (0.19)^2 = 3.44$
  - ☞ 요인 1은 변수 3.44개의 입력변수가 가지고 있는 분산을 설명함

그림 14-9 | 추출되는 요인들에 의하여 설명되는 총분산

회전된 요인적재량 제곱과 공통성 및 고유값

변수 \ 요인	요인 1	요인 2	요인 3	요인 4	요인 5	요인 6	요인 7	요인 8	공통성
탑승수속은 신속하다	$(0.96)^2$	$(0.12)^2$	$(-0.04)^2$	$(0.07)^2$	$(-0.24)^2$	$(0.06)^2$	$(0.09)^2$	$(0.14)^2$	1
예약 및 발권서비스가 신속하다	$(0.96)^2$	$(0.08)^2$	$(0.02)^2$	$(0.17)^2$	$(-0.01)^2$	$(0.11)^2$	$(0.21)^2$	$(0.04)^2$	1
예약변경 및 취소가 용이하다	$(0.89)^2$	$(0.00)^2$	$(0.12)^2$	$(0.14)^2$	$(0.34)^2$	$(0.12)^2$	$(0.03)^2$	$(0.21)^2$	1
운항은 안전하다	$(0.83)^2$	$(0.07)^2$	$(0.60)^2$	$(0.12)^2$	$(0.03)^2$	$(0.07)^2$	$(0.11)^2$	$(0.23)^2$	1
기내 좌석은 편안하다	$(0.11)^2$	$(0.95)^2$	$(0.03)^2$	$(0.16)^2$	$(0.01)^2$	$(0.10)^2$	$(0.17)^2$	$(0.04)^2$	1
기내는 청결하다	$(0.25)^2$	$(0.95)^2$	$(0.07)^2$	$(0.06)^2$	$(0.01)^2$	$(0.04)^2$	$(0.00)^2$	$(0.04)^2$	1
기내 식음료서비스가 다양하다	$(0.10)^2$	$(0.89)^2$	$(0.04)^2$	$(0.29)^2$	$(0.00)^2$	$(0.21)^2$	$(0.25)^2$	$(0.00)^2$	1
기내 휴대품 보관공간이 충분하다	$(0.19)^2$	$(0.74)^2$	$(0.06)^2$	$(0.23)^2$	$(0.01)^2$	$(0.25)^2$	$(0.38)^2$	$(0.09)^2$	1
고유값	3.44	3.17	0.39	0.23	0.17	0.15	0.30	0.13	8

추출되는 요인들에 의하여 설명되는 총분산

- 설명되는 총분산 : 추출된 요인들에 의해 설명되는 총분산의 크기는 추출된 요인들의 고유값들의 합이 전체 고유값들의 합(변수의 수)에서 차지하는 비율로써 추출된 요인들이 입력변수 전체 분산 중 얼마만큼을 설명하는가를 의미함

요인	고유값	% 분산	% 누적
요인 1	3.44	43.06	43.06
요인 2	3.17	39.63	82.69
요인 3	0.39	4.84	87.53
요인 4	0.23	2.93	90.46
요인 5	0.17	2.18	92.64
요인 6	0.15	1.92	94.56
요인 7	0.30	3.76	98.32
요인 8	0.13	1.62	100.00
합계	8.00	100.00	

를 비교해봄으로써 각각의 입력변수가 가지고 있는 분산 중에 얼마나 많은 양의 분산이 추출할 요인들에 의하여 설명될 수 있는가를 알 수 있다.

주성분분석을 이용하여 요인을 추출하는 경우 k개의 입력변수가 가지는 총분산은 k개의 요인에 의하여 설명이 되기 때문에, 각각의 입력변수가 가지는 총분산은 전체 k개 요인들에 의하여 설명이 가능하다. 따라서 1개의 입력변수와 요인들 간의 상관관계를 나타내는 요인적재량 행렬에서 행 전체의 계수값을 제곱하여 더한 값을 나타내는 각 변수의 공통성은 '1'이 되고 전체 변수의 공통성을 모두 더한 값은 전체 변수의 수와 같게 된다.

또한 계수의 제곱을 요인을 나타내는 열별로 더하면 추출된 요인이 설명하고 있는 입력변수들의 분산 크기, 즉 한 개의 요인이 몇 개의 입력변수가 가지고 있는 분산을 설명하는가를 나타내는

고유값을 구할 수 있다. 따라서 k개의 입력변수들로부터 모두 k개의 요인을 추출하는 경우, 요인적재량을 제곱하여 행으로 더한 공통성이나 열로 더한 고유값의 총합은 서로 같게 된다.

설명된 총분산의 크기는 추출된 요인들이 전체 변수들이 가지고 있는 분산을 얼마만큼이나 설명하는가를 나타내는 것으로 각 요인이 갖는 고유값을 전체 입력변수의 수로 나눈 값으로 나타낸다.

2) 요인분석 결과의 활용 및 추가적인 분석(Use of Factor Analysis Result and Additional Analysis)

일반적으로 요인분석은 단순히 요인을 추출하고 혹은 특정한 요인을 형성하고 있는 대표적인 변수들에 관한 정보만 얻고 분석을 끝내는 경우는 많지 않다. 요인분석을 하는 목적은 입력변수가 너무 많아 이들 모두를 독립적으로 이용해서 모형을 개발하든가 하는 것이 비효과적이기 때문에 연관성이 높은 변수들을 한데 묶어 요인으로 만든 다음 이들을 이용해서 추가적인 분석을 하는 데에 있다. 따라서 대부분의 경우 요인분석을 통해서 얻을 수 있는 요인점수를 활용하여 추가적인 분석을 하거나 모형을 개발한다.

추가적인 분석을 위한 요인점수를 추출하는 방법으로는 크게 2가지가 있다. 첫째 방법은 가장

그림 14-10 | 요인점수 산출방법

요인점수 계수 행렬

	변수	요인 1	요인 2
$x1$	탑승수속 신속성	0.31	−0.04
$x2$	예약 및 발권서비스 신속성	0.34	−0.06
$x3$	예약변경 및 취소 용이 정도	0.32	−0.04
$x4$	운항의 안전 정도	0.25	−0.08
$x5$	기내 좌석의 편안한 정도	−0.10	0.38
$x6$	기내의 청결 정도	−0.02	0.34
$x7$	기내 식음료서비스의 다양성	−0.08	0.32
$x8$	기내 휴대품 보관공간 넓이 정도	−0.04	0.27

☑ 요인점수(factor score)
→ 특정한 관측치(응답자)의 요인점수는 입력변수의 선형 결합으로 계산됨

응답자 i의 요인점수들

☑ 요인 1의 값 =

$$0.31 \cdot x1_i + 0.34 \cdot x2_i + 0.32 \cdot x3_i + 0.25 \cdot x4_i - 0.10 \cdot x5_i - 0.02 \cdot x6_i - 0.08 \cdot x7_i - 0.04 \cdot x8_i$$

☑ 요인 2의 값 =

$$-0.04 \cdot x1_i - 0.06 \cdot x2_i - 0.04 \cdot x3_i - 0.08 \cdot x4_i + 0.38 \cdot x5_i + 0.34 \cdot x6_i + 0.32 \cdot x7_i + 0.27 \cdot x8_i$$

($x1_i$, $x2_i$, ⋯ $x8_i$는 응답자 i의 변수값)

일반적인 방법으로 요인분석 과정에서 직접 요인점수(factor score)를 산출하는 것이다. 이때 산출되는 요인점수는 요인점수 계수와 입력변수 값을 이용하여 계산된다. [그림 14-10]은 요인분석결과 도출된 요인점수 계수 행렬표를 이용하여 요인점수를 산출하는 방법을 나타낸 그림이다.

또 다른 방법으로는 각각의 요인에 속한다고 판단되는 입력변수값들을 단순히 산술평균하여 사용하는 방법이 있다. 이 경우에는 요인에 속한 변수들이 서로 어느 정도 연관성이 강한지에 대한 신뢰성검사를 실시한 후에 산출된 평균값을 요인값으로 사용하는 것이 바람직하다. 예를 들어, 한 요인에

그림 14-11 | 변수들의 평균값을 이용한 요인점수

변수들의 평균값 활용방법

주성분분석 결과 2개의 요인이 추출됨

응답자	$x1$	$x2$	$x3$	$x4$	$x5$	$x6$	$x7$	$x8$
1	4	6	6	6	5	7	7	7
2	5	6	5	4	6	7	2	7
3	5	7	6	3	2	7	3	4
4	4	3	3	3	4	5	5	6
98	7	2	2	1	1	7	6	7
99	6	5	6	5	2	5	3	3
100	7	5	6	6	2	7	4	5

요인 1 ($x1$–$x4$) / 요인 2 ($x5$–$x8$)

☑ 요인분석 결과 추출된 각 요인에 포함시킬 변수들의 신뢰성을 검정하여 신뢰도(α : 크론바하 알파)가 0.6 이상인 경우, 요인에 포함된 변수들은 신뢰성 있는 변수들로 구성되었다고 볼 수 있기 때문에, 산출요인에 포함된 변수들의 평균값을 요인점수로 활용할 수 있음

신뢰도(α : 크론바하 알파)

요인	변수	크론바하 알파
요인 1	$x1$	0.86
	$x2$	
	$x3$	
	$x4$	
요인 2	$x5$	0.79
	$x6$	
	$x7$	
	$x8$	

요인점수 계산 →

요인점수 산출

☑ 신뢰도(α : 크론바하 알파)가 0.6 이상이므로 요인에 포함된 변수들의 산술평균값을 요인점수로 활용함

$$요인\ 1 = \frac{x1 + x2 + x3 + x4}{4}$$

$$요인\ 2 = \frac{x5 + x6 + x7 + x8}{4}$$

속한 변수들이 그 요인을 얼마나 신뢰성 있게 잘 대변하고 있는가를 나타내는 신뢰성 계수인 크롬바하 알파(cronbach's alpha)값을 구하여 그 값이 0.6 이상이면 묶여진 변수들이 요인을 신뢰성 있게 잘 대변하고 있다고 판단하여 이들 변수값들의 평균값을 요인점수값으로 사용함을 의미한다. [그림 14-11]은 요인분석 결과 추출된 2개의 요인에 속하는 변수들의 평균값을 요인점수로 활용한 그림으로 요인 1은 변수 $x1$, $x2$, $x3$, $x4$의 평균값을, 요인 2는 변수 $x5$, $x6$, $x7$, $x8$의 평균값을 요인점수로 활용함을 나타내는 그림이다.

이 두 가지 방법은 나름대로의 장점과 단점이 있다. 첫 번째 방법은 가장 일반적이며 정확한 요인점수를 구하는 방법임에는 분명하나 각각의 요인과 높은 상관관계가 있는 입력변수뿐 아니라 연관이 적은 입력변수들도 포함됨으로써 모든 변수들이 요인점수값에 영향을 미치기 때문에 요인의 대표성에 대한 명확한 해석이 어려울 수도 있다는 단점이 있다. 두 번째 방법은 요인값이 요인분석을 통하여 추출한 요인값과 정확하게 일치하지는 않으나 단순히 입력변수들의 산술 평균값을 사용함으로써 요인값에 영향을 미치는 입력변수가 무엇인지를 명확하게 파악할 수 있어 실무적으로 사용하기 편리하다는 장점이 있다.

요인분석 결과 추출된 요인의 수가 지나치게 많으면 회전과 요인에 대한 해석이 상대적으로 어렵다. 이러한 경우 요인의 수를 줄이기 위하여 막연히 고유값이 낮은 요인부터 차례로 줄여나가기보다는 이차적인 요인분석을 실시하여 전체 입력변수가 가지고 있는 연관성과 분산에 대한 정보를 효과적으로 대표할 수 있는 요인을 추출하는 것이 필요하다. 즉, 일차적인 요인분석(first order factor analysis)을 통하여 추출된 요인의 수가 아직도 많다고 생각되면 이차적인 요인분석(second order factor analysis)을 수행할 수 있다. 이와 같이 이차적인 요인분석을 실시하고자 하는 경우에는 일차적 요인분석에서 얻은 요인들을 비직각으로 회전시켜 요인 간의 상관관계가 존재하도록 요인값을 추출한 다음에 이차적 요인분석을 실시해야 한다. 왜냐하면 일차적 요인분석에서 추출된 요인값들 간에 상관관계가 없다면 이차적인 요인분석을 수행할 수가 없기 때문이다.

[그림 14-12]는 요인분석 결과를 정리한 그림으로 8개의 입력변수들 간의 공분산이 2개의 요인으로 추출되어 설명되는 과정을 나타내고 있다.

그림 14-12 | 요인분석 결과 해석

STEP 1 : 요인적재량 행렬

변수	요인 1	요인 2
탑승수속 신속성	0.96	0.12
예약 및 발권서비스 신속성	0.96	0.08
예약변경 및 취소 용이 정도	0.89	0.00
운항의 안전 정도	0.83	0.07
기내 좌석의 편안한 정도	0.11	0.95
기내의 청결 정도	0.25	0.95
기내 식음료서비스의 다양성	0.10	0.89
기내 휴대품 보관공간 넓이 정도	0.19	0.74

☑ 요인적재량 : 요인과 변수의 상관계수(표준화된 회귀계수)로서 각각의 변수는 요인적재량이 가장 큰 요인에 할당되는 것으로 해석함

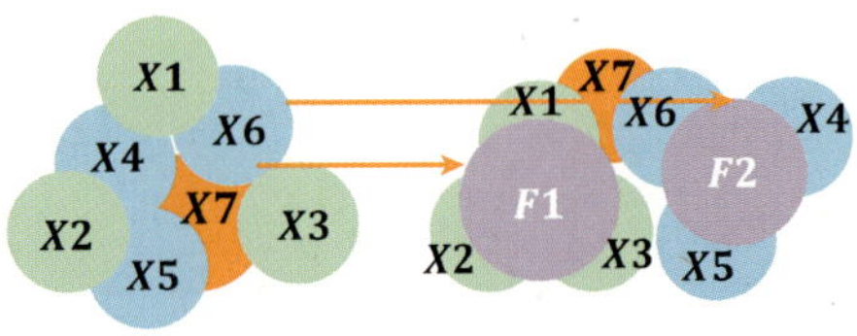

STEP 2 : 요인적재량 행렬을 이용한 고유값과 공통성 계산

변수	요인 1	요인 2	공통성
탑승수속 신속성	$(0.96)^2$	$(0.12)^2$	0.94
예약 및 발권서비스 신속성	$(0.96)^2$	$(0.08)^2$	0.93
예약변경 및 취소 용이 정도	$(0.89)^2$	$(0.00)^2$	0.79
운항의 안전 정도	$(0.83)^2$	$(0.07)^2$	0.69
기내 좌석의 편안한 정도	$(0.11)^2$	$(0.95)^2$	0.91
기내의 청결 정도	$(0.25)^2$	$(0.95)^2$	0.97
기내 식음료서비스의 다양성	$(0.10)^2$	$(0.89)^2$	0.80
기내 휴대품 보관공간 넓이 정도	$(0.19)^2$	$(0.74)^2$	0.85
고유값	3.44	3.17	6.62

☑ 공통성 : 추출된 요인들에 의해서 설명되는 변수의 분산

예 [탑승수속 신속성]의 공통성

$= (0.96)^2 + (0.12)^2 = 0.94$

☑ 고유값 : 추출된 1개 요인이 설명하는 전체 분산의 크기로 한 변수의 분산크기는 1로 표시됨. 따라서 고유값은 그 요인이 몇 개 변수의 분산을 설명하는가를 나타냄

예 요인 1의 고유값 :

$$(0.96)^2 + (0.96)^2 + (0.89)^2 + (0.83)^2 + (0.11)^2 + (0.25)^2 + (0.10)^2 + (0.19)^2 = 3.44$$

STEP 3 : 요인점수 계수 활용방법

	변수	요인 1	요인 2
$x1$	탑승수속 신속성	0.31	−0.04
$x2$	예약 및 발권서비스 신속성	0.34	−0.06
$x3$	예약변경 및 취소 용이 정도	0.32	−0.04
$x4$	운항의 안전 정도	0.25	−0.08
$x5$	기내 좌석의 편안한 정도	−0.10	0.38
$x6$	기내의 청결 정도	−0.02	0.34
$x7$	기내 식음료서비스의 다양성	−0.08	0.32
$x8$	기내 휴대품 보관공간 넓이 정도	−0.04	0.27

☑ 요인점수(factor score) : 특정한 관측치(응답자)의 요인점수는 표준화된 입력변수의 선형결합으로 계산됨

☑ 응답자 i의 요인점수는 다음과 같이 계산됨

예 요인 1의 값 $= 0.31 \cdot x1_i + 0.34 \cdot x2_i + 0.32 \cdot x3_i + 0.25 \cdot x4_i - 0.10 \cdot x5_i - 0.02 \cdot x6_i - 0.08 \cdot x7_i - 0.04 \cdot x8_i$

요인 2의 값 $= -0.04 \cdot x1_i - 0.06 \cdot x2_i - 0.04 \cdot x3_i - 0.08 \cdot x4_i + 0.38 \cdot x5_i + 0.34 \cdot x6_i + 0.32 \cdot x7_i + 0.27 \cdot x8_i$

($x1_i$, $x2_i$, ⋯, $x8_i$는 응답자 i의 변수값)

2.5 요인분석에 대한 질의응답(Questions and Answers about Factor Analysis)

1) 서로 다른 크기의 척도로 측정된 변수들을 함께 사용하여 요인분석을 할 수 있는가?(Can we do factor analysis using variables of different scales?)

원칙적으로 요인분석의 입력변수는 등간척도나 비율척도로 측정된 양적변수이어야만 한다. 또한 이들 입력변수들은 일정한 크기의 척도로 측정된 변수들이어야 한다. 그러나 경우에 따라 서로 다른 크기의 척도로 측정된 변수들을 같이 섞어 입력변수로 사용해야 하는 경우도 있을 수 있다. 예를 들어, 몇 개의 변수는 리커트 7점척도로 나머지 몇 개의 변수는 리커트 5점척도로 측정한 경우 이들을 입력변수 같이 사용하여 요인분석을 수행할 수 있는가를 생각해볼 수 있다.

이 경우 편법이기는 하나 굳이 요인분석을 하자면 할 수 있다. 첫 번째 방법은 모든 변수들을 표준화한 다음 사용하는 것이다. 표준화함으로써 모든 입력변수의 척도를 통일할 수 있다. 또 다른 방법은 입력변수값들의 자료 자체를 사용하기보다는 입력변수들 간의 상관행렬을 구하여 이를 요인분석의 입력자료로 사용하는 것이다. 통계 패키지 SPSS에서는 상관행렬과 공분산행렬 중에 선택하여 요인분석을 실시할 수 있도록 되어 있다. 따라서 입력변수의 척도가 다른 경우에는 자료를 표준화해서 사용하기보다는 상관행렬을 사용해서 분석하면 보다 편리하게 요인분석을 할 수 있다.

2) 주성분분석과 공통요인분석 중에 어떤 요인추출방법을 사용하는 것이 바람직한가?(Which method is the more appropriate between principal component analysis and common factor analysis?)

요인분석에 사용되는 입력변수가 가지고 있는 분산은 공통분산과 고유분산 그리고 오차분산으로 구성되어 있다. 요인분석방법으로 사용되는 주성분분석은 변수가 가지고 있는 분산 전체를 대상으로 하여 요인을 추출하며 공통요인분석은 변수들이 서로 공통적으로 가지고 있는 공통분산만을 이용하여 요인을 추출한다. 이 두 가지 방법 중에 어느 방법이 절대적으로 월등하다고 판단하기는 어려우나 주성분분석이 공통요인분석보다 보편적으로 많이 사용된다.

그 이유는 주성분분석은 입력변수들이 가지고 있는 분산 전체를 대상으로 하여 요인을 추출하기 때문에 포괄적으로 많은 분산을 설명할 수 있다는 장점이 있기 때문이다. 반면에 공통요인분석은 입력변수들 간의 공통분산만을 기반으로 요인을 추출하기 때문에 입력변수들 간의 상관관계가 낮을 경우에는 추출된 요인들이 입력변수의 분산을 효과적으로 잘 반영하고 있다고 볼 수 없다.

그러나 입력변수들 간의 상관관계가 높을 경우에는 주성분분석을 고집하지 않아도 되며, 특히 입력변수의 수가 너무 많거나 자료에 결측치가 많을 경우에는 공통요인분석이 유용하다. 요인분석의 입력자료로 상관관계행렬을 사용하는 경우, 대각선 요소는 요인분석에서 입력자료로 사용되는 개별변수의 분산크기를 나타낸다. 주성분분석의 경우에는 개별변수가 가지고 있는 전체분산을 사용하기 때문에 입력자료로 사용되는 상관행렬상의 대각선 요소가 1이 되나, 공통요인분석에서는 개별변수의 전체분산에서 고유분산과 오차분산을 제외한 공통분산만을 사용하기 때문에 상관행렬상의 대각선요소는 1보다 작은 값, 즉 전체분산에서 공통분산이 차지하는 비율이 된다.

3) 추출할 요인의 수에 대한 결정(Determining the number of factors to be extracted)

요인분석을 하기 전에 추출할 요인에 대하여 미리 결정된 상태에서 요인분석을 실행하는 확인적 요인분석의 경우에는 추출할 요인의 수에 대하여 걱정할 필요가 없다. 그러나 탐색적 요인분석의 경우에는 이에 대한 지식이나 선견이 없이 우선 분석해보고 그 결과를 바탕으로 요인의 수를 결정하게 된다. 따라서 탐색적 요인분석의 경우에는 과연 몇 개의 요인을 추출하는 것이 바람직한가에 대하여 고민하게 된다.

가장 일반적으로 추출할 요인의 수에 대한 결정의 기준은 고유값이 된다. 즉, 요인의 고유값이 1 이상이면 요인으로 추출한다는 것이다. 본 장에서 이미 설명하였듯이 고유값이 1 이상인 요인은 최소한 한 개 이상의 입력변수들이 가지고 있는 분산을 설명할 수 있기 때문에 요인으로 추출할 가치가 있는 것은 분명하다. 그러나 요인분석의 목적이 가능한 한 변수의 수를 줄여 자료를 축소하는 것이므로 고유값 1을 기준으로 할 경우, 추출되는 요인의 수가 많으면, 1을 기준으로 할 것이 아니라 보다 큰 값을 기준으로 하는 것이 바람직하다. 이 경우 스크리테스트를 하면 보다 효과적인 방법으로 요인의 수를 정할 수 있다.

그러나 요인의 수를 결정할 때에는 고유값 외에 다른 여건들도 함께 고려하는 것이, 즉 다른 선정기준도 같이 고려하여 적정한 수를 찾는 것이 바람직하다. 다른 선정기준들 중의 하나로 연구목적상 추출된 요인들이 입력변수들의 분산 전체를 어느 정도까지는 설명하여야 한다는 것이 있다.

일반적으로 입력변수 전체가 가지고 있는 분산의 60% 이상을 설명할 수 있는 만큼의 요인들을 추출하는 것이 바람직하다고 알려져 있으나 이에 대한 정확한 이론은 없다. 반대로 필요 이상의 많은 양의 분산을 설명하기 위하여 많은 수의 요인을 추출하는 것도 바람직하지 않다.

요약하면, 고유값을 기준으로 하되 추출된 요인들로 설명할 수 있는 입력변수들의 총분산을 고려하여 연구자가 연구목적이 적합한 수준으로 판단하여 결정하는 것이 바람직하다.

4) 요인축을 회전하는 이유는 무엇이고, 사용되는 회전방법 간의 구체적인 차이는 무엇이며, 언제 비직각회전을 사용하여야 하는가?(What is the purpose of factor rotation? and What are the exact differences among method? When we apply oblique rotation?)

요인분석으로 요인을 추출하게 되면 입력변수들 대신에 이들을 대변할 수 있는 요인으로 요인점수를 산출할 수 있다. 따라서 요인분석을 통하여 산출된 요인과 요인점수는 하나의 변수와 변수값으로 생각할 수 있다. 요인분석을 통하여 최초로 생성된 요인들은 서로 연관성(상관관계)이 없도록 추출됨으로써 이들을 나타내는 요인의 축들은 서로 직각을 이룬다. 그러나 입력변수들과 이들 요인들 간의 관계가 명확하게 드러나지 않는 경우가 많다. 즉, 하나의 입력변수는 여러 개의 요인들에 연관되는 것으로 나타남으로써 어느 변수가 어느 요인에 의하여 설명되는지에 대하여 명확하게 규명하기가 어렵다. 따라서 추출된 요인들의 특성을 정확하게 이해하고 생성된 요인들을 추가적인 분석에 활용하기 위해서는 입력변수들과 추출된 요인들과의 관계를 보다 명확하게 할 필요가 있다. 이를 위해서 요인축의 회전이 필요하다.

요인축을 회전하는 이유는 일종의 입력변수들의 소속을 보다 명확히 함으로써 각각의 요인이 주로 어느 입력변수들을 대변하고 있는지를 분명하게 알 수 있도록 하자는 데에 그 목적이 있다. 요인축을 회전하는 방법으로는 크게 직각회전과 비직각회전이 있다. 직각회전은 추출된 일종의 변수로서의 요인들이 서로 독립적인 값을 갖도록, 즉 새로이 생성된 요인들 간의 상관관계가 가능한 한 없도록 축의 각을 직각으로 유지한 채로 입력변수들과 생성된 요인들 간의 대표성관계를 명확히 하는 방향으로 회전한다.

이렇게 직각을 유지하는 이유는 추출된 요인들 간의 상관관계가 없어야 추출된 요인들을 보다 명확하게 이해할 수 있으며, 이들에 속한 입력변수들 간의 관계도 보다 명확해진다. 또한 요인들 간의 상관관계가 적어야 회귀분석 등 이들을 이용한 추가적인 분석에서 변수 간의 상관관계가 있음으로 인해서 발생하는 여러 문제들을 피할 수가 있다.

반면에 비직각회전은 요인축 간의 각도가 직각이어야 한다는 제한을 풀어줌으로써 보다 유연하고 명확하게 추출된 요인들과 입력변수들 간의 관계를 규명할 수 있다. 즉, 요인들 간의 관계를 생각하기보다는 생성된 요인들이 입력변수들을 보다 명확하고 밀접하게 대변할 수 있도록 함으로써 입력변수들의 분산을 보다 많이 설명할 수 있게 된다. 그러나 요인 간의 관계가 명확해지지 않음에 따라 요인들에 대한 해석이 애매해 질 수 있다는 단점이 있다. 따라서 이러한 비직각회전은 추출된 요인 간의 상관관계를 허용해도 큰 문제가 없는 경우나 상관관계가 있어야 추가적인

분석이 가능한 경우에 사용할 수 있다. 예를 들어, 1차 요인분석(first order factor analysis)에서 추출된 요인들을 입력변수로 하여 2차적인 또 하나의 요인분석(second order factor analysis)을 수행하고자 하는 경우에 비직각회전을 사용한다. 요약하면, 직각회전을 해야 하는가 아니면 비직각회전을 해야 하는가는 정해져 있는 것이 아니다. 이에 대한 판단은 전적으로 연구의 목적 자료의 특성을 고려한 연구자의 판단에 달려 있다.

5) 추가적인 분석에서 사용하기 위한 요인점수로는 요인분석에서 산출되는 요인점수와 요인에 속한 변수들의 평균값을 사용하는 경우가 있는데 이들 간에는 어떠한 차이가 있는가?(The factor scores to use in the additional analysis are the factor scores calculated from the factor analysis and the mean values of variables belonging to the factors. What is the difference between them?)

우선 요인분석에서 직접 산출되는 요인점수(factor score)는 그 요인을 나타내는 비교적 정확한 값이 된다. 그러나 이 값은 비록 경중의 차이는 있어도 요인분석에 사용된 모든 입력변수를 사용하여 계산되는 값이므로 요인점수에 미치는 개별 입력변수의 영향을 명확하게 구분하여 판단하기가 어렵다. 즉, 모든 입력변수는 어느 정도 모든 요인점수에 조금씩이나마 영향을 미치고 있다. 따라서 정확성은 있다고 볼 수 있으나, 각각의 변수가 어느 한 요인에만 영향을 미친다고 단정적으로 구분하기가 어렵다는 단점이 있다. 따라서 실제적인 활용이나 추가적인 분석에서 요인점수를 활용하기에는 애매한 점이 있을 수 있다.

반면에, 어느 입력변수가 어느 한 요인에 속하는지를 판단하여 하나의 입력변수를 특정한 요인에 배타적으로 할당한 다음 각 요인에 할당된 변수값들의 평균을 요인값으로 사용하면 이러한 문제점을 극복할 수 있다. 즉, 이 방법을 사용하면 요인과 입력변수의 관계가 명확해져서 이해하기 쉽다는 장점이 있다. 그러나 하나의 요인에 할당된 입력변수들이 어느 정도까지 그 요인을 대표한다고 신뢰할 수 있는가에 대해서는 신중할 필요가 있다. 왜냐하면 하나의 입력변수가 어느 한 요인에만 배타적으로 영향을 미치고 있다고 단정할 수 없기 때문이다. 그러나 이 방법은 매우 이해하기 쉽고 명쾌하기 때문에 각 요인에 속한 변수들 간에 어느 정도 신뢰성만 입증되면 이들의 평균을 요인값으로 사용해도 큰 문제는 없다. 이러한 경우 요인분석은 입력변수와 요인들 간에 짝을 지어주는 역할만을 한다고 볼 수 있다.

>>그림 14-13 | 요인분석 절차

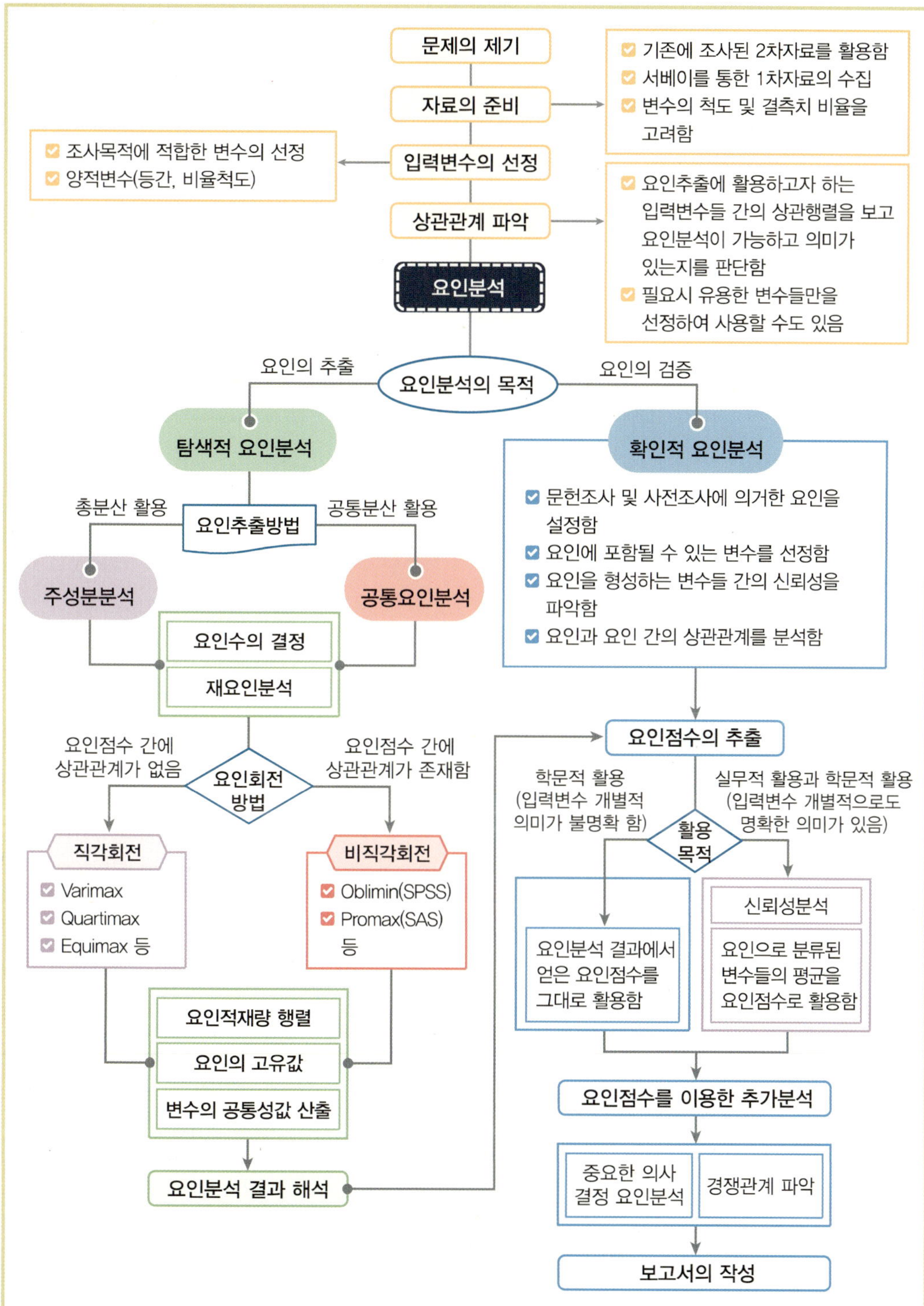

찾·아·보·기

| 저자소개 |

이훈영 교수는 현재 경희대학교 경영대학의 경영학부 교수로 재직하고 있다. 이 교수는 한국외국어대학교 영어과를 졸업하고 미국 일리노이대학교(University of Illinois, Urbana)에서 경영학 석사학위를 받았고, 미국 펜실베니아대학교(University of Pennsylvania) 와튼경영대학(Wharton School)에서 경영학 박사학위를 취득하였다.

귀국 후 삼성금융연구소 수석연구원으로 근무했으며, ㈜한국기업평가 및 ㈜한국채권평가의 사외이사를 역임하였고, Wharton School SEI Center의 Senior Fellow로 활동하였다. 또한 한국마케팅학회 상임이사, CRM협의회 부회장, 한국유통학회 이사, 한국데이터베이스학회 이사, 한국CRM학회 상임이사와 서비스마케팅학회 부회장을 역임하고 현재 글로벌금융학회 이사로 있다. 학내에서는 경희사이버대학교에 외식농수산경영학과를 개설하여 초대 학과장을 역임하였고, 현재 경희대학교 중소벤처기업연구원 원장과 마케팅공학연구센터의 센터장직을 맡고 있다. 주요 연구분야는 인터넷과 정보기술을 이용한 e-마케팅, 마케팅 모델과 마케팅 리서치, 그리고 기업 및 개인신용평가, 금융서비스마케팅, 의료서비스마케팅 및 CRM, 빅데이터분석 등으로 국내외 저명 학술지에 150여 편의 우수한 논문을 발표하였다. 저서로는 무역경영사의 「이훈영교수의 e-마케팅플러스」와 도서출판 청람의 「이훈영교수의 통계학」, 「이훈영교수의 마케팅조사론」, 「이훈영교수의 SPSS를 이용한 데이터분석」, 「이훈영교수의 마케팅」, 「이훈영교수의 의료서비스마케팅」, 「이훈영교수의 연구조사방법론」, 「외식산업마케팅」이 있다.

이훈영교수의 사회과학조사방법

2018년 2월 25일 1판 1쇄 발행
2023년 2월 25일 1판 2쇄 발행

저 자 | 이훈영
발 행 인 | 이수영
발 행 처 | 도서출판 청람
서울시 마포구 독막로 288(대흥동, 세양상가 109호)
전 화 | 02) 3272-2601~2
팩 스 | 02) 3272-2603
홈페이지 | http://www.crbooks.co.kr
이 메 일 | crbooks@daum.net
등 록 | 2000년 8월 26일 제6-0509호

ISBN 978-89-5972-612-7 93320 [정가 35,000원]